제 3 판

조직행동의 이해

-통합적 접근법-

황규대 박상진 이광희 이철기

博 英 社

제3판 머리말

모든 조직이 간접적으로나 직접적으로 그리고 의식적으로나 무의식적으로 이러한 환경의 변화에 영향을 받는다. 21세기에 진입함에 따라 국제화, Digital화 그리고 의식개혁 등이 가속화될 것이 예상되며 기업은 이러한 급변하는 환경 속에서 경쟁력을 유지하는 힘든 임무를 수행하여야 한다. 변화는 또 다른 변화를 낳으므로 미래에는 더 큰 변화가 예상된다.

- 기업은 고용관계를 변화시키고 있다. 고용안정을 위한 기존의 종신고용을 포기하고 매우 유연한(비록 고용안정은 떨어지지만) 고용관계를 추구하고 있다.
- 국제시장에서의 경쟁, 품질에 대한 지속적인 요구 그리고 정보네트워크의 급속한 발전 등에 의해 사업영역을 재구성하고 있다. 지역, 기술 그리고 시간에 의한 안정성과 보호는 사라져 버렸다.
- 인간과 자연환경, 인생과 노동 그리고 직업과 조직간의 관점은 변화하였다. 인간과 조직에 대한 새로운 연구와 지식은 조직이 인간을 다루는 방식을 변하게 할 것이다.

이 책에서는 이렇게 급격히 변화하고 있는 '조직 내 인간행동'이라는 복잡한 문제를 다루고자 한다. 복잡한 인간행동을 이해하기 위하여 시스템적 접근법을 원용하여 조직행동에 영향을 미치는 요인을 개인, 집단 및 조직 수준으로 나누어 통합적 모형을 제시함으로써 조직행동에 대한 통합적 시각을 제시하고자 하였다. 이러한 조직행동의 연구는 경영의 주체인 현재 또는 미래의 경영자들에게 조직 내 인간행동과 태도에 대한 체계적 지식과 경영마인드를 제공함으로써 전문적인 경영능력을 증대시키고자 하는 데 주목적을 두고 있다. 그러나 미래 및 현재의 경영자들이 조직성과뿐만 아니라 조직구성원, 나아가서는 일반 사회구성원들의 '삶의 질' 향상에 기여하는 데도 목적을 두고 있다. 즉 인적자원이란 투입물을 어떻게 관리하여 조직성과와 '삶의 질' 향상이라는 산출물을 만들어 내는가를 설명하고자 한다.

이러한 관점에서 제Ⅰ편에서는 조직행동의 이해(제1장)와 조직행동의 결과변수인 가치 및 태도(제2장)를 다루어 조직행동의 개념과 학습방향을 명확히 하고자 하였다. 제Ⅱ편에서는 인간에 대한 다양한 관점을 제공하는 동기이론들을 살펴본다. 이러한 동기이론들은 개인들이 조직 내에서 왜 다양한 태도와 행동을 보이는지를 이해하는 데 도움이 될 것이다. 제Ⅲ편에서는 동기 이외에 조직 내 개인차이를 이해하는 데 도움이 되는 성격과 능력(제6장) 그리고 지각(제7장)을 다룬다. 여기서 역량은 최근에 인적자원관리와 심리학에서 주목을 받는 개념으로 조직행동의 연구에 있어서 중요한 역할을 할 것이 예상된다.

제Ⅳ편에서는 집단 또는 인간관계 요인들이 개인이나 집단행동에 어떻게 영향을 미치는지를 살펴본다. 여기에 속하는 팀 구축과 관리(제8장), 의사소통(제9장), 권력과 갈등(제10장), 의사결정(제11장) 그리고 리더십(제12장) 등은 조직행동 연구에 있어서 전형적으로 다루어지는 주제들이다. 마지막으로 제Ⅴ편에서는 조직이 개인행동에 영향을 미치는 요인들로서 직무설계(제13장), 직무스트레스(제14장), 조직문화(제15장) 그리고 조직변화와 개발(제16장)이 다루어진다. 다만 직무스트레스는 개인특성, 집단 및 조직의 다양한 요인에 의해 영향을 받으므로 논의의 편의상 제Ⅴ편에서 다루기로 한다.

이러한 시도는 집필진의 헌신적 노력과 더불어 동료 교수들 및 기업들로부터 다양한 피드백과 도움으로 가능하게 되었다. 추후에도 동료 교수들과 기업들로부터의 충고와 관심은 저자들에게는 더할 나위 없이 귀중한 재산일 것이다. 끝으로 힘든 일정에도 불구하고 헌신적 노력으로 책의 출간이 가능하게 한 박영사 임직원 여러분과 일정관리와 원고정리에 도움을 준 경영전문대학원 재학중인 박용훈 군에게 감사를 드린다.

2007년 2월

黃 圭 大 씀

머리말

21세기가 다가오면서 인간의 존재에 대한 관심이 더욱 고조되고 있다. 특히 저성장경제와 고실업을 경험하고 있는 우리 나라는 많은 사람들이 조직생활에서 불안, 긴장 그리고 스트레스 등을 심각하게 느끼고 있다. 또한 급격한 구조조정에 따라 수반되는 조직의 변화는 우리가 조직에서 중요한 개념으로 인식하고 있는 동기유발, 팀워크, 성과, 능력 등과 같은 용어의 의미를 재인식하도록 하고 있다. 즉 우리는 조직 내에서 어떻게 행동하고 생존하여야 하는가에 대한 근본적인 문제에 당면하고 있는 것이다.

조직행위론은 책의 부제목이 제시하는 바와 같이 조직 내 인간의 태도와 행위를 체계적으로 연구하는 학문이다. 조직행위론은 일반과학과 같이 그 내용이 이론적이기는 하지만 실용적인 면에서 볼 때 추상적이고 형이상학적인 다른 분야에 비해 우리가 직면한 현실과 인간에 대한 이해를 높이고 경영에 응용할 수 있다는 점에서 매우 실천적 성격이 강한 이론이다.

지난 10년간 대학에서 조직행위에 관심을 갖고 있는 여러 학도들과 공식적·비공식적으로 조직 내 인간의 태도와 행위에 대한 꾸준한 토론과 연구를 진행해 왔다. 이 결과 우리들이 채택한 조직행위론에 대한 기본적인 연구방향은 다음과 같이 요약할 수 있다.

첫째, 조직행위에 대하여 과학적이고 합리적인 이해를 추구한다. 지난 수십년간 조직 내 인간의 태도와 행위에 대해 광범위한 연구가 이루어졌다. 또한 많은 학자들은 이러한 연구를 이론적으로 정립하는 데에 노력을 경주해 왔다. 우리는 이러한 연구를 요약하여 조직행위 분야에 학문적 성격을 반영하도록 한다.

둘째, 급변하는 조직환경 속에서 절대 다수의 조직들은 다양한 조직행위기법을 활용하고 있다. 이들 중 일부는 이론적 근거에 의해 체계적으로 실행되는 반면 구체적 근거가 없이 주먹구구식으로 실행되는 경우도 많다. 조직행위론은 현재 기업들이 활용하고 있는 조직행위기법에 대하여 체계적이고 학문적인 근거를 제공할 수 있어야 한다.

마지막으로 우리 자신과 함께 존재하고 있는 조직에 대한 이해를 촉진하고자 한다. 우리 자신과 조직에 대한 이해를 통하여 개인과 조직의 잠재능력을 개발·활용하여 안정된 삶을 추구하고자 한다.

본서에서는 조직행위에 대한 이론, 현실 그리고 전망을 소개하고자 하였다. 즉 본서에서는 1) 광범위하고 최신의 조직행위이론 및 기법의 소개, 2) 연구와 응용 사이의 균형적 감각 그리고 3) 독자들에게 흥미를 유발하는 내용 전달을 편집기준으로 삼았다. 그러나 우리는 이러한 의도가 우리 자신의 의지에 그치고 본서에 그대로 반영되었다고는 믿지 않는다. 학계의 교수, 학생 그리고 기업현장의 경영자와 관리자 등 다양한 분야로부터 피드백이 애초 설정한 목적을 향해 전진하는 데 크게 도움이 될 것이다. 이러한 피드백에 대하여 사전에 고마움을 표시한다.

이 책을 만드는 데에는 여러 사람들의 도움이 있었다. 그러나 책 내용상의 모든 한계점과 문제점은 모두 저자들의 책임이다. 독자들의 기탄 없는 지적은 향후 본서를 보완해 나가는 데 많은 도움을 줄 것이다. 끝으로 이 책을 출판하는 데 박영사의 안종만 사장님과 편집 및 제작에 수고해 주신 직원 여러분께 감사를 드리는 바이다.

1999년 1월

대표집필자 **황규대**

목　　차

제 I 편　조직행동의 이해

제 1 장　조직행동의 이해

제 2 장　가치 및 태도

제Ⅱ편 동기이론들

제3장 내용이론

제4장 과정이론

I

1. 조직행동의 이해
2. 가치 및 태도

조직행동의 이해

조직행동은 비교적 최근에 경영학 연구의 중심 분야로 자리잡은 학문으로 현대 경영에 있어서 중요한 의미를 가지고 있다. 조직구성원의 태도와 행동은 조직의 성과에 중요한 영향을 미친다. 조직행동에 대한 연구는 많은 발전단계를 거쳐 이루어져 왔으며 아직도 진행중이라고 할 수 있다. 제1편에서는 조직행동의 발전과정, 전반적 범위 그리고 추구하는 목표를 살펴보고 주요 결과변수인 태도와 행동에 대해서 살펴본다. 구체적으로 제1장에서는 조직행동(organizational behavior)의 전반적 이해를 돕기 위해서 조직행동에 대한 연구들의 역사적 흐름을 알아보고, 현재 조직행동 연구에서 추구하는 목적 및 범위를 살펴본다.

제2장에서는 조직행동에서 관심을 가지고 있는 가치 및 태도에 대해서 다룬다. 태도와 관련해서 본서에서는 개념과 함께 많은 관심이 모아지고 있는 직무만족 및 조직몰입을 검토하고 있다. 특히 직무만족은 많은 조직에서 중요한 경영지표로 사용되고 있는 바 직무만족과 성과, 사퇴, 결근 등과 같은 행동들 간의 관계를 살펴본다.

1 조직행동의 이해

학습목적

1. 조직행동론의 정의 및 목적에 대한 이해
2. 조직행동론에 있어서 분석수준의 이해
3. 조직행동이론의 발달과정에 대한 이해
4. 조직에 있어서 행동과 태도에 대한 체계적 연구의 중요성에 대한 이해

경영환경의 변화와 도전

점점 더 경쟁적이고 글로벌화가 되어가는 경영환경 속에서 기업이 발전하고 지속적인 경쟁우위를 달성하기 위해서, 경영자들은 보다 더 민첩해지고 유연해져야 한다. 또한 성공하기 위해서는 정보 기술 및 인적 자원을 적절하게 이용하여야 한다. 경영자들은 급격한 기술 변화와 글로벌화 속에서 경쟁력을 갖추어야 한다. 이러한 변화의 원인은 보다 많은 정보와 지식의 집약, 새로운 경제 신흥국의 부상(중국이나 인도 등), 새로운 경제 연합과 제재 등을 들 수 있다.

환경이 얼마나 빨리 급변하고 있는지를 잘 보여주는 예는 컴퓨터 산업을 들 수 있다. 1980년대 중반만 하더라도 이 분야에서 가장 큰 회사는 IBM과 Apple사였다. 이들은 개인용 컴퓨터와 소프트웨어 시장에서 치열한 경쟁을 하였다. 오늘날 두 회사는 남아 있지만, 각각 개인용 컴퓨터 분야에서는 Dell사가, 소프트웨어 분야에서는 Microsoft사가 선두를 차지하고 있다. 과연 미래에는 누가 과연 선두에 있을까?

시장은 점점 더 경계가 없어지고 글로벌화가 되고 있다. 인수, 합병 및 합작회사 등은 세계 시장이 어떻게 움직이는가에 따라 급변하고 있다. 전략적 제휴는 여러 산업 분야에서 활발히 형성되고 있다.

국제적으로 경쟁력을 갖추기 위해서 꼭 필요한 요소는 인적 자원이다. 인적 자원을 유인하고 유지하며, 개발시키기 위해서 조직은 지속적으로 학습할 수 있는 환경을 만들어야 한다. 조직은 지식을 식별하고, 이를 조직구성원에게 전달시키며 지속적으로 업데이트를 하여야 한다.

지식은 직무, 팀 작업, 외부 이해관계자와의 상호작용 및 경쟁자와의 경쟁에서도 필요하다. Wal-Mart사의 관리자들은 경쟁업체를 방문하여 어떻게 운영되는지를 진단하고, 또한 상품과 서비스를 어떻게 제공하는지를 체계적으로 확인한다.

지식공유는 경쟁에 있어서 또 다른 중요한 측면이다. 스웨덴의 전자회사인 Ericsson사는 정보기술을 활용한 지식공유를 장려한다. Ericsson사의 직원과 직원의 가족들에게는 자유로운 내부 인터넷 접근이 허용된다. 웹 사이트는 Ericsson사의 종업원들이 사용하는 역량의 개발에 초점을 맞춘다. 토론 집단이나, 대화방, 특별한 종류의 포럼 등의 실용적인 커뮤니티를 많은 종업원들이 웹 사이트를 이용하고 있다.

자료: J. M. Ivancevich, R. Konopaske & M. T. Matteson(2005), *Organizational Behavior and Management*(7th ed.), New York: McGraw-Hill/Irwin, p.4에서 수정 인용.

현대사회는 조직사회이다. 실제로 우리는 출생으로부터 시작하여 교육, 오락, 정신적 성장 그리고 죽음에 이르기까지 우리 생애 거의 전반을 조직 속에서 영위하고 있다. 따라서 조직에 있어서 인간 행동과 태도를 이해한다는 것은 우리의 삶을 풍요롭게 할 수 있을 뿐만 아니라 사회적 지도자에게는 필수 불가결한 조건이다. 실제로 조직의 리더는 마케팅, 생산, 재무, 회계 등과 같은 문제들을 해결하여야 할 뿐만 아니라 조직구성원들이 의욕을 가지고 열심히 일하도록 만들어야 한다.

그러나 리더가 가장 다루기 힘들고 고심하는 문제들은 주로 인간문제에 관한 것이다. 사실 우리들은 다른 사람과 더불어 또는 사람을 통하여 일을 수행하고 있으므로 인간을 이해한다는 것은 매우 중요한 일이 아닐 수 없다. 실제 경영자들이 기업을 관리하면서 흔히 당면하는 인간과 관련된 문제는 다음과 같다.

- 왜 조직구성원들은 능력을 발휘하여 열심히 일하지 않는가?
- 조직 내의 갈등은 왜 발생하며 어떻게 다루어야 하는가?
- 조직 내에 의사소통의 문제가 왜 빈번히 발생하는가?
- 신규 구성원을 채용할 때 인간의 어떤 특성을 살펴보아야 하는가?
- 조직구성원의 만족도를 어떻게 높일 수 있는가?
- 효율적 리더가 되기 위하여 나는 어떻게 행동하여야 하는가?

이상의 질문들은 경영자들이 업무를 수행하면서 당면한 문제를 전부 망라한 것은 아니지만 개인이나 집단과 관련하여 빈번하게 부딪히는 문제들이다.

우리는 인간의 행동과 태도를 이해하고 설명하기 위하여 자주 직관이나 경험에 의존한다. 이러한 직관이나 경험은 때때로 인간의 태도와 행동을 이해하는 데 중요한 정보를 제공하지만, 때때로 우리를 잘못 이끈다. 더욱이 개인마다 직관이나 경험이 다르기 때문에 개인의 행동이나 태도에 대해서 일관성 있는 이해를 도출하기가 어렵다. 따라서 우리는 과학적 방법에 의해 인간의 행동이나 태도를 이해하도록 노력할 필요가 있다. 조직행동론에서는 이러한 필요성에 답을 하기 위하여, '조직에 있어서 인간의 행동이나 태도에 관한 체계적 연구'를 한다.

인간의 태도와 행동에 대한 체계적 이해를 통하여 현대 사회에 있어서 생산성과 노동생활의 질(quality of work life)을 개선하고자 하는 것이 우리의 목적이다. 이러한 문제의식을 마음에 새겨 두고 지금부터 조직행동의 이해에 필요한 기초들을 하나씩 검토하여 가자.

조직행동론이란 무엇인가?

조직행동론(organizational behavior)이란 일반적으로 조직 내에서 인간의 행동과 태도를 연구하는 분야를 의미한다. 보다 구체적으로 정의하면 **조직행동론이란 개인, 집단 그리고 조직과정에 대한 체계적 연구를 통하여 조직에 있어서 인간 행동과 태도에 대한 지식을 추구하여 조직효과성**(organizational effectiveness) **과 인간복지**(individual well-being)**를 강화하고자 하는 학문분야이다.**[1)]

이 정의는 다소 복잡하고 여러 가지의 중요한 측면을 포함하고 있기 때문에 약간의 설명이 필요하다.

조직행동의 학습목적

조직행동은 조직과 인간에 대한 기본적 이해를 바탕으로 조직의 효과성과 인간복지를 추구하는 학문이기 때문에 조직행동에서는 순수과학적 연구뿐만 아니라 관리기법에 대한 연구도 포함하고 있다.

스트레스를 예로 들자면, 조직행동연구자들은 스트레스의 정의·원인·증상 등에 대한 연구뿐만 아니라 스트레스에 어떻게 긍정적으로 대응하고 관리할 것인가에도 관심을 가지고 있다. 즉, 조직행동의 연구는 단순한 연구차원에서 끝나는 것이 아니고 〈그림 1-1〉과 같이 실제 조직에 적용하고자 하는 적극적 측면을 지니고 있다. 따라서 조직행동에 대한 연구가 적절히 이루어지려면 첫째, 연구에 의해 도출된 객관적 지식(objective knowledge)의 이해를 필요로 한다. 둘째, 지식은 조직에 효율적으로 적용하는 데 필요한 능력과 숙련 개발을 필요로 한다. 마지막으로 특정 조직상황에 적절히 적용하기 위하여 객관적 지식과 능력이 종합되어야 한다.

〈그림 1-1〉 조직행동 학습과정

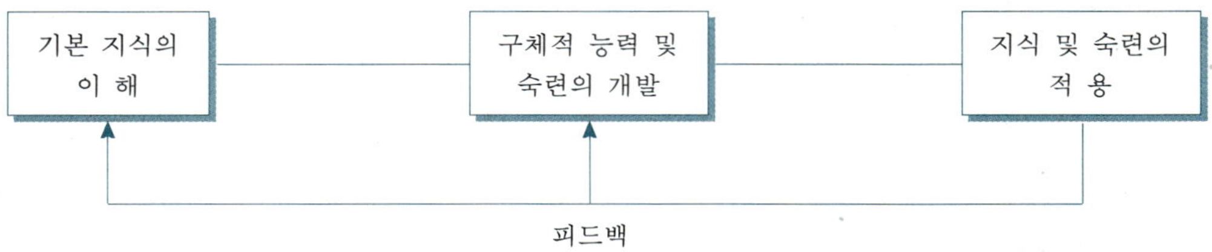

자료: D. L. Nelson & J. C. Quick(1977), *Organizational Behavior: Foundations, Realities, and Challenges*, Minneapolis St. Paul: West에서 수정 보완.

또한 조직행동은 조직효과성과 인간복지를 동시에 추구한다. 조직효과성은 무엇보다도 먼저 생산성(productivity) 향상을 통하여 이루어질 수 있다. 요즘과 같이 점점 극심해져 가는 경쟁 속에서 생산성은 조직의 생존에 필수 불가결한 요소이다. 조직구성원의 복지는 개인차원의 관점으로 노동생활의 질(Quality of Work Life: QWL)의 강화를 들 수 있다. 경제적으로나 시간적으로나 직장생활이 조직구성원들의 인생에서 차지하는 비율이 매우 크므로 이들이 직장생활에서 만족하고 의의를 느낀다는 것은 매우 중요하다.

여기서 한 가지 주목해야 할 점은 생산성과 노동생활의 질은 서로 상충적이라기보다는 보완적이라는 것이다. 즉 조직이나 직무에 만족하고 의의를 느낄 때 조직구성원의 근속이나 조직몰입 등이 강화되어 궁극적으로 생산성 향상을 꾀할 수 있다.

마찬가지로 조직이 경쟁 속에서 생존하여야 조직구성원에게 지속적으로 일

〈그림 1-2〉 조직행동 연구의 목적

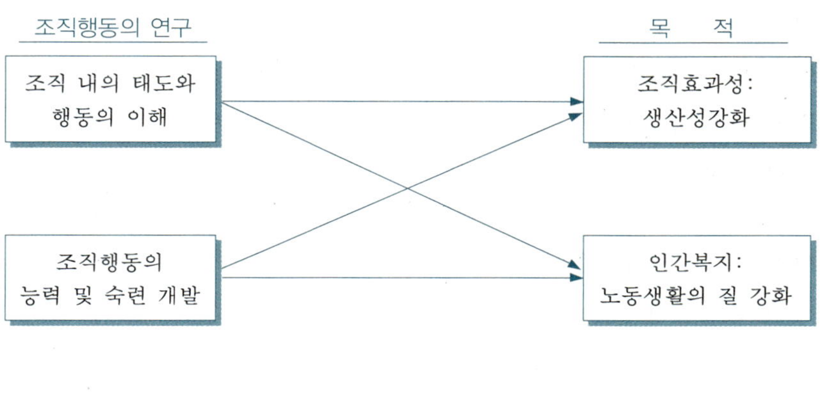

자리를 보장할 수 있으며 임금이나 복리후생을 제공할 수 있다. 따라서 조직행동론은 개인차원뿐만 아니라 조직차원의 목표들을 동시에 달성하고자 하는 균형적 입장을 취한다.

조직행동연구의 분석수준

지금부터 조직행동연구에 있어서 주요 초점이 되는 세 차원, 즉 개인, 집단 그리고 조직에 대해서 논의하자.

왜 이 세 차원이 필요한가? 그 이유는 조직상황에서 개인의 행동을 이해하기 위해서는 세 차원에 대한 분석이 필요하기 때문이다. 먼저 태도나 성격, 지각 등과 같은 개인특성들은 조직구성원들의 행동에 영향을 미친다. 따라서 조직구성원들의 행동을 위해서는 먼저 그들의 개인특성과 심리적 과정을 이해할 필요가 있다. 또한 인간은 사회적 동물이기 때문에 개인특성뿐만 아니라 개인간의 상호작용 또는 집단에 의해도 영향을 받는다. 마지막으로 조직의 구조·문화들도 개인의 행동을 촉진시키거나 억압함으로써 개인에게 영향을 미친다.

간단히 말하면, 조직상황에서 개인의 행동과 태도를 충분히 이해하기 위해서는 **개인**(예를 들면, 태도, 지각, 동기 등), **집단**(예를 들면, 의사소통, 공식적 및 비공식적 규범 등) 그리고 **조직**(예를 들면, 문화, 가치, 구조 등)에 대한 정보를 필요로 한다(〈그림 1-3〉 참조). 더 나아가 우리는 개인, 집단 그리고 조직의 세 차원이 어떻게 상호작용 하는가 그리고 이들이 조직효과성에 어떠한 관계가 있는가를 파악할

〈그림 1-3〉 조직행동의 분석수준

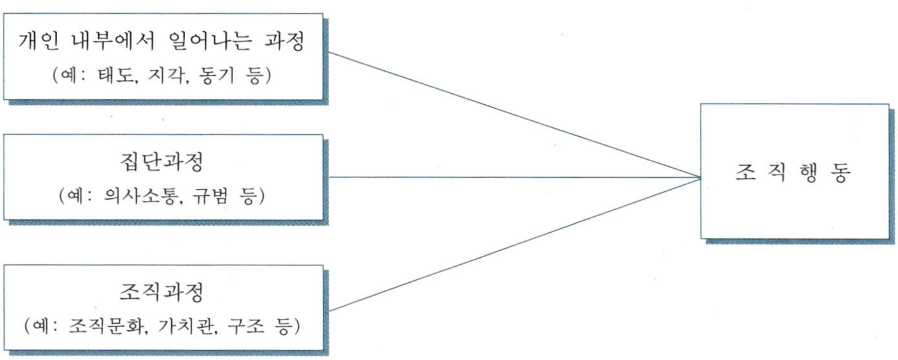

필요가 있다.

조직행동과 과학적 방법

과학이 되기 위해서는 조직행동론도 조직에 있어서 행동과 태도에 대한 이론을 구축하고, 평가하고 그리고 수행하는 데 과학적 방법을 사용할 필요가 있다. 과학적 방법은 개인의 의견이나 선호와는 독립적으로 증명할 수 있는 객관적 방법으로 지식을 산출하려고 시도한다. 따라서 과학적 방법은 (a) 현실에 대한 **예측**을 행하며, (b) 예측의 정확성을 평가하기 위하여 현실세계에 대한 **관찰**을 행하며, 그리고 (c) 현실세계의 사건이나 인간 간의 관계를 **이해**하기 위하여 관찰의 결과를 활용한다. 이러한 과학적 방법은 실증연구(empirical study)를 통하여 이루어진다. 확실히 조직행동에 관한 이론은 과학적 방법에 기초를 두고 있지만 자연과학에서처럼 과학적 방법론이 엄격하게 적용되는 것은 아니다. 조직행동 분야의 많은 연구자들은 과학적 연구방법에 기초한 연구가 조직행동에 대한 지식을 획득하는 가장 좋은 방법이라는 데 동의하고 있다. 그러나 동시에 그들은 실제 조직상황에 있어서 과학적 연구방법의 원리를 그대로 적용하는 데는 커다란 어려움이 있다는 것도 이해하고 있다. 따라서 많은 사람들은 다른 방법(예를 들면, 경험 있는 경영자의 논평, 중요한 사건이나 변화발생시 상황에 관한 정보 등)에 의해 중요한 아이디어와 귀중한 통찰력을 얻을 수 있다고 믿고 있다. 이러한 논평 또는 정보가 과학적 연구의 대체물이 될 수는 없지만 과학적 연구에 사전자료로 도움이 될 수 있으므로 전적으로 무시되서는 안 된다.

조직행동 연구의 연역

사회의 가치관 및 기술이 변함에 따라 조직은 성쇠를 달리하여 왔다. 서양에서 중세까지 사회를 주도한 조직은 정부와 교회였다. 그러나 산업혁명이 일어나자 과학과 기술에 사회적 관심이 쏠리게 되면서 자유로운 경제활동이 촉진되었으며 교회는 힘을 잃게 되었다.

중세에 교회가 사회에 있어서 주도적인 조직이었을 때에는, 인간은 원죄를 지니고 있으며 사악한 행동에 쉽게 노출되는 존재로 여겨졌다. 따라서 통제와 규제가 필요한 것으로 인식되었다. 산업혁명 후 경쟁과 적자생존이 사회의 주된 가치관이 되자 인간의 본성은 중립적이며 또 부정적으로 간주되기도 했다. 그러나 인간은 아직 경제적 이득에 의해 주도되는 존재로 여겨졌다. 최근에는 인간은 기본적으로 '선'하여 자신뿐만 아니라 타인의 성장과 개발에도 관심을 갖는 존재로 인식되고 있다.

1960년에 맥그리거(D. McGreger)는 이론 X와 이론 Y로 명칭된 조직 내 인간에 대한 관점을 소개하였다. **X이론**(Theory X)은 "인간을 부정적으로 바라보는 것으로 인간은 본성적으로 게으르고 책임을 지기 싫어한다"고 본다. 따라서 경영자의 임무는 이러한 인간들이 제대로 일하게끔 지시하고 감독하는 것이라고 말할 수 있다. 이러한 관점은 과거로부터 널리 퍼져온 것이며 현재에도 많은 사람들이 믿고 있다.

반면에 "인간본성에 대하여 긍정적으로 바라보는 사람들은 인간들은 빈둥거리는 것만큼 일을 열심히 하며 책임을 질 줄 안다"고 믿는다. 인간의 반응을 결정짓는

〈표 1-1〉 X이론과 Y이론의 특징

X이론(Theory X)	Y이론(Theory Y)
• 원래 인간은 일을 싫어하기 때문에 가능하다면 피하려고 한다.	• 일은 놀이나 휴식같이 자연스런 것이다.
• 인간은 책임감이 결핍되어 있고 야망이 없으며 무엇보다도 안전을 추구한다.	• 인간은 적절한 조건만 갖추어지면 책임을 받아들일뿐만 아니라 적극적으로 책임을 수용하려고 한다.
• 일을 시키기 위해서는 지시, 강압, 위험 등의 수단을 사용하여야 한다.	• 인간은 자신의 목표를 달성하기 위하여 스스로 통제하고 관리한다. • 인간은 잠재력을 가지고 있다. 적절한 조건하에서는 상상력과 창의력을 작업에 적용하고자 한다.
이런 가정하에서 경영자의 임무는 조직구성원을 강제하고 통제하는 것이다.	이런 가정하에서 경영자의 임무는 조직구성원의 잠재력을 개발하고 공통의 목적을 위하여 잠재력을 발휘하도록 돕는 것이다.

자료: D. McGregor(1980), *The Human Side of Enterprise*, McGraw−Hill.

〈표 1-2〉 인간에 대한 관점에 의한 이론 분류

부 정 적(X이론)	긍 정 적(Y이론)	중 립 적
전통적 이론 • 관료제 • 경영관리론 • 과학적 관리	• 인간관계이론	• 시스템이론 • 상황이론

중요한 요소는 작업환경이기 때문에 만약 열심히 일하는 것이 보상을 받는다면 그들은 열심히 일할 것이다. 그러나 노력이 보상을 받지 못하는 상황에서 인간에게 열심히 노력할 것을 기대하는 것은 어리석은 일일 것이다. 이러한 관점은 **Y이론**(Theory Y) 또는 **인적자원모형**라고 불린다. 이러한 낙관적 관점을 가진 경영자들은 자신의 주요 임무는 올바른 상황을 만들어 주는 것이지 조직구성원을 일로 내모는 것이 아니라고 생각한다. X・Y이론 대한 주요 특징은 〈표 1-1〉에 제시되어 있다.

지금부터 인간본성에 대한 관점에 근거를 맞추어 조직행동의 연구가 어떻게 발전되어 왔는지를 살펴보자. 먼저 지적 해 두고 싶은 것은 인간에 대한 다양한 관점이 현재에도 널리 퍼져 있으며 현대 조직에서도 적용되고 있다는 점이다. 어떤 관점이 오래 되었다고 해서 그것이 반드시 유용성을 잃어버리는 것은 아니다(〈표 1-2〉 참조).

전통적 이론들(classical theories)

관료제 이론

산업혁명이 일어나자 과학과 기술에 대한 인식이 새로워졌으며 많은 사람들이 도시노동자화 되었다. 이런 변화와 더불어 사회적 불평등에 대한 긴장이 고조되었으며 민족・국가주의적 감정도 싹트게 되었다. 이 시기에 유럽에서는 조직이 효율적이기 위해서는 어떻게 설계되고 관리되어야 하는가에 대한 연구가 나타났다. 대표적인 것으로 막스 웨버(Max Weber)는 조직구조, 리더십 그리고 합리성(rationality)에 대한 일련의 연구논문을 발표하였다. 웨버의 주장은 '관료주의적 모델(bureaucratic model)'로 알려져 있으며 전통적 이론의 기초가 되었다.

초기에 관료주의는 현재의 우리가 주장하듯이 조직의 비효율성이나 형식에 사로잡힌 비능률적인 사무절차(red-tape)를 의미하는 것은 아니었다. 반대로 웨버는 관료주의를 조직효율성을 강화하는 이상적 설계로 믿고 있었다. 관료주의 조직의 기본 설계원리는 '수단 – 목적간 합리성(means-to-ends rationality)'이며 다음과 같은 특징을 지닌다.

- 규칙의 명확화: 규칙을 통하여 업무절차를 표준화할 수 있고 모든 인간을 동일하게 취급할 수 있다. 따라서 규칙을 조직의 질서와 영속성을 위하여 필요하다.
- 노동의 분화(division of labor): 인간은 잘 정의된 직무를 담당하고 있으며 직무를 수행하는 데 필요한 권한을 가진다. 따라서 '노동의 분화' 원칙은 조직설계의 근간이다.
- 기술적 훈련, 역량 그리고 전문성에 근거한 인사: 특정 직무에 대한 자격요건(ability requirement)이나 승진에 대하여 객관적 기준을 적용한다.
- 전문경영: 관리시스템은 생산수단의 소유와 완전히 분리되어 있다. 합리적이고 객관적으로 의사결정을 하기 위해서는 소유권이 리더십과 분리되어야 한다.
- 계층의 원칙: 하위직급은 상위직급에 의해서 직접적으로 감독과 통제를 받는다. 의사소통은 수평적이기보다는 수직적이다.
- 문서화: 행동, 의사결정 그리고 규칙 등은 문서로 기록되고 보관된다. 이렇게 조직의 기능은 공공기록의 한 부분이 된다.

이러한 구조화원칙은 여러 가지 중요한 점을 내포하고 있다. 첫째는 업무가 반드시 즐겁도록 설계할 필요는 없다는 점이다. 업무는 효율적이면서 갈등이 최소화되도록 설계되어야 한다. 둘째는 모든 것이 명확히 규정되고 개방된다는 것이다. 직위는 명확히 정의되고 인간은 기본적으로 전환배치가 가능하다. 또한 조직의 구조적 및 관리적 측면을 강조하며 직무를 수행하는 개인들에 대해서는 거의 관심을 두지 않고 있다.

웨버는 조직의 구조화원칙이 효과적으로 작용하기 위해서는 조직 내 합법적 권한의 중요성을 강조하였다. 조직 내 권한은 다양한 원천에 의해 획득되지만, 권한의 행사가 상대방에 의해 수용될 때 합법적인 것이 된다. 웨버는 합법적인 권한의 유형으로 다음의 세 가지를 제시하였다. 첫번째 유형은 단순히 전통이나 관습에 의해 특정 지위를 맡는 전제군주로 대표될 수 있다. 두 번째 유형인 카리스마적 리더는 개인적 매력을 통하여 권한을 획득한다. 즉 카리스마적 리더는 인간적 매력에 의해 다른 사람들이 따르도록 만든다. 마지막으로, 관료적 리더는 전문성과 법적으로 정의된 자격요건 때문에 획득되며 책임을 수반한다. 웨버는 조직을 경영할 사람은 관료적 리더라고 주장한다.

웨버의 모형은 문자 그대로 모형임에 주목할 필요가 있다. 관료제는 웨버가 이상적 조직설계모형이라고 믿는 것이다. 현실에 있어서는 이상적 모형과 부합되는 조직은 존재하지 않는다. 그러나 웨버는 '관료적 조직'과 근접할수록 조직의 효율성이 커진다고 주장한다.

경영관리론

전통적 이론을 정교화하고 보완한 다수의 유럽 학자들이 있다. 그러나 그들은 이상적 모형을 설계하는 대신, 실제로 존재하는 성공적 조직의 특성을 분류하고 식별하고자 하였다.

앙리 페욜(Henri Fayol)은 경영자의 5개 기능과 경영관리의 14원칙을 개발하였다. 경영자의 5개 기능은 ① 계획화(planning), ② 조직화(organizing), ③ 지시(command), ④ 조정(coordinating) 그리고 ⑤ 통제(control)이다. 이 다섯 기능은 현대의 경영서적에서도 그대로 인용되고 있다.

경영관리의 14개 기본원칙은 웨버의 원칙과 비슷하며 다음과 같다.

1. 업무의 분화(division of work): 조직구성원들이 보다 효율적으로 특정 활동에 전념할 수 있도록 노동을 전문화한다.
2. 권한과 책임(authority and responsibility): 권한은 업무상 지시할 수 있는 권리이다.
3. 훈육(discipline): 훈육은 사업의 원만한 운용을 위하여 필수 불가결한 것이다.
4. 명령의 일원성(unity of command): 조직구성원은 단지 하나의 상사로부터 지시를 받는다.
5. 지시의 단일화(unity of direction): 동일한 목적을 지닌 업무활동들에 대하여 한 명의 책임자와 하나의 계획만 있어야 한다.

6. 개인 이해에 대한 공적 이행의 우선(subordination of individual interests to general interests): 개별 조직구성원 또는 집단의 이해는 조직의 전반적 이해보다 우선되어서는 안 된다.
7. 조직구성원에 대한 보상(remuneration of personnel): 보상은 공정하여야 하며 가능한 한 조직구성원과 기업을 동시에 만족시켜야 한다.
8. 집중화(centralization): 집중화는 조직의 핵심이며 조직화의 당연한 결과이다.
9. 계층연쇄(scale chain): 조직은 최고 권한을 지닌 계층으로부터 최하직까지 감독의 연쇄로 이루어져 있다.
10. 질서(order): 조직은 모든 조직구성원에 대해서 적절한 자리와 위치를 제공하여야 한다.
11. 공정성(equity): 공정성과 정의감(justice)이 조직에 만연해 있어야 한다.
12. 고용의 안정성(stability of tenure of personnel): 조직구성원들이 자신의 업무에 적응하고 효과적으로 업무를 수행하기 위해서는 시간이 필요하다.
13. 주도성(initiative): 조직의 모든 계층에서, 주도성에 의해 열정과 에너지를 증대시켜야 한다.
14. 집단정신(esprit de corps): 이 원칙은 팀워크와 인간관계를 강조하고 있다.

위에 기술한 14개 원칙 중 7개가 명령계통과 권한분배와 관련이 있다. 그리고 두 원칙이 시스템의 공정성 그리고 다른 두 원칙이 안정성과 질서와 관련이 있다. 이 요소들은 웨버도 중요성을 인식한 것들이다.

그러나 페욜이 추가한 새로운 점은 주도성과 집단의식이다. 이것이 조직에 있어서 인간적 요소가 고려된 첫 시도이다. 또한 집중화가 비중있게 논의되었다. 페욜은 집중화가 모든 상황에서 바람직한 것이 아니며 자유재량(latitude)과 분권화(decentralization)는 개별조직에 의해서 결정되어야 할 균형의 문제라고 제안하고 있다. 이런 점에서 전통적 관료제 모형이 페욜에 의해서 확장된 것이다.

과학적 관리(scientific management)

19세기말 대부분의 작업은 그 이전 시대의 작업방식을 그대로 답습하고 있었다. 수행하여야 할 작업이 문제가 되었지 작업을 수행하는 인간에게는 관심을 두지 않았다. 따라서 과학자들은 보다 효율적인 기계를 개발하기 위해서 새로운 기술적 지식을 작업현장에 적용하는 일에 몰두하였다. 이런 노력의 논리적 근거는 생산방법이 개선된다면 효율(efficiency) 또한 자동적으로 상승한다는 것이다. 그러나 실제 결과는 이런 논리를 일관성 있게 지지하지 못하였다. 때로는 새롭고 보다 효율적인 기계가 생산성을 강화하였지만, 생산성 증가가 뒤따르지 않는 경우도 빈번히 발생하였다. 이런 결과는 대다수의 경영자로 하여금 새로운 결론에 도달하게 하였다. 즉 기계도 중요하지만 그것이 문제의 전부는 아니며 기계를 운용하는 인간도 고려되어야 한다는 것이다. 이러한 생각은 가장 효율적 방법으로 인간이 일할 수 있도록 작업을 설계하려는 시도, 즉 시간 및 동작 연구(time and motion studies)를 낳았다. 이에 관한 전통적 이론은 프레드릭 테일러(Frederik W. Taylor)에 의해 대표될 수 있다. 테일러는 조직의 생산부문에 대해 집중적으로 연구하였다.

테일러의 과학적 관리법의 가장 큰 특징은 조직구성원들이 최대로 일할 수 있도록 하여 능률을 극대화 하는 데 관심을 가지고 있다는 점이다.[2]

과학적 관리법이 관점은 다음의 두 가지로 요약할 수 있다. 우선 조직구성원들은 직무별로 신중히 선발되고 훈련되어야 한다는 것이다. 이런 주장은 모든 조직구성원들은 쉽게 전환배치될 수 있으며 여러 직무를 동일하게 수행할 수 있다는 기존의 관념을 무너뜨린 것이다. 또 하나는, 과학적 관리법은 작업상황에 있어서 동기유발(motivation)의 중요성을 인정하고 있다. 즉 작업동기는 주로 경제적 욕구로부터 나오기 때문에 경제적 보상을 유인(incentive)으로 활용하면 작업동기, 나아가서는 생산성을 증가시킬 수 있다는 것이다.

이러한 관점은 현대적 관점에서 보면 소박한 생각이다. 오늘날에는 인간이 경제적 욕구부터 자기완성까지 다양한 목표를 달성하고자 한다고 본다. 따라서 과학적 관리법은 동기의 성질에 대해서 잘못 이해하고 있었다고 할 수 있다. 그러나 과학적 관리법이 동기의 중요성은 충분히 인식하고 있었다는 면에서 이것은 그 당시 상황으로 보아 커다란 진전이 아닐 수 없다.

전체적으로 보면 과학적 관리법은 조직구성원의 만족이나 사기가 아니라 효율과 생산량의 증대에 초점을 맞추고 있다. 과학적 관리법은 작업조직에 있어서 인간, 특히 능력, 훈련 그리고 동기측면을 고려해야 한다는 사실도 인식하고 있었다. 이것이 추후 조직에 있어서 인간적 측면에 대한 연구를 조장하였으며 독자적

인 조직행동분야를 수립하는 지적 분위기를 제공하였다.[3)]

인간관계론: 조직에 사회적 요소 도입

1920년대와 30년대에 걸쳐서 미국에서는 다양한 현상이 발생하였다. 조직은 점점 거대화되었고 기술에 대한 의존성은 점점 커졌다. 작업은 점점 전문화되었고 조직 내 사회적 집단은 붕괴되었다. 이에 대공황이 발생하자 사회 전체가 혼란에 빠져들게 되었다.

이러한 외부적 환경과 더불어 조직구성원들은 표준화되고 전문화된 작업에 대한 불만이 고조되었다. 전통적 이론, 특히 과학적 관리에서는 생산성 또는 생산량을 증대시키기 위해서는 직무설계나 동기뿐 아니라 집단구성원간의 관계, 감독자의 리더십스타일 그리고 관리의 공정성지각 등과 같은 사회적 요소도 중요하다는 사실을 간과하고 있었다.

이러한 사실을 현재에는 당연한 것으로 받아들이지만 과거에는 그렇지 못하였다. 이러한 사회적 측면이 작업 또는 작업환경에 영향을 미친다는 것은 호오손(Hawthorne) 실험과정에서 얻은 예상치 못한 연구결과였다. 조직행동분야의 성립에 있어서 호오손연구가 갖는 역할이 매우 중요하기 때문에 좀더 자세히 검토해 볼 필요가 있다.[4)]

호오손연구: 개관

1920년 중반에 시카고 외곽에 있는 웨스턴 전기회사(Western Electric Co.)의 호오손공장에서 매우 전형적인 연구가 진행되었다. 연구목적 중의 하나는 조명의 강도가 조직구성원 생산성에 미치는 영향을 결정하는 것이었다. 여성 조직구성원을 두 집단으로 나누어서 한 집단은 일정한 조명의 강도 아래에서 작업을 수행하였고 다른 집단은 조명의 강도를 변화시키면서 작업을 수행하였다. 실험결과는 양 집단에서 모두에서 생산성이 증가하여 조명의 강도와 생산성 사이에는 어떤 체계적 관계도 없는 것처럼 보였다. 실험집단의 경우 조명을 달빛 정도—작업자가 자신이 행하는 일을 거의 볼 수 없을 정도의 어두운 수준—로 낮추어도 생산성은 높게 유지되었다. 이러한 수수께끼를 풀기 위하여 웨스턴 전기의 간부들은 메이요(E. Mayo)를 책임자로 하는 전문가 집단을 구성하였다.

일련의 초기 실험에서 그들은 휴식시간의 길이, 1일 작업시간 및 주당 작업일수, 임금지불방법, 작업장소 그리고 오전의 중간간식 등과 같은 13개의 요소가 생산성에 미치는 영향을 조사하였다(이것은 계전기 조립실험실 실험(the relay-assembly test room experiment)으로 불린다). 또다시 설명할 수 없는 결과가 발생하였다. 작업환경에 어떠한 변화를 주어도 생산성은 증가하였다. 피실험자들에게 최초의 표준적 작업환경을 적용하여도 생산성은 증가하였다(〈그림 1-4〉 참조).

배선작업실 연구(bank wiring room study)라고 불리는 세 번째 연구에서는 혼란이 더욱 가중되었다. 이번에는 여성 대신에 남성 근로자가 실험에 참여했으며 기존의 작업환경을 조작하려는 시도는 없었다. 각 작업자의 성과가 보상과 직결될 때 생산성이 극대화될 것이라는 가정을 검증하기 위하여 단지 정교한 성과

〈그림 1-4〉 Hawthorne 연구의 결과

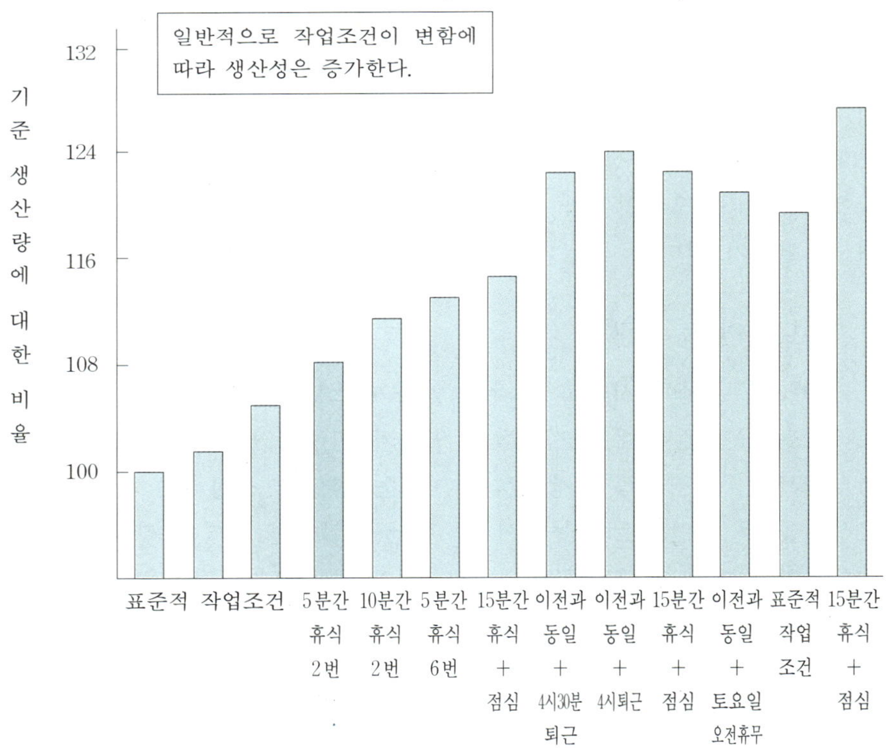

자료: R. A. Baron, & J. Greenberg(1990), *Behavior in Organizations: Understanding and Managing the Human Side of Work*(3rd ed.), Allyn & Bacon, p. 12에서 재인용.

급제만 채용하였다. 그러나 생산성은 지속적으로 증가하지는 않았다. 오히려 근로자들이 생산량을 교묘하게 제한한다는 사실이 밝혀졌다. 이러한 사실은 작업행동의 관찰(예를 들면, 모든 근로자가 퇴근시간 이전에 작업을 중지한다)과 면접(예를 들면, 대부분의 근로자가 자신이 원한다면 더 생산할 수 있다는 것을 인정하였다)에 의해 확인되었다. 왜 이런 현상이 발생하였는가? 계전실험에서는 그렇지 않았는데 이번 실험에서는 근로자들이 왜 생산량을 제한하였는가? 점차적으로 메이요와 그의 동료들은 다음과 같은 결론에 도달하였다. 즉 작업상황은 복잡한 사회시스템이기 때문에, 집단 내의 행동을 이해하기 위해서는 근로자의 태도, 근로자간 의사소통 그리고 무수한 다른 요인들을 이해할 필요가 있다는 것이다.

이러한 발견을 기초로 하여 메이요와 그의 동료들은 수수께끼 같은 연구결과를 해석할 수 있었다. 계전실험에 있어서는 피실험자들이 특별한 관심을 받고 있다는 사실에 호의적으로 반응했기 때문에 생산성이 증가하였다. 간단히 말해서 피실험자들은 그들이 연구대상이 되어 있다는 것을 알고 있으며 그런 관심을 받는 것을 즐기고 있었으므로 동기, 나아가서는 성과가 상승한 것이다.

반면에 배선작업실 연구결과는 실험참여자들이 높은 성과를 올리게 되면 그들의 일일 기준 작업량을 증가시키게 되고, 이것은 그들 중 일부가 직장을 잃을 수도 있다는 것을 의미하기 때문에 이것을 두려워하여 실험참여자들은 생산량을 일정하게 유지하였다는 것이다. 즉 그들은 생산을 제한한다는 비공식적 규칙(규범)을 설정한 것이다.

호오손연구: 의의와 영향

현대적 연구기준에 의하면 호오손연구는 많은 문제점을 지니고 있다. 예를 들면, 실험참여자가 공장근로자를 대표할 수 있는지에 대한 확인절차가 없었다. 따라서 연구결과를 연구대상이 된 특정 집단에서 다른 근로자들에게로 일반화하는 것은 쉽지 않다. 마찬가지로 실험에 사용된 방이 공장에서의 실제 작업환경과 여러 면에서 유사한지가 조사되지 않았다. 따라서 성과의 변화가 작업환경의 변화(예를 들면, 조명의 강도나 휴식시간의 길이)보다는 실험에 사용된 방으로부터 기인할 수 있다. 또한 서로 다른 조직구성원 집단들의 모든 참여자가 여성이었으며, 배선실험에 있어서는 모두 남성이었다. 이런 요소가 연구결과에 영향을 미치지는 않았는가? 메이요와 그의 동료들이 채택한 방법으로는 이러한 의문에 대하여 답하기가 어렵다.

이런 단점에도 불구하고 호오손연구는 조직행동론의 발달에 있어서 지속적인 영향을 미쳤다. 호오손연구를 통하여, 조직에 있어서 인간행동을 이해하기 위해서는 그간 과학적 관리에 의해 무시되었던 인간행동의 복잡성과 관련된 요소들을 이해할 필요가 있다는 것이 알려졌다. 인간관계이론의 주요 발견을 요약하면 다음과 같다.

- 조직은 단순한 인간-기계 시스템(man-machine system) 이상이다. 조직은 인간이 친구와 적을 만들고 희망과 공포가 교차하는 사회적 기능을 포함하고 있다.
- 생산성은 경영이 설정한 기준에 의해서가 아니라 작업집단이 비공식적으로 설정한 사회적 규범 내지는 기준에 의해서 결정된다.
- 많은 경우에 있어서 비경제적 보상이 경제적 보상만큼 중요하다. 동료나 인간관계가 직무에 있어서 중요한 부문이다.
- 조직구성원은 언제나 개별적으로 반응하는 것은 아니다. 실제로 집단이 의사결정을 행하지만 이들은 공식적 조직의 한 부분으로 인식되지 않을 수 있다.
- 결론적으로, 공식적 조직 외에 비공식적 조직도 있으며 수직적 관계뿐만 아니라 수평적 관계도 중요하다.

더욱이, 인간관계이론은 새로 형성되고 있는 조직행동과 기타 행동과학(예를 들면, 심리학, 사회학, 인류학 등) 사이의 밀접한 연계를 구축하였다. 인간관계관점 자체는 점차적으로 보다 정교한 관점으로 대체되어 왔지만, 그 개념과 아이디어는 조직행동의 형성과 발달에 크게 기여했다.

현재의 이론들

조직구성원들의 행동은 다양한 개인, 집단 그리고 조직의 요소들에 의해서 형성된다는 인식은 독자적인 조직행동분야를 등장하게 하였다. 그러나 조직행동분야가 모양을 갖추는 데는 그다지 시간이 오래 걸리지 않았다. 1940년대부터 형성되기 시작한 조직행동분야는 실무경영자나 학자들의 상당한 관심대상이 되었다. 특히 리더십이나 동기유발 등과 같은 핵심과정에 대해 상당한 연구가 이루어져 왔다.

조직행동은 지금까지 다양한 관점에서 지속적으로 발전되어 왔다. 이하에서는 현재 조직행동연구의 주요 이론을 간단히 고찰하여 보기로 하자.

시스템이론

과학적 관리법은 효과적인 직무설계를 통하여 조직의 생산성을 극대화하는데 초점을 맞추었다. 인간관계론은 연구의 초점을 직무설계로부터 사회적 요소로 바뀌게 만들었다. 그러나 위의 두 이론은 인간의 행동에 영향을 미치는 요소들이 서로 상호관계하여 작용한다는 사실을 간과하였다. **이에 비해 시스템이론은 인간행동의 영향요소들간 복잡한 상호작용의 중요성을 강조하였다.** '시스템'이란 단어 속에는 다중인과관계(multiple causation)와 복잡한 상호작용의 뜻이 함축되어 있다. 즉 모든 것이 다른 모든 것과 관련되어 있다는 것이다. 이런 관점에서 볼 때 조직에 있어서 인간의 행동은 태도, 성격, 의사소통 그리고 보상제도 등과 같은 다양한 요소의 상호작용에 의해 결정된다.

시스템이론의 기본 아이디어는 전체는 부분의 합 이상이라는 것이다. 조직은 부분 또는 하위 단위의 조합이며 단지 부분만을 분석하는 것은 조직 전체의 윤곽을 파악할 수 없다. 따라서 부분간의 상호관계를 고찰하여야 한다.

시스템이론은 전적으로 새로운 것은 아니지만 과학적 사고에 있어서 다음과 같은 커다란 도약을 이룩한 것이다. 첫째, 시스템적 사고는 반환원적(anti-reductionistic)이다. 과학적 탐구의 접근법은 전체를 이해하기 위하여 개별 부분을 분석하고 이해할 필요가 있다고 전제한다. 인간행동의 영역을 예로 든다면, 우리는 인간행동을 이해하기 위하여 뇌와 신경시스템의 생물학적, 화학적 및 전기적 과정을 이해하여야 한다는 것이다. 물리학에서는 물체의 성질을 이해하기 위해서는 분자 더 나아가서는 원자를 이해하여야 한다고 주장하는 것이다. 이러한 관점은 전체를 이해하기 위하여 부분적으로 분석수준을 낮추는 결과를 나타냈다. 그러나 시스템이론은 전체 또는 부분의 상호작용이 통찰을 제시한다고 주장함으로써 환원적 접근법에 도전한 것이다. 조직분야에 시스템이론을 적용한다면, 조직을 이해하기 위하여 조직을 세분화하여 하위단위를 분석하기보다는 부분들이 어떻게 상호작용 하는지를 살펴보아야 한다는 것을 의미한다.

둘째, 인간과 내재적인 동기에 대한 관심이다. 전통적 이론은 인간에 대해서 부정적 자세를 그리고 인간관계이론은 긍정적 자세를 견지하였다. 그러나 시스템이론은 보다 중립적 자세를 취하고 있다. 인간은 환경과 상호작용하며 또한 인간행동의 상당부분은 학습된 것이기 때문에 효율적 조직의 근간은 인간의 부정적 또는 긍정적 성질이 아니라 인간과 환경을 적절히 부합(match) 시키는 데 있다는 것이다. 시스템이론의 기본원리는 다음과 같다.

- 부분의 하위시스템(subsystems of components): 시스템은 상호 관련된 부분의 집합으로 정의할 수 있다. 따라서 모든 시스템은 적어도 두 개의 요소(element)를 가지고 있으며 요소들은 서로 연관되어 있다.
- 전체론(holism) 또는 시너지(synergy): 전체는 단순히 부분의 합이 아니다. 시스템 그 자체는 전체에 의해서만 설명될 수 있다. 전체론(holism)은 요소주의(elementalism)의 반대이다.
- 개방시스템관점(open-system view): 시스템은 폐쇄 또는 개방 두 가지 관점으로 고찰될 수 있다. 개방시스템은 환경과 정보, 에너지 또는 물질을 교환한다. 그러나 개방성은 정도의 문제이다. 즉 시스템은 비교적 개방적 또는 비교적 폐쇄적이다.
- 투입－변환－산출 모형(input-transformation-output model): 개방시스템은 변환모형으로 볼 수 있다. 즉 시스템은 다양한 투입을 받아들여 투입을 어떤 방식으로 변환하여 환경에 산출하는 것이다.
- 시스템경계(system boundaries): 시스템은 환경과 자신을 구분하는 경계를 가지고 있다. 경계의 개념은 우리가 개방시스템과 폐쇄시스템을 구별하는 데 도움이 된다. 비교적 폐쇄적인 시스템은 경직되고 통과하기 어려운 경계를 지니고 있으며, 비교적 개방적 시스템은 통과하기 쉽다. 시스템의 경계는 물질 또는 생물 시스템에서 비교적 쉽게 정의할 수 있지만, 조직과 같은 사회 시스템에서는 경계를 설정하기가 어렵다.
- 엔트로피(entropy): 폐쇄된 물질 시스템은 궁극적으로 전체 시스템이 붕괴될 때까지 엔트로피의 영향을 받는다. 엔트로피를 극대화하려는 경향은 무질서나 사망으로 이르게 한다. 폐쇄시스템에 있어서 엔트로피는 항상

증가하게 되어 있다. 그러나 개방적인 생물 또는 사회 시스템에 있어서는 자원이나 에너지를 환경으로부터 받아들일 수 있기 때문에 엔트로피가 중지되거나 감소될 수도 있다.

- 내부적 정교화(internal elaboration): 폐쇄시스템은 엔트로피가 증가하여 무질서로 이동한다. 반면에 개방시스템은 높은 수준의 분화(differentiation), 정교화 그리고 조직화 방향으로 이동할 수 있다.
- 역동적 균형(dynamic equilibrium) 및 항상성(homeostasis): 역동적 균형의 개념은 엔트로피의 개념과 밀접히 관련이 있다. 폐쇄시스템은 궁극적으로 사멸한다. 그러나 개방시스템은 지속적으로 물질, 에너지 그리고 정보를 받아들임으로써 동태적 균형을 취할 수 있다.
- 피드백(feedback): 피드백의 개념은 시스템이 어떻게 동태적 균형을 유지하는지를 이해하는 데 중요하다. 산출물 또는 시스템의 변환과정에 대한 정보는 다시 투입으로써 시스템에 전달되어 미래에 산출이나 변환과정을 변경하도록 할 수 있다.
- 계층(hierarchy): 시스템적 사고에 있어서 기본은 시스템 사이에 계층적 관계가 있다는 것이다. 한 시스템은 낮은 수준의 하위 시스템으로 구성되어 있으며 또한 상위시스템(supra system)의 한 부분이기도 하다. 즉 시스템의 구성요소간에는 계층이 존재한다.

시스템적 사고는 생물학적 연구의 결과를 토대로 하고 있다. 즉 살아 있는 생물체는 환경으로부터 투입(예를 들면, 산소, 음식물)을 받아들여 변환과정(예를 들면, 소화과정)을 통하여 산출물(예를 들면, 에너지)을 생산한다. 이러한 원리는 조직에도 적용될 수 있다. 조직은 정보, 노동력 그리고 물질을 투입으로 받아들인다. 조직은 이러한 투입을 이용하여 하나 또는 둘 이상의 산출물로 변환시킨다. 따라서 조직이 효율적이기 위해서는 환경에 적응할 필요가 있다. 조직설계의 효율성은 환경과 조직 내부구조 사이의 적합 그리고 이 둘간의 상호관계에 달려 있다. 따라서 하나의 최적의 구조는 존재하지 않는다. 조직구조는 환경과 내재적 특성에 달려 있는 것이다.

대학을 예로 들어 시스템이론을 정리해 보자. 대학은 지속적으로 새로운 학생(투입)을 받아들인다. 학생들은 다양한 수업을 들으며 학생활동(변환과정)을 하며 궁극적으로 졸업(산출)을 하게 된다. 또한 상당한 돈이 연구를 위하여 대학에 들어오며(투입) 교수들은 연구를 하여(과정) 논문, 책 등(산출)을 출간한다. 교육사업에 있어서 생존하기 위하여 확실히 투입이 필요하다. 성공적인 교육기관은 충분한 학생들을 유인할 수 있다. 즉 학생들은 특정 대학에서 받는 교육이 사회활동에 크게 도움이 된다고 믿을 때(피드백) 특정 대학에 지원할 것이다. 역으로, 기업은 특정 대학 학생들이 높은 성과를 보인다고 생각할 때 특정 대학의 졸업생들을 충원할 것이다(피드백). 이러한 과정이 잘못되면 그 대학은 문을 닫을 수밖에 없을 것이다. 시스템이론은 "전통적 조직구조를 따르라" 또는 "의사소통을 원활히 하라"는 등의 처방을 내리지 않는다. 대신에, 대학이 존재하는 환경을 분석한 후 어떤 조직구조와 상호작용이 그 환경에 가장 잘 적합한지를 발견하고자 한다. 즉, 시스템이론은 내부 조직구조와 외부환경의 적합에 의해 조직의 효율성이 달라진다고 본다.

상황이론(contingency theory)

조직행동에 있어서 상황이론은 조직 내 구성원들의 행동을 관리하는 데 있어서 보편적 원리를 적용할 수 있다는 생각을 거부한다. 즉 모든 상황에 동일하게 적용할 수 있는 규칙이 없다고 믿는 것이다. 이것은 부분적으로 현실이 간단하지 않다는 것을 의미한다. 실제로 상당수의 실증연구들은 시스템이론과 상황이론을 지지하고 있다.

어떤 리더십스타일이 가장 좋은가? 조직구성원을 동기유발하게 하는 가장 좋

〈표 1-3〉 상황이론 퀴즈

지시사항: 예, 아니오 그리고 때때로 중 하나에 ✓하시오.	예	아니오	때때로
1. 만족한 조직구성원은 불만족한 조직구성원보다 생산적이다.	____	____	____
2. 관료제는 비효율적이어서 조직을 설계하는 데 적용할 수 없다.	____	____	____
3. 조직구성원들은 도전적 직무를 선호한다.	____	____	____
4. 리더는 부하들에게 자세히 업무지시를 하여야 한다.	____	____	____
5. 단결력 있는 집단은 그렇지 않은 집단보다 생산적이다.	____	____	____
6. 의사결정을 내릴 때 부하들을 반드시 참여시켜야 한다.	____	____	____
7. 집단간 갈등은 조직에 부정적 영향을 미친다.	____	____	____
8. 비공식적 집단은 조직 효율성에 부정적 영향을 미친다.	____	____	____

은 방법은 무엇인가? 언뜻 보아 이런 질문은 대답하기는 어렵지만 합리적인 질문으로 보인다. 그러나 이런 질문들이 가지는 한 가지 문제점은 간명하고 보편적인 대답이 존재한다고 가정하는 것이다.

책을 더 읽기 전에 앞의 〈표 1-3〉에 있는 질문에 답하여 보자.

만약 당신이 모든 질문에 대하여 '때때로'라고 응답하였다면, 당신은 벌써 상황이론의 의미를 충분히 이해하고 있는 것이다.

실제로 리더십과정이나 동기부여과정은 매우 복잡하고 다양한 요소에 의해 영향을 받기 때문에 간단히 어떤 것이 최적이라고 대답하기는 매우 어렵다. 조직에 있어서 행동은 다수 요인들의 상호작용결과이다. 특정 시점에 특정 행동에 영향을 미칠 수 있는 요인들이 〈그림 1-5〉에 제시되어 있다.

상황이론에 의한 대답은 "어떤 조건하에서는 ……" 또는 "다른 조건이 동일하다면 ……"이라는 문구를 포함하고 있다. 많은 사람들은 간명하고 직접적인 응답을 원하겠지만 복잡한 현실에 비추어 볼 때 이런 요구는 무리이다. 더욱이, 우리가 조직행동을 연구하는 목적은 인간행동에 대한 정확한 이해이지 간결성이 아니다.

〈그림 1-5〉 조직행동에 있어서 상황이론

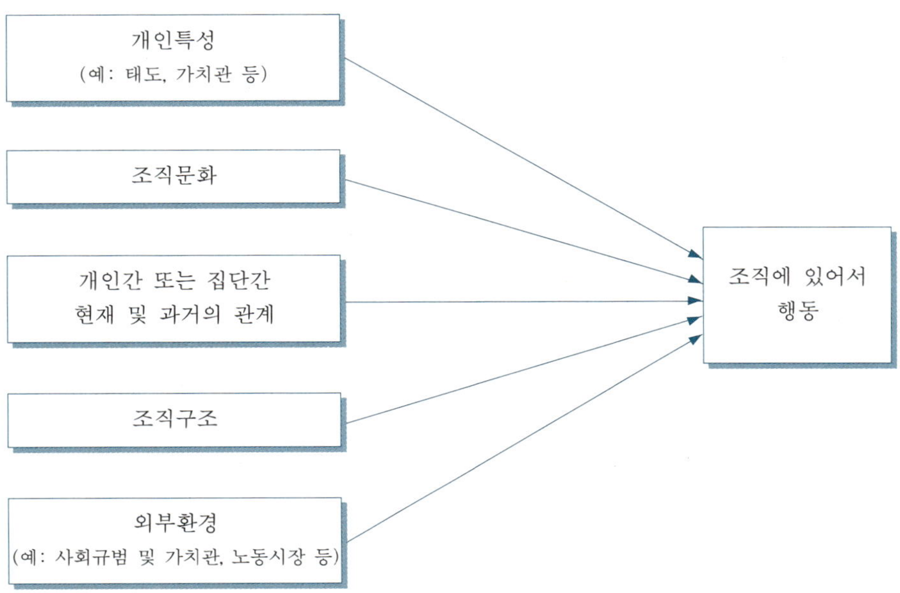

조직행동에 있어서 이론과 연구의 역할

본서에서 제시하는 자료는 이론과 연구에 토대를 두고 있다. 실제로 이론과 연구는 서로 보완적이다. 좋은 이론은 연구에 의해서 검증된 아이디어에 근거하고 있으며 반면에 좋은 연구는 이론적으로 중요한 이슈를 다루고 있다. 연구에 의해서 이론의 수정이 이루어지며 반면에 이론은 연구할 가치가 있는 이슈를 식별하는 데 도움을 준다.

이론(Theory) **이란 둘 또는 그 이상의 개념들이 연관되어 있는 방식에 관한 기술이다.** 따라서 이론은 '기본개념'과 '기본개념 사이의 관련성'에 대한 주장 두 가지 요소로 구성되어 있다. 따라서 이론은 단순한 현상의 기술을 넘어서 설명을 추구하고 있다. 포괄적이고 정확한 이론을 구축하는 것이 모든 과학의 목표이며 조직행동론도 예외는 아니다. 그러면 조직행동분야에 있어서 이론은 어떻게 기여하는가? 이 질문에 대한 대답은 구체적인 예를 통하여 설명하는 것이 이해하기 쉽다.

우리가 다음과 같은 사항을 관찰했다고 가정하자: 개인들에게 구체적 목표를 부여하면 직무성과는 증가한다(이 이슈는 추후 목표이론에서 논의될 것이다). 이런 관찰은 그 자체로 유용하다. 즉 이런 관찰은 목표가 주어졌을 때 무슨 일이 일어날 지를 예측할 수 있게 한다(성과증진). 그러나 구체적인 목표가 어떻게 성과를 증진시키는지에 대해서는 설명을 하지 못하고 있다. 여기에 이론이 들어오는 것이다.

물리학이나 화학 같은 분야에서 이론은 통상 수학적 공식으로 구성되어 있다. 그러나 조직행동분야에서는 통상 문장으로 이론을 구성한다. 예를 들면, 목표가 성과에 미치는 영향에 관한 이론은 다음과 같을 수 있다. "개인들에게 구체적인 목표를 부여한다면 개인들은 무엇을 달성해야 하는지를 정확히 알 수 있다. 이것은 동기를 유발시키며 동시에 목표를 달성하기 위한 최적의 전략을 선택하는 데 도움이 된다. 그 결과 성과가 증진된다."

일단 이론이 구축되면 이론에 근거하여 예측하는 것이 가능하다. 이러한 예측을 **가설**(hypothesis)이라고 한다. 예측은 연구를 통하여 검증된다. 만약 예측이 연구를 통해서 확인된다면, 이론의 정확성에 대한 믿음이 증가한다. 만약 예측이 연구를 통하여 인정받지 못한다면 이론에 대한 신뢰는 약해질 것이다. 그러면 이

〈그림 1-6〉 조직행동연구에 있어서 이론의 역할

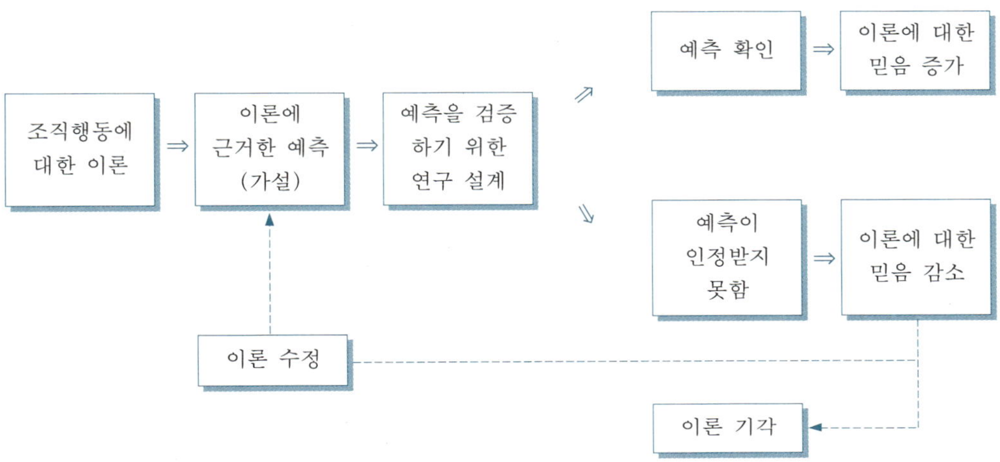

자료: *Ibid*., p. 26.

론은 수정되어 새로운 예측을 도출하며 다시 검증된다. 이론과 연구 사이의 이러한 순환과정은 〈그림 1-6〉에 제시되어 있다.

이 책에서 논의하고 있는 이론들은 조직에서 인간이 왜 특정 태도와 행동으로 반응하는지를 이해하는 데 도움을 준다. 조직의 모든 상황과 구성원의 모든 반응, 즉 행동과 태도를 서술하는 것은 불가능하지만 이론은 인간이 정보를 받아들이고 반응하는 과정을 이해하는 데 도움이 된다.

본서의 구성

조직 내 인간행동을 분석하기 위한 기본틀(framework)은 (1) 개인 내 과정, (2) 인간관계 및 집단과정, (3) 조직과정, 그리고 이들 과정에서 도출된 결과로서 행동과 태도 4요소로 구성되어 있다. 이들 구성요소간 관계는 〈그림 1-7〉에 제시되어 있다.

〈그림 1-7〉 조직행동에 대한 분석틀

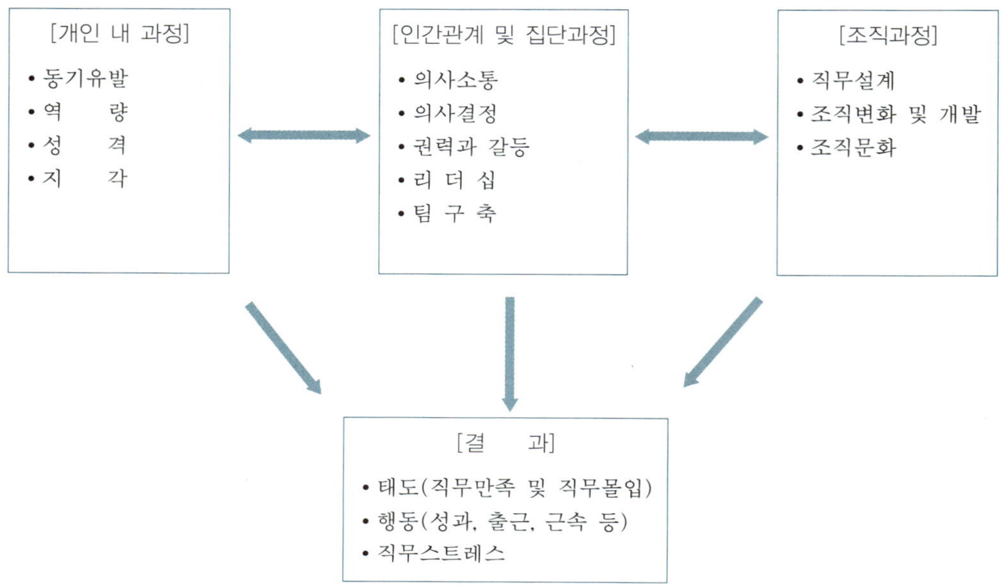

개인 내 과정

개인 내 과정, 개인행동은 조직성과의 기초이다. 따라서 개인행동을 이해하는 것은 효과적인 경영을 위해서 필수적이다. 인간은 일반적으로 신체적 시스템과 심리적 시스템으로 구성되어 있다고 한다. 신체적 시스템은 소화, 신경, 순환 및 생식 등 다수의 하위시스템으로 구성되어 있다. 마찬가지로 심리적 시스템도 태도, 지각, 학습, 성격, 욕구, 가치관 등 다양한 하위시스템으로 구성되어 있다. 본서에서는 개인의 심리적 시스템에 초점을 맞추고자 한다.

인간관계 및 집단과정

인간은 천성적으로 사회적이다. 일반적으로 혼자서 살거나 작업하는 것은 인간의 본성은 아니다. 인간은 '가정'이라는 집단에서 태어나고 또 가정이 없이는 생존하기가 어렵다. 사회생활 속에서 우리는 대부분의 시간을 다른 사람 또는 다른 집단과 상호작용 하는 데 소비하고 있다. 우리의 개인적 실체는 집단 내에서 타인에 의해서 인식되는 방식에 의해서 영향을 받는다. 따라서 인간관계나 집단을 효과적으로 다루는 능력은 경영자에게는 필수 불가결한 요소이다.

효과적인 인간관계를 위해서는 인간 상호간 의사소통과 리더십에 대한 이해가 중요하다. 실제로 대부분의 성공적 경영자는 의사소통과 리더십에 있어서 뛰어난 능력을 보이고 있다. 경영자는 자신이 맡은 업무를 효과적으로 수행하기 위해서는 합리적 의사결정을 내리고 협상(negotiation)하는 것이 중요하다.

효과적인 조직구성원이 되기 위해서는 집단(또는 팀)이 어떻게 형성되고 어떻게 작용하는지를 이해하여야 한다. 또한 집단이나 조직에 광범위하게 일어나는 권력과 갈등의 문제를 효과적으로 다룰 수 있어야 한다.

조직과정

개인은 일을 위해서 그리고 자신의 경력을 개발하기 위해서 조직에 참가한다. 개인들은 조직문화를 통하여 조직이 자신에 기대하는 바가 무엇이고 또 어떻게 행동을 하여야 하는지를 알 수 있다. 업무를 효율적으로 수행하기 위해서 경영자들은 자신들의 직무와 조직구조에 대하여 명확하게 이해할 필요가 있다. 즉 경영자는 직무들이 어떻게 구성되어 있으며 다른 직무들과 어떤 관계가 있는지는 물론이며 또한 변화하는 환경 속에서 조직이 어떻게 변화해 나가는지를 파악할 필요가 있다.

본서는 이상의 기본틀에 맞추어 조직행동을 연구하는 데 있어서 논리적·체계적인 접근을 할 수 있도록 구성되었다. 제 1 편(제 1 장부터 제 2 장)에서는 조직행동에 대한 개관 및 연역 그리고 태도를 소개하고 있다. 조직행동은 어떤 면에서는 조직의 효율성과 개인복지의 극대화를 추구하는 학문이다. 따라서 조직행동을 연구하는 데 있어서 조직행동이 추구하는 결과(태도 및 행동)를 먼저 논의하는 것이 영향요인(개인특성, 집단 및 조직과정)을 이해하는 데 도움이 될 것이다. 제 2 장에서는 조직행동 연구에 있어서 주로 종속변수가 되는 행동에 직·간접적으로 영향을 미치는 가치 및 태도를 논의하기로 한다.

제 2 편(제 3 장부터 제 5 장)에서는 다양한 동기이론을 다루었다. 동기이론은 조직에 있어서 행동과 태도를 인식하고 영향을 미치는 능력을 개발하는 데 도움이 될 것이다. 동기에 관한 여러 이론에 대해서 강점과 한계점을 검토한 후 조직에 어떻게 적용될 수 있는가를 설명하였다.

제 3 편(제 6 장부터 제 7 장)에서는 조직구성원의 개인차에 초점을 맞추었다. 인

간은 동일한 사건에 대해서 동일한 방식으로 반응하지 않는다. 성격과 능력(제6장)은 개인이 환경에 반응하는 방식에 크게 영향을 미친다. 제7장에서는 지각을 다루었다. 인간은 옳던 그르던 자신이 지각하는 것을 현실로 받아들이고 반응하기 때문에 지각과정을 이해하는 것은 조직행동 연구에 있어서 매우 중요하다.

제4편(제8장부터 제12장)에서는 모든 조직에서 중심적인 역할을 하는 인간관계과정, 즉 집단과정을 다루었다. 여기에는 팀 구축과 관리(제8장), 의사소통(제9장), 권력과 갈등(제10장), 의사결정(제11장) 그리고 리더십(제12장)이 포함된다.

제5편(제13장부터 제16장)에서는 조직행동에 영향을 미치는 조직과정에 대해 다루었다. 여기에는 직무설계(제13장), 직무스트레스(제14장), 조직문화(제15장) 그리고 조직변화 및 개발(제16장)이 포함된다. 직무스트레스는 다양한 개인 내 과정과 인간관계 및 집단과정 등에 의해 영향을 받기 때문에 조직과정에 포함하였다.

실습에서는 조직에 있어서 행동과 태도에 관한 정보를 평가할 때 고려하여야 할 기준을 제시하고 있다.

요 약

- 조직행동론(organizational behavior)은 조직의 효율성과 개인복지를 강화하기 위하여 개인, 집단 그리고 조직과정에 대한 체계적 연구를 통하여 조직에 있어서 인간의 행동과 태도에 대한 지식을 추구하는 분야이다.
- 조직행동론은 과학적 관리에서 뿌리를 찾을 수 있으며 인간관계이론에 의해 크게 영향을 받았다.
- 조직행동론은 적절한 조건하에서 인간은 열심히 일하고 책임을 진다는 인적자원 관점을 수용하며 상황이론 및 시스템이론에 의해 특징 지워질 수 있다.
- 과학적 연구방법에 토대를 둔 이론과 연구의 순환적 과정에 의해 조직행동론은 발전한다.

핵심용어

조직행동론
과학적 방법
X 이론/Y 이론
관료제이론
경영관리론
과학적 관리
인간관계이론
시스템이론
상황이론
집단과정
조직과정
인적자원 관점

토의문제

1. 조직행동 연구에 있어서 이론의 중요성을 설명하시오.
2. 상황이론을 정의한 후 조직행동 분야에 어떻게 적용되고 있는지를 설명하시오.
3. 조직행동분야가 조직의 효율성 또는 생산성과 개인의 복지에 어떻게 기여하며, 또한 두 목표가 서로 상충될 경우를 설명하시오.
4. 당신은 인간의 본성을 X이론 또는 Y이론 어느 쪽으로 보고 있으며, 그 이유를 설명하시오.
5. 과학적 관리가 조직행동분야의 발달에 기여한 점을 기술하시오.

실 습: X이론과 Y이론 경향평가

아래 8개 각 문항에 대하여 귀하의 의견에 부합되는 칸에 '✓'표시를 하시오. 8개 문항의 점수를 합산하여 종합 점수를 계산하시오.

	매우 긍정 (5)	긍정 (4)	잘 모름 (3)	부정 (2)	매우 부정 (1)
1. 일반적인 인간은 지시 받기를 선호하며, 책임을 회피하려고 하고 비교적 작은 야망을 가지고 있다.					
2. 대부분의 인간은 각자의 타고난 특성이나 능력에 상관없이 리더십 스킬을 획득할 수 있다.					
3. 보상(예, 임금이나 승진)과 처벌(예, 승진누락)의 사용은 조직구성원에게 일을 하도록 하는 최상의 방법이다.					
4. 작업상황에서, 부하가 당신에게 영향력을 행사할 수 있다면 당신의 부하에 대한 영향력은 다소 감소된다.					
5. 좋은 리더는 부하들에게 단지 일반적인 지시만 내리고 그들 스스로 알아서 일을 처리하도록 맡기기보다는 상세하고 충분한 지시를 내린다.					
6. 개별목표설정은 집단목표설정에 의해 획득될 수 없는 이점들을 제공한다. 왜냐하면 집단목표설정은 높은 목표를 설정할 수 없기 때문이다.					
7. 상사는 부하에게 단지 직접적인 작업을 수행하는 데 필요한 정보만을 제공해야 한다.					
8. 상사는 부하에 대하여 기본적인 적정수준의 영향력을 갖는다.					

종합 점수: ____________

※ Scoring Key
32점 이상: X이론(Theory X)에 따라 조직구성원을 대할 경향이 있음
16점 이하: Y이론(Theory Y)에 따라 조직구성원을 대할 경향이 있음
16점과 32점 사이: 조직구성원을 대하는 데 있어 유연성이 있음

자료: M. Haire, E. E. Ghiselli & L. W. Porter(1966), *Managerial Thinking: An International Study*, John Wiley & Sons.

참고문헌

1) Baron, R. A., & Greenberg, J.(1990), *Behavior in Organizations: Understanding and Managing the Human Side of Work*(3rd ed.), Allyn & Bacon.

2) Taylor, F. W.(1911), *The Principles of Scientific Management*, New York: Harper & Brothers.

3) Baron, R. A. & Greenberg. J, *op. cit.*

4) Roethlisberger, F. J. & Dickson, W. J.(1939), *Management and The Worker*, Cambridge: Harvard University Press.

2 가치 및 태도

가 치

가치의 정의
가치의 특징
가치의 중요성
가치의 유형
문화에 따른 가치의 차이

태 도

태도의 정의와 구성요소
태도형성의 영향요인
태도의 변화
태도와 행동의 관계
직무만족
직무만족과 행동의 관계
조직몰입과 조직시민행동

학습목적

1. 가치의 의미와 유형에 대한 이해
2. 태도의 의미와 구성요소에 대한 이해
3. 태도형성 및 변화의 영향요인에 대한 이해
4. 인지부조화에 대한 이해
5. 직무만족과 전반적 직무만족에 대한 이해
6. 직무만족과 행동의 관계에 대한 이해
7. 조직몰입과 조직시민행동에 대한 이해

월트디즈니 세계(Walt Disney World): 마법의 일터

월트디즈니사는 '마법의 왕국'으로 불린다. 그 이유는 이 회사가 연간 2,500백만 명을 넘는 고객들로부터 최고의 찬사를 자아내는 마법을 부리기 때문이다. 그 마법의 비밀은 직무에 헌신하고 조직에 몰입되어 있는 월트디즈니의 조직구성원들에 있다. 월트디즈니의 조직구성원들이 작업과 조직에 대해 긍정적인 태도를 지니게 된 데에는 다음과 같은 다양한 요인에서 그 원인을 찾을 수 있다.

조직구성원 채용시 철저한 심사과정을 통하여 월트디즈니의 경영철학, 정책 및 업무처리방식에 호감을 갖는 사람을 선발한다. 일단 선발된 조직구성원들에 대해서는 그들이 일에 대해 흥미를 느끼고 디즈니의 기업가치나 정책을 수용하는 데 초점을 두고 오리엔테이션 및 집중적인 훈련을 실시한다. 월트디즈니의 선발과정 중 특징적인 것은 동료나 상사의 인터뷰를 통해 지원자들에게 디즈니의 장·단점을 숨김 없이 알려 주고 이들의 반응을 자세하게 스크린한다는 점이다. 스크린을 통과한 사람들에게는 오리엔테이션을 받는 과정에서 상사를 후원자로 하여 디즈니에 대한 거의 모든 정보를 제공해 주고 신규 조직구성원들의 적응을 돕는다.

이 밖에도 월트디즈니는 조직구성원들의 욕구를 충족시키기 위한 다양한 시책을 개발, 실행한다. 예를 들어 60%-80%의 내부승진 원칙, 성과에 대한 다양한 보상(월, 분기, 연간 포상 등), 아이디어 제안자에 대한 최고 1만 달러의 포상, 정기적인 조직구성원의 태도조사를 통한 제도의 개선 등 매우 다양한 시책을 실행하고 있다.

이러한 활동의 결과 월트디즈니는 미국 내에서 고객에 대해 최고의 서비스를 제공하는 회사, 가장 근무하고 싶은 1백대 기업의 하나로 선정되었다.

위의 월트디즈니사의 예는 조직에 있어서 개인이 가지고 있는 가치나 태도가 회사의 성공에 얼마나 중요하게 작용하는지를 단적으로 설명한 것이다. 물론 월트디즈니사 이외에 국내의 많은 기업들도 조직구성원의 긍정적인 가치 및 태도 형성을 위한 다양한 경영정책을 개발, 실행하고 있다. 이러한 노력의 배경에는 개인이 가지고 있는 가치(values) 및 태도(attitudes)가 그의 조직생활에서의 여러 가지 행동에 직·간접적으로 영향을 미치기 때문이다. 즉, 조직에 대해 긍정적인 가치와 태도를 지닌 구성원이 그렇지 않은 구성원에 비해 보다 긍정적인 행동을 한다는 것이다. 예컨대 조직의 가치에 부합하는 가치를 가진 개인은 조직의 성장과 발전을 위해, 조직 및 직무에 대해 긍정적인 태도를 가진 구성원은 직무에서의 성과 향상을 위해 더 많은 노력을 기울이기 때문이다. 따라서 조직에 대해 긍정적인 가치 및 태도를 지닌 구성원을 확보하거나, 기존 조직구성원의 올바른 가치와 태도를 형성하는 것은 조직에 있어서 중요한 과제의 하나이다.

우리가 구성원의 가치와 태도를 조직관리에 활용하기 위해서는 무엇보다 정확한 개념의 이해가 필요하기 때문에 본 장에서는 우선 두 개념의 설명에 주력하였다. 특히 태도 가운데 가장 중요한 요소로 평가되고 있는 직무만족(job satisfaction)과 조직몰입(organizational commitment)에 대해 구체적으로 설명하였다.

가치(Values)

가치의 정의

교수형은 정당한 형벌인가, 잘못된 형벌인가? 권력을 쫓는 사람들은 좋은 사람들인가, 아니면 나쁜 사람들인가? 이러한 질문들에 대한 답은 가치가 수반된다. 교수형에 대해 일부 사람들은 살인과 같은 무거운 범죄에 대한 적절한 보복수단이기 때문에 교수형은 정당한 것이라고 주장한다. 그러나 다른 사람들은 정부가 그 누구의 생명도 빼앗을 권리를 가질 수 없다고 주장하면서 교수형은 잘못된 형벌이라고 주장한다. 이처럼 각자의 주장이 다른 것은 이들이 가지고 있는 가치의 차이 때문에 발생한다.

가치란 "특정한 형태의 행동이나 존재양식이 다른 형태의 행동이나 존재양식 보다 더 좋을 것"이라는 기본적인 믿음이나 신념을 나타낸다. 가치는 무엇이 좋고, 정당하고, 바람직한 것인지에 대한 개인의 아이디어를 수반하기 때문에 개인의 판단이 작용한다. 사람들은 누구나 수많은 가치를 가지고 있고, 가치마다 각각 다른 중요성을 부여하는데 이를 **가치의 내용**(content)**과 강도**(intensity)**라고 한다.** 내용이란 특정한 행동이나 존재양식이 중요하다는 것을, 이에 반해 강도는 얼마나 중요한지를 나타낸다. 우리가 흔히 말하는 가치체계(value system)란 개인이 가지고 있는 여러 가지 가치와 이들 가치의 상대적 중요도를 계층화한 것이다. 개인마다 가치체계에 차이가 있기 때문에 자유, 즐거움, 정직성, 복종, 형평성과 같은 여러 가치에 부여하는 상대적 중요성이 다르다. 즉, 개인이 여러 가지

가치에 부여하는 상대적 중요성을 파악함으로써 그 사람의 가치체계를 알 수 있게 된다.

가치의 특징

가치는 상대적으로 안정적이고, 지속적이어서 쉽게 변화되지 않는다. 우리가 가지고 있는 가치의 중요한 부분은 어린 시기에 확립되는데 대개 부모님, 선생님, 친구 등 주변 사람들의 영향을 크게 받는다. 유년 시절에 우리는 어떤 행동이나 결과는 항상 바람직하거나 항상 바람직하지 못하다고 배운다. 회색지대는 거의 존재하지 않았다. 우리는 항상 정직성과 책임감을 가져야 한다고 배운다. 약간만 정직하고, 책임감은 중간 정도로 가져야 한다고 배우지 않는다. 이처럼 가치에 대한 절대적이거나 '흑백'을 구분하는 학습이 이루어질 때 가치는 상대적으로 안정적이고, 지속적이 된다. 물론 가치에 대해 의문을 제기할 때 가치의 변화가 일어날 수 있지만, 의문제기가 우리가 가지고 있는 가치들을 오히려 강화하도록 작용하는 경우도 많다. 그러나 가치가 '흑백논리'처럼 너무 강하게 형성되는 경우 새로운 가치의 형성을 방해하거나, 타인의 가치를 무시하고 상호작용을 저해하는 부작용을 낳기도 한다.

가치의 중요성

가치는 개인의 태도나 동기를 이해하는데 기초가 되고, 개인의 지각에 영향을 미치기 때문에 조직행동 연구에 있어서 매우 중요하다. 대부분 사람들은 "마땅히 해야 하고", "해서는 안 될" 것을 생각하고 회사에 들어갈 것이다. 개인마다 자신의 가치를 통해 옳고, 그른 것에 대해 판단하고, 어떠한 행동이나 결과가 바람직한 것이고, 바람직하지 않은 것인지를 해석한다. 결과적으로 가치는 객관성과 합리성과 상치되어, 이를 둔화시키는 작용을 한다. **가치는 태도와 행동에 영향을 미친다.** 당신이 성과급(성과에 따른 임금차등)이 옳은 것이고, 연공급(연령에 따른 임금차등)은 잘못된 것이라는 가치를 가지고 회사에 입사를 했다고 하자. 그런데 회사가 연공급으로 임금을 준다면 어떻게 대응하겠는가? 아마도 낙담하게 되고, 회사나 일에 만족하지 않게 되고, 보다 높은 성과를 달성하기 위해 열심히 노력하지 않을 것이다.

가치의 유형

가치는 최종가치(terminal value)와 도구가치(instrumental value)로 분류할 수 있다. 최종가치란 개인이 일생을 통하여 달성하고 싶어 하는 목적(goals)을 의미하며, 바람직한 최종 상태를 말한다. 도구가치란 최종가치를 성취하는 데 필요한 바람직한 행동이나 수단을 말한다.

〈표 2-1〉 최종가치와 도구가치의 예

최종가치(terminal value)	도구가치(instrumental value)
• 안락한 삶(풍요로운 삶)	• 야　망
• 흥미 있는 삶	• 넓고 개방적인 마인드
• 성취감(지속적 공헌)	• 유 능 함
• 평화로운 세계	• 유 쾌 함
• 아름다운 세계	• 깨 끗 함
• 평등/공정	• 용　기
• 자　유	• 관 대 함
• 가족의 안전	• 정 직 함
• 행복(만족)	• 창 의 성
• 성숙한 사랑	• 독 립 성
• 국가의 안전	• 지 적 임
• 즐거운 삶	• 이 타 성
• 자기존중	• 논　리
• 진실한 우정	• 타인존중
• 지혜(삶에 대한 성숙한 이해)	• 책 임 감

자료: Robbins; S. P.(2001), *Organizational Behavior*(9th ed.), Prentice-Hall, p. 63.

최종가치와 도구가치는 집단에 따라 다를 수 있다. 즉, 같은 직업이나 계층에 속하는 사람들은 유사한 가치를 갖는 경향이 있는 반면 직업이나 계층이 다를 경우 최종가치와 도구가치가 다를 수 있다. 〈표 2-2〉는 회사중역과 노조원, 지역의 시민운동가들의 가치를 상호 비교한 것이다.

표에서 나타나듯이 각 집단마다 중요하게 여기는 최종가치와 도구가치는 서로 다르며 가치의 우선순위도 다소 차이가 있음을 알 수 있다. 예컨대 회사중역

〈표 2-2〉 집단별 최종가치 및 도구가치의 차이

회사 중역		노 조 원		지역시민운동가	
최종가치	도구가치	최종가치	도구가치	최종가치	도구가치
1. 자기 존중	1. 정 직 함	1. 가족 안전	1. 책 임 감	1. 평등/공정	1. 정 직 함
2. 가족 안전	2. 책 임 감	2. 자 유	2. 정 직 함	2. 세계평화	2. 타인 지원
3. 자 유	3. 유 능 함	3. 행 복	3. 용 기	3. 가족 안전	3. 용 기
4. 성 취 감	4. 야 망	4. 자기 존중	4. 독 립 심	4. 자기 존중	4. 책 임 감
5. 행 복	5. 독 립 심	5. 성숙한 사랑	5. 유 능 함	5. 자 유	5. 유 능 함

자료: Robbins, S. P.(2001), *Organizational Behavior*(9th ed.), Prentice-Hall, p. 64.

은 '자기존중', 노조원들은 '가족안전', 시민운동가들은 '형평성'이 각각 가장 중요한 최종가치이다. 최종가치와 도구가치의 차이는 중요한 의미를 갖는다. 각각의 집단은 회사의 운영에 대해 이해(interests)를 가지고 있는 상황에서 집단별 가치의 차이는 상호간 의견 조정이나 협상을 어렵게 하고, 회사의 경제적·사회적 정책에 대한 심각한 갈등을 유발할 수 있다.

문화에 따른 가치의 차이

기업 활동의 세계화가 촉진됨에 따라 타 문화에 대한 이해는 물론 타 문화에 속하는 사람들과의 협력이 중요해지고 있다. 개인의 가치는 그 사회 문화의 영향을 받기 때문에 문화별 가치의 차이를 이해하는 것은 타 문화권 사람들의 행동을 설명하고 예측하는데 매우 유용하다.

홉스테드(G. Hofstede)는 전 세계의 11만 6천명이 넘는 IBM의 종업원들을 대상으로 가치의 차이를 조사했다. 그는 권력의 집중도, 개인주의 정도, 남녀에 대한 구분 정도, 불확실한 의사결정 선호 정도, 장기-단기 지향 정도 등 4가지의 주요한 가치의 차이를 비교하였다(〈표 2-3〉 참조). 조사 결과에 따르면 나라마다 매니저와 종업원들의 가치는 매우 다른 것으로 나타났다(〈표 2-4〉 참조). 우리나라의 경우에는 개인보다는 집단을 중시하는 경향이 강하고, 남성 지배적 가치가 매우 강하게 형성된 것으로 나타났다. 또한 권력의 집중도, 즉 불평등도에 대해 수용하는 경향이 강하고, 장기 지향적이며, 불확실한 것을 회피하려는 경향이 비교적 강한 것으로 나타났다. 또한 우리나라를 포함해 대부분의 아시아 국가들은 개

〈표 2-3〉 홉스테드의 국가별 가치 비교기준

구 분	의 미
권력의 집중(power distance)	• 권한의 분산/집중의 정도, 권한의 불평등 정도 • 분산 정도가 높을수록 의사결정시 종업원 참여 정도가 높음.
개인주의(individualism)	• 집단 구성원보다는 개인주의를 선호하는 정도 • 집단 전체의 행동통일, 개인적 경쟁의 회피 정도
남성/여성(masculinity/femininity)	• 남성 문화: 단호함, 성과지향성, 성공, 경쟁(일본) • 여성 문화: 삶의 질, 긴밀한 개인간 관계, 배려 (네덜란드)
불확실성 선호(uncertainty avoidance)	• 비구조화된 상황보다는 구조화된 상황의 선호 정도 • 변화의 수용 정도, 유연성 정도를 반영 (영국/미국↔일본)
장기지향성(long term orientation)	• 미래를 강조(일본, 한국, 인도) • 현재와 과거 전통/의무를 중시(영국 캐나다, 미국)

〈표 2-4〉 홉스테드의 국가별 가치 비교결과

국 가	권력의 집중	개인주의	남성/여성	북확실성 회피	장기 지향성
브 라 질	14	26	27	21	6
캐 나 다	39	4	24	41	20
프 랑 스	15	10	35	10	N/A
영 국	42	3	9	47	18
인 도	10	21	20	45	7
이스라엘	52	19	29	19	N/A
일 본	33	22	1	7	4
멕 시 코	5	32	6	18	N/A
네덜란드	40	4	51	35	10
남아프리카	35	16	13	39	N/A
한 국	27	43	41	16	5
미 국	38	1	15	43	17

주: 숫자는 조사대상 53개국의 순위.

자료: Hofstede, G.(1991), *Culture & Organization*, McGraw-Hill.

인보다는 집단 중심적인 경향이, 단기 보다는 장기 지향적이며, 성의 차이(남성과 여성의 역할이 서로 다르다는 인식)를 인정하는 경향이 강한 것으로 나타났다. 이러한 홉스테드의 연구결과는 문화에 따라 개인들의 가치에 차이가 있다는 것을 실제로 보여준 것이며, 타 문화의 사람들과 효과적으로 상호작용하기 위해서는 가치의 차이를 이해하는 것이 중요하다는 것을 시사하고 있다.

태도(Attitudes)

태도의 정의와 구성요소

태도의 정의

태도란 우리가 어떤 대상, 아이디어, 상황, 혹은 다른 사람들에 대하여 가지고 있는 믿음이나 느낌의 결합체이다. 특정 대상에 대해 가지고 있는 태도는 그 대상에 대한 우리의 반응(response)에 영향을 미치기 때문에 태도는 조직행동에서 개인 차원의 중요한 변수로 간주되고 있다. 예컨대 회사나 상사, 그리고 동료에 대한 태도는 우리의 반응에 영향을 미친다. 상사에 대해 부정적인 믿음이나 느낌을 가지고 있는 사람에게 우리는 상사에 대한 부정적인 반응을 예상할 수 있다.

태도의 특징

태도는 여러 가지 특징을 가지고 있다. 태도는 개인의 내면에 존재하는 것이기 때문에 눈으로 볼 수 있는 것이 아니므로 태도의 결과는 관측할 수 있지만 태도 그 자체는 직접적으로 관측할 수 없다. 이는 태도의 결과로 나타난 행동으로부터 개인의 태도를 유추할 수밖에 없다는 것을 의미한다. 태도는 어떤 대상에 대해 매우 호의적이거나 비호의적인 하나의 연속선상에서 파악될 수 있다. 즉 "어떤 것은 좋고 다른 것은 나쁘다"와 같이 태도는 각 대상에 따라 하나의 태도, 즉 단일 차원으로 나타나며, 동일한 대상에 대해 두 가지의 태도가 나타나지는 않는다는 점이다. 마지막으로 태도는 행동에 영향을 미친다는 점이다. 태도의 정의에는 사람이 어떻게 느끼는가에 따라 행동할 것이라는 가정이 담겨져 있다. 태도가 행동에 영향을 준다는 이러한 가정은 조직행동 연구에서 태도가 중요하게 다루어지는 중요한 이유 중의 하나이다. 그러나 개인의 행동에는 성격, 동기, 그리고 상황요인 등 다양한 요인이 복합적으로 영향을 미치기 때문에 개인의 태도와 행동의 관계를 조심스럽게 파악해야 한다. 예컨대 우리가 상사에 대해 부정적인 태도를 갖고 있다고 해도, 회사나 팀의 분위기에 있어서 상사에 대한 저항이나 반발과 같은 행동이 나타나지 않을 수 있으며, 개인의 내향적이고 소심한 성격도 이 과정에서 영향을 미칠 수 있기 때문이다.

태도의 구성요소

태도를 보다 정확하게 이해하기 위해서는 태도가 어떻게 구성되는지를 이해할 필요가 있다. 태도는 인지적 요소, 정서적 요소 그리고 행동 의도 요소로 구성되며, 이 요소들이 복잡하게 연결되어져 있다고 알려져 있다.

인지적 요소(cognitive component)는 어떤 대상에 대해 가지고 있는 일종의 믿음(beliefs)이나 가치(values)를 말한다. 예를 들어 "우리 상사는 불공정해," "우리 회사는 비전이 있는 회사야" 등이 인지적 요소에 해당된다. 인지적 요소는 어떤 대상에 대한 정보처리의 결과인 지식(knowledge)으로 구성되며, 그 대상에 대한 지식이 축적되어 개인의 믿음이나 가치를 형성하게 된다. 그런데 개인의 정보처리과정이 저마다 다르기 때문에 동일한 대상에 대해 상이한 지식을 가질 수 있고, 결과적으로 서로 다른 인지적 요소를 가질 수 있다. 상사가 승진한 이유에 대해 같은 부서의 부하들일지라도 A는 상사가 능력이 있어서 승진했다고 생각하는 반면 B는 상사가 로비를 잘해서 승진했다고 생각할 수 있다. 특정 대상에 대한 개인의 인지적 요소는 정서적 요소에 영향을 미친다.

정서적 요소(affective component)란 특정 대상에 대해 갖고 있는 느낌(feelings)을 말한다. 예를 들어 "나는 상사가 좋아," "나는 현재 내가 하고 있는 일이 맘에 안들어" 등이 정서적 요소이다. 정서적 요소는 개인이 의식적인 통제가 수반되지 않는다는 점에서 감정(emotion)과 매우 유사하지만 부모나 형제, 친구나 동료 그룹으로부터 종종 학습되기도 한다. 정서적 요소는 인지적 요소에 대한 반응(reaction)이기 때문에 인지적 요소의 영향을 받는다. A는 상사가 자신의 업무에 도움을 주기 때문에 그를 좋아하는 반면 B는 경영학석사 출신인 상사가 잘난 척을 하기 때문에 싫다는 정서적 반응을 가질 수 있다.

행동의도 요소(behavioral intention component)는 특정한 대상에 대한 느낌의 결과를 행동으로 옮기려는 의도를 말한다. 앞의 예에서 "상사와 협력해서 일할 것이다," "나는 이 일을 그만 두겠다" 등이 행동의도의 예이다. 인지적 및 정서적 요소는 모두 특정 대상에 대한 행동의도에 영향을 준다. 그러나 이해관계와 상황 여건 등 다양한 요인으로 인해 행동의도가 행동으로 직접 옮겨지는 것은 아니다. 예를 들어 상사가 좋지만 동료들의 압력 때문에 상사에게 협력하지 않을 수도 있으며, 또한 업무가 맘에 들지 않더라도 마땅히 다른 일이 없기 때문에 그 일을 그만두지 않을 수도 있다.

개인의 태도는 위와 같은 세 가지 요소가 복잡하게 뒤엉켜져서 형성되며, 특히 조직 내에서 개인의 태도는 다양하고 광범위한 정보, 개인들 간의 다양하고 복잡한 이해관계와 행동패턴으로 인해 더욱 복잡하게 형성된다. 따라서 태도의 각 요소간 상호관계를 명확하게 이해하기가 쉽지 않다. 따라서 일부 학자들은 태도의 개념을 보다 쉽게 정의할 필요가 있다고 강조하고, 태도의 세 가지 구성요소를 인정하면서도 태도를 정서적 반응으로 보다 좁게 해석하려는 경향이 있다.

〈그림 2-1〉 태도의 구성요소 및 관계

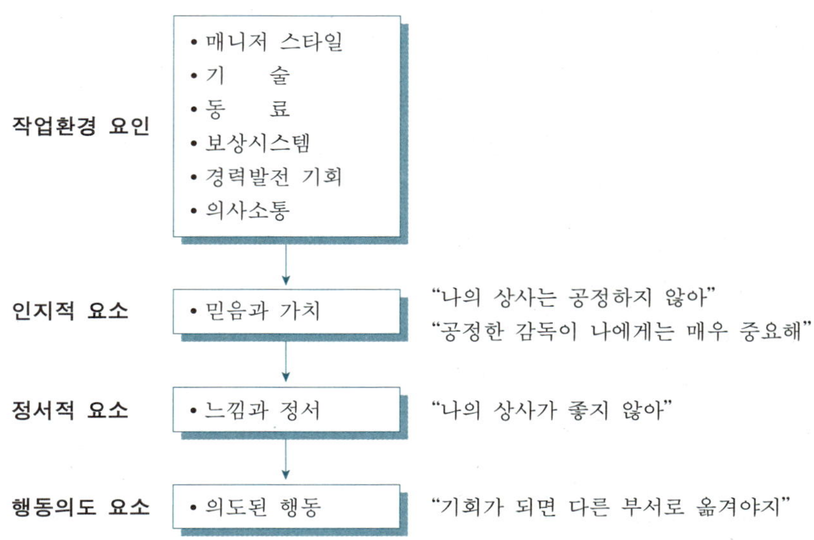

즉 이들은 정서적 반응만을 태도로 간주하고 인지적 요소는 태도의 선행요소로, 행동의도는 결과로 각각 취급한다. 〈그림 2-1〉은 이와 같은 관점에서 태도의 구성요소들 간의 관계를 설명한 것이다.

태도형성의 영향요인

태도는 개인적인 차원에서 과거의 경험, 연상 그리고 사회적 학습 등을 통해 영향을 받는다.[1] 이러한 요인들에 의해 개인의 태도는 개인마다 다르게 형성될 수 있다. 또한 태도는 그가 속한 사회나 조직 그리고 집단 등의 문화나 규범, 관습 등 다양한 요인들이 태도 형성에 영향을 미치기 때문이다. 이러한 요인들은 동일한 집단이나 사회, 국가에 속한 개인들에게 비슷한 태도를 갖게 하지만 집단이나 사회, 국가별로 상이한 태도를 형성하는데 영향을 미치게 된다. 이하에서는 개인적 태도의 영향요인을 살펴본다.

개인적 경험(individual experience)

모든 사람은 어떤 대상을 직접 접촉하거나 경험을 통해 태도에 영향을 받을 수 있다. 어떤 대상의 일정한 특성 혹은 속성을 개인적 경험을 통해 인식하고, 이러한 것들의 일부가 태도 형성에 영향을 준다. 그러나 특정 대상에 대해 똑같은 상황을 경험하더라도 모든 사람이 똑같은 태도를 형성하는 것은 아니다. 예를 들어, 같은 작업환경에서 같은 감독자 밑에 있는 두 사람의 작업자가 있다하더라도 한 작업자는 “감독자가 작업을 체크해 줘서 고맙게 생각하고 있어”라는 태도를 갖는 반면, 다른 작업자는 “감독자보다 내가 더 많이 일해야 하다니 이건 불공평해“라는 태도를 형성할 수 있다. 비록 똑같은 경험을 하더라도 두 사람이 개인적 경험을 통해 얻는 인지적 요소가 서로 다르기 때문에 서로 다른 태도를 형성하게 되는 것이다.

연상(association)

새로운 대상에 대해 태도를 형성할 때 기존의 어떤 대상에 대한 태도의 일부 혹은 전체를 연상을 통해 새로운 대상으로 이전시켜 새로운 태도를 형성하게 된다. 예를 들어 어떤 정치인이 진실하지 않다는 태도를 갖고 있다면 다른 정치인을 만날 때 어떤 정치인을 연상해서 그도 역시 진실하지 않을 것이라는 태도를 형성한다. 결국 연상은 어떤 대상에 대한 태도를 다른 대상으로 이전하는 데 활용되는 태도 형성방식이라고 할 수 있다. 그러나 연상을 통해 형성한 태도가 그 대상을 정확하게 반영해서 형성된 태도로 보기는 어렵다.

사회적 학습(social learning)

사회적 학습은 가장 보편적이고 강력한 태도 형성의 원천이다. 사람은 직접적인 경험과 연상을 통하지 않아도 특정 대상에 대해 태도를 형성할 수 있다. 사람은 다른 사람들이나 매체에 의해 제공되는 정보를 통하여 태도를 형성할 수 있는 것이다. 그러나 태도 대상에 대해 직접 경험을 하지 않았기 때문에 사회적 학습을 통해 주어진 정보가 항상 정확한 것은 아니다. 따라서 가능하면 사회적 학습을 위한 다양한 원천 — 예를 들어 가족, 친구, 동료와 같은 사람이나 공식적 교육, TV, 신문 등 — 을 활용할 필요가 있다.

태도의 변화

바람직한 태도, 즉 회사와 동료, 그리고 직무에 대한 긍정적인 태도는 바람직한 행동을 유발하고, 성과 향상과 같은 순기능을 하지만, 회사나 직무에 대한 부정적인 태도는 근무태만이나 결근, 낮은 성과 등 역기능을 초래한다. 따라서 조직 구성원들의 태도를 어떻게 바람직한 방향으로 변화시킬 것인지는 조직과 리더들에게 주요한 과제이다. 이하에서는 태도변화의 이론을 살펴보고, 이를 통해 태도 변화가 왜 일어나고, 어떠한 과정을 통해 변화하는지를 알아본다.

태도변화 이론

일반적으로 태도는 성격에 비해 변화하기 쉬운 것으로 알려져 있다. 예를 들어 특정인에 대한 새로운 정보를 얻었을 때 태도의 변화가 일어날 수 있다. 신입사원이 경험이 부족하다는 이유로 그에 대해 부정적인 태도를 가졌더라도, 같이 일해 본 결과 그가 유능하고, 일처리 솜씨가 좋다는 정보가 새롭게 입수될 때 그에 대한 태도는 긍정적으로 변화된다. 이와 유사하게 태도의 대상이 변화하는 경우에도 태도의 변화가 일어날 수 있다. 낮은 임금 때문에 회사에 대해 부정적인 태도를 가진 사람은 일시에 임금이 크게 인상되는 경우, 회사에 대한 부정적인 태도를 긍정적으로 변화시키게 될 것이다. 또한 태도의 대상이 이전보다 덜 중요하거나 자신과의 관련성이 줄어들 때에도 태도의 변화가 일어날 수 있다. 낮은 임금 때문에 회사에 대해 매우 부정적인 태도를 가진 사람의 경우, 만약 그의 부인이 직장을 갖게 되어서 부부의 소득이 크게 증가하게 되었을 때, 더 이상 임금 때문에 걱정할 필요가 없게 될 것이다. 결국 임금으로 인해 생긴 회사에 대한 부정적인 태도가 이전보다 덜 부정적인 것으로 변화될 수 있다. 그러나 오랜 세월 뿌리 깊게 개인에게 형성된 태도는 위에서 언급한 것처럼 쉽게 변화되지는 않는다. 이 경우에는 태도변화를 위한 외부의 지속적이고 체계적인 개입이 필요하다.

인지부조화(cognitive dissonance)

두 가지의 인지적 요소의 불일치 혹은 태도와 행동 사이의 불일치가 일어날 때 개인이 갈등이나 심리적인 불안정 상태를 경험하게 되는데 이를 인지부조화라고 한다. 인지부조화 이론을 주창한 훼스팅거(L. Festinger)에 의하면 인간은 비일관적인 부조화의 상태를 싫어하고 일관성을 유지하려는 자연적 성향을 갖고 있기 때문에 태도간에 혹은 태도와 행동 간에 부조화가 발생하면 이를 감소시키기 위한 태도변화의 압력을 받는다고 하였다.[2] 인간은 말과 행동 사이에 불일치, 다양한 태도간의 불일치를 느낄 때 이에 대해 부정적으로 반응하며 불쾌한 느낌을 갖게 된다. 이러한 경우 부조화를 초래하는 태도나 행동 가운데 어느 하나 혹은 두 가지 모두를 변화시키는 압력이 생긴다. 즉 인지부조화가 발생할 때 이를 감소시키기 위해 노력하며, 그 결과로 태도의 변화가 일어난다는 것을 설명하는 이론이다.

어떤 사람이 끽연이나 과식을 위험하다고 인식하고 있으나 이를 계속하고 있다고 하자. 태도와 행동의 불일치가 일어나고 있기 때문에 그 사람은 긴장이나 불안감을 느끼게 되고, 이 경우 "끽연이나 과식이 위험하다"는 태도를 바꾸거나, 끽연과 과식을 중단할 것이다. 그렇지 않은 경우에는 "담배 피우는 사람도 오래 사는 경우가 많아" 혹은 "다음주부터 본격적으로 다이어트를 해야지"라며 이러한 긴장이나 불안감을 해소시킬 것이다(인지적 왜곡). 조직상황에서도 인지부조화의 예는 자주 발견된다. 회사에 대해 불만을 가지면서도 계속 근무하는 사람은 인지부조화를 경험하게 된다. 이 경우 그는 회사를 곧 떠나거나, 아니면 회사에

〈그림 2-2〉 인지부조화: 태도와 행동의 불일치의 예

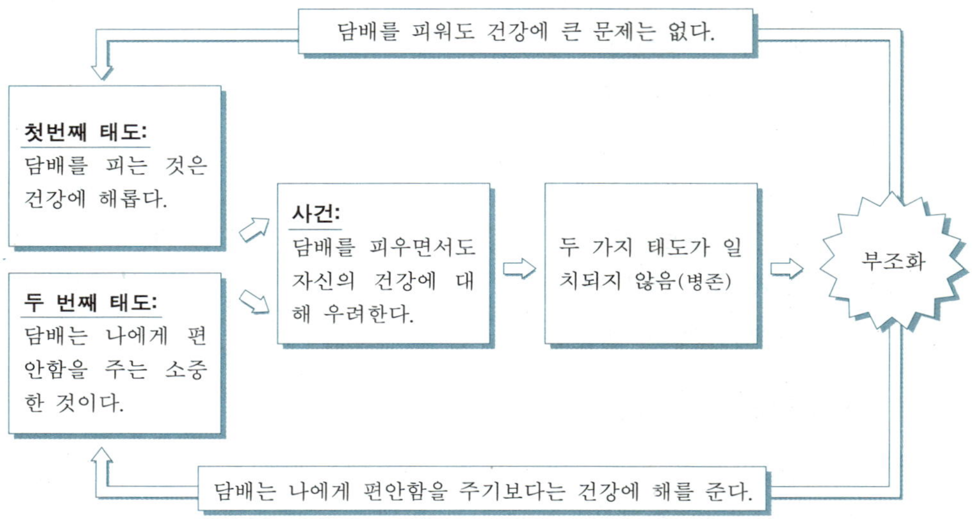

대한 태도를 바꾸거나("우리 회사가 그렇게 나쁜 회사는 아니야"), 그렇지 않을 경우 "마땅한 대안이 발견될 때까지 계속 근무하는 것이 좋아"라며 갈등이나 긴장을 완화시킬 것이다.

인지부조화는 개인의 태도변화 과정을 설명하는 이론이지만, 조직에 있어서 태도를 의식적으로 변화시키기 위한 유용한 수단으로 활용될 수도 있다. 예를 들어 회사의 변화에 대해 소극적이거나 저항하는 사람들의 태도를 변화에 대한 긍정적인 태도로 바꾸기 위해 변화에 대해 저항시 인사상의 불이익을 주어 긴장이나 불안을 증폭시켜 태도변화를 유인하는 것이다.

설 득(persuasion)

다른 사람의 태도를 변화시키는 강력한 수단이 설득이다. 설득은 논리적인 주장과 사실의 확인을 통하여 설득대상의 태도를 변화시키는 행동과정을 의미하며 언어 혹은 문서, 영상 등 다양한 메시지를 활용하여 이루어진다.[3] 설득자의 특성과 설득내용과 설득방식이 설득의 성공을 결정하는 중요한 요인이다.

설득자의 특성 설득을 시도하는 사람의 신뢰성, 스타일 그리고 매력도가

〈그림 2-3〉 설득의 영향요인 및 결과

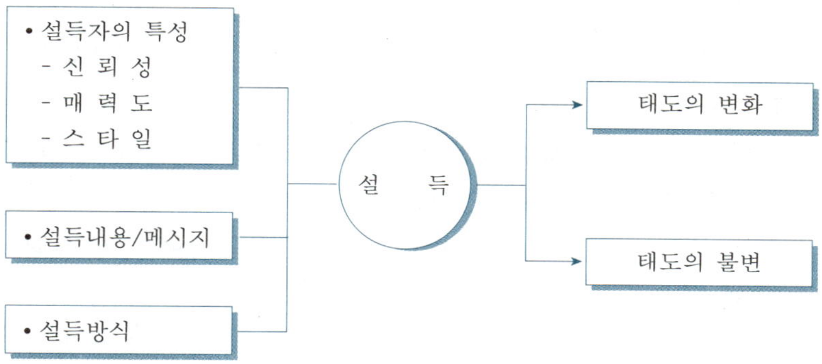

설득 성공의 주요한 요소이다. 설득자의 신뢰성이 높을수록 상대방의 태도를 변화시킬 가능성이 높다. 설득자의 신뢰성에는 전문성, 평판 그리고 동기 등이 중요한 요소이다. 즉 설득하려는 분야나 내용에 관한 전문성을 갖출수록 상대방에 대한 설득력은 높아진다. 또한 좋은 평판을 갖는 설득자일수록 설득의 성공 가능성이 높다. 이 밖에도 의사소통의 동기(motives)도 중요한 역할을 한다. 일반적으로 상대방의 견해를 변화시켜서 많은 이익을 얻는 사람이 상대적으로 이익을 적게 얻는 사람들보다 많은 영향력을 발휘한다. 또한 상대방에게 좋은 인상과 즐거운 느낌을 주는 설득자는 상대방으로부터 호감을 얻고 상대방의 저항을 줄이는 경향이 있다. 일반적으로 매력적인 사람은 보다 많은 주목을 받고, 상대방이 그와 같이 되기를 원하여 모방하게 할 뿐만 아니라 경계심을 낮추고 상대방으로 하여금 신뢰하도록 한다. 설득자의 스타일도 설득의 성공에 영향을 미친다. 메시지를 풍부하게 제시하고 자신 있게 전달하는 설득자는 말을 더듬거나 스스로 확신이 부족해 보이는 설득자에 비해 설득력이 있다. 사람들은 보통 자신이 말하고자 하는 것에 대해 확실하게 알고 있는 사람의 말을 받아들이는 경향이 있다.

설득내용과 설득기법 설득내용과 방식도 태도변화를 초래하는 중요한 요인이다. 설득내용은 상대방이 이해할 수 있는 수준과 방식으로 제시될 때 효과적이다. 사람들이 이해할 수 없는 메시지는 그들의 견해에 영향을 줄 수 있는 기회가 적기 때문이다. 예를 들어 리더가 구성원들의 태도를 변화시키기 위해 설득을 할 때 자신만이 알고 있는 전문적인 용어를 사용한다거나 구성원들이 공감하지 않는 방식으로 설득을 한다면 구성원들의 태도변화를 기대하기 어렵다. 또한 설득할 내용을 요점별로 세분화하거나 반복하는 것이 효과적이다. 이에 반해 상대방을 무시하거나 노골적인 설득의도를 나타내는 것은 상대방의 부정적인 반응을 초래하게 되어 설득에 효과적이지 않다.

이 밖에도 설득시에는 상대방의 태도에 대한 고려도 필요하다. 상대방이 갖고 있는 견해와 매우 다른 견해를 제시하는 메시지는 거부당할 가능성이 높다. 이 경우 메시지는 극단적이고 비합리적인 것으로 간주되며 상대방의 태도를 변화시킬 기회가 적다. 이에 반해 상대방의 견해와 유사하거나 약간 다른 견해를 제시하는 메시지는 보다 합리적인 것으로 간주되어 태도를 변화시킬 기회가 많다.

태도와 행동의 관계

태도와 행동의 관계는 조직행동론뿐만 아니라 심리학 등 사회과학의 중요한 연구과제로 인식되어 왔다. 관련된 연구를 요약해 보면 태도와 행동의 관계는 크게 두 가지 관점, 즉 인지이론(cognitive theory) 관점과 강화이론(reinforcement theory) 관점에서 설명할 수 있다.

인지이론 관점

인지이론 관점은 태도가 행동에 영향을 준다는 관점이다. 인지적 관점에서는 태도를 선행변수로, 행동을 결과변수로 취급한다. 즉 개인이 가지고 있는 태도를 통해 그의 행동을 예측·판단할 수 있다는 관점이다. 이러한 관점을 취하는 연구결과에 의하면 태도와 행동 간에는 비교적 높은 수준에서 정(正)의 상관관계가 있는 것으로 나타나고 있다. 즉, 태도가 행동을 완전하게 예측하게 하는 것은 아니지만 어느 정도는 태도를 통해 행동의 예측이 가능하다. 그러나 태도와 행동의 관계를 정확하게 예측하고 설명하기 위해서는 다음과 같은 사항을 고려해야 한다.

우선 태도와 행동의 관계에는 개인 내부적 특성 — 예를 들어 성격, 능력 등 — 뿐만 아니라 외부환경이나 상황요인 등 다양한 요인이 영향을 준다는 점이다. 따라서 태도와 행동의 관계를 분석할 때에는 이들의 영향을 반드시 고려해야 한다. 예를 들어 포도에 대해 부정적인 태도(즉 포도를 싫어하는 정서적 요소)를 지니고 있는 사람이 저녁 식사 초대를 받는 경우 디저트로 포도가 제공되었을 때 포도에 대해 부정적인 태도를 갖고 있어도 예의상 포도를 먹을 것이다. 물론 선택권이 주어졌을 때는 포도를 먹지 않을 것이다.

또 하나는 태도의 가정에서 살펴본 바와 같이 태도는 개인 내부에 존재하는 것이기 때문에 측정이 용이하지 않다는 점이다. 신뢰성과 타당성이 결여된 측정도구로 측정된 태도는 행동을 정확하게 설명할 수 없다. 따라서 태도와 행동과의 관계를 정확하게 규명하기 위해서는 측정도구의 신뢰성과 타당성이 전제되어야 한다(신뢰성과 타당성에 관해서는 부록 참조).

강화이론 관점

강화이론(reinforcement theory)의 관점은 태도 그 자체는 관찰 가능하지 않으므로 겉으로 드러난 행동을 통해서만 태도를 추론, 설명할 수 있다는 것이다. 대표적인 강화이론가인 벰(D. J. Bem)의 자기지각이론(self-perception theory)에 의하면 행동이란 태도의 결과가 아니라 행동의 결과로서 태도가 형성된다.[4] 예를 들어 "이 일을 계속해서 하니까 일이 즐거워졌어," "이전에는 일이 재미가 없었는데 지난 해 내가 최고 판매를 기록하니까 일이 점점 재미있게 되더라" 등은 이 같은 현상을 설명하는 것이다.

태도와 행동의 관계에 대한 이러한 두 가지 관점은 태도와 행동이 어느 한쪽에 의해서만 일방적으로 영향을 받는 것이 아니라 상호작용한다는 것을 제시하는 것이다. 이는 조직에 있어서 바람직한 태도를 형성, 변화시키기 위해서는 태도의 변화와 행동의 변화를 동시에 추구할 필요가 있음을 의미한다.

직무만족

우리가 사회에 대해 여러 가지의 다양한 태도를 지니고 있듯이 조직구성원들도 조직에 대해 매우 다양한 태도를 가지고 있다. 이 가운데 가장 중요하게 다루어지고 있이 직무만족(job satisfaction)이다.

직무만족의 정의

직무만족은 작업 그 자체 및 작업수행과 관련된 다양한 단면(multi-facets)에 대한 작업자의 긍정적인 느낌(positive feelings)의 정도를 의미한다. 어떤 사람이

〈그림 2-4〉 직무만족의 단면들: 직무만족의 영향요인들

직무만족의 여러 측면		구체적 내용
• 작업 그 자체(work itself)	→	• 작업의 난이도, 자율성, 피드백, 역할명확성 등
• 작업의 양	→	• 작업시간의 과다, 작업부하량(load) 등
• 작업의 물리적 조건	→	• 작업장 청결도, 작업조명, 편의시설 등
• 동 료	→	• 동료와의 의사소통, 친숙도, 상호협력 등
• 감 독 자	→	• 리더십 스타일(통제/지원, 독재/참여)
• 보 상	→	• 보상의 공정성, 보상수준, 성과와의 연계 등
• 승진기회	→	• 승진기회의 공평성
• 조직 정책이나 관행(practices)	→	• 종업원 참여제도, 이익분배, 조직비전 등

자신의 작업과 작업환경의 여러 단면에 대해 긍정적인 느낌을 많이 가질수록 직무에 대해 만족하며 이에 반해 부정적인 느낌을 많이 가질수록 직무에 대해 불만족하다고 할 수 있다. 직무만족은 다단면적(multi-facets)인 개념이라는 특징이 있다. 즉 직무만족에는 작업 자체의 특성 — 예를 들어 작업의 난이도, 자율성 부여 정도 등 — 뿐만 아니라 임금, 동료 등 작업수행과 관련된 제반 단면에 대한 작업자의 긍정적인 느낌이 포함되어 있다. 이는 직무만족이 작업수행과 관련된 다양한 요소에 의해 영향을 받는다는 것을 의미한다. 직무만족에 영향을 주는 주요한 요소는 〈그림 2-4〉와 같다.

직무만족의 특성

직무만족에는 작업 및 그와 관련된 다양한 요소가 복잡하게 뒤엉켜서 영향을 준다. 따라서 조직구성원들의 현재의 직무만족 수준을 파악하거나, 이를 높이고자 할 때에는 다음 사항에 대한 고려가 필요하다.

첫째, 개인에 따라 직무만족에 영향을 주는 요소가 다르며, 그 영향 정도도 차이가 있다는 점이다. 즉 어떤 사람은 임금, 다른 사람은 승진이 직무만족에 가장 큰 영향을 줄 수 있다. 이러한 차이는 개인의 효용이나 상황여건 등에 의해 발생한다.

둘째, 개인에 따라 어느 한 단면에 대한 만족수준은 차이가 있다는 점이다. 즉 두 사람이 조직에서 동일한 임금시스템의 적용을 받더라도 두 사람의 임금만족 수준은 차이가 있을 수 있다. 예를 들어 똑같이 연봉 3천만원을 받더라도 한

사람은 임금에 만족하는 반면 다른 한 사람은 만족하지 않을 수도 있다. 이러한 차이는 임금에 대한 두 사람의 인지적 요소가 상이하게 형성되었거나, 임금에 대해 두 사람이 각각 상이한 인지적 평가과정을 거치기 때문이다. 따라서 조직구성원의 직무만족 수준을 효율적으로 관리하기 위해서는 태도조사(attitude survey)를 통해 조직구성원의 인지적 요소 및 인지적 평가과정을 파악하여 대처할 필요가 있다.

마지막으로 어느 한 단면에 대한 느낌(즉, 만족)은 다른 단면에 대해 파급(spill-over)효과를 갖는다는 점이다. 즉 어느 한 단면에 대한 느낌은 다른 단면에 대한 느낌에 일정한 정도의 영향을 준다. 예를 들어 임금에 대해 높은 수준의 만족을 갖지만 동료들에 대해서는 상대적으로 만족도가 낮은 경우가 있다고 하자. 이러한 경우 임금에 대한 만족은 동료들에 대한 만족이 더 낮을 수도 있는 것을 현 수준으로 유지해 주는 역할을 한다. 이와 마찬가지로 동료에 대한 낮은 만족 수준은 더 높아질 수도 있는 임금만족 수준을 현 수준으로 억제하는 역할을 한다. 따라서 조직구성원의 직무만족 수준을 높이기 위해서는 이러한 파급효과에 대한 고려가 필요하다.

결국 조직구성원들의 직무만족을 관리하기란 어려운 문제이지만 조직구성원들의 특성, 직무만족에 영향을 주는 다양한 단면들의 개별적 특성 및 그 상호관계를 충분히 고려하여 접근해야 한다. 또한 조직구성원들의 직무만족에 대한 태도조사를 통해 직무만족의 여러 측면에 대한 만족수준 및 상대적인 중요도 등을 파악해야 한다.

전반적 직무만족(overall job satisfaction)

이는 일련의 작업 및 작업관련요소에 대한 개인의 전반적인 정서적 반응을 의미한다.[5] 즉, 전반적 직무만족은 "전반적으로 볼 때 나는 직무에 만족하는 편이다"로 나타낼 수 있다. 한 개인의 직무만족은 개별 단면들에 대한 만족뿐만 아니라 이와 같은 전반적 직무만족을 포함한다.

개인이 보다 많은 개별단면들에 대해 만족할수록 전반적 직무만족은 높아진다. 그러나 개인에 따라 특정한 단면이 다른 단면에 비해 상대적으로 보다 중요하게 간주될 수 있기 때문에 다른 단면에 비해 개인의 전반적 직무만족에 보다 큰 영향을 줄 수 있다.

〈그림 2-5〉 전반적 직무만족

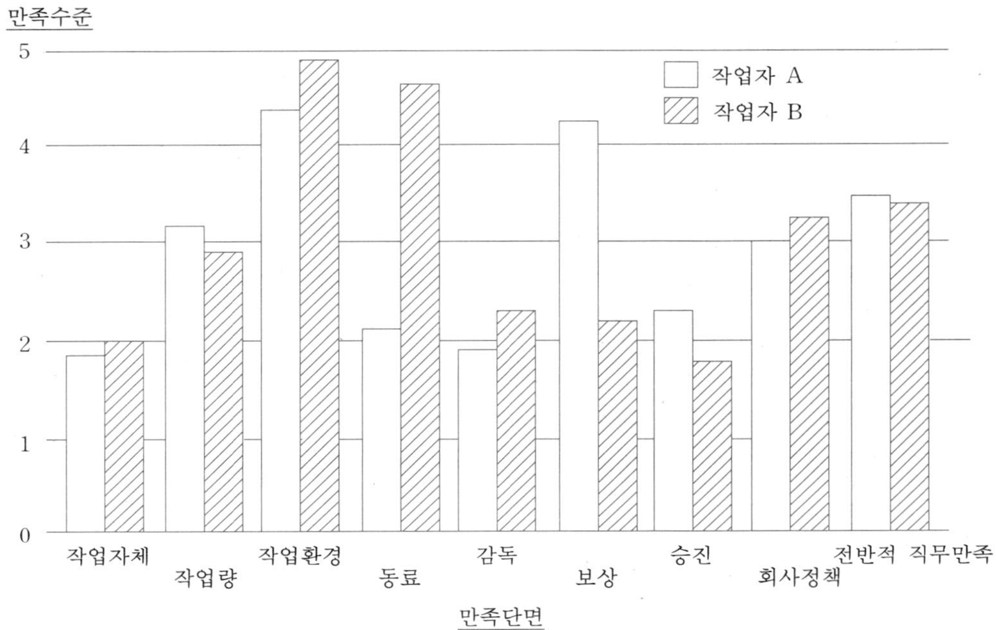

〈그림 2-5〉는 한 직장에서 근무하는 A, B 두 사람의 전반적 만족과 개별단면의 만족도를 제시한 것이다. 두 사람은 모두 비슷한 수준의 전반적인 만족도를 갖고 있지만 개별 단면의 만족도는 큰 차이를 보이고 있다. A는 보상에 대해서는 높은 만족을 보이지만 B는 낮은 수준의 만족도를 나타내고 있다. 이에 반해 B는 동료에 대해서는 높은 수준의 만족을 나타내는 반면 A는 낮은 수준의 만족도를 보이고 있다.

이와 같은 사실은 단지 전반적 직무만족 수준만을 고려하는 경우 개인의 직무만족을 정확하게 파악할 수 없다는 것을 의미한다. 비록 전반적 직무만족이 비슷한 수준이지만 개별단면의 만족도 차이로 인해 두 사람의 작업행동은 다르게 나타날 수 있다. 즉 A는 동료와 협력적인 행동을, B는 보상에 대해 만족을 표시하지는 않을 것이다. 결국 조직이 구성원의 직무만족을 높이기 위해 어떤 조처나 정책을 실행할 경우에는, 그에게 영향을 미치는 개별 단면들의 만족도 및 상대적 중요도를 동시에 고려해야 한다.

직무만족의 측정기법

직무만족은 개인의 마음속에 존재하기 때문에 높이나 무게, 거리와 같은 물리적 척도로 측정될 수 없다. 그러나 직무만족의 중요성으로 인해 행동관찰, 인터뷰 그리고 설문지 등 다양한 방법들이 개발, 활용되어 왔다.

- 안면기법: 직무만족을 측정하기 위한 가장 단순한 접근방법의 하나는 〈그림 2-6〉에 제시된 '안면기법(faces techniques)'을 사용하여 직무만족을 측정하는 방법이다.[6] 안면기법은 원래 전반적인 만족도를 측정하기 위해 개발된 것이지만 특정한 단면에 초점을 맞추어 개별 단면의 만족도를 측정할 수도 있다. 안면기법은 매우 단순해서 언어적 기술이 그다지 필요하지 않고 응답시간이 적게 소요되는 장점이 있으며 특히 신뢰성과 타당성이 있는 측정방법으로 알려지고 있다. 안면기법에는 몇 가지 단점이 있다. 첫째, 다른 접근방법에 비해 만족수준을 정확하게 측정하지는 못한다는 점이다. 둘째, 응답자들의 만족에 대한 다양한 느낌을 단순한 응답척도로 요약할 수밖에 없기 때문에 만족수준에 대한 느낌을 충분하게 표현하기가 어렵다는 점이다. 마지막으로 만족을 어떻게 측정하는가가 너무 쉽게

〈그림 2-6〉 안면기법

※ 당신의 직무의 모든 측면을 고려하여 일반적으로 당신의 직무에 대한 느낌을 가장 잘 나타내고 있는 얼굴에 ○표를 하시오.

자료: R. B. Dunham(1984), *Organizational Behavior: People and Process in Management*, Richard D. Irwin, p. 43.

〈그림 2-7〉 미네소타 만족설문지의 예

※ 현재의 나의 직무에 대해 느끼는 바는 …

측정항목	만족하지 않음 (not satisfied)	약간 만족 (slightly satisfied)	만족 (satisfied)	매우 만족 (very satisfied)	극도의 만족 (extremely satisfied)
■ 직무안정성(security)	1	2	3	4	5
■ 내가 한 일에 대한 보상	1	2	3	4	5
■ 작업조건 (온도, 조명, 환풍)	1	2	3	4	5
■ 승진기회	1	2	3	4	5

자료: D. J. Weiss, R. V. Davis & L. H. Lofquist(1967), *Manual for Minnesota Satiafaction Questionnaire*(Minnesota Studies in Vocational Rehabilitation No. 22), Mineapolis, Mn: University of Minnesota Industrial Relations Center, Work Adjustment Project.

드러나 응답자들이 자신들의 만족 혹은 불만족을 과장하기 위해 왜곡할 가능성이 높다는 점이다.

■ 미네소타 만족설문지(Minnesota Satisfaction Questionnaire: MSQ): MSQ는 다양한 만족단면과 관련된 이슈에 대해 응답자들이 얼마나 만족하고 있는가를 응답하도록 하는 방법이다(〈그림 2-7〉 참조).[7] MSQ는 안면기법보다는 정확하지만, 설문지에 100개의 항목(20개의 직무단면마다 5개의 항목)이 포함되어 있어 응답에 비교적 많은 시간이 소요된다. 또한 안면기법과 같이 일부 응답자들은 그들의 만족 혹은 불만족을 과장하기 위해 응답을 왜곡하는 경향이 있다는 단점이 있다.

■ 직무기술 인덱스(Job Descriptive Index: JDI): JDI는 현재 가장 많이 사용되고 있는 직무만족 설문지 중의 하나이다.[8] 〈그림 2-8〉은 JDI의 일부를 발췌하여 소개한 것이다. JDI는 앞서 설명한 직무만족 측정방법과는 다른 방법을 취하고 있다. '형용사'로 작성된 척도가 제시되고 응답자들은 각 척도가 자신의 작업상황을 제대로 설명하고 있는지를 표시하도록 되어 있다. 이러한 점에서 JDI는 작업태도 중 인지적 요소를 측정하는 것이 아니라 정서적 요소를 측정하는 설문지로 볼 수 있다. 또한 JDI는 응

〈그림 2-8〉 직무기술 인덱스의 예

※ 응답 지침: 당신의 현재 작업에 대해 생각해 보라. 아래의 측정항목이 당신의 작업을
잘 설명하고 있다면 '예',
제대로 설명하고 있지 않다면 '아니오',
결정을 내리기가 어렵다면 '?'에 동그라미를 표시해 주십시오.

〈측정항목〉		〈응답척도〉	
22 a. 매력적이다	예	아니오	?
b. 일상적이다	예	아니오	?
c. 만족스럽다	예	아니오	?
d. 많은 압박감을 느낀다 (high-pressure job)	예	아니오	?
e. 지루하다	예	아니오	?

자료: P. C. Smith, L. M. Kendall & C. L. Hulin(1975), *The Measurement of Satisfaction in Work and Retirement*, Chicago, Rand Mcnally, Copyright Bowling Greenstate University, Bowling Green, Ohio, Department of Psychology.

답자들에게 "당신은 얼마나 만족하고 있는가를 말해 보시오"와 같은 직접적인 척도를 사용할 때 나타나는 문제점을 완화할 수 있다. 그렇지만 JDI 측정치들은 다른 측정치들보다는 다소 덜 직접적이라는 한계가 있다.

- 조직반응 인덱스(Index of Organizational Reactions: IOR): IOR의 직무만족 측정치는 기술적(descriptive), 정서적(affective) 및 행동적(behavioral) 문항들을 종합해서 사용하고 있다.[9] 〈그림 2-9〉는 IOR의 직무만족 측정치 가운데 감독자(supervisor) 단면에 관한 항목을 예로 제시한 것이다.

IOR은 다양한 직무와 조직(실제로 IOR은 서로 다른 문화적 배경을 갖고 있는 조직에 주로 활용하기 위해 개발)의 직무만족 측정을 비교하는 데 주로 활용된다. 그러나 그림에서 나타나듯이 IOR의 측정항목들은 MSQ 등과 같은 다른 설문에서 사용된 측정항목에 비해 직무만족에 대해 다소 간접적으로 질문을 하고 있어, 응답결과에 대해 다소 주관적인 해석을 필요로 하는 한계가 있다.

〈그림 2-9〉 조직반응 인덱스의 예

1. 나를 감독하는 사람들은
   ① 나쁜 특성보다는 좋은 특성을 훨씬 더 많이 가지고 있다.
   ② 나쁜 특성보다는 좋은 특성을 더 많이 가지고 있다.
   ③ 나쁜 특성과 좋은 특성을 대략 비슷하게 가지고 있다.
   ④ 좋은 특성보다는 나쁜 특성을 더 많이 가지고 있다.
   ⑤ 좋은 특성보다는 나쁜 특성을 훨씬 더 많이 가지고 있다.
2. 내가 받고 있는 감독방식은
   ① 나를 매우 낙담시켜 내가 더 열심히 일하는 것을 막는다.
   ② 나를 낙담시켜 내가 더 열심히 일하는 것을 막는다.
   ③ 나에게 거의 영향을 미치지 않는다.
   ④ 내가 더 많은 노력을 하도록 고무한다.
   ⑤ 내가 더 많은 노력을 하도록 매우 고무한다.
3. 당신을 감독하는 사람들에 의해 사용된 감독방식이 직무에 대한 당신의 전반적인 태도에 얼마나 영향을 줍니까?
   ① 매우 호의적이지 않은 영향을 준다.
   ② 약간 호의적이지 않은 영향을 준다.
   ③ 실제 영향을 거의 주지 않는다.
   ④ 호의적인 영향을 준다.
   ⑤ 매우 호의적인 영향을 준다.
4. 당신을 감독하는 사람들의 노력이 당신이 속한 부서의 성공에 얼마나 많은 영향을 줍니까?
   ① 매우 큰 영향을 준다.
   ② 상당한 영향을 준다.
   ③ 조금 영향을 준다.
   ④ 매우 조금 영향을 준다.
   ⑤ 영향이 거의 없다.

자료: F. J. Smith(1976), The Index of Organizational Reactions, *JSAS Catalog of Selected Documents in Psychology*, Copyright by F. J. Smith.

직무만족은 조직구성원의 태도 중 가장 중요한 것으로 평가받고 있으며, 직무만족 측정치는 조직구성원들의 태도조사에서 가장 중요한 자료로 활용되고 있다. 또한 태도조사 결과는 기존 정책의 평가는 물론 새로운 정책의 입안 및 실행에 있어서 중요한 고려요소이다. 따라서 직무만족은 신뢰성과 타당성 있는 측정방법을 통해 올바르게 측정되어야 한다. 신뢰성과 타당성이 부족한 측정도구를 사용하여 얻은 측정치를 기초로 직무만족도를 높이기 위한 정책을 수립, 실행하는 것은 경영의 효율성을 심각하게 훼손시킬 수 있기 때문이다.

태도조사(attitude survey)**의 활용**

- 경영진의 의사결정사항과 조직에서 수행되고 있는 주요한 프로그램에 대한 효과 그리고 조직구성원의 반응을 평가할 때 유용한 수단을 제공한다.
- 경영진이 자신들의 의사결정에 대한 조직구성원의 행동적 측면의 결과를 확인하는 데 유용하게 활용된다.
- 조직구성원의 관심사를 측정하여 이들과 관련된 주요한 규칙이나 제도를 설계시 유용하게 활용된다.
- 표면으로 부각되고 있지는 않지만 중요한 문제들에 대한 '조기경보시스템'으로 작용하여 문제가 확대되는 것을 예방하고 문제가 부각될 때에는 이를 다루기 위한 사전 준비를 가능하게 해 준다.

직무만족과 행동의 관계

직무만족과 성과

만족과 성과의 관계는 조직행동분야에서 가장 폭넓게 연구된 문제 중 하나이

〈그림 2-10〉 직무만족과 성과와의 관계

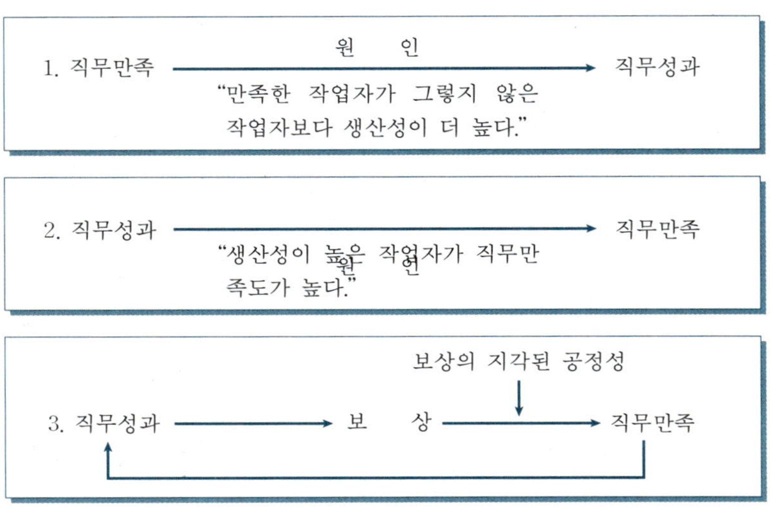

다. 그러나 그 결과들은 일관되지 않고 다양하게 나타나고 있다(〈그림 2-10〉 참조).

하나의 결과는 만족이 성과에 영향을 미친다는 것이다. 즉, "만족하는 조직구성원은 생산적인 조직구성원이다"라는 것이다. 불행히도 여러 연구에 의하면 만족이 성과에 미치는 직접적인 효과는 일관되게 나타나지 않고 있다.[10] 사실상 만족은 좀처럼 성과에 직접적으로 영향을 주지 않으며, 영향을 미친다 해도 그 효과는 보통 낮게 나타났다. 또 다른 결과는 성과가 만족에 영향을 미친다는 것이다. 그러나 그 영향은 직접적인 것이 아니라 간접적인 것으로 나타났다. 즉 직무성과와 만족의 사이에는 보상이 매개역할을 하며, 또한 보상이 공정할 때 직무만족이 일어난다는 것이다. 즉, 어떤 성과에 대하여 긍정적이고 공정한 보상이 제공되고, 구성원이 이를 공정하다고 인식할 때 직무만족이 일어난다.

직무만족과 사퇴

과거 30년 동안 직무만족과 사퇴와의 관계에 대한 많은 연구들이 수행되어 왔다. 연구결과에 의하면 직무만족과 사퇴 사이에 상당히 일관성 있게 부(－)의 관계가 있는 것으로 나타났다.[11] 즉, 직무만족도가 낮은 조직구성원들은 직무만족도가 높은 조직구성원들보다 사퇴할 가능성이 높다는 것이다.

〈그림 2-11〉은 주요 사퇴모형들의 구성요소들을 통합하여 사퇴를 설명하는

〈그림 2-11〉 직무만족과 사퇴의 관계

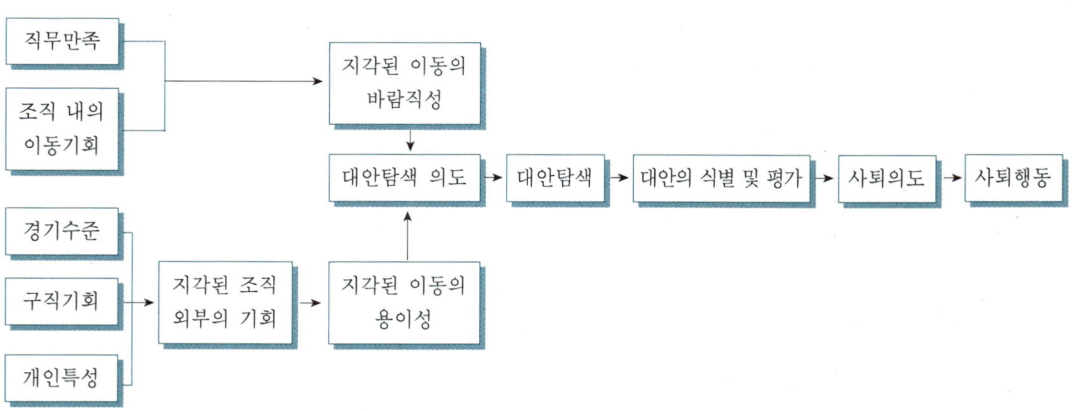

자료: R. B. Dunham(1984), *Organizational Behavior: People and Processes in Management*, Illinois: Irwin, p. 670.

모형이다. 이 모형에서 핵심요인은 모형의 중간 부분에 있는 다른 취직 자리를 찾고자 하는 의도(대안탐색 의도)이다. 이 모형에 의하면 다른 취직 자리를 찾고자 하는 의도는 이동의 바람직성과 용이성에 의해 영향을 받는다. 다른 취직 자리를 찾고자 하는 의도는 기본적으로 이동의 용이성과 바람직성이 높게 인식되어지면 발생할 가능성이 높아진다는 것이다. 이동의 바람직성은 현 직무에 대한 만족도와 현 조직 내에서 다른 직무로 이동할 수 있는 기회에 영향을 받는다. 현재 맡고 있는 직무에 불만족하거나 같은 조직 내 다른 직무를 수행할 수 있는 기회가 거의 없다는 것을 알게 될 때 이동의 바람직성은 가장 커진다. 이동의 용이성은 다른 조직으로 이동한다면 얼마나 쉽게 다른 조직을 찾을 수 있는가와 관련되어 있다. 즉 이동의 용이성은 외부의 조직을 찾을 수 있는 기회에 대한 지각으로 경기수준, 구직기회, 개인특성 등에 의해 영향을 받는다. 다음 단계는 대안들은 식별하고 평가하는 것이다. 이것은 실제 사퇴행동에 영향을 미치는 사퇴 의도에 영향을 미치게 된다. 마찬가지로 사퇴의도가 있다고 해서 모든 구성원이 실제로 사퇴하는 것은 아니다.

요약하면 직무만족은 사퇴를 결정하는 여러 요인 중의 하나임을 알 수 있다. 따라서 만족이 사퇴 의사결정에 미치는 영향이 크지 않기 때문에 이 관계를 과대평가하지 않도록 주의해야 한다.

직무만족과 출근

직무만족과 출근 사이에는 일관성 있는 정(+)의 관계, 즉 직무만족이 높은 사람이 낮은 사람보다 출근가능성이 높지만, 가능성의 정도는 크지 않다. 직무만족과 출근 사이에는 출근동기, 출근능력 등 여러 요인이 영향을 미치기 때문이다.[12] 그러나 직무만족과 결근과의 관계는 만족과 사퇴의 관계보다 훨씬 더 강한 것으로 인정되고 있다. 주된 이유는 현 조직이나 직무에서의 사퇴는 결근에 비해 상대적으로 심각한 결과를 가져온다. 이에 반해 결근은 심각한 벌칙 없이 상대적으로 자유롭게 이루어질 수 있다는 점이다. 〈그림 2-12〉에서 보듯이 직무만족과 사퇴 관계에 비해 출근(혹은 결근)행동의 결정요인으로서 직무만족의 역할이 상대적으로 크다는 것을 알 수 있다.

직무만족과 출근의 관계에서 핵심요인은 모형의 중간에 있는 '출근동기'로서, 조직구성원이 일을 하러 출근하고자 하는 의지의 정도를 의미한다. 출근동기

〈그림 2-12〉 직무만족과 출근의 관계

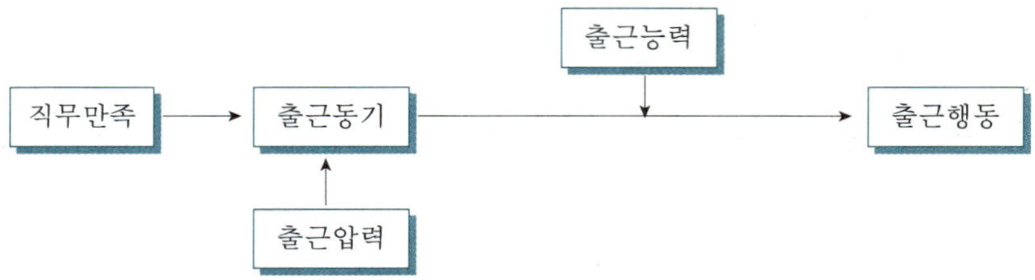

자료: R. M. Steers & S. R. Rhodes(1978), Major Influences of Employee Attendance: A Process Model, *Journal of Applied Psychology*, pp. 391-407.

를 결정하는 첫째 요인은 직무만족이다. 과거의 직무경험이 즐거웠다면 미래의 직무도 즐거울 것이라고 기대할 수 있을 것이다. 따라서 즐거움을 얻기 위하여 출근행동을 선택하게 되는 것이다. 출근동기의 두 번째 결정요인은 '출근압력'이다. 출근압력은 경제적 환경과 시장환경, 조직의 보상과 벌칙 시스템 그리고 작업집단의 규범 등에 의해 영향을 받는다. 그 외에 출근동기에 영향을 미치는 요인으로 개인의 직업윤리와 조직헌신을 들 수 있다. 이러한 것들이 모두 조직구성원들이 출근에 대한 바람직성을 높여 준다. 출근압력과 직무만족은 전반적인 출근동기 수준의 결정요인으로 작용한다.

출근동기가 바로 실제의 출근행동으로 나타나는 것은 아니며 출근능력에 의해 영향을 받는다. 출근하고자 계획하였으나 늦잠을 잤을 수도 있고, 차가 고장날 수도 있고, 가족이 아프거나 혹은 자기가 어쩔 수 없는 다른 이유들로 인해 출근하지 못 할 수도 있다.

사실 출근압력이 높거나 출근능력이 없는 상황에서 만족이 출근에 직접 영향을 미친다고 보기는 어렵다. 반면에 출근압력이 낮고 출근능력이 높은 상황에서는 만족이 출근에 미치는 경향이 커질 수 있다. 지금까지의 연구결과들에서 만족-출근 관계가 모호하게 나타난 것은 이러한 것을 구분하지 못했기 때문이다.

조직몰입과 조직시민행동

조직몰입(organizational commitment)

조직몰입은 직무만족과 함께 조직구성원의 태도 중 가장 많은 주목을 받아

왔다. 직무만족이 직무를 대상으로 한 반면, 조직몰입은 조직을 대상으로 한다.

조직몰입의 정의 조직몰입이란 자신이 속해 있는 조직에 대해 심리적으로 동화되어 있거나 일체감(identification)을 느끼는 정도를 의미한다. 즉, 조직에 대해 심리적으로 동화되거나 일체감을 느낄수록 그 조직에 몰입되어 있다고 할 수 있다. 메이어(Meyer)와 앨런(Allyn)의 연구에 의하면 조직몰입에는 세 가지의 몰입이 있다.[13] 첫째는 **정서적 몰입**(affective commitment)이다. 이는 조직에 대해 감정적으로 애착(attachment) 혹은 일체감을 느끼는 것을 의미한다. 정서적 몰입은 조직몰입을 대표하는 것으로 인정되고 있다. 즉, 정서적 몰입이 높으면 이하에서 설명하는 두 가지의 몰입은 중요성이 떨어진다. 둘째, **규범적 몰입**(normative commitment)으로, 이는 의무감(obligation)이나 다른 사람들의 압력에 의해 조직에 계속 잔류하려는 것을 의미한다. 이는 외부적 요인에 의해 만들어진 몰입이기 때문에 정서적 몰입에 비해 덜 중요하다. 그럼에도 불구하고 규범적 몰입 역시 조직에 대한 긍정적 행위를 유발한다. 마지막으로 **지속적 몰입**(continuance commitment)이다. 이는 조직을 떠나는 비용이 조직에 남는 비용보다 높기 때문에 생기는 몰입을 말한다. 즉 합리적으로 손실과 이익분석(cost-benefit analysis)을 계산하여 조직에 몰입하는 것을 말한다. 조직에 근무하는 기간이 길수록 조직에 '투자'를 많이 하게 되므로, 근속기간이 길수록 지속적 몰입은 커지게 된다.

조직몰입의 영향요인 조직몰입에 대한 영향요인은 다양하지만, 크게 다음

〈그림 2-13〉 조직몰입의 영향요인 및 결과

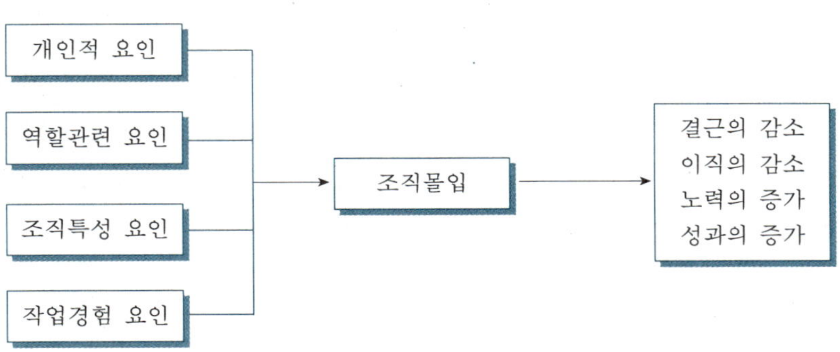

의 네 가지 요인으로 분류할 수 있다(〈그림 2-13〉 참조).

- 개인적 요인: 개인적 요인 중 조직몰입에 가장 강력한 영향을 주는 요인은 근무연수이다. 근무연수가 많을수록 이에 비례하여 조직에 대한 투자가 증가하게 되고, 이직 시 그만큼 개인적인 비용이 발생하게 되기 때문이다(side-bets 효과).[14] 또한 나이가 많을수록 이동 가능성이 낮고 성취욕구가 높을수록 참여욕구가 증대되어 조직몰입의 수준이 높은 것으로 나타나고 있다. 그러나 성(남성/여성)과 학력(학력의 고/저)은 조직몰입에 영향을 준다고 단정하기 어렵다.
- 역할관련 요인: 역할관련 요인에는 역할갈등과 역할모호성이 있다. 개인이 자신의 역할에 대해 갈등을 느끼거나 역할이 명확하지 않고 모호할수록 조직몰입의 수준이 낮다(역할갈등과 역할모호성에 대해서는 제8장을 참조).
- 조직특성 요인: 조직의 크기, 노조의 존재, 관리의 폭, 조직의 분권화 정도 등이 주로 연구되어 왔으나 조직의 분권화 정도를 제외하면 일관된 결과가 나타나지 않고 있다. 조직이 분권화될수록 개인이 의사결정에 참여 가능성이 높아지고, 개인에게 동기를 부여하게 되어 조직몰입 수준이 높아진다.
- 작업경험 요인: 개인이 조직에서 근무하는 동안 일어나는 개인적 느낌을 의미한다. 같은 집단에서 근무하는 동료의 태도가 긍정적일수록, 개인에 대한 조직의 의존도가 높을수록, 개인이 조직생활을 통해서 기대가 실현될수록, 조직에서 자신이 중요하다고 인식할수록 조직몰입의 수준이 높다.

조직몰입의 결과 조직몰입 수준이 높은 작업자는 조직몰입 수준이 낮은 작업자에 비해 조직 내에서 경험을 쌓기 위해 보다 많은 노력을 기울인다. 또한 조직몰입 수준이 높을수록 결근이나 이직이 상대적으로 적고, 성과 수준이 높은 것으로 나타나고 있다. 그러나 조직몰입이 항상 긍정적인 결과만을 낳는 것은 아니다. 조직몰입이 높은 사람일수록 현재의 직무 및 조직 상태에 집착한 나머지 변화를 꺼려하고 저항하는 경향이 강하다.

조직시민행동(organizational citizenship bahaviors: OCB)

조직몰입이 높은 사람의 일반적인 특징 중의 하나는 직접적인 보상이 없어도 조직을 위해 희생하고, 자발적으로 열심히 일하고, 주어진 책임 이외의 부가적인 책임을 기꺼이 떠맡는다는 점이다. 이러한 행동을 하는 사람들을 훌륭한 시민에 비유하여 '조직시민(organizational citizen)'이라고 하고, 이들의 행동을 '조직시민행동'이라고 한다. 최근 조직시민행동을 유발하는 태도에 대한 연구가 활발하게 이루어지고 있다.

조직시민행동은 회사의 성공에 기여할 뿐만 아니라 성공에 필요한 것 이상의 자발적인 행동을 말한다. 외부인에게 회사를 자랑스럽게 얘기하고, 동료를 도와주고, 유용한 제안을 하는 것 등이 포함된다. 그런데 조직시민행동은 개인이 자율적으로 하는 행동이기 때문에 조직에서 어떠한 형태로든 인정(recognition)받지 못하면 사라져버릴 수도 있다.

조직시민행동에는 조직요인과 인적요인 등 여러 가지 요인이 영향을 미친다. 조직요인으로는 절차적 공정성(procedural fairness)이 중요하다. 공정한 결과나 처우가 나타나도록 절차(회사의 정책이나 규칙 등)가 공정할 때 절차적 공정성이 존재한다. 절차적 공정성이 존재한다고 해서 항상 원하는 결과를 얻는 것은 아니다. 회사나 상사가 불공정한 절차를 사용하는 경우 종업원의 신뢰는 물론, 나아가 조직시민행동에 매우 큰 부정적인 영향을 미치게 된다. 한편, 자연스럽게 시민행동을 하는 사람들이 있다. 일반적으로 다른 사람들보다 행복하거나 풍요로운 마음을 가진 사람들이 타인들에게 도움을 주는 행동을 한다.

요 약

- 가치란 특정한 형태의 행동이나 존재양식이 다른 형태의 행동이나 존재양식보다 더 좋을 것이라는 기본적인 믿음이나 신념을 나타낸다. 가치는 상대적으로 안정적이고, 지속적이어서 쉽게 변화되지 않으며, 태도와 행동에 영향을 미친다.
- 가치는 최종가치(terminal value)와 도구가치(instrumental value)로 분류할 수 있다. 최종가치란 개인이 일생을 통하여 달성하고 싶어 하는 목적(goals)을 의미하며, 바람직한 최종 상태를 말한다. 도구가치란 최종가치를 성취하는데 필요한 바람직한 행동이나 수단을 말한다.
- 홉스테드의 연구결과는 문화에 따라 개인들의 가치에 차이가 있다는 것을 실제로 보여준 것이며, 타 문화의 사람들과 효과적으로 상호작용하기 위해서는 가치의 차이를 이해하는 것이 중요하다는 것을 시사하고 있다.
- 태도란 어떠한 대상에 대한 믿음, 느낌 그리고 행동의도가 결합되어 있는 상태이다. 모든 태도는 인지적 요소, 정서적 요소 그리고 행동의도 요소로 이루어져 있다. 인지적 요소는 믿음, 정서적 요소는 느낌 그리고 행동의도 요소는 행동과 관련된다.
- 태도는 개인적 경험, 연상 그리고 사회적 학습을 통해 형성된다. 특히 사회적 학습은 가장 보편적이고 강력한 태도형성의 원천이다. 어떤 대상에 대한 태도가 일단 형성되면 일정기간 지속되는 경향이 있다.
- 직무만족은 조직관련 태도 중 가장 중요한 태도로 간주되고 있으며, 성과, 결근 그리고 사퇴 등에 영향을 주는 중요한 태도이다.
- 만족이 성과에 직접적인 영향을 미치는 것으로 보이지는 않는다. 그보다는 성과에 대하여 긍정적이고 공정한 결과가 따른다면 그리고 성과가 이루어지지 않았을 때 불만족이 따른다면 성과는 만족에 영향을 미칠 것이라는 주장이 보다 타당하다.
- 직무만족은 사퇴를 결정하는 여러 요인 중의 하나이며, 출근에도 영향을 미

친다.

- 조직몰입이란 자신이 속해 있는 조직에 대해 심리적으로 동화되어 있거나 일체감(identification)을 느끼는 정도를 의미한다.
- 조직몰입이 높은 사람의 일반적인 특징 중의 하나는 직접적인 보상이 없어도 조직을 위해 희생하고, 자발적으로 열심히 일하고, 주어진 책임 이외의 부가적인 책임을 기꺼이 떠맡는 행동이며, 이들을 '조직시민(organizational citizen)'이라고 한다.

핵심용어

가 치
최종가치
도구가치
태도의 구성요소
인지부조화
설 득
직무만족
직무만족과 성과
직무만족과 사퇴
직무만족과 출근
조직몰입
정서적 몰입
규범적 몰입
지속적 몰입
조직시민행동

토의문제

1. 가치의 의의 및 중요성을 설명하시오.
2. 최종가치와 도구가치를 비교, 설명하시오.
3. 태도의 세 가지 구성요소를 구별하는 것이 왜 중요한가를 설명하시오.

4. 가치와 태도의 차이를 비교, 설명하시오.
5. 당신의 어떠한 태도가 바뀌었다면 당신의 그 태도를 변화시킨 요인을 설명하시오.
6. 만약 당신이 기업의 C대리)라면 당신은 부서 내의 각 파트의 태도에 대한 정보를 어떻게 얻을 수 있는가를 제시하시오. 파트별로 정보를 상호 비교하는 것이 왜 중요한가를 설명하시오.
7. 조직에서 사퇴를 관리하기 위한 방안을 제시하여 보시오.
8. 어떠한 조건에서 직무만족이 사퇴에 가장 큰 영향을 줄 것으로 보이는가?
9. 당신이 기업이 C대리)라면 조직구성원의 조직몰입도를 높이기 위해서 무엇을 해야 할 것인지를 설명하시오.

실 습: 당신은 조직에 얼마나 몰입되어 있는가?

아래의 척도를 활용해서, 12가지 문항에 대해 어느 정도 동의하는지를 표시하시오.

1	2	3	4	5
매우 부정	대체로 부정	보통	대체로 긍정	매우 긍정

문 항	응 답
1. 현재로서 내가 원하기보다는 해야만 하기 때문에 조직에 머물고 있다	
2. 나는 현재 조직의 일원으로서 소속감을 느끼고 있다.	
3. 나는 자신이 일해 왔던 조직을 떠나는 것을 꺼리는 편이다.	
4. 현재의 조직을 떠나는 것은 상당한 희생을 필요로 하는 것 같다.	
5. 나는 회사에 감정적으로 동화되어 있다는 느낌을 갖는다.	
6. 내가 회사를 그만둔다면 사장이나 관리자는 크게 실망할 것 같다.	
7. 나는 현재의 회사에 계속 근무하는 것 이외에 다른 대안을 가지고 있지 않다.	
8. 나는 회사에 근무하면서 마치 가정의 한 식구로서의 느낌을 갖는다.	
9. 나는 회사에 계속 근무해야 한다는 강한 의무감을 느낀다.	
10. 현재의 회사를 그만 둔다면 내 인생이 크게 꼬일 것이라고 생각한다.	
11. 앞으로 인생의 나머지를 현재의 조직에서 보내는 것은 나에게는 큰 즐거움이 될 것이다.	
12. 내가 회사를 떠나는 것을 다른 사람들이 좋지 않게 생각할 것이기 때문에 나는 계속해서 회사에 근무한다.	

〈점수 계산방식〉

지속적 몰입점수는 1, 4, 7, 10번 문항을, 정서적 몰입점수는 2, 5, 8, 11번 문항을, 규범적 몰입은 3, 6, 9, 12번 문항을 각각 합산한다. 세 가지의 몰입 유형별로 가장 높은 점수는 20점이며, 평균은 12점이다. 세 가지 몰입별로 점수의 차이가 있는지를 비교해 보고, 가장 점수가 높은 몰입과 낮은 점수의 몰입을 비교해 보고, 그 원인을 생각해 보자.

참고문헌

1) Dunham, R. B.(1984), *Organizational Behavior: People and Processes in Management*, Richard D. Irwin, pp. 37-39.

2) Festinger, L.(1957), *A Theory of Cognitive Dissonance*, Evanston, Ill.: Row, Peterson.

3) Baron, R. A. & Greenberg, J.(1990), *Behavior in Organization*(3rd eds.), Allyn & Bacon.

4) Steers, R. M.(1984), *Introduction to organizational Behavior*(2nd ed.), Scott, Foreman & Company, p. 289.

5) 신유근(1985), *조직행위론*, 다산출판사, p. 191.

6) Dunham, *op. cit.*, p. 41.

7) Weiss, D. J., Dawis, R. V., England, G. W. & Lofquist, L. H.(1967), Manual for the Minnesota Satisfaction Questionnaire, *Minnesota Studies in Vocational Rehabilitation*, Mineapolis, MN.

8) Smith, P. C., Kendall, L. M. & Hulin, C. L.(1969), *The Measurement of Satisfaction in Work and Retirement*, Chicago: Rand McNally.

9) Smith, F. J.(1976), The Index of Organizational Reactions, *JSAS Catalog of Selected Documents in Psychology*.

10) Brayfield, A. H & Crockett, W. H.(1955), Employee Attitudes and Employee Performance, *Psychological Bulletin*, pp. 396-424.

11) Brayfield, A. H. & Crockett, W. H.(1955), Employee Attitudes and Employee Performance, *Psychological Bulletin*, pp. 396-424; Mobley, W. H., Griffeth, R. W., Hand, H. H. & Meglino, B. M.(1979), Review and Conceptual Analysis of The Employee Turnover Process, *Psychological Bulletin*, pp. 493-522.

12) Steers, R. M. & Rhodes, S. R.(1978), Major Influence of Employee Attendance: A Process Model, *Journal of Applied psychology*, pp. 391-407.

13) Meyer, J. P. & Allen, N. J.(1991), A Three-Compcnent Conceptualization of Organizational Commitment, *Human Resource Management Review*, pp. 61-

89.

14) Reichers, A. E.(1985), A Review of Reconceptualization of Organizational Commitment, *Academy of Management Review*, p. 468.

II

3. 내용이론
4. 과정이론
5. 학습이론

동기이론들

제 2 편에서는 조직구성원의 태도(attitude)와 행동(behavior)을 이해하는 데 기초가 되는 동기이론(motivation theory)에 관하여 논의한다. 이들 이론들은 왜 개인들이 특정한 태도나 행동을 취하는가 그리고 개인의 특정한 태도와 행동은 어떻게 형성되는가를 다루고 있다. 동기이론을 공부함으로써 우리는 '개인의 차이'를 이해할 수 있으며 조직구성원의 태도와 행동을 예측하고 관리하는 데 도움이 된다. 동기이론들은 조직구성원의 태도와 행동에 대한 다양한 관점을 제시하고 있다. 먼저 심리학적 접근법의 관점에서 보면 동기이론은 "인간행위의 시작과 끝과의 과정이 왜 일어나는가를 연구"하는 것으로 심리적 이유(why)와 과정(process)으로 요약된다. 즉 동기부여(motivation)란 목표 등 무엇인가를 지향하는 행위의 심리적 이유와 그 이유를 이해하여 개인 또는 조직의 소기의 목표를 이루려는 데 도움을 얻으려는 것이다. 이론상 인간의 본능(instinct), 욕구(needs)의 내용, 인지적 과정(cognitive process) 등으로 요약될 수 있다. 동기이론가들의 관심은 시간적 순서로 본능과 욕구내용을 거쳐 인지과정으로 바뀌어 왔음을 알 수 있다.

다음 경영학적 접근법의 관점에서 보면 동기이론은 경영자가 조직의 목표를 달성하기 위하여 종업원의 노력을 효과적으로 유발시키는 것이다. 즉 조직의 성과(생산성) 향상의 측면에서 연구한다. 그러므로 경영학적 관점의 동기부여는 이유(why)와 목표(for what)이다.

일반적으로 동기이론은 '내용이론'(content theory)과 '과정이론'(process theory)으로 나눈다. 내용이론은 인간의 행동을 유발하고, 행동의 방향을 정해주며, 유지하는 인간 내부에 존재하는 요인들(예; 본능, 결핍욕구, 성장욕구, 만족 등)에 초점을 맞춘다. 제3장에서 논의할 내용은 주로 결핍욕구와 성장욕구에 관한 내용으로서 단순하고 정적인 이론이다. 과정이론은 개인의 행위가 개인과 환경 간에 교류를 통해서 목표와 방향을 갖게 되는 과정을 설명하는 데 주안점을 둔다. 즉 어떤 내용(input)이 주어지면 환경과 교류하며 어떠한 사고과정을 거쳐 인간이 동기유발되는가 하는 인지적 과정(cognitive process)에 관심을 두는 이론으로서 성격상 복잡하고 동적일 수밖에 없다. 인지적 접근에는 공정성이론, 목표설정이론 및 기대이론 등이 있으며, 이는 제4장에서 다룰 것이다. 한편 학습이론은 파블로프(Pavlov)의 개 실험과 같이 행동의 결과가 행동에 미치는 영향을 연구함으로써 비인지적 과정에 초점을 맞추었으나 사회적 학습의 중요성이 대두됨에 따라 추후에는 인지적 요소도 가미하게 되었다. 이러한 학습이론은 제5장에서 자세히 검토하기로 한다.

3 내용이론

동기유발의 본질 및 구성요소

욕구단계이론

ERG이론

표출욕구이론

동기-위생이론

내용이론에 근거한 동기유발

학습목적

1. 욕구이론의 공통적 특성에 대한 이해
2. 욕구단계이론의 기본 내용과 가정에 대한 이해
3. ERG이론과 욕구단계이론의 차이점에 대한 이해
4. 표출욕구이론과 욕구단계이론의 차이점에 대한 이해
5. 성취욕구, 친화욕구 및 권력욕구의 특성 및 조직관리에 대한 이해
6. 동기-위생이론의 비평에 대한 이해
7. 내용이론에 근거한 동기유발 과정에 대한 이해

동기유발의 본질 및 구성요소

- 우리 회사 종업원들의 근무의욕을 높여서 생산성을 높일 수 없을까?
- 우리 회사는 다른 회사보다도 더 많은 임금을 지급함에도 불구하고 종업원들이 열심히 일하지 않는 이유는 무엇일까?
- 똑같은 작업환경인데도 어떤 사람은 열심히 일하는 반면, 어떤 사람은 열심히 일하지 않는 이유는 무엇일까?
- 내일이 시험일인데도 불구하고, 공부를 하기 싫은 이유는 무엇일까?

이러한 의문점은 평소 조직을 효율적으로 관리하고자 하는 사람들이라면 누구나 생각할 수 있는 의문점들이다. 이러한 문제점들은 겉으로 보기에는 각각의 다른 문제 같지만, 좀더 깊게 살펴보면 공통된 속성을 가지고 있음을 알 수 있다. 즉, 이러한 문제는 사람들이 무엇 때문에 행동하게 되는지를 모르고는 대답할 수 없는 문제들이다. 이와 같이 인간이 행동하게 되는 원인을 설명하고자 하는 것이 동기유발(motivation)이론이다.

그렇다면 동기유발이란 무엇인가? 동기유발에 대해서는 학자마다 다소의 견해 차이를 보이지만, 공통적인 속성을 가지고 있음에는 대부분 동의한다. 동기유발이란, 목표달성을 위하여 인간의 행동을 각성(arousal)과 방향 지시성(direc-

〈그림 3-1〉 동기유발의 구성요소

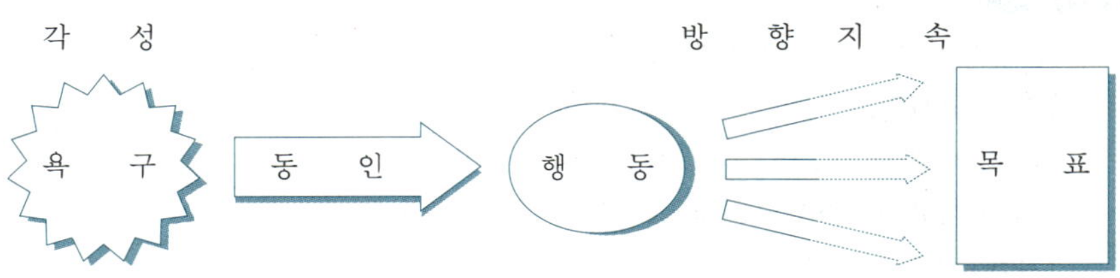

자료: R. A. Baron & J. Greenberg(1990), *Behavior in Organizations: Understanding and Managing the Human Side of Work*(3rd ed.), Allyn & Bacon, p. 76에서 인용.

tion) 및 유지(maintain)하는 일련의 과정이라고 정의할 수 있다. 이는 〈그림 3-1〉로 나타낼 수 있다.

동기유발의 가장 첫번째 차원은 **각성**이다. 이는 일정한 방식으로 행동하게 하는 개인 내의 활성화된 힘을 말한다. 배가 고픈 사람은 배고픔을 줄이기 위해서 음식물을 찾을 것이며, 외로운 사람들은 외로움을 달래기 위해서 친구를 사귀고자 할 것이다. 이렇게 배고픔을 줄이거나 외로움을 달래기 위하는 등의 목표들을 달성하기 위한 행동원인은 동기유발의 중요한 부분을 차지한다.

동기유발의 두 번째 차원은 **방향 지시성**이다. 사람들은 목표를 달성하기 위해서 선택을 한다. 예를 들어, 배가 고픈 사람은 집에서 밥을 차려 먹거나, 피자집에서 피자를 주문해 먹거나, 패밀리 레스토랑에 가서 근사하게 식사를 할 수도 있다. 외로운 사람들은 주변에서 친구를 찾거나, 같은 취미를 가진 사람들의 동호회에 가입할 수 있다. 이렇듯 어떤 행동의 방향을 설정하거나 또는 목표를 추구하도록 통로화(channel)시키는 것을 의미한다.

마지막 차원은 **목표를 달성하기 위해서 인간의 행동을 유지시키거나 또는 지속시키는** 차원이다. 배고픔이나 외로움이 충족되지 않은 사람은 계속해서 그들의 목표를 추구하고자 한다. 이 측면은 동기유발이 지니는 행동적 지속성을 의미한다.

이상의 세 차원을 정리하면, 사람들은 욕구를 충족시키기 위하여 동기가 유발된다. 욕구가 충족되지 않으면 긴장상태가 발생하고 이러한 긴장상태는 목표지향적인 동인을 유발한다. 이와 같은 동인은 행동으로 이어지며 이러한 행동을 통하여 목표가 이루어지면 욕구가 충족되어 긴장상태가 해소된다. 요컨대 충족되지 않은 욕구가 사람의 행동을 유발한다는 것이다. 따라서 종업원이 어떤 행동을 열심히 하고 있다면 그 사람은 어떤 욕구를 충족시키려고 그렇게 열중한다고 볼 수 있다.

따라서 사람들의 동기유발을 이해하기 위해서는 먼저 사람들이 가지고 있는 욕구가 무엇인가 그리고 무엇이 이러한 욕구를 충족시키는가에 대한 이해가 필요하다. 이에 대한 이론은 매우 다양하다. 어떤 이론들(욕구단계이론, ERG이론 등)은 사람들의 욕구를 분류하거나 단계화하여 설명하기도 하고, 다른 이론(동기-위생이론)들은 이 욕구들을 충족시키는 결과물에 초점을 맞추어 설명하기도 한다. 그러나 이론들이 가지고 있는 공통점은 '무엇이' 동기를 유발하는가에 관심을 둔다는 것이다. 그래서 이러한 이론들을 **내용이론**(content theory)이라고 부른다. 대표적인 내용이론으로는 욕구단계이론, ERG이론, 표출욕구이론, 그리고 동기-위생요인이론(이요인이론) 등이 있다.

매슬로우의 욕구단계이론

인간 욕구나 동기유발에 대해서 가장 잘 알려진 이론은 1940년대 매슬로우(A. H. Maslow)가 제안한 욕구단계이론(need hierarchy theory)이다.[1] **이 이론에 의하면 사람은 다섯 가지의 욕구가 있으며 이 욕구들은 계층을 이룬다.** 욕구단계이론은 다음과 같은 전제를 하고 있다.

첫째, 인간은 다섯 가지 보편적 욕구를 가지고 있다(생리적 욕구, 안전 및 안정욕구, 사회적 욕구, 자존 및 존경욕구, 그리고 자아실현욕구)

둘째, 인간은 욕구가 충족되지 않으면, 불만족을 경험하게 된다. 인간은 그들의 욕구를 충족시키기 위하여 동기유발이 되며 이에 따라 행동을 하게 된다.

셋째, 욕구가 충족될 때 인간은 만족을 경험한다.

〈그림 3-2〉 매슬로우의 욕구단계

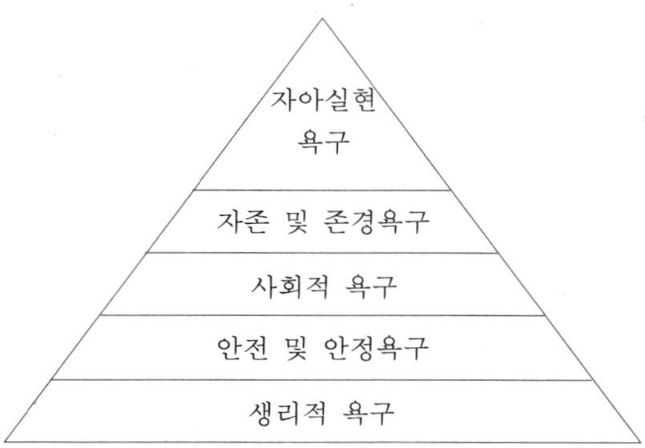

자료: A. H. Maslow(1943), A Theory of Human Motivation, *Psychological Bulletin*, pp. 370-396를 기초로 함.

넷째, 일단 만족된 욕구는 더 이상 동기유발 되지 않는다.

다섯째, 만일 만족된 욕구라 할지라도 이 만족이 유지되지 않는다면, 만족된 욕구는 동기유발을 다시 일으킬 수 있다.

매슬로우가 제시하고 있는 다섯 가지의 욕구를 구체적으로 살펴보면 〈그림 3-2〉와 같다.

생리적 욕구(physiological needs) 생리적 욕구는 매슬로우의 욕구단계 중에서 최하위 단계의 욕구이다. 여기에는 굶주림, 갈증, 성, 수면, 활동성, 감각적 만족 등 신체기관의 모든 생리적 요구가 포함된다.

안전 및 안정욕구(safety and security needs) 이 욕구는 육체적 안전과 심리적 안정을 추구하는 욕구이다. 이 욕구는 신체적, 심리적 불안의 원인이 되는 위협으로부터 안전 및 안정을 얻으려고 하는 욕구이다.

사회적욕구(social needs) 이 욕구는 정서적 애정, 우정 등 다른 사람과의 관계욕구이다. 이 욕구는 주로 친구, 배우자, 아이들, 부모, 그리고 다양한 집단 구성원들을 통해 충족되게 된다.

자존 및 존경욕구(ego and esteem needs) 이 욕구는 자신을 존중하며, 자존심을 지니며, 타인으로부터 존경받기 바라는 욕구이다. 이 욕구에는 신뢰, 독립, 자유, 위선, 주위의 인정, 평판, 관심, 그리고 존중에 대한 욕망이 포함되어 있다.

자아실현욕구(self−actualization needs) 이 욕구는 매슬로우의 욕구단계 중에서 최고 수준의 욕구다. 이 욕구는 자기완성(self-fulfillment)에 대한 갈망을 뜻하며, 인간이 자신의 잠재력을 발휘하고 실현하고자 하는 경향을 말한다. 이 욕구는 완전히 충족시킬 수 없다는 특징을 갖는다.

〈표 3−1〉은 매슬로우가 제시한 다섯 단계 욕구의 각 수준에서 조직구성원을 동기유발시킬 수 있는 구체적인 요소들을 예시하고 있다.

〈표 3-1〉 욕구단계와 욕구충족방법

일반요소	욕구단계	조직이 제공할 수 있는 구체적 요소
• 성장(growth) • 성취(achievement) • 발전(advancement)	자아실현욕구	도전적인 직무 창조성 조직체 내에서 발전 작업의 성취
• 인정(recognition) • 지위(status) • 자기 존중(self-esteem) • 자존(self-respect)	자존 및 존경욕구	직무명칭 실적 급여의 인상 동료와 감독자의 인정 일 그 자체 책임성
• 동료애(companionship) • 정감(affection) • 우정(friendship)	사회적 욕구	감독의 질 조화된 작업집단 직업적 우정
• 신체적 안전(safety) • 심리적 안정(security) • 자격(competence) • 안정성(stability)	안전 및 안정욕구	안전 작업조건 부가 복지수당 일반 봉급의 인상 직무안정
• 공기(air) • 음식(food) • 거처(shelter) • 성(sex)	생리적 욕구	냉·난방 시설 기본봉급 식당 작업조건

자료: A. D. Szilagyi, Jr. & M. J. Wallace, Jr(1990), *Organizational Behavior and Performance*, Harper Collins Publishers, p. 97.

욕구단계이론에 의하면, 한 시점에서 한 욕구가 충족되지 않으면 다음 단계의 욕구는 발생하지 않는다. 일단 한 욕구가 충족되고 나면 그 욕구는 더 이상 행동을 유발하는 힘을 잃게 되며 그 다음 단계의 욕구가 지배적인 욕구로 나타난다. 결국 사람의 욕구충족은 〈그림 3-2〉에서 보듯이 아래 단계의 욕구에서 상위 단계의 욕구로 올라간다는 것이다.

욕구단계이론의 중요 원리는 사람들이 현재 만족하지 못하고 있는 최저 수준의 욕구를 충족시키는 데 주요 관심과 노력의 초점을 맞춘다는 것이다. 만일 굶주리고 있는 사람이 있다면, 먹고자 하는 욕구를 충족하기 위하여 음식을 얻으려고 동기화된다. 그리고 이러한 기초적 생리적 욕구가 적정 수준으로 만족스럽게 충족되어야 한 단계 높은 욕구에 관심을 쏟게 된다는 것이다.

욕구단계이론은 지금까지 경영자들에게 폭넓게 받아들여져 왔다. **이 이론의 시사점은 사람에 따라서 동기유발되는 욕구단계가 다르며, 또한 시간의 흐름에 따라 개인의 욕구 상태는 달라질 수 있다는 것이다.** 따라서 경영자들은 조직구성원들의 욕구에 대한 동기유발이 어느 단계에서 이루어지고 있는가를 우선 판단하고, 이에 따라 어떤 보상과 기회를 제공하는 것이 가장 바람직한가를 평가할 필요가 있다는 것이다.

매슬로우의 이론은 기업과 학계에서 광범위하게 받아들여져 왔으나, 실증연구들을 통하여 이 이론 전체가 지지를 받고 있는 것은 아니다. 실증연구들에 의하면 사람의 욕구가 다섯 가지로 분류된다거나 어떤 특정한 계층을 이룬다는 명확한 증거가 나타나지 않고 있다. 그러나 결핍욕구와 성장욕구의 두 가지 욕구 유형이 있을 수 있다는 증거는 어느 정도 있다.[2)]

매슬로우이론이 실증적 연구를 통해 검증이 이루어지지 못했더라도 이것이 이론적 가치를 평가절하시키는 것은 아니다. 매슬로우이론은 이후 연구에 매우 가치 있는 아이디어를 제공하였으며 실무적으로도 상당히 의미있는 시사점을 제공하고 있다.

알더퍼의 ERG이론

알더퍼(C. P. Alderfer)는 매슬로우의 욕구단계이론에 대한 실증연구들에 기초하여 ERG이론을 제시하였다. ERG이론은 매슬로우의 욕구단계이론을 보다 단순화하여 세 수준의 욕구단계를 제시하는 이론이다. ERG이론은 사람의 욕구는 한 시점에서 둘 이상의 욕구가 동시에 발생할 수 있다고 주장한다는 점에서 매슬로우의 이론과 차이점을 보이고 있다. 이 이론에 의하면 사람은 존재(existence), 관계(relatedness), 그리고 성장(growth)에 관한 세 단계의 욕구를 갖는다.[3)]

알더퍼의 ERG이론에서 제시하고 있는 3가지 수준의 욕구은 다음과 같다.

존재욕구(existence needs) 이 욕구는 인간이 존재하기 위하여 필요한 모든 다양한 형태의 물질적 생리적 요소들이 포함된다. 존재욕구는 매슬로우가 언급한 생리적 욕구와 물리적 안전욕구가 포함된다. 조직에서의 봉급, 복지후생 및 육체적 작업조건 등이 이 범주에 속한다.

관계욕구(relatedness needs) 관계욕구는 모든 사회 지향적인 욕구를 통합한 것이다. 이 욕구는 매슬로우이론에서 다른 사람과 관련된 안정욕구, 사회적 욕구와 존경욕구가 포함된다. 조직에서는 하위 종업원, 동료, 감독자 친구 등과 같이 타인과의 관계와 관련되는 욕구를 포함한다.

성장욕구(growth needs) 성장욕구는 자신의 잠재력 개발과 관련된 욕구이다. 이는 매슬로우의 이론의 자아실현욕구 및 자기존중욕구에 해당한다. 조직에서는 새로운 능력개발을 필요로 하는 일에 조직구성원이 담당하게 함으로써 성장욕구의 충족이 가능하다.

〈그림 3-3〉 매슬로우와 알더퍼의 욕구단계 비교

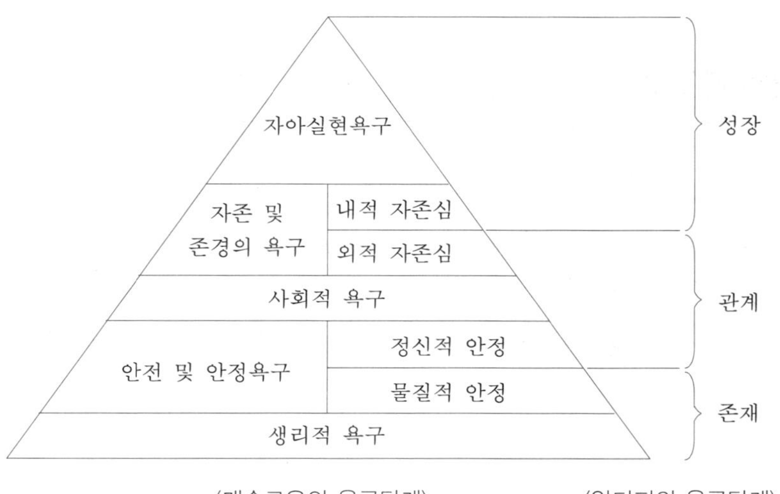

자료: C. P. Alderfer(1972), *Existence, Resatedness and Growth: Human Needs in Organizational Settings*, New York: The Free Press, p. 25.

알더퍼의 ERG이론은 매슬로우의 욕구단계이론과 여러 가지 차이점이 있다. 첫째, 매슬로우는 욕구단계를 다섯 단계로 분류했고 알더퍼는 세 단계로 분류하였다. 또한 각 욕구의 개념을 보면 **매슬로우의 욕구단계이론은 보다 명확한 반면, 알더퍼의 ERG이론은 보다 포괄적이다**(〈그림 3-3〉 참조). 이러한 차이점은 욕구단계의 기초에 대한 관심의 차이에 기인한다. **매슬로우는 욕구를 사람들이 생각하는 중요성에 따라 단계적으로 정의하고 있다.** 반면에 알더퍼는 욕구를 충족시키는 행위가 어느 정도 추상적인가에 기초하여 욕구의 단계를 구별하고 있다. 예를 들면, 존재욕구는 음식이나 물에 대한 욕구를 충족시키는 것과 같이 구체적인 행동의 형태를 밝히기가 쉽다. 관계욕구를 충족시키는 행동은 부분적으로 구체적이다. 예컨대 관계욕구를 충족시키기 위해 다른 사람과의 상호작용을 하는 것과 같은 행동은 상당히 구체적인 것이다. 반면에 사랑이나 존중은 매우 추상적인 개념이다. 즉 구체성과 추상성이 동시에 존재한다. 그러나 성장욕구는 그 자체가 매우 추상적이다.[4] 따라서 매슬로우의 욕구단계이론은 각 단계의 욕구를 보다 명확하게 정의하고 구체적인 개념을 강조한 반면, 알더퍼의 ERG이론은 보다 포괄적이고 추상적이다.

둘째, 매슬로우와 같이 알더퍼도 인간은 일단 어떤 단계의 욕구가 충족되면 한단계 높은 욕구로 상승하는 경향이 있음을 밝혔다. 그러나 **매슬로우는 보통 사람은 한 시점에서 한 욕구가 발생한다고 생각한 반면에 알더퍼는 둘 또는 그 이상의 욕구가 동시에 발생할 수 있다고 주장하였다.** 특히 알더퍼는 한 욕구로부터 다른 욕구로 이동하는 경로에는 두 가지가 있음을 주장하였다.

하나는 매슬로우의 경우와 마찬가지로 욕구의 **만족-진행**(satisfaction progression)이 일어난다는 것이다. 다시 말하면 우리가 한 욕구를 충족하게 되면, 계속해서 상위의 욕구가 발생한다는 것이다. 이는 욕구에 대한 동기유발이 상향일변도라는 의미이다. 다른 하나는 **좌절-퇴행**(frustration-regression)이 일어나는 것이다. 만일 어떤 한 단계의 욕구를 충족시키려고 시도하였는데 좌절되면 이전 단계의 욕구로 퇴행하고 관심을 그 퇴행한 하위단계의 욕구를 충족시키는 데 집중시킨다는 것이다. 이는 욕구에 대한 동기가 상위계층의 욕구로 상향되거나 하위계층의 욕구로 하향되는, 즉 양방향으로 유발된다는 의미이다. 이러한 과정을 그림으로 나타내면 〈그림 3-4〉와 같다.

매슬로우의 욕구단계이론과 알더퍼의 ERG이론은 인간이 어떤 욕구에 대하

〈그림 3-4〉 ERG이론에서 욕구와 충족 간의 관계

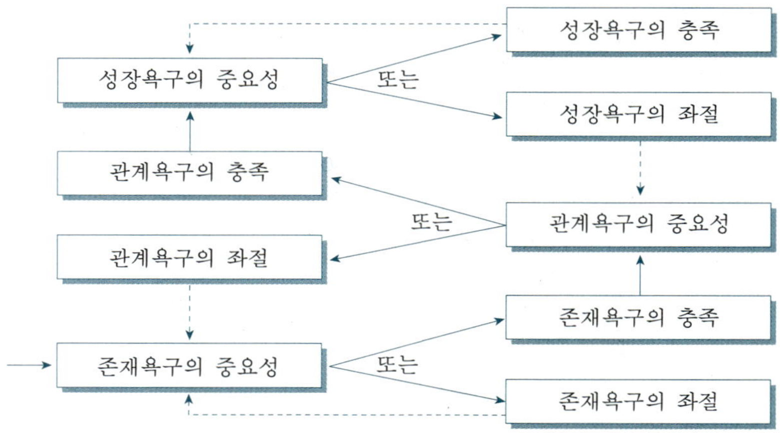

자료: G. Moorhead & R. W. Griffin(2004), *Organizational Behavior: Managing People and Organization*, Houghton Mifflin, p. 125에서 인용.

여 만족할 경우 상위계층의 욕구에 대하여 동기유발된다는 점에서는 공통점이 있다. 그러나 매슬로우의 이론과는 달리 알더퍼의 ERG이론에 따르면 보다 상위단계의 욕구에 대한 충족을 시도하였는 데도 이루지 못하고 좌절하면 하위단계 욕구로 퇴행한다는 것이다. 이 좌절-퇴행의 경로는 인간이 하위 욕구와 상위 욕구에 대하여 동시에 동기유발한다는 것을 의미한다.

ERG이론은 매슬로우의 이론이 갖는 한계점을 다루고 있으나 이론의 정확성이나 유용성에 대해서 명확한 실증적 지지가 이루어진 것은 아니다. 최근 ERG 이론의 보편성에 대한 의문이 제기되고 있지만 초기의 실증연구들은 ERG이론에 상당한 정도의 지지를 보내고 있다.[5)]

표출욕구이론

매슬로우가 그의 이론을 개발하고 있었던 거의 같은 시기에 하버드대학교

교수인 머레이(H. A. Murray)는 표출욕구이론(manifest need theory)으로 알려진 모형을 제시했다.[6] 머레이에 따르면, 인간은 일정한 물리적·사회적·문화적 환경으로부터 영향을 받는 존재이므로 그의 지위나 그가 속해 있는 조직 또는 그 조직 내에서 부여받은 역할 등으로부터 영향을 받게 된다.

머레이는 기본적으로 모든 사람은 사회적 존재이며, 인간들 간의 상호작용 체계에 속하는 상호의존적인 한 부분을 맡고 있기 때문에 인간의 성격을 이해하기 위해서는 개인의 동기과정은 물론이고 행동에 효과적으로 영향을 미치는 환경요인도 고려하여야 한다고 주장한다.

머레이는 인간이 환경과 상호작용하면서 획득한 매우 다양한 욕구를 밝혀냈다(〈표 3-2〉 참조). 이러한 견해는 인간이 선천적 욕구, 즉 특정의 욕구군을 가

〈표 3-2〉 머레이의 욕구 목록

사회동인 (Social Motive)	정 의
(1) 굴종욕구 (abasement)	외부의 힘에 수동적으로 굴복하려고 한다. 상해, 비난, 비판, 처벌을 받아들인다. 열등감, 과오, 패배를 인정한다. 고백하고 속죄한다. 자신을 비난, 비하하고, 무참하게 만든다. 고통, 처벌, 질병 및 불행을 추구하고 즐긴다.
(2) 성취욕구 (achievement)	어려운 일을 완성하고자 한다. 물리적 사물, 인간 또는 사상을 정복하려고 한다. 가능한 한 신속하고 독립적으로 이와 같은 행동들을 하려고 한다. 장애를 극복하고 높은 표준에 도달하려고 한다. 자기 자신을 탁월한 존재로 만들려고 한다. 경쟁에서 타인을 능가하려고 한다. 자신의 재능을 잘 발휘해서 자기 존중감을 증진시키고자 한다.
(3) 친화욕구 (affiliation)	자신과 비슷하거나 자신을 좋아하는 사람들과 가까이 있으려 하고, 즐겁게 협동하거나 교류하고자 한다. 자신이 친해지고 싶어하는 사람을 즐겁게 해 주려고 하고, 그로부터 애정을 얻으려고 한다. 친구를 지지하며 그에게 성실하려고 한다.
(4) 공격욕구 (aggression)	반대에 당면해서 이를 강력히 극복하려고 한다. 투쟁하려고 한다. 타인을 공격하거나 상해를 입히거나 심지어는 죽이려고 한다. 타인에 대해 강력히 반대하고 처벌하려고 한다.
(5) 자율욕구 (autonomy)	자유를 얻고, 구속에서 벗어나고, 제약을 타파하려고 한다. 강압이나 제약에 저항하려고 한다. 지배적인 권위자들에 의해서 명령된 활동들을 피하거나 중지한다. 자립하고 자신의 충동에 따라서 자유스럽게 행동하고자 한다.
(6) 만회욕구 (counteraction)	실패를 극복하고 이를 만회하려고 한다. 행동을 다시 취하여 모욕을 씻어내려고 한다. 약점을 극복하고 공포를 억제한다. 행동을 통해서 불명예를 씻는다. 자존심과 자부심을 높이 유지한다.

사회동인 (Social Motive)	정 의
(7) 방어욕구 (defendance)	공격, 비판, 비난으로부터 자신을 방어한다. 과오, 실패 또는 치욕을 은폐하거나, 정당화 혹은 합리화한다. 자신을 옹호하고자 한다.
(8) 공경욕구 (deference)	우월한 자에 대해서 경탄하고 지지한다. 칭찬하고, 칭송하고, 높이 평가하고자 한다. 가까운 사람들의 영향에 열심히 따른다. 관습에 동조한다.
(9) 지배욕구 (dominance)	자신의 인간 환경을 통제한다. 암시, 유혹, 설득, 명령 등을 통해서 타인의 행동에 영향을 주거나 지시한다. 타인으로 하여금 단념케 하거나, 그에게 제약을 가하거나 금지한다.
(10) 현시욕구 (exhibition)	자신이 타인에게 인상적으로 되려고 한다. 타인이 자신을 주목하고 자신의 얘기를 듣도록 한다. 타인을 흥분시키고, 놀라게 하고, 매혹시키고, 기쁘게 하고, 충격을 주고, 흥미를 느끼게 하거나 혹은 선동하고자 한다.
(11) 상해회피욕구 (harm avoidance)	고통, 신체적 상해, 질병, 사망을 피하려고 한다. 위험스런 상황에서 도피하고자 한다. 이러한 상황에 대비해서 예비적 방편을 취하려고 한다.
(12) 굴욕회피욕구 (insult avoid-ance)	굴욕을 피하려고 한다. 곤란한 상황을 종식시킨다. 다른 이들이 자신을 조소하거나, 결명하거나 또는 무관심을 보이는 등의 체면 깍이는 상황을 피하려고 한다. 실패의 두려움 때문에 행동을 자제한다.
(13) 양호욕구 (nurturance)	약하고, 무능하고, 지치고, 경험 없고, 허약하고, 좌절되고, 욕보고, 쓸쓸하고, 낙담하고, 아프고, 정신적으로 혼란되는 등으로 무력한 사람들이거나 유아를 동정하고 이들의 욕구를 충족시켜 주려고 하다.
(14) 질서욕구 (order)	사물을 질서 있게 배치한다. 청결하고, 정돈되고, 조직적이고, 균형 있고, 단정하고, 정연하며, 정확하도록 하려고 한다.
(15) 유희욕구 (play)	다른 목적 없이 재미를 위해서 행동한다. 웃고 농담하기를 좋아한다. 긴장으로부터 이완된 상태를 즐기려고 한다. 게임, 운동, 춤, 음주, 파티, 카드놀이 등에 참여하려고 한다.
(16) 배척욕구 (rejection)	싫어하는 대상으로부터 자신을 격리시킨다. 열등한 대상을 제거하거나, 버리거나, 추방하거나, 무관심하게 대하고자 한다. 상대방을 냉대하거나 놀려 주려고 한다.
(17) 관성욕구 (sentience)	관능적인 인상을 추구하고 즐긴다
(18) 성적욕구 (sex)	성적 관계를 맺고 발전시키려 한다. 성교를 가지려고 한다.
(19) 구호욕구 (succorance)	자신과 관련있는 상대방의 동정적인 도움에 의해서 욕구를 만족시키려고 한다. 간호를 받고 부양받고, 지원받고, 옹호되고, 보고받고, 사랑받고, 충고를 들으며 지도받고, 편애를 받고, 용서받고, 위안을 받고자 한다. 언제나 충실한 지원자를 가까이 갖고자 한다.
(20) 이해욕구	일반적인 질문을 하거나 응답하고자 한다. 이론에 관심을 갖는다. 사색하고, 공

사회동인 (Social Motive)	정 의
(understanding)	식을 만들고, 분석하고, 일반화하려고 한다.
(21) 인내욕구 (endurance)	장시간을 일하려고 한다. 문제해결에 있어서 쉽게 포기하지 않는다. 큰 곤란에 부닥치더라도 지구력을 보인다. 작업습관상 끈기 있고 엄격하다.
(22) 충동성욕구 (impulsivity)	순간적인 자극에 대해서 생각 없이 반응하는 경향을 보인다. 감정 따위를 곧바로 나타낸다. 멋대로 말하고 정서표현에 있어서 폭발적이다.

지고 태어났다고 믿는 매슬로우나 알더퍼의 이론과는 기본적으로 다르다. 또한 매슬로우와 달리 머레이는 어떤 시간에 어떤 욕구라도 작동한다고 주장하기 때문에 그의 욕구이론에는 욕구단계가 없다. 매슬로우는 한 시점에 한 욕구가 지배적으로 나타난다고 주장한 반면, 머레이는 동시에 많은 욕구가 활성화될 수 있다고 하였다. **머레이는 인간의 욕구가 학습**(learning)**을 통해 형성되며, 일단 형성된 욕구는 잠재해 있다가 주위 환경이나 상황이 적합하게 되면 표면으로 표출된다**고 주장하였다.

머레이의 연구에 뒤이어 몇몇 실증 연구자들이 조직경영과 관련되는 소수의 중요한 욕구에 대하여 연구를 수행했다. **이 중에서도 맥클리랜드**(David McClelland)**는 조직행위에서 특히 중요한 성취욕구**(need for achievement), **친화욕구**(need for affiliation) **그리고 권력욕구**(need for power)**를 집중적으로 연구하였다.**

성취욕구 　성취욕구는 **"탁월한 기준과 경쟁하려는 욕구"**(behavior toward competition with a standard of excellence)로 정의할 수 있다. 성취욕구에 대해서는 많은 연구가 행해졌다.

성취욕구가 높은 사람은 다음과 같은 특징을 가지고 있다. 첫째, 성취하는 데 어려움이 있지만 성취불가능하지는 않은 목표달성을 추구하면서 어느 정도의 위험을 감수한다. 즉, 성취감을 주는 수준의 합리적인 도전을 선택한다. 둘째, 목표를 달성하기 위하여 추구하고 있는 상황에 대하여 즉각적인 피드백을 원한다. 셋째, 목표가 달성되었을 때 금전적 수입과 관계없이 내재적인 보상을 원한다. 마지막으로 과업이 성공적으로 완료될 때까지 그 과업에 몰두하는 경향이 있다.

맥클리랜드에 따르면 성취욕구는 성장한 후 훈련을 통해 강화될 수는 있지만 어린 시절에 주로 학습된다는 것이다.[7] 성취욕구는 업무수행에 직접적인 영향을 미친다. 실증연구들에 의하면 성취욕구가 높은 초·중·고등학교 학생들이 비슷한 능력을 가진 성취욕구가 낮은 학생보다 학업 성취도가 좋다고 한다. 실제로 많은 연구에서 성취욕구가 업무를 추진하는 과정에 있어서 강력한 동기요인이 될 수 있음을 보여 주고 있다. 높은 수준의 성취욕구가 높은 성과를 낳는 것은 사실이다. 그러나 높은 성과를 올린 사람이 반드시 높은 수준의 성취욕구가 있는 사람은 아니다. 즉 필요조건이기는 하지만 필요충분조건은 아니다.

맥클리랜드는 성취동기를 유발시킬 수 있는 지침을 다음과 같이 제시하고 있다.

첫째, 성취욕구가 높은 사람과 같이 생각하고, 말하고, 행동하도록 조직구성원을 가르친다.

둘째, 작업목표를 높게 설정하도록 조직구성원을 자극한다.

셋째, 조직구성원 자신이 필요로 하는 지식을 준다.

맥클리랜드는 성취욕구를 개별적으로 적용함은 물론 전체 사회에도 적용할 수 있다고 주장하였다.[8] 그는 경제성장과 국민의 평균적 성취욕구 수준과의 관련성을 조사한 결과 그 둘 사이에 밀접한 관련성이 있음을 밝혀 냈다. 즉, 국민의 성취욕구가 높은 나라는 경제적으로 높은 성장을 하는 반면 국민의 성취욕구가 낮은 나라는 경제 성장이 저조하다는 결론을 내리고 있다. 즉, 동기이론을 거시경제분야로 확대시켰다.

친화욕구 친화욕구(need for affiliation)는 성취욕구만큼 주목을 받지는 못했으나, 이 욕구가 함축하고 있는 내용에 관해서는 많은 연구가 있었다.[9] **친화욕구는 타인과 친교관계를 맺고 타인과 다정하고 따뜻한 관계를 갖고 싶어하는 욕구**를 의미한다. 친화욕구는 여러 가지 면에서 알더퍼의 관계욕구와 유사하다. 친화욕구가 강한 사람은 ① 다른 사람으로부터 인정과 신임을 받으려 하고, ② 쉽게 타인에 의해 영향을 받으며, ③ 타인의 흥미와 감정에 대하여 순수하게 관심을 갖는다.

친화욕구는 학습을 통하여 습득되는 것으로서 경험의 영향을 받는다. 지금까지 연구결과에 따르면 높은 친화욕구를 가진 사람은 친화욕구를 충족시킬 기회를 주는 조직적 경험, 즉 조직에서 제공되는 친화적인 사회적 압력(affiliated social pressure), 친화적 상호작용(affiliational interaction) 등에 호의적으로 반응한다. 따라서 높은 수준의 성과를 강조하는 친화적인 사회적 압력이 가해지는 상황하에서는 친화욕구가 높은 사람은 상황에 알맞게 성과수준이 상당히 높아진다. 친화욕구가 높은 사람은 친화적인 상호작용이 높은 과업을 수행할 때 참여율이 높아지는 경향이 있다. 또한 적절한 피드백을 제공해 줄 경우에는 과업의 성과도 높아진다.

조직에 대하여 친화욕구가 주는 시사점은 매우 단순하고 직접적이다. 조직구성원의 친화욕구의 수준을 평가하여 이에 맞는 직무에 배치하는 것이 중요하다. 즉 친화욕구가 높은 사람에 대하여 조직은 ① 적당한 사회적 친교 기회가 있는 직위에의 배치, ② 친화적 상호작용을 할 수 있는 전반적인 작업환경의 제공 등 친화적 욕구를 충족시켜 구성원의 성과를 높일 수 있도록 해야 한다. 반면 친화욕구가 약하고 자율욕구가 강한 사람은 독립적으로 자신의 통제하에 일하고 싶어하며 지나친 규칙이나 규정을 싫어한다.

권력욕구 권력욕구(need for power)는 많은 이론가들로부터 높은 관심의 대상이 되고 있다. 권력욕구는 **다른 사람을 통제하고 싶어하고, 그들의 행위에 영향을 미치고, 다른 사람들을 위하여 책임을 지고 싶어하는 욕구**를 의미한다. 권력욕구가 높은 사람은 두 가지 방법 — 개인중심적 권력(personalized power), 사회중심적 권력(socialized power) — 으로 이 욕구를 충족시키려고 한다.[10]

개인중심적 권력추구자는 지배를 위한 지배를 추구하며, 다른 사람을 정복하여야만 욕구가 충족된다. 즉 옛날 군주와 같은 사람들이 이에 속하였다. 이러한 부류의 사람들은 조직에 대한 책임보다도 개인적인 이익을 챙기는 일에 보다 많은 노력을 기울이는 경향이 있다. 더욱이 현실적으로 충족이 여의치 않은 때는 심하게 술과 같은 환각적 수단을 동원하여 심적 충족효과를 유도하게 되는 수도 있다. 반면에, 사회중심적 권력추구자는 집단목표에 대한 관심, 즉 집단구성원들을 동기화시킬 수 있는 목표를 발견하고, 이 목표를 집단구성원들에게 명확히 하여 이를 성취시키려는 활동에 관심을 기울임으로써 욕구를 충족시킨다.

맥클리랜드는 만일 사회중심적 권력을 통하여 권력욕구를 충족한다면 권력욕구가 경영의 성공에 가장 중요한 욕구라고 언급하고 있다. 성취욕구가 높은 사람은 과도하게 개인적이고 성취지향적이며, 친화욕구가 높은 사람은 너무 결단성이 없어 집단구성원이 과오를 범하는 것을 막을 수 없다. 그러나 사회중심적 권력추구자는 집단이 달성하여야 할 공동목표를 설정하고 집단구성원과 함께 공동목표를 달성하고자 노력하는 과정에서 권력욕구를 충족하기 때문에 자신의 성과뿐만 아니라 집단의 성과를 높이는 데도 기여할 수 있다.

그러나 개인중심적 권력추구자는 권력을 획득하는 목적이 성취될 때까지만 노력하고, 일단 권력을 획득한 뒤에는 노력을 하지 않는 경우가 많은 것으로 알려져 있다. 권력의 획득과정이나 유지과정에서 권모술수와 피의 숙청을 서슴지 않을 개연성도 높다.

결론적으로 맥클리랜드의 성취동기이론(achievement motive theory)은 ① 기업가정신(entrepreneurship)을 정립하였고, ② 인간 개개인의 차이를 사람들로 하여금 인정하도록 하였으며, ③ 동기이론을 거시경제 분야로 확대하는 데 기여하였다.

동기-위생이론(이요인이론)

동기-위생이론(motivation-hygiene theory)은 허즈버그(F. Herzberg)에 의해 개발된 이론으로 이요인이론(two-factor theory)이라고 불리기도 한다.[11] 허즈버그에 의하면 인간에게는 성장하고자 하는 욕구와 고통을 회피하고자 하는 욕구, 두 종류가 있다. 성장하고자 하는 욕구를 동기요인(motivator)이라고 하며, 반면에 고통을 회피하고 하는 욕구를 위생요인(hygiene factor)이라고 한다.

허즈버그는 12번에 걸친 조사연구를 실시하여 이 이론을 개발하였다. 그는 다양한 직업을 가진 1,600명이 넘는 조직구성원들과의 인터뷰를 통해 그들이 직무상에서 가장 즐거웠고 만족스러웠던 상황과 또 가장 불쾌하고 불만족스러웠던 상황을 자세히 파악하였다. 그는 이 두 가지 질문에 대한 응답을 범주화하였다. 직무태도에 영향을 미치는 요인들에 대하여 허즈버그가 조사연구한 내용은 〈그림 3-5〉와 같다.[12]

〈그림 3-5〉 동기요인과 위생요인의 비교

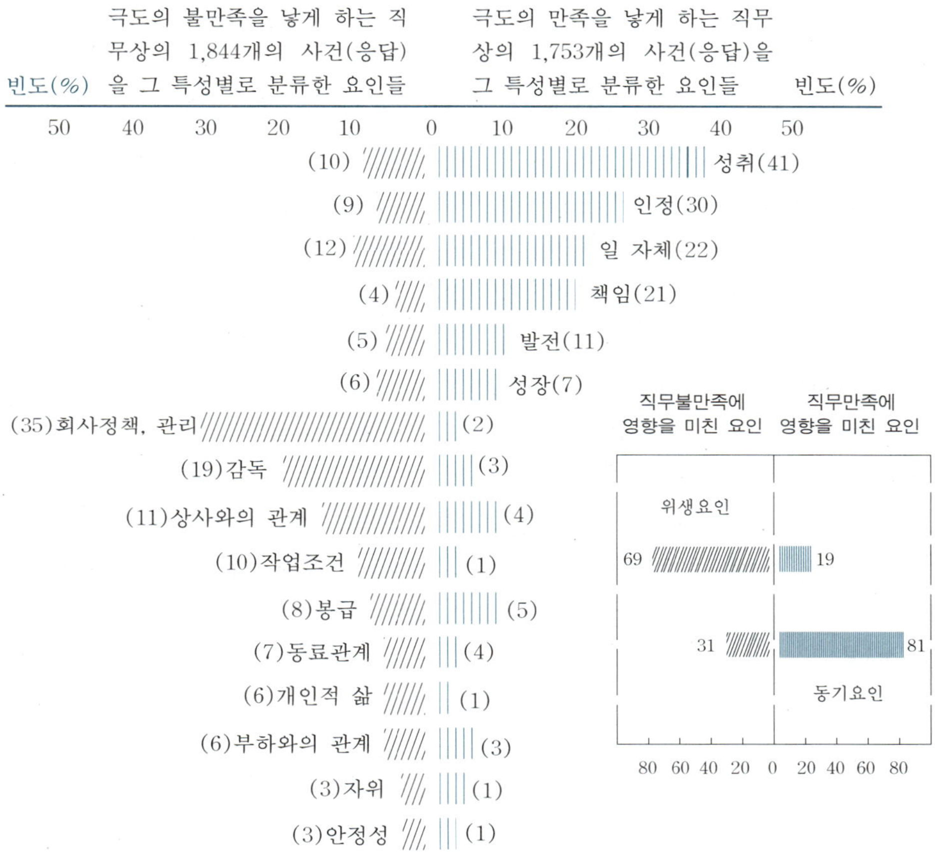

자료: F. Herzberg(1968), One More Time: How Do You Motivate Employees!, *Harvard Business Review*, p. 57.

허즈버그는 이와 같은 연구과정을 중요사건법(critical incident method)에 의하여 만족에 영향을 주거나 불만족에 영향을 주는 중요한 직무경험들을 찾아냈다. 그의 연구에 의하면, 어떤 유형의 경험들은 불만족을 유발하는 데 주로 영향을 미치고, 어떤 유형의 직무경험들은 만족을 유발하는 데 주로 영향을 미치는 것으로 나타났다. 이러한 연구결과를 토대로 그는 사람에게는 기본적으로 두 가지 종류의 욕구가 있다고 주장하고 이에 관련된 두 가지 요인, 즉 위생요인과 동기요인을 제안하였다.

위생요인(hygiene factor) 위생요인은 고통을 피하려고 하는 욕구이며, 일 그 자체보다는 직무환경요소, 즉 봉급, 작업조건, 감독 그리고 안정 등과 직접 관련되어 있다. 허즈버그는 이 요인들을 '불만족요인(dissatisfier)'이라고 부르기도 했는데 그 이유는 〈그림 3-5〉에서 보듯이 이 요인들은 주로 직무불만족에 영향을 미치기 때문이었다.

그에 따르면, 위생요인은 충족되더라도 만족이 생기지는 않으며 다만 불만족만 없게 된다. 허즈버그는 이들 욕구는 만족을 일으키지 못하므로, 조직구성원들을 동기화시키지 못한다고 주장하고 있다.

동기요인(motivator) 동기요인은 심리적 성장을 추구하는 요인이다. 동기요인은 직무내용, 즉 성취, 인정 그리고 일 자체(work itself)와 관련되어 있다. 또한 이와 같은 요인들은 조직구성원들에게 만족을 주기 때문에 허즈버그는 '만족요인(satisfier)'이라고 말하고 있다. 그는 이와 같은 요인들이 만족될 때 조직구성원들은 만족을 경험하게 되므로, 조직구성원을 동기화시킬 수 있다고 주장한다. 허즈버그는 동기요인이 성과를 향상시키고 이 성과는 만족을 이끌어 낸다고 믿었다.

허즈버그이론이 함축하고 있는 의미는 만족과 불만족이 대립적 의미로 고려되면 안 된다는 것이다. 즉 만족과 불만족 모두를 하나의 연속선상 위에 표현하

〈그림 3-6〉 만족 · 불만족에 대한 두 입장의 비교

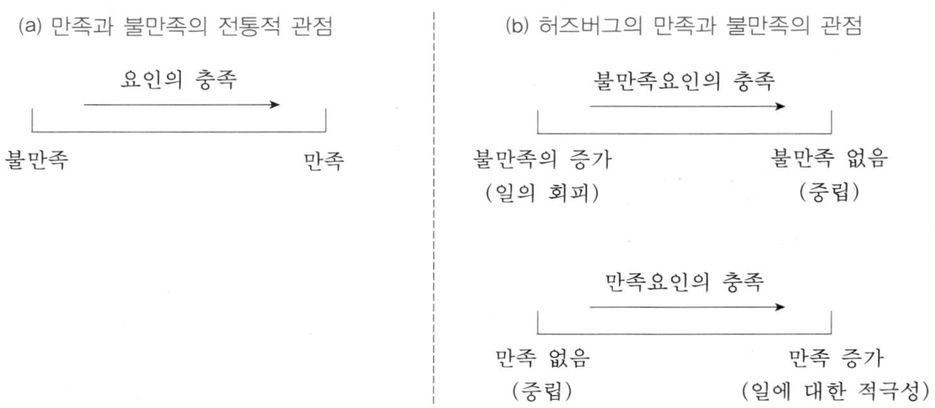

는 것은 불가능하다는 의미이다. 대신 만족수준을 일직연속선에 표현한다면, 불만족의 수준을 기술하는 데는 또 다른 하나의 일직연속선을 사용하여야 한다는 것이다. 즉 동기욕구를 만족하는 정도는 '무 만족(no satisfaction)'으로부터 높은 만족(high satisfaction)에 이르는 일직연속선상에 표현되며, 위생욕구를 만족하는 정도는 '무 불만족(no dissatisfaction)'으로부터 '높은 불만족(high dissatisfaction)'에 이르는 일직연속선상에 표현된다(〈그림 3-6〉 참조).

허즈버그의 이론이 시사하는 점은 다음 두 가지로 요약된다.

첫째, 허즈버그의 이론은 경영을 염두에 두고 개발된 조직구성원의 동기유발에 관한 이론이란 것이다. 따라서 보다 경영학적인 이론이라 할 수 있고 경영자가 쉽게 응용할 수 있는 이론이다.

둘째, 허즈버그의 이론에 의하면 위생요인(급여, 작업조건 등)은 조직구성원을 동기화 하는 잠재력이 낮으며 위생욕구가 충족되었을 때 조직의 유일한 이익은 단지 불만족상태를 피할 수 있다는 것이다. 따라서 조직은 조직구성원들이 불만족하지 않을 정도로만 위생요인을 적절히 관리하면 되고 지나친 관심은 필요하지 않다는 것이다. 오직 동기욕구(성취감, 책임, 인정 그리고 일 그 자체의 특성 등)만이 종업원의 만족을 유발하며 동기를 유발하기 때문에 경영자는 조직구성원을 동기화시킬 수 있는 동기욕구에 관심을 집중해야 한다는 것이다.

허즈버그의 이론은 폭넓게 받아들여지고 실무자들의 인기를 끌었지만 그의 이론에 대한 비판과 논란도 많다.[13] 이요인이론(two-factor theory)에 대한 주요 비판 중의 하나는 허즈버그가 자신의 이론을 개발하기 위해 사용하였던 '중요사건법(critical incident method)'에 관한 것이다. 허즈버그는 조직구성원들에게 자신을 만족하게 했던 직무경험과 불만족하게 했던 직무경험을 기술하게 하여 정보를 수집하였는데 이 방법이 그의 연구결과에 오류를 가져오게 했다는 것이다.

브룸(V. H. Vroom)에 의하면 사람들은 방어기제를 가지고 있기 때문에 불만족을 일으킨 사건들(허즈버그의 위생요인)은 자신의 통제범위 밖에 있는 요인의 탓으로 돌리게 된다는 것이다. 더욱이 조직구성원들에게는 자신을 '좋은 사람'으로 보이게 하고 싶은 욕망이 존재하기 때문에 만족을 일으키는 사건들(허즈버그의 동기요인)은 자신의 행동에 기인한 탓이라고 생각하는 경향이 있다는 것이다. 이것이 사실이라면 허즈버그가 발견한 것들은 조직구성원들이 실제로 만족하거나 불만족한 경험들을 반영한 것이 아니라는 의미가 된다. 허즈버그의 주장이 사실이라 해도 위생요인들이 만족을 일으키는 경우가 거의 없다고 해서 만족을 일으키는 능력이 없다는 것을 의미하지는 않는다. 어쩌면 조직이 위생요인들을 충분하게 충족시키지 못했기 때문에 만족(동기유발)되지 않을 수도 있다.

하우스(R. J. House)와 위그도(L. J. Wigdor)는 허즈버그가 만족과 불만족, 만족과 동기유발과의 관계를 너무 단순화시켰다고 주장하고 있다.[14] 이들이 17개 표본에서 얻은 데이터를 재분석하여 얻은 결과는 다음과 같다.

- 특정 요인은 어떤 사람에게는 직무만족을, 다른 사람에는 직무불만족을 일으킬 수 있다.
- 주어진 기존요인이 같은 동료 작업집단 안에서 만족과 불만족을 동시에 일으킬 수 있다.
- 동기요인은 실제로 위생요인보다 만족과 불만족에 보다 큰 영향을 준다.

근래 실증연구조사 전부가 허즈버그의 연구결과에 반하는 결과를 보이는 것은 아니다.[15] 실제로 강한 비평을 하는 연구자조차도 허즈버그이론의 일부를 지지하는 견해를 보이기도 한다.

허즈버그의 이론은 전체적으로 타당성을 갖는 것은 아니다. 그러나 조직구성원들의 반응을 이끌어 내는 데 도움이 되는 광범위한 요인들을 식별해 내는 데는 도움을 주었다. 과거에는 조직들이 주로 위생요인에 관심을 두었지만 허즈버그의 제안에 따라 오늘날에는 동기요인에 대한 관심이 증가하였다. 더욱이 그의 이론은 직무설계에 대한 개발을 자극하였다.

내용이론에 근거한 동기유발

지금까지 내용이론에 입각한 동기이론을 살펴보았다. 동기란 욕구를 충족시키기 위해 발생하는 것이라 할 수 있다. 욕구만족과정을 정리하면 다음의 〈그림 3-7〉로 나타낼 수 있다.

〈그림 3-7〉 욕구만족과정

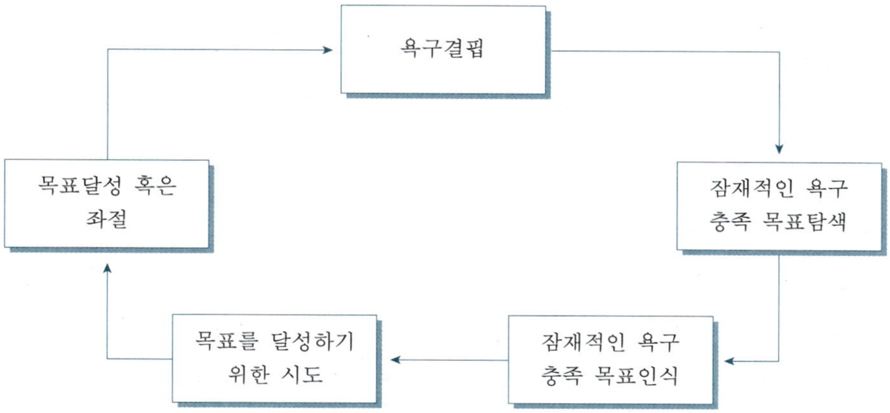

자료: R. J. Aldag & L. W. Kuzuhara(2002), *Organizational Behavior and Management: An Integrated Skills Approach*, South-Western/Thomson Learning, p. 234에서 인용.

이를 바탕으로 종업원의 욕구를 파악하고, 이를 만족시키기 위한 구체적인 전략을 세우는 과정은 다음 〈그림 3-8〉로 나타낼 수 있다.

〈그림 3-8〉 종업원 욕구충족 전략과정

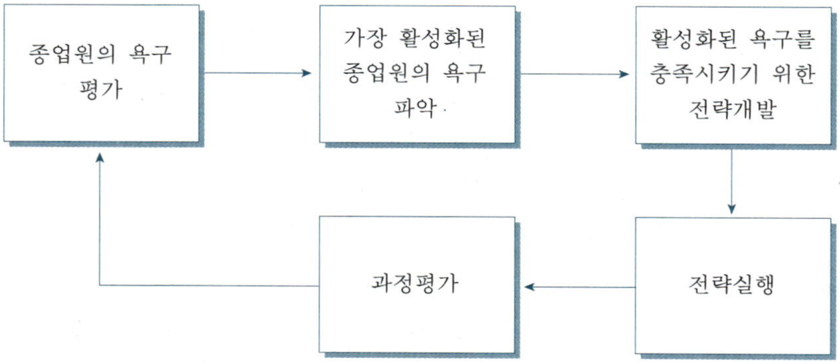

자료: R. J. Aldag & L. W. Kuzuhara(2002), *Organizational Behavior and Management: An Integrated Skills Approach*, South-Western/Thomson Learning, p. 240에서 인용.

요 약

- 동기유발이란 목표달성을 위하여 인간의 행동을 각성, 방향 지시성 및 유지하는 일련의 과정을 말한다.
- 욕구이론에 의하면 인간은 결핍된 욕구를 충족하기 위한 공통점이 있다.
- 매슬로우의 욕구단계이론에 의하면 인간은 5개 수준의 욕구, 즉 생리적 욕구, 안전 및 안정욕구, 사회적 욕구, 자존 및 존경욕구, 자아실현욕구가 단계적으로 존재하며 하위 욕구가 충족되면 그 다음 욕구가 활성화된다.
- 매슬로우의 욕구이론은 크게 결핍욕구(생리적 욕구, 안전 및 안정욕구, 그리고 사회적 욕구)와 성장욕구(자존 및 존경욕구와 자아실현욕구)로 구분할 수 있다.
- 알더퍼는 매슬로우의 이론을 실증연구 결과에 맞게 수정한 것으로 크게 존재욕구, 관계욕구 그리고 성장욕구로 분류하였다.
- 표출욕구이론은 후천적 학습욕구를 나타내며 단계가 없으며 특정 시점에 여러 가지 욕구가 동시에 활성화될 수 있다고 주장한다.
- 성취욕구란 조직행위를 연구하는 데 있어서 가장 광범위하게 연구된 욕구로서 "탁월한 기준과 경쟁하려는 행위"라고 정의할 수 있다.
- 친화욕구란 타인과 친교관계를 맺고 이를 계속 유지하는 등 타인과 다정하고 따뜻한 관계를 갖기를 원하는 것으로 정의한다. 이 욕구는 매슬로우의 사회적 욕구와 유사하다.
- 권력욕구란 다른 사람을 통제하고 싶어하고, 그들의 행위에 영향을 미치고 다른 사람을 위하여 책임을 지고 싶어하는 욕구가 정의할 수 있다. 권력욕구가 높은 사람은 이 욕구를 두 가지 방법으로 충족시키려고 하는 데 그 하나는 개인중심적 권력에 의해서이고 또 하나는 사회중심적 권력이다.
- 허즈버그에 의하면 인간은 성장하고자 하는 욕구와 고통을 회피하고자 하는 욕구 두 가지가 존재하며 2차원적 관점을 취하고 있다. 즉 성장하고자 하는 욕구, 즉 동기요인의 충족은 만족을 초래하며, 고통을 회피하고자 하는 욕구를 충족하지 못하면 불만족을 결과한다.

핵심용어

동기유발	동기유발의 구성요소
매슬로우의 욕구단계이론	생리적 욕구
안전 및 안정욕구	사회적 욕구
자존 및 존경욕구	자아실현욕구
알더퍼의 ERG이론	존재욕구
관계욕구	성장욕구
표출욕구이론	허즈버그의 동기-위생이론
동기요인	위생요인

토의문제

1. 조직이 조직구성원들의 욕구를 잘 이해할 때 얻을 수 있는 이점을 설명하시오.
2. 조직이 구성원들의 욕구에 관한 정보를 얻기 위해 사용할 수 있는 기법들을 설명하시오.
3. 알더퍼의 ERG이론과 매슬로우의 욕구단계이론과의 유사점과 차이점을 설명하시오.
4. 현재 당신의 존재, 관계 그리고 성장욕구수준을 평가하시오. 그리고 당신이 효과적인 관리자가 되는 데 있어서 이러한 평가가 얼마나 도움을 줄 수 있는지를 설명하시오.
5. 만약 당신이 매우 반복적인 과업을 수행하는 데 필요한 종업원을 고용하려고 한다면 어떠한 욕구 패턴을 가진 종업원이 조직에 가장 도움이 될 것인지를

설명하시오.

6. 매슬로우의 욕구단계 중 사회적 욕구가 조직 내부 및 외부에서 어떻게 충족될 수 있는지를 설명하시오.
7. 허즈버그의 이요인이론 중 동기요인이 조직에서 중요한 이유를 설명하시오.
8. 머레이의 표출욕구이론과 매슬로우의 욕구단계이론의 차이점을 설명하시오.
9. 조직구성원들의 성취욕구를 개발하기 위한 방안을 설명하시오.

실 습

1. 자신의 욕구 파악하기

욕구는 동기에 영향을 미치는 한 요인이다. 다음 평가설문은 당신의 동기에 부분적으로 영향을 미치는 개인적 욕구를 파악하기 위한 것이다.

[방법] 다음 문항들이 당신에 대해서 얼마나 잘 설명하고 있는지를 판단하시오. 어떤 문항에 대해서는 판단하기 어려울 수 있으나, 가장 자신에게 가깝다고 여겨지는 것에 선택을 하시오. 각 문항을 주의깊게 읽은 후, 문항 옆의 빈칸에 다음의 숫자를 기입하시오.

매우 나를 잘 설명한다. = 5
나를 잘 설명한다. = 4
어떤 점에서는 나를 설명한다. = 3
나를 잘 설명하지 못한다. = 2
나를 전혀 설명하지 못한다. = 1

________ 1. 나는 어려운 과제를 달성하거나 높은 수준을 유지하도록 고무되어 있으며, 먼 목표를 향해 기꺼이 노력할 준비가 되어 있다.

________ 2. 나는 보통 친구들 및 주변 사람들과 있는 것을 즐기며, 사람들을 쉽게 수용한다.

________ 3. 나는 쉽게 화를 내며, 가끔은 내방식대로 하기 위해서 사람들의 기분을 상하게 할 때도 있다.

________ 4. 나는 어떠한 구속이나 제약조건 등을 따르려 하지 않는다.

________ 5. 나는 사람들로부터 시선받기를 좋아하고, 타인 앞에 나서길를 즐긴다.

________ 6. 나는 거리낌 없이 말하며, 충동적으로 행동한다.

________ 7. 나는 어려운 처지의 사람들을 동정하고, 가능하다면 도움을 주고 싶어한다.

________ 8. 나는 "모든 것에는 적합한 장소가 있으며, 모든 것은 각자의 위치가 있다"라는 말을 믿는다. 나는 무질서한 것이 싫다.

________ 9. 나는 내 의견을 강하게 주장하며, 리더가 되는 것을 즐겨하며 가능한 내 주위 환경을 통제하고 싶어한다.

________ 10. 나는 아이디어를 접목하거나 일반화할 수 있게 다양한 분야의 지식과 가치를 이해하고 싶다.

[해석] 이 욕구들은 1938년 심리학자인 머레이(H. A. Murray)에 의해 연구된 것으로, 엣킨슨(J. W. Atkinson)에 의해 조직화되었다. 다음 욕구들은 평가문항과 일대일로 대응된다. 이는 Murray의 표출욕구이론으로 알려져 있는데, 행동을 통하여 욕구가 보여지기 때문이다. 각 항목에 대한 욕구는 다음과 같다.

1. 성취욕구
2. 친화욕구
3. 공격욕구
4. 자율욕구
5. 현시욕구
6. 충동성욕구
7. 양호욕구
8. 질서욕구
9. 권력욕구
10. 이해욕구

사람들의 욕구는 나이에 따라 추구하고자 하는 욕구의 조합이 다르게 나타난다. 목록 중 당신을 가장 잘 나타내고 있다고 여겨지는 욕구일수록, 당신의 동기부여과정에 있어 보다 많은 영향을 미치는 것을 알 수 있다. 보다 자세한 정보는 다음의 자료를 참조할 것.

자료: H. A. Murray(1938), *Explorations in Personality*, New York: Oxford University Press: J. W. Atkinson(1964), *An Introduction to Motivation* Princeton, N.J.: Van Norstrand.

2. 자신의 사람들에 대한 성향 파악하기

이 실습은 사람들에 대하여 당신이 기본적으로 가지고 있는 성향을 파악하기 위한 것이다. 다음 각 문항에 대해 당신의 생각과 일치하는 정도를 표시 하여라.

1. 오늘날 대부분의 종업원들은 게으르며, 일은 강요할 때만 열심히 한다.

매우 동의한다	동의한다	보통이다	부정한다	매우 부정한다

2. 회사 내의 사람들은 단지 임금이나 보너스 같은 외적 보상요인에 의해서만 동기부여가 된다.

매우 동의한다	동의한다	보통이다	부정한다	매우 부정한다

3. 대부분의 사람들이 일하기를 싫어한다.

매우 동의한다	동의한다	보통이다	부정한다	매우 부정한다

4. 오늘날 대부분의 사람들이 책임지는 것을 피하려 한다.

매우 동의한다	동의한다	보통이다	부정한다	매우 부정한다

5. 오늘날 큰 회사의 많은 종업원들은 회사의 목표를 추구하는 대신, 자신의 이익을 위해서만 일을 한다.

매우 동의한다	동의한다	보통이다	부정한다	매우 부정한다

6. 대부분의 종업원들 혁신적이지 못하며, 고용주의 문제해결에 관심을 두지 않는다.

매우 동의 한다	동의한다	보통이다	부정한다	매우 부정 한다

7. 대부분의 사람들에게는 일을 어떻게 하라고 지시하는 사람이 필요하다.

매우 동의 한다	동의한다	보통이다	부정한다	매우 부정 한다

8. 오늘날 대부분의 사람들은 야망이 없으며, 단지 현재의 위치에 머무르는 것을 선호하며, 발전을 위해 열심히 노력하지 않는다.

매우 동의 한다	동의한다	보통이다	부정한다	매우 부정 한다

9. 대부분의 사람들에게 일은 자연스러운 행동이 아니며, 단지 해야 한다고 느끼지 때문에 하는 것이다.

매우 동의 한다	동의한다	보통이다	부정한다	매우 부정 한다

10. 오늘날 대부분의 사람들은 자신의 잠재성을 키우고 능력을 발휘하는데 관심이 없다.

매우 동의 한다	동의한다	보통이다	부정한다	매우 부정 한다

[해석] 이 실습은 맥그리거(D. McGregor)의 X · Y 이론에 근거한 것이다. 이 이론을 간략히 설명하면, 사람들은 천성적으로 게으르고 수동적이며, 일을 하기 싫

어한다고 보는 관점(X이론)과 이와는 반대로 사람들은 부지런하며 능동적이며, 일하기를 즐긴다는 관점(Y이론) 두 가지가 있다고 보고 있다.

응답한 항목의 점수를 모두 합산한다. 각 문항의 점수는 다음과 같다.

'매우 동의한다' = 5점
'동의한다' = 4점
'보통이다' = 3점
'부정한다' = 2점
'매우 부정한다' = 1점

점수의 총합이 40점 이상이면, 당신은 극단적인 X이론의 관점으로 사람을 바라본다. 점수의 총합이 20점 이하이면, 극단적인 Y이론의 관점으로 사람을 바라본다. 20점과 40점 사이의 점수는 양 관점 모두를 이용하여 사람을 바라본다는 것을 의미한다.

자료: G. Moorhead & R. W. Griffin(2004), *Organizational Behavior: Managing People and Organization*, Houghton Mifflin.

3. 사람들은 일에서 무엇을 바라는가?

이 실습은 일에서 사람들이 무엇을 바라는가에 대하여 당신이 가지고 있는 성향을 파악하기 위한 것이다. 다음 각 문항의 옆 빈칸에 자신에게 중요하다고 생각되어 지는 정도를 5점에서('매우 중요하다') 1점('전혀 중요하지 않다')까지의 점수로 기입하여라.

5	4	3	2	1
매우 중요하다				전혀 중요하지 않다

______ 1. 흥미 있는 일

______ 2. 좋은 상사

______ 7. 일에서 가질 수 있는 책임감

______ 8. 좋은 작업 조건

______ 3. 내가 한 일에 대한 인정	______ 9. 회사의 정책 및 관리
______ 4. 개인의 발전 기회	______ 10. 새로운 것의 학습을 통해 성장할 수 있는 기회
______ 5. 개인적인 삶의 만족	______ 11. 내가 잘 할 수 있고 성공할 수 있는 일
______ 6. 일에 대한 명예나 지위	______ 12. 고용 안정성

이 문항들은 동기-위생요인으로 나눌 수 있다. 당신에게 동기요인이 중요한지, 위생요인이 중요한지 알아보기 위해서 각 문항의 점수를 기입하고 합산한 후, 결과를 비교하여라.

위생요인		동기요인	
2번 문항	______	1번 문항	______
5번 문항	______	3번 문항	______
6번 문항	______	4번 문항	______
8번 문항	______	7번 문항	______
9번 문항	______	10번 문항	______
12번 문항	______	11번 문항	______
총 합	______	총 합	______

참고문헌

1) Maslow, A. H.(1943), A Theory of Human Motivation, *Psychological Bulletin*, pp. 370-396.

2) Wahba, M. A. & Bridwell, L. G.(1976), Maslow Reconsidered: A Review of Research on The Need Hierarchy Theory, *Organizational Behavior and Human Performance*, pp. 212-240.

3) Alderfer, C. P.(1972), *Existence, Relatedness, and Growth: Human Needs in Organizational Settings*, New York: Free Press.

4) *Ibid*, pp. 115-116.

5) Kaplan, R. E. & Smith, K. A.(1974), The Effect of Variations in Relatedness Need Satisfaction on Relatedness Desire, *Administrative Science Quarterly*, pp. 507-532; Wanous, J. P. & Zwany, A. A.(1977), A Cross-Sectional Test of Need Hierarchy Theory, *Organizational Behavior and Human Performance*, pp. 78-97.

6) Murray, H. A.(1938), *Exploration in Personality*, New York: Oxford University Press.

7) Atkinson, J. W. & McClelland, D. C.(1948), The Projective Expression of Needs. II. The Effect of Different Intensities of The Hunger Drive on Thematic Apperception, *Journal of Experimental Psychology*, pp. 644-658; McClelland, D. C., Atkinson, J. W., Clark, R. A. & Lowell, E. L.(1953), *The Achievement Motive*, New York: Appleton-Century-Crofts.

8) McClelland, D. C.(1961), *The Achieving Society*, Princeton, NJ: Van Nostrand.

9) Atkinson, J. W. & Raphelson, A. C.(1956), Individual Differences in Motivation and Behavior in Particular Situations, *Journal of Personality*, pp. 349-363; DeCharms, R. C.(1957), Affiliation Motivation and Productivity in Small Groups, *Journal of Abnormal Psychology*, pp. 222-276; Birch, D. & Veroff, J.(1966), *Motivation: A Study of Action*, Monterey, CA: Brooks/Cole; Steers, R. M. & Braunstrin, D. N.(1976), A Behaviorally Based Measure of Manifest Needs in Work Settings, *Journal of Vocational Behavior*, pp. 251-266.

10) McClelland, D. C., Davis, W. N., Kalin, R. & Wanner, E.(1972), *The Drinking Man: Alcohol and Human Motivation*, New York: Free Press.

11) Herzberg, F., Mausner, B. & Snyderman, B.(1959), *The Motivation to Work*, New York: John Wiley & Sons.

12) Herzberg, F.(1968), One More Time: How Do You Motivate Employees? *Harvard Business Review*, pp. 54-62.

13) Vroom, V. H.(1964), *Work and Motivation*, New York: Wiley & Sons; House, R. J. & Wigdor, L. A.(1967), Herzberg's Dual-Factor Theory of Job Satisfaction and Motivation: A Review of The Evidence and A Criticism, *Personnel Psychology*, pp. 369-389; King, N.(1970), Clarification and Evaluation of The Two-Factor Theory of Job Satisfaction, *Psychological Bulletin*, pp. 18-31; Waters, L. K& Waters, C. W.(1972), An Empirical Test of Five Versions of The Two-Factor Theory of Job Satisfaction, *Organizational Behavior and Human Performance*, pp. 18-24.

14) House & Wigdor, *ibid*.

15) Whitsett, D. A. & Winslow, E. K.(1967), An Analysis of Studies Critical of The Motivator-Hygiene Theory, *Personnel Psychology*, pp. 391-415.

4 과정이론

공정성이론

공정성이론의 의의
분배적 정의
아담스의 공정성이론
공정성과 불공정성에 대한 반응
불공정성 감소행위의 선택
공정성연구들
절차적 정의
경영에의 시사점

목표이론

목표의 의의
목표이론의 기본전제
기본모형: 목표의 속성
확장모형
목표설정 이외의 관련요인들

기대이론

기대이론의 기본모형
기대이론의 특성
기대이론에 대한 실증연구
기대이론의 확장모형
경영에의 시사점

학습목적

1. 공정성의 기본개념에 대한 이해
2. 분배적 정의와 절차적 정의에 대한 이해
3. 목표이론의 개념에 대한 이해
4. 목표이론의 기본모형에 대한 이해
5. 목표이론 이외의 관련된 요인에 대한 이해
6. 기대이론의 기본모형 이해
7. 기대이론의 확장모형 이해

동기이론의 과정이론(process theory)**은 개인이 어떠한 과정을 통해 동기유발되는가를 설명하는 이론이다.** 앞장에서 살펴본 내용이론은 개인을 동기유발하는 요인이 무엇인지에 초점을 맞추고 있는 반면 과정이론은 인지적 과정(cognitive process)에 초점을 두고 개인의 행동이 유발되는 과정을 설명하고 있다. 과정이론은 개인의 행동을 보다 풍부하게 설명하고 예측 가능하게 한다는 점에서 실제 조직에서도 광범위하게 활용되고 있는 중요한 이론이다. 대표적인 과정이론으로는 공정성이론(equity theory), 목표이론(goal theory) 그리고 기대이론(expectancy theory) 등이 있다.

공정성이론(equity theory)**은 개인의 욕구에 초점을 두기보다는 '사회적 교환**(social exchange)**' 관계에서 얻어진 결과에 의한 정서적**(affective) **및 행동반응**(behavioral response)**에 관심을 갖는다.** 공정성이론에 의하면 타인 또는 조직으로부터 받는 결과(보상)에 대한 개인의 반응은 보상의 가치뿐만 아니라 보상이 주어지는 환경에 의해서 영향을 받는다. 즉 개인의 반응은 결과(보상)를 받기 위하여 개인이 제공한 투입(공헌)에 대한 지각에 의해서 영향을 받는다.

또한 공정성이론에 의하면 개인은 타인의 투입(공헌)에 따른 결과(보상)에 비하여 당신의 투입(공헌)에 따른 상대적 보상을 비교한다. 예컨대 임금의 경우 자신이 받는 임금액, 임금을 받기 위하여 자신이 노력한 정도, 그리고 타인의 '임금-노력 비율'과 비교했을 때 자신의 '임금-노력 비율'의 공정성 등에 의해 개인의 행동반응은 영향을 받는다. 만약 당신이 '임금-노력 비율'에 대해서 불공정하다고 느낀다면 불만족을 느낄 것이다. 이런 불만족을 느끼면 당신은 공정한 상태로 돌아가기 위하여 모종의 변화를 시도할 것이다. 공정성이론은 공정성 지각에 영향을 미치는 요인을 체계적으로 식별하고 만약 불공정성을 느낀다면 공정성을 회복하기 위하여 취할 수 있는 반응을 제시하고 있다.

목표이론(goal theory)**은 개인의 행동유발 과정을 설명하는데 있어서 목표에 초점을 맞추고 있는 이론이다. 즉 목표이론에서는 개인의 행동을 유발하는 목표의 다양한 속성과 행동유발과정을 설명하고 있다.** "젊은이여, 야망을 가져라"라는 격언은 인생에 있어서 높은 목표를 설정하여 달성하도록 노력하라는 뜻으로 해석할 수 있다. 이와 같이 우리는 일상 생활에서 이상, 야망, 포부, 열망 등과 같이 목표의 뜻이 스며들어 있는 말들이 사람을 동기화시키기 위하여 사용되고 있다. 이런 점에서 볼 때 목표이론은 동기이론 중에서 가장 오래되고 친숙한 이론이다.

목표이론은 테일러(F. W. Taylor)의 과학적 관리법에 근원을 두고 있다.[1] 테일러는 종업원에게 적절한 목표를 부여함으로써(실제로 테일러는 목표라는 용어는 사용하지 않았다) 성과를 강화하고자 하였다. 1930년대에서 레윈(K. Lewin)과 그의 동료들은 포부수준(level of aspiration)에 관한 연구에 관심을 가졌다. 포부수준은 직무수행과정에서 달성하고자 하는 성과수준을 의미함으로 이는 목표와 유사한 기능을 한다. 1950년대에는 드럭커(P. Drucker)와 맥그리거(D. McGregor)가 '목표관리(Management By Objective: MBO)'를 개발·적용하면서 다수의 목표이론의 원리를 활용하였다(MBO에 대한 설명은 제16장을 참고하기 바람). 현재 우리가 이해하고 있는 목표이론은 1960년대에 들어와서야 형성되기 시작했다.

기대이론(expectancy theory)**은 개인이 다양한 행동대안 가운데 자신의 효용을 극대화하는 행동대안을 선택하는 과정을 설명한 이론이다.** 사람은 자신의 행동을 할 때는 무엇인가 따져보고 하게 마련이다. 우리가 인생을 살아가면서 부딪치는 모든 일 중에서 동시에 모든 것을 다할 수 없기 때문에 여러 가지 사항들을 견주어 보아, 자신의 효용을 극대화한다고 판단되는 행위를 선택하게 되는 것이다.

기대이론은 지금까지 소개한 동기이론 중 가장 논리적이고 널리 알려진 이론이다. 기대이론은 사람들이 어떻게 느끼고 행동하는가 뿐만 아니라, 왜 그들이 특정 방식으로 행동하는가를 설명하고 있다. 더욱이, 기대이론은 욕구이론, 목표설정이론, 공정성이론 등 다양한 동기이론을 통합할 수 있는 이론적 틀을 제공하는 중요한 이론이다. 본문에서는 브룸(V. H. Vroom)의 기본모형,[2] 포터(L. W. Porter)와 로울러(E. E. Lowler)의 확장모형을 기초로 하여 기대이론을 설명한다.

공정성이론

공정성이론의 의의

공정성이론에서는 기본적으로 '사회적 교환(social exchange)' 관계를 가정하고 있다. 즉, 사람들은 서로 만날 때, 상대방과의 교류를 통해서 손해보다는 보상이 상호교환될 수 있을 경우에 그 관계를 지속하려고 한다. 이 때 서로 간에 유사한 수준의 보상교환이 중요시 된다. 그렇기 때문에 사람들 사이에는 사회는 '공정'해야 된다는 기본적인 가치관이 있으며, 이러한 가치관은 일종의 사회규범으로써 작용하게 된다.

공정성이론은 동기가 사람들 사이에 인식되는 사회적 비교(social comparison)의 관점으로부터 발생한다고 본다. 사람들은 타인과 비교하여 공정함을 느끼는 경우, 이를 유지하려고 동기부여가 된다. 이에 반하여, 타인과 비교하여 불공정하다고 느끼는 경우, 이를 바꾸기 위해서 동기부여가 된다. 공정성이론은 사람들이 불공정한 대우를 받는다는 부정적인 느낌에서 벗어나기 위해 동기부여 된다고 본다. 이러한 느낌은 사람들이 자신과 타인을 비교하는 사회적 비교로부터 기인하는 것이다.

분배적 정의

분배적 정의(distributive justice)**는 사회적 교환을 평가할 경우 사람들이 투입**(input)**과 결과**(outcomes)**를 어떻게 고려하는가를 설명하기 위한 개념이다.**[3] 만약 당신이 투입과 결과를 검토하여 두 요소가 분배적 정의를 경험하면 만족을 느낄 것이다. 반면에 분배적 불공정을 느낀다면 불만족을 느낄 것이다. 만약 교환관계에 있어서 분배적 정의를 느끼지 못한다면 정의 상태, 즉 공정한 상태를 회복하기 위한 행동을 취하던지 또는 교환관계를 이탈하던지 두 가지 방안이 있다.

여기서 **투입**(input)**은 사회적 교환관계에 있어서 적절하다고 인식되는 모든 요소를 의미한다.** 투입은 개인이 적절하다고 인식되는 지각에 의해 결정된다는 것에 유의할 필요가 있다. 조직과의 교환관계에 있어서 흔히 언급되는 투입에는 시간, 노력, 성과, 학력, 숙련 및 자격 등을 들 수 있다. 투입은 개인이 적절하다고 인식하는 모든 요소를 포함하고 있으므로 조직(또는 법규)이 인정하지 않는 요소인 연령, 성, 사회적 지위 등과 같은 요소도 흔히 포함되는 것을 볼 수 있다.

결과(outcomes)**는 사회적 교환관계에 있어서 교환의 직접적 당사자에게 제공되는 모든 보상을 의미한다.** 조직과의 교환관계에 있어서 흔히 인식되는 결과에는 임금, 작업조건, 인간관계, 조직 내 지위 그리고 내재적 보상 등이 있다. 긍정적 및 부정적 결과 모두가 분배적 정의를 평가하는데 영향을 미친다. 따라서 스트레스, 두통, 피로 등도 모두 결과로 인식될 가능성이 있는 것이다. 투입과 마찬가지로 가족반응, 동료인정 등과 같은 의도하지 않은 요소들도 결과로 포함될 수 있다.

아담스의 공정성이론

분배의 공정성과 관련된 이론은 다양하게 존재하지만, 가장 널리 알려졌고 연구되어진 것은 아담스(J. S. Adams)가 개발한 이론이다.[4)]

아담스는 사회적 교환관계를 개인이 평가하는 데 있어서 분배적 정의의 개념이 중요한 역할을 한다고 하였다. 또한 그는 자신의 분배적 정의에 대한 지각(투입과 결과에 대한 비례로 표시된)을 타인에 대한 분배적 정의에 대한 지각(타인과 비교)과 비교한다고 하였다. 이런 비교과정에서 사람들은 타인과 비교할 때 공정하게 처우를 받고 있는지 여부를 판단하게 된다. 또한 아담스는, 사람들 자신이 설정한 중요성에 의해서 투입과 결과는 각 투입요소와 결과요소들의 가중합(weighted sum)으로 평가하였다. 이 과정에 있어서 투입요소와 결과요소들은 서로 독립적인 것으로 간주된다. 예를 들면, 연령과 작업경험은 실제로는 높은 연관을 보이지만 서로 독립적인 투입요소로 간주된다는 것이다.

앞서 언급한 바와 같이 아담스의 공정성이론에 따르면 사람들은 자신의 투입-결과비율을 타인이나 집단의 투입-결과비율과 비교한다. 여기서 비교대상은 직접 교환관계에 있는 당사자, 동일한 당사자에 대해서 자신과 동일한 교환관계에 있는 제3자 또는 기존 혹은 예상되는 작업집단 등이 될 수 있다. 비교대상을 어떻게 선정하는지는 뒤에서 자세히 다루었다. 여기서는 자신의 투입-결과비율을 타인의 투입-결과비율과 비교한다는 점이 중요하다.

아담스가 제시한 공정성모형에 따르면 자신의 투입-결과비율이 비교대상(타인)의 투입-결과비율과 동일할 때 공정성이 존재한다.

$$\frac{O_p}{I_p} = \frac{O_o}{I_o}$$

I_p: 자신의 투입
O_p: 자신의 결과
I_o: 타인의 투입
O_o: 타인의 결과

여기서 첨자 P는 자신(person), 그리고 첨자 O는 비교대상이 되는 타인(other)을 나타낸다. 만약 두 비율이 동일하지 않다면 불공정성(inequity)이 존재한다

$$\frac{O_p}{I_p} < \frac{O_o}{I_o} \text{ 또는 } \frac{O_p}{I_p} > \frac{O_o}{I_o}$$

- 공정성은 자신의 투입-결과비율이 타인의 투입-결과비율과 동일할 때 발생하고, 공정성을 느낀 사람은 만족감을 경험한다.
- 과대보상 불공정성은 자신의 투입-결과비율이 타인의 투입-결과비율보다 큰 경우에 발생하고, 과대보상의 경우에는 죄책감을 경험한다.
- 과소보상 불공정성은 자신의 투입-결과비율이 타인의 투입-결과비율보다 적을 경우에 발생하고, 과소보상의 경우에는 분노와 불만족을 경험한다.

사회적 교환관계를 분석하기 위한 공정성모형은 다음과 같은 여러 가지 특징을 가지고 있다. 첫째, **공정성 또는 불공정성에 대한 느낌은 투입과 결과에 대한 개인의 지각에 근거한다.** 즉 투입과 결과에 대한 객관적 특성은 개인의 지각보다 덜 중요하다. 둘째, **불공정성은 상대적 현상이라는 것이다.** 개인이 적은 투입을 하여 높은 결과를 받았더라도 타인이 동일한 비율을 유지하면 불공정성을 느끼지 않는다. 따라서 종업원들은 보수는 적지만 많은 노력이 필요한 일을 할 경우 다른 조직구성원들도 동일한 상황에 있으면 불공정성을 느끼지 않을 것이다. 셋째, 과소보상과 마찬가지로 과대보상의 경우에도 불공정성을 느끼게 된다는 것이다. 그러나 연구에 의하면 과대보상의 경우는 과소보상보다 덜 민감하게 반응하는 경향이 있다.[5] 사람들은 교환관계에 있어서 과소보상보다는 과대보상을 더 잘 수용하는 경향이 있다. 과대보상을 경험하는 사람들은 일을 더 열심히 하여 불공정성을 줄이려는 경향이 있다. 마지막으로 언급해야 할 점은 **아담스의 공식에서 비율이 사용됐다는 점**이다. 비율은 투입이 마이너스일 경우에는 적절하지 않다.[6] 자신의 투입은 「+5」, 결과는 「−10」이지만 타인의 투입은 「−5」 그리고 결과는 「+10」인 경우를 살펴보자. 아담스의 공식을 사용하면 자신과 타인의 비율은 「−2」로 동일하여 공정하다는 결론이 나온다.

$$\frac{O_p}{I_p}=\frac{-10}{5}=-2 \text{ 그리고 } \frac{O_o}{I_o}=\frac{10}{-5}=-2$$

그러나 확실히 위의 예는 불공정한 상황을 나타낸다. 한 사람은 긍정적 기여를 했지만 결과는 부정적이다(예를 들면, 열심히 일했지만 상급자에게 야단을 맞았다). 반면에 다른 사람은 부정적 기여를 했지만 결과는 긍정적이다(예를 들면, 근무시간 중 밖에 나가 개인 일을 보고 들어왔으나 상사로부터 칭찬을 받았다). 따라서 이런 모순을 다루기 위하여 월스터(E. Walster) 등은 새로운 공식을 제안하였다.[7)]

$$\frac{O_p-I_p}{(|I_p|)^{K_p}} \text{ 대 } \frac{O_o-I_o}{(|I_o|)^{K_o}}$$

여기서 $|I|$는 투입의 절대값을 의미하며 K_p나 K_o는 -1이나 $+1$의 값을 가진다.

$$K_p=I_p \text{ 값의 부호} \times (O_p-I_p)\text{값의 부호}$$
$$K_o=I_o \text{ 값의 부호} \times (O_o-I_o)\text{값의 부호}$$

위의 예를 월스터 등의 공식에 대입하면

$$\frac{O_p-I_p}{(|I_p|)^{K_p}}=\frac{(-10-5)}{(|5|)^{-1}}=-75$$
$$\frac{O_o-I_o}{(|I_o|)^{K_o}}=\frac{(10-(-5))}{(|-5|)^{-1}}=75$$

가 된다. 따라서 월스터의 공식에서는 불공정한 상황을 나타낸다.

공정성과 불공정성에 대한 반응

〈그림 4-1〉은 공정성과 불공정성을 사람들이 느꼈을 때 보이는 반응을 나타낸다.[8)]

만약 사람들이 공정성을 느낀다면, 지금 현재의 상태를 유지하기 위하여 동기부여가 될 것이다. 다시 말해, 사람들은 자신의 결과가 바뀌지 않고, 또한 비교

〈그림 4-1〉 공정성과 불공정성에 대한 반응

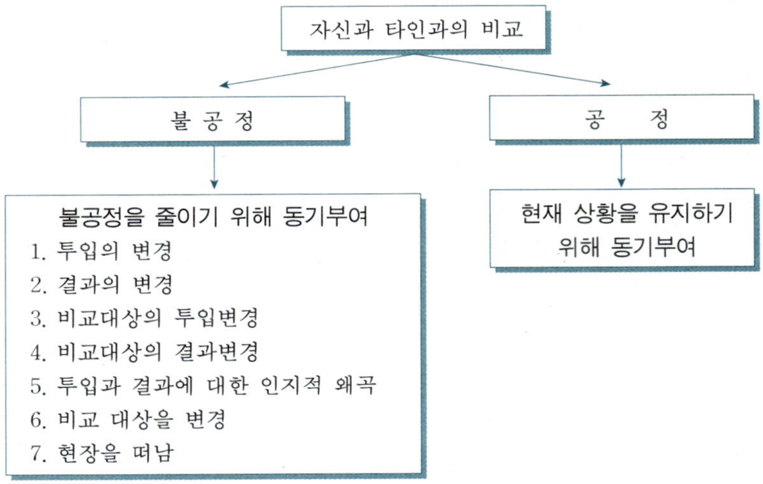

자료: G. Moorhead & R.W. Griffin(2004). *Organizational Behavior: Managing People and Organization*, Houghton Mifflin, p. 141에서 수정 인용.

대상의 투입과 결과도 변하지 않는 한, 현재 수준의 투입을 계속 유지하려 할 것이다. 하지만 불공정한 상태는 사람들로 하여금 불만족 혹은 분노나 죄책감을 느끼게 하기 때문에 공정성을 회복하려는 동기가 유발된다. 불공정한 상태에 대한 개인 반응들은 다음과 같은 과정을 따른다.[9]

(1) 불공정성에 대한 지각은 개인 내에서 긴장(tension)을 야기한다; (2) 긴장의 크기는 지각된 불공정성의 규모에 비례한다; (3) 개인 내에서 야기된 긴장은 감소하도록 동기화한다; 그리고 (4) 불공정성을 감소시키려는 동기는 지각된 불공정성의 규모에 비례한다. 다시 말하면, 불공정성에 대한 지각을 다시 공정성을 회복하기 위하여 행위적 또는 인지적 변화를 통하여 개인이 상황을 변화시키도

〈그림 4-2〉 불공정성 지각의 동기유발 과정

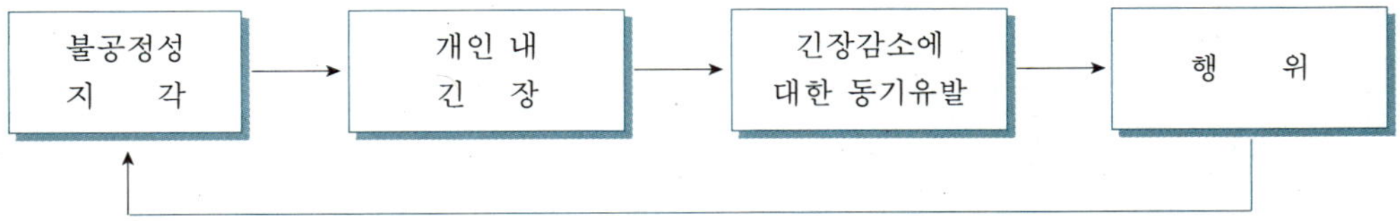

록 동기화한다. 이상의 과정을 도표로 그리면 〈그림 4-2〉와 같다.

이 과정에 있어서 개인들은 어떻게 불공정성에 대한 지각을 감소시킬 수 있는가 하는 문제에 당면하게 된다. 아담스는 불공정성을 감소시키는 방법을 다음과 같이 제시하고 있다.

투입의 변경 사람들은 불공정한 상황이 유리한가 또는 불리한가에 따라 자신의 투입을 늘리거나 줄인다. 예를 들어, 과소보상을 받는 사람들은 직무노력을 감소하거나 또는 결근을 증가시킴으로써 불공정성을 감소시키려 한다. 반면에 과대보상을 받는 사람은 직무노력을 증가시킬 것이다.

결과의 변경 마찬가지로 사람들은 직무상의 보상을 늘리거나 줄일 수도 있다. 노동강도의 증가 없이 임금인상이나 작업환경 개선을 추구하는 노동조합이 결과 변경의 한 예일 것이다.

비교대상의 투입 과소보상의 경우 비교대상의 투입을 증가시킴으로써 공정성을 회복할 수 있다. 예를 들어, 비교대상에게 좀 더 노력을 하라고 요구할 수도 있다. 과대보상의 경우에는 비교대상에게 투입을 줄이도록 압력을 넣을 수 있다. 성과를 줄이기 위하여 일을 열심히 행하는 동료에게 집단압력을 행사하는 것이 작업장에서 흔히 발생하는 예이다.

비교대상의 결과변경 과소보상의 경우에는 직접적으로 또는 간접적으로 비교대상의 결과에 대한 가치를 줄임으로써 불공정성을 감소시킬 수 있다. 다른 사람들에게 비교대상을 나쁘게 보이도록 만들어 칭찬을 적게 받게 만들거나 승진을 못하게 하는 것은 하나의 예가 될 것이다. 과대보상의 경우에는 비교대상이 결과를 증대하는 것을 도움으로써 상황을 변경시킬 수 있다. 이것은 비교대상의 성과를 상급자에게 이야기하거나 사회적 칭찬을 받게 함으로써 가능한 것이다.

투입과 결과에 대한 인지적 왜곡 실제적으로 투입이나 결과를 변경시키지 않고도 불공정한 상황을 변경시킬 수 있다. 이것은 자신 또는 비교대상의 투입이나 결과에 대한 인식을 변경함으로서 가능하다. 예를 들어, 불공정하게 대우 받고 있다고 느끼는 사람은 자신의 직무의 중요성을 강조하거나(내 직무는 조직에 있어서 핵심적인 업무이다) 노력에 대한 지각을 변경함으로써(실제로 나는 내업무를 수행하는데 그다지 노력하지 않았다) 인위적으로 상황에 대한 지각을 변경하고자 할 수 있다. 이렇게 함으로써 투입-결과비율을 유리하게 지각하여 비교상황에 보다 만족할 수 있다.

비교대상을 바꿈 불공정성을 느끼는 사람은 비교대상이 적절하지 않다고 생각하여 보다 유리한 비교를 할 수 있는 사람을 선택할 수 있다. 예를 들어, 비교대상은 승진하였으나 자신은 그렇지 못하였다면 사장의 친인척인 비교대상과 더 이상 비교를 그만두고 자신과 유사한 처지에 있는 사람을 비교대상으로 선택할 수 있다. 이는 사장의 친인척과 계속 비교한다면 점점 불공정성을 느낄 수밖에 없으므로 자신과 처지가 비슷한 사람으로 비교대상을 바꿈으로써 자신의 상황을 합리화시키려는 것이다. 실제로 비교대상을 바꾼다는 것은 심리적으로 매우 어려운 과정이다.

현장을 떠남 간단히 말해서 불공정성을 느낀 사람은 다른 직무로 전환하던가 회사를 그만둠으로써 상황을 벗어날 수 있다. 이렇게 함으로써 사람들은 보다 유리한 투입-결과비율을 다른 곳에서 달성할 수 있다는 기대를 가질 수 있다. 통상 이 방법은 불공정성 지각이 매우 높거나 다른 방법을 모두 사용한 후 최후에 채택하는 경향이 있다.

불공정성 감소행위의 선택

개인이 불공정성을 감소하기 위해서 어떤 방법을 선택하는가 하는 것은 조직에 매우 중요하다. **불공정성을 감소하기 위한 방법에는 조직에 순기능적으로 작용하는 것도 있으며 부정적으로 작용하는 것도 있다.** 그러나 공정성이론은 개인이 특정 상황에서 어떤 행위를 선택할 가능성이 높은지에 대한 설명은 없다. 이런 이론적 공백을 충족하기 위하여 아담스는 행위선택에 대한 다음과 같은 가정을 세웠다.

- 개인은 긍정적 결과를 극대화하고자 한다.
- 개인은 노력과 시간이 많이 드는 투입 증가를 극소화시키려고 한다.
- 개인들은 자기개념(self-concept)이나 자존심에 관련된 투입이나 결과의 변경을 기대한다.
- 사람들은 비교대상의 투입과 성과에 대한 인지를 변화시키는 것보다 자신의 투입과 성과에 대한 인지를 변화시키고자 한다.
- 현장을 떠나는 방법은 불공정성이 매우 클 뿐만 아니라 불공정성을 경감시킬 다른 방도가 없을 때 의존하는 방식이다. 결근 등과 같은 일시적 후퇴 행위는 보다 자주 일어나며 불공정성이 그다지 크지 않은 상황에서도 발생할 수 있다.
- 개인들은 비교대상을 변경하기를 극히 꺼릴 것이다. 오랜 시간에 걸쳐서 비교대상이 일단 안정이 되면 비교대상은 실제로 비교기준이 된다.

이상에서 아담스의 공정성이론의 핵심을 고찰하였다. 그러나 조직 내에서 개인의 동기부여 현상을 설명하기 위해서는 공정성이론은 아직 불완전한 것이며 다음과 같은 사항이 보완되어야 할 것이다. 첫째, 사회적 비교과정에 대한 연구가 더 필요하다. 즉 개인이 비교대상을 어떻게 선정하는지에 대한 보다 구체적 설명이 필요하다. 이는 비교대상에 따라 특정 개인이 교환관계에서 느끼는 지각이 매우 다를 수 있기 때문이다. 둘째는 개인이 투입 또는 결과를 인식하는 과정에 대한 심리적 과정을 보완할 필요가 있다. 예를 들어, 전체적인 결과를 개인들이 각 요소들의 중요성에 따른 비율을 결정하여 가중합(weighted sum)으로 인식한다는 것이 과연 타당한 것인지를 밝혀야 한다. 이것은 실제 사회적 교환관계는 통상 다수의 투입과 산출이 관련되어 있다는 점에서 매우 중요하다.

공정성 연구들

공정성이론은 명제들을 검정하기 위해서 상당수의 실증연구가 진행되었다. 공정성이론의 모든 측면을 한꺼번에 고려한 실증연구는 존재하지 않지만, 일단의 연구들은 공정성이론의 상당 부분에 대해서 비교적 강한 지지를 보내고 있다. 공정성 수준에 대한 지각은 투입과 결과의 비교에 의해 영향을 받는 것으로 나타났다. 또한 불공정성 지각은 불만족과 긴장을 야기한다. 대부분의 사람들은 긴장을 감소하기 위한 동기를 가지고 있으며 지각된 불공정 규모가 클수록 긴장을 감소하기 위한 동기도 증가한다. 사람들은 과소보상보다는 과대보상에 덜 민감하다. 더욱이, 불공정성 감소는 아담스가 제시한 기법들을 통하여 이루어진다는 증거도 있다.

과대보상에 대한 연구

공정성이론에 대한 초기 연구는 주로 임금에 있어서 과대보상의 영향에 초점을 맞추고 있다. 아담스와 그의 동료들에 의해서 행해진 5개의 실증연구들은 공정성이론에 대한 초기 검정을 이루고 있으며 다음과 같은 결론을 내리고 있다.[11)]

- 시간급하에서 과대보상을 경험하는 사람들은 높은 제품의 질을 보인다. 따라서 결과의 변함이 없이 투입(여기서는 제품의 질)을 늘림으로써 불공정성을 감소시킨다.
- 능률급(piece-rate pay: 생산량에 근거한 임금지급)하에서 과대보상을 받는 사람들은 비교적 적은 수의 높은 품질의 제품을 생산한다. 따라서 투입의 증가(품질)와 결과의 감소(적은 생산량에 의한 임금감소)를 통하여 불공정성을 감소시킨다.

과대보상의 영향을 연구한 비교적 최근의 연구들은 공정성이론과 일관된 결과를 제시하고 있다.[12)] 그러나 과대보상에 관한 이들 연구의 한계점은 비교적 단시간에 있어서 과대보상의 영향을 조사하였기 때문에 과대보상의 장기적 영향은 아직 알려지지 않고 있다는 점이다.

과소보상에 관한 연구

보다 최근에는 과소보상에 대한 효과가 연구되기 시작하였다. 시간급에서 과소보상을 받은 사람들은 직무관련 노력을 적게 할 것이 예상된다. 이렇게 함으로써 사람들은 결과를 그대로 유지하면서 투입은 줄여 불공정성을 감소시킬 수 있다. 대부분의 연구들은 이런 명제를 지지하고 있다.[13)] 또한 과소보상은 불만족뿐

〈표 4-1〉 불공정한 임금에 대한 종업원 반응

	과 소 보 상	과 대 보 상
시간급	공정한 임금을 받은 사람보다 생산량이 떨어지거나 제품의 품질이 낮아진다.	공정한 임금을 받은 사람보다 생산량이 많아지고 제품의 품질이 높아진다.
능률급	공정한 임금을 받은 사람보다 품질이 낮은 제품을 많이 생산한다.	공정한 임금을 받은 사람보다 품질이 높은 제품을 적게 생산한다.

만 아니라 결근 및 사퇴 성향을 높인다.[14)]

과대 및 과소보상에 대한 연구결과를 요약하면 〈표 4-1〉과 같이 제시될 수 있다.

통합연구

베치오(R. P. Vecchio)는 과대보상, 공정한 보상 그리고 과소보상의 영향을 통합적으로 분석한 실증연구를 실시하였다.[15)] 이 연구를 위해서 4개의 서로 다른 지역에서 13년에 걸쳐 자료를 수집하였다. 그러나 이 연구는 오직 능률급 상황만 고려하였으며 만족이나 불공정성 지각에 대한 직접적인 측정치는 없었다. 그럼에도 불구하고 공정한 보상에 비해 과대보상(낮은 생산량/높은 품질) 그리고 과소보상(높은 생산량/낮은 품질)에 대한 공정성이론의 예측을 분석할 수 있었다.

과대 및 과소보상에 대한 연구결과를 요약하면 〈그림 4-3〉과 같이 제시될 수 있다. 과대보상의 상황에서는 생산량은 공정한 보상에 비해 평균 17% 감소하였으나 품질은 26% 증가하였다. 따라서 결과의 감소(적은 생산량에 따른 적은 임금)와 투입의 증가(높은 품질)에 의해 불공정성이 감소되었다. 과소보상의 경우에는 생산량은 34% 증가하였지만 품질은 12% 감소하였다. 따라서 결과의 증가(높은 생산량에 따른 높은 임금)와 적은 투입(낮은 품질)에 의해서 불공정성이 감소하였다.

〈그림 4-3〉 능률급하에서 불공정성이 성과에 미치는 영향

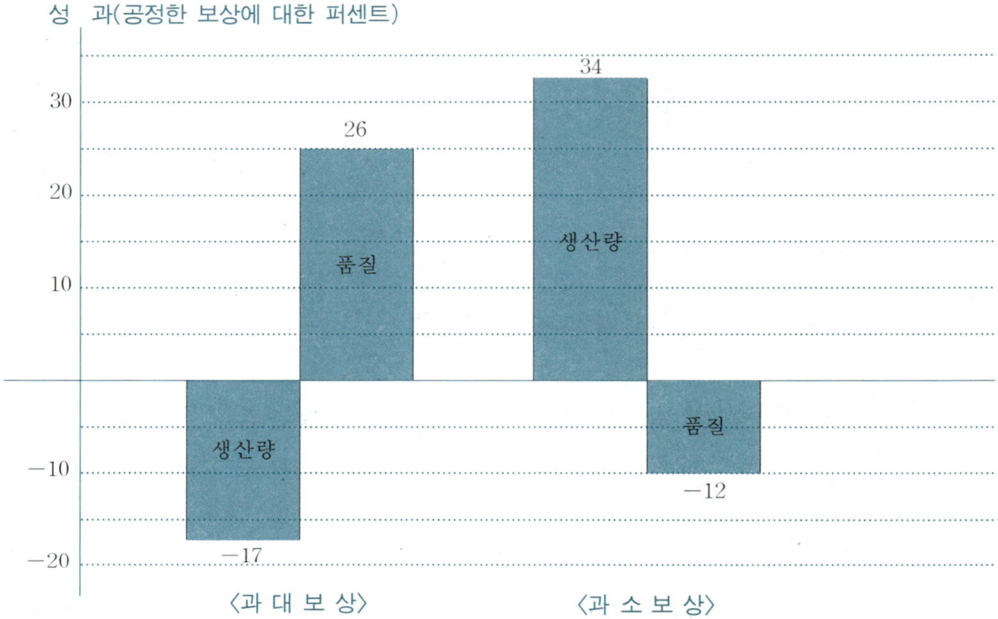

자료: R. P. Vecchio(1982), Predicting Worker Performance in Inequitable Settings, *Academy of Management Review*, pp. 103-110.

절차적 정의

공정성이론에 의하면 사람들은 자신의 투입-결과비율을 비교대상의 투입-결과비율과 비교함으로써 공정성 여부를 판단한다. 즉 **공정성이론은 분배적 정의**(distributive justice)**에 근거를 두고 희소자원을 사람들에게 배분하는 의사결정에 초점을 두고 있는 것이다.** 그러나 공정성에 대한 지각은 의사결정 결과의 공정성뿐만 아니라 의사결정에 이르는 과정이 얼마나 공정하였는가에 의해서도 영향을 받는다. **절차적 정의**(procedural justice)는 법체계에 있어서는 오랜 관심사항이었다. 법체계가 공정하기 위해서는 판결의 공정성뿐만 아니라 판결에 이르는 과정 또한 공정하여야 하기 때문이다.

공정성이론은 분배적 정의인 결과에 초점을 맞추고 있으며 절차적 정의에는 그다지 관심을 두고 있지 않다. 최근에는 이러한 공정성이론의 한계를 확장하여

의사결정에 이르는 절차적 정의를 조직행위의 연구에 적용하려는 움직임이 활발하게 이루어지고 있다. **절차적 정의란 의사결정에 사용된 규칙과 절차에 대해 지각된 공정성을 의미한다.**[16)]

그러면 조직의 의사결정 결과는 공정하지만 절차 자체는 불공정하였다면 조직구성원들의 반응은 어떠할 것인가? 이 경우는 분배적 정의와 절차적 정의가 서로 상충되는 경우이다. 임금을 대상으로 한 최근의 실증연구는 임금수준에 의해서 조직구성원의 반응이 달라진다는 결과를 발표하였다.[17)]

45분 동안 사무작업을 수행한 실험참가자들에게 보상으로 낮은 수준(1달러), 중간 수준(4달러) 그리고 높은 수준(7달러)의 임금을 지불하였다. 또한 임금이 어떻게 결정되었는지에 대해서 다르게 설명하였다. 공정한 절차의 상황에서는 임금

〈그림 4-4〉 임금공정성 지각과 임금 수준의 관계

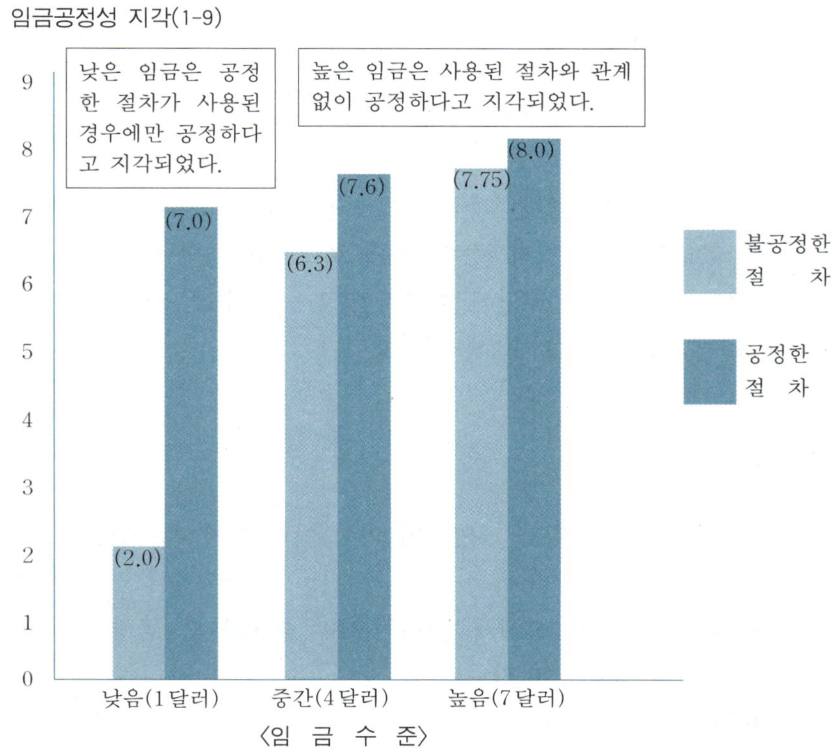

자료: J. Greenberg(1987), Reactions to Procedural Injustice in Payment Allocation: Do The Ends Justify The Means, *Journal of Applied Psychology*, pp. 55-61.

은 상대적 성과에 의해서 결정되었다고 말하였다. 그러나 불공정한 절차의 상황에서는 임금은 자의적 방식으로 결정되었다고 설명하였다. 즉 피실험자들에게 성과가 아니라 작업에 배치된 방에 따라 임금이 결정되었다고 설명하였다. 그리고 피실험자에게 그들이 받은 임금의 공정성 여부를 평가하게 하였다.

〈그림 4-4〉가 제시하는 바와 같이 임금 공정성에 대한 지각은 임금수준과 임금결정방식의 상호작용에 의해 영향을 받는다. 공정한 절차(즉 성과수준)에 의해 임금이 결정되었다고 지각할 경우에는 매우 낮은 임금을 포함한 모든 임금 수준이 공정하다고 지각하고 있다. 그러나 절차가 불공정할 경우(즉 작업방에 따른 임금수준 차이)에는 낮은 임금을 받은 사람은 불공정하다고 지각하고 있다. 그러나 흥미롭게도 절차가 불공정하더라도 높은 임금을 받은 사람은 공정하다고 지각하고 있다. 사람들은 공정성을 지각하는데 있어서 매우 이기적인 것 같다. 다시 말하면, 사람들은 자신에 유리한 결과에 근거하여 공정성을 판단하는 경향이 있다.

이상의 결과를 토대로 여러분의 학점에 관해서 논의해보자. 만약 여러분이 좋은 성적을 받았다면 여러분들은 공정하다고 생각할 것이다. 여러분들은 자신이 좋은 학생이며 좋은 학생은 좋은 성적을 받을 가치가 있다고 생각할 것이다. 그러나 점수가 형평성 있는 방식으로 산정되었다면 여러분은 낮은 점수를 수용할 수밖에 없을 것이다. 그러나 여러분의 보고서를 계단에 던져서 낮은 계단에 떨어지면 낮은 점수, 높은 계단에 떨어지면 높은 점수를 부여했다고 한다면 여러분은 낮은 점수가 불공정하다고 생각할 것이다.

경영에의 시사점

공정성이론은 조직을 경영함에 있어 여러 가지 시사점을 가지고 있다.[18]

- 공정성은 종업원에게 절대적으로 중요하다: 공정성은 종업원의 태도와 행동에 영향을 미친다.
- 공정성을 결정함에 있어서 인식이 중요한 역할을 한다: 경영자가 공정하다고 생각하더라도, 종업원이 불공정하다고 인식한다면 종업원은 부정적으로 반응할 것이다.

- 공정성은 비교과정을 포함하고 있다: 종업원들은 단지 그들의 수당이나 다른 보상만을 보고 공정하다고 생각하지 않는다. 대신 종업원들은 자신들의 보상과 공헌도를 타인과 비교하려 한다. 따라서 종업원들 사이에 보상이 공정하게 분배되었다고 느끼게 하는 것이 매우 중요하다.
- 분배적 정의와 절차적 정의가 모두 중요하다: 물론 종업원들이 자신이 한 만큼 합당하게 보상을 받는지에 대해 신경 쓰는 것도 명백하지만, 또한 종업원들은 보상을 결정하는데 사용된 과정 또한 공정한지에 대해서도 신경을 쓴다. 종업원들이 받은 보상에 대해 기뻐할지라도, 분배과정이 공정하지 않았다면 거리낌을 느낄 수 있다. 또한 다음 기회에 자신이 받을 보상에 대해서 의구심을 가질 것이다. 만약 종업원들이 자신이 기대했던 것보다 적게 받는다면, 경영진은 어떻게 보상이 결정되었는지 명확히 설명함으로써 종업원들을 납득시킬 수 있다. 이는 물론, 경영진이 공정한 분배과정을 사용했는지에 대해 책임을 져야 한다.
- 과대지급이나 과소지급 모두 문제가 될 수 있다: 과소지급은 불만을 일으키는 반면, 과대지급은 죄책감을 느끼게 한다.
- 종업원들은 우리가 기대했던 투입과 산출에 대해서 다르게 느낄 수 있다: 다시 말해서, 어떤 종업원들이 투입이라고 여긴 것에 대해, 다른 일부는 산출이라고 느낄 수 있다.
- 사람들이 진정으로 가치 있어 하고, 그들이 공헌하고 있다고 생각하는 것에 대해서 알 필요가 있다: 우리는 우리가 종업원들에게 가치를 느낀 것에 대해, 종업원 역시 같은 가치를 느끼고 있는지 알 수 없다. 마찬가지로, 공헌도에 대해서도 우리와 같은지 가정할 수 없다. 사람들이 투입과 산출을 어떤 것으로 여기는지에 대해 알아볼 수 있는 최선의 방법은 아마 직접 물어보는 것이다.
- 종업원들은 인지된 불공정성을 줄이기 위해 여러 가지 방법을 찾을 것이다: 만약 과소보상되었다고 느끼면, 종업원은 적게 일하거나, 생산품질을 낮추거나 일을 그만 둘 것이다. 심지어 파괴행위나 절도행위를 할 수도 있다.
- 종업원들이 불공정성을 줄이기 위해 사용할 수단을 정확히 예측하기는 어렵다. 하지만 어떠한 수단을 사용하던지, 이는 조직뿐만 아니라 종업원

개인에게도 피해를 줄 것이다: 불공정성은 조직에 부정적인 결과물을 제공할 뿐 아니라, 개인에게도 스트레스를 주며, 심지어 자신의 가치에 대해서도 부정을 하게 할 수도 있다.

목표이론

목표의 의의

목표는 미래의 달성하고자 하는 바람직한 상태라고 정의할 수 있다. 따라서 목표이론은 개인의 인지(cognition)에 근거를 두고 있다. 목표는 과거성과에 대한 회상, 상황에 대한 판단 그리고 자신의 능력 등을 고려하여 설정된다. 또한 목표이론은 미래지향적이라는 특징을 갖는다. 목표는 설정한 사람이 중요하거나 추구할 가치가 있다고 생각하기 때문에 목표지향적 행동(goal-directed action)을 유발한다. 그러나 모든 목표지향적 행동이 의식적으로 이루어지는 것은 아니지만 조직 내 대다수 중요한 행위는 의식적으로 이루어지고 있다.

목표의 중요성은 거의 모든 동기이론에 의해서 명시적으로 또는 묵시적으로 인정되고 있다.[19] 예를 들면, 과학적 관리는 적절한 목표의 식별에 관심을 가지고 있으며(테일러는 실제로 과업(task)이라는 용어를 사용하였다), 각 목표의 진전정도에 대해서 피드백을 제공하며, 그리고 어려운 목표를 달성하면 경제적 인센티브를 제공한다.

매슬로우나 허즈버그 같은 욕구이론에도 목표의 개념이 암묵적으로 스며들어 있다. 욕구의 충족정도를 설명하기 위해서는 목표의 개념이 필요하다. 예를 들어 매슬로우는 자아실현의 욕구는 최상의 욕구단계로서 동기력을 잃지 않는다고 하였다. 그러나 무엇에 대한 자아실현인가? 음악가에는 사람들에게 감동을 줄 수 있는 음악의 작곡이 자아실현일 수도 있다. 목표이론에 의하면 '사람들에게 감동을 줄 수 있는 음악작곡'이 바로 목표인 셈이다. 이와 유사한 논리를 다른 욕구에 적용할 수 있을 것이다.

목표이론의 기본전제

목표가 설정되어 행위에 영향을 미치는 인지적 과정(cognitive process)는 〈그림 4-5〉에 제시되어 있다.[20] 사람들은 환경에서 발생하는 사건을 지각하고 평가한다. 환경에서 발생한 사건을 사람들은 인지적으로 현실로 받아들이며 반응한다. 즉 사람들은 미래에 대한 목표를 의식적으로 설정함으로써 반응하게 된다. 이러한 미래에 대한 목표가 사람들의 추후 행위를 결정하게 된다.

〈그림 4-5〉의 예는 조직행위 수업에 있어서 학생의 인지과정을 제시하고 있다. 이 예에서, 환경적 사건은 조직행위 중간고사에서 낮은 점수를 받은 것이다. 학생은 낮은 점수를 인지하고 그 점수가 자신의 기준에 비해 낮다고 평가한다. 따라서 학생은 자신의 점수에 대하여 불만족하고 이 상황에 대처하기 위하여 기말고사에서 높은 점수를 목표로 설정한다. 이런 목표의 결과로 학생은 성과를 증진시킬 수 있다.

많은 실증연구들이 목표이론에 대한 기본적 전제에 지지를 보내고 있다. 즉 사람들은 미래 행위에 대하여 목표를 설정하며 목표는 실제 행위에 영향을 미친다는 것이다.

〈그림 4-5〉 목표설정에 관한 인지과정

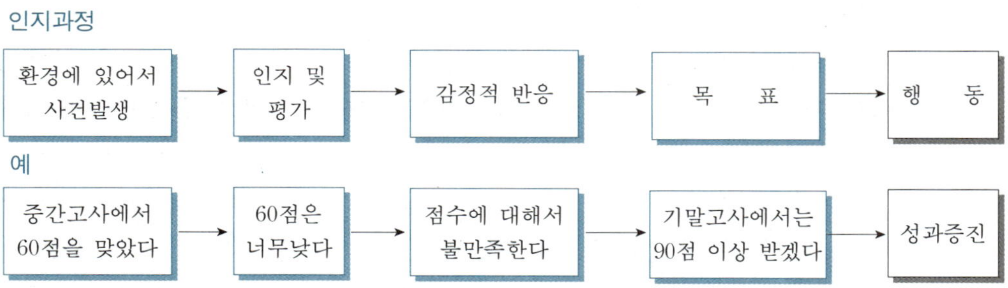

자료: R. B. Dumham(1984), *Organizational Behavior: People and Process in Management*, Irwin, p.179.

기본모형: 목표의 속성

목표이론에 대한 초기연구들은 목표의 속성에 관심을 가졌다. 목표의 가장

〈그림 4-6〉 목표의 기본적 속성

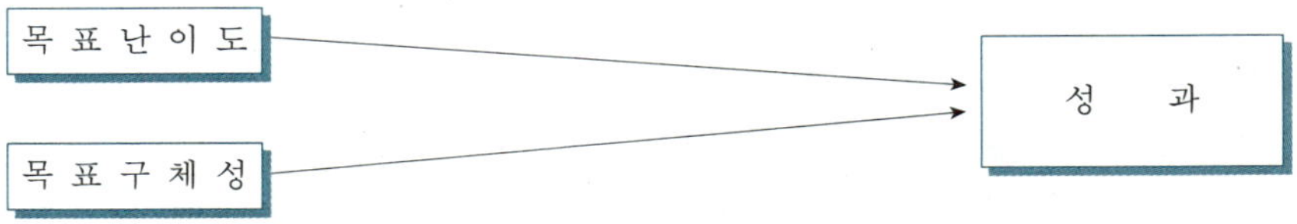

중요한 속성으로서 **목표난이도**(goal difficulty)와 **목표구체성**(goal specificity)을 식별하였다. 어려운 목표(difficult goal)는 쉬운 목표(easy goal)보다 높은 성과를 결과할 것으로 예상된다. 또한 구체적 목표(specific goal)는 일반적 목표(general goal)보다 성과증진이 클 것으로 예상된다. 따라서 **성과를 극대화하기 위해서는 목표가 어려운 동시에 구체적일 필요가 있다.** 따라서 "최선을 다한다"라는 목표는 너무 일반적이어서 그다지 효과가 없다.

목표난이도

목표난이도와 과업성과 사이에는 정(正)의 선형관계가 있다(즉 높은 목표는 높은 성과를 결과한다). 로크(E. A. Locke) 등이 검토한 57개의 실증연구 중에서 48개의 연구가 전적으로 또는 부분적으로 어려운 목표가 성과에 긍정적 영향을 미친다는 것을 지지하였다.[21] 긍정적인 결과는 짧게는 수분에 걸친 과업에서부터 길게는 7년에 걸친 장기적 과업에서도 얻어졌다. 또한 실증연구에 사용된 과업도 매우 다양하여, 타이핑, 오자 교정, 학업, 산림관리 등에서 긍정적 결과를 얻었다. 이러한 다수의 실증연구들이 **목표가 어려워질수록 성과가 증진한다는 예측을 지지**하였다.

그러나 어려운 목표가 성과를 증진시키는 상황을 더 잘 이해하기 위해서는 몇 가지 고려사항이 있다. 먼저 "불가능한 꿈을 꾸는 것"은 현실적으로 가장 어려운 목표에 비해 성과를 더 증진시키지 못한다. 실제로 불가능하게 높은 목표를 할당하는 것은 덜 어렵지만 달성가능한 목표보다 나은 결과를 도출하지 못한다. 사람들이 어려운 목표를 달성할 가능성이 있다고 믿을 경우에만 어려운 목표가 성과를 증진하는 것 같다. 이것은 뒤에 **목표수용성**(goal acceptance)을 다룰 때 좀 더 자세히 다루기로 하겠다.

〈그림 4-7〉은 학생들이 특히 관심을 가질 수 있는 연구의 결과를 제시하고

〈그림 4-7〉 목표난이도와 학업성적

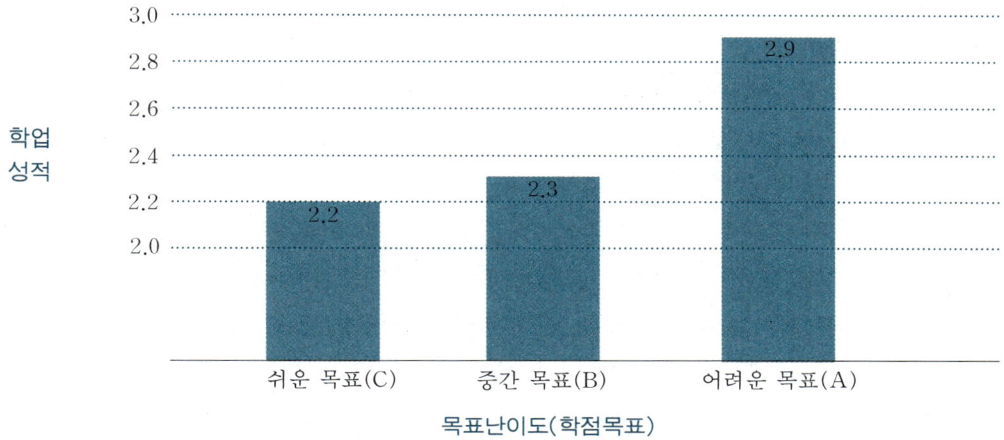

자료: Locke, E. A & Bryan, J. F.(1968), Grade Goals as Determinants of Academic Achievement, *Journal of General Psychology*, p.225.

있다. 이 연구에서 역사과목에 있어 학기초에 학생들에게 C에서부터 A까지의 목표를 설정하도록 요구하였다. 또한 학생들에게 목표의 난이도를 평가하도록 하였다. 학점이 높은 학생일수록 목표(즉, 달성가능성이 적은)를 어려운 것으로 인식하였다. 〈그림 4-7〉에서 보는 바와 같이 목표가 어려울수록 역사과목에 있어서 실제 성과는 더 높았다. 이 연구에서 목표가 없는 경우는 포함되어 있지 않지만 목표가 없이 공부한 학생은 쉬운 목표보다도 낮거나 동일한 수준의 성과를 가질 것이라고 가정해도 무방하다.

목표구체성

구체적 목표(specific goal)**는 "최선을 다하라"와 같은 일반적 목표**(general goal)**보다 높은 성과를 유도**한다. 실제로 로크(E. A. Locke) 등이 검토한 53개 연구 중에서 51개의 연구가 목표구체성의 성과에 대한 긍정적인 영향에 대해서 지지를 보냈다. 여기서 주목할 점은 "최선을 다하라"는 목표는 목표가 없는 상황과 유사한 성과수준을 초래했다는 점이다.

목표이론은 구체적 목표의 성과에 대한 긍정적 효과를 주장한다. 그러나 목표가 구체적이면서 적절해야 한다는 사실을 간과해서는 안 된다. 때때로 목표는 구체적으로 설정하지만 성과의 중요한 측면이 간과될 수 있다. 예를 들어 조직이 너무 생산량만 강조한다면 품질은 상대적으로 덜 중요하게 여겨져서 제품의 품질이 떨어질 수 있다. 마찬가지로 목표가 없는 분야도 무시되기 쉽다. 만약 관리자의 임무가 생산과 감독이지만 생산에 대한 목표만 있다면 감독은 상대적으로 소홀히 행해질 것이다. 따라서 목표를 매우 신중히 설정하는 것이 중요하다.

확장모형

지금까지 목표의 속성에 대해서 알아보았다. 그러나 목표와 행위와의 관계를 설명하기 위해서는 목표의 속성 이외에도 다른 변수가 필요하다. 목표의 속성 이외에 다른 변수를 포함한 확장모형이 〈그림 4-8〉에 제시되어 있다.

목표지향적 노력과 성과

지금까지 목표의 속성이 성과에 직접적인 영향을 미친다고 설명해 왔다. 실제로 목표이론에 대한 대다수의 실증연구들은 목표의 속성과 성과 사이의 직접적 관계를 검토하였다. 그러나 현실에서는 **목표의 속성은 목표지향적 노력**(goal-directed effort)**에 직접적으로 영향을 미치며 성과에는 단지 간접적으로 영향**을

〈그림 4-8〉 목표이론의 확장모형

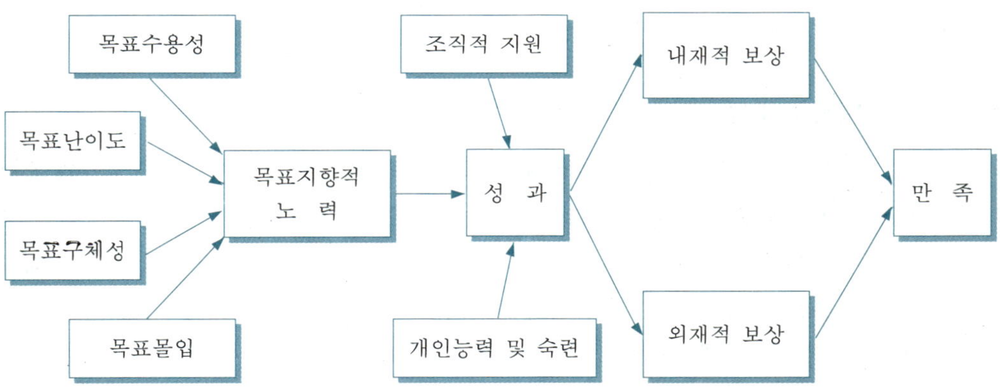

자료: Latham, G. P. & Locke, E. A.(1979), Goal setting—A Motivational Technique that Works, *Organizational Dynamics*, pp.68-80.

미친다. 구체적이고 어려운 목표는 사람들을 목표달성을 위하여 많은 노력을 하도록 한다. 그러나 노력이 실제로 높은 성과를 유도하는가는 다수의 다른 요인에 의해서 영향을 받는다. 이런 요소들로는 조직적 지원(organizational effort)과 개인능력 등이 있다.

조직적 지원으로는 적절한 지원(예를 들면, 시간, 설비, 자금 및 훈련 등)이 포함된다. 이런 지원이 없다면 사람들은 높은 수준의 목표지향적 노력을 성공적인 성과로 전환할 수 없을 것이다. 높은 성과를 지원할 수 있는 조직정책은 물론 필요하지만 반면에 성과를 방해하는 불필요한 또는 부적절한 정책은 제거되어야 한다. 노력을 어디에 집중하여야 할지를 명확히 규정하는 실천계획(action plan)도 중요한 조직적 지원이다.

조직이 제공하는 **피드백**(feedback)도 목표지향적 노력이 성과를 제고하는데 중요하다. 이 경우 피드백은 두 가지 기능을 수행한다. 첫째, 목표지향적 노력이 목표를 향해 계속 집중되도록 하는 방향지시적 기능을 수행한다. 둘째는 조직구성원들의 노력을 촉구하는 인센티브로 작용한다. 실제로 목표에 어느 정도 도달했는지에 대한 피드백이 없을 경우 도전적 목표의 성과에 대한 영향은 감소한다. 반면에 피드백을 제공하면 성과는 크게 증진된다.[22] 또한 종업원 자신이 행하는 목표와 수반된 피드백(예를 들면, 종업원 자신이 목표달성 정도를 스스로 파악)이 외부에서 주어진 피드백보다 더 효과적이다.[23] 이것은 직무를 설계할 때 종업원이 작업을 하면서 자신의 성과를 평가할 수 있도록 하는 것이 바람직하다는 것을 의미한다. 성과에 대한 상급자의 피드백도 효과적일 수 있지만 자신에 의한 피드백이 더 효과적이기 때문이다.

개인능력은 목표지향적 노력이 성과를 유도하는지 여부에 영향을 미친다. 만약 능력이 없다면 높은 수준의 노력에도 불구하고 성과를 제고하기가 힘들 것이다. 마찬가지로, 두 사람이 동일한 노력을 했더라도 능력수준이 다르다면 성과는 다를 것이다. 더욱이 목표난이도가 증가할수록 능력수준은 더욱 중요해진다. 거의 모든 사람들이 매우 쉬운 목표를 달성하기에 충분한 능력을 가지고 있지만, 목표의 난이도가 증가함에 따라 요구되는 능력수준은 증가할 것이다.

능력수준은 목표지향적 노력이 높은 성과를 유도하는지 여부에 영향을 미친다. 이것은 조직이 능력 있는 종업원을 선발하여야 하며 또 필요한 능력을 개발하기 위하여 종업원을 훈련시킬 필요가 있다는 것을 의미한다.

목표수용성과 목표몰입

〈그림 4-8〉의 확장모형에서는 서로 관련된 요소로서 목표수용성(goal acceptance)과 목표몰입(goal commitment)이 포함되어 있다. 목표수용성과 목표몰입은 목표난이도과 목표구체성의 속성이 목표지향적 노력에 영향을 주는 것과 같이 목표지향적 노력에 영향을 미친다. 목표이론에 대한 많은 문헌들이 목표수용성과 목표몰입을 적절히 구별하지 못하고 있지만 양자 사이에는 중요한 차이가 있다. **목표수용성은 "특정 목표를 자신의 목표로 받아들이는 정도"**를 의미한다. 반면에 **목표몰입은 "일단 수용한 목표를 달성하기 위하여 헌신하는 정도"**를 의미한다. 이들 개념에 대해서 아직 충분한 연구가 없지만 종업원들이 목표를 자신의 것으로 수용하지 않거나 목표를 달성하기 위하여 개인적 헌신을 경주하지 않는 한 목표난이도와 목표구체성은 성과에 영향을 미치지 못할 것이다. 목표달성이 불가능하다고 믿거나 또는 목표를 달성했더라도 개인적 이득이 없다고 믿을 때에는 목표에 대한 수용성이 낮을 것이다. 만약 자신감, 능력 또는 지식 부족 때문에 목표를 달성할 수 없다고 느낄 때 훈련과 같은 조직적 지원이 도움이 될 것이다. 만약 보상, 승진 또는 인정 같은 개인적 이득이 없을 경우에 목표수용 그리고 목표달성에 대해 보상을 할 수 있는 조직정책을 개발할 필요가 있다. 목표수용성은 또한 착취가 아닌 공정하고 합리적인 목표설정, 경영에 대한 신뢰증진 그리고 목표지향적 행위에 대한 위협요소를 제거함으로써 강화될 수 있다.

사람들은 달성 가능하다고 느껴지는 구체적 목표를 수용할 가능성이 크지만 불가능한 목표를 전혀 수용하지 않는다는 것은 아니다(불가능한 목표를 거부하고 덜 어려운 목표를 선택하는 행동이 보다 가능성이 크다). 종업원들은 때때로 불가능한 목표를 수용한다.[24] 실제로 목표수용성을 "전부" 아니면 "전혀 아니다"는 이원적(二元的) 변수(dichotomous variable)로 취급하는 것은 잘못된 것이다. 예를 들어, 하루에 15개의 나사를 생산하고 있는 사람에게 하루에 90개를 생산하도록 불가능한 목표를 부여한다면 불가능한 목표를 거부할 것이다. 그러나 목표가 없이 생산하기보다는 하루에 60개라는 '타협된 목표(compromised goal)'를 채택하면 상당한 성과증진을 보인다. 수용된 목표가 행위를 유발하지만 수용된 목표가 반드시 부여된 목표일 필요는 없다. 종업원은 부여된 목표를 수용할 수도 있지만 위의 예에서처럼 자신이 새로운 목표를 설정할 수도 있는 것이다.

목표몰입은 목표수용성에 영향을 미치는 요소와 동일한 요소에 의해서 영향을 받는다. 만약 목표가 달성 가능하고 개인적 이득을 결과한다면 목표달성을 위한 개인적 헌신은 커질 것이다. 다만 목표수용성은 목표지향적 노력을 시작하기 전에 결정되지만, 목표몰입은 목표지향적 행위를 시작한 후에 증가되거나 감소된다. 이것은 목표몰입에 영향을 미치는 요인에 대해서 조직이 지속적으로 관심을 가져야 한다는 것을 의미한다. 더욱이 목표지향적 노력 나아가서는 성과를 가능한 한 높이기 위해서는 목표몰입을 극대화시켜야 한다.

만 족

목표설정에 대한 확장모형은 만족에 대한 두 가지 원인(즉 내재적 및 외재적) 보상을 식별하고 있다. 간단히 말해서, 만약 긍정적 가치가 있는 결과를 경험한다면 만족을 느낄 것이지만, 부정적 가치가 있는 결과를 경험한다면 불만족을 느낄 것이다.

내재적 보상은 달성감 내지는 성취감 같은 개인적 느낌과 관련되어 있다. 반면에 **외재적 보상은 성과에 대해서 조직이 제공하는 보상과 관련**이 있다. 만약 조직이 높은 성과에 대해서 긍정적 결과(예를 들면, 임금이나 승진)를 제공한다면 만족은 강화될 것이다. 여기서 고려해야 할 점은 외재적 보상이 성과수준에 의해 제공되느냐 또는 목표달성에 의해서 제공되느냐이다. 예를 들어 보상기준이 목표달성 기준일 때, 목표는 달성하지 못하였지만 성과는 향상되었다고 하자. 이 경우 조직구성원에게 보상을 제공하지 않는다면 조직구성원은 불만족을 경험할 것이며 추후에 어려운 목표를 수용할 가능성은 적어진다. 반면에 목표달성 여부와 관계없이 성과에 의해서 보상이 주어진다면, 어려운 목표에 대한 수용성은 감소되지 않을 것이다.

목표설정 이외의 관련요인들

개인차이

이미 언급한 바와 같이, 목표설정의 효과는 다양한 직무에 대해서 성공적으로 입증되었다. 그러나 목표설정에 관한 모든 시도가 성과를 증진시킨 것은 아니다. 확장모형에서 제시된 필요조건을 감안할 때 이것은 놀랄 만한 일이 아니다.

실제로 목표설정이 효과가 없었던 대부분의 경우는 확장모형에 의해 충분히 설명될 수 있다. 예를 들어 종업원의 목표수용성과 목표몰입을 고려하지 않고 구체적이고 어려운 목표를 부여하는 경우 실패할 수도 있다. 또 다른 경우는 종업원이 어려운 목표를 수행할 수 있는 능력이 부족할 수도 있고 또는 조직적 지원이 충분하지 못할 수도 있다.

아직 연구가 충분하지 않지만, 연령, 교육수준, 성, 근속연수 등이 목표설정의 효과성에 영향을 미친다고 할 만한 증거는 아직 없다. 그러나 성격요인이 중요한 영향을 미친다는 약간의 증거는 있다. 예를 들어 자존심이 강한 사람은 목표설정에 긍정적으로 반응할 것이 예상된다. 자존심이 강한 사람은 웬만큼 어려운 목표는 달성 가능하다고 믿어 목표수용성과 목표몰입이 증가되기 때문이다. 또한 성취욕구 수준은 흥미로운 방향으로 목표설정에 영향을 미칠 수 있다. 즉 성취욕구가 높은 사람은 내적 성과기준을 달성하려고 노력한다(제 4 장의 성취동기이론 참조). 수용된 목표가 이런 내적 기준을 규정한다. 따라서 성취욕구가 큰 사람들은 목표몰입이 클 것이다(따라서 목표지향적 노력도 커진다). 그러나 성취욕구가 높은 사람은 어느 정도 어려운 목표(예컨대, 달성가능성이 반 정도되는 목표)를 수용할 가능성이 높다. 달성하기가 어려운 목표는 수용할 가능성이 적어 목표지향적 노력을 적게 할 것이다. 또한 쉬운 목표는 개인의 성취욕구를 만족시키기 어렵기 때문에 수용할 가능성이 적다.

참여적 목표설정

실제로 많은 조직들은 조직 구성원들에게 자신의 목표를 스스로 설정하도록 하고 있다. 이것은 참여(participation)가 동기부여효과가 있다는 철학적 신념에 근거한 것이다. 만약에 종업원이 참여를 가치 있다고 생각한다면 참여가 만족을 증가시킨다. 그러나 참여가 성과에 어떻게 영향을 미치는지는 또 다른 문제이다. **목표설정에 있어서 참여는 참여가 목표난이도, 목표구체성, 목표수용성 그리고 목표몰입을 증대시킨 경우에만 성과를 높일 수 있다.** 의사결정과정에 대한 연구에 의하면 참여가 목표수용성과 목표몰입을 강화하는 것으로 나타났다. 또한 목표설정과정에 있어서 참여가 목표구체성과 목표난이도를 증가시킬 경우에 성과를 증진시킨다.

목표설정 과정에 있어서 인센티브의 역할

인센티브는 목표설정과정에 있어서 여러 가지 기능을 수행한다. 먼저 공식적 목표설정 프로그램을 가지고 있는 조직에서 흔히 있는 일이지만, 조직은 구체적이고 어려운 목표를 설정하는 것 자체에 대해서 보상을 할 수 있다. 대부분의 조직은 적절한 목표설정을 인사고과에 반영하여 간접적으로 승진이나 보상에 반영하는 것이 일반적이다.

여기서 목표수용에 대해서 보상을 할 것인가 그렇지 않으면 목표의 달성에 대해서 보상을 할 것인가를 조직이 정책적으로 결정해야 한다. 목표수용에 따른 보상은 목표수용성을 강화하겠지만 목표달성에 따른 보상은 목표에 대한 지속적 헌신을 강화한다. 또한 인센티브는 만족뿐만 아니라 미래의 목표설정 행위를 조장한다. 그럼 무엇을 인센티브로 사용할 것인가? 인센티브로서는 조직구성원이 긍정적 가치가 있다고 여기는 어떤 결과도 무방하다. 예를 들어, 조직은 임금, 인정, 유급휴가 등을 인센티브로 사용할 수 있다.

인센티브를 제공할 때 유의할 점은 **인센티브 제공방식이 종업원의 성과에 크게 영향을 미친다**는 것이다. 인센티브를 제공하는 가장 널리 활용되고 있는 방식은 **능률급**(piece-rate pay)과 **보너스**이다. 능률급은 목표수준과 관계없이 생산

〈그림 4-9〉 목표설정과 인센티브의 역할

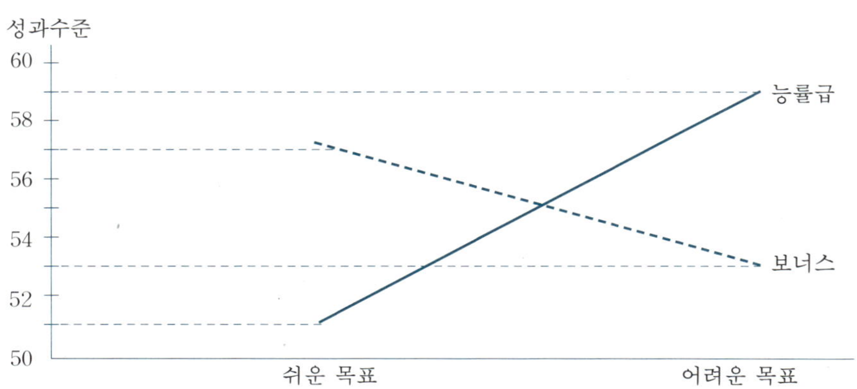

자료: J. C. Mowen, R. D. Middlemist & D. Ruther(1981), Joint Effect of Assigned Goal Level and Incentive Structure on Task Performance: A Laboratory Study, *Journal of Applied Psychology*, pp.598-603.

량에 의해서 보상액이 정해진다. 반면에 보너스는 명시된 목표를 달성하거나 초과할 때 주어진다. 〈그림 4-9〉는 능률급과 보너스가 종업원 성과에 어떤 영향을 미치는지를 나타내는 한 연구의 결과이다.[25)]

이 실험에서 첫 집단에는 능률급을 적용하였으며 두 번째 집단에는 부여된 목표가 달성되거나 초과할 경우에 보너스를 제공하였다. 목표는 낮은 목표(거의 모든 사람이 달성할 수 있는 수준), 중간 목표(참여자의 절반 정도가 달성할 수 있는 수준), 높은 목표(참여자 중 극소수만이 달성할 수 있는 수준) 등 세 수준으로 나누어 실험참가자에게 제시하였다. 참가자들은 낮은 목표와 중간목표는 동일하게 쉽다고 인식하였으므로, 〈그림 4-9〉에 제시된 결과는 두 조건을 결합하여 제시하고 있다. 또한 행위에 영향을 미치는 것은 지각된 난이도(perceived difficulty)이지 실제 난이도가 아님을 유의하여야 한다.

〈그림 4-9〉에서와 같이 **쉬운 목표에 대해서는 보너스 인센티브가 더 효과적인 반면, 어려운 목표에 대해서는 능률급이 더 효과적**이다. 사람들은 목표달성 여부에 의해서 보너스를 지불할 경우 매우 어려운 목표를 거부하는 경향이 있다. 이는 목표를 달성하지 못할 경우에는 그들의 노력을 보상받지 못하기 때문이다. 대조적으로 성과에 의해서 보상을 받을 경우에는 목표를 달성하지 못하더라도 그들의 노력은 충분히 보상받을 수 있기 때문에 어려운 목표라도 거부되지 않고 참고 사항으로 활용된다. 목표달성 여부와는 관계없이 성과의 증대는 개인적 이득의 증대를 유도하기 때문에 인센티브는 사람들로 하여금 계속 노력하도록 만든다.

이 연구에서 능률급을 받는 참여자들은 쉬운 목표보다는 어려운 목표 하에서 더 높은 성과수준을 나타냈다. 사람들은 부여된 어려운 목표를 달성하지 못할지도 모른다는 것을 충분히 알고 있었다. 사람들이 자신의 행위를 이끌 대체목표(substitute goal)를 설정했는지는 명확하지 않다. 만약 사람들이 대체목표를 설정했고 낮은 개인적 목표를 충족했다면, 그들은 금전적 보상은 물론 성취감이라는 내재적 보상도 경험했을 것이다.

경쟁의 역할

목표는 개인에 대해서 또는 집단에 대해서 설정될 수 있다. 경쟁은 개인목표를 추구하는 개인들 사이, 동일한 집단목표를 추구하는 집단 내 개인들 사이, 서로 다른 집단에 속한 개인들 사이 그리고 집단간에 발생할 수 있다. 목표는 경쟁을 고려해서 적절한 수준에서 설정되어야 한다. 집단목표는 집단 내 협력을 조장할 수 있지만 불행히도 개인에 대한 동기유발효과는 떨어진다. 반면에 개인별 목표는 개인에 대한 동기유발효과는 크지만 집단 내 협력을 감소시켜 집단성과는 저하될 가능성이 있다. 따라서 조립라인이나 작업팀과 같이 개인들이 서로 상호의존적이라면, 목표의 일부분은 집단성과에 근거하여 설정되어야 한다. 만약 조직구성원들이 서로 독립적으로 작업을 수행한다면 개인성과를 강화할 수 있도록 개인별로 목표가 설정되어야 한다. 그러나 개인별 목표는 조직구성원간 협력을 약화시키는 경향이 있다.

이상의 논의를 요약하면 **목표가 개인별로 설정된다면 종업원간 경쟁은 강화되는 경향**이 있다. 반면에 **집단에 대해서 목표를 설정한다면, 집단간 경쟁은 강화되며 종업원간 경쟁은 감소되는 경향**이 있다. 아마 동기력을 극대화하기 위해서는 개인별 목표와 집단목표 사이의 적절한 조화가 필요할 것이다.

목표설정방법

동기부여를 위해서 구체적이고 어렵다고 지각될 수 있는 목표를 설정해야 한다. 그러나 조직 또는 상급자는 어떻게 그러한 목표를 식별할 수 있는가? 구체적이고 어렵다고 지각되는 목표를 설정하기 위해서는 여러 가지 요소를 고려해야 한다. 적절한 목표를 설정하기 위해서는 먼저 개인의 능력수준과 자신감을 고려하여야 한다. 특정 목표가 개인의 능력에 비추어 쉬울 수도 있고 어려울 수도 있다. 또한 능력은 동일할지라도 자신감이 높은 사람은 자신감이 낮은 사람보다도 어려운 목표를 더 잘 수용하고 전념할 것이다.

도전적인 목표를 객관적으로 식별하기 위해서 시간 및 동작연구 같은 구조적 접근방법을 활용할 수도 있다. 시간 및 동작연구에 의해서 주어진 시간 내에 조직구성원들이 얼마나 많은 일을 할 수 있는가를 결정할 수 있다. 이 방법은 아주 과학적이지만 목표에 대한 수용성을 감소시킬 수 있다. 또한 간단하고 관찰가능한 과업(예를 들면 조립라인)에서만 적용할 수 있다.

목표는 현재 직무담당자의 과거 성과의 평균을 기초로 하여 설정할 수 있다. 이런 방법은 많은 조직에서 흔히 채택되고 있지만, 과거의 성과가 너무 낮은 수준으로 지속되어 왔다면 목표가 너무 쉬울 가능성이 있다. 또한 목표를 설정할 때에는 외부적 제약요소(예를 들면, 경쟁자의 행동, 시장조건, 설비상황, 법적 규제 등)는 물론 조직목표도 고려하여야 한다. 개인목표는 조직목표와 일관성이 있어야 한다. 그러나 목표를 설정하는 최선의 방법은 없다. 이미 논의한 사항을 고려하여 목표를 설정하는 것이 유용할 것이다. 목표이론을 응용하여 기업실무에서 자주 활용되고 있는 목표관리(MBO)에 대해서는 제16장 조직변화와 개발에서 구체적으로 설명하였다.

기대이론

기대이론의 기본모형

기본적으로 기대이론은 브룸(V. H. Vroom)에 의해 정립되었으며, 다음의 두 가지 이슈에 초점을 맞추고 있다.[26)]

- 둘 또는 그 이상의 대안이 있을 때 사람들은 어떤 대안을 **'선택'**할 것인가?
- 일단 하나의 대안이 선택된다면 사람들은 **'어느 정도의 동기력'**을 가지고 그 대안을 추구할 것인가?

대안의 매력(attractiveness)은 한 대안을 선택한 이후에 무엇이 발생할 것인가에 대한 기대(expectation)에 의해 결정된다. 선택된 대안이 긍정적 결과를 초래할 가능성이 높을수록 대안의 매력이 증가한다. **기대이론은 여러 대안 중에서 하나를 선택해야 할 때 사람들은 가장 매력적인 대안을 선택한다고 주장**한다. 그리고 선택된 대안의 매력도가 클수록 그 대안을 추구하려는 '동기력'이 커진다.

기대이론에 대한 이해를 돕기 위해 자석의 예를 들어보자.

〈그림 4-10〉에서 3개의 자석이 대안으로서 표기되어 있다. 각각의 자석은 당신의 선택을 유도하기 위하여 힘(force)을 발휘하고 있다. '자석1'과 '자석2'는 정(正)의 힘(positive force)을 보여 당신을 자석의 방향으로 끌어들이려고 한다. 반대로 '자석3'은 부(負)의 힘(negative force)을 보여 당신을 자석의 반대방향으

〈그림 4-10〉 자석의 힘 효과

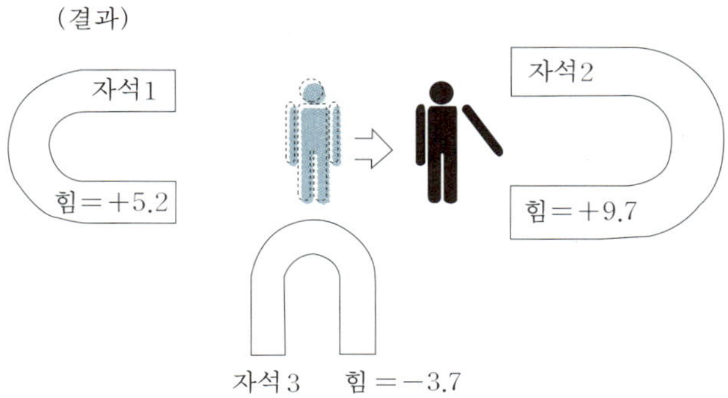

로 밀어내려고 한다. '자석1'과 '자석2'는 서로 자기 방향으로 끌려고 하지만 '자석2'의 힘이 더 세기 때문에 당신도 '자석2'의 방향으로 이끌리게 될 것이다.

이와 같은 자석의 물리적 법칙과 동일하게 기대이론을 적용할 수 있다. 기대이론의 경우 대안(자석)의 매력도(자석의 힘)가 대안선택이나 선택된 대안을 추구하고자 하는 동기력에 영향을 미친다. 기대이론에서는 대안의 매력도를 힘(force)라고 부른다. 이는 물리학에서 사용하는 힘(force)과 동일한 요소이다. 다만 자석이론과 기대이론의 차이점은 자석이론은 물체에 대한 객관적인 물리적 성질을 다루고 있는 반면, 기대이론은 대안의 지각된 특성을 다루고 있다는 점이다. 〈그림 4-10〉에서 당신이 자석의 존재나 상대적 힘을 인식하지 못한다 하더라도 물리적 현상은 발생한다. 그러나 기대이론에서는 당신이 대안의 존재는 물론 상대적 매력도를 인식하고 있어야 반응한다는 것이다. 이런 점에서 기대이론은 **인지모형**(cognitive model)이다. 인지모형은 상황에 대한 의식적 사고 또는 신념이 행동에 영향을 미치는 과정에 초점을 맞추고 있다. 상황에 대한 개인의 인식이 옳을 수도 그릇될 수도 있다. 그러나 상황에 대한 올바른 인식 여부를 떠나 인식에 근거하여 사람이 반응한다는데 인지모형의 초점이 있다.

지금까지 기대이론의 기본적 특성을 살펴보았다. 그러면 인간이 대안을 평가하는 과정을 좀더 구체적으로 살펴보자. 기대이론은 세 가지 대안평가 과정를 세 가지 과정으로 설명한다.

1. 만약 이 대안을 선택한다면 성공할 수 있을까?
   (기대감: expectancy perception)
2. 만약 성공한다면 어떤 결과를 얻을 수 있을까?
   (수단성: instrumentality perception)
3. 대안의 결과들의 가치는 어떠한가?
   (유의성: valence perception)

브룸의 기대이론은 다음의 가정들에 근거하고 있다.

- 내적인 욕구와 외부환경적 요인들은 모두 행동에 영향을 미친다.
- 행동은 개인의 의사결정결과이다.
- 사람들은 서로 다른 욕구와 열망, 목적들을 가지고 있다.
- 사람들은 결과에 대한 자신들의 인지에 입각해서 행동을 결정한다.

이러한 가정을 바탕으로 기대이론을 형성하고 있는 여러 변수들을 살펴보면 다음과 같다.

〈그림 4-11〉 기대이론 기본모형

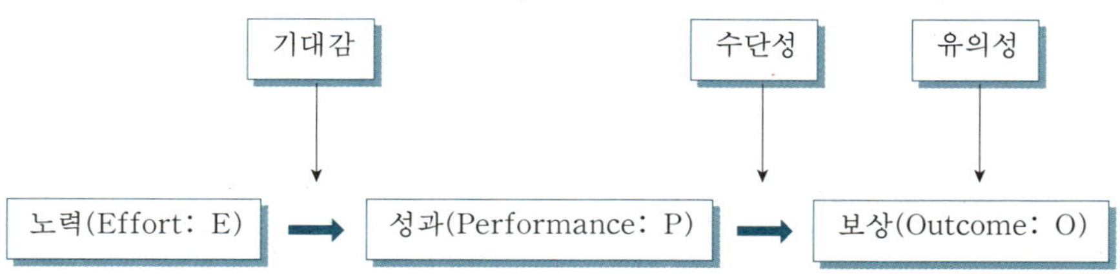

기대감(expectancy)

기대감($E \rightarrow P$)이란 행위 또는 노력이 성과를 가져올 것이라는 가능성에 대한 주관적 확률로 정의할 수 있다. 이는 목적달성을 위해 자신이 가지고 있는 능력과 가능성에 대해 자신이 지니고 있는 인식정도를 말한다. 성과를 얻기 위한 노력은 실제로 성과가 나올 수 있다는 기대에 의하여 영향을 받게 된다. 즉, 인식된 성과의 기회가 낮거나 존재하지 않는다고 생각된다면 노력을 하지 않게 되며, 반면에 성과달성이 가능하다고 생각된다면 노력을 더하게 되어 성과가 높게 나타

〈그림 4-12〉 기대감에 대한 지각

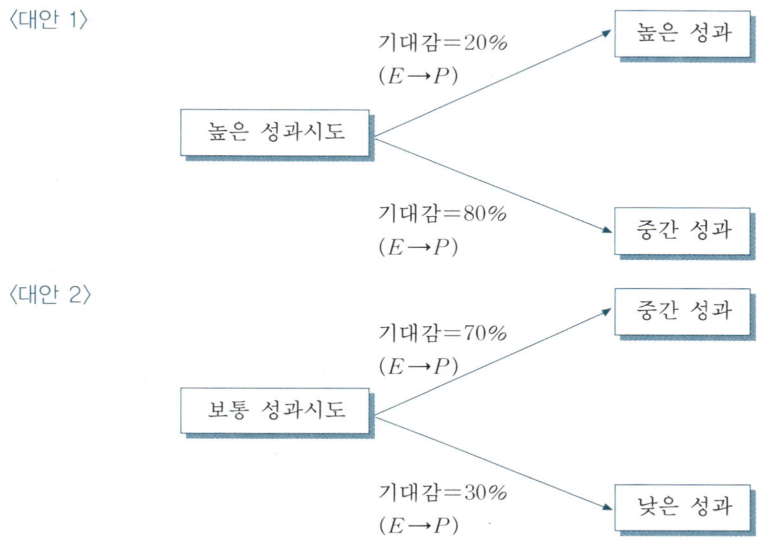

난다. 따라서 기대는 노력 대 성과의 관계를 설명하는 개념으로, 확신이 전혀 없는 「0」에서 완벽한 확실성인 「1」로 나타나게 된다. 그러므로 기대는 목표의 실체가 아니고 상황의 지각(perception of situation)에 기초를 두고 있다고 할 수 있다. 〈그림 4-12〉는 지각에 대한 기대감을 예시한 것이다. 〈그림 4-12〉에서 높은 성과시도가 높은 성과를 이끌어 낼 확률은 20%이고, 중간성과를 나타낼 확률은 80%이다. 또한 중간 정도의 성과시도가 중간 정도의 성과를 나타낼 확률은 70%이고, 낮은 성과를 나타낼 확률은 30%라고 기대할 수 있다. 예를 들어, S자동차회사 영업팀의 박 대리의 경우, 열심히 고객들을 방문하면 차를 많이 팔 것이라고 예상되면 더욱 열심히 노력하겠지만, 그렇지 않다면 노력하고자 하는 동기가 낮을 것이다.

기대감은 과거에 성공했거나 실패한 경험과 자신감(self-confidence) 등에 의해 영향을 받는다. 조직에서 조직구성원의 기대감을 높이고자 한다면 다음과 같은 사항들을 고려해야 한다. 첫째, 수행되어야 할 과업이 설정되면, 조직은 선발과정을 통해서 직무자격요건과 일치되는 능력을 가진 조직구성원을 선발하고 기존의 조직구성원들에 대해서는 교육·훈련을 통해 기대감을 강화할 수 있다. 둘째, 조직구성원의 능력을 주어진 것으로 보고 수행되어야 할 과업을 명확하게 하는 것이다. 마지막으로 신중한 배치와 승진정책에 의해 기대감이 강화될 수 있다. 이러한 방안들은 과업요건과 능력 사이의 일치성을 증대시킴으로써 기대감을 강화하고자 하는 것이다. 여기에는 조직구성원이 수행해야 할 과업과 성과수준을 인식하고 있다는 가정이 포함되어 있다. 이 밖에도 목표이론에서 설명한 효과적인 목표설정방법들도 조직구성원들의 기대감을 강화시키는 수단으로 작용할 수 있다.

수단성(instrumentality)

수단성($P \rightarrow O$)이란 성과가 보상이나 결과에 연결되는 주관적 확률이다. 즉, 수단성은 성과와 보상간의 관계로 「0」(전혀 없는 확실성)에서 「+1」(완벽한 확실성)까지 다양하게 나타낼 수 있다. 성과는 직무자체와 관련된 것으로써 직무성과, 생산성, 매출액 등이 포함된다. 그러나 성과나 성과의 달성 그 자체는 개인에게는 크게 의미가 없다. 다만 성과는 바람직한 보상을 획득하는 수단이 되기 때문에 중요한 의미를 갖는다. 예를 들면, 생산성 향상이나 매출액 증대는 개인에게 의미있는 임금, 여가시간, 인정 등과 같은 것을 획득할 수 있는 수단이 되기 때문에 관심을 갖는 것이다.

〈그림 4-13〉 수 단 성

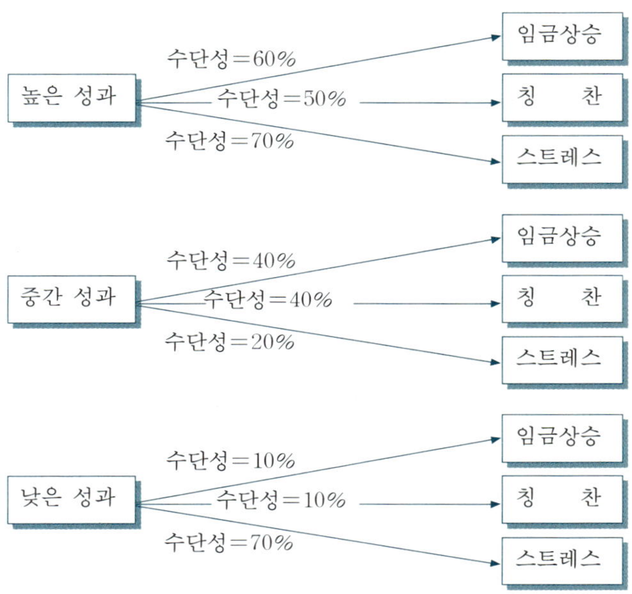

〈그림 4-13〉에서 보는 바와 같이 높은 성과시도와 중간 정도의 성과시도는 높은 성과에서부터 낮은 성과를 기대할 수 있을 것이다. 따라서 높은 성과가 임금상승을 유발할 확률은 60%, 칭찬받을 확률은 50%, 스트레스 받을 확률은 70%이다. 또한 중간 정도의 성과가 임금상승을 유발할 확률은 40%, 칭찬받을 확률은 40%, 스트레스 받을 확률은 20%이다. 마지막으로 낮은 성과가 임금상승을 유발할 확률은 10%, 칭찬받을 확률은 10%, 스트레스 받을 확률은 70%이다. 예를 들어, S자동차회사 영업팀의 박 대리의 경우, 차를 많이 판매할수록 보너스 받을 가능성이나 승진할 가능성은 커질 것이다.

기대감이 특정행위를 수행하는 데 필요한 능력에 주로 달려 있는 반면에 수단성은 행위의 결과(성과)에 의해 일어나는 사건(보상)에 달려 있다. **따라서 수단성을 강화하기 위해서는 바람직한 행위와 보상과의 관련성을 강화해야 한다.** 즉, 바람직한 성과를 보였을 때는 보상을 제공하는 반면, 바람직한 행위를 하지 않으면 보상을 제공하지 않는 것을 의미한다. 이와 같이 조직은 경영정책 및 인사시스템을 통해서 바람직한 성과와 보상의 연계를 강화하는 것이 중요하다.

유의성(valence)

유의성이란 개인에게 있어서 결과의 중요성 또는 가치의 정도를 말하는 것이다. 보상 또는 결과는 성과에 대한 반대급부로서 **외재적 보상**(extrinsic reward)인 승진, 보너스, 휴가와 **내재적 보상**(intrinsic reward)인 성취감, 만족감 등이 포함된다. 유의성은 보상에 대한 개인의 선호를 반영하는 것으로 「−1」에서 「+1」까지의 범위를 갖는다. 「−1」은 매우 부정적인 보상(선호)을, 「+1」은 매우 긍정적인 보상(선호)을 나타낸다. 예를 들어, 심적 불안과 긴장을 초래하는 스트레스는 부정적(−)인 보상인 반면 임금상승이나 상사의 칭찬 등은 긍정적(+)인 보상에 해당된다.

유의성이 개인의 동기유발에 미치는 영향의 예를 들어 보자. S자동차회사 영업팀 박 대리의 경우, 차를 많이 팔면 회사에서 보너스를 받을 수 있고 그 보너스로 평소에 갖고 싶던 노트북을 살 계획이라면 아주 열심히 고객들을 찾아다니면서 판매할 것이다. 기대이론의 세 가지 구성요소 중에서 유의성은 다양한 보상과 관련된 선호도로서 종업원이 조직구성원이 되기 이전에 형성되어 있기 때문에 경영을 통해서 강화시키는 데에는 한계가 있다.

〈그림 4-14〉 동기력의 계산과정

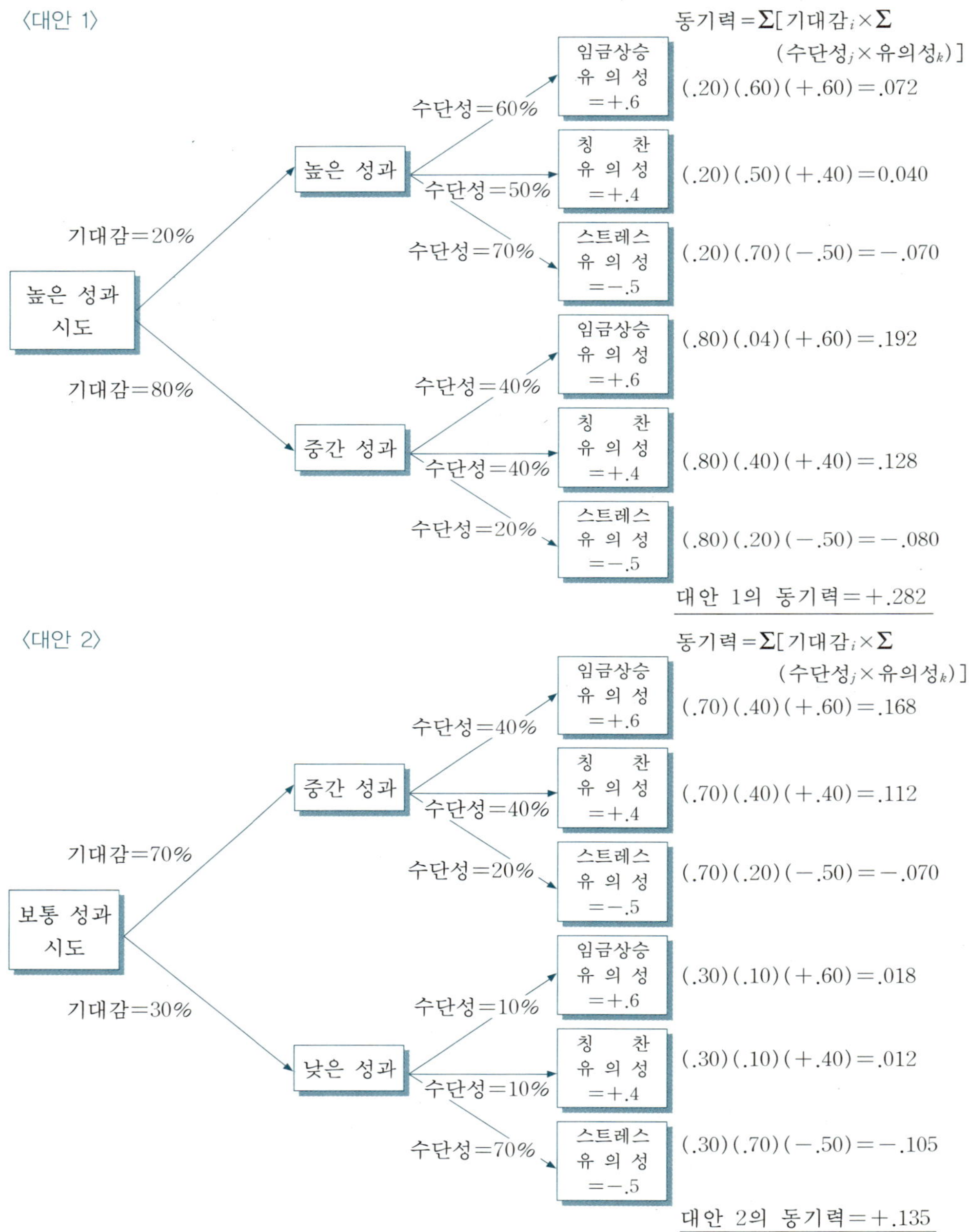

동기력(force)

브룸의 모형에서 동기적인 힘이란 방향을 나타내는 개념이다. 이때 동기력이란 기대감, 수단성, 유의성의 곱의 합인 다음의 계산식에 의해 산출된다.

$$\text{동기력} = \Sigma[\text{기대감} \times \Sigma(\text{수단성} \times \text{유의성})]$$

위에서 설명한 예에 대한 동기력을 계산하면 다음의 〈그림 4-14〉와 같다.

위의 예를 계량적으로 값을 계산하면, 〈대안1〉의 동기력은 「+.282」이고, 〈대안 2〉의 동기력은 「+.135」이므로 합리적인 사람들은 〈대안1〉을 선택하게 된다.

기대이론의 특성

기대이론은 다른 동기이론에 비해 복합적이고 포괄적인 이론이지만 근본적으로 다음과 같은 특성을 지니고 있다.

첫째, 기대이론은 **인지적**(cognitive) **성격**을 갖는 이론이다. 기대이론은 직무에 대한 개인의 동기력은 자신의 '목표 및 노력—성과 관련도', '성과—보상 관련도', '보상—만족 관련도'에 대한 기대에 의해 결정된다고 주장한다. 이는 사람들이 주관적 합리성과 쾌락을 추구한다는 점을 반영하는 것이다.

둘째, 기대이론은 **동기과정의 규명에 초점을 둔 이론**이다. 기대이론은 욕구이론 중에서 욕구의 내용(content)을 다루기보다는 사람의 욕구가 어떤 과정을 통해 진행되는가를 설명하는 이론이다.

셋째, 기대이론은 **곱셈**(multiplicative) **모형**이다. 기대이론은 동기의 힘을 설명하는 과정에서 동기력은 기대감, 수단성, 유의성 값의 곱이라고 설명하고 있다. 이는 세 가지 요소 중에서 어느 한 요소가 「0」이면 모두 「0」이 된다는 것이다. 즉, 열심히 노력하면 높은 성과를 기대할 수 있고, 보상도 개인적으로 가치있는 것이라도 성과가 보상을 유발할 가능성이 전혀 없다면 동기력은 영(zero)이다.

넷째, 기대이론은 **개인 내**(within-person) **모형**이다. 기대이론은 개인의 욕구를 설명할 때 다른 사람들과의 관계를 배제하고 개인의 의사결정과정을 설명하고 있다.

마지막으로 기대이론은 **극대화**(maximizing) **모형**이다. 기대이론에서는 개인은 과정에서 동기력(motivation force)의 값이 가장 큰 대안을 선택한다고 설명하고 있다.

기대이론에 대한 실증연구

기대이론이 소개된 이후 이론의 타당성 여부에 관한 많은 연구가 이루어졌다. 이러한 연구결과에 의하면, 기대이론은 상당히 의미있는 이론으로 입증되고 있다. 우선 노력과 성과와의 관계는 비교적 중립적이고 독립적인 관계를 나타내고 있다.[27] 그러나 성과와 보상과의 관계는 상당히 깊은 관계가 있는 것으로 나타나고 있다. 예를 들어, 임금시스템의 경우 성과와 보상과의 관련이 적은 연공급보다 성과와 보상이 연계되는 인센티브시스템이 성과가 높았다는 연구결과가 있다.[28] 그러나 성과에 영향을 주는 요소인 동기력과 능력 중에서 어느 것이 더 큰 영향을 주는가에 대해서는 연구결과가 일치되지 않고 있다.

위와 같이 기대이론이 의미있는 이론으로 간주되고 있지만 다음과 같은 한계를 가지고 있다. 첫째, 이론의 내용이 너무 복잡하여 검증 자체가 매우 어렵다. 둘째, 변수에 대한 조작적 정의가 모호하여 기대이론 연구자들간에 일치성이 적다. 셋째, 인간의 행동은 만족이 가장 큰 쪽으로 동기화된다는 기대이론의 가정은 인간행동의 다양한 측면 중 쾌락과 만족만을 강조하는 것으로 인간행동을 올바르게 설명할 수 없다는 것이다. 넷째, 기대이론이 주장하는 바와 같이 과연 인간이 복잡한 계산과정을 거쳐 합리적으로 행동하는지는 의심스럽다는 것이다. 우리들의 일상활동은 비인지적(acognitive)이고, 모든 상황에 대해 치밀한 분석을 통해 판단을 하기보다는 여러 가지 지름길이나 편견에 많이 좌우된다는 것이다.

기대이론의 확장모형

포터(L. W. Porter)와 로울러(E. E. Lawler)는 브룸의 기대이론을 토대로 하여 추가변수를 종합하고, 공정성이론과도 연결시켜 기대이론의 확장모형을 제시하였다.[29]

〈그림 4-15〉는 기대이론의 확장모형을 나타낸 것이다. 확장모형에서는 브룸

〈그림 4-15〉 기대이론의 확장모형

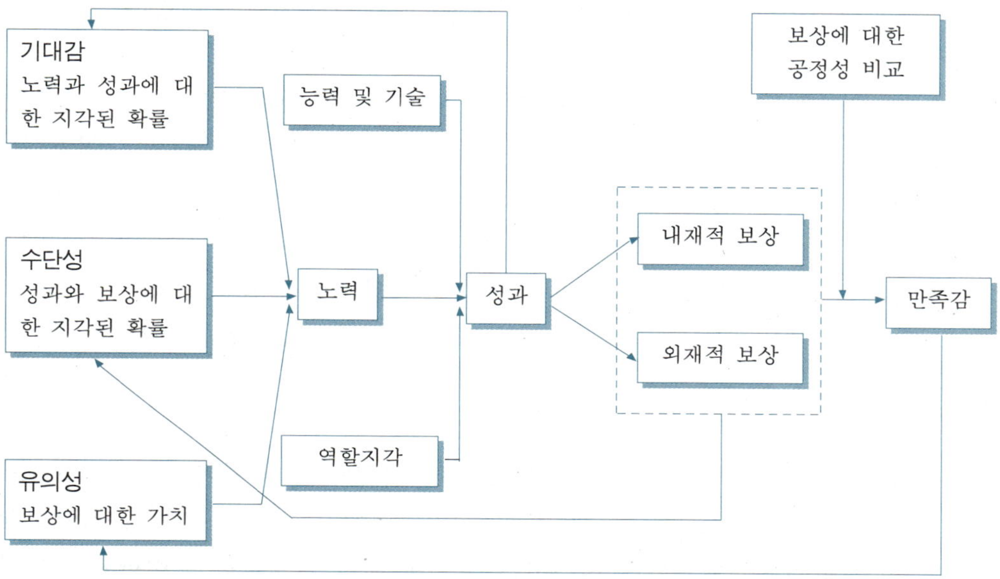

자료: L. W. Porter & E. E. Lawler Ⅲ(1968), *Manngerial Attitude and Human Performance*, Homewood, Ill.: Irwin Publishers, p. 165.

이 설명했던 기대감, 수단성, 유의성의 곱의 값인 동기력에 의해 선택된 노력과 성과, 보상 그리고 민족과의 관계를 설명하고 있다. 확장모형에서는 노력만으로 성과를 제고하기에는 충분하지 않으며, 능력과 기술(skills) 및 역할지각 등이 필요한다는 것을 설명하고 있다. 즉, 개인이 투여하는 노력의 크기뿐만 아니라 직무를 수행하는 데 필요한 능력과 기술 등도 성과에 영향을 미치게 된다. 또한 성과는 기대감에 영향을 주고, 내재적·외재적 보상은 수단성에 영향을 준다는 것이다. 그리고 외부와 비교하여 보상의 공정성 여부를 따져서 만족하게 된다는 것이다.

기본모형에서 설명한 변수 이외에 확장모형에서 추가된 변수들을 보면 다음과 같다.

능력과 기술 직무성과는 직무담당자가 보유한 능력과 기술에 의해서 영향을 받을 수 있다. 예를 들면, 관리적인 측면에서의 성과는 대개 언어에 대한 이해력과 귀납적인 논리 및 기억력과 같은 지적능력과 관계가 있다. 또한 직무담당자의 기술수준에 의해 직무성과는 영향을 받는다. 직무담당자가 직무수행에 필요한 기술수준을 보유하지 못하면 직무성과를 향상시키기 어렵다.

역할지각 노력과 성과와의 관계에는 역할에 대한 지각이 영향을 미친다. 역할에 대한 지각이 올바르게 형성되어 있지 않으면 노력의 크기가 크더라도 비효율적인 것으로 되어 성과달성이 어렵다. 이에 반해 역할이 올바르게 지각될 때 성과달성에 필요한 노력을 증가시키고 불필요한 노력을 줄일 수 있다. 예를 들어 감독자가 자신의 일차적인 책임이 작업현장 안전사고를 줄이는 데 있음을 알고 있다면 안전사고를 줄이는 데 자신의 노력을 집중할 것이다.

외재적 · 내재적 보상 성과에 따른 보상은 외재적 보상과 내재적 보상으로 된다. **외재적 보상은 업무수행 결과 타인에 의해 주어지는 보상**으로서 물질적인 보상이나 상사로부터의 칭찬 등이 그 예이다. 이에 비해 **내재적 보상은 개인의 내부에서 발생하는 고차적인 욕구에 대한 충족감을 의미하며 중요한 목표의 달성을 통해 느끼는 만족감이나 성장감 등이 이에 속한다.**

보상에 대한 공정성 지각 개인에게 주어지는 보상이 공정하다고 생각되는 정도를 의미한다.

만 족 감 보상이 공정하다고 인식하는 수준에 부합되는 정도에 의해 발생되며, 반대로 초과 또는 과소 보상에 의해 불공정성을 지각할 때 불만족이 발생된다.

포터와 로울러의 확장모형에서는 다음의 세 가지 요인들이 노력과 성과간의 관련성을 고려하는 데 있어서 중요한 역할을 한다.

첫째, 보상이 성과와 밀접히 관계를 맺고 있는 것으로 지각될 때만 보상은 중요한 의미를 지니며 성과를 달성하기 위한 개인의 노력을 유발할 수 있다. 예를 들어, 승진을 하기 위해서는 매우 열심히 일해야만 하는 것으로 지각될 경우 그 사람은 승진을 위해 매우 열심히 일을 하게 될 것이라는 점이다.

둘째, 보상을 받는 수혜자는 긍정적이든 부정적이든 그 보상에 대해 일정한 가치를 부여하여야만 한다. 자신이 승진을 원하지 않았는데도 승진이라는 보상이 따르게 되면 만족감은 반감될 것이며, 오히려 직무를 수행했던 사실 자체를 후회하게 될 것이다.

셋째, 보상에 대한 만족감은 공정성에 대한 지각 정도에 따라 달라지며, 이러한 만족감 수준이 미래에 투여하고자 하는 노력의 크기에 영향을 미치게 된다.

경영에의 시사점

기대이론은 경영자들이 성과를 증진시키기 위해서 필요한 몇가지 구체적인 지침을 제공하고 있다. 여기서 제시하는 주요 내용들은 단순히 종업원들을 요령있게 다루는 방법을 의미하는 것은 아니다. 경영의 관점에서 종업원들의 욕구와 목표를 조직목적과 일치할 수 있도록 전략을 모색하는 데 있다.

수단성의 명확화

조직구성원들의 동기유발을 위해서 조직이 할 수 있는 가장 중요한 일의 하나는 성과에 근거하여 보상을 제공하는 것이다. 즉 조직은 성과와 보상 사이의 관계를 명확히 함으로써 조직구성원들에게 높은 성과를 달성하면 보상을 받을 수 있다는 수단성을 강화할 수 있다. 이와 더불어 조직은 조직구성원들의 성과를 정확하게 평가하는 것이 필요하다. 조직구성원 성과에 대한 정확한 평가 없이는 수단성을 강화하는 것이 불가능하다.

욕구에 맞는 보상

조직구성원을 효율적으로 동기유발하기 위해서는 그들이 보상에 어떤 가치를 부여하는지, 즉 보상이 조직구성원들에게 얼마나 매력적인지를 파악해서 조직구성원들이 긍정적인 가치를 부여하는 것을 보상으로 지급해야 한다. 조직구성원들마다 그들이 직무에서 원하는 보상 혹은 결과는 다르다. 어떤 조직구성원들은 (보수나 휴가)보다는 승진이나 훈련을 원하기도 한다. 따라서 경영자들은 조직구성원들의 욕구에 부응하는 다양한 보상을 제공함으로써 동일한 금액의 보상수준에서 보다 높은 동기유발 수준을 창출할 수 있다.

직무에 맞는 조직구성원 선발

기대이론에 의하면 기대감이 높아질수록 동기유발은 크다. 따라서 조직구성원이 노력을 하면 성공할 수 있다고 인식하는 것이 중요하다. 그러나 동일한 노력을 하더라도 개인의 능력이나 성격에 따라 성과수준이 다를 수 있다. 따라서 조직은 해당 직무에 적합한 능력과 성격특성을 지닌 사람을 선발하는 것이 중요하다.

역할기대의 명확화

사람들은 때때로 애매한 직무에 배치되기도 하고 해야 할 일에 대해서 거의 지도를 받지 못하는 경우가 있다. 이러한 경우 조직구성원들은 자신이 맡은 직무성과를 예상할 수 없으므로 기대감이 낮게 된다. 따라서 경영자들은 조직구성원들의 직무목표를 명확하게 해 줌으로써 조직구성원들의 시간과 노력의 낭비를 줄일 수 있다.

성공할 기회제공

조직구성원들이 거의 불가능한 직무를 담당하거나 성공할 가능성이 희박한 상황에 있게 되면, 그들은 일을 성취하기 위해 열심히 노력할 이유를 찾지 못할 것이다. 그러므로 경영자들은 조직구성원들이 성과를 올릴 수 있도록 하기 위해서 그들이 높은 성과를 달성할 수 있는 상황을 제공해야 한다.

일관성 있는 인사시스템과 의사소통

조직이 아무리 성과에 근거하여 보상을 제공하더라도 조직구성원들이 이를 인식하지 못한다면 동기유발 효과는 적을 것이다. 따라서 조직도 성과에 근거하여 보상한다는 것을 조직구성원들에게 명확히 의사소통하고 일관성 있게 적용할 필요가 있다.

요 약

- 공정성이론은 사회적 교환관계에 있어서 분배적 정의(distributive justice)에 초점을 맞추고 있다.
- 분배적 정의는 자신의 투입과 결과의 비율이 비교대상의 투입과 결과의 비율과 동일하다고 지각하는 경우를 말한다.
- 과소보상은 자신의 투입과 결과의 비율이 비교대상의 비율보다 적을 때를 의미하며 불만족을 초래한다. 과대보상은 자신의 투입과 결과의 비율이 비교대상의 비율보다 큰 경우를 말하며 과대보상을 지각하는 경우 죄의식을 느낀다.
- 시간급하의 과대보상은 제품의 품질을 높이는 경향이 있으며 과소보상은 생산량이 떨어지거나 제품품질 수준의 저하를 초래하는 경향이 있다.
- 공정성의 지각은 분배적 정의뿐만 아니라 절차적 정의(procedural justice)에 의해서도 영향을 받는다.
- 목표이론에 의하면 인간의 행위는 의식적인 목표와 의도에 의해 결정된다는 일종의 인지이론(cognitive theory)이다.
- 목표이론의 확장모형에 있어서는 구체적이고 어려운 목표의 속성 이외에 목표수용성(goal acceptance)과 목표몰입(goal commitment)가 목표지향적 행위에 영향을 미치며 목표지향적 행위는 성과와 정(+)의 관계가 있다.
- 목표설정에 있어서 참여는 목표난이도, 목표구체성, 목표수용성 그리고 목표몰입을 증대시킨 경우에만 성과를 강화한다.
- 기대이론은 인간행위에 대한 본능이론을 거부하고 개인은 사고와 이성을 지닌 존재로서 현재와 미래 행위에 대해 의식적이든 무의식적이든 자신의 효용(utility)을 최대화하는 행위를 선택을 한다고 주장한다.
- 기대감($E \rightarrow P$)이란 특정 행위 또는 노력이 특정의 성과를 가져올 것이라는 가능성 또는 확률에 대한 확신이라고 정의할 수 있다. 이는 목적달성을 위해 자신이 가지고 있는 능력과 가능성에 대해 자신이 지니고 있는 인지의 정도

를 말한다.

- 수단성($P \rightarrow O$)이란 성과가 보상이나 결과에 연결되는 주관적 확률이다. 성과는 직무 자체와 관련된 것으로서 직무성과, 생산성, 매출액 등이 포함된다.
- 유의성이란 개인에게 있어서 결과의 중요성 또는 가치의 정도를 말하는 것이다. 보상 또는 결과는 성과에 대한 반대급부로서 외재적 보상(extrinsic reward)인 승진, 보너스, 휴가와 내재적 보상(intrinsic reward)인 성취감, 만족감 등이 포함된다.
- 동기적인 힘이란 방향을 나타내는 개념이다. 이때 동기력이란 기대감, 수단성, 유의성의 곱의 합이다.

핵심용어

공정성이론	분배적 정의	투입/결과	투입-결과비율
비교대상	과대보상	과소보상	절차적 정의
목표난이도	목표구체성	목표수용성	목표몰입
목표지향적 노력	참여적 목표설정	부여된 목표	조직적 지원
대체목표	기 대 감	수 단 성	유 의 성
내재적 보상	노 력	성 과	외재적 보상
역할지각	능 력	개인특성	

토의문제

1. 높은 임금을 받는 사람이 자신의 임금에 불만족할 수 있는 이유를 공정성이론을 이용하여 설명하시오.
2. 시간급시스템에서 과대보상을 받은 경우 종업원이 취할 수 있는 행동대안을 설명하시오.
3. 결과는 공정하나 결과에 이르는 과정이 불공정하다고 느낄 때 예상되는 반응을 기술하시오.
4. 조직 내에서 개인의 행위와 태도를 관리하는데 있어서 공정성이론이 기여한 점 두 가지를 기술하시오.
5. 조직이 조직구성원에게 적절한 목표를 부여하는 방법을 기술하시오.
6. 목표설정 시 종업원의 참여가 바람직한 조건을 기술하시오.
7. 목표설정에 있어서 피드백의 중요성을 설명하시오.
8. 많은 노력을 하였음에도 불구하고 낮은 성과를 내는 이유를 설명하시오.
9. 높은 성과를 올렸음에도 불구하고 낮은 만족을 갖는 이유를 설명하시오.
10. 기대이론이 자신의 행동에 미치는 의미에 대해 설명하시오.
11. 만일 당신의 부하직원이 높은 성과를 거두기를 원하지만 지나치게 낮은 기대감을 갖고 있을 때 부하직원의 기대를 제고할 수 있는 방안을 설명하시오.
12. 만일 당신의 부하직원이 성과와 결과에 대해서 낮은 수단성을 갖고 있다면 부하직원의 수단성을 제고할 수 있는 방안을 설명하시오.

실 습

당신의 공정성에 대한 인식은?

다음 질문들은 당신이 평소 공정성에 대해 어떻게 생각하고 있는지를 파악하는데 도움을 줄 것이다. 질문을 읽고 당신의 느낌과 가장 비슷하다고 느껴지는 답에 체크하시오.

1. 나는 모든 사람들이 공정하게 대우 받는 것이 매우 중요하다고 생각한다.

매우 동의한다	동의한다	보통이다	부정한다	매우 부정한다

2. 나는 다른 사람이 받는 대우와 비교하여 내가 어떤 대우를 받고 있는지에 대해서 많은 신경을 쓴다.

매우 동의한다	동의한다	보통이다	부정한다	매우 부정한다

3. 나는 내가 불공정하게 대우를 받고 있다면 매우 화가 난다.

매우 동의한다	동의한다	보통이다	부정한다	매우 부정한다

4. 나는 다른 사람이 불공정하게 대우를 받는 경우를 볼 경우 불편함을 느낀다.

매우 동의한다	동의한다	보통이다	부정한다	매우 부정한다

5. 만약 내가 불공정하게 대우를 받는다고 느끼면, 나는 그것들을 바꾸고자 매우 동기부여 될 것이다.

매우 동의한다	동의한다	보통이다	부정한다	매우 부정한다

6. 다른 사람들이 나보다 더 많은 것을 받는다는 것은 나에게 별로 신경 쓰이지 않는 일이다.

매우 동의한다	동의한다	보통이다	부정한다	매우 부정한다

7. 모든 사람이 항상 공정하게 대우 받는 것은 불가능한 일이다.

매우 동의한다	동의한다	보통이다	부정한다	매우 부정한다

8. 내가 관리자일 때, 나는 모든 종업원들이 공정하게 대우 받을 것이라는 점을 확실히 할 것이다.

매우 동의한다	동의한다	보통이다	부정한다	매우 부정한다

9. 나는 불공정하게 대우를 받고 있다고 느껴지면, 조직을 떠날 것이다.

매우 동의한다	동의한다	보통이다	부정한다	매우 부정한다

10. 모든 것은 장기적으로 보면 공정하기 때문에 단기적인 불공정은 상관없다.

[해석] 모든 점수를 합산한다.('매우 동의한다'= '5점'부터 '매우 부정한다'= '1점'까지 5점에서 1점으로 계산. 단, 6, 7, 10번 문항은 '매우 동의한다'=1점, '매우 부정한다'=5점으로 계산)

35점 이상: 공정성에 대해 높은 가치를 둠
15점-35점: 공정성에 대해 중간 가치를 둠
15점 이하: 공정성에 대해 낮은 가치를 둠

자료: G. Moorhead & R. W. Griffin(2004), *Organizational Behavior: Managing People and Organization*, Houghton Mifflin.

참고문헌

1) Locke, E. A. & Latham, G. P.(1990), *A Theory of Goal Setting & Test Performance*, N. J.: Prentice-Hall.
2) Vroom, V. H.(1964), *Work and Motivation*, New York: John Wiley & Sons.
3) Homans, G. C.(1961), *Social Behavior: Its Elementary Forms*, New York: Harcourt, Brace, and World.
4) Adams, J. S.(1963), Toward an Understanding of Inequity, *Journal of Abnormal and Social Psychology*, 67, pp. 422-426.
5) Leventhal, G. S., Weiss, T. & Long, G.(1969), Equity, Reciprocity, and Allocating Rewards in The Dyad, *Journal of Personality and Social Psychology*, pp. 153-171.
6) Walster, E., Bercheid, E. & Walster, G. W.(1976), New Directions in Equity Research, In Berkowitz, L. & Walster, E.(Eds.), *Advances in Experimental Social Psychology*, New York: Academic Press, pp. 1-42.
7) *Ibid*.
8) Moorhead, G. & Griffin, R. W.(2004), *Organizational Behavior: Managing People and Organization*, Houghton Mifflin, p. 141.
9) Adams, J. S.(1965), Inequity in Social Exchange, In Berkowitz, L(eds.), *Advances in Experimental Social Psychology*, New York: Academic Press, pp. 267-299.
10) *Ibid*.
11) Adams, J. S. & Rosenbaum, W. B.(1962), The Relationship of Worker Productivity to Cognitive Dissonance about Wage Inequities, *Journal of Applied Psychology*, pp. 161-164; Adams, J. S. & Jacobsen, P. R.(1964), Effects of Wage Inequities on Work Quality, *Journal of Abnormal and Social Psychology*, pp. 19-25.
12) Goodman, P. S. & Friedman, A.(1971), An Examination of Adams' Theory of Inequity, *Administrative Science Quarterly*, pp. 271-288.

13) Kessler, J. J. & Wiener, Y.(1972), Self-Consistency and Inequity Dissonance as Factors in Undercompensation, *Organizational Behavior and Human Performance*, pp. 456-466.

14) Finn, R. H. & Lee, S. H.(1972), Salary Inequity: Its Determination, Analysis, and Correlates, *Journal of Applied Psychology*, pp. 283-292.

15) Vecchio, R. P.(1982), Predicting Worker Performance in Inequitable Setting, *Academy of Management Review*, pp. 103-110.

16) Lind, E. A. & Tyler, T. R.(1988), *The Social Psychology of Procedural Justice*, New York: Plenum.

17) Greenberg, J.(1987), Reactions to Procedural Injustice in Payment Allocation: Do The Ends Justify The Means?, *Journal of Applied Psychology*, pp. 55-61.

18) Aldag, R. J. & Kuzuhara, L. W.(2002), *Organizational Behavior and Management: An Integrated Skills Approach*, South-Western/Thomson Learning, pp. 271-272.

19) Locke, E. A.(1978), The Ubiquity of The Technique of Goal Setting in Theories of and Approaches to Employee Motivation, *Academy of Management Review*, pp. 594-601.

20) Dunham, R. B.(1984), *Organizational Behavior: People and Process in Management*, Irwin, p. 179.

21) Locke, E. A., Shaw, K. N., Saari, L. M. & Latham, G. D.(1981), Goal Setting and Task Performance: 1969-1980, *Psychological Bulletin*, pp. 125-152.

22) Strang, J. R., Lawrence, E. C. & Fowler, P. C.(1978), Effects Assigned Goal Level and Knowledge of Results on Arithmetic Computation: A Laboratory Study, *Journal of Applied Psychology*, pp. 446-450.

23) Ivancevich, J. M. & McMahon, J. T.(1982), The Effects of Goal Setting, External Feedback, and Self-Generated Feedback of Outcome Variables: A Field Experiment, *Academy of Management Journal*, pp. 359-372.

24) Garland, H.(1983), Influence of Ability-Assigned Goals, and Normative Information of Personal Goals and Performance: A Challenge to The Goal Attainability Assumption, *Journal of Applied Psychology*, pp. 20-30.

25) Mowen, J. C., Middlemist, R. D. & Ruther, D.(1981), Joint Effects of Assigned Goal Level and Incentive Structure on Task Performance: A

Laboratory Study, *Journal of Applied Psychology*, pp. 598-603.

26) Dunham, R. B.(1984), *Organizational Behavior: People and Process in Management*, Ill.: Irwin.

27) Hilgard, E., & Atkinson, E.(1967), *Introduction to Psychology*, New York: Honcourt, Space & World.

28) Lawler III, E. E. & Looyd, S. J.(1973), Expectancy Theory and Job Behavior, *Organizational Behavior and Human Performance*, pp. 483-502.

29) Poter, L. W. & Lawler, E. E.(1968), *Managerial Attitudes and Performance*, Homewood, Ill.: Irwin.

5 학습이론

학습목적

1. 고전적 조건화 및 조작적 조건화의 개념 및 절차에 대한 이해
2. 학습강화 일정의 유형에 대한 이해
3. 사회적 학습의 기본원리에 대한 이해
4. 조직행동 수정절차에 대한 이해
5. 벌의 의미와 관리적 시사점에 대한 이해

학습은 인간이 살아가면서 지속적으로 경험하는 과정이다. 사람들이 어떻게 학습되는지를 이해함으로써 그 사람의 행동을 이해할 수 있으며 예측 및 통제가 가능하다. 학습이론은 인간의 욕구나 태도보다는 행동에 초점을 맞추고 있다는 점에서 욕구이론이나 기대이론 및 공정성이론과는 차이가 있다. 학습이론가들은 태도와 행동간의 관계가 직접적이지 않기 때문에 행동을 직접 측정하고 통제하는 것이 더 효과적이라고 주장한다. 또한 학습이론은 인간의 의지나 욕구보다는 환경의 중요성을 강조한다. 즉, 학습이론에 의하면 인간의 태도와 행동이 환경에서 주어지는 결과에 의해서 강화되거나 약화된다고 주장한다.

학습이론은 조직행동에 광범위하게 적용될 수 있다. 예를 들어 공공기관의 민원업무를 담당하는 공무원들의 친절도를 제고하기 위하여 각 기관에서는 매월마다 가장 친절한 공무원을 선정하여 보상하거나, 가장 불친절한 공무원을 선정하여 예절교육을 보내고 있다. 이는 개인의 행동(친절한 행동)을 변화시키기 위해서 결과(보상 또는 추가교육)를 조작한다는 측면에서 학습이론의 적용 예이다.

본 장에서는 학습이론으로서 널리 알려진 고전적 조건화(classical conditioning), 조작적 조건화(operant conditioning) 그리고 사회적 학습이론(social learning theory)을 살펴본다. 이들 이론들은 학습되는 행동의 유형과 과정에 있어서 차이가 있다. 그러나 고전적 조건화와 조작적 조건화는 환경과의 경험(상호작용)을 통해서 학습이 이루어진다는 점과 의식적인 정신활동을 고려하고 있지 않다는 점에서는 유사하다. 특히, 사회적 학습이론은 조작적 조건화의 원리를 이용하고 있지만 인지과정(cognitive process)이 인간의 행동학습에 중요하다는 점을 강조한다.

학습의 의의

학습(learning)**이란 "경험의 결과로 인한 영속적인 행동의 변화"라고 정의할 수 있다.**[1] 이 정의에서 중요한 점은 학습이 일어났다고 말하기 위해서는 행동의 변화가 있어야 한다는 점이다. 행동의 변화는 일시적인 것이 아니며 경험의 결과

이어야 한다. 예컨대 질병이나 피로에 기인한 일시적인 행동변화는 학습이라고 볼 수 없다. 학습은 직접 관찰할 수는 없기 때문에 비교적 영속적인 행동의 변화가 있을 때 학습이 발생했다고 간주한다. 학습은 다음과 같은 중요한 특성을 갖는다.[2)]

첫째, 학습은 **변화**(change)를 수반한다. 학습된 후에는 그 이전보다도 어떤 모습으로든 달라진다. 변화는 조직의 관점에서 보면 좋은 것일 수도 있고 나쁜 것일 수도 있다.

둘째, 학습에 의해 일어난 변화는 오랫동안 **지속되는 경향**이 있다. 일시적인 변화는 반응적인 것일 뿐 참다운 학습이라고 할 수 없다.

셋째, 학습은 **행동과 관련**된다. 학습은 현재의 행동뿐만 아니라 잠재적인 행동에도 영향을 미친다.

넷째, 학습은 **경험의 결과**이다. 이때의 경험은 직접적인 것을 수도 있고 간접적인 것일 수도 있다. 또한 학습을 위해서는 어떤 형태로든 경험을 필요로 한다.

다섯째, 학습은 지식과 기능뿐만이 아니라 **태도와 사회적 행동에도 영향**을 준다.

여섯째, 신체적 변화에 따른 행동변화는 학습이 아니다. 말하자면 학습결과로 발생한 행동변화와 성숙 또는 나이에 따라 일어나는 변화는 다르기 때문이다. 즉, 학습된 행동은 환경과의 경험에서 나오는 것이기 때문에 본능적 또는 유전적인 다른 행동변화의 원천과는 여러 가지 측면에서 성격을 달리하는 독특한 원천이다.

학습이론가들은 학습이 '**결과의 법칙**(the law of effect)'에 의해 이루어진다고 주장한다. **결과의 법칙이란 긍정적 결과가 뒤따르는 행동은 반복하는 경향이 있고, 부정적 결과가 뒤따르는 행동은 되풀이하지 않는 경향을 말한다.** 여기에서 사용되고 있는 결과란 행동하는 사람이 보상이라고 생각하는 돈, 칭찬, 승진 등을 가리키는 말이다. 만일 조직에서 상급자가 부하직원의 조기출근을 칭찬하면, 그 부하직원의 조기출근 행동은 강화될 것이다. 또한 다른 부하직원의 지각을 상급자가 핀잔을 준다면 마찬가지로 그 부하직원의 지각행동도 점차 줄어들게 될 것이다.

따라서 학습이론을 주창하는 행동주의자들은 인간의 욕구, 태도, 성격 등은 행동으로부터 추론될 수 있다고 주장한다. 즉, 직무만족, 자아실현, 성격적 특성 등과 같은 개념은 행동에 반영되는 경우에만 이해될 수 있다는 것이다. 또한 행동만이 관찰되고 계량화될 수 있으므로 조직행동연구에 있어서 중요한 것은 인간행동이지 행동에서 추론된 개념이 아니라는 것이다.

고전적 조건화

조건화(conditioning)**란 자극을 반응에 연결시키는 것으로써 하나의 사건, 상징 또는 대상물**(object)**이 다른 것에 연결되는 것을 의미한다.** 즉, 자극이 반응에 연결되도록 행동여건을 설정하는 것이다. 고전적 조건화에 따르면 학습은 어떤 사건이 과거에 특정 행동을 유발한 사건과 연계될 때 이루어진다. 예를 들어, 진로의 두꺼비 상표를 보고 술에 대한 갈증을 느낀다면 두꺼비 상표에 대한 당신의 반응은 조건화되었다고 볼 수 있다. 즉, 두꺼비 상표를 보면 소주를 연상하도록 학습된 것이다. 소주가 있는지 없는지간에 두꺼비 상표만 보더라도 갈증을 느끼게 되는 것이다. 마케팅 분야에서 '고전적 조건화'라는 용어는 거의 사용하고 있지는 않지만, 이런 기법이 흔히 사용되고 있다. 이러한 고전적 조건화과정은 러시아의 생리학자인 파블로프(I. P. Pavlov)가 수행한 실험을 통하여 처음 발견되었다.[3] 고전적 조건화는 이를 처음 실험한 파블로프의 이름을 따서 파블로프 조건화(Pavlovian conditioning)라고도 한다.

최근 조건화는 인지적 과정(cognitive process)의 결과로 형성될 수 있다는 것이 밝혀졌다. 즉, 조건화가 진행될수록 사람들은 비조건화된 자극이 뒤따를 것이라는 기대(expectancy)를 형성하기 때문에 조건화된 자극에 반응하게 된다는 것이다.[4] 예를 들어 음식점에서 좋아하는 음식이름과 사진만으로도 식욕이 자극될 수 있다. 즉, 음식이름과 사진이 음식을 생각하게 만들고 식욕을 촉발하게 되는 것이다.

고전적 조건화는 인간의 다양한 행동을 설명하는 데 도움이 된다. 예를 들어, 경고등이 켜진 후에 끔직한 안전사고를 목격한 종업원은 다음에 다시 경고등이 켜지면 두려움을 느끼게 된다. 또 다른 예로서 당신이 신입사원 앞에서 상사로부터 칭찬을 받아 기분이 좋았다고 가정해 보자. 그러면 당신은 신입사원을 볼 때마다 칭찬을 떠올리며 기분이 좋아지게 된다. 고전적 조건화과정은 이와 유사한 방식으로 조직에 적용된다.

〈그림 5-1〉은 파블로프에 의해서 시행된 개의 고전적 조건화 모델을 나타내고 있다. 즉, 음식을 보고 침을 흘리던 개가 나중에는 종소리만 듣고 침을 흘리게 하는 실험이다. 고전적 조건화가 발생하기 위해서는 이전에 바람직한 반응을 자연스럽게 유발하는 자극(stimulus)이 존재하여야 한다.

그림에서 단계1은 자극과 반응 사이에 이미 존재하는 관계를 나타내고 있다. 최초의 관계는 학습된 것이라기보다 반사적(reflexive)이기 때문에 이 자극은 **비조건화된 자극**(unconditioned stimulus: UCS)이라고 부르며, 반사적 반응은 **비조건화된 반응**(unconditioned response: UCR)이라고 한다. 우리는 고전적 조건화를 통해 원래의 비조건화된 자극에 반응하는 것과 거의 흡사하게 새로운 자극에 반응하도록 학습하는데 이 때의 새로운 자극을 **조건화된 자극**(conditioned stimulus: CS)이라고 한다.

학습은 2단계에 나타난 것처럼 조건화된 자극이 비조건화된 자극과 결합될 때 발생한다. 비조건화된 자극(UCS)과 조건화된 자극(CS)이 반복적으로 연계됨

〈그림 5-1〉 고전적 조건화 모델

으로써 개는 비조건화된 자극을 조건화된 자극(CS)과 연결하게 된다. 이 연결은 비조건화된 자극(UCS)에 반사적으로 반응하는 것과 마찬가지로 조건화된 자극(CS)에 반응하도록 가르친다.

결과적으로는 3단계에 나타난 대로, 비조건화된 자극(UCS)이 없을 때도 조건화된 자극(CS)에 반응한다. **자연적 반응이 아니라 학습된 반응이기 때문에 이를 조건화된 반응**(conditioned response: CR)**이라고 한다.** 예를 들면 소아과병원에서 아이들이 간호사에게 주사를 맞는 경우 처음에는 주사를 맞을 때 울지만, 나중에는 간호사의 흰색 가운만 보고도 울게 되는 경우 조건화가 이루어졌다고 볼 수 있다.

비록 조건화된 반응(CR)은 비조건화된 반응(UCR)과는 다를 수도 있지만 종종 유사한 경우도 있다. 만일 한 사건이 비조건화된 자극과 연계된다면, 그것은 반응을 이끌어 낼 조건화된 자극이 될 수 있는 잠재력을 가진다.

고전적 조건화가 조직행동을 설명하는 데 도움을 주기는 하지만, 유용성에는 한계가 있다. 먼저 고전적 조건화는 기본적으로 자율반사적 행동을 다루고 있다. 자율반사적 행동은 비자발적이고 자동적으로 발생한다. 그러나 직무상에서 학습된 많은 행동은 고전적 조건화로 설명하기에는 너무 복잡하다. 복잡한 행동을 어떻게 학습하는가를 설명하기 위해서는 조작적 조건화가 필요하다.

조작적 조건화

조작적 조건화(operant learning)는 자발적인 행동의 학습에 초점을 맞춘다. 고전적 학습이론에서는 인간의 행동이 수동적인 데 반하여, 조작적 조건화에서는 인간이 행동의 주체자로서 역할을 하기 때문에 조작적 조건화를 이용하면 고전적 조건화보다 훨씬 광범위한 인간행동을 학습시킬 수 있다. 조작적 조건화이론은 스키너(B. F. Skinner)에 의해 개발되었기 때문에 이해를 돕기 위해서 그의 실험방법을 소개한다.[5]

스키너의 연구는 실험실에서 동물을 대상으로 실시되었다. 그의 연구에 따르면 상자 속의 쥐에게 막대라는 자극을 제공하고, 쥐가 그 막대를 누르면 '먹이'라는 보상을 줌으로써 쥐의 막대 누르는 행동이 강화된다는 것이다.

〈그림 5-2〉는 스키너의 연구를 토대로 하여 조작적 조건화의 모형과 그 예를 제시한 것이다. 조작적 학습에 따르면 하나의 자극(stimulus: S)은 반응(response: R)을 유발하고 그 반응은 다시 결과(consequences: C)를 유발한다. 이렇게 자극에 따른 반응에 의해 행동의 변화가 일어나기 때문에 학습이 일어났다고 할 수 있다. 조작적 학습과정을 이해하기 위해서는 자극, 반응 그리고 결과를 이해해야 한다.

자극(stimulus: S)**은 인간에 의해 감지될 수 있는 행동적 반응을 유발하는**

> **스키너(Skinner) 상자**
>
> 쥐를 조명, 누르는 막대, 먹이 접시 등이 있는 작은 상자에 집어넣는다. 이런 형태의 도구를 스키너 상자라고 한다. 처음에 쥐는 새로운 환경을 탐색하며 이리저리 돌아다닌다. 이 탐색기간 동안 쥐는 가지각색의 무작위적인 행동을 나타낸다. 그러다 쥐가 막대를 누르면, 먹이 한 조각이 먹이 접시에 떨어진다. 하지만 쥐가 다른 어떠한 행동을 해도, 눈에 띌 만한 결과가 일어나지 않는다. 시간이 갈수록 쥐의 막대를 누르는 행동은 증가하며 다른 행동의 빈도는 상대적으로 감소한다. 쥐에게서 막대를 누르는 학습이 일어났으므로, 쥐는 과거보다 막대를 더 자주 누르게 된다.

〈그림 5-2〉 조작적 조건화 모델

• 조작적 조건화 단계

stimulus(자극) 행동을 유발하는 조건 → response(반응) 수행된 행동 → consequences(결과) 행동의 결과

• 조작적 조건화 예

관리자가 부하에게 직무수행방법을 알려줌 → 부하가 적절하게 직무를 수행함 → 관리자가 부하를 칭찬함

자료: R. A. Baron & J. Greenberg(1990), *Behavior in Organizations: Understanding and Managing the Human Side of Work*(3rd ed.), Allyn & Bacon, p. 40.

상황을 의미한다. 즉, 자극은 반응을 유발하는 조건적 상황이다. 자극은 아주 단순하거나 매우 복잡할 수도 있다. 또한 인간, 사물, 언어, 신호 등 관찰가능한 것들의 결합일 수 있다. 스키너의 실험에서 조작적 자극은 스키너 상자 속에 있는 막대가 자극이다.

반응(response: R)**은 자극에 따른 모든 관찰 가능한 반응이다.** 이 반응도 역시 아주 단순하거나 혹은 아주 복잡할 수 있다. 조작적 반응들은 자발적으로 일어나기 때문에 고전적 조건화에 의한 반사적 행동 또는 반응과는 다르다. 스키너 상자에서 쥐의 반응은 막대를 누르는 것이었다.

결과(consequences: C)**는 조작 반응에 뒤따르는 모든 관찰 가능한 사건이다.** 조작적 결과는 자극과 반응 사이의 연결을 강화하거나 약화시킬 수 있다. 스키너 상자의 예에서 결과는 접시에 떨어지는 먹이이다.

조작적 조건화를 조직에 적용하는 예는 〈그림 5-2〉에서 보는 바와 같이 상사가 부하에게 직무수행에 대한 방법을 알려주고, 부하가 직무를 적절하게 수행하면 칭찬이라는 결과를 제시함으로써 행동 — 직무를 적절하게 수행하는 부하의 행동 — 이 강화된다는 것이다.

학습강화의 유형

조작적 조건화에서는 자극에 따른 반응이 결과에 의해서 더욱 빈번히 일어나거나 줄어들게 된다. 자극에 따른 반응이 빈번하게 발생하는 것을 S→R 연결의 강화라고 하며, 자극에 따른 반응이 덜 발생하거나 발생되지 않는 것을 S→R 연결의 약화라고 한다.

S→R 연결을 강화하는 방법에는 정적 강화(positive reinforcement)**와 부적 강화**(negative reinforcement)**가 있다. 반면 S→R 연결을 약화시키는 방법에는 소거**(extinction)**와 벌**(punishment)**이 있다.** 이를 예와 함께 그림으로 나타내면 〈그림 5-3〉과 같다.

〈그림 5-3〉 학습 강화의 유형

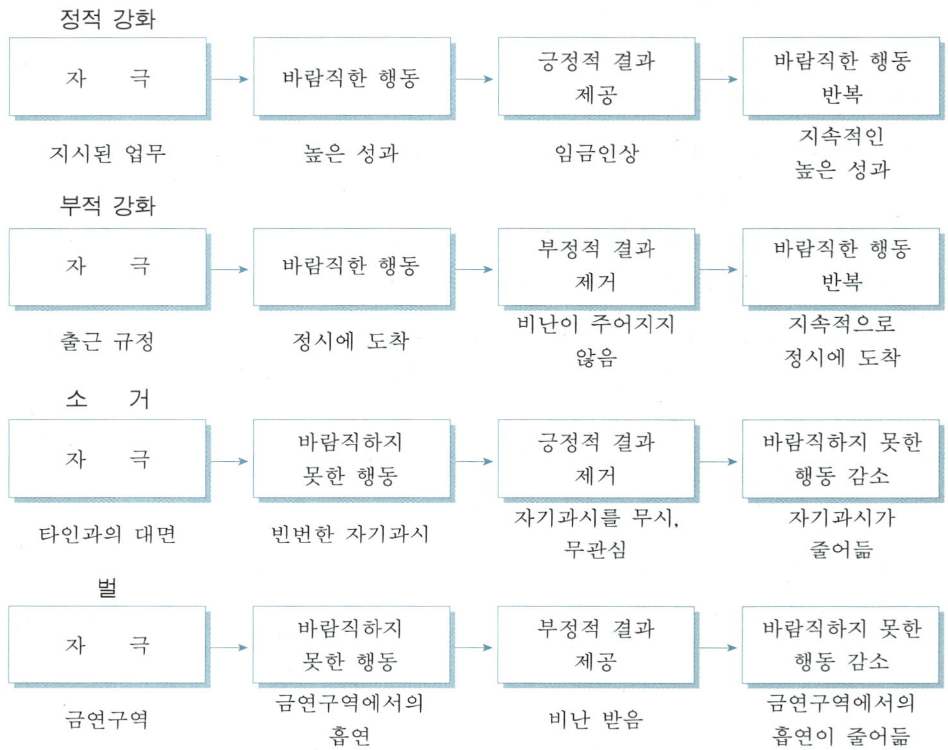

자료: G. Moorhead & R. W. Griffin(2004), *Organizational Behavior: Managing People and Organization*, Houghton Mifflin, p. 150에서 수정 인용.

S→R 연결을 강화시키는 기법

자극에 따라 일어나는 반응을 강화(reinforcement)시킴으로써 S→R 연결을 강화할 수 있다. 즉, 강화는 자극과 반응 사이의 연결을 강화시키는 과정을 의미한다. 이 때 강화는 앞서 언급한 '결과의 법칙'에 의해 이루어진다. **강화에 의해 동일한 자극에 대해서 미래에 동일한 반응을 일으킬 가능성이 커지는 것이다.** 스키너 상자의 예에서 쥐가 막대를 누른 후 접시에 떨어진 먹이가 강화요인이다. 먹이는 쥐가 막대를 누르는 행동을 할 가능성을 증대시키기 때문이다. S→R 연결을 강화하는 방법으로는 정적 강화와 부적 강화가 있다.

정적(正的) 강화 **정적 강화**(positive reinforcement)**는 바람직한 행동의 빈도나 범위를 증가하기 위하여 반응 뒤에 보상을 제공함으로써 S→R 연결을 강하게 하는 것을 의미한다.** 간단히 말해서 자극에 따른 특정 반응이 발생할 확률을 증대시키는 것이 정적 강화요인이다. 스키너 상자의 예에서 쥐의 먹이는 S→R 연결을 강화시킴으로써 정적 강화요인이라고 할 수 있다. 예컨대 자동차 세일즈맨이 자동차 계약을 많이 성사시키면 보너스를 지불함으로써 세일즈맨의 영업행동을 강화한다. 보상이 자극에 대한 반응의 빈도를 증가시키지 못하면 강화요인이 될 수 없으므로 모든 보상이 강화요인이 되는 것은 아니다. 따라서 보상이 효율적인 강화요인이 되기 위해서는 세 가지 조건을 충족시켜 주어야 한다. 첫째, 보상은 성과와 연결되어야 한다. 그렇지 못할 경우 그 보상은 동기가 될 수 없다. 둘째, 보상은 직무수행자의 욕구와 결부되어야 한다. 그렇지 않으면 행동을 강화시킬 수 없기 때문이다. 셋째, 바람직한 행동이 어느 정도 실현가능해야 한다. 즉, 지나치게 높은 성과에만 보상을 준다면 비록 그 보상이 매력적이라도 강화요인으로는 적절하지 않다.[6)]

부적(負的) 강화 **부적 강화**(negative reinforcement)**는 특정 반응 뒤에 부정적 결과를 제거함으로써 S→R 연결은 강화하는 방법이다.** 스키너 상자에서는 부적 강화를 실험하기 위해서 쥐의 몸에 전기선을 감아 전기쇼크를 가하다 쥐가 막대를 누르면 기존의 전기쇼크를 제거하는 것이 부적 강화의 예이다. 즉, 쥐는 전기쇼크가 있으면 이를 제거하기 위하여 막대 누르는 것을 학습하게 된다.

정적 강화나 부적 강화는 S→R 연결을 강화시킨다. 정적 강화나 부적 강화는 동일하게 S→R 연결을 강화시키지만, 강화방법에 차이가 있다. 정적 강화는 결과를 제공하는 것이고, 부적 강화는 결과를 제거함으로써 S→R 연결을 강화한다. 자동차 안전벨트 경고음을 예로 들어보자. 운전자가 안전벨트를 착용하지 않고 시동을 걸면 경고음이 작동하게 된다. 이 때 운전자가 안전벨트를 매면(바람직한 반응) 경고음이 사라지게 된다(결과의 제거).

부적 강화가 효과적이기 위해서는 부정적 결과의 제거가 강화하고자 하는 행동과 결부되어야 한다. 예를 들어 감봉처분을 받은 종업원이 바람직한 행동을 했을 때 감봉처분을 철회하고 원상회복을 시켜 주는 것이다. 즉 감봉처분의 철회는 '바람직한 행동'이라는 강화하고자 하는 행동과 결부시켜야 한다.

S→R 연결을 약화시키는 기법

S→R 연결을 약화시키는 것도 학습의 일종이다. 즉 자극에 대하여 다르게 반응하는 방법을 학습하는 것이다. S→R 연결을 약화시키는 방법에는 소거(extinction)와 벌(punishment)이 있다.

소 거 **소거(extinction)란 강화작용의 철회로 말미암아 조작적 행동이 유지되지 못하는 현상을 말한다.** 행동이 보상받지 못하게 되면 그 빈도가 감소되어 결국 사라지게 된다. 스키너 상자의 예에서 쥐가 막대를 눌러도 먹이가 나오지 않으면, 쥐의 막대누르는 행동은 점차 사라지게 된다. 실생활에서도 어린아이가 인사를 하면 칭찬도 하고 용돈도 주다가 어느 날부터 칭찬이나 용돈을 주지 않으면 아이의 인사하는 행동이 점차 사라지게 될 것이다. 소거는 벌을 직접 적용하는 것이 아니기 때문에 실제 처벌보다 덜 고통스러울 것으로 생각될 수 있으나, 경우에 따라서는 소거는 실제 처벌과 마찬가지로 가혹할 수도 있다. 예컨대 다른 조직구성원들은 모두 보너스를 받는데 자신만 받지 못할 경우 그는 고통을 경험하게 될 것이다. 결국 소거는 벌과 마찬가지로 바람직한 행동을 강화시키기보다는 단지 바람직하지 않는 행동을 감소시키기 위한 학습방법이다.

벌 **벌(punishment)은 바람직하지 못한 행동에 대해서 부정적 결과를 주는 것을 말한다.** 지각한 부하를 꾸짖는 것은 불쾌한 결과를 주는 것이고, 지각을 이유로 시간 외 근무의 기회를 주지 않거나 특근수당을 주지 않는 것은 적극적 강화요인을 제거하는 것이 된다. 스키너 상자에서 쥐가 막대를 누르면 먹이를 주다가 어느 날부터 전기가 통하게 하는 것이 벌의 제공이다.

이상에서 살펴본 네 가지 강화전략은 개별적으로 사용되기도 하지만 적절히 혼합하여 사용할 때 더욱 효과적이다. 예를들어 적극적 강화(보상)와 벌을 혼용하는 방법이다. 즉 바람직한 행동을 강화하기 위해서는 보상을 이용하고 바람직하지 못한 행동을 소멸시키기 위해서는 벌을 사용하는 것이다. 이 전략은 당근과 채찍이라는 말로 표현되는 방식으로서 경영자들에 의하여 자주 사용되고 있다.

〈그림 5-4〉에서는 행동변화 목표에 따라서 사용될 행동변화기법을 제시하

〈그림 5-4〉 행동변화기법

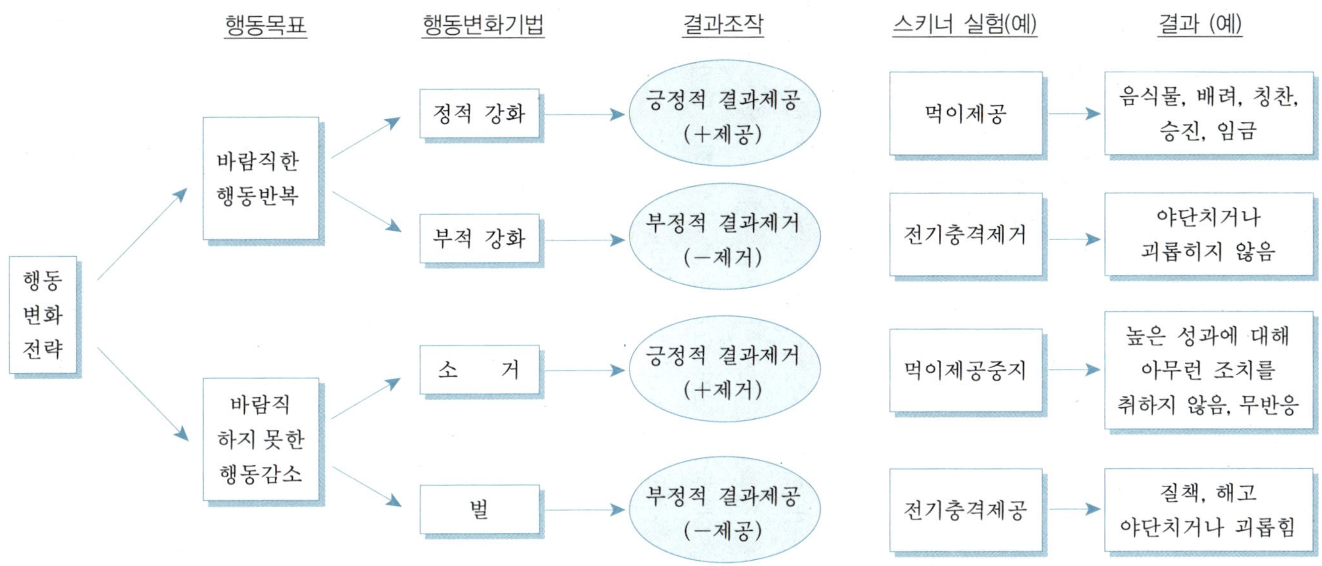

자료: K. H. Chang & L. C. Meniginson(1981), *Orgnizational Behavior: Developing managerial Skills*, New York: Harper & Row Publishers에서 수정.

고, 또한 행동을 수정하기 위해서 사용되는 결과를 제시하였다.

주요 이슈

즉각적 회복

즉각적 회복(spontaneous recovery) **현상은 S→R 연결이 완전히 소거된 후 새로운 자극이 가해지면 S→R 연결이 재발되는 것을 말한다.** 소거가 발생한 후, S→R 연결고리는 일단의 휴식기간 후 다시 나타날 수 있다. 스키너의 실험에서 상자로부터 막대를 누르는 반응이 소거된 쥐를 밖으로 꺼냈다가 며칠 후 상자에 도로 넣으면, 쥐가 다시 막대를 누르기 시작한다. 즉, 보통 즉각적 회복에 의해 생성된 반응의 빈도는 소거 전에 존재했던 것만큼 즉각적으로 회복이 이루어진다. 만일 S→R 연결의 재등장 이후에 소거나 벌이 따른다면 행동의 소멸이 빨리 일어나겠지만 S→R 연결을 강화하는 요인이 뒤따른다면 행동의 빈도가 증가될 것이다. 〈그림 5-5〉는 최초의 강화, 소거 그리고 즉각적 회복동안의 전형적인 S→R 연결의 강도(strength)를 도표로 나타내고 있다.

〈그림 5-5〉 S→R 강화의 과정

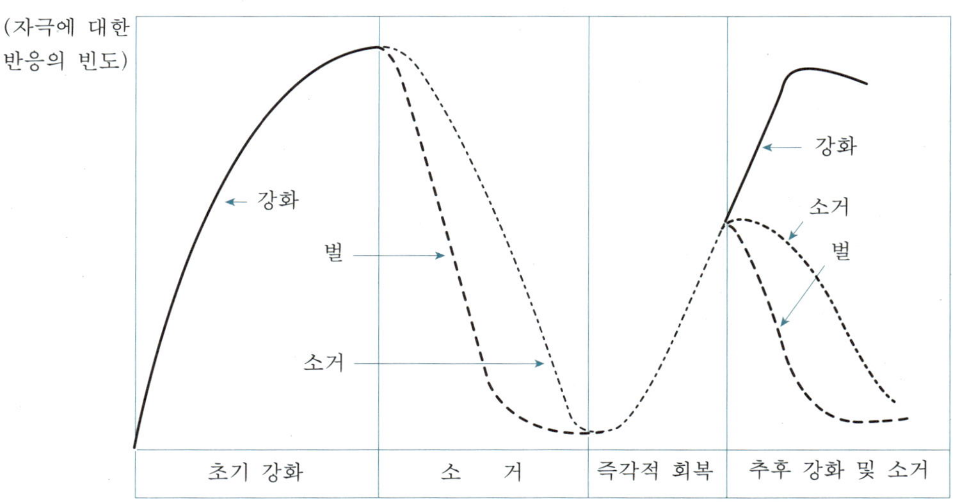

자료: R. B. Dunham(1984), *Organizational Behavior: People and Processes in Management*, Richard D. Irwin, p. 140.

회피학습

회피학습(avoidance learning)**이란 바람직하지 않은 결과를 회피하기 위해서 자극이 발생하기 전에 반응하는 것을 의미한다.** 따라서 회피학습은 S→R 연결을 강화시키기 위한 제3의 기법이다. 스키너의 실험에서 쥐는 전기충격이 오기 전에 나타나는 불빛에 반응하여 막대를 누름으로써 전기충격을 피하는 방법을 배웠다. 이와 같이 회피학습은 선호되지 않은 결과가 생겨나는 것을 사전에 방지하기 위해 일어난다. 자동차 경고음의 예에서 보면 안전벨트를 착용하지 않고 시동을 켜면 경고음이 작동하지만, 경고음을 회피하기 위해서 안전벨트를 매고 시동을 켜면 경고음이 울리지 않는다. 즉, 경고음이라는 부정적 결과를 회피하기 위해 안전벨트를 착용하는 행동을 하도록 학습하는 것이다.

행동형성

행동형성(behavioral shaping)**이란 복잡한 행동을 학습시키기 위해서 행동을 단계적으로 세분화하여 차례대로 학습시킴으로써 전체 행동을 학습시키는 것이다.** 예를 들어, 수영을 학습하는 경우 발차기, 물에 뜨기, 스트로크 연습, 판잡고 앞으로 나가기, 판 없이 앞으로 나가기 등을 하나씩 숙련함으로써 수영이라는 전체 행동을 학습하게 된다. 이와 같이 행동형성은 바람직한 행동에 접근하는 과정마다 체계적으로 강화요인을 제공함으로써 행동의 변화를 시도하는 것이다.

강화요인 종류

강화요인은 1차적 강화요인과 2차적 강화요인으로 나누어 볼 수 있다. **1차적 강화요인**(primary reinforcer)**은 요인 자체가 선천적으로 인간의 욕구를 충족시키고 직접적으로 행동을 강화시키는 것이다.** 즉 과거의 경험과 관계없이 반응행동의 결과가 생리적 욕구를 충족시킴으로써, 똑같은 반응행동을 유도해 내는 요인들이다. 예컨대, 음식물은 배고픔에 대한 욕구를 충족시켜 주는 1차적 강화요인이다. 또한 포옹은 애정욕구를 충족시켜 주는 1차적 강화요인이다. 한편, **2차적 강화요인**(secondary reinforcer)**은 학습과 경험을 통하여 만족감을 느끼게 하는 요인들로서 현재의 다른 강화요인과 관련되는 강화요인이다.** 금전, 칭찬 및 지위 등은 2차적 강화요인의 대표적인 예이다. 이러한 요인들은 그 자체로서는 가치를 가지고 있지 않으나 물질적인 풍요나 임금인상과 같은 강화요인과 관련되기 때문에 강화요인으로 작용하게 되는 것이다.

학습강화 일정

학습의 강화일정(reinforcement schedule)**이란 자극(S)→반응(R)→결과(C)의 과정에서** 강화하고자 하는 반응을 강화하기 위해서 결과를 제공하는 시간, 즉 일정을 조정하는 방법이다. 학습강화 일정의 방법으로는 강화요인의 적용시기를 중심으로 크게 연속강화법과 단속강화법의 두 가지 방법이 있다. 이하에서는 학습강화 일정의 구체적인 유형 및 효과를 살펴본다. 학습강화의 일정에 대한 유형 및 효과는 〈표 5-1〉과 같다.

연속강화 일정

연속강화 일정(continuous reinforcement schedule)**은 조직구성원들이 바람직한 반응행동을 보일 때마다 강화요인을 적용하는 방법이다.** 강화요인이 중단되면 성과는 감소될 수 있다. 정확한 행동은 즉시 강화되고 부정확한 행동은 보상되지 않기 때문에 억제된다. 이 방법은 일반적으로 계획된 학습에서 주로 사용된다. 연속강화 일정이 지닌 문제점은 **포만효과**(satiation effect)가 발생한다는 것이다. 즉, 강화요인의 연속적인 적용으로 말미암아 강화요인에 대해서 싫증이 나서 가치가 감소된다는 것이다. 예컨대, 조직구성원이 어떤 것을 생산할 때마다 또는 매 시간 임금을 받는다면 그들은 임금의 유인에 대해서 흥미를 잃게 될 것이다. 뿐만 아니라 경영자도 조직구성원들이 요구되는 행동을 보일 때마다 그들에게 계속적으로 보상을 해 준다는 것도 불가능할 것이다. 이와 같은 단점을 극복하기 위하여 사용되고 방법이 단속강화 일정이다.

단속강화 일정

단속강화 일정(intermittent reinforcement schedule)은 보통 조직의 보상을 관리하는 데 사용된다. 단속강화 일정의 예로서는 급료, 칭찬, 승진, 수상 및 인정 등을 들 수 있다. 조직에서 바람직한 행동이 발생할 때마다 강화한다는 것은 거의 불가능하기 때문에 조직의 보상체계를 관리하기 위하여 단속강화 일정을 사용

〈표 5-1〉 강화일정법의 유형 및 효과

강화일정	내 용	효 과
연속강화 일 정	매 반응마다 강화요인을 제공하는 방법	ㅇ 매 반응마다 강화요인이 제공되는 동안에는 안정적이고 높은 비율의 성과를 유도함 ㅇ 잦은 강화로 인해 빠른 만족을 가져옴 ㅇ 강화가 제거되면 급속히 반응이 약화됨 (또는 소거됨) ㅇ 불안정한 행동 또는 발생빈도가 적은 행동에 적합
단속강화 일 정	매 반응마다 강화요인을 제공하지 않고 부분적으로 제공하는 방법	ㅇ 반응의 반복빈도를 높일 수 있음 ㅇ 강화횟수가 적어 조기 만족을 가져오지 못함 ㅇ 안정적이거나 발생빈도가 높은 행동에 적합함
고정간격	일정기간이 경과한 후 처음으로 나타난 바람직한 행동에 대하여 강화요인을 제공하는 방법	ㅇ 강화 직후에는 매우 느리고 강력하지 못한 반응을 보이지만 다음 강화의 직전에는 매우 빠르고 강력한 반응을 보이는 것과 같이 불일정한 반응패턴을 유발함.
변동간격	변동적 또는 임의적 기간이 경과한 후 처음으로 나타난 바람직한 행동에 대하여 강화요인을 제공하는 방법	ㅇ 강하고 안정적이며 소거에 저항하는 반응이 나타날 가능성을 높여 줌
고정비율	일정한 반응횟수가 나타난 후에 강화요인을 제공하는 방법	ㅇ 반응횟수 대 강화횟수의 비율이 고정되어 있는 점에서 연속일정법과 동일함 ㅇ 강하고 안정적인 반응이 나타날 가능성을 높여줌
변동비율	변동적 또는 임의적 반응횟수가 나타난 후에 강화요인을 제공하는 방법	ㅇ 강하고 안정적이며 소거에 저항하는 반응을 유발할 수 있는 가능성을 높여줌

하게 된다. 단속강화 일정에는 고정간격, 변동간격, 고정비율, 변동비율 등이 있다.

고정간격 일정 **고정간격 일정**(fixed interval schedule)**은 요구되는 행동이 아무리 많이 발생하였더라도 일정기간마다 간격을 두고 강화요인을 적용하는 방법이다.** 대부분의 조직의 급여체계는 고정간격 일정에 바탕을 두고 있다. 조직구성원들은 그들이 직무에 소비한 시간에 대하여 시간급, 주급 또는 월급을 받게 된다. 이 방법에서도 조직구성원들의 성과가 높고 낮음과 관계없이 일정 시간만 지나면 보상이 주어지기 때문에 높은 성과수준이 보장되지 못한다. 즉 애써 노력하거나 성과를 향상하고자 하는 자극이 없는 것이다. 또한 보상이 끝나면, 바람직한 행동은 급격히 소지되는 특징이 있다.

변동간격 일정 **변동간격 일정**(variable interval schedule)**은 강화요인의 적용시기에 일정한 간격을 두지 않고 불규칙하게 강화요인을 적용하는 방법이다.** 어떤 때에는 시간간격이 평균보다 짧을 수 있으며 어떤 때에는 평균보다 길다. 변동간격의 예로는 사장이 불규칙적으로 일주일에 평균 한 번 사무실을 들러 보는 것을 들 수 있다. 사장은 어떤 주에는 월요일 다른 주에는 수요일 등 사무실을 방문하는 요일은 정해져 있지 않다. 그러면 조직구성원들은 사장이 언제 사무실을 방문할지 모르게 된다. 반면 고정간격법에서는 사장은 예를 들면 매주 월요일에 방문한다. 이러면 조직구성원들은 사장 방문에 대비하여 적절한 준비를 할 수 있을 것이다. 변동간격 일정의 경우 강화의 시기를 예측할 수 없기 때문에 종업원은 소거시에 강화작용을 기대하게 된다. 따라서 변동간격 일정은 고정간격일정보다 바람직한 행동을 유지하는 데 더욱 효과적이다.[7]

고정비율 일정 **고정비율 일정**(fixed ratio schedule)**은 행동의 일정한 비율에 따라 강화요인을 적용하는 방법이다.** 즉 자극에 대한 n번째 바람직한 반응에 강화를 하는 것이다. 즉, 고정비율이 2 : 1이라면 자극에 대한 두 번째 적절한 반응마다 강화를 행한다. 생산량에 비례하여 지급되는 성과급제나 일정량의 페이지를 타자해야 보수를 받는 타자수, 판매를 해야만 수수료를 받는 판매사원들을 그 예로 들 수 있다. 고정비율은 행동과 그 결과 사이의 인과관계를 증가시킬 수 있다. 고정비율에 의한 성과는 간격법에서 얻게 되는 성과보다 일반적으로 높다. 예컨대 시간급제보다는 성과급제하에서 생산성이 더 높아지는 경우가 해당된다.

변동비율 일정 **변동비율 일정**(variable ratio schedule)**은 행동에 일정한 비율을 사용하지 않고 변동적인 비율을 사용하여 강화요인을 적용하는 방법이다.** 즉 평균적으로 n번째 바람직한 반응을 강화하는 것이다. 즉, 변동비율이 2 : 1이

〈표 5-2〉 강화일정 평가기준

학습률	반응률	반응안정성	소거율
빠름	높음	안정	늦음
연속강화	고정비율	연속강화	변동비율
고정비율	변동비율	변동비율	변동간격
변동간격	변동간격	고정비율	고정간격
변동비율	고정간격	변동가격	고정비율
고정간격	연속강화	고정간격	연속강화
느 림	낮 음	불 안 정	빠 름

자료: *Ibid*., p. 142.

라면 장기적으로 이 비율을 유지하겠지만 반드시 두 번째마다 강화하는 것은 아니다. 이 방법은 종업원의 행동을 유지하는 데 있어 이전의 다른 강화방법들에 비해 효과가 가장 클 뿐만 아니라 높고 안정된 성과를 나타낸다. 그리고 바람직한 행동의 소멸도 늦다.

이상과 같은 강화방법은 학습 성격과 환경에 따라 그 효과가 다르다. 일반적으로 성과에 관심을 둘 경우 간격법보다는 비율법이 더 높은 학습효과를 가져온다. 왜냐하면 간격법보다는 비율법이 성과와 강화요인간에 보다 직접적인 연관성을 가지기 때문이다. 반면에 일정기간에 일정행동을 원한다면 간격법이 좋다.

〈표 5-2〉는 강화일정 방법들을 평가기준별로 비교하여 제시한 것이다.

사회적 학습

사회적 학습이론(social learning theory)**이란 조작적 학습이론에다 인간의 인지**(cognition)**를 도입하여 개인의 행동을 설명하는 이론이다.** 즉 개인의 행동이

〈그림 5-6〉 개인과 행동 그리고 환경의 상호작용

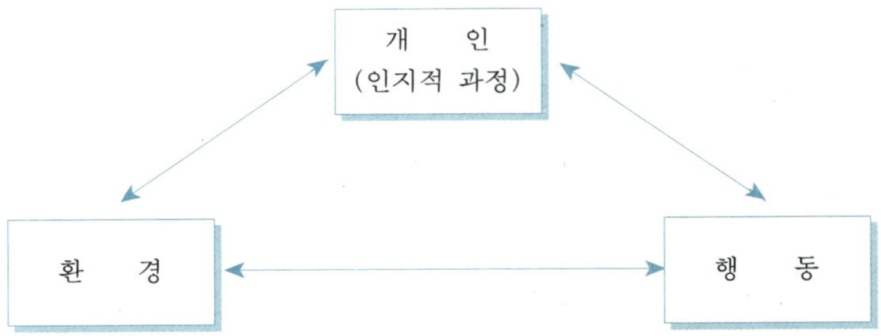

자료: R. Wood & A. Bandura(1989), Social Cognition Theory, *Organizational Management Review*, pp. 361-383.

자극(S)→반응(R)→결과(C)라는 과정을 통해서 학습할 수도 있지만 인지과정(cognitive process)을 통해서 학습이 이루어질 수 있는 것으로 연구하여 밴두라(A. Bandura)에 의해 제시되었다.[8)]

사회적 학습이론에서는 보상이나 벌 등과 같은 외부적 요인들뿐만 아니라 인지와 지각(perception)과 같은 내부적인 요인의 중요성을 인정하고 있다. 따라서 위의 〈그림 5-6〉에서 보는 바와 같이 사회적 학습이론은 인지적·행동적·환경적 요인 사이의 계속적이고 반복적인 상호작용을 통해서 학습이 이루어진다고 보는 것이다.

사람과 환경은 개별적으로 작용하는 것이라기보다는 반복적으로 상호간에 영향을 줌으로 개인의 행동이 환경적 조건에도 영향을 준다고 본다. 그러므로 개인과 환경과의 관계에서 개인은 자신의 행동이 환경의 자극과 부합한다고 판단되고 행동의 결과를 통제할 수 있으면 자신의 행동을 통제한다는 것이다. 그리고 환경과 행동과의 관계는 대리학습과정으로 개인의 복잡한 행동은 사회적 환경 속에서 직접 다른 사람을 관찰하고 모방함으로써 습득된다. 즉, 개인은 직접적인 경험뿐만 아니라 다른 사람들의 행동을 관찰하고 이야기를 들음으로써 학습하게 된다. 예를 들어 우리가 학습하는 것 중 많은 부분은 행동모델인 부모, 동료, TV 등을 통해 보고 배운다. 또한 개인과 행동과의 관계는 상징화 과정으로써 현상에 대한 언어 및 인지상의 상징화가 행동을 주도한다.

사회적 학습과정

사회적 학습이론에서 본다면 인간의 행동은 내적인 힘이나 환경의 자극에 의해 마음대로 조정되는 것도 아니다. 다시 말해서 인간의 행동은 개인적 결정요인과 환경적 결정요인의 연속적인 상호작용으로 설명된다. 사회적 학습이론에서는 대리적(vicarious), 상징적(symbolic) 그리고 자기규제적(self-regulatory) 과정을 통해 인간의 행동을 설명한다.

'대리적'이란 관찰학습(observational learning)으로 모델의 시범을 관찰함으로써 학습하게 된다는 것이다. **'상징적'**이란 인간의 언어적·상징적 부호를 이용하여 경험을 표상형태(representation form)로 처리·보존함으로써 사후의 행동을 관리할 수 있는 능력이 있다는 것이며, 인간에게 의도된 행동이 가능하다는 것은 이 상징적 활동의 작용이라는 것이다. 예를 들어 한 어린이가 어린 동생의 장난감을 부수어 버린다면 어린 동생이 소리내어 울고, 어머니는 그 소동을 보고 장난감을 망가뜨린 사람을 야단칠 것이라고 예상할 수 있다. 이처럼 예상되는 결과를 깨닫는다면 그 어린아이는 자기의 장난감만을 가지고 놀아서, 부모의 노여움을 사지 않도록 하고, 정적 강화인 어머니의 인정(approval)을 유지시키려 할 것이다. 즉 어린아이가 여러 행동들의 결과를 예견할 수 있는 상징화 능력은 그가 적절한 행동을 할 수 있도록 해 준다. **자기규제적**이란 인간은 환경적 자극을 조정하여 자신의 행동을 통제하기 위해 어떤 조치를 취할 수 있다는 것이다. 예를 들어, 조직행동론 수업을 듣는 수강생이 이 수업에서 좋은 학점을 받기를 원한다고 하자. 이 학생은 좋은 학점을 받기 위하여 필요한 조건들—시험공부, 출석관리, 리포트 제출, 수업시간에 집중 등—에 최선을 다할 것이다. 이런 식으로 어떤 환경(조직행동론 수업)을 조작하기 위하여(A학점), 자기행동 조정(출석관리, 학습준비 철저 등)으로 자기행동을 통제하는 것을 의미한다. 그리고, 이 학생은 학기 말에 좋은 학점(A학점)을 달성할 경우, 자기가 좋아하는 행동을 함으로써(영화관람, 여행 등) 조직행동론 수업에서 목표를 달성한 것에 자기보상을 실시할 수 있다. 즉 어떤 성취를 현실화하는 조건으로 자기만족이나 구체적인 보상을 줌으로써 개인은 바람직한 성과를 달성하는 데 필요한 노력을 하도록 스스로 동기화시킨다.

사회적 학습방법

사회학습을 수행하는 대표적인 방법으로는 모델을 통한 관찰학습과 개인의 인지를 통한 인지학습이 있다.

관찰학습

관찰학습이란 모델의 행동을 관찰함으로써 이루어지는 학습과정이다. 즉, 모델의 행동을 관찰하고 그 행동의 결과를 평가하여 만약 관찰한 행동이 긍정적인 결과를 가져다 주는 경우에는 그 행동을 모방하고, 부정적인 결과를 가져다 주는 경우에는 모방을 회피하는 방식으로 학습이 이루어진다. 관찰학습은 개인에게 직접 주어지는 자극이나 결과와 관련을 맺고 있지 않은 점에서는 조작적 조건화와 다르다. 모델을 통한 관찰학습과정은 〈그림 5-7〉과 같다.

〈그림 5-7〉 모델을 통한 관찰학습과정

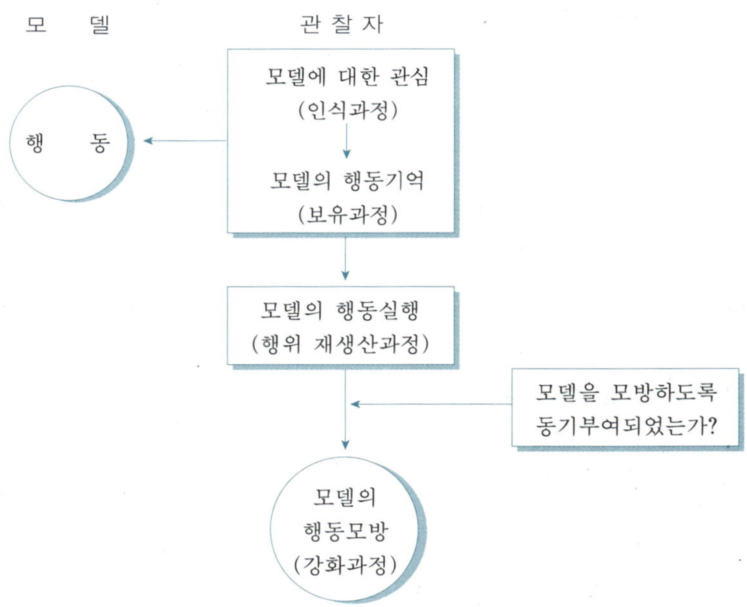

자료: R. A. Baron & J. Greenberg(1990), *Behavior in Organizations: Understanding and Managing the Human Side of Work*(3rd ed.), Allyn & Bacon, p. 43에서 수정 인용.

인식과정(attentional process) 이 단계는 모델이 어떻게 행동하느냐를 인식하는 과정이다. 사람들이 어떤 중요한 사물에 대해 인식하거나 주의를 기울였을 때에만 그 모델로부터 학습이 이루어진다. 우리는 매력적이거나 계속적으로 되풀이되는 모델 그리고 중요하거나 자신과 비슷하다고 느끼는 모델에 의해 영향을 많이 받는 경향이 있다.

보유과정(retention process) 이 단계는 인식한 행동을 자기 것으로 보유하는 과정이다. 모델의 영향은 모델이 더 이상 유용하지 않더라도 개인이 모델의 행동을 얼마나 잘 기억하느냐에 달려 있다.

행동 재생산과정(motor reproduction) 이 단계는 개인이 모방된 행동을 실행하는 과정이다. 개인은 모델의 행동을 본 후에 그것을 다시 행동으로 전환하게 된다.

강화과정(reinforcement process) 이 단계는 모방한 행동의 강화과정으로써 모방한 행동에 대해 긍정적인 유인이나 보상을 받으면 행동의 빈도가 증가된다.

이상에서 살펴본 것과 같이 관찰자는 특정 모델의 행동이 바람직한 결과를 초래하고 부정적인 결과를 피하는 효과가 있음을 알게 되면 그 모델의 행동에 대해서는 더욱 주의를 기울이게 되고 학습을 하게 된다. 따라서 모델의 행동을 채택했을 때 얻게 될 이익에 관한 정보를 관찰자에게 미리 줌으로써 학습이 더 효과적으로 달성될 수 있다.

인지학습

인지학습이란 고전적 조건화가 이루어지기 위해 필요한 반복학습이나 조작적 조건화가 이루어지기 위해 필요한 보상 등이 존재하지 않는 상태에서 오직 인지과정을 통해서 이루어지는 학습과정이다. 예를 들어 강의실에서 이루어지는 대부분의 학습과 같이 관찰이나 연습 혹은 보상 없이 어떤 개념이나 이론을 습득함으로써 바람직한 결과를 얻기 위해서는 어떤 행동을 해야 하는가를 인지하게 된다. 이렇게 인지에 바탕을 두고 일어나는 학습을 인지학습이라고 한다. 인지학습은 개인의 시행착오를 최소화하여 학습이 이루어지기 때문에 학습의 효율성이 상대적으로 높다.

조직행동 수정이론

조직행동 수정이론(organizational behavior modification theory: OBM)**이란 조직이나 경영자가 바람직하다고 정의한 목표행동**(target behavior)**에 조직구성원들의 행동이 근접할 수 있도록 강화**(reinforcement)**를 통해 행동수정을 유도하는 것을 말한다.** 조직행동의 수정은 이전에 논의했던 조작적 조건화와 사회적 학습이론을 조직에 적용하여 바람직한 행동을 유도하는 것이다. 조직행동의 수정은 다음과 같은 단계에 따라 이루어진다.

1단계: 목표행동의 식별

경영자는 조직구성원의 행동을 관찰하여 바람직한 행동이 나타나지 않는 경우나, 바람직하지 않는 행동이 자주 나타나는 경우 조직행동 수정의 필요성을 느끼게 되고 구성원들이 목표행동이 무엇인지를 식별한다. 목표행동(target behavior)을 식별하는 과정에서는 조직구성원의 참여를 확대하고, 목표행동은 조직의 목표와 연관이 있는지를 고려해야 한다.

〈표 5-3〉 조직행동의 수정과정

1단계	2단계	3단계	4단계
목표행동인식	상황분석	선행조건 및 결과 관리	결과평가
변화시키고자 하는 목표행동을 인식하는 과정	선행변수, 행동, 결과간의 인과관계를 파악하는 과정	행동에 영향을 주는 선행변수와 결과를 조정·통제하는 과정	조직행동 수정 전과 이후의 결과를 비교/평가하는 과정

자료: Kreitner, R. & Kinicki, A.(1995), *Organizational Behavior*(3th eds.), Boston: Irwin, p. 214에서 수정 인용.

2단계: 상황분석

조직구성원들의 행동은 나름대로의 인과관계를 갖고 있으므로 행동을 수정하기 이전에 선행변수(Antecedents), 행동(Behavior), 결과(Consequences)간의 인과관계(A→B→C)를 탐색해야 한다. 왜냐하면 행동수정은 행동이 결과의 함수라는 조작적 조건화에 기초하고 있으므로 상황분석을 통해 행동과 결속관계가 있는 결과를 확인할 수 있기 때문이다.

3단계: 선행조건 및 결과 관리

선행조건 및 결과 관리 단계에서는 목표행동을 바람직한 방향으로 수정하기 위해서 선행조건과 결과를 효율적으로 관리하는 과정이다. 우선 선행조건의 관리는 장애물제거와 기회제공전략으로 분류된다. **장애제거전략**에는 비현실적인 계획, 일정, 마감일 등을 제거하거나 혼란스럽거나 상충되는 규칙들은 없애는 것이다. **기회제공전략**은 어렵지만 달성가능한 목표를 제시하거나 분명한 지시를 내리고 훈련을 통한 개인적 성장과 발전을 증진하는 것을 말한다. 또한 결과관리는 행동에 따라 결과를 적절하게 제공하는 것이다. 결과관리를 할 때 필요한 지침은 다음과 같다. 우선 최종 결과를 관리하기보다는 단계적으로 조금씩 강화되는 부분을 관리한다. 또한 행동과 결과를 일치시키고, 물질적인 보상보다는 상사의 칭찬·동료의 인정과 같은 보상을 사용한다. 가능하면 객관적인 피드백을 제공하며 긍정적인 강화는 강조하고, 벌은 감소시키는 것이 효과적이다. 또한 일정계획을 적절히 수립하여 강화하는 것이 효과적이다.

4단계: 결과평가

개인들의 행동을 바람직한 방향으로 수정하기 위해 조직이 개입을 했다면, 행동수정 이전과 이후를 비교할 객관적인 측정치가 필요하게 된다. 이 때 효과적으로 사용될 수 있는 도구가 기준자료(baseline data)와 행동도표(behavior chart)이다.

기준자료는 개인에 대한 지식없이 행동수정 이전에 수집된 자료를 말하는데, 이 기준자료를 통해 유효성을 평가하게 된다. 행동도표는 행동수정효과를 분석할 때 사용하는 도구로서 달성시간, 달성결과, 행동빈도 등을 도표로 나타냄으로써 조직구성원의 행동 수정결과가 어떻게 변화되고 있는지를 한눈에 알아볼 수 있는 도구이다. 위와 같은 과정을 통해 조직구성원들의 목표행동을 바람직한 방향으로 유도한다는 조직행동 수정이론은 목표설정, 객관적인 피드백, 긍정적 강화가 잘 혼합된다면 매우 효과적인 경영기법이 될 수 있지만, 작업장 상황에서 인과관계를 정확하게 분석하여 적용하기란 쉽지 않다.

조직행동의 수정이론에 대한 비판도 많이 제기되고 있는데 대표적인 사항은 다음과 같다.

첫째, **조직과 관련된 비윤리성 문제이다.** 강화나 행동수정에 대해서 많은 사

조직행동 수정기법의 효과적 사용방안

(1) 바람직한 행동을 구체적으로 확인하라.
(2) 당신이 통제할 수 있는 결과를 확인하라
(3) 당신이 통제할 수 있는 결과의 가치를 확인하고 적절하게 이용하라.
(4) 학습목적과 이용가능한 자원을 고려하여 적절한 학습도구(정적 강화, 부적 강화, 소거 등)를 선정하라.
(5) 사용가능한 학습도구를 조합하라.
(6) 바람직한 효과를 기준으로 적절한 강화일정을 선정하라.
(7) 반응(R)→결과(C) 연결을 식별하라(특정 행동에 대해 강화할 것인지 벌을 줄건지).
(8) 행동(반응)을 측정하고 적절한 결과를 제공하라.
(9) 행동에 대해서 긍정적 결과나 부정적 결과를 동등하게 적용하라.
(10) 계획대로 반응(R)→결과(C) 연결을 일관성있게 유지하라.
(11) 가능하면 행동(반응)이 나타난 즉시 결과를 제공하여 학습자가 두 변수의 관계를 연상하게 하라.
(12) 만일 벌을 사용한다면 학습자에게 무엇이 잘못되었는지를 설명하라.
(13) 만일 벌을 사용했다면 바람직한 행동에 대해서 긍정적 결과를 제공하라.
(14) 다른 사람 앞에서 벌을 줄 때는 최대한 주의하라.
(15) 무행동(nonaction)은 행동을 수정하게 한다. 즉, 누구에게나 공평하게 보상을 하면 성과가 높은 사람은 자신의 성과를 낮춘다.
(16) 복잡한 행동을 학습시키고자 할 때에는 행동형성(shaping)을 사용하라.

자료: Dunham(1984), *op. cit.*, p. 153.

람들은 이것이 비윤리적이고, 비인간적이며 전제적인 방법이라는 것이다. 왜냐하면 행동수정을 통해서 조직에서 조직구성원들의 행동을 바람직한 방향으로 조작(manipulation)하고 통제(control)하기도 하지만, 불법적인 집단인 마약조직이나 폭력조직에서도 조직행동 수정을 통해서 개인의 행동을 조작할 수 있으므로 비윤리적이라는 것이다.

둘째, **개인의 차이를 무시하고 있다.** 즉, 강화이론과 행동수정이론은 개인들이 서로 다르며 상이한 욕구, 가치, 능력 등을 지니고 있다는 사실을 무시하고 있다는 점에서 비판받고 있다.

셋째, 강화이론이나 행동수정이론은 기본적으로 **행동의 형성, 학습에 대해 잘못된 가정을 하고 있다는 점이다.** 즉, 이 이론들은 인간의 행동이 형성되고 학습되기 위해서 외부적으로 강화가 이루어져야 한다는 것이다.

넷째, **내재적 강화요인을 간과하고 있다.** 강화이론이나 행동수정이론은 주로 칭찬, 화폐적 보상 등 외재적 보상(extrinsic compensation)의 사용을 언급하고 내재적 보상(intrinsic compensation)의 동기부여 가능성을 무시하고 있음을 지적한다.

벌의 특성과 효과적 관리

일반적으로 벌은 바람직하지 않은 행동을 줄이기 위한 방법으로 사용된다. 조직에서 보상을 줄 수 있는 권한을 가지고 있지 못한 일선감독자나 하위관리자들에게는 벌이나 규율이야말로 하급자들의 행동을 변화시키는 데 중요한 도구들이다. 사실상 조직에서 행동변화를 유도할 때에는 벌이 보상보다 훨씬 자주 사용되고 있는 실정이다.

벌은 이처럼 중요한 주제이지만 종전에는 조직행동을 연구함에 있어서 별로 큰 주목을 받지 못했다. 이는 벌이 보상이나 적극적 강화처럼 기분좋은 주제가 아니며, 벌이 보상보다 행위에 미치는 효과가 훨씬 복잡하고 예측 불가능하기 때문이다.

〈그림 5-8〉 벌의 잠재적 부작용

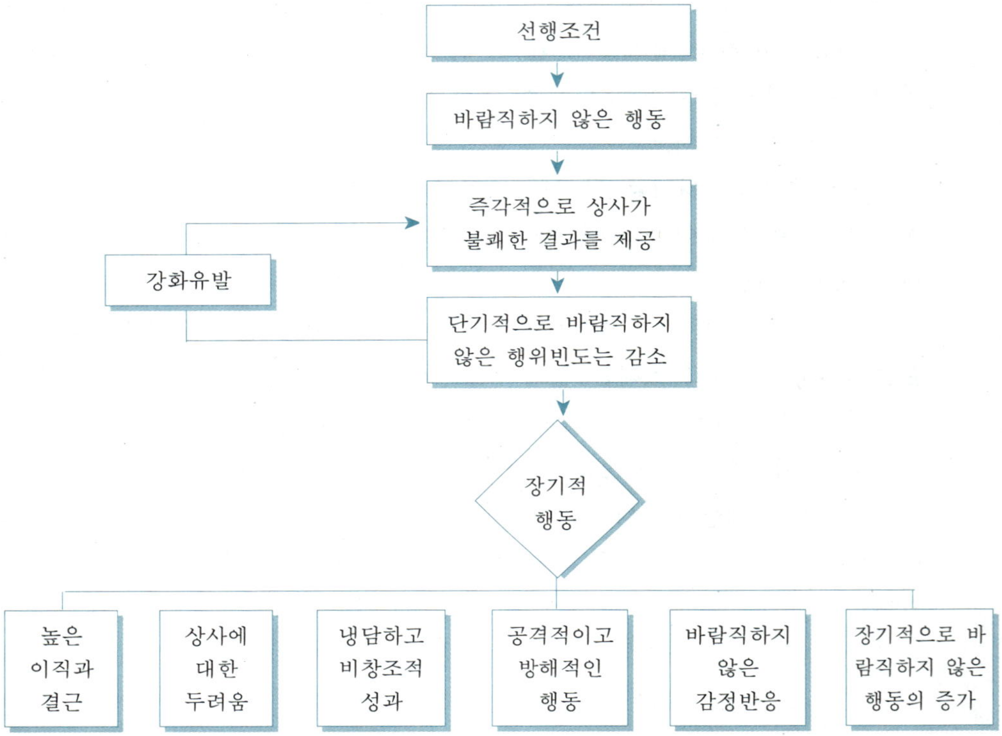

자료: D. Hellriegel, J. W. Slocum & R. W. Woodman(1986), *Organizational Behavior*(4th ed.), West Publishing Company, p. 153.

〈그림 5-8〉에서 보듯이 상사가 부하의 바람직하지 않은 행동에 대해 벌을 주면 단기적으로는 행동의 변화가 있으므로 상사는 벌을 더욱 자주 사용하게 된다. 하지만 장기적으로는 이직 및 결근율이 증가하고 조직성과에도 부정적인 영향을 미치게 된다. 따라서 관리자는 벌의 잠재적 특성을 정확하게 이해함으로써 효율적으로 사용해야 할 것이다.

벌의 부정적 특성

벌은 부정적 결과인 핀잔, 질책 등을 이용하여 바람직하지 않은 행동을 줄이는 방법이다. 그러나 보상은 반응의 빈도를 늘리고 벌은 빈도를 줄인다는 점에서 보상의 반대개념으로 벌의 성질을 이해하는 것은 잘못된 일이다. 벌의 과정과 효과는 다소 복잡하다. 왜냐하면 벌은 그것을 주는 사람이 의도하지 않았던 효과를 낳을 수 있기 때문이다. 즉 '싫어하는 자극(aversive stimulus)'이라고 생각할 수도 있고, 받아들이는 사람에게는 사실상 싫지 않은 것이 될 수도 있다.[9] 예를 들면 학교에서 떠드는 아이에게 선생님이 주의를 줄 때 그 아이는 오히려 자기친구들 앞에서 주목을 받는 것으로 느낄 수가 있는 것이다. 또한 싫어하는 자극이 너무 늦거나 온건해서 별 감정적 반응을 낳지 못하게 되는 경우도 있다. 이와 같이 벌은 보상보다 그 효과를 예측하기가 훨씬 어렵다. 또한 상당수의 연구자들은 조직에서 벌을 사용하는 것이 비효과적이라고 주장하고 있다. 이들의 주장에는 다음과 같은 점들이 포함되어 있다.[10]

첫째, 벌이 효과적이 되려면 계속적으로 감시·감독을 하여야 하는데, 그러기 위해서는 시간과 비용이 너무 많이 들게 된다.

둘째, 벌은 바람직하지 못한 행동의 빈도를 줄여 주기는 하지만, 바람직한 행동을 촉진시켜 주지는 못한다.

셋째, 벌은 자신의 행동을 개선할 능력이 없는 사람에게는 좌절을 줄 수 있다.

넷째, 벌은 바람직하지 못한 행동경향을 사실상 제거하지 못하고 이를 일시적으로 억압할 뿐이다. 따라서 벌의 위협이 없으면 다시 그러한 행동이 나타난다.

다섯째, 바람직하지 못한 부수효과(side effect)가 발생한다. 예를 들어 벌을 주는 사람에 대해 적개심을 품게 하여 후에 태업을 하거나 생산을 제한하거나 그를 궁지에 몰아넣을 방안을 궁리하게 만들 수 있다.

이러한 이유로 인해 조직에서 벌을 사용하는 것보다 그 대신 다른 방법을 구상해 보는 것이 보다 바람직하다는 주장이 나오게 된다. 벌의 사용을 반대하는 사람들이 이의 대안으로 제시하는 것들로는 다음과 같은 것들을 들 수 있다.

벌의 대안

벌이 행동수정방법으로 결코 바람직스러운 것이 아니라는 입장을 취하는 사람들은 벌 대신 다음과 같은 방법들을 사용하도록 권고한다.

소 거

바람직스럽지 못한 행동을 강화시켜 주는 요인을 찾아내어 이를 제거하는 방법이다. 작업규칙을 위반하는 조직구성원이 동료들로부터 칭찬과 인정을 받는 수가 있는데, 이 때 동료들과 협동하여 그의 규칙위반행동을 무시하면 그 행동은 점차 감소된다.

환경개선

어떤 바람직스럽지 못한 행동을 일으키는 자극은 환경으로부터 주어지는 것이 일반적이므로 환경특성을 재구성하여 자극상황이 바람직스럽지 못한 행동 대신 다른 행동을 유발하도록 하는 방법이다. 수업이 끝나자마자 학생들이 일시에 복도로 쏟아져 나와 급히 계단을 내려오려고 하여 사고가 발생할 위험이 높은 경우, 복도나 계단에 거울을 설치함으로써 보다 질서있는 행동을 유도할 수 있는 것이다.

바람직스럽거나 중립적인 행동에 대한 보상

바람직스럽지 않은 행동에 대하여 벌을 주는 대신에 바람직스러운 행동과 중립적인 행동을 취하는 경우에 보상을 주는 방법이다. 체조시간에 교실에 남아있는 학생들에게 벌을 주는 대신에 운동장에 나와 체조하는 학생들에게 운동모자를 주는 방법이 그 한 예이다.

자연스러운 조정기간의 허용

새로 들어온 경험 없는 조직구성원은 아무래도 실수가 많게 마련이다. 그러나 어느 정도의 시간이 지나면 실수하지 않는 방법을 자연스럽게 배울 수 있다. 이 경우 이러한 조정기간 중에 벌을 준다고 해서 그 기간이 단축된다고 볼 수 없으며, 오히려 불안감이 조성되어 그 기간을 연장시킬 가능성마저 있는 것이다.

벌의 효과적 관리

행동형성 전략으로는 벌이나 소거보다 적극적 강화나 부적 강화가 훨씬 효과적이지만, 벌도 효과적으로 관리되면 특정 조건하에서는 매우 효과적인 행동형성도구가 될 수 있다. 벌이 효과적으로 적용될 수 있는 조건은 다음과 같다.

- 벌은 바람직스럽지 못한 행동이 굳어지기 전에 부과될 때 보다 효과적이다. 바람직스럽지 못한 행동이 너무 오랫동안 방치되면 어떤 방법도 무용지책이 되기 쉬우므로 행동이 나타난 즉시 부과되야 효과적이다.
- 벌은 바람직스럽지 못한 행동이 나타난 직후에 신속하고 비교적 강도 높게 부과하는 것이 효과적이다. 벌이 강도를 점차 높여 가는 방식은 벌에 대한 적응력을 길러 주게 되어 비효과적이다.
- 벌은 특정 개인이나 그의 일반적인 행동패턴 전반에 대하여 부과되어서는 안 되고, 구체적이고 개별적인 행동에 대하여 부과되어야 효과적이다. 특히 벌은 개인적 감정이 개입되지 않은 상태에서 사용되어야 하며, 관리자 자신의 개인적인 앙갚음이나 자신의 좌절을 발산하는 수단으로 사용되어서는 안 된다.
- 벌의 부과는 그 적용대상과 적용시기에 있어서 일관성이 유지되어야 한다. 즉 벌은 모든 사람에게 공평하게 적용되어야 하며 시간적으로도 항상 같은 행동에 대해서 같은 정도의 벌이 부과되어야 효과적이다.
- 벌은 충분한 정보가 제시되어야 한다. 벌에는 왜 그 행동이 바람직스럽지 못한가, 어떻게 고칠 수 있는가, 그 행동을 계속하면 어떤 결과가 초래되는가에 관한 설명이 수반되어야 하는 동시에, 따뜻하고 교육적인 차원에서 부과되어야 효과적이다.
- 벌에 대하여 관계없는 보상(noncontingent rewards)이 뒤따라서는 안 된다. 벌과 관계없는 보상이 따르게 되면 약화시키려고 했던 바로 그 행동을 강화시켜 주는 꼴이 되어 버리는 것이다. 예를 들어 부모가 자식의 못된 버릇을 고쳐 준다고 매를 대고서는 아이가 울면 가슴이 아파서 과자를 사 주게 되면 오히려 고치려던 못된 버릇이 강화되는 것이다.
- 벌은 전담하는 공식기구를 통해서 시행하는 것이 바람직하다. 흔히 기업에서 조직구성원들을 벌주기 위해서 징계위원회를 이용하는데 이는 어떤 특정한 개인에 대한 적개심의 유발을 방지하는 효과가 있다.

요 약

- 학습(learning)이란 "경험의 결과로 인한 영속적인 행동의 변화"라고 정의할 수 있으며 학습은 '결과의 법칙(the law of effect)'에 의해 이루어진다.
- 조건화(conditioning)란 자극을 반응에 연결시키는 것으로서 하나의 사건, 상징 또는 대상물(object)이 다른 것에 연결되는 것을 의미한다.
- 조작적 조건화는 자발적인 행동의 학습에 초점을 맞춘다. 고전적 학습이론에서는 인간의 행동이 수동적인데 반하여, 조작적 조건화에서는 인간이 행동의 주체자로서 역할하기 때문에 조작적 조건화를 이용하면 고전적 조건화보다 훨씬 광범위한 인간행동을 학습시킬 수 있다.
- 학습강화의 유형으로는 자극에 따른 반응이 빈번하게 발생하는 것을 자극(S)→반응(R) 연결의 강화라고 하며, 자극에 따른 반응이 덜 발생하거나 발생되지 않는 것을 자극(S)→반응(R) 연결의 약화라고 한다. 자극(S)→반응(R) 연결을 강화하는 방법에는 정적 강화(positive reinforcement)와 부적 강화(negative reinforcement)가 있다. 반면 자극(S)→반응(R) 연결을 약화시키는 방법에는 소거(extinction)와 벌(punishment)이 있다.
- 정적(正的) 강화(positive reinforcement)는 바람직한 행동의 빈도나 범위를 증가하기 위하여 반응 뒤에 보상을 제공함으로서 자극(S)→반응(R) 연결을 강하게 하는 것을 의미한다.
- 부적(負的) 강화(negative reinforcement)는 특정 반응 뒤에 부정적 결과를 제거함으로써 자극(S)→반응(R) 연결을 강화하는 방법이다.
- 소거(extinction)란 강화작용의 철회로 말미암아 바람직스럽지 않은 행동이 유지되지 못하게 하는 현상을 말한다.
- 벌(punishment)은 바람직하지 못한 행동에 대해서 부정적 결과를 주거나 적극적 강화요인을 제거하는 것을 말한다.
- 즉각적 회복현상은 자극(S)→반응(R) 연결이 완전히 소거되기 전에 새로운 자극이 가해지면 자극(S)→반응(R) 연결이 재발되는 것을 말한다.

- 회피학습이란 바람직하지 않은 결과를 회피하기 위해서 자극이 발생하기 전에 반응하는 것을 의미한다. 따라서 회피학습은 자극(S)→반응(R) 연결을 강화시키기 위한 제3의 기법이다.
- 행동형성이란 복잡한 행동을 학습시키기 위해서 행동을 단계적으로 세분화하여 차례대로 학습시킴으로써 전체 행동을 학습시키는 것이다.
- 강화요인은 1차적 강화요인과 2차적 강화요인으로 나누어 볼 수 있다. 1차적 강화요인(primary reinforcer)은 요인 자체가 선천적으로 인간의 욕구를 충족시키고 직접적으로 행동을 강화시키는 것이다. 2차적 강화요인(secondary reinforcer)은 학습과 경험을 통하여 만족감을 느끼게 하는 요인들로서 현재의 다른 강화요인과 관련되는 조건화된 강화요인이다.
- 학습의 강화일정이란 자극(S)→반응(R)→결과(C)의 과정에서 반응의 따른 결과를 제공하는 방법이다. 즉, 강화하고자 하는 반응을 강화하기 위해서 결과를 어떻게 제공하는 것이 바람직한 방안인지를 탐색하는 과정이다.
- 사회적 학습이론(social learning theory)이란 조작적 학습이론에 인간의 인지(cognition)를 도입하여 개인의 행동을 설명하는 이론이다. 관찰학습이란 모델의 행동을 관찰함으로써 이루어지는 학습과정이다. 인지학습이란 관찰이나 고전적 조건화가 이루어지기 위해 필요한 반복학습 또는 조작적 조건화가 이루어지기 위해 필요한 보상 등이 존재하지 않는 상태에서 오직 인지과정을 통해서 이루어지는 학습과정이다.
- 조직행동 수정이론(organizational behavior modification theory: OBM)이란 조직이나 경영자가 바람직하다고 정의한 목표행동(target behavior)에 조직구성원들의 행동이 근접할 수 있도록 강화(reinforcement)를 통해 행동수정을 유도하는 것을 말한다.

핵심용어

고전적 조건화	조작적 조건화
학 습	적극적 강화
부정적 강화	소 거
벌	연속강화법
단속강화법	고정비율법
변동비율법	사회적 학습
조직행동 수정	

토의 문제

1. 고전적 조건화와 조작적 조건화의 차이점을 구분하고 각각의 예를 들어 보시오.
2. 사람들이 무엇인가를 학습했다는 것을 어떻게 알 수 있는지를 설명하시오.
3. 조직에서 고전적 조건화가 가지는 긍정적인 적용방안이 무엇인지를 논하시오.
4. 조직에서 고전적 조건화를 적용하는데 있어 발생할 수 있는 주요한 한계점을 논하시오.
5. 강화일정들의 장·단점을 구분하고 각각의 예를 들어보시오.
6. 조직에서 벌의 사용의 유용성과 한계점을 기술하시오.
7. 조직행동 수정은 조직구성원들의 행동을 시스템적으로 조작하는 방법으로서, 유용하나 사용되어서는 안 된다라고 하는 주장에 대해서 논의하시오.
8. 조직행동 수정프로그램의 효율성을 결정할 수 있는 주요 요인을 식별하시오.

실 습

바람직하지 못한 종업원 행동관리

실습 목표: 종업원의 바람직하지 못한 행동을 식별하고 이러한 행동을 제거하기위한 적절한 절차를 세우는 기술(skill) 습득

[절차 1. 이 후 과정에 사용할 자료로써 다음의 사례들 중 하나를 고르시오.]

〈사례 1〉 팀 내 문제아

당신은 컴퓨터 회사의 상품 개발팀의 프로젝트 리더이다. 팀은 마케팅, 엔지니어링, 재무, 인사 등 회사의 각 부서를 대표하는 10명의 인원으로 구성되어 있다. 팀의 목표는 비용절감과 효율적인 방법으로 획기적인 컴퓨터 하드웨어를 만드는 것이다.

팀은 수개월 동안 일주일에 한 차례 정기 회의를 갖고 있다. 지금까지 상품 개발과정은 별다른 어려움 없이 진행되었으나, 한 가지 문제점이 있었다. 팀 구성원 중 한명이 유독 계속해서 회의에 15-20분 정도 씩 늦거나 아예 회의에 참석을 않는 경우도 있었다. 이러한 이 종업원의 행동 때문에 팀 내 중요한 결정이 연기되어 팀의 전체 일정이 미루어지고 있다.

당신이라면 이 종업원을 어떻게 다룰 것인가?

〈사례 2〉 무례한 종업원

당신은 최고급 호텔의 근사한 레스토랑의 매니저이다. 이 레스토랑은 근사한 분위기와 고급스러운 음식으로 유명한 곳이지만, 최근 들어서 고객들의 만족도가 줄어들고 있다.

당신의 종업원들은 매우 프로페셔널하고, 고객 지향적인 태도를 갖고 있으나 이 분야 노동시장의 인력이 적어 충원에는 많은 어려움을 겪고 있다. 최근 당신은 특정 종업원으로의 불만 사항을 고객들로부터 많이 듣고 있다. 이 종업원은

잘못된 주문을 받기도 하고, 고객에게 더 많은 요금을 부과하기도 하였으며, 심지어 고객에게 무례한 어투로 말하기도 하였다. 당신은 이 종업원이 훌륭한 종업원으로서의 가능성이 있다고 보지만, 지금 즉시 이러한 행동에 대한 언급이 필요하다고 느꼈다.

당신이라면 이 상황을 어떻게 극복할 것인가?

〈사례 3〉 극심한 경쟁 상황의 영업사원들

당신은 유명한 백화점의 가정용품 부서의 관리자이다. 당신은 25명의 영업사원을 데리고 있으며, 이곳은 판매량에 따라 성과급을 지급하는 보상체계를 가지고 있다. 영업사원들은 매일 자신이 판매해야 할 수량을 할당 받고 있다. 그날의 목표 판매량을 달성하거나 초과한 사원은 성과급과 인정, 또한 유연한 업무 스케줄 등 많은 보상을 받고 있다.

하지만 이러한 보상체계에 한 가지 문제점이 있었다. 영업사원 간에 극심한 경쟁이 일어났으며, 심지어 다른 영업사원의 판매를 가로채는 일도 생겨났다. 게다가 영업사원 간에는 협력이나 팀워크 같은 것이 없었기 때문에, 업무환경은 말 그대로 '적자생존'이었다.

당신은 당신 부서의 이러한 업무환경이 바람직하지 못하다고 여겼다. 이러한 영업사원 간의 극심한 경쟁은 궁극적으로는 소비자에 대한 서비스의 질까지 저하시킬 것이라 여겨진다.

당신은 이러한 상황에서 경쟁적인 행동을 없애기 위해 어떻게 할 것인가?

[절차 2. 당신이 선택한 사례에 다음의 단계들을 사용하여 문제를 파악할 수 있는 체계적인 계획을 수립하여라.]

단계 1. 바람직하지 않은 종업원들의 행동을 파악하라(예를 들어, 안전하지 못한 업무행동, 부족한 고객서비스 정신). 가능한 자세하게 기술하여라.

단계 2. 파악된 문제에 대해서 벌을 사용할지, 부적 강화를 사용할지 결정하여라.

▶ 만약 당신이 여기서 부적 강화를 사용하기로 결정하였다면, 그 종업원의 행동이 강화되지 않도록 할 수 있는 행동들에 대해 상세히 기술하여라. 구체적인 계획은 이를 바탕으로 수립하라(실습 종료).

▶ 만약 여기서 벌의 사용이 적절하다고 결정했다면, 부정적으로 전달될 수 있는 결과에 대해 파악하라(예를 들어, 언어적 질책, 바람직한 업무를 주지 않음 등). 이러한 결과들이 종업원에게 부정적인 가치를 지니고 있는지를 파악하라.

단계 3. 당신이 생각하기에 상황에 가장 적절하다고 생각되는 강화 일정을 파악해라.

단계 4. 부정적인 결과와 행동을 연계시켜라.

단계 5. 바람직하지 못한 행동을 대처할 수 있는 새로운(바람직한) 행동을 식별해라. 이 행동을 강화하여라. 이러한 강화는 종업원에게 바람직하지 못한 행동을 대처하기 위해서 무엇을 해야 하는지 이해시켜 주기 때문에 매우 중요하다.

[절차 3. 지금까지 한 것에 대해 다음 질문에 답하라.]

1) 당신은 선택한 사례에서 문제가 되는 종업원의 행동을 다루기 위해 어떠한 구체적인 방법을 세웠는가? 왜 이 계획들이 적용될 것이라 생각하는가?
2) 당신은 방금 생각한 계획들 중에서 적용 안 될 것이라 생각되는 것이 있다면 어떠한 절차를 따를 것인가?
3) 이 실습이 차후 당신이 경영자가 된다면 어떠한 의미를 가지게 될 것이라 생각하는가?

참고문헌

1) Arkinson, R. C., Herrnstein, R. J., Lindzey, G. & Luce, R. D.(1988), *Steven's Handbook of Experimental Psychology*(2nd eds.), New York: John Wiley & Sons.

2) McGenee, W.(1958), Are We Using What We Know about Training? Learning Theory and Training, *Personnel Psychology*, p. 2.

3) Pavlov, I. P.(1902), *The Work of The Digestive Glands*, London: Charles Griffin, (translated by W. H. Thompson).

4) Hall, H. J.(1989), *Learning and Memory*, Boston: Allyn & Bacon.

5) Skinner, B. F.(1953), *Science and Human Behavior*, New York: Free Press; Skinner, B. F.(1969), *Contingencies of Reinforcement*, East Norwalk, CT: Appleton-Century-Crofts; Skinner, B. F.(1971), *Beyond Freedom and Dignity*, New York: Bantam Books.

6) Steers, R. M.(1984), *Introduction to Organizational Behavior*(2nd eds.), Glenview, Ill.: Scott, Foreman & Company, p. 197.

7) Yukl, G. A., Wexley, K. N. & Seymore, J. D.(1972), Effectiveness of Pay Incentives under Variable-Ratio and Continuous Reinforcement Schedule, *Journal of Applied Psychology*, pp. 19-23.

8) Bandura, A.(1977), *Social Learning Theory*, Englewood Cliffs, N. J.: Prentice-Hall.

9) Costello, T. W. & Zalkind, S. S.(1963), *Psychology in Administration*, Englewood Cliffs, N. J.: Prentice-Hall.

10) Hamner, W. C. & Organ, D. W.(1978), *Organizational Behavior: An Applied Psychological Approach*, Dallas, Texas: Business Publications, Inc.

III

개인차이의 이해

조직행동은 개인이 조직 내에서 왜 특정방식으로 느끼고 행동하는가를 연구한다. 동기이론은 이런 기본적 질문에 나름대로 해답을 도출하려고 한다. 그러나 동기 이외에 다른 개인적 특성, 즉 성격, 지각, 지식, 스킬, 능력 등의 차이에 의해서 개인은 동일한 환경에서도 서로 다른 태도와 행동을 취할 수 있다.

성격은 개인적 선호와 행동에 지대한 영향을 미치고 다양한 연구가 진행되어 왔으므로 개인의 성과를 높이기 위한 주요 변수인 능력과 함께 제6장에서 자세히 다루고자 한다.

마지막으로 지각과정은 환경에서 일어나는 사건을 식별하고 의미를 부여하는 과정에 영향을 미친다. 실제로 사람들은 객관적 환경이 아니라 지각된 현실에 의해 반응하고 행동하기 때문에 조직행동을 이해하는 데 특히 중요하다.

6 성격과 능력

성격의 의의

성격의 이론들

특성/유형이론, 정신역동이론, 학습이론

성격결정 요인

유전적 · 생물학적 요인, 사회적 · 문화적 요인

상황적 요인

성격의 주요 5차원

친화성, 성실성, 감정적 안정성

외향성, 개방성

조직행위에 영향을 주는 성격특성

통제위치, 내향성/외향성, 유형 A/유형 B

권위주의 성향, 위험선호 성향

성격과 직무적합화

도구적 지향성/구현적 지향성이론

성격의 6개 유형모형

능 력

지적 능력, 신체적 능력, 능력차이, 능력관리기법

창의성

창의적인 사람, 창의적인 절차, 조직 내 창의성 장려

학습목적

1. 성격의 정의에 대한 이해
2. 성격이론에 대한 이해
3. 성격결정요인의 이해
4. 조직행위에 영향을 주는 성격특성의 이해
5. 성격과 직무적합화에 관한 모형들의 이해
6. 능력의 정의와 주요 유형에 대한 이해
7. 창의성 정의에 대한 이해

장수와 성격(100세를 사는 사람들)

한국의 백세인(百歲人)들의 성격은 어떤 것일까? 일반적으로 낙관적이고 느긋한 사람들이 장수한다는 게 상식이다. 그러나 우리나라 백세인들에게 이 상식은 절반만 통한다고 전문가들은 말한다. 한국의 백세인들은 바깥 일에 대해서는 태평하고 낙관적인 경우가 많았다. 그러나 자신의 이익과 관련된 일에는 결코 태평하거나 느긋하지 않았다. 고집을 세우는 이가 많았고, 자신의 건강은 스스로 챙겼으며, 불만을 가슴에 담아두는 경우도 드물었다.

박상철(朴相哲 · 53) 서울대 의대 교수의 체력과학노화연구소와 조선일보 취재팀이 전국의 백세인 70여 명을 인터뷰한 결과 '독불장군형' 성격의 백세인들이 많았다. 물론 성격은 개인차가 크고 측정 도구가 연구자마다 다르기 때문에 공통점을 단정하기는 어렵다. 그러나 고집이 세고 자기 주장이 강하며, 바깥 일에는 태평한 백세인들을 쉽게 만날 수 있었다. 사교적이고 적극적인 성격도 공통점이었다.

"우리 시어머니는 먼저 간 아들을 땅에 묻는 날에도 밥 한 공기를 다 비웠어. 자기밖에 모르는 사람이야." 104세까지 장수한 시어머니를 30년 이상 모시고 있는 70대 며느리에게 시어머니의 성격을 묻자 "이기적이고 급하다"고 잘라 말했다. 그러나 그 시어머니 말은 달랐다. 자신의 성격을 "느긋한 편"이라고 말했다.

노인들이 받는 가장 큰 정신적 충격은 배우자 및 가족의 사망이라고 했다. 백세인들은 이런 충격을 스스로 극복하는 성격적 특성이 있었다. 강원도 인제군 기린면의 박모(98) 할아버지는 몇 년 전 먼저 세상을 떠난 아내에 대해 묻자 "안 됐긴 안 됐지만 어떻게 해, 지금은 별로 보고 싶지도 않아"라고 '냉정하게' 답했다.

백세인들은 하고 싶은 말을 속에 담아두는 법이 없는 게 성격적 특성으로 나타났다. 전남 담양군 대덕면의 김덕이(100) 할머니 며느리(71)도 "당신이 하고 싶은 대로 다 하고 사시니까 속에 맺힌 게 없어 장수하는 것 같다"고 말했다. 박상철 교수는 "참고 산다는 것은 결국 스트레스를 쌓고 사는 것"이라며 "백세인들은 스트레스를 푸는 자신만의 방법이 있다"고 말했다.

전남 곡성군 석곡면의 이판순(99) 할머니는 밭에서 땀을 흘릴 만큼 정정하다. "매일 일을 해야 안 아프다"는 이 할머니는 부지런한 성격이지만 매사 서두르는 법이 없다. 같은 마을의 조카며느리는 "오늘 못하면 내일 하면 되지"가 할머니의 생활 신조라고 설명했다.

최성재(56) 서울대 사회복지학과 교수는 "백세인들의 성격을 한 마디로 정의하기는 어렵지만, 바깥 일에 대해 태평하고 낙관적이라는 공통점이 엿보인다"고 말했다. 이는 외부의 충격을 느긋하게 받아들이며(태평함), 남은 인생에 기대를 가지고 즐겁게 산다(낙관적)는 의미다.

전남 곡성군 곡성읍의 하현순(102) 할머니 아들(75)은 "가끔 화를 내지만 세상일에 걱정을 안하는 성격"이라고 밝혔다.

일본의 대표적 장수 지역인 오키나와 노인들도 '세속적' 세상살이에 연연해 하지 않는다. 이들은 "아키라메루(포기했다)"란 단어를 자주 쓴다. 핀란드 백세인들은 인생을 즐기는 스타일이다. 핀란드 애르밴페의 아르스카(104) 할아버지는 1주일에 세 번쯤 3km 떨어진 맥주 집까지 걸어가 젊은이들과 함께 맥주를 마시며 노래를 부른다. 핀란드 탐페레의 마리아(104) 할머니는 만난 자리에서 방문자에게 키스를 한 뒤 "기분이 어떠냐"고 묻곤 한다. 이들은 일보다 즐거움을 먼저 찾는 모습을 보였다.

박상철 교수는 "한국의 백세인들은 자기 주장이 강하고 외부 충격에 영향을 덜 받는다"며 "이는 결국 스트레스를 받지 않거나 쉽게 푸는 성격"이라고 말했다. 최성재 교수는 "닥쳐올 일에 대한 걱정을 미리 하지 않는 게 백세인들의 공통점"이라고 말했다.

이처럼 낙천적이고, 삶에 순응적인 성격은 자신이 오래 사는 것까지 타고난 운명으로 받아들임으로써 현실에 적응하는 태도를 나타낸 것이 아닌가 생각된다.

(글: 최성재 서울대 사회복지학과 교수) 자료: 조선일보, 2002년 10월.

이번 장에서는 개인차이를 설명하는 변수 중에서 중요한 요소인 성격과 능력이 조직구성원의 행위나 태도에 어떻게 영향을 미치는지를 설명하고자 한다.

개인의 성격과 능력은 동기(개인이 조직에 공헌하고자 하는 의사)와는 달리 조직 내 행위에 직접 영향을 미친다. 경영자들은 개인의 능력과 성격의 차이를 이해함으로써 조직구성원의 선발, 배치, 훈련 등을 보다 효율적으로 수행할 수 있고, 조직구성원들은 자신의 성격이나 능력에 가장 잘 부합하는 직무에 배치될 수 있다.

이러한 적합과정(matching process)은 궁극적으로 조직의 효율성 증대에 기여할 것이다. 많은 사람들이 성격이라는 용어는 잘 알고 있지만, 그 개념을 정확하게 이해하기란 쉬운 일이 아니다. 그리고 개인들은 다양한 측면에서 차이가 있고 이는 일상생활에서 중요하다는 것을 알고 있으나, 이러한 차이가 어디서 기인하는 것이며 조직구성원의 태도와 행위에 어떤 영향을 주는지는 식별하기가 곤란하다. 따라서 성격과 능력의 의미와 역할을 명확히 하기 위해서 다음과 같이 논의를 진행하고자 한다.

먼저 성격을 정확히 정의한 다음에 성격형성을 설명하는 이론을 소개하고자 한다.

그 다음 조직행위에 있어 중요한 성격유형을 설명한 후 조직에의 시사점을 논의하고자 한다.

마지막으로 능력 구성요인과 개인간 능력차이를 검토한 후 효과적으로 능력을 관리하는 방안을 제시하고자 한다. 또한 조직에서 지속적으로 논의되고 있는 창의성에 관해서 살펴보고자 한다.

성격의 의의

성격이란 개인을 타인과 구별되게 하는 독특하고 안정된 특성과 행위이다. [1)] 즉, 성격은 개인을 타인과 구별되게 하는 지속적인 특성이라고 할 수 있다. 성격은 다음과 같은 특성을 지닌다.

첫째, 성격은 개인의 독특한 특성을 나타내는 전체적인 개념이다. 즉, 개인들은 타인과 구별되는 일련의 특성을 지니고 있는 것이다. 둘째, 성격은 안정되고 일정한 패턴을 형성하고 있다. 예를 들어, 오늘 쾌활하고 양심적인 사람은 내일 또는 한달 후에도 동일한 특성을 보일 것이다.

이와 같이 성격이란 개인이 환경에 반응하는 독특한 특징을 결정하는 개인의 기본구조이며, 사회의 일원으로서 개인의 심리적 특성, 욕구, 관습, 흥미 등의 다양한 요소로 이루어지는 전체 개념이다.

성격은 개인의 행위에 영향을 주는 중요한 요소이지만 개인적 요소와 환경적 요소가 있다. 개인적 요소에는 기술및 능력, 성격, 인지, 태도, 가치관, 윤리 등이 있고, 환경적 요소에는 조직, 작업집단, 직무, 개인생활 등이 있다. 즉, 성격은 개인의 행위에 영향을 주지만 다른 여러 가지 요소 중에 한 가지라는 것이다.

개인의 성격은 환경에 영향을 많이 받는다. 〈그림 6-1〉에서 보는 바와 같이 성격이 급한 사람이라 할지라도 주위환경의 압력에 따라서 다르게 반응한다. 즉, 중요한 고객으로부터 많은 주문을 받고 약속한 시간에 배달을 못해서 고객으로부터 항의를 받은 경우에는 불만이 있어도 화를 내지 못하겠지만, 정비센터에 차

〈그림 6-1〉 개인과 환경의 관계

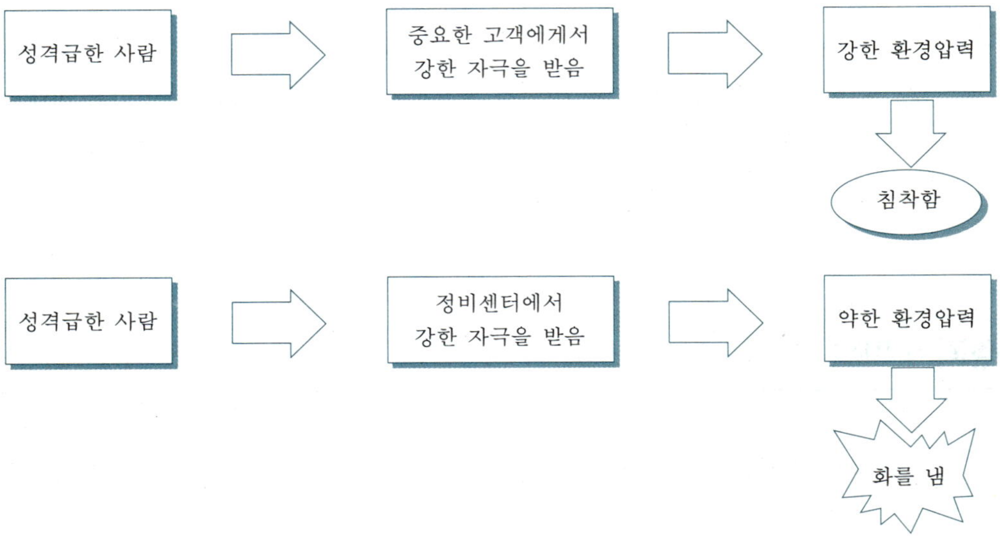

자료: R. A. Baron & J. Greenberg(1990), *Behavior in Organizations: Understanding and Managing the Human Side of Work*(3rd ed.), Allyn & Bacon, p. 191.

수리를 맡겼는데 지나치게 요금이 높게 나오면 즉시 달려가서 항의를 하면서 화를 낼 수 있을 것이다. 따라서 환경의 압력이 강하면 자신의 성격을 통제하지만 그렇지 않은 경우에는 환경에 대해서 자신을 통제하지 않고 반응하게 된다.

성격의 이론들

다음에서는 성격의 구조에 관한 이론들 중에서 가장 특징적인 이론들을 중심으로 살펴보기로 한다. 이러한 성격구조에 관한 이론들은 〈표 6-1〉에 있는 것과 같이 크게 세 가지로 나눌 수 있다.

〈표 6-1〉 성격 결정의 세 가지 이론들

구 분	특성/유형이론	정신역동이론	학습이론
기본개념	개인의 성격을 구성하는 기본적인 특성을 찾아내거나, 범주 내에 포함되는 특성을 집단화하려는 이론으로 성격을 타고 난 것으로 간주한다.	성격의 동태적 측면을 강조한 이론, 즉 인간의 행동은 무의식에 의해 지배되는데, 충동을 처리하는 방식에 따라 개인의 성격에 차이가 나타난다는 것으로 성격을 무의식적인 것으로 간주한다.	개인의 성격은 개인이 환경과 상호작용하는 과정에서 사회적 학습을 통해 형성되며 성격을 후천적으로 획득되는 것으로 간주한다.
주요학자	G. W. Allport R. B. Cattell	S. Freud C. Jung K. Horney	W. H. Sheldon R. B. Cattell

특성/유형이론(trait/type theory)

특성/유형이론이란 성격이 독특한 특성으로 구성되어 개인의 행위를 결정한다고 보는 이론으로서, 즉 개인의 성격을 구성하는 기본적인 특성이 무엇인가를 밝혀내려는 이론이다.

알포트(G. W. Allport) 등의 연구에 의하면 성격의 특성(traits)에서는 17,953개가 포함되어 있다.[2] 이같이 많은 특성을 고려하여 인간의 행동을 예측하는 것은 거의 불가능하기 때문에 그 후에 이들을 보다 관리하기 쉬운 몇 가지 유형으로 줄이고자 하는 많은 노력들이 시도되었다. 그러나 특성들의 수가 엄청나게 많기 때문에 개인간에 차이가 있는 기본적인 특성차원을 파악해 낸다는 것은 대단히 어렵다. 카텔(R. B. Cattell)은 성격을 16가지의 성격차원으로 구성된다고 주장하고 이를 기본특성(source traits)이라고 하였다.[3] 〈표 6-2〉는 16가지의 기본적인 특성을 나타낸 것이다.

이러한 기본특성의 다양한 조합이 개인들의 독특한 성격을 무한적으로 파생시킨다. 따라서 개인의 행위는 사실상 비교적 적은 수의 기본특성으로부터 파생된 것이라고 할 수 있으므로 이를 예측할 수 있게 해 준다. 그러나 이 이론은 특성에 관한 용어들에 대한 정의가 다소 어렵고, 결과의 신뢰도를 입증하기 곤란하

〈표 6-2〉 16가지 기본특성

1. 내성적인	-------------------------	외향적인
2. 덜 총명한	-------------------------	더 총명한
3. 감정에 사로잡히는	-------------------------	감정적으로 안정적인
4. 복종하는	-------------------------	지배적인
5. 고민이 많은	-------------------------	태평한
6. 편의주의적인	-------------------------	양심적인
7. 겁이 많은	-------------------------	모험적인
8. 심성이 강인한	-------------------------	감수성이 예민한
9. 남을 잘 믿는	-------------------------	의심이 많은
10. 현실적인	-------------------------	풍부한 상상력
11. 솔직한	-------------------------	영악한
12. 자신감 있는	-------------------------	걱정이 많은
13. 보수적인	-------------------------	실험적인
14. 집단의존적인	-------------------------	자기충족적인
15. 억제당한	-------------------------	억제되지 않은
16. 느긋한	-------------------------	긴장한

자료: R. B. Cattell(1973), Personality Pinned Down, *Psychology Today*, pp. 40-46.

다는 문제점을 안고 있다.

정신역동이론(psycho-dynamic theory)

성격에 대한 프로이드(S. Freud)의 정신역동이론은 성격의 동태적인 면을 강조하였다 하여 지칭된 것으로 프로이드는 인간의 행위가 무의식에 의해서 지배된다고 보았다.[4] 이에 대한 설명은 〈그림 6-2〉와 같다.

인간은 기본적으로 어떤 원인에 의해 행위가 야기되는 것인데, 원초적인 원인은 대부분 우리가 의식하지 못한다는 것이다. 즉 우리 행위는 숨겨진 동기와 무의식적인 소망에 의해서 지배된다는 가정을 하고 있다. 그는 마음을 빙산에 비유하여 물위에 떠있는 작은 부분이 의식이라면 물 속의 훨씬 큰 부분을 무의식으로 비유할 수 있다고 보고 있다. 그리고 무의식 세계에는 우리가 인지할 수 없는 사고, 욕망, 충동들이 존재하고 있어 이것이 인간의 의식적 사고와 행위를 지배하게 된다. 프로이드는 이러한 기본적 가정 아래 성격의 구조와 역동적 과정에 대해 설명하면서, 그는 성격차이를 개인이 기본적인 충동을 처리하는 방식이 다

〈그림 6-2〉 빙산모형

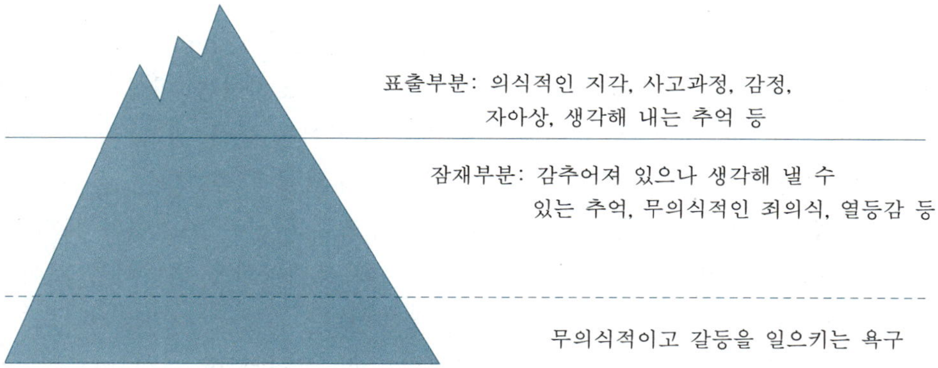

자료: J. C. Williams(1978), *Human Behavior in Organiations*, South-Western, p. 8.

르기 때문이라고 본다. 이를 설명하기 위해서 그는 인간의 마음에 있는 성격의 구조와 기능을 다음과 같은 세 부분으로 설명한다.

원초아(id)

프로이드는 성격을 기본적으로 쾌락 추구적인 것으로 파악하고 원초아란 쾌락을 극대화하고 고통을 극소화하기 위해 노력하는 에너지의 원천이다. 이 원초아는 무의식의 핵이며 마음 깊숙이 자리잡고 있어 원시적 본능의 창고 역할을 하는데, 이는 이기적이고 규율이 없는 방식으로 욕망의 즉각적인 충족을 추구한다. 이것이 성격의 기초가 된다고 보았다. 대표적인 원초아는 성적·공격적 본능이다.

자아(ego)

원초아가 무의식을 내포하는데 반해 자아는 의식이며, 성격의 현실 지향적인 부분이다. 원초아는 맹목적으로 긴장해소를 추구할 경우 사회적으로 제재를 받게 되어 오히려 고통이 증가되므로 긴장해소 과정에서 현실을 고려하여 기능을 수행하는 자아형성이 불가피하다. 따라서 자아는 현실원리에 기초하고 있다. 즉, 자아는 원초아의 확장이며, 원초아가 현실을 이해하고 평가하게 함으로써 원초아의 에너지를 성취 가능한 방향으로 지도하는 역할을 한다.

초자아(super ego)

초자아는 일반적으로 양심으로 간주되며, 성격의 윤리적 · 도덕적 차원을 첨가한 개념이다. 그러므로 자아가 현실적이라면 초자아는 이상적이다. 자아는 초자아가 원하는 것을 얻기 위해 착수하고, 초자아는 이를 위해 욕구충족이 가능한 수단을 정의해 준다. 또한 초자아는 대부분 무의식에 속한다.

성격의 두 부분 즉, 성적 · 공격적 본능으로 구성된 원초아와 도덕적 · 양심인 초자아는 끊임없는 갈등상태에 있다. 여기에 조정역할을 담당하는 것이 자아인데 역할의 정도가 성격의 차이와 행위를 유발한다.

성격구조와 관련된 이론으로 프로이드의 성격발달에 관한 이론이 있다. 그에 의하면 성인의 성격특성은 출생부터 7세까지 차례로 단계를 거치면서 결정된다. 이런 단계를 거치면서 원초아의 쾌락추구의 대상인 신체 부분이 변하는데 이 변화의 각 단계마다 원초아와 자아 · 초자아간의 갈등이 발생한다. 이때 자아에 의해 갈등이 잘 조정되면 성격이 건전하게 계속 발달이 되지만, 그렇지 못할 경우 성격은 어느 한 단계에 고착되어 심리적인 문제를 일으키게 되는 것이다.

프로이드의 이론은 인간행위를 설명함에 있어서 본능, 특히 정서적 본능의 중요성을 지나치게 강조함으로써 행위에 있어 인간의 합리적 측면과 사회 · 상황적 요인을 지나치게 경시하였고, 이론의 구성개념들이 애매하고 조작화가 어려워서 경험적으로 검증하는데 한계가 있다. 그러나 인간의 마음이나 행위에 대한 그의 통찰력은 의미있는 것으로 받아들여지고 있다.

학습이론(learning theory)

학습이론은 성격을 학습의 총체로 보는 접근방법이다. 따라서 자아와 초자아, 특질들은 학습을 통하여 획득된다고 본다. 고전적 학습이론은 학습과정에서 충동(drives), 단서(cue), 강화(reinforcement)를 강조한다. **충동**은 개인의 행동을 야기하는 유발 메커니즘이다. 1차적 충동은 배고픔, 성욕, 고통의 회피와 같은 생리현상을 포함한다. 2차적 충동은 이전의 학습을 통해 획득되고 개인에게 반영되는 사회적 · 문화적 영향으로 명예나 애정에 대한 욕구 등과 같은 것이다. **단서**는 개인의 환경에서 발견되는 충동을 유발하는 자극이다. 예를 들어 광고는 재화나 용역을 구매하도록 충동하는 의도된 단서이다. **강화**는 대응이나 충동의 감소에 대한 보상이다. 예를 들어 배고픈 동물에게는 먹이가, 육체노동자에게는 보수의 증가가 보상이 될 수 있다. 학습이론의 하나인 사회적 학습이론은 행동의 결정요인으로서 상황요인을 강조한다. 즉 환경조건들이 학습을 통해 개인의 행동을 결정하며 개인의 행동은 다시 환경조건을 형성하게 된다.

성격결정의 요인

개인의 성격을 결정하는 요인으로서는 유전적·생물학적 요인, 사회적·문화적 요인, 상황적 요인을 들 수 있으며 이들 요인은 다음과 같다.

유전적·생물학적 요인

일반적으로 사람들의 외모, 성질, 체격, 생리적인 조건 등은 부모가 누구냐에 의해서 영향을 받는다고 생각되어진다. 따라서 학자들이 유전에 대해 관심을 지니게 된 것은 신체적 구조와 관련된 여러 특성들이 유전된다면, 그와 더불어 정신적 영역이나 차원에 있어서도 유전에 의한 공통적 측면들이 발견될 수 있다는 것이었다. 따라서 오늘날에 와서는 유전과 환경의 영향을 더욱 분명히 구분하기 위해서 특별한 연구법이 행해지고 있는데 쌍생아연구와 입양아연구가 바로 그것이다. 쌍생아 연구에서 캔터(S. Canter)는 태어난 이후 멀리 떨어진 상태에서 양육된 일란성 쌍생아들을 조사하였더니 상관관계가 「+0.91」로 나타났다.[5)]

사회적·문화적 요인

성격에 대한 사회적·문화적인 요인은 대체로 독립성, 공격성, 경쟁, 협력에 대한 태도를 결정한다. 각 사회의 문화는 그 사회 구성원들에게 그 사회에서 용납되는 양식으로 행동하도록 기대하거나 가르치며, 구성원의 가치관과 성격의 특

성 및 경험의 범위를 한정한다.[6)]

따라서 많은 행동과학자들은 문화가 생물학적 요인보다도 성격에 더욱 중요한 영향을 미친다고 믿고 있다. 그들은 심리적 과정으로서 학습을 중요시하며, 문화는 학습에 있어서 결정적인 역할을 한다고 믿는다. 문화는 개인의 학습을 통해서 그 성격에 직접적인 영향을 준다. 한 연구에 의하면 미국인이 말하는 훌륭한 지도자는 체계적으로 일을`계획하고 부하들의 의견을 참작하여 그들에게 참여의 기회를 주는 자를 말한다. 반대로, 이란인들은 자애롭고 가부장적인 관리로서 정확하게 무엇을 할 것인가를 지시·명령하는 자로 본다는 것이다. 이것은 문화가 역할에 대한 기대에 영향을 미치고 기대가 인간행동에 영향을 미치는 좋은 예이다.

성격형성의 또 다른 중요한 요인으로서 사회적 요인을 들 수가 있는데 어린이의 성격형성에 가장 중요한 역할을 하는 것은 가족관계이다.[7)] 특히 부모는 초기의 성격을 형성시키는 동일화과정(identification process)에서 가장 중요한 역할을 한다. 남자아이에게는 아버지가, 여자아이에게는 어머니가 아이들의 동일화의 모델이 되는 수가 많다. 이러한 동일화과정을 세 가지 관점에서 살펴볼 수 있다.

동일화는 첫째, 아이와 모델간의 행동(감정, 태도)의 유사성 둘째, 모델과 같게 되려는 아이들의 동기나 욕구 셋째, 아이들이 실제로 모델의 속성을 취하는 과정으로 볼 수 있다.

이상과 같은 세 가지 관점에서 볼 때 동일화과정도 성격발달과정을 이해하기 위한 기초단계라 할 수 있다. 그러나 부모 자체보다는 부모가 조성하는 전반적인 가정환경이 성격발달에 중요한 영향을 미친다는 실증적인 연구도 있다. 예를 들어 화목하지 못한 집안에서 자란 아이들이 따뜻하고 사랑이 있는 가정에서 자란 아이들보다 사회적·감정적 적응이 잘 안 된다는 것이다.

또한 사회적 요인에 관한 연구로서 흥미있는 것이 출생순서에 관한 것이다. 한 연구에 의하면 장남이 차남보다 정신분열증에 걸리기 쉽고, 사회적 압력에 굴복하기 쉬우며 의존적이고 우울성이 있어 문제가 많다는 것이다. 또한 장남은 세상을 보다 질서 정연하고 예측가능하며 합리적인 것으로 받아들인다.[8)] 이 연구에 관해서 여러 가지 논쟁이 있으나 출생순서가 성격형성의 영향을 준다고 볼 수 있다.

어린아이가 점차 성장해 가면서 동일화과정을 거쳐 사회화과정(socialization process)을 겪게 된다. 사회화란 어린아이가 자기가족이나 사회집단의 기준에서 볼 때 수용가능하고 관습적인 행동패턴들을 습득해 가는 과정이다. 이 과정에서 직계가족이나 사회집단이 중심적 역할을 수행한다. 또한 조직이나 집단의 가치, 규범, 행동패턴의 학습도 사회화과정에 포함될 수 있다.

상황적 요인

상황적 요인 또한 중요한 성격결정요인이다. 한 개인의 성격은 안정적이고 지속적이기는 하지만 상황에 따라 변할 수 있다. 예를 들어 성장과정에서 성취와 노력에 대한 욕구가 매우 큰 사람이 고도로 관료적인 작업상황에 놓이게 될 경우, 그는 좌절을 느끼면서 반대로 공격적이 될지도 모른다. 그렇게 되면 다른 사람의 눈에는 천성적으로 문제아인 것처럼 비치게 될 것이다. 그러나 이전의 성장과정을 살펴볼 때 그는 훌륭한 조직구성원이 될 수 있었을 것이다. 따라서 개인의 성격형성은 상황과 밀접한 관계가 있는 것으로 여겨진다.

성격의 주요 5차원

심리학자들은 한 사람을 다른 사람과 구분할 수 있는 수천 가지의 성격특징과 범위를 구분지어 왔다. 그러나 최근 몇 년간 연구자들은 특히 조직과 관련되어 있는 다섯 가지 성격특징(the big five personality traits)을 구분 짓고 있다. 이러한 다섯 가지 특징들은 아주 중요하고, 근래에 주목을 받고 있기 때문에 일반적으로 'Big Five' 성격특징이라고 불린다.

5가지 성격특징은 연구자들과 관리자들 사이에서 유용한 도구로 인정받고 있다. 이러한 5개의 범주는 조직 내 개인행동을 정의 내리는데 중요하다고 간주되는 근본적인 성격특징을 대표한다. 일반적으로 전문가들은 그림의 오른쪽에 가까운 특징이 조직환경에 더 긍정적인 데 반해, 각 범주의 왼쪽에 가까울수록 조

〈그림 6-3〉 5가지 성격특징

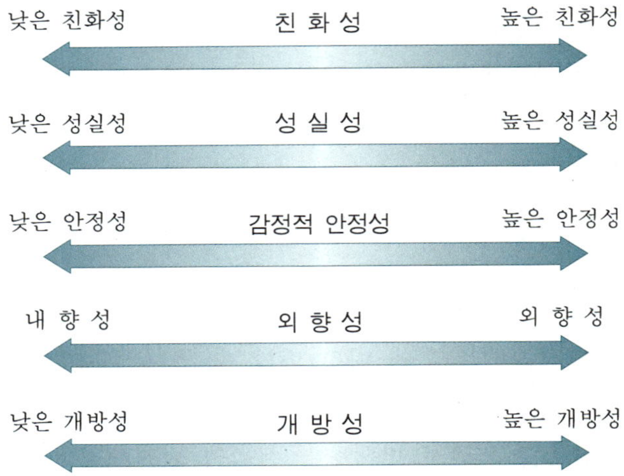

자료: R. L. Daft & R. A. Noe(2001), *Organizational Behavior*, Harcourt, p. 99.

직환경에 덜 긍적적이라는 데에 동의한다.

친 화 성

친화성(agreeableness)은 다른 사람과 어울리는 능력을 말한다. 예의바름, 관대함, 인내심, 신뢰, 그리고 자애심은 친화성과 관련된 특징들이다. 친화성은 대인관계를 개척, 유지하는 것이 중요한 업무에 효과적으로 도움을 줄 수 특성이다. 친화성이 낮은 사람은 종종 무례하거나 냉정하고, 조심성 없고, 무정하며 대립되는 성격을 가졌다고 생각되기 쉽다. 연구자들은 아직 친화성의 효과에 대해서 완전히 파악하지는 못했다. 그러나 친화성이 없는 사람들이 자신의 일에서 좋은 관계를 형성하지 못하는 것에 반해 친화성이 있는 사람들은 동료, 부하직원, 상급관리자와 좋은 관계를 형성하는 데 능한 것으로 보인다. 그러한 유형은 아마도 고객과 공급자 그리고 조직의 중요한 인물과의 관계에도 적용될 것이다. 높은 친화성이 요구되는 업무와 직업으로는 서비스업무, 판촉, 회계감사, 간호사, 교사, 사회복지사 등이 있다.

성 실 성

성실성(conscientiousness)은 의지할 수 있고, 조직화되어 있고, 철저하고 책임 있는 사람을 표현할 때 쓰이는 말이다. 성실한 사람은 인내심이 강하고, 열심히 일하며 일의 성취와 완성을 즐긴다. 그것이 모든 조직에서 아주 중요하게 여겨지는 가치인지 이해하는 것은 어렵지 않은 일이다. 성실하지 않은 직원은 불평이 많고, 비효율적이고, 부주의하고 심지어 게으르기까지 하다. 연구결과 성실한 직원이 업무 동기부여가 강하고 만족도도 높을 뿐 아니라 다른 중요한 업무행동(유지, 출근, 그리고 적은 실수)에서도 좋은 태도를 보여준다고 나타났다. 성실한 사람이 자신의 일을 더욱 진지하게 여기고 강한 책임과 열정을 가지고 접근하기 때문에 당연한 결과로 여겨진다.

감정적인 안정성

감정적인 안정성(emotional stability)은 심리적인 안정, 차분함, 편안함을 느끼는 것과 같이 긍정적인 감정 상태를 경험하는 것이다. 반면 걱정, 우울, 분노 그리고 당황은 감정적인 안정성이 낮을 때 나타나는 특성들이다. 감정적인 안정과 업무성과 사이의 관계가 강하게 나타난 것은 아니지만, 중요한 업무행동에 관련된 흥미로운 연구가 있어 왔다. 예를 들어 메타분석(이전의 몇몇 연구결과를 분석하는 대단위 연구)에 의하면 낮은 감정적인 안정성은 직원의 낮은 동기부여와 연관이 있다는 것을 알아냈다.

외 향 성

외향성(extroversion)은 다른 사람과의 관계에서 편안한 정도를 이야기 한다. 외향성은 사교적이고, 친화적이고, 적극적이며, 말을 잘 붙이고 능동적인 경향을 말한다. 높은 외향성을 지닌 사람은 동료들과 말하고 교류하는 것을 즐기고 사회적 교류를 많이 할 수 있는 직업에 끌린다. 내향적인 사람은 훨씬 덜 사교적이고, 말수가 적으며 자신감이 없고 새로운 관계를 형성하는 것을 꺼린다. 연구에 의하면 외향적인 사람들은 판매나 관리 업무에 능하고 훈련 프로그램을 잘 수행하고 높은 단계의 관리업무에 만족을 느끼는 경향이 있다.

개 방 성

개방성(openness to experience)은 사람의 믿음의 정도와 흥미의 범위이다. 높은 수준의 개방성을 가진 사람은 새로운 아이디어를 들으려고 하고 그들이 원래 지니고 있던 생각, 믿음, 그리고 새로운 정보에 반응하여 기꺼이 바꾸려고 한다. 그들은 또한 넓은 흥미 범위를 가지고 있고, 호기심이 많고 상상력이 풍부하며 창조적인 경향이 있다. 반면 개방성이 낮은 사람들은 새로운 아이디어를 받아들이는데 수동적이고 그들의 마음을 바꾸려 하지도 않는 경향이 있다. 게다가 더 좁은 범위의 흥미와 호기심을 가지지도 않고 창의적이지도 않다. 개방성이 큰 사람은 조직 내의 다른 구성원들에게 더 잘 받아들여질 수 있는 가능성과 유연성으로 인해 성과가 좋은 직원이 될 것으로 기대된다. 개방성은 또한 변화를 받아들이려는 의지 또한 포함되어 있다. 개방성이 거의 없는 사람들이 변화에 저항하는 반면 개방성이 큰 사람들은 변화를 더 잘 받아들일 것이다.

5가지 성격특징은 연구자들과 조직관리자들의 관심을 끌고 있다. 이 모형의 잠재적 가치는 특정 상황 하에서 특정행동을 예측하는데 믿을 수 있는 기준을 나타내는 성격 특징들의 통합된 틀이라는 데에 있다. 그러므로 이러한 모형을 이해하고, 종업원들의 성격특징들을 평가할 수 있는 관리자라면 종업원들이 왜, 어떻게 그렇게 행동했는지 이해할 수 있을 것이다.

조직행위에 영향을 주는 성격특성

그 동안의 연구에 의해서 성격특성 들이 조직 내의 행동의 예측하는데 도움을 준다는 사실들을 밝혀 내었다. 다음에서는 주요 성격특성들에 대하여 살펴보자.

통제위치(locus of control)

통제위치란 인생의 결과에 대해 자신이 얼마나 영향을 줄 수 있다고 믿는가를 측정하는 개념으로 로터(J. B. Rotter)에 의해 개발되었다.[9] 개인의 통제위치가 어디에 자리잡고 있는가에 따라 집단 또는 조직 내에서 개인차가 나타난다. 말하자면, 사람들은 어떤 사건(events)이나 결과(consequences)가 자신에 의해 통제되는지 아니면 외부요인에 의해 통제되는지에 관해 일반적인 기대를 갖고 있다. 통제의 위치가 어디에 있는가에 따라 내재론자와 외재론자로 구분된다. 내재론자(internals)는 자신의 운명을 스스로 결정하고 관리·통제할 수 있다고 믿는데 반해, 외재론자(externals)는 자신에게 일어나는 많은 일들이 자신의 통제력에 의해서가 아니고 행운이나 타인 또는 조직과 같은 외부의 영향력에 의해 결정된다고 믿는다. 통제위치에 따라 개인의 신념 차이는 위의 〈표 6-3〉과 같이 구분된다.

통제위치에 따른 **관리적 의미**를 보면 다음과 같다.

- 통제위치가 내부인 사람은 외부인 사람보다 동기의 수준이 높다.
- 통제위치가 내부인 사람은 통제위치가 외부인 사람보다 성과를 결정하는 것은 자신의 노력이라는 기대가 높다.
- 성과에 따라 보상이 결정될 때(즉 성과급) 통제위치가 내부인 사람은 통제

〈표 6-3〉 통제위치의 특성

내적 통제의 신념	외적 통제의 신념
■ 승진은 열심히 그리고 지속적으로 일함으로써 된다. ■ 내 경험을 통해 보면 공부한 정도와 성적은 통상 직접적인 관련이 있다. ■ 많은 이혼율은 점차 많은 사람들이 결혼생활을 위한 노력을 하지 않기 때문인 것임을 말해 준다. ■ 내가 옳으면 타인들을 납득시킬 수 있다.	■ 돈은 주로 우연히 벌어진다. ■ 많은 경우에 선생님의 반응(성적)은 상황적 분위기에 좌우된다. ■ 결혼은 크게 보면 하나의 도박이다. ■ 다른 사람의 기본적인 태도를 진실로 바꿀 수 있다는 생각은 바보스럽다.

자료: J. B. Rotter(1971), *Psychology Today*, American Psychology Association.

위치가 외부인 사람보다 업무와 관련된 문제해결이나 학습에 있어 높은 성과를 나타낸다.

- 통제위치가 외부인 사람보다 통제위치가 내부인 사람인 경우에 직무만족과 성과간의 관계가 더 분명하게 나타난다.
- 통제위치가 내부인 사람이 통제위치가 외부인 사람보다 더 높은 수준의 급여를 받으며 급여의 증가율도 더 빠르다.
- 통제위치가 외부인 사람이 통제위치가 내부인 사람에 비해 걱정을 더 많이 하는 경향이 있다.
- 통제위치가 내부인 사람은 참여적 관리스타일을 선호한다.

통제위치는 조직에 대하여 중요한 의미를 지니고 있다. 통제위치에 연구결과에 있어서 조직행동 이론(organizational behavior modification theory: OBM)과 목표설정(goal setting) 등과 같은 경영기법은 내부적 통제위치를 지니고 있는 조직구성원에게 보다 잘 적용될 것이다. 반면에, 외부적 통제위치를 지니고 있는 사람은 특정한 행위가 보상에 영향을 미치지 못할 것이라고 믿음으로 경영프로그램에 의해 동기화가 되기 어렵다. 기대이론의 관점에서 보면, 외부적 통제위치를 지니고 있는 사람은 내부적 통제위치를 지닌 사람에 비해 낮은 기대감(low expectancy perception: $E \rightarrow P$)과 낮은 수단성(low instrumentality perception: $P \rightarrow O$)을 가질 것이다. 이것은 외부적 통제위치를 지닌 사람은 항상 낮은 노력(E)→성과(P)와 성과(P)→결과(O)를 가진다는 것을 의미한다. 이것은 내부적 통제위치를 지닌 사람이 동기화를 시키기 용이하기 때문에 효과적 조직구성원이 될 수 있는 가능성이 더 높다는 것을 의미한다. 이것은 특히 개인적인 자기통제를 허용하는 상황일 때 더욱 그렇다. 따라서 한 조직의 운명을 책임지는 최고경영자의 경우에는 일반적으로 외부통제자 보다 내부통제자가 더욱 적절하다고 여겨진다.

내향성/외향성(introversion/extroversion)

내향성과 외향성은 주어진 상황에 대한 반응에 있어서 개인의 에너지가 내부와 외부 어느쪽을 더 지향하는가를 말하는 것이다. 개인의 감정이나 의식 등을 내적으로 내면화하는 경향이 많이 나타나면 내향성이라고 하고, 반응에너지가 외

〈표 6-4〉 내향성과 외향성의 특성 비교

내향성의 특성	외향성의 특성
■ 집중하여 조용함을 좋아함 ■ 세밀한 것에 주의를 기울이는 경향이 있으며 전반적인 설명을 싫어함 ■ 이름과 얼굴을 기억하기 어려워함 ■ 간섭받지 않고 오래 걸리는 직무의 담당을 꺼리지 않음 ■ 직무 뒤에 있는 아이디어에 관심이 있음 ■ 때로는 행동도 하지 않고 행동하기 전에 많은 생각하기를 좋아함 ■ 자기 만족하면서 혼자 일하기 좋아함 ■ 의사소통에 문제를 지니고 있음	■ 다양성과 행동을 좋아함 ■ 빨리 처리하는 경향이 있으며 복잡한 절차를 싫어함 ■ 인사하기를 좋아함 ■ 흔히 오래 걸리고 느린 직무를 인내하지 못함 ■ 직무의 결과에 관심이 있음 ■ 때로는 생각도 하지 않고 빨리 행동함 ■ 주변에 많은 사람이 있기를 좋아함 ■ 통상 자유롭게 의사소통함

적으로 더 많이 나타나는 경향을 보이면 외향성이라고 한다.

연구에 의하면 내향성의 성격을 지닌 사람(introverts)은 질서 있고, 안정적이며, 예측 가능한 환경을 제공하는 반복적인 과업에서 일하기를 좋아하고, 외향성의 성격을 지닌 사람(extroverts)은 환경 속에서 자극을 필요로 하고, 단순하고 지루하며 반복적인 직무에는 부정적으로 반응하는 경향이 있으며, 다양성과 예측불가능성 및 흥분을 주는 작업환경을 필요로 한다.

따라서 내향성과 외향성은 조직환경이나 직무와 관련하여 조직구성원의 적재적소원칙에 많이 활용되고 있다. 연구에 의하면 성격과 직무특성간의 관계에서 내향적인 사람은 회계나 기술직에 더 적합하고, 외향적인 사람은 판매, 영업, 일반관리직에 보다 더 적합한 것으로 나타났다. 그리고 내향성과 외향성인 사람의 비율을 조사한 바에 의하면, 미국은 외향성이 75%이고, 내향성이 25%인 반면, 한국은 외향성이 48%이고, 내향성이 52%인 것으로 나타났다.[10] 따라서 개인의 성격은 사회/문화적인 요인 등에 의해서 영향을 받는다는 것을 간접적으로 시사하고 있다.

유형 A/유형 B(type A/type B)

유형 A(type A) 또는 유형 B(type B)는 심장질환에 대한 연구를 하던 프리

〈표 6-5〉 A·B형 성격 비교

A형 성격	B형 성격
■ 언제나 움직임 ■ 빨리 걷는다. ■ 빨리 먹는다. ■ 빨리 말한다. ■ 인내심이 없다. ■ 여가선용을 못함 ■ 동시에 두 가지를 한다. ■ 수치에 사로잡힌다. ■ 공격적이다. ■ 양을 성공의 기준으로 함 ■ 언제나 시간의 압박을 느낌 ■ 경쟁적이다.	■ 시간에는 관심이 없다. ■ 인내력이 있다. ■ 자만하지 않는다. ■ 죄의식 없이 여가를 즐기기만 한다. ■ 이기기 위해서가 아니라 즐기기 위해서 놀이를 한다. ■ 압박받는 시간이 없음 ■ 온순한 매너 ■ 결코 성급하지 않다.

드먼(M. Friedman)과 로즈먼(R. H. Roseman)의 일련의 연구를 통해 처음으로 명명한 이래 조직행동과 관련된 많은 연구가 이어지고 있다.[11] A형 성격과 B형 성격은 정반대의 성격을 지니는데 A·B형의 성격을 비교하면 〈표 6-5〉와 같다.

A형 성격의 특성이 공격적이고 경쟁적이면, 높은 표준을 설정하고 항상 시간적인 압박을 받으면서 성취욕구가 높고 완전주의를 지향하는데 있는가 하면, B형 성격의 특성은 날마다의 생활에서 쉽게 살아가고 덜 경쟁적이다. 다만 이와 관련하여 우리가 유념해야 할 것은 누구나 극단적인 A형 또는 B형 성격을 동시에 지니고 있으며 정도를 달리하고 있을 뿐이다.

우리의 관심사는 이들 두 유형 가운데 어느 유형이 더 바람직하며 성공과 관련되는가 하는 것이다. 결론적으로 양자간의 우열을 가린다는 것은 쉬운 일이 아니다. 업무수행의 측면에서 보면 A형이 B형보다 나은가 하면 인간관계의 측면에서는 A형은 참을성이 없고, 타인의 방해를 받으면 몹시 화를 내며, 짜증이 심하고, 공격적이어서 B형보다 장점이 적기 때문이다. 또한 시간상의 압력을 받거나 여러 가지 상충되는 요구가 있다거나 팀의 한 구성원이 되어야 하는 과업에서는 B형 성격이 더 효과적이게 된다.

권위주의 성향(authoritarianism)

권위주의 성향이란 개인의 권력과 지위의 차이가 조직과 같은 사회시스템 내에 존재해야 한다고 믿는 정도와 지위와 권력의 활용이 조직의 효과적인 기능화에 중요하다고 믿는 정도를 의미한다.[12)]

이 같은 믿음이 강한 사람일수록 권위주의적이라고 말할 수 있는데 이와 관련된 학자들의 연구에서는 권위주의적 성향이 강한 사람일수록 다음과 같은 몇 가지 점에서 경영관리자에게 도움이 된다는 사실을 지적했다.

- 고도로 권위주의적 성향을 지닌 부하는 감독자(상급자)의 지시적인 리더십을 보다 기꺼이 수락하며 덜 반항적이다.
- 고도로 권위주의적 성향을 지닌 사람은 위험이 있을 수 있음에도 불구하고 권위를 지닌 사람의 명령에 복종하는 경향이 있다.
- 고도로 권위주의적 성향을 지닌 사람은 지침이 거의 없는 애매한 상황에서는 스트레스와 불안감을 느낀다.
- 고도로 권위주의적 성향을 지닌 사람은 다른 사람의 감정을 세심하게 고려해야 하는 직무에 임하면 부정적인 결과를 보인다.
- 이와는 반대로 그들은 고도로 구조화되고 규정을 지키는 것이 성공에 직결되는 상황에서는 높은 업적을 낳는다.

위와 같이 상사와 부하간의 권위주의적 특성에 따라서 배치를 하면, 관리적인 측면에서 개인간의 갈등의 조정이나 성과향상을 도모할 수 있다. 즉, 권위주의적 성향이 높은 사람은 규정이나 규칙에 의해서 반복적이며 팀워크가 중요한 직무에 적합하고, 그와 반대인 사람은 보다 자율적인 업무에 적합할 것이다.

위험선호 성향(risk-taking)

위험선호 성향이란 개인의 행동에서 위험을 부담하거나 회피하고자 하는 성향이다. 경영관리자가 어떤 위험선호 성향을 가지고 있는가에 따라 필요로 하는 시간이나 정보의 양이 다르다. 한 연구에 의하면 79명의 경영자들을 인사관리 훈련프로그램에 참여시켜 고용에 관한 의사결정을 하도록 하였다. 그 실험에서 위험선호 성향이 강한 경영자는 약한 경영자보다 빨리 의사결정을 하고 최종 의사결정을 하는 데 있어서도 보다 적은 정보를 필요로 하고 있음에도 불구하고 양자의 정확도는 같다는 흥미로운 결론을 내리고 있다.[13] 결국 조직의 경영관리자들은 일반적으로 위험을 좋아하지 않지만 개인차가 있다. 따라서 조직구성원들을 개인의 위험선호 성향 정도에 알맞은 직무와 연결하는 것이 중요할 것이다. 예를 들면 외환딜러와 같은 직무에 있는 사람은 적절한 정도의 위험은 가지고 있어야 할 것이다.

성격과 직무적합화

일반적으로 직무를 적절히 수행하기 위해서 필요한 직무요건에 따라서 적합한 성격특성이 있음을 알 수 있다. 최근 '적재적소배치'라는 말이 자주 인용되듯이 직무요건과 개인이 성격특성을 일치시키려는 관심이 최근에 와서 증대되고 있다. 이제 성격과 직무의 적합화에 관한 두 가지 이론을 살펴보자.

도구적 지향성/구현적 지향성이론

어떤 사람들은 자신의 직업을 다른 목적을 달성하기 위한 수단이라고 보는 반면에, 어떤 사람들은 일 그 자체가 제공하는 내재적 만족을 얻기 위해 직업을 갖는다. 첫 번째 범주에 속하는 사람들을 **도구적 지향성**(instrumental orientation)라고 하는데, 이들은 직업으로부터 재정적 보상과 안정을 바란다. 두 번째 범주에 속하는 사람들을 **구현적 지향성**(expressive orientation)라고 하며, 이들은 직업적 성취와 자기실현의 기회를 원한다. 구현적 성격을 갖은 사람들에게 도전감을 주는 과업을 맡기고, 도구적 성격을 갖은 사람들에게 비도전적인 과업을 맡기는 경우가 각각 그 반대의 경우에 비해서 더 높은 성과와 만족을 창출한다는 연구결과가 나와 있다.[14]

이 연구결과는 종업원의 행동이 성격과 환경 양자의 함수라는 주장과 일치하는 것이다. 어떤 사람들에게는 일이 삶의 주된 관심사이다. 그런 사람들에게는 도전감을 주는 직무가 주어져야만 한다. 그러나 모든 종업원들이 도전적인 직무를 원하는 것은 아니다. 즉 성격의 특성이 행동에 영향을 미치는 것이다. 다만 어떤 과업을 도전적인 일로 보느냐 아니면 비도전적인 일로 보느냐 하는 것은 종업원 각자의 지각에 따라 다르기 때문에, 어떤 과업은 도전적이고 어떤 과업은 비도전적이라고 단정지을 수는 없다.

성격의 6개 유형모형

성격과 직무의 적합이론(personality-job fit theory)에 대한 대부분의 연구는 6개의 성격유형모형(the six personality types model)에 집중되어 왔다. 이 모형에 따르면 개인의 직무만족과 직무이직의 정도는 자신의 성격과 직무환경을 일치시키는 데 어느 정도 성공하느냐에 달려 있다.[15)]

6개 성격유형 각각에 대하여 적합한 직무환경이 존재한다. 〈표 6-6〉에는 6개 성격유형 각각에 적합한 활동의 설명과 각각의 유형에 부합되는 직업의 구체적

〈표 6-6〉 성격유형에 적합한 활동과 구체적인 직업의 예

성격유형	적합한 직업의 예
■ **현실적 유형**(realistic type) 적극적인 행위나 숙련도·힘 및 조정이 필요한 육체적 활동에 참여	농업, 임업, 건축업
■ **조사적 유형**(investigative type) 감각이나 감정보다는 사고·조직화 및 이해를 요구하는 활동에 참여	생물학, 수학, 뉴스보도
■ **사회적 유형**(social type) 지적 또는 육체적 활동보다는 대인적 활동에 참여	외교활동, 사회사업, 임상심리학
■ **전통적 유형**(conventional type) 규칙에 의해 정해진 활동이나 조직체 또는 권력과 지위를 가진 사람을 위해 개인적인 요구를 승화시킬 필요가 있는 활동에 참여	회계, 재무, 법인회사 경영

■ 사업가적 유형(enterprising type) 다른 사람에게 영향을 미치거나 권력 및 지위를 얻기 위한 언어상의 활동에 참여	법률, P.R., 소규모 기업경영
■ 예술적 유형(artistic type) 자신의 표현이나 예술적인 창조활동 또는 정서적·감성적 활동에 참여	미술, 음악, 문예창작

자료: S. P. Robbins(1983), *Organizational Behavior: Concepts, Controversies, and Applications*(2nd ed.), Englewood Cliffs, N. J.: Prentice-Hall.

인 예가 나타나 있다.

또한 다른 연구에서 160개의 직업명칭을 포함하는 직업선호목록 설문지(vocational preference inventory questionnaire)를 이용하여 조사대상자에게 이들 각각의 직업을 좋아하는지 혹은 싫어하는지를 응답하게 함으로써, 조사대상자 개인의 성격 프로파일을 만들었다. 이상의 절차를 통해 수행된 조사의 결과는 〈그림 6-4〉에 나타나있는 육각형 도표로 제시되어 있다.

〈그림 6-4〉에서 가까운 거리에 있는 유형 사이에는 높은 적합성이 있다. 즉, 이웃한 유형들은 아주 유사한 반면, 대각선상으로 반대 위치에 있는 두 유형은

〈그림 6-4〉 직무와 성격관계를 나타내는 육각형 모형

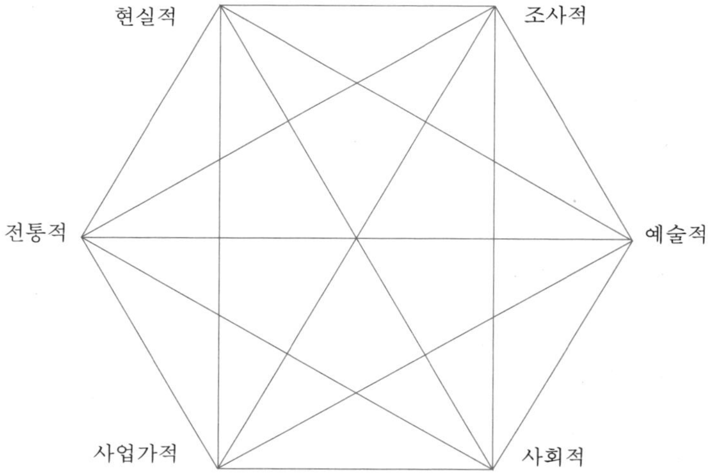

자료: J. L. Holland(1973), *Making Vocational Choices: A Theory of Careers*, Englewood Cliffs, N. J: Prentice-Hall.

매우 다르다는 것이다. 따라서 이 모형이 의미하는 바는 성격의 특성과 직무특성이 일치할 때 만족도는 가장 높고 이직률은 가장 낮다고 주장한다. 즉, 예술적인 사람은 예술과 관련된 직무를 수행해야 하고, 모험적인 사람은 개인의 모험적인 성격을 반영할 수 있는 직무를 수행해야 한다는 것이다. 현실적인 사람이 현실적인 직무를 수행하는 경우가 현실적인 사람이 조사업무와 같은 사회적인 업무를 수행하는 경우보다 더욱 일치되는 상황이라는 것이다. 물론 현실적인 사람이 사회적인 직무를 수행하는 것을 가장 불일치하는 상황인 것이다. 이 모형의 요점은 다음과 같이 요약할 수 있다.

- 개인들 사이에는 성격상 본질적인 차이가 존재한다.
- 이와 마찬가지로 직무들 사이에도 본질적인 차이가 존재한다.
- 직무환경이 자신의 성격과 일치하는 상황하의 개인들이 양자가 불일치하는 상황하의 개인들보다 더욱 만족할 뿐만 아니라 자발적으로 이직하게 될 가능성은 더 낮다는 것이다.

능 력

이전의 논의에서는 동기만으로는 성과를 달성하는데 충분하지 않다는 것을 강조하였다. 즉, 성과를 높이기 위해서는 능력 또한 존재하여야 한다. 왜냐하면 성과는 능력과 동기의 함수관계[성과$=F$(동기×능력)]이기 때문이다. 동기는 수행(perform)하려고 하는 정도이며, 능력(ability)은 성과를 낼 수 있는 정도이다. 즉, 동일한 동기수준에서는 더 많은 능력을 가질수록 성과의 수준은 더욱 높아질 것이다. 따라서 **능력이란 특정 행위를 수행할 수 있는 개인의 역량**을 의미한다. 조직은 개인이 조직에 적극적으로 참여할 수 있는가? 또한 주어진 직무를 잘 수행할 수 있는가? 등에 관심을 갖고 있다. 따라서 조직이 개인의 능력에 관심을 갖는 주요 이슈는 미래의 직무수행을 예측함과 동시에 변화하는 환경 속에서 훈련이나 개발을 통해 개인의 능력을 개발하는 데 있다. 〈그림 6-5〉는 조직의 자격

〈그림 6-5〉 능력과 자격요건 적합

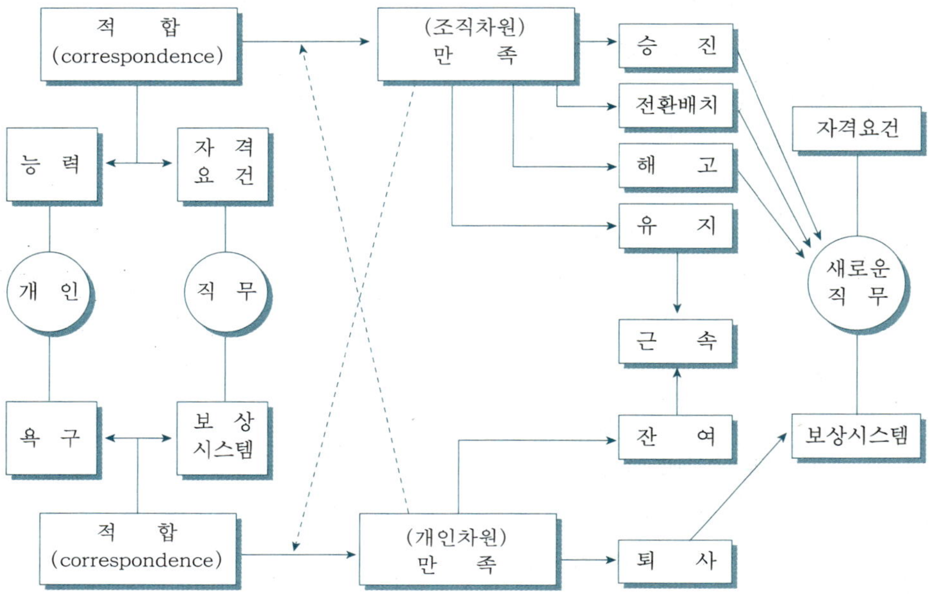

자료: L. Lofquist & R. Dawis(1969), *Adjust to Work: A Psychological View of Man's Problems in a Work-Oriented Society*, Englewood Cliffs, N. J.: Prentice-Hall, p.54.

요건과 개인의 능력과의 관계를 설명하고 있다.

〈그림 6-5〉에서 보는바와 같이 개인의 능력과 직무의 자격요건이 일치(적합)하면 성과가 증진되고 만족하게 된다. 또한 개인의 욕구와 조직의 보상시스템이 일치하면 만족하게 된다. 오래 전부터 개인 간의 차이는 널리 인정되어 왔지만 능력에 대한 체계적인 정의와 측정은 최근에 시도되었다. 오늘날 우리가 알고 있는 것 같은 능력측정은 1905년 처음으로 정신능력검사(mental ability test)모형을 개발한 프랑스 심리학자 비네뜨(A. Binet)에 의해 시작되었다. 그 후 많은 연구자들이 다양한 각도에서 인간능력을 식별하고 측정하기 위해 노력한 결과 많은 연구업적을 발표하였다. 때로는 다양한 연구결과들이 서로 상충되지만, 종업원의 성과수준을 개선하기 위한 측정세트를 개발에는 도움이 되었다.

직무 자격요건은 개인적 관점에서 볼 때, 능력요건(ability requirement)으로 생각할 수 있다. 왜냐하면 직무를 성공적으로 수행하기 위해서는 개인의 특정능력이 요구되기 때문이다. 개인을 직무에 적합시키거나 또는 개인의 직무수행능력을 증진시키기 위해서는 직무와 관련된 구체적인 능력이 정의되고 식별되어야만 한다. 따라서 이후로는 능력의 주요 유형을 살펴보고자 한다.

지적 능력(Intellectual Ability)

초기의 능력측정에 대한 노력은 학업성과를 위주로 이루어졌으므로, 심리학자들은 자연히 지적 능력(intellectual ability)에 초점을 맞추게 되었다. 지능(intelligence)을 측정하는데 상당한 진보가 있었음에도 불구하고, 아직도 여러 가지 어려운 문제가 남아 있다. 첫째, 지능의 정의 또는 의미에 관련된 것이다. 초기의 학자들은 지능을 개인의 선천적인 학습능력을 나타내는 것으로 보았다. 이런 관점은 개념적으로는 맞겠지만, 현재 사용되는 지능검사가 측정하는 것을 반영하는 것이 아니다. 왜냐하면 지능검사는 개인의 잠재능력보다는 현재의 학습된 능력을 측정하기 때문이다.

두 번째 문제점은 지능의 구성인 일반성(generality), 특수성(speciality)과 관련이 있다. 일반성은 지능을 전반적 특성으로 간주하여 하나의 지능차원(intellectual ability)은 다른 지능차원과 밀접한 관련이 있다고 가정된다. 특수성은 지능이 다수의 독립적인 능력으로 구성되어 있다고 가정하는 것이다. 이론적으로는 두 가지의 관점이 모두 타당성이 있다는 것으로 보고 있다. 즉, 인간은 모든 차원이 어느 정도 연관이 있는 일반적 지능과 능력유형에 있어서 차이가 있는 특수

〈표 6-7〉 지적 능력의 유형

- 언어이해(verbal comprehension): 단어의 의미와 단어들의 관계를 이해한다. 문장을 정확하고 신속하게 해석한다.
- 단어유창성(words fluency): 문자를 이용하여 완성된 단어를 신속히 작성한다.
- 수치 적성(numerical aptitude): 간단한 계산을 신속하고 정확하게 행한다.
- 귀납적 추리(indutive reasoning): 규칙이나 원리를 발견하여 문제해결에 적용할 수 있다. 예를 들어, 일련의 숫자나 단어 다음에 무엇이 올지를 결정하는 것이다.
- 기억력(memory): 단어, 숫자 목록에 관한 기계적 기억력을 가지고 있다.
- 지각적 신속성(perceptual speed): 신속하고 정확하게 시각적으로 지각할 수 있다.
- 공간 적성(spatial aptitude): 정확하게 도형간의 기하학적 관계를 지각하여 공간에서 도형을 시각화할 수 있다.

자료: M. D. Dunnette(1966), *Personnel Selection and Placement*, Belmont Calif.: Wardsworth, pp. 47-49.

성을 함께 가지고 있는 것으로 여겨진다. 구체적인 지적 능력은 〈표 6-7〉에 제시된 것과 같다.

신체적 능력

플리쉬먼(E. A. Fleishman)은 신체적 능력 분야에 있어서 괄목할 만한 연구성과를 거둔 연구자들 중 한 명이다. 수백 개의 직무 능력요건을 검토한 후에, 플리쉬먼과 그의 동료들은 일반적 신체적 능력은 존재하지 않지만, 육체적 과업을 수행하는데 필요한 9개의 기본적 능력을 식별하는 것은 가능하다고 주장하였다. 플리쉬먼은 '신체능력분석(physical ability analysis)'이라는 기법을 활용하여 특정 직무가 신체적 능력들을 어느 정도 요구하는지를 측정할 수 있다고 하였다.[16] 그는 개인이 소유하고 있는 신체적 능력을 식별하기 위하여 '기본적합검사(basic fitness test)'를 개발하였다. 그는 기계조작과 같은 정신운동(psychomotor)의 수행에 필요한 추가적 9개의 능력인 통제 정밀성(control precision), 손발의 조화

〈표 6-8〉 9가지 기본 신체적 능력

- 동태적 체력(dynamic strength): 일정기간 동안 반복적으로 근력(muscular force)을 사용할 수 있는 능력. (예) 팔 굽혀펴기, 로프 타기
- 몸통 체력(trunk strength): 몸통(특히, 배)근육을 이용한 근력을 사용할 수 있는 능력. (예) 윗몸 일으키기
- 정태적 체력(static strength): 외부 물체에 대해서 힘을 사용할 수 있는 능력. (예) 악력
- 폭발성 체력(explosive strength): 하나 또는 일련의 폭발적 행위에 있어서 최대의 에너지를 발휘할 수 있는 능력. (예) 단거리, 넓이 뛰기, 높이 뛰기
- 확장 유연성(extent flexibility): 가능한 한 멀리 몸통과 등 근육을 이동할 수 있는 능력. (예) 허리 굽히기
- 동태적 유연성(dynamic flexibility): 신속하고 반복적으로 구부리는 동작을 행할 수 있는 능력. (예) 반복적 허리 굽히기
- 전반적 신체적 협조(general body coordination): 신체 여러부분들의 동시적 활동을 조정할 수 있는 능력. (예) 줄넘기
- 균형(balance): 균형을 깨뜨리려는 힘에도 불구하고 균형을 유지할 수 있는 능력. (예) 외나무다리 걷기
- 스테미너(stamina): 상당한 기간동안 지속적 노력이 요구될 때 최대의 노력을 지속할 수 있는 능력. (예) 장거리 달리기

자료: E. A. Fleishman(1979), Evaluation Physical Abilities Required by Jobs, *Personnel Administrator*, pp. 82-92.

(multilimb coordination), 반응 지향성(response orientation), 시기성(timing), 손 기민성(manual dexterity), 손가락 기민성(finger dexterity), 팔-손의 안정성(arm-hand steadiness), 반응시간(reaction time), 그리고 조준(aiming)을 식별하였다.

능력차이

개인간 차이

개인들은 직무수행에 필요한 그들의 능력에 있어서 커다란 차이가 있다. 개인간 차이(inter-individual differences)는 특정 능력에 대해서 개인간의 차이를 의미한다. 예를 들면, 학생들은 언어능력 또는 수리능력에 있어서 서로 다른 수준을 보이고 있다. 만약 모든 사람들에 대해서 능력을 검사한다면, 정규분포와 같은 형태를 보일 것이다.

비교적 적은 수의 사람들이 낮은 능력수준을 가지고 있다. 대부분의 사람들은 중간수준의 능력을 보이고 있으며, 적은 비율의 사람들만이 높은 능력수준을 보인다. 능력수준이 다양하다는 것은 동일한 동기수준을 가지고 있더라도 개인간 성과차이가 클 수 있다는 것을 의미한다. 즉, 동기수준이 동일할지라도, 능력수준이 높은 사람이 높은 수준의 성과를 보일 수 있다는 것이다.

개인 내의 능력차이에는 두 가지 유형이 있다. 하나는 개인 내에서 능력차원에 따른 능력수준이 다르다는 것을 의미한다. 예를 들어, 높은 어휘능력을 지닌 사람이라도 수리능력은 작을 수 있다. 사람들은 자신이 강한 능력을 발휘할 수 있는 일에서 더 높은 성과를 보이는 경향이 있다. 두 번째는 개인 내의 한 능력수준이 시간이 흐름에 따라 차이가 난다는 것이다. 예를 들어, 어느 학생의 현재의 어휘능력은 10년 전보다 훨씬 높아져 있을 수 있다. 직무에 필요한 능력을 증진시킬 수 있을 때 개인들은 시간이 흐름에 따라 주어진 일을 더 잘 수행할 가능성이 크다.

집단차이

집단차이란 성, 연령, 학력 등에 따라서 집단간에 능력차이가 존재한다는 것이다. 때때로 집단간의 차이가 통제할 수 없는 요소(예; 성, 유전, 연령 등)에 의한 것이냐 또는 통제할 수 있는 요소(예, 환경적 요소, 사회경제적 요소)에 의한 것이냐 하는 것에 대해서 논쟁이 있다.

관리적 측면에서는, 집단차이에 대해서 여러 가지 유의할 점이 있다. 첫째, 집단차이는 특정 개인의 능력을 평가하는데 있어서 좋은 지표가 아니라는 점이다. 다시 말하면, 집단 내 개인차이가 집단간 차이보다 더욱 중요하다는 것이다. 두 번째로, 고용평등법은 집단에 의해서 인사/인적자원에 관한 결정을 내리는 것을 금지하고 있다는 것이다.

능력관리기법

조직의 성과를 제고하기 위해서는 개인의 동기와 능력을 이해해야 한다. 즉, 개인의 능력은 조직의 성과를 창출할 수 있는 원동력이므로 성과와 관련된 능력 요소들을 식별하고 관리해야 한다. 조직에서 개인의 능력을 관리하는 방법으로는 선발, 배치, 훈련이 있다. 조직에서 개인의 능력을 관리한다는 것은 결국 직무에서 요구하는 능력을 갖춘 사람을 뽑는 것이 가장 중요하고 다음으로는 기존의 종업원들의 능력을 개발하기 위한 훈련과 배치가 중요하다. 따라서 성과를 강화하기 위하여 동기와 능력에 대한 통합된 관리를 행하여야 한다.[17)]

선 발

선발은 조직에서 요구되는 능력을 갖춘 자를 유인하여 선발하는 과정이다. 선발과정에 있어서 첫 단계는 성과에 필요한 능력을 식별하는 것이다. 다음은 필요한 능력을 지원자가 어느 정도 소유하고 있는가를 결정하기 위하여 공식적으로나 비공식적으로 지원자를 평가하여야 한다. 마지막으로, 조직구성원이 되기 위한 능력을 가진 지원자를 선택하는 것이다. 선발과정의 자세한 논의는 이 책의 범위를 벗어나지만 많은 기법이 선발과정을 수행하기 위하여 사용된다. 일종의 직무분석이 직무성과(job performance)에 필요한 능력을 식별하기 위하여 사용된다. 개개인의 능력은 면접(interview)이나 시험 등의 다양한 기법을 통하여 평가된다.

배 치

배치는 개인을 특정 직무에 적합시키는 과정이다. 개인 내 능력차이를 이용하여 개인의 강점이나 높은 능력부문을 식별하여 비슷한 능력을 요구하는 직무에 배치한다. 즉, 가장 성공할 수 있는 직무에 개인을 배치하는 것이 개인능력을 개발하고 조직의 성과를 제고하는 것이다.

훈 련

훈련은 이미 조직에 있는 개인들의 능력을 개발하는 과정이다. 개인내 능력차이, 즉 특정한 개인의 능력은 시간에 따라 변할 수 있다는 것을 인정하는 것이다. 따라서 조직은 직무에 필요한 능력이 훈련과정에서 증진되어 추후의 성과를 제고하는데 기여한다는 가정 하에 훈련을 시킨다.

창의성

창의성(creativity)은 이미 조직 내 개인행동의 중요한 또 하나의 요소이다. 창의성은 새로운 아이디어를 만들어 내고 혹은 기존의 아이디어로부터 새로운 견해를 얻어내는 능력을 말한다. 어떤 것이 사람을 창의적으로 만드는가? 어떻게 사람들은 창의적으로 될 수 있는가? 어떻게 창의적으로 업무를 수행할 수 있을까?

창의적인 사람

수많은 연구자들이 창의적인 사람의 일반적인 특징을 묘사하기 위해 시도해 왔다. 이러한 특징들은 일반적으로 세 가지 영역으로 나뉘는데, 환경경험, 개인적 특성, 그리고 인지능력이 그것이다.

환경경험과 창의성

학자들은 많은 창의적인 사람들이 상상력이 충만한 환경에서 키워진 것을 봐왔다. 모자르트는 음악집안에서 자라면서 6살에 작곡과 연주를 시작했다. 퀴리 부부는 그들도 훌륭한 과학자들이었지만 노벨 화학상 수상자인 딸 아이린을 길렀다. 토마스 에디슨의 창의성은 어머니의 영향을 받았다. 그러나 많은 다른 환경의 경험을 가진 창의적인 사람도 있다. 노예제도 폐지론자이면서 작가였던 페드릭 더글라스(Fedrick Douglass)는 매릴랜드(Maryland)의 터카호(Tuckahoe)에서 태어났으며 매우 제한된 교육을 받았다. 그럼에도 불구하고 그의 힘 있는 웅변과 창의적인 생각은 미국에서 노예제도를 폐지하게 한 노예해방선언에 이르게 하였다.

개인특성과 창의성

개인적 특성들 또한 창의성과 연결되어 있다. 창의적인 사람들이 가진 특징은 개방성이다. 복잡성에 대한 매력, 열정적인 에너지, 독립성, 그리고 자율성, 강한 자신감, 사실 존재에 대한 확실한 믿음은 창의성이다. 이러한 특성들을 지닌 사람은 그렇지 않은 사람에 비해 더욱 창의적인 경향이 크다.

인지능력과 창의성

인지능력은 지적으로 생각하고 상황과 자료를 효과적으로 분석하는 힘을 말한다. 비록 대부분의 창의적인 사람이 지능이 높지만 똑똑한 사람이 모두 창의적이지는 아닐지라도, 지능은 아마 창의성의 전제조건일 것이다. 창의성은 또한 다양하고 통합적으로 생각하는 능력과 연관이 있다. 다양한 사고는 사람들로 하여금 상황과 현상, 행사들로부터 차이를 발견하게 한다. 통합적 사고는 상황과 현상, 행사들로부터 공통점을 발견하게 한다. 창의적인 사람들은 일반적으로 다양한 사고와 통합적 사고에 아주 능숙하다.

흥미롭게도, 일본인 관리자들은 그들 자신의 창의성에 대해 의문을 가지고 있다. 일본기업에 있는 조직 내 조화의 강조가 개인의 자발적 시도를 누르고 창의성의 개발을 저해한다는 것이다. 그 결과 후지사 그리고 시미즈사와 같은 일본의 회사들이 종업원들의 창의성을 개발하기 위한 교육 프로그램을 만들었다.

창의적인 절차

창의적인 사람들의 종종 아이디어를 찰나에 얻는 것으로 보이지만 실제로 사람의 창의적인 행동은 어떤 절차를 따르는 경향이 있다. 〈그림 6-6〉은 창의적인 절차를 요약한 것이다. 모든 창의적인 행동이 여기에 따르는 것은 아니지만 많은 창의적 행동이 여기에 따른다.

창의적인 절차는 일반적으로 4가지 단계를 따른다. 물론, 거기에 예외나 때때로 절차가 다른 경우도 있다. 그러나 대부분의 경우 이 단계들은 창의적인 절차의 본질을 표현한다.

준 비

창의적인 절차는 일반적으로 준비과정으로 시작한다. 공식교육과 훈련은 일반적으로 튼튼한 지식의 기반을 얻기 위한 가장 효과적인 방법들이다. 사업관리

〈그림 6-6〉 창의적인 절차

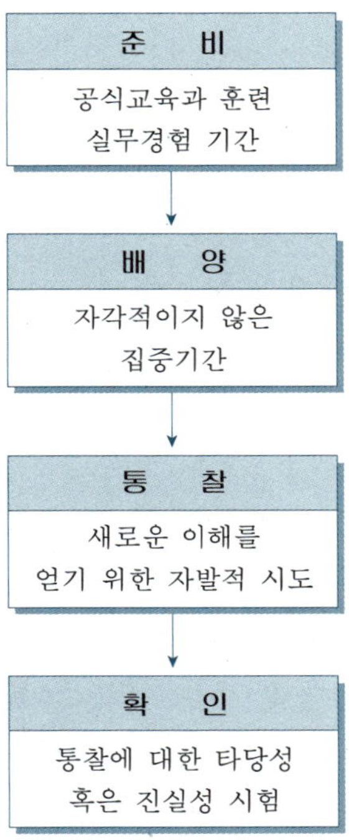

나 서비스에서 창의적인 공헌을 하기 위해서 사람들은 보통 대부분 사업에 대한 공식교육이나 훈련을 받아야 한다. 이것은 학부와 대학원에 경영학과가 필요한 중요 이유 중에 하나이다. 공식교육은 예비지식을 얻고 빠르게 창의적인 공헌을 하도록 도울 수 있다. 공식교육이 끝난 관리자들의 업무경험 또한 창의적인 작업에 공헌을 할 수 있다. 중요한 점은 창의적인 사람의 교육과 훈련은 실제로 절대 끝나지 않는 다는 것이다. 그들의 세계에 대한 주요한 흥미와 어떻게 일이 돌아가는지에 대한 호기심만큼 계속된다.

배 양

창조적인 절차의 두 번째 단계는 준비의 성숙과 개발 단계에서 얻어진 생각과 지식이 덜 자각되어 집중되는 배양단계이다. 배양시기의 흥미로운 점은 종종 이성적인 생각의 집중을 잠시 멈춤으로써 도움을 받는 것이다. 어떤 창의적인 사람들은 생각을 멈추기 위해 조깅이나 수영 등의 물리적인 활동에 의지한다. 다른 사람들은 책을 읽거나 음악을 듣기도 한다. 때때로 심지어 수면이 필요한 생각의 멈춤을 제공한다. 코닝사의 과학자였던 데이비드 모스(David Morse)는 어려운 상품개선 문제에 부딪혔다. 모스는 '비전(Vision)'이라 불리는 새로운 조리기구에 많은 관심이 있었다. 이러한 유리 냄비와 그릇은 전통적인 조리기구에 비해 많은 장점을 가지고 있었으나 아무도 눌어붙지 않는 유리표면을 개발하는데 성공하지 못했다. 모스는 해결책을 찾기 위해 많은 시간을 연구실에서 보냈지만 그것은 기존의 생각과 개념들을 재배열하는 시간이었다. 이러한 시간이 그로 하여금 눌어붙지 않는 기구를 만들어내게 하였다. 모스가 그의 아이디어를 배양할 시간을 가지지 않았다면 이 기술적인 문제를 절대 풀지 못했을 것이다.

통 찰

보통 준비와 배양단계 이후에 일어나는 통찰을 통해 창의적인 사람은 어떤 문제 혹은 상황에 대한 새로운 이해를 얻게 된다. 통찰은 배양기간 동안 무르익은 흩어져 있는 아이디어나 생각들을 한데 모으는 것이다. 그것은 갑자기 일어날 수도 있고, 오랜 시간이 걸릴 수도 있다. 통찰은 새로운 실험이나 예전 사건이나 문제들을 새롭게 생각하게 하는 새로운 자료를 만나는 등의 외부적인 이벤트에 의해 촉발될 수 있고, 그렇지 않으면 새로운 이해를 불러올 수 있는 방법으로 생각들을 결국 병합하여 완전히 내부적인 이벤트에 의해 일어날 수도 있다.

한 관리자의 통찰은 시티은행의 내부운영(back room operations)을 완전히 재구성하게 했다. 내부운영이란 단어는 수표발행과 보증금, 계좌갱신, 은행계좌통지서 준비 등 고객에게 필요한 절차를 수행하기 위한 거대한 서류업무를 말한다. 역사적으로 시티은행의 내부운영 또한 다른 은행의 내부운영처럼 관리되었다. 시티은행의 부사장으로 존 리드(John Reed)가 왔을 때 그는 은행업무보다 서류업무에 더 많이 치중하고 있는 것을 깨달았고, 서류의 생산을 관리할 수 있다는 것을 깨달았다. 이러한 통찰을 통해 그는 포드와 다른 자동차 회사의 전(前) 생산관리자들을 고용했다. 내부운영에 대한 개념을 새로 정립하면서 리드는 시티은행의 비용을 실질적으로 줄였다.

확 인

통찰단계가 일어나면 확인은 그 통찰의 타당성과 진실성을 결정한다. 많은 창의적인 생각에서 확인은 통찰이 실제로 기대한 결과를 이끌었는지 알기위한 과학적 실험을 포함한다. 데이비드 모스의 케이스에서 눌어붙는 냄비에 관한 통찰은 몇몇 중요한 실험들과 실질적인 시도에 의해서 확인되었다. 이러한 실험이나 시도들 없으면, 모스의 아이디어는 실용성이 없는 그저 흥미로운 개념으로만 남았을 것이다. 확인은 또한 제품이나 서비스의 견본 개발을 포함하고 있다. 견본은 실제로 뒤에서 그것들을 움직이게 하는 아이디어를 보기위한 하나 혹은 그 이하의 제품이다. 제품의 견본은 대중에게는 거의 팔리지 않지만 창의적인 절차로 만들어진 통찰을 확인하는 대는 매우 가치 있는 것이다. 한번 새로운 제품이나 서비스가 개발되면 시장에서의 확인이 그 제품 뒤에 있는 창의적인 생각을 테스트하기 위한 궁극적인 테스트가 된다.

조직 내 창의성 장려

자신의 조직 내의 창의성을 장려하고 높이고 싶은 관리자는 여러 가지 시도를 해볼 수 있다. 한 가지 중요한 방법은 종종 뚜렷한 목표를 통해 그것을 조직문화의 일부분으로 만드는 것이다. 예를 들어 정말 창의성을 강조하고 싶어 하는 3M같은 회사들은 목표로서 미래의 수익의 일부분은 새로운 상품에서 얻는다고 말한다. 이것은 명백하게 창의성과 개혁에 가치를 두는 것을 공유하게 한다. 창의성을 장려하는 또 다른 부분은 창의적 실패를 조심스럽게 벌하지 않는 반면 창의적인 성공에 대한 보상을 하는 것이다. 서류에서는 가치가 있어 보이는 많은 아이디어들이 실제로는 실패한다. 만약 실패한 아이디어를 낸 첫 번째 사람이 해고를 당하거나 벌칙을 받으면 조직 내의 다른 이들은 자신의 일에 좀 더 소극적으로 변하고 창의적인 생각은 거의 나타나지 않을 것이다.

> *"그들은 천재는 99%의 노력과 1%의 영감이라고 말한다. 대부분의 회사들은 그 99%를 가지고 있다. 그러나 나머지 1%는 정말 힘들며, 그것이 우리의 고객들이 그들의 제품만이 아니라 그들의 직원들과 같이 일하기를 요구하는 이유이다."*
>
> – 데니스 보일(Dennis Boyle), 존경받는 컨설팅 회사 Partner At Idea

요 약

- 성격이란 개인을 타인과 구별하는 독특하고 안정된 특성과 행위이다. 즉, 성격은 개인이 타인과 구별되는 지속적인 특성이라고 할 수 있다.
- 특성/유형이론이란 성격이 독특한 특성으로 구성되어 개인의 행위를 결정한다고 보는 이론으로서, 즉 개인의 성격을 구성하는 기본적인 특성이 무엇인가를 밝혀 내려는 이론이다.
- 정신역동이론(psycho-dynamic theory)은 성격의 동태적인 면을 강조하였다 하여 지칭된 것으로 프로이드는 인간의 행위가 무의식에 의해서 지배된다고 보았다. 인간의 행위는 기본적으로 어떤 원인으로 하여금 행위가 야기되는 것인데, 원초적인 원인은 대부분 우리가 의식하지 못한다는 것이다.
- 원초아(id)란 쾌락을 극대화하고 고통을 극소화하기 위해 노력하는 에너지의 원천이다.
- 자아(ego)란 의식이며, 성격의 현실 지향적인 부분이다.

- 초자아(super ego)는 일반적으로 양심으로 간주되며, 성격의 윤리적 · 도덕적 차원을 첨가한 개념이다. 그러므로 자아가 현실적이라면 초자아는 이상적이다.
- 통제위치란 인생에서 얻어지는 결과에 자기의 행동이 얼마나 영향을 줄 수 있다고 믿는가를 측정하는 개념이다.
- 내향성과 외향성은 주어진 상황에 대한 반응에 있어서 개인의 에너지가 내부와 외부 어느 쪽을 더 지향하는가를 말하는 것으로서, 개인의 감정이나 의식 등을 내적으로 내면화하는 것이 많이 나타나는 행동경향을 내향성이라고 하고, 반응 에너지가 외적으로 더 많이 나타나는 행동유형을 보이면 외향성이라고 한다.
- A형 성격은 공격적이고 경쟁적이면서 높은 표준을 설정하고 항상 시간적인 압박을 받으면서 성취욕구가 높고 완전주의를 지향하는 데 있는가 하면, B형 성격의 특성은 날마다의 생활에서 쉽게 살아가고 덜 경쟁적이다.
- 권위주의 성향이란 개인의 권력과 지위의 차이가 조직과 같은 사회시스템 내에 존재해야 한다고 믿는 정도를 의미할 뿐만 아니라 지위와 권력의 활용이 조직의 효과적인 기능화에 중요하다고 믿는 정도를 의미한다.
- 위험선호 성향이란 개인의 행동에서 위험을 부담하거나 회피하고자 하는 성향이다.
- 개인간 차이(inter-individual differences)는 특정 능력에 대해서 개인간의 차이를 의미한다. 예를 들면, 학생들은 언어능력 또는 수리능력에 있어서 서로 다른 수준을 보이고 있다.
- 집단차이란 성, 연령, 학력 등에 따라서 집단 간에 능력차이이다.
- 창의성은 새로운 아이디어를 만들어 내고 혹은 기존의 아이디어로부터 새로운 견해를 얻어내는 능력을 말한다.

핵심용어

성 격	원 초 아
자 아	초 자 아
5가지 성격특징	통제위치
내향성/외향성	유형 A/유형 B
권위주의 성향	위험선호 성향
능 력	창 의 성

토의 문제

1. 가치관 · 성격 · 태도 · 능력 간의 유사성과 차이점을 분석하여 보시오.
2. 유전적 · 생물학적 요인과 환경요인, 사회적 · 문화적 요인이 성격에 미치는 영향 정도를 설명하시오.
3. 직무유형과 성격유형 간의 적합관계를 극대화시키기 위한 전략을 논하시오.
4. 성격에 대한 지식이 자신에게 어떤 의미를 주었는지 설명하시오.
5. 성격을 이해하면 개인의 행위를 예측할 수 있다고 보는지 설명하시오.
6. 많은 기업들이 성과와 임금을 연계하는 임금시스템을 개발하고 있는데, 성과급제도의 성격유형 간의 관계를 논하시오.
7. 독단적인 사장은 어떤 유형의 조직에서 유동성 있게 자신의 역할을 할 수 있는지에 대하여 논의하시오.
8. 당신의 부하직원이 유형 A 또는 유형 B인 경우 어떻게 대처해야 업무성과를 극대화할 수 있겠는지 설명하시오.

9. 특정 직무에 지원한 사람을 선발하고자 할 때 개인의 성격을 고려하는 방안에 대해서 논의하시오.
10. 개인의 선발·훈련·배치과정에서 성격특성과의 관계를 논하시오.

실 습

1. 유형 A / 유형 B 설문지

다음 질문을 읽고 자신에게 해당되는 항목에 답하시오.

1. 나는 약속시간에 늦거나 일이 느리게 진행되는 것을 참기 어렵다.
   a. 거의 항상 그렇다. b. 종종 그렇다.
   c. 조금만 그렇다. d. 전혀 그렇지 않다.
2. 나는 줄을 서서 기다리는 것을 싫어한다.
   a. 거의 항상 그렇다. b. 종종 그렇다.
   c. 조금만 그렇다. d. 전혀 그렇지 않다.
3. 사람들이 나에게 쉽게 흥분한다고 말하곤 한다.
   a. 거의 항상 그렇다. b. 종종 그렇다.
   c. 조금만 그렇다. d. 전혀 그렇지 않다.
4. 나는 일을 하거나 오락을 할 때 경쟁적으로 하는 편이다.
   a. 거의 항상 그렇다. b. 종종 그렇다.
   c. 조금만 그렇다. d. 전혀 그렇지 않다.
5. 나는 내가 할 일을 미루고 잠시 쉴 때 죄의식을 느낀다.
   a. 거의 항상 그렇다. b. 종종 그렇다.
   c. 조금만 그렇다. d. 전혀 그렇지 않다.
6. 나는 대화할 때 다른 사람의 말을 가로챈다.
   a. 거의 항상 그렇다. b. 종종 그렇다.
   c. 조금만 그렇다. d. 전혀 그렇지 않다.
7. 나는 심하게 압력을 느끼면 흥분하고 화를 낸다.
   a. 거의 항상 그렇다. b. 종종 그렇다.
   c. 조금만 그렇다. d. 전혀 그렇지 않다.
8. 나는 시간을 정한 뒤 거의 강박적으로 일하는 편이다.
   a. 거의 항상 그렇다. b. 종종 그렇다.
   c. 조금만 그렇다. d. 전혀 그렇지 않다.

9. 나는 내가 하고자 하는 일을 할 때 다른 사람에 의해 좌우되거나 방해받는 것을 싫어한다.
   a. 거의 항상 그렇다. b. 종종 그렇다.
   c. 조금만 그렇다. d. 전혀 그렇지 않다.
10. 나는 현실적으로 그렇게까지 할 필요가 없을 때에도 나 자신을 몰아 세우곤 한다.
   a. 거의 항상 그렇다. b. 종종 그렇다.
   c. 조금만 그렇다. d. 전혀 그렇지 않다.

※ 각 문항별로 a는 4점, b는 3점, c는 2점, d는 1점을 부과한다. 합계가 24점 이상인 경우는 유형 A이고, 그 이하는 유형 B로 구분할 수 있다.

문 항	1	2	3	4	5	6	7	8	9	10	합 계
점 수											

자료: G. Moorhead & R. W. Griffin(2004), *Organizational Behavior: Managing People and Organization*, Houghton Mifflin.

2. 외향성/내향성 설문지

제1부: 자신에게 자연스럽고 습관처럼 편하게 느껴지고, 자주 행동하는 경향과 가깝다고 생각되는 것을 선택하여 답안지에 ○ 표시하십시오.

1. 나는 대체로
   (A) 다른 사람들과 쉽게 어울리는 사람이다.
   (B) 조용하고 말이 없는 편이다.
2. 나는 여러 사람들과 함께 있을 때, 일반적으로
   (A) 여러 사람들 사이에 끼어 함께 대화를 나누는 편이다.
   (B) 한번에 한사람씩 대화를 나누는 편이다.
3. 나는 사람들이 많은 그룹 내에서
   (A) 주로 내가 다른 사람을 소개하는 편이다.
   (B) 주로 다른 사람이 나를 소개하는 편이다.
4. 나는
   (A) 소수의 사람들과 깊은 우정을 맺는 편이다.
   (B) 다양한 사람들과 폭넓은 우정을 맺는 편이다.
5. 나는 친구들 사이에서
   (A) 소식이나 소문을 제일 늦게 얻어 듣는 편이다.
   (B) 많은 사람들에 대한 소식이나 소문에 밝은 편이다.
6. 내가 대화를 나누어야 한다면,
   (A) 누구하고나 쉽게 대화를 나누는 편이다.
   (B) 어떤 일정한 사람들이나, 혹은 어떤 상황이 되었을 때 더 쉽게 얘기를 나누는 편이다.
7. 나를 처음 만나는 사람들이, 나의 관심이 무엇인가를
   (A) 만나자마자 바로 아는 편이다.
   (B) 나를 깊이 알고 난 후에라야 아는 편이다.
8. 나는 평소에
   (A) 자신의 감정과 느낌을 자유스럽게 표현하는 편이다.
   (B) 감정과 느낌을 표현하기보다는 자신 안에 묻어두는 편이다.

제2부: 두 개의 낱말이 있는 문항에서는, 자신에게 더 가깝다고 생각되는 말을 선택하여 답안지에 표시하십시오.

9. 나는 일반적으로 어떤 일에 대하여, 다른 사람들보다
   (A) 더 열성적인 편이다.
   (B) 덜 열성적인 편이다.

10. 나는 친목회나 파티 석상에서
   (A) 때로 지루하게 느낀다.
   (B) 언제든지 재미있다.

11. 나는 일반적으로 새로운 유행이 시작될 때
   (A) 앞장서서 시도해 보는 측의 한 사람이다.
   (B) 별로 관심 없는 편이다.

12. 나는
   (A) 다른 사람들이 쉽게 사귈 수 있는 편이다.
   (B) 다른 사람들이 쉽게 사귈 수 있는 편이 아니다.

13. 나는 대화 도중에 당혹한 상황에 처했을 때
   (A) 대화의 주제를 바꾼다.
   (B) 농담으로 돌린다.
   (C) 며칠 후에야 그 때 무슨 얘기를 했어야 되었다고 생각한다.

14. 나를 가까이 아는 사람들은
   (A) 대부분의 일에 있어서 내가 어떻게 느끼는가를 아는 편이다.
   (B) 내가 어떻게 느끼는가를 설명했을 때만 아는 편이다.

15. 나는 파티 석상에서
   (A) 파티가 진행되도록 돕는 일을 좋아한다.
   (B) 막바지에 가서 서둘러 끝내는 편이다.

16. (A) 기운찬 (B) 차분한
17. (A) 말이 별로 없음 (B) 말로 쉽게 표현함
18. (A) 침착함 (B) 발랄한
19. (A) 말하기 (B) 쓰기
20. (A) 사교적인 (B) 초연한
21. (A) 파티 (B) 독서

채 점 표

답안란		구분란			채점란		
문항	답안	문항	E	I	문항	E	I
1		1	A	B	1	2	2
2		2	A	B	2	1	2
3		3	A	B	3	2	2
4		4	B	A	4	2	1
5		5	B	A	5	2	1
6		6	A	B	6	2	2
7		7	A	B	7	1	1
8		8	A	B	8	1	0
9		9	A	B	9	1	1
10		10	B	A	10	2	1
11		11	A	B	11	0	2
12		12	A	B	12	1	2
13		13	B	A	13	1	0 2
14		14	A	B	14	1	1
15		15	A	B	15	1	2
16		16	A	B	16	1	2
17		17	B	A	17	0	1
18		18	B	A	18	1	1
19		19	A	B	19	0	1
20		20	A	B	20	1	1
21		21	A	B	21	1	0
합 계							

※ 답안을 구분란의 해당하는 것에 O표시를 하고, 채점란은 구분란과 같은 위치에 O표시를 하여 E와 I별로 합산을 한다.

※ E(외향성)의 합계가 I(내향성)의 합계보다 크면 $=(E-I)\times 2+1$

I(내향성)의 합계가 E(외향성)의 합계보다 크면 $=(I-E)\times 2-1$

계산식: ________________________________ 행동유형:(   )

▶ 점수별 영향 정도

- 1 ~ 9 낮은 선호도
- 10 ~ 19 중간 선호도
- 20 ~ 39 뚜렷한 선호도
- 40 이상 아주 뚜렷한 선호도

3. 자기통제 평가

아래의 지문들을 읽고 당신이 A와 B 중 더 공감하는 것을 고르시오. 정답과 오답은 없습니다. 어떤 경우 당신이 두 지문 모두에 동의할 수도 있지만 상대적으로 더 공감이 가는 것을 고르시오.

_____ 1. A. 많은 돈을 버는 것은 대부분 부정한 방법을 통해서이다.
B. 승진은 열심히 일하고 끈기가 있어야 할 수 있다.

_____ 2. A. 내가 열심히 공부하는 것과 얻는 학점 사이에는 직접적인 연관이 있다.
B. 내게 교사가 즉흥적으로 반응하는 경우가 많다.

_____ 3. A. 이혼의 수는 많은 사람들이 결혼을 유지하려고 노력하지 않는 것을 말한다.
B. 결혼은 원래 도박이다.

_____ 4. A. 다른 사람의 본성을 바꾼다는 것은 어리석은 생각이다.
B. 내가 옳을 때는 일반적으로 다른 사람을 설득할 수 있다.

_____ 5. A. 승진을 하는 것은 정말로 다음 사람보다 조금 운이 좋기 때문이다.
B. 우리 사회에서 어떤 사람이 힘을 갖는 것은 그 사람의 능력에 달려 있다.

_____ 6. A. 어떤 사람이 사람들을 다루는 방법을 안다면 그들은 정말로 잘 다룰 수 있다.
B. 나는 사람들이 행동하는 데 있어서 영향력이 거의 없다.

_____ 7. A. 운과는 상관없이 현재 나의 학점은 내 노력의 결과이다.
B. 때때로 나는 내가 받은 학점에 비해 한 것이 없는 것을 느낀다.

_____ 8. A. 나 같은 사람들은 우리들 스스로에게 귀기울이게 한다면 세상을 바꿀 수 있다.
B. 거대한 우리 사회에서 일어나는 일에 영향을 주는 것은 희망사항일 뿐이다.

_____ 9. A. 나에게 일어나는 많은 일은 아마도 우연일 것이다.
B. 나는 내 인생의 주인이다.

_____ 10. A. 사람들과 어울리는 기술은 연습이 되어야 한다.
B. 어떻게 사람들을 기쁘게 하는 지 아는 것은 거의 불가능하다.

아래의 선택에 따라 자신에게 1점씩 주시오.
1B, 2A, 3A, 4B, 5B, 6A, 7A, 8A, 9B, 10A

당신의 점수를 합산하고 아래 내용에 따라 해석하시오.

8-10 = 높은 자기통제
6-7 = 중간 정도의 자기통제
5 = 외부적 내부적 통제의 혼재
3-4 = 중간 정도의 외부통제
1-2 = 강한 외부통제

자료: J. B. Rotters(1971), Internal vs. External Control, *Psychology Today*에서 일부 발췌.

4. 자기평가 질문지

조직행동의 몇 가지 특징과 밀접한 관련이 있는 성격의 범주는 자기평가이다. 사람들의 이 범주에 대한 높고 낮음은 조직 환경 내에서 성과와 행동에 큰 영향을 줄 수 있는 여러 면에서 다르다. 당신은 어떤 부분에서 자기평가를 하는가? 그것을 알아내기 위해 다음의 지시를 따르시오.

절 차

다음 각각의 지문들이 자기 자신에 대해서 참(혹은 거의 참)인지 거짓(혹의 거의 거짓)인지 고르시오. 지문이 참이면 빈칸에 T를 쓰고 거짓이면 F를 쓰시오.

______ 1. 다른 사람들의 행동을 따라하는 것은 어려운 일이다.
______ 2. 나의 행동들은 보통 나의 진심과, 태도, 믿음을 반영한다.
______ 3. 파티나 사회적 모임에서 나는 다른 사람이 좋아할 만한 것을 말하거나 하는 것을 좋아한다.
______ 4. 나는 거의 모든 주제에 대해 말할 수 있다. 심지어 내가 거의 모르는 것에 대해서까지.
______ 5. 나는 아마도 매우 어설픈 연기자일 것이다.
______ 6. 때때로 나는 사람들에게 인상을 심어주거나 즐겁게 하는 쇼를 보여준다.
______ 7. 내가 믿지 않는 생각들에 대해 이야기 하는 것이 어려운 것이라는 것을 안다.
______ 8. 다른 상황에서 다른 사람들과 있을 때 나는 종종 매우 다른 행동을 한다.
______ 9. 나는 다른 사람을 기쁘게 하거나 그들의 동의를 얻기 위해 나의 태도나 행동을 바꾸지 않을 것이다.
______ 10. 때때로 사람들은 내가 실제 보다 강한 감정을 느낀다고 생각한다.
______ 11. 나는 특별히 다른 사람들이 나를 좋아하게 만드는 소질은 없다.
______ 12. 무언가를 꼭 해야 하는 이유가 있으면 나는 사람의 눈을 똑바로 쳐다보고 무표정하게 거짓말을 할 수 있다.

_____ 13. 나는 영화나 책 혹은 음악에 대해 내 생각을 정립 한다: 나는 이런 것들에 대해 친구들의 충고에 의지하지 않는다.

_____ 14. 파티에서 나는 보통 사른 사람들이 농담이나 이야기를 하게 하도록 한다.

_____ 15. 나는 언제나 밖으로 보이는 것과는 다르다.

점수 계산을 위해, 다음에 따르시오.

1F, 2F, 3T, 4T, 5F, 6T, 7F, 8T, 9F, 10T, 11F, 12T, 13F, 14F, 15T 당신의 합산 점수에 1점을 더하시오.

고려사항

당신은 어떻게 점수를 받았는가? 당신의 점수가 8점 이상이라면, 당신은 자기평가에 능한 사람이다. 점수가 4점 이하라면 자기평가에 낮은 사람이다. 자기평가에 능한 사람은 그렇지 않은 사람에 비해 다른 사람의 인정을 받기 위해 자신의 행동이나 상태를 기꺼이 더 잘 바꿀 수 있는 사람이다. 그들은 또한 다른 사람의 반응에 다소 민감하고, 더 활달하고 자기 표출적이다. 당신은 그런 특징이 도움이 될 만한 업무나 직업을 생각할 수 있습니까? 연구자료들은 이런 특성이 판매와 다른 기업들과 소통하는 조직 경계업무를 포함한 직업에 특히 가치가 있다고 말한다.

당신은 이러한 자기평가가 낮은 직업이나 업무가 유리하다고 생각할 수 있습니까? 만일 당신이 경영자라면 자기평가가 높은 사람과 낮은 사람 중 어떤 사람을 어떤 자리에 고용하고 싶습니까?

자료: R. A. Baron & J. Greenberg(1990), *Behavior in Organizations: Understanding and Managing the Human Side of Work*, Allyn & Bacon, pp. 220-221.

5. 개인의 성격통찰

다음의 27개의 지문들은 당신이 당신 자신을 어떻게 보고 있는지에 관한 통찰을 제공하기 위해 설계되었다. 다음의 지문들의 빈칸에 얼마나 그 지문에 대해서 동의 하는가 혹은 그렇지 않은가 그리고 그것을 당신에게 적용했을 때 참인지 거짓인지에 대해 숫자를 써 넣으시오. 숫자들은 다음과 같다.

5 = 강한 동의, 그렇지 않으면 절대적 진실

4 = 일반적 동의, 그렇지 않으면 대부분 진실

3 = 동의하지도 반대하지도 아님, 그렇지 않으면 진실도 거짓도 아님.

2 = 일반적으로 반대, 그렇지 않으면 거의 거짓

1 = 강한 반대, 그렇지 않으면 절대 거짓

예.

2 당신은 브릿지게임을 즐긴다.

(빈칸의 "2"는 일반적으로 당신이 반대를 뜻한다: 당신은 보통보다 브릿지게임을 즐기는 것에 부정적이다.)

____

______ 1. 과거의 어떤 환경에서 당신이 리더를 맡았다.

______ 2. 모든 사람들의 초자연적인 힘에 의한 결정에 믿음을 가져야 한다.

______ 3. 당신은 판매나 판매직 관련 일을 하는 것을 좋아한다.

______ 4. 규칙으로 당신의 최근 행동을 평가한다.

______ 5. 당신은 종종 당신의 말과 행동이 다른 이들에게 어떤 영향을 미치는지 관찰한다.

______ 6. 당신이 버는 것은 당신이 아는 것과 얼마나 열심히 일하는 가에 달려 있다.

______ 7. 일반적으로 권위 있는 사람들은 꺼려지는 일을 떠넘기지 않고 자기 몫을 한다.

______ 8. 사회적 문제의 해결책은 불성실하고, 비도덕적이고 정신적으로 열악한 사람들의 제거에 달려있다.

______ 9. 대부분의 사람들은 자신들의 일에서 돈을 번다.

______ 10. 가장 저속한 사람은 자신의 부모를 사랑하고 존경하지 않는 사람이다.
______ 11. 강한 사람과 약한 사람의 두 종류의 사람이 있다.
______ 12. 당신은 스스로를 분석하려는 부류이다.
______ 13. 당신의 승진은 당신이 얼마나 일을 잘 하느냐 보다는 얼마나 아느냐에 달려있다.
______ 14. 모든 어린이들은 권위에 순종하고 존경하도록 교육되어야 한다.
______ 15. 일반적으로 공직에 있는 사람들은 공공의 흥미에 흥미를 가진다.
______ 16. 많은 사장들이 자신들의 종업원들 보다 낮은 월급을 감수한다.
______ 17. 당신 자신의 회사를 차리는 것 같은 중요한 책임을 지는 것은 당신이 해보고 싶은 것이다.
______ 18. 당신의 명성을 모욕하는 것은 처벌되어야 한다.
______ 19. 회의에서 당신은 당신이 잘못되었다고 생각하는 사람에게 반대할 때 발언을 할 것이다.
______ 20. 복잡한 문제에 대해 생각하는 것은 당신에게 즐길만한 일이다.
______ 21. 일반적으로 사람들은 그들의 사회에 대한 공헌보다 더 많은 보상을 받는다.
______ 22. 당신 자신을 일하는 것보다 좋은 상사를 위해 일하는 것이 더 좋다.
______ 23. 당신은 어떤 사람들이 왜 그렇게 행동하는지 진짜 이유를 알고 싶을 때가 많다.
______ 24. 장기적으로 우리 각각은 우리가 가질 만한 것을 가질 것이다.
______ 25. 대부분의 조직들은 공정한 날에 따라 공정한 임금이 지급된다고 믿는다.
______ 26. 앞서 나가는 것은 당신의 정치적 성향보다는 성과에 기초한다.
______ 27. 당신이 그것을 주장하지 않으면 당신은 공정하게 대우 받을 수 없다.

위의 질문들에 답하고 아래의 적절한 칸에 숫자를 넣으시오.

그룹 1	그룹 2	그룹 3	그룹 4
6.______	1.______	*2.______	4.______
7.______	3.______	*8.______	5.______
9.______	17.______	*10.______	12.______

*13.________	19.________	*11.________	20.________
*15.________	*22.________	*14.________	23.________
*16.________	합계	*18.________	합계
21.________		합계	
24.________			
25.________			
26.________			
*27.________			
합계			

이제 각각 합계를 내고 당신의 평균응답을 알아내기 위해 대답한 숫자로 나누어라. 그것은 2.3, 3.2, 4.1, 3.8 등이 그 예가 될 것이다. 1-5 척도에서 당신이 당신 자신을 4개 그룹영역에서 각각 어떻게 보는가를 나타내는 것이다.

평균점수

그룹 1-4까지 4가지 영역은 각각 아래와 같다.

______ 1. 공평함 - 이 점수는 당신이 세상에 당신에게 얼마나 공평하다고 보는가에 대한 척도이다.

______ 2. 독단적임 - 이 점수는 당신을 당신 자신이 얼마나 공격적이라고 보는가에 대한 척도이다.

______ 3. 평등주의 - 이 점수는 당신이 얼마나 당신 자신을 얼마나 비권위적이라고 보는가에 대한 척도이다.

______ 4. 자기반성적임 - 이 점수는 당신이 당신 주위에서 일어나는 일에 대해서 얼마나 생각하고 그것들이 왜 일어나는지 알려고 시도하는지에 대한 척도이다.

참고문헌

1) Carver, C. S. & Scheier, M. F.(1988), *Perspective on Personality*, Boston: Allyn & Bacon.
2) Allport, G. W. & Odbert, H. S.(1936), Trait Names, A Psycho-lexical Study, *Psychological Monographs*.
3) Cattell, R. B.(1973), Personality Pinned Down, *Psychology Today*, pp. 40-46.
4) Freud. S.(1929), *Das Unbehagen in Der Kultur*, Vienna(Eng. trans. Jvan Riviere(1930), *Civilization and Its Discontents*, Hogarth Press.
5) Canter, S., Claridge, G. & Hume, W. I.(1973), *Personality Differences and Biological Variations*, New York: Pergamon, pp. 589-601.
6) Linton, R.(1945), *The Cultural Background of Personality*, New York: Appleton-Century-Crofts, p. 46.
7) Luthans, F.(1985), *Organizational Behavior*(4th ed.), New York: McGraw-Hill, p. 133.
8) Berelson, B. & Steiner, G. A.(1964), *Human Behavior*, New York: Harcout, Brace & World, pp. 73-74.
9) Rotter, J. B.(1966), Generalized Expectancies for Internal versus External Control of Reinforcement, *Psychological Monographs*, pp. 1-28.
10) MBTI Manual Inventory, 서강대학교, 학생생활연구소(김정택 · 심혜숙).
11) Friedman, M. & Roseman, R. H.(1974), *Type a Behavior and Your Heart*, Greenwich, Conn.: Fawcett Publication.
12) Adorno, T. W., Frenkel-brunswik, E., Levinson, D. J. & Sanford, R. N. (1950), *The Authoritarian Personality*, New York: Harper & Brothers.
13) Taylor, R. N. & Dunnette, M. D.(1974), Influence of Dogmatism, Risk-Taking Propersity, and Intelligence on Decision-Making Strategies for Sample of Industrial Managers, *Journal of Applied Psychology*, pp. 420-423.
14) O'Reilly III, C. A.(1977), Personality-Job Fit: Implications for Individual Attitudes and Performance, *Organization Behavior and Human Performance*, pp. 36-46

15) Holland, J. L.(1973), *Making Vocational Choices: A Theory of Careers*, Englewood Cliffs, N. J.: Prentice-Hall.

16) McCormix, E. J. & Tiffin, J.(1974), *Industrial Psychology*(6th eds.), Englewood Cliffs, N. J: Prentice-Hall, pp.147-148; Fleishman, E. A.(1979), Evaluating Physical Abilities Required by Jobs, *Personnel Administrator*, pp. 82-92.

17) Heneman III, H. G., Schwab, D. P., Fossum, J. A. & Dyer, L. D.(1983). *Personnel/Human Resource Management*, Irwin.

7 지 각

지각의 의미와 과정

지각의 의미

지각과정 및 영향요인들

사회적 지각

귀 인

사회적 지각 및 인지요소의 영향(스키마)

사회적 지각에서 발생가능한 오류들

사회적 지각과 조직행동

지각오류의 감소방안

학습목적

1. 지각의 의미 및 지각의 프로세스 이해
2. 사회적 지각에 대한 이해, 귀인과 스키마의 의미 및 역할에 대한 이해
3. 사회적 지각에서 나타나는 오류들에 대한 이해
4. 조직행동에서 나타나는 사회적 지각의 예 이해
5. 지각오류 감소방안에 대한 이해

상사와 부하의 지각차이

한국주식회사의 마케팅팀장인 홍나름 부장과 팀원인 한가닥 군이 한해 동안 한군의 성과를 평가하기 위해 사무실에 앉아서 머리를 맞대고 있다. 홍부장은 그 동안 관찰해 온 한군의 실적을 정리해서 한군에게 결과를 알려준다.

상사는 자신이 부하에 대해 어떠한 편견도 없이 공정하게 평가했다고 생각하고 있으며, 부하의 긍정적 측면과 부정적 측면에 대해 피드백을 한다. 그러나 자신의 부족한 면, 소홀했던 면에 대해 어떠한 반성도 없이 평가가 잘못되었다고 주장하는 부하에 대해 서서히 냉정함과 침착성을 잃어간다. 마침내 상사는 같이 일할 수 없다며 다른 직장을 알아보라며 폭발해버린다.

부하는 다른 누구와 비교해도 자신의 성과에 대해서는 손색이 없다고 생각하고, 자신의 잘못된 점, 부족한 면을 지적하는 상사가 자신에 대해 편견을 가지고 있으며, 상사 스스로 자신을 직접 고용하지 않았고, 상사와 같이 화려한 배경을 가지고 있지 않기 때문에 자신을 부정적으로 평가하고 있다고 생각한다. 그는 마침내 "더 이상 같이 일할 수 없다"는 상사의 말에 자리를 박차며 자신에 대해 잘못된 편견을 가지고 있지 않는 곳에서 일하는 것이 좋겠다면서 상사의 방을 나간다.

부하가 방을 나간 후 상사는 곰곰이 생각한다. 내가 그에게 과연 편견을 가지고 있는 것일까? 부하의 얘기가 옳은 것일까? 내가 그를 직접 고용하지 않았다는 사실(그에게 믿음과 애정이 없는…), 그의 배경이 그에 대한 나의 반응에 영향을 주었을까?

상사와 부하는 인사고과 결과에 대해 각자의 판단이 옳다며 자신의 주장을 굽히지 않았으며, 결국 둘은 깊은 상처를 받았다.

모든 사람들은 각자의 눈으로 세상을 본다고 한다. 이 말은 어느 정도는 맞는 말이다. 똑 같은 정보, 상황, 사건에 대해 사람들은 종종 완전히 다른 반응을 보인다. 게다가 사람들은 자기의 관점이나 견해가 올바르다고 여기는 경우가 대부분이다. 위의 예에서 보듯이 같은 사무실에서 몇 달 동안이나 같이 일을 했음에도 불구하고 상사와 부하는 부하의 일의 성취도, 결과에 대해 서로 다른 견해를 가질 수 있다. 이러한 차이는 왜 생기는 것일까? 이는 사람들이 각자 저마다의 능동적이고 복잡한 과정을 통해 세상을 바라보기 때문이다. 이러한 과정을 지각(perception)이라고 한다.

조직행동에 있어서 지각은 중요한 의미를 갖는다. 단순하게 얘기하면 어떤 상황에서 인간의 행동은 그를 둘러싼 세상에 대한 개인의 현재의 해석(지각)의

함수이기 때문이다. 사람들은 그들의 눈, 귀, 혹은 다른 감각기관으로부터 받아들인 인풋(정보)에 대해 자동적으로 반응하지는 않는다. 대신에 그러한 정보를 인지적으로 처리하고, 해석결과에 따라 반응한다. 조직행동에 있어서 지각과 관련된 예를 들어 보자.

어려운 협상과정 동안 어느 일방이 상대방에게 양보를 했다고 가정하자. 양보를 받은 측은 어떠한 반응을 보일까? 대체로 양보행위에 대한 해석 여부에 따라 반응은 달라질 것이다. 즉 양보행위를 약점의 노출, 협상타결을 위한 진지한 노력, 혹은 노림수(함정)로 볼 것인지에 따라 반응은 달라질 것이다. 다른 예로 수많은 지원자 중에서 적격자를 선택해야 하는 면접관을 생각해보자. 다양한 지원자들에 대한 면접관의 지각(지원자의 인상, 대인관계 기술, 자격요건 등에 대한)에 따라 누가 선발될 것인지가 결정될 것이다. 마지막으로 중요한 프로젝트에서 좋지 않은 성과를 낸 종업원의 경우를 보자. 그를 징계할 것인지, 아니면 해고할 것인지는 종업원의 실패가 가족문제로 인한 일시적인 것인지, 아니면 기본적인 능력 부족에 따른 항구적인 것인지에 따라 달라질 것이다.

〈그림 7-1〉 지각의 차이: 서로 다른 눈으로 세상을 본다

"오늘날 이 나라에서의 문제점,
그 완벽한 예가 있다"

"오늘날 이 나라에서의 문제점,
그 완벽한 예가 있다"

자료: Drawing by Mulligan, The New Yorker Magazine(1978), in R. A. Baron & J. Greenberg(1990), *Behavior in Organizations: Understanding and Managing the Human Side of Work*(3rd ed.), Allyn & Bacon, p. 116.

이처럼 수많은 상황에서 지각, 즉 외부세계(특히 타인)에 대한 해석은 개인의 느낌, 의사결정, 행동을 결정짓는다. 특히 조직상황에서 지각은 조직 및 집단, 그리고 조직 내 타인에 대한 반응, 행동에 중요한 영향을 미치기 때문에 지각에 대한 이해는 매우 중요하다.

본 장에서는 지각의 기본적 특징(주로 지각과정)을 살펴보고, 타인의 특성, 동기, 의도를 이해하는 과정인 사회적 지각을 설명한다. 그리고 사회적 지각과정에서 발생하는 오류들과 종업원 선발과 인사고과와 같은 중요한 관리행동에 있어서 지각의 영향을 살펴보고, 마지막으로 지각오류의 감소방안을 설명한다.

지각의 의미와 과정

지각의 의미

지각(perception)이란 외부환경이나 자극에 대해여 의미를 부여하기 위하여 감각기관을 통하여 받아들인 정보를 선택(selection)하고 조직화(organization)하여 해석(interpretation)하는 과정이다.[1] 우리는 지각을 통해 외부환경에 존재하는 대상에 대해 특정한 의미를 부여하게 된다.

지각은 특정한 자극이나 대상에 대한 일련의 정보처리과정(information processing)으로 이해할 수 있으며, 이 과정에서 자극이나 대상에 대한 정보를 선택, 조직화, 해석한다. 그리고 최종적으로 특정 자극이나 대상에 대한 이미지(mental image)를 형성한다. 지각을 통해 형성된 이미지는 특정 대상에 대한 우리의 반응이나 행동에 영향을 주게 된다. 예컨대 회사의 상사나 동료, 회사 자체에 대한 지각에 따라 우리의 태도와 행동이 다르기 때문에 지각은 조직행동에서 매우 중요한 요소로 인식되고 있다.

지각과정 및 영향요인들

특정 대상에 대해 우리가 지각한 것과 객관적인 실재(objective reality)는 종

〈그림 7-2〉 지각과정모형

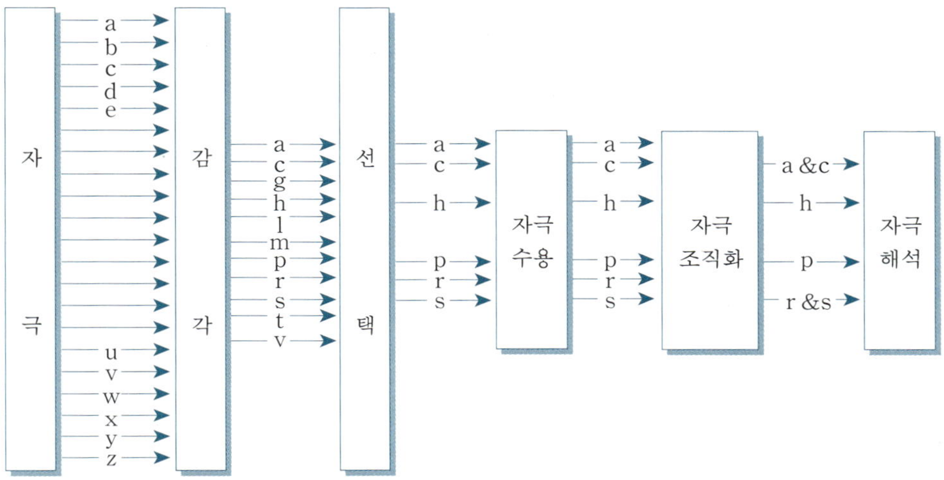

자료: R. B. Dunham(1984), *Organizational Behavior: People and Processes in Management*, Richard D. Irwin, p. 242.

종 다를 수 있다. 예컨대 주몽이란 친구를 영수는 매력적으로, 이에 반해 윤희는 촌스럽다고 지각할 수 있다. 왜 똑같은 대상을 보지만 그것을 사람마다 다르게 지각할까? 이는 사람마다 지각과정에서 정보를 처리하는 능력과 방식이 다르고, 또한 지각과정의 각 단계마다 다양한 요인이 영향을 미쳐 정보의 왜곡을 가져오기 때문이다. 〈그림 7-2〉는 지각과정을 나타낸 것이다. 외부의 자극 가운데 시각, 청각, 후각, 미각 등 우리의 다양한 감각기관이 감지할 수 있는 자극이 우리의 인지과정(cognitive process)으로 들어와서 선택-조직화-해석의 과정을 거친다.

지각선택

감각기관을 통해 수용된 자극 가운데 일부만 선택되는데, 이 때 주의(attention)가 중요한 역할을 한다. 주의는 외부의 자극이나 정보를 우리의 인지과정으로 가지고 들어오는 문(gate)으로 불순물을 걸러내는 여과장치와 같은 역할을 한다. 우리가 주의하는 자극이나 정보만이 인지과정으로 들어오게 된다. 당신이 아주 시끄러운 파티에 있다고 해 보자. 파티에서 당신과 얘기를 나누고 있는 사람의 목소리만을 듣고 다른 사람들의 목소리는 걸러내서 듣지 않으려고 할 것이다. 이 때 대화 상대방의 목소리만 부각되고 다른 사람들의 목소리는 배경의 잡음으로 처리된다. 만약 당신이 근처의 다른 사람들의 대화를 엿듣고자 한다면, 그들의 대화를 쉽게 들을 수 있다. 지금까지 대화하던 상대방으로부터 다른 사람들에게 주의를 이동시키기만 하면 되는 것이다. 이 처럼 우리가 어느 방향으로 주의를 기울이고자 결정하면, 주의는 계속해서 그 방향으로 이동하게 된다. 이처럼 주의는 하나의 연속적인 과정이다. 한편 주의는 당사자의 선택의 문제이기도 하다. 예컨대 많은 사람들은 아무리 중요한 얘기일지라도 지루한 얘기를 경청하는데 애를 먹는다. 그러나 다른 상황에서 예상하지 못한 중요한 사건, 즉 애인의 결혼소식이나 기업의 합병과 같은 사건에 대해서 주의를 떼어내지 않는다.

그렇다면 어떠한 자극이나 정보가 주의를 끌게 되는 것일까? 선택에 영향을 미치는 요인들은 크게 지각대상과 관련된 요인(외적 요인), 지각자와 관련된 요인(내적 요인), 지각상황과 관련된 요인(상황적 요인)으로 구분된다.

첫째, 지각대상과 관련된 요인(외적 요인)은 지각의 대상이 갖고 있는 특성으로서 지각대상의 강도, 크기, 대조, 반복, 동작, 특이성과 친밀성 등이 있다. 강도

〈그림 7-3〉 지각선택의 영향요인

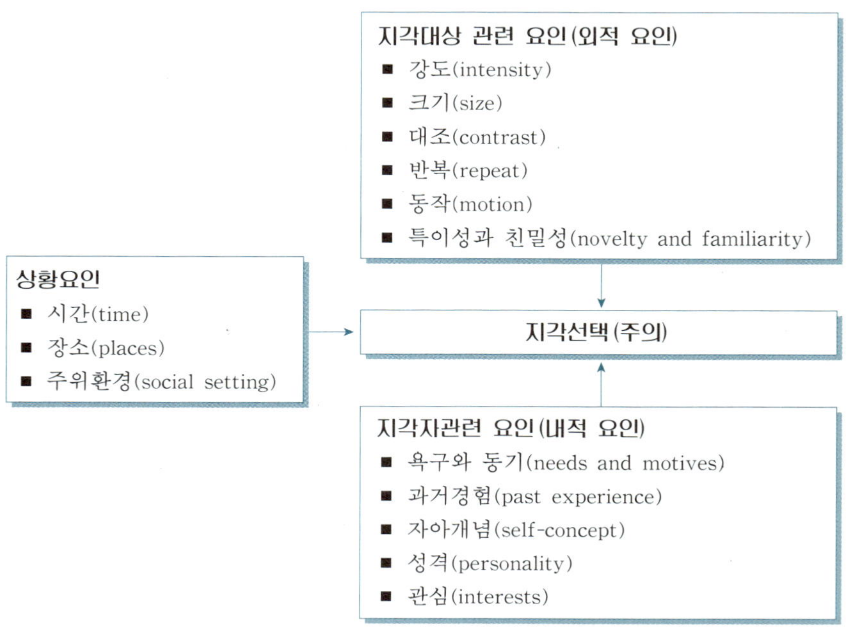

의 경우 강도가 약한 대상보다는 강도 있는 대상이 주의를 끈다. 예컨대 조용한 소리보다는 강한 소리, 약한 냄새보다는 강렬한 냄새, 어두운 빛보다는 밝은 빛이 주의를 끈다. 보통 키의 사람보다는 키 큰 사람(크기), 주변환경과 대조를 이루는 사물(대조), 한번의 자극보다는 반복적인 자극(반복), 정지된 물체보다 움직이는 물체(동작), 평범한 자극보다는 특이한 자극(특이성)이 주의를 끌게 되어 선택된다. 이들 외적 요인들은 각기 별도로 선택에 영향을 줄 수도 있지만 서로 상호작용하여 영향을 미치기도 한다.[2)]

둘째, 지각자와 관련된 요인(내적 요인)은 지각선택에 영향을 미치는 지각자 자신의 특성을 말하는 것으로 욕구와 동기, 과거의 경험, 자아개념, 성격 등을 들 수 있다.[3)] 욕구와 동기는 지각선택에 중요한 역할을 한다. 배가 고픈 사람은 음식에 대해 민감하게 반응한다. 조직 내에서 경제적으로 어려운 조직구성원은 봉급이나 상여금에 민감할 것이고 조직생활을 통해 새로운 경험을 쌓겠다는 욕구를 가진 성원은 일에 관심을 갖게 될 것이다. 또한 과거의 경험이나 학습에 의해 지각구조가 형성되면 사람들은 그 패턴에 따라 지각하게 된다. 단골집을 선호하게 된다든지. 사람을 사귈 때도 비슷한 유형의 사람에게 호감을 갖는다. 건축자재인 타일을 제조하는 직장에 근무하는 사람은 다른 제조회사에서 만든 타일을 보면 관심을 갖는다. 자아개념은 자신을 지각하는 방식으로 사람들이 자기 주위의 사물이나 타인을 지각하는 준거의 틀이 된다. 개인이 자기 자신을 어떻게 지각하고 있느냐에 따라 외부의 세계도 그러한 방식으로 지각하게 된다는 것이다. 예를 들면, 자기 자신이 무능하고 아무 쓸모없는 인간이라는 의기소침한 상태일 때 길거리에서 들려오는 명랑하고 쾌활한 음악소리에도 관심을 갖지 않게 될 것이다. 성격도 사물을 지각하는데 영향을 미친다. 극단적인 외향적인 성격의 소유자와 내향적인 성격소유자는 외부 자극을 선택하는 것이 다를 것이다. 낙관적인 사람은 사물을 긍적적인 관점에서 보고, 비관적인 사람은 부정적인 관점에서 파악한다고 한다.[4)]

마지막으로 상황요인도 지각선택에 영향을 미치는 요인이다. 예를 들면, 짙은 화장에 화려한 옷차림을 한 젊은 여인을 파티에서 보았다면 관심을 갖게 하지 않지만 이와 같은 여인이 학술세미나실에 나타난다면 모두의 주의를 끌게 할 것이다. 이와 같이 동일한 자극이라도 그것을 대하는 장소, 시간, 주위환경에 따라 각기 다르게 지각하게 된다. 상황요인은 특히 사람들에 대한 첫인상을 형성하고 평가하는데 중요 역할을 한다. 만난 장소가 술집인가 아니면 교회인가, 또는 그와 함께 있었던 사람이 평소 존경하는 사람인가 아니면 야비한 인간인가 등의 상황에 따라 지각에 영향을 미친다.

지각선택과 관련하여 또 다른 중요한 점은 **선택적 지각**(selective perception)이 일어난다는 것이다. 즉, 사람들은 자신에게 관련된 자극이나 자신에게 유리하다고 판단되는 자극만을 선택하여 감지하는 경향이 있다는 것이다. 예를 들어 경제적으로 어려운 사람은 조직 내에서 임금이나 보너스에 대한 정보에 민감할 것이다. 그리고 사람들은 골치 아픈 상황, 모순된 정보자료, 불리한 정보 등은 가능하다면 감지하지 않으려는 경향이 있다. 이와 같이 지각의 선택은 개인의 목적과 욕구 그리고 과거의 경험과 태도에 의해 영향을 받는다. 요약하면 선택적 지각경향은 지각대상에 대한 왜곡을 초래하여 객관적인 실제를 올바르게 지각하는 것을 저해한다.

지각 조직화

외부의 많은 자극이나 정보가 선택단계를 거쳐 자동적으로 추려지지만 남아 있는 정보도 너무 많고 복잡해서 쉽게 이해되기도 어렵고 저장되지도 못한다. 사람이 한번에 처리할 수 있는 정보가 제약되어 있기 때문에, 지각되는 일련의 자

〈그림 7-4〉 전경과 배경

이 그림에 검은 배경을 가지고 있는 흰색은 천사로, 흰 바탕의 검은 색은 악마를 나타내 주고 있다.

이 그림은 검은 배경을 가지고 있는 흰 컵으로 지각될 수 있고 흰 배경을 바탕으로 두 개의 얼굴로 지각될 수 있다.

극이나 정보들을 단순화하거나 형태화하게 되는데, 이를 **지각 조직화**(organizing)라고 한다. 예를 들어 각각 분리된 여러 조각의 정보를 보다 쉽게 처리될 수 있도록 한 조각의 정보로 모으는 과정(chunk)을 말한다. 지각대상을 조직화 방법은 다음과 같다.

첫째, 선택된 자극 중 일부는 전경(figure)으로 나머지는 배경(ground)으로 나누는 방법이다. 많은 자극들을 전경과 배경으로 분리 지각되도록 만드는 것을 윤곽형성(contour formation)이라 한다. 일단 윤곽이 형성되면 윤곽이 속해 있는 자극들은 전경을 이루고, 윤곽에 의하여 전경에서 분리된 부분의 자극은 배경을 이룬다.[5] 전경은 전체자극 중 주의를 기울인 것이고, 그렇지 않은 부분이 배경이 된다. 경험이나 관심의 정도에 따라, 자극의 애매성에 따라, 그리고 주변상황에 따라 전경과 배경이 역전될 수 있다(〈그림 7-4〉 참조). 조직의 예에서 보면 관리자가 종업원의 자질을 평가할 때 창조성이나 적극성을 중요시하고 책임감이나 대인관계능력을 가볍게 볼 수 있다. 이때 창의성과 적극성이 전경이라면 책임감이나 대인관계능력은 배경이 되는 것이다.

둘째, 집단화(perceptual grouping)의 방법이다. 사람들은 시야에 전경을 이루는 어떤 사물이 있을 때 이들을 단일의 형태로 묶으려는 습성이 있다. 이처럼 형태의 구성요소나 특징들을 통합하는 과정을 집단화라 한다. 여기는 근접성(proximity)과 유사성(similarity)을 들 수 있다(〈그림 7-5〉 참조).[6] 근접성이란 두 형태가 서로 가까이 있을 때 함께 묶어 지각하는 것이다. 예를 들면, 어떤 북소리를

〈그림 7-5〉 집단화: 근접성과 유사성

근접성의 원리
두 줄의 점들로 보기보다는 짝지은 3쌍과 4쌍의 점들로 본다.

유사성의 원리
수직선으로 묶기보다는 수평선으로 묶어 지각하려 한다.

연속적으로 들리고 잠시 쉬었다가 다시 두 번의 북소리를 듣게 되면 사람들은 두 쌍의 소리를 들은 것으로 지각한다. 유사성이란 유사한 자극이 클수록 함께 묶어 지각하는 것을 말한다. 이러한 근접성과 유사성을 근거로 하여 사물 또는 사람을 하나로 묶는 경향이 있다. 그래서 같은 회사에 근무하는 사람들을 한 부류로 보아 하나의 집단으로 지각하는 것이다. 또는 같은 제복이나 모자를 착용한 사람들을 하나의 부류로 보아 같은 사람으로 지각하기도 한다.

지각해석

조직화된 자극은 개인의 성격과 욕구, 과거의 경험, 그리고 가치관과 자아개념 등 자신의 준거체계에 의하여 해석되어 어떤 의미를 부여하게 된다. 해석뿐만 아니라 자신의 준거체계를 중심으로 자극된 상황을 평가까지 하며 자극의 의미를 한층 높이게 된다. 지각 해석은 일반적으로 다음과 같은 특징이 있다.

첫째, 지각해석과정은 주관적인 해석과정이다. 지각된 세계가 지각자에게 중요한 내용일수록 지각자는 해석과정에 주관적인 요소, 즉 감정이나 느낌, 편견 등에 의해 영향을 받는다. 대단히 합리적인 사람도 문제가 자기 자신 또는 가족이나 명예에 관련된 것이라면 감정적으로 행동하기 쉽다.

둘째, 지각해석은 판단과정이다. 지각된 세계는 일반적으로 옳다거나 그르다, 좋다 또는 나쁘다는 판단적인 용어로서 표현되어진다. 호의적으로 지각된 것은 지각자를 유쾌하게 하나 비우호적으로 지각되면 지각자로 하여금 방어적인 행동을 하게끔 하는 원인이 된다.[7)]

셋째, 지각해석과정은 쉽게 왜곡될 수 있다. 지각된 세계와 실재세계는 서로 다르기 때문에 지각자는 적극적으로 실재세계를 자신의 욕구에 적합하도록 변형시킨다. 이 같은 요인에 의해 실제 대상물을 잘못 해석하는 경우가 많다.

사회적 지각: 타인의 이해

사회적 지각이란 타인을 올바르게 이해하기 위하여 그들에 관한 정보를 모으고, 통합하여 해석하는 과정을 말한다. 일상생활은 물론 조직 내에서도 타인은 우리의 삶의 중요한 부분이다. 상사, 동료, 부하, 친구, 애인 이들 모두는 우리에게 매우 강력한 영향을 미치기 때문에 이들의 감정, 느낌, 혹은 그들이 보여주는 행동의 원인을 올바르게 이해해야만 원만한 관계를 유지하고, 상호작용을 할 수 있다. 예컨대 애인이 이성적이고 합리적인 성격이라는 것을 안다면 애인의 집 앞에서 사랑의 세레나데를 폼 나게 부르기보다는 '내 집 장만' 계획을 치밀하게 세우고, 애인에게 어필할 것이다. 또 중요한 고객이 경쟁자에게 넘어갔다면 왜 고객이 그러한 결정을 내렸는지를 알아야만 올바른 대응이 가능할 것이다. 이와 같이 사회적 관계에서 타인에 대한 이해는 매우 중요하다.

조직행동분야에서 사회적 지각과정을 설명하는 가장 중요한 이론으로 **귀인이론**(attribution theory)이 있다. 귀인이론의 핵심적 내용인 귀인(attribution) — 타인의 행동의 원인을 식별하는 과정 — 과 사회적 지각(사회적 정보처리) — 타인 정보의 분류, 저장 및 회상 — 에 대해 알아본다.

귀인: 타인행위의 원인 규명

우리는 흔히 다른 사람들에게 '왜'라는 질문을 자주 던진다. 우리 상사는 '왜' 하필이면 퇴근 30분전에 회의를 소집할까? 공급업체는 '왜' 정확하게 납기를 지키지 못하는 것일까? 이러한 '왜'를 규명하기 위해서는 두 가지를 알아야 한다. 하나는 그들은 누구인가, 즉 그들이 가지고 있는 특성이나 기질을 알아야 한다. 다른 하나는 그들의 행동이 주로 내부적인 요인(기질, 동기, 가치관 등), 아니면 외부적인 요인(그들이 직면하고 있는 외부환경과 관련된 요인)에 기인하는가를 알아야 한다.

행위로부터 특성 또는 기질 추론

사회적 관계에서 타인의 특성을 올바르게 이해하는 것은 매우 중요하다. 예를 들어 협상 상대방이 처음에는 매우 까다롭지만 강경하게 대응하는 경우 쉽게 후퇴해서 양보하는 경향이 있다는 것을 알고 있다면 매우 유리하게 협상을 이끌 수 있을 것이다. 부하 중에 항상 시간을 엄수하는 사람과 지각이 많은 사람이 누구인지를 알고 있다면 중요한 회의에 누구를 대신 참석하게 할 것인지를 쉽게

〈그림 7-6〉 타인의 특성추론

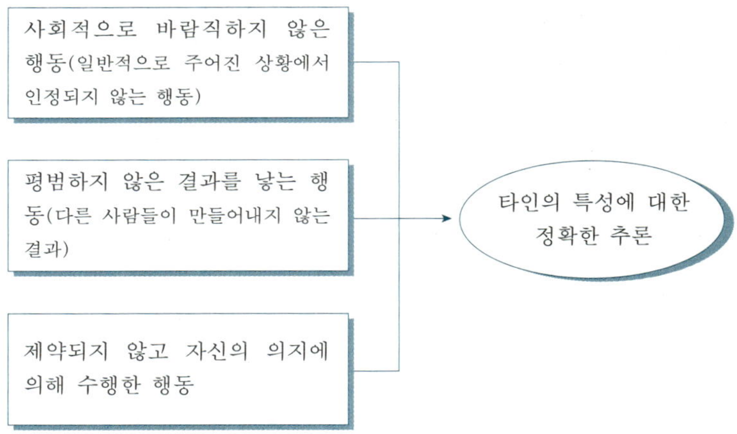

자료: R. A. Baron & J. Greenberg(1990), *Behavior in Organizations: Understanding and Managing the Human Side of Work*(3rd ed.), Allyn & Bacon, p. 123.

결정할 수 있을 것이다. 그러나 타인의 특성을 정확하게 파악하기란 쉽지 않다. 일반적으로 타인의 행동을 관찰하고, 그 결과로 얻은 정보를 통해 그들의 특성을 추론하여 특성을 파악하게 된다.

타인의 특성을 파악하는 데 있어서 가장 큰 어려움은 보통 사람들이 그들의 특성을 은폐하려고 한다는 점이다. 특히 바람직하지 않다고 여겨지는 특성인 경우에는 더욱 그러하다. 게으르고 부주의한 종업원들은 보통 자신들의 특성을 숨기려고 하고, 그들이 판단하기에 안전하다고 여겨지는 상황, 즉 사회적 감시가 소홀해 질 때에만 그들의 본 모습을 보인다. 이러한 은폐 시도를 벗겨내는데 사용되는 몇 가지 기법이 있다(〈그림 7-6〉 참조).

첫째, 주어진 상황에서 수용되기 어렵거나 비정상적인 행동(사회적으로 바람직하지 않은 행동)을 관찰하는 것이다. 예를 들어 협상과정에서 상대방에게 양보를 한 후 몇 분이 지나기도 전에 양보를 철회하는 행동은 협상에서 신의를 저버리는 부적절한 행동으로 간주된다. 이 같은 행동을 하는 협상자는 경험이나 원칙이 부족한 사람이라는 것을 의미한다. 둘째, 보통의 경우에는 발생하지 않는 특이한 결과를 낳는 행동에 주의를 기울이는 것이다. 그러한 행동은 특이한 결과를 야기하기 때문에 그 사람의 특성이나 동기의 많은 것을 드러낸다. 앞의 예에서 양보를 하자마자 철회한 협상자가 자신의 행동이 상대방의 분노를 야기해서 협상의 결렬을 가져 올 것임을 미리 알고 한 계산된 행동이었다면, 우리는 그가 교활하고 예측가능하지 않은 사람이라고 결론 내릴 수 있을 것이다. 마지막으로 자유의지에 의해 수행된 행동인지를 관찰하는 것이다. 만약 회사의 경직된 규칙, 역할에 따른 책임, 통제할 수 없는 외부 여건에 의해 강요된 행동이라면, 그러한 행동을 통해 개인의 특성을 파악하기는 어렵게 된다.

요약하면 타인의 행동 가운데 특정한 측면에 초점을 맞춤으로써 타인의 주요한 특성이나 기질을 파악할 수 있으며, 이를 통해 그들과 상호작용을 할 수 있다.

내부적 귀인과 외부적 귀인(인과적 귀인)

타인의 행동에 대한 원인은 두 가지 측면, 즉 내부 및 외부 원인으로 추론된다. 상사가 화가 잔뜩 나서 부하를 불러서 부하의 성과가 더 이상 좋아지지 않는다면 해고하겠다면서 으름장을 놓고, 심지어 심한 욕설을 하고 있는 상황을 가정해 보자. 이러한 상황을 목격했을 때 당신은 상사가 왜 이러한 행동을 했을 것이라고 생각하는가?

하나의 가능성은 상사의 행동을 내부적인 원인에서 추론하여, 상사가 원래 기질이 급하고, 자기통제가 부족하며, 부하에 대한 관리능력이 떨어진다고 지각할 수 있다. 일반적으로 지각대상에 대한 충분한 증거나 정보가 부족하다면 타인의 행동을 내부적 요인으로 귀인하는 경향이 강하다. 또 다른 가능성은 상사의 행동을 외부적 원인에 의해 설명하는 것이다. 즉, 부하가 상사의 지침을 반복해서 어기고, 일을 제멋대로 불성실하게 일을 해서 더 이상 상사가 참지 못하는 상황에서 상사가 불가피하게 대응한 결과로 생각할 수 있다.

타인의 행동에 대한 귀인방식(내부적, 혹은 외부적 귀인)은 중요한 의미를 갖는다. 내부적으로 귀인을 하는 경우에는 미래의 사건이나 상황에서 동일한 방식의 행동을 예상할 수 있고, 이에 맞도록 타인과의 관계를 가져갈 수 있다. 이에 반해 외부적으로 귀인을 하는 경우 다른 상황에서는 완전히 다른 행동이 나타날 수 있다는 것을 깨닫게 된다.

그렇다면 특정인에 대한 귀인은 어떻게 이루어지는 것일까? 즉 어떠한 경우에는 내부적 귀인을 하고, 또 다른 경우에는 외부적 귀인을 하는 것일까? 이에 관한 연구결과에 따르면 지각대상에 관한 정보의 세 가지 요인에 의해 귀인 방식이 결정된다.

첫째는 일치성(consensus)으로, 이는 다른 사람들의 행동과 그 사람의 행동이 차이가 있는지를 의미한다. 즉 그뿐만 아니라 다른 사람들도 동일한 방식으로 행동하는 정도를 의미한다. 지각대상이 다른 사람들과 행동의 차이가 없으면 일치성은 높고, 행동의 차이가 클수록 일치성이 낮다. 둘째는 일관성(consistency)으로, 이는 그가 다른 때에도 동일하게 행동하는지를 의미한다. 특정한 상황에서 늘 동일하게 행동한다면 일관성은 높다. 마지막으로 특이성(distinctiveness)으로 그가 다른 상황에서도 동일하게 행동하는 정도를 의미한다. 만약 다른 상황에서 다르게 행

〈그림 7-7〉 내부적 귀인과 외부적 귀인

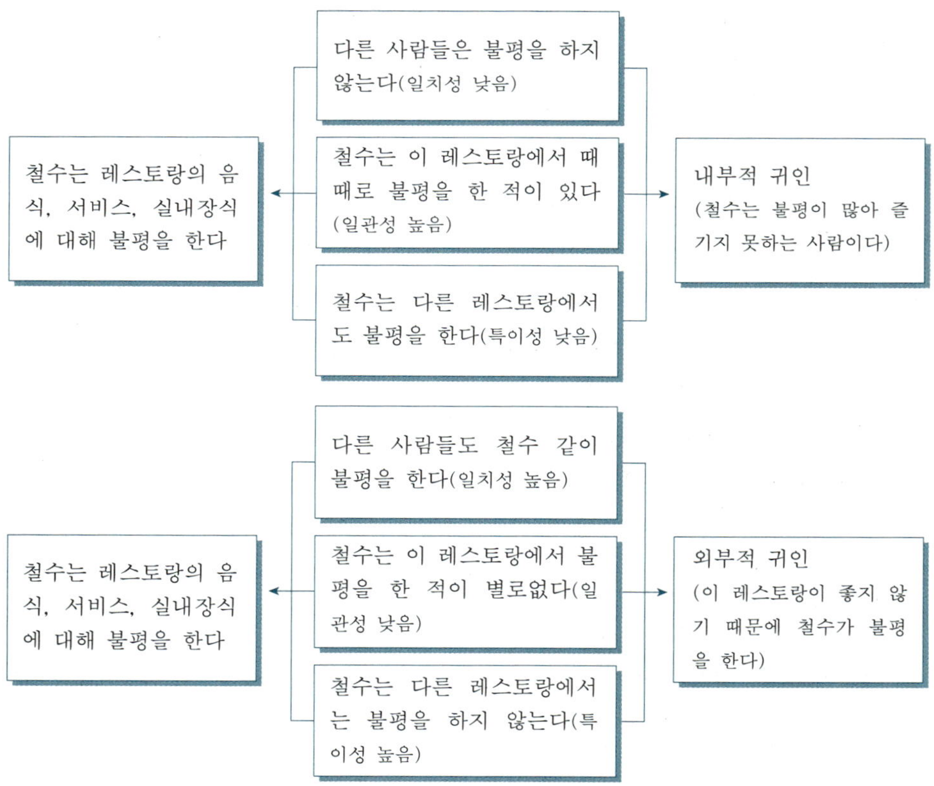

자료: R. A. Baron & J. Greenberg(1990), *Behavior in Organizations: Understanding and Managing the Human Side of Work*(3rd ed.), Allyn & Bacon, p. 125.

동한다면 특이성이 높고, 다른 상황에서도 동일하게 행동하면 특이성은 낮다. 이러한 세 가지 정보를 종합적으로 고려하여 타인의 행동의 원인을 결정하게 된다. 만약 일관성이 낮고, 일치성, 특이성이 높다면, 이 사람의 행동은 외부적 요인에 의한 것으로 판단할 수 있다. 이에 반해 만약 일치성과 특이성이 낮고, 일관성이 높다면, 이 사람의 행동은 내부적 요인에 기인한다고 판단할 수 있다(〈그림 7-7〉 참조).

〈그림 7-7〉의 예를 보자. 당신이 상담을 마치고 다른 회사 사람들과 같이 OB레스토랑에서 점심식사를 하는 상황이다. 그 중 A씨가 음식에 대해 불평을 하고, 웨이터의 서비스, 실내장식에 대해서도 불평을 한다. 그런데 다른 사람들은 이러한 불평을 전혀 하지 않고(일치성이 낮고), A씨가 이전에도 OB레스토랑에서 식사하면서 불평을 했으며(일관성이 높고), 그가 다른 레스토랑에서도 불평하는 것으로 자주 보았다면(특이성이 낮음), A씨의 행동은 내부적 요인에 의한 것으로 귀인되며, 그는 꽤나 까다로운 기질을 가진 사람으로 지각된다.

그러나 모든 경우에 이와 같은 방식으로 타인의 행동을 귀인하는 것은 아니며, 쉽게 설명하기 어려운 예상하지 않은 행동에 직면했을 때 여러 가지 기준을 가지고 귀인을 하게 된다. 또한 귀인 시에는 내부적-외부적 원인이 성격상 안정적(지속적)인지, 아니면 불안정적(임시적)인지에 대한 고려가 필요하다. 예컨대 부하의 성과평가시에 현재의 성과수준이 노력과 같은 임시적인 요인에 기인하는지, 아니면 그의 능력이나 경험과 같은 안정적인 요인에 기인하는지를 이해하는 것이 중요하다. 전자인 경우에는 즉각적인 변화가 가능하지만, 후자의 경우에는 변화가 어렵고 변화도 느리게 이루어진다. 놀톤과 미셀(Knowlton & Mitchell)의 연구에 의하면 상사는 부하의 성과가 능력(안정적인 내부적 요인) 보다 노력(임시적인 외부적 요인)에 의해 주로 영향을 받았다고 판단할 때 부하의 성과에 대해 보다 극단적인 평가(매우 높거나 낮은)를 하는 것으로 나타났다.

사회적 지각 및 인지요소의 영향

타인의 행동의 의미와 동기를 이해하고, 그들의 특성을 파악하기 위해서는 깊이 있는 생각과 판단을 필요로 한다. 이처럼 타인을 이해하는 것은 상당한 정신적(인지적) 노력을 필요로 하기 때문에 어떠한 인지과정을 통해 이러한 사회적 지각이 이루어지는지를 이해하는 것이 중요하다. 즉 타인에 대한 정보가 분류되고, 일정한 형식을 가지고 기억되고(encoded), 기억에 저장되며, 재생 및 활용되는지를 이해해야 한다.

스키마: 외부세계를 인지하는 인지구조

대부분의 사람들은 정보의 홍수 속에서 당혹스러웠던 경험들을 가지고 있을 것이다. 이는 많은 정보를 처리할 수 있는 인지구조가 부족하기 때문에 발생한다. 즉 정보가 들어오는 정신적 카테고리 혹은 지적 구조를 가지고 있지 못하기 때문이다. 그 결과 새로운 정보가 이미 처리되어 있는 다른 지식들과 논리적으로 연계되지 않고 우리의 인지 속에서 자유롭게 떠다니다가, 사라져 버리게 된다. 이는 '정신적 앵커'가 없기 때문에 발생하는 문제이다.

일반적으로 사람은 누구나 앞에서 얘기한 인지구조(cognitive framework)를 가지고 있는데, 이를 스키마라고 한다. 스키마는 외부 세계에 대한 다양한 경험을 통해 우리의 인지 속에 점진적으로 형성된 인지구조를 말한다. 예를 들어 우리는 다른 사람들과 많은 상호작용을 하게 되고 이를 통해 사람 스키마(person schemas)를 형성하게 되는데, 이는 다른 사람들이 가지고 있는 다양한 특성들을 형상화하는 내부적 틀이 된다. 이러한 사람 스키마가 개발되면 동료, 친구, 그 밖에 우리가 만나는 타인들에 대한 정보를 이해하는 데 있어서 매우 중요한 역할을 하게 된다. 이 밖에도 다양한 사건이나 상황들에 대해서도 사건 스키마(event schemas)를 개발할 수도 있다. 예를 들어 비즈니스 회의에 대한 사건 스키마를 생각해 보자. 회의 스키마는 개회 선포, 지난 회의 결과의 요약으로부터 회의가 시작되고, 본 안건의 토의가 계속 이어지며, 합의가 이루어지면 종결될 것임을 알려 준다. 물론 회의 이외에도 매우 많은 사건 스키마가 존재할 수 있다.

일단 형성된 스키마는 어떠한 영향을 미칠까? 일단 특정한 인지구조가 형성되면 이는 새로운 정보(타인에 대한 정보를 포함하여)를 어떻게 처리할 것인지에 대해 강력한 영향을 미치게 되는데, 스키마가 미치는 다양한 영향을 〈그림 7-8〉에 제시하였다.

우선 스키마는 우리가 지각할 수 있는 외부의 자극이나 사건을 결정하는데 영향을 미친다. 즉 외부의 자극이나 시건 가운데 어떠한 것에 주의(attention)를 기울이게 될 것인지에 영향을 미친다. 요약하면 스키마는 우리가 주의를 기울이게 되는 사건이나 자극을 결정하는데 영향을 미친다. 특히 기존의 스키마와 일관

〈그림 7-8〉 스키마와 사회적 지각

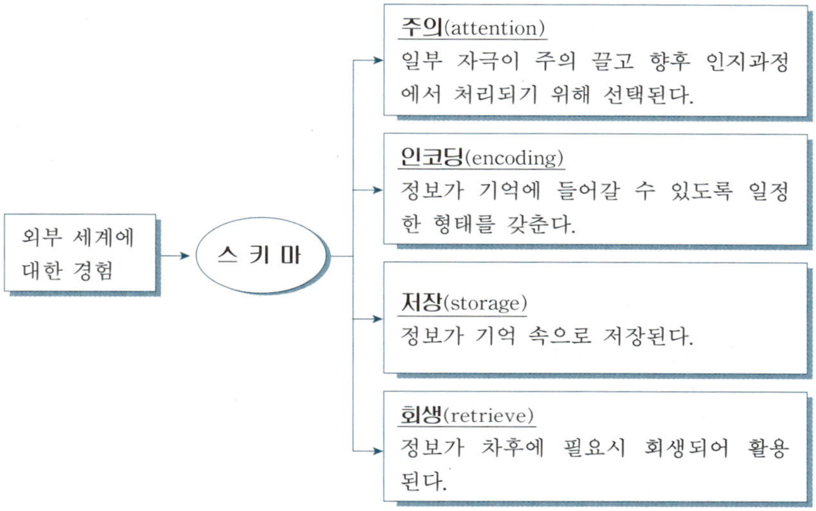

자료: R. A. Baron & J. Greenberg(1990), *Behavior in Organizations: Understanding and Managing the Human Side of Work*(3rd ed.), Allyn & Bacon, p. 127.

되지 않은 사건이나 타인의 행동을 인지하게 한다. 예를 들어 만약 누군가가 시를 읽기 시작하거나 회의 동안에 칼라로 표시를 하는 경우 그 때까지 잠에 빠져있다가도 그러한 행동에 빠르게 주의를 기울인다. 예기치 않은 행동이나 기존의 스키마와 일관되지 않은 행동도 주의를 끌게 된다.

둘째, 스키마는 기억 속으로 어떤 정보를 받아들일 것인지를(코딩 및 저장) 결정한다. 기존의 스키마와 관련이 있는 정보는 관련이 없는 정보에 비해 우리의 기억 속에 보다 잘 저장된다. 특히 기존의 스키마와 상반되거나 일관되지 않은 정보가 일관된 정보에 비해 보다 쉽게 저장되는데, 이는 전자가 후자에 비해 보다 주의 깊은 생각을 하게 하기 때문이다. 예컨대 항상 평범한 수준의 보고서를 써왔던 부하가 갑자기 매우 우수한 보고서를 제출했을 때 상사는 부하의 이러한 행동에 대해 궁금해 하기 마련이다.

마지막으로 스키마는 다양한 상황에 직면했을 때 기억으로부터 어떠한 정보를 불어올 것인지(회상)를 결정한다. 상사가 부하의 성과평가를 하기 위해서 부하의 성과를 회상할 때 상사는 부하(혹은 부하가 속해있는 집단)의 스키마와 관련된 정보를 회상하게 된다. 만약 부하의 스키마가 '성급하고 화를 잘 내는 사람'으로 정의되어 있으면, 상사는 이와 관련되어 있는 정보를 회상하여, 그 동안 부하가 보여준 유쾌하지 않은 사례들을 떠올리게 된다. 이에 반해 부하 스키마가 '근면하고 협조적인 사람'으로 정의되어 있다면, 부하가 보여준 이와 관련된 긍정적이고 바람직한 행동이나 사건들을 떠올리게 된다.

요약하면 스키마는 우리가 다른 사람들을 지각할 때 어떠한 정보에 주의하고, 기억 속에 저장하며, 회상하는 가에 강력한 영향을 미침으로써 사회적 지각의 중요한 요인이 된다.

스키마와 스테레오타입(stereotypes)

스테레오타입은 특정한 부류에 속하는 성원들의 특성을 추론하는데 활용되는 스키마의 일종이다. 즉 스테레오타입은 여성이나 노인과 같은 특정한 집단에 속하는 사람들은 누구나 특정한 특성이나 기질들을 공유하고 있다는 인지구조(cognitive framework)이다. 스테레오타입은 사회적 지각에 매우 중요한 역할을 한다. 특정한 스테레오타입과 관련된 정보는 관련되지 않은 정보에 비해 보다 주의를 끌게 된다. 그리고 스테레오타입과 일관된 정보는 일관되지 않은 정보에 비해 보다 잘 회상된다. 여성에 대해 잘 개발된 스테레오타입을 가지고 있는 남자 상사의 예를 살펴보자. 부하 여직원이 울고 있는 상황을 남자 상사가 목격했다고 하자. 그가 가지고 있는 여성 스키마 때문에 이 사건은 그의 주의를 끌게 된다. 6개월 후에 그가 그녀의 성과평가를 하게 되었을 때 그의 여성 스키마가 작동한다. 상사는 그녀의 직무성과와 직접적인 관련이 있는 다른 행동보다도 그녀가 '울었던 사건'을 훨씬 더 생생하게 회상한다. 결과적으로 그녀가 현재보다 중요한 책임을 갖는 직무를 수행할 수 있음에도 불구하고, 그녀가 준비된 사람이 아닐 것이라고 추론하게 되고, 그녀를 저평가 하게 된다.

실제로 대부분의 사람들은 스테레오타입을 가지고 있기 때문에, 타인을 지각할 때 자주 그 영향을 받는다. 특히 고정관념처럼 작용하여 타인에 대한 객관적이고 정확한 지각을 방해할 수 있으며, 그 결과 조직행동은 물론 일상생활에서 타인과의 상호작용을 그르치게 되는 경우가 많다. 이하에서는 사회적 지각과정에서 발생 가능한 다양한 오류 및 이에 대한 대처방안을 알아본다.

사회적 지각에서 발생가능한 오류들

다른 사람들을 지각하는 과정에서는 다양한 오류들이 나타난다. 이러한 오류들은 일상적인 타인과의 관계 형성은 올바른 상호작용을 저해하는 결과를 초래한다. 일반적으로 나타나는 오류는 다음과 같다.

귀인오류

사람에 대한 지각은 사물에 대한 지각과 다르다. 사람은 다른 물체와 달리 어떤 의도나 계획 또는 나름대로의 독특한 성격을 가지고 있다. 다른 사람을 지각한다는 것은 그 사람의 행동 이면에 숨어있는 그 사람의 참모습을 발견해 낸다는 것을 의미한다. 사람들은 다른 사람의 겉으로 드러난 행동을 보고 그 행동의 참뜻을 찾아내려고 한다. 즉 그 사람이 그렇게 행동하게 된 원인을 추론하게 되는 것이다.

만약에 어떤 사람이 잘못된 행동을 했을 때 그것이 의도적이었다고 추론하면 그에게 좋지 않은 감정을 갖게될 것이고 그것이 실수였다고 추론하면 온정적으로 판단하는 경향이 있다. 예를 들면, 회사 내에서 일과시간이 끝난 후에도 퇴근하지 않고 늦도록 일하는 사원을 보고 어느 상사가 '저 사원은 회사를 위해서 참 열심히 일하는 대단한 사람이야' 또는 '저 사원은 야간수당을 받기 위해 일하는 척 하는 걸 거야' 또는 '저 사원은 시간 내에 업무를 처리할 능력이 모자라서 늦도록 일하는 군' 하는 등의 그 사원의 늦도록 일하는 행동의 원인을 추론할 것이다. 이러한 행동의 추론은 오류를 범하게 된다.

후광효과(halo effect)

후광효과란 현혹효과라고도 불리우는 것으로 이는 지각대상의 어느 한 특성을 중심으로 그 대상 전체를 평가하는 지각경향을 의미한다. 사람에 대한 평가시 어떤 사람에 대한 긍정적인 특성만 보고 다른 특성에 대하여도 긍정적으로 지각하게 하는 것을 말한다.[8)]

예를 들면, 지능지수가 높은 학생은 모든 면에서 우수한 사람이라고 생각하든지, 자기에게 예의바르게 대하는 부하를 매우 성실한 사람으로 평가하는 경향을 말한다.

스테레오타입(stereotyping)

후광효과가 한 가지 특성에 근거한 것이라면 스테레오타입은 그들이 속한 집단의 특성에 근거하여 사람들을 판단하는 경향을 말한다. 이는 개인의 지각과정에서 환경상황에 대하여 일관된 인식을 유지하려는, 즉 지각항등성의 현상이라고 볼 수 있다. 스테레오타입은 오늘날 조직의 사회적 지각에 영향을 미친다. 기업의 경우 경영자, 감독자, 여성근로자, 공인회계사, 판매사원 엔지니어 등 여러 기능분야에 종사하는 구성원들이 독특한 특성이 있다고 생각한다. 그러나 실제의 특성과 사람들이 기대하는 특성과는 많은 차이가 있다는 것이다.[9)]

스테레오타입은 지각된 세계의 복잡성을 감소시키는 역할을 한다. 그러나 이것이 지각왜곡의 주요한 원천이 되며 다른 사람을 잘못 판단하게 하고 사회적, 인종적 편견을 갖게 하는 원천이 되기도 한다. 우리나라에도 지역특성에 따른 사람의 편견적인 평가를 극복해야 할 과제이고, 독일인이 가졌던 유태인의 편견은 불행한 역사의 단면이다.

투 사(projection)

투사는 자신이 갖고 있는 감정이나 특성을 다른 사람에게 전가시키려는 것이다. 즉 자신의 감정 · 성격 · 동기를 다른 사람의 판단에 투사하는 것이다. 일반적으로 사람들은 다른 사람도 자신과 유사할 것이라고 판단하여 다른 사람들도 나와 같은 생각을 하고, 느끼며 같은 특성을 지닌 것으로 가정함으로써 자신의 생각이나 판단을 다른 사람에게 적용하려는 데서 주관을 객관화시키는 것이다.[10)] 예를 들면, 부정직한 사람이 남을 의심하여 상대방도 부정직한 사람으로 지각하는 것이다.

인 상(impression)

사람들은 타인을 판단할 때 비교적 제한된 정보를 가지고 사람을 평가하는 경향이 있다. 특히 사람을 판단할 때 첫인상이 매우 중요하게 작용할 때가 흔히 있다. 이러한 첫인상은 후에 새로운 정보가 추가되어도 재고하지 않고 첫인상에 지나치게 얽매이게 된다. 사람들은 처음에 형성된 첫인상에 의하여 오랫동안 지배되어 상당한 기간 동안 지각오류를 범하기도 한다.[11)]

지각방어(perceptual defense)

지각방어는 개인에게 불쾌한 자극이 오거나 자신의 고정관념에 어긋나는 상황이 주어지면 이를 회피함으로써 자신을 방어하려는 경향을 말한다. 즉 사람들은 이미 형성되어 있는 스테레오타입과 일치하지 하지 않는 사실에 직면하게 되면 그 불일치를 제거할 목적으로 정보를 회피하거나 자신에게 맞도록 정보를 왜곡시키는 경향이 있다.[12)]

관대화 경향(lenient tendency)

관대화 경향을 사람을 평가할 때 가급적이면 너그럽게 평가하려는 경향을 말한다. 조직 내에서 관대화 경향은 인사평가에서 많이 나타난다. 관대화 경향이 나타나는 이유로는 첫째는 평가가 나쁠 경우 그 원인이 평가자의 통솔력·지도력 등의 부족으로 오인될 염려가 있기 때문이다. 둘째는 평가자가 평가방법 등을 충분히 이해하지 못하고 있을 경우이고, 세 번째는 평소에 피평가자에 대한 관찰을 소홀히 하여 잘 모르거나 낮은 평가를 해서 공연히 불편한 관계를 만들 필요가 없다고 생각하기 때문이다. 관대화 경향은 사람에 대한 지각의 오류를 남게 하는 요인 중 하나이다.

사회적 지각과 조직행동

사회적 지각은 조직행동의 여러 분야에서 매우 큰 영향을 미친다. 그 가운데 조직의 중요한 활동인 면접과 인사고과에서 사회적 지각과 지각의 오류가 어떻게 영향을 미치는지를 살펴본다.

사회적 지각과 면접(job interview)

면접, 즉 직무인터뷰는 신규 종업원의 선발과정에서 매우 중요하게 활용되고 있지만, 공정성과 타당성에 대한 의문이 자주 제기되고 있는 것도 사실이다. 면접은 서로 다른 두 이방인들이 첫 대면을 하는 과정이므로 상대방을 이해하려는 각자의 노력, 즉 사회적 지각이 매우 중요한 역할을 하게 된다. 나아가 피면접자에 대한 면접자의 지각(특히 첫인상과 같은)이 피면접자에 대한 평가에 영향을 미친다. 그렇다면 면접과정에서 어떠한 요소들이 피면접자에 대한 면접자의 지각에 영향을 미칠 것인가를 이해하는 것은 매우 중요하다.

비언어적 행위(nonverbal cues) 피면접자가 면접과정에서 보여주는 비언어적 행위는 면접자의 지각에 큰 영향을 미친다. 일반적으로 피면접자의 긍정적인 비언어적 행위가 많을수록 면접자로부터 높은 평가를 받는다(〈그림 7-9〉).

연구결과에 따르면 자주 미소를 지운다거나 면접자와 눈으로 접촉을 자주하는 피면접자가 그렇지 않은 면접자에 비해 더 높은 평가를 받는 것으로 나타났다. 즉, 면접자가 직무 자격요건과 성격이나 기질을 평가하는데 있어서 피면접자의 긍정적인 비언어적 행위가 더 높은 평가를 받도록 영향을 미친다는 것이다. 그러나 일부 연구에 의하면 비언어적 행위가 면접에서 항상 높은 평가를 받게 하지는 않는 것으로 나타났다. 즉 피면접자의 자격요건에 대한 정보를 면접자가

〈그림 7-9〉 직무인터뷰시 비언어적 행위의 효과

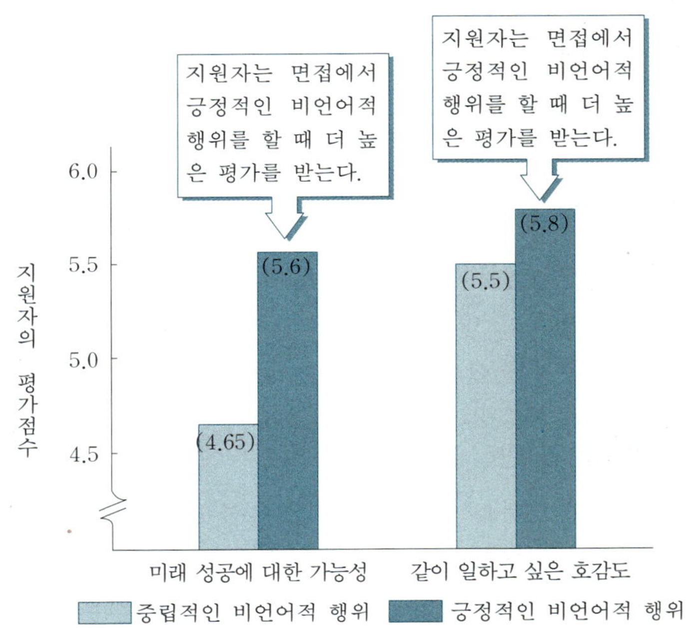

자료: R. A. Baron & J. Greenberg(1990), *Behavior in Organizations: Understanding and Managing the Human Side of Work*(3rd ed.), Allyn & Bacon, p. 37.

충분히 활용할 수 있는 상황에서는 자격요건이 비언어적 행위보다 더욱 강력한 영향을 미친다는 것이다. 나아가 자격요건이 부족한 피면접자가 비언어적 행위를 많이 할수록 그렇지 않은 피면접자에 비해 더 낮은 평가를 받는 것으로 나타났다. 이는 피면접자의 비언어적 행위를 면접자의 주의를 분산시키려는 시도로 면접자가 귀인하기 때문이다. 이는 피면접자의 과다한 비언어적 행위가 자신의 의도와 다르게 때때로 불리하게 작용할 수 있다는 것을 보여주는 것이다. 따라서 면접 시 피면접자의 최상의 전략은 자신의 장점을 알리는 수단으로 비언어적 행위를 활용하고, 자신의 능력과 우수한 자격요건과 비언어적 행위를 적절하게 결합시켜야 한다.

스테레오타입(stereotypes)　스테레오타입은 사회적 지각의 다른 영역과 같이 면접에 있어서도 매우 큰 영향을 미치는 것으로 알려져 왔다. 그 가운데 특히 성(sex)에 대한 스테레오타입이 면접에 매우 강력한 영향을 미치는 것으로 나타났다. 성(sex)에 대한 스테레오타입은 남성과 여성이 각각 다른 특성을 가지고 있다는 것으로 의미한다. 즉 남성은 힘이 세고, 자기주장이 강하며, 단호한 반면 여성은 수동적이고, 감정적이며 우유부단하다는 것이다. 이러한 스테레오타입이 분명히 잘못된 것임에도 불구하고 사회적 지각에 매우 큰 영향을 미친다.

연구결과에 의하면 면접시 지원자에 대한 정보가 부족할 때 일반적으로 여성이 남성에 비해 낮은 평가를 받는 것으로 나타났다. 이는 여성에 대한 직접적인 편견보다는 여성의 특성에 비해 남성의 특성이 관리직무 등 다양한 직무와 보다 적합하다는 성에 대한 스테레오타입이 작용하기 때문이다. 즉 다양한 직무에 남성이 여성보다 적합하기 때문에 남성이 보다 높은 평가를 받는다는 것이다. 그러나 이러한 결과는 피면접자에 대한 정보가 적거나 면접과정에서 활용되기 어려운 경우에 주로 발생한다. 피면접자의 사전 경력, 교육사항, 성격이나 배경 등 구체적인 정보가 면접자에게 제공되는 경우 성에 대한 스테레오타입의 영향은 훨씬 줄어든다는 것이다. 기업의 모집담당자를 대상으로 한 연구에 의하면 대학졸업자 선발시 중요한 고려요인으로 성보다는 면접자와 피면접자의 인지된 유사성, 피면접자에 대한 개인적 선호도, 객관적인 자격요건(대학졸업 등)이 주관적인 자격요건 평가 및 면접결과에 영향을 미치는 것으로 나타났다(〈그림 7-10〉 참조). 결국 면접시 피면접자의 구체적인 정보가 수집되고, 면접자에게 제공, 활용되게 함으로써 성에 대한 잘못된 스테레오타입의 영향을 최소화할 수 있다.

〈그림 7-10〉 직무인터뷰 결과에 영향을 미치는 요인

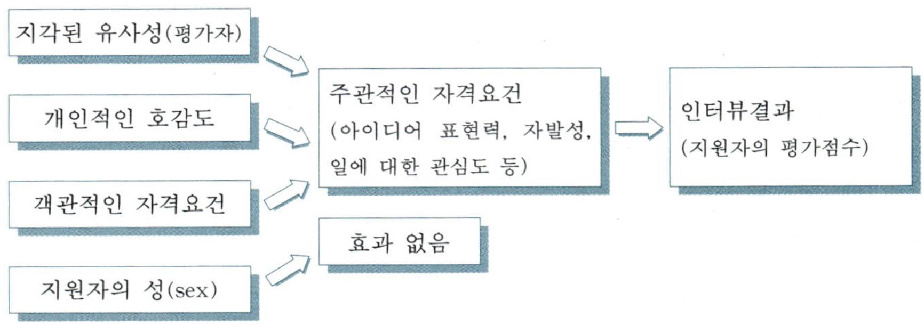

자료: R. A. Baron & J. Greenberg(1990), *Behavior in Organizations: Understanding and Managing the Human Side of Work*(3rd ed.), Allyn & Bacon, p. 139.

사회적 지각과 인사고과

인사고과는 구성원의 능력과 성과를 평가하는 활동으로, 평가결과는 승진이나 임금인상, 교육훈련, 해고 등에 다양하게 활용된다. 그 중요성에 비추어 볼 때 인사고과에는 객관성과 정확성이 반드시 요구되지만, 평가자의 주관이 개입되어 올바른 평가를 하지 못하는 경우가 많다. 지각자의 정보처리 능력의 부족으로 인해 사물에 대한 완전하고 객관적인 지각은 현실적으로 불가능하다. 그러나 인사고과 상황에서 문제가 되는 것은 피평가자에 대한 정보의 처리, 해석과정에서 피평가자의 능력이나 성과와 관련이 없는 다양한 외부적 요인에 의해 피평가자에 대한 지각이 영향을 받고, 이에 따라 평가결과가 영향을 받는다는 점이다. 이하에서는 외부적 요인들을 간략하게 살펴보자.

기대감(expectation)의 영향　평가자가 피평가자에 대해 갖고 있는 평가시점 이전에 형성된 기대감이 평가결과에 영향을 미친다. 예를 들어 당신이 관리자이고, 두 명의 부하에 대해 인사고과를 한다고 가정해 보자. 부하 A에 대해서 매우 높은 기대감을 가지고 있을 경우 당신은 그가 매우 우수한 성과를 나타낼 것이라고 예상할 것이다. 한편 부하 B에 대해서 낮은 기대감을 가지고 있을 경우, 기껏해야 평균수준의 성과를 나타낼 것이라고 예상할 것이다. 그런데 당신이 부하 두 사람의 실제 성과기록과 자료를 검토해 본 결과, 두 사람 모두 평균수준이라는 결론에 이르렀다고 하자. 과연 당신은 두 사람 모두에게 비슷한 평가 점

수를 부여할 것인가? 성과결과를 놓고 보면 두 사람이 모두 비슷한 성과를 냈기 때문에 두 사람은 비슷한 평가점수를 받아야 할 것이다. 그러나 당신은 비슷한 평가점수를 부여하지 않을 것이다. 대부분의 평가자도 마찬가지일 것이다. B는 당신의 기대수준에 부합하는 반면 A는 기대와 부합되지 않기 때문에 오히려 낮은 평가점수를 부여하게 될 것이다. 이는 기대가 충족되지 않았다는 부정적인 느낌이 A에 대한 지각과 평가에 영향을 주기 때문이다. 이러한 결과는 기업의 인사고과 상황에서 자주 나타나는 현상이지만, 결과적으로 정확하지 못한 평가결과를 가져오게 된다.

귀인(attribution)의 영향　인사고과에서 귀인은 부하의 성과결과의 원인을 어떻게 해석하는가와 관련된다. 평가자가 피평가자의 성과결과를 어떻게 귀인하는지에 따라 평가결과가 달라진다. 기대감의 예를 계속해서 살펴보자. 당신은 A가 매우 뛰어난 재능과 경험을 겸비하고 있지만 최소한의 노력만 기울이고 있는 것을 알고 있다고 하자. 반면에 B는 재능과 경험은 부족하지만 엄청나게 열심히 노력하고 있다고 하자. 두 사람의 성과결과가 평균수준으로 비슷하게 나왔다면 두 사람에 대해 동일한 평가를 할 것인가? 아마도 대부분의 평가자들은 A보다는 B를 높게 평가할 것이다. 가지고 있는 재능을 발휘하지 않는 사람보다 열심히 일하는 사람이 보상받을 가치가 있다고 여기기 때문이다. 즉 성과수준이 비슷하더라도 그들의 성과 뒤에 숨겨진 이유가 완전히 다르기 때문에 다른 평가를 하게 될 것이다. 결국 귀인을 어떻게 하는지에 따라 평가결과가 다르게 되는 것이다. 이와 관련된 연구결과에 다르면 성과수준이 비슷할 때, 그러한 성과가 재능과 경험에 기인하는 경우보다 의욕과 노력에 기인하는 경우에 보다 높은 평가를 하는 것으로 나타났다. 한 가지 재미있는 사실은 귀인이 또 다른 방식으로 작용한다는 점이다. 부하가 부정적인 평가결과를 받았을 때, 부하에게 피드백을 해 주어야 하는 상황에서 상사들은 부하에게 그들의 성과가 부진한 사유(그럼으로써 낮은 평가를 받게 된 이유)가 부하들의 책임보다는 외부적 요인(불운, 많은 업무량, 혹은 다른 사람들의 방해 등)으로 돌린다는 것이다. 요약하면 귀인은 평가결과에 영향을 주고, 동시에 부정적인 피드백을 전달할 때 입게 되는 충격이나 타격을 완화시키는 수단으로 작용한다.

몰입의 상승(escalation of commitment)의 영향 몰입의 상승이란 좋지 않은 결과를 가져온 잘못된 의사결정에 대해 계속 집착하여 더욱 나쁜 결과를 초래하는 현상을 말한다(이에 대해서는 제11장 의사결정에서 구체적으로 설명). 몰입의 상승이 일어나게 되는 큰 이유는 잘못을 인정하는 것은 체면을 크게 손상시키고, 이미 초래된 부정적인 결과나 비용을 정당화시키고 싶은 압력을 느끼기 때문이다. 몰입의 상승은 잘못된 편견을 낳기 때문에 인사고과에도 영향을 미친다. 관련된 연구에 따르면 관리자들은 자신이 직접 선발한 사람들을 선발 시 직접적으로 관여하지 않은 사람들 보다 인사고과를 할 때 보다 호의적으로 평가하는 것으로 나타났다. 그러한 사람들을 긍정적으로 평가함으로써 관리자들은 그러한 사람들을 선발한 자신들의 의사결정이 옳았음을 정당화시키려고 하기 때문이다. 이와 유사한 결과로 관리자들은 자신들이 선발에 직접적으로 관여하지 않은 사람들보다 선발해서는 안 된다고 주장한 사람들을 더욱 냉혹하게 평가하는 것으로 나타났다. 결국 몰입의 상승으로 인해 이전의 의사결정이 차후의 의사결정(평가)에 계속해서 영향을 미치게 되고, 결과적으로 평가를 할 때에도 피평가자에 대한 편견을 가져온다(〈그림 7-11〉 참조).

〈그림 7-11〉 인사고과와 몰입의 상승

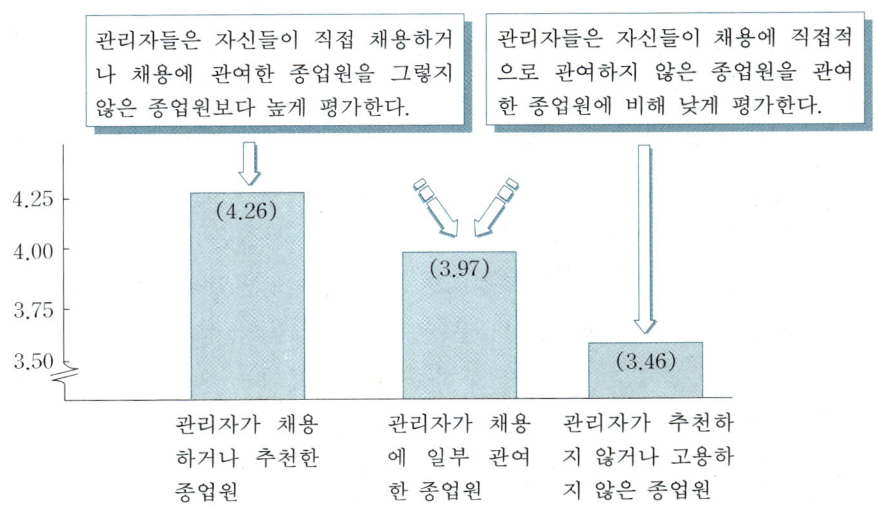

자료: R. A. Baron & J. Greenberg(1990), *Behavior in Organizations: Understanding and Managing the Human Side of Work*(3rd ed.), Allyn & Bacon, p. 141.

지각오류의 감소방안

조직 내에서 전개되는 모든 상황과 발생되는 사건에 대하여 조직구성원들은 지각하고 반응한다. 조직구성원들은 상황과 사건, 정보를 실재와 다르게 왜곡되게 해석하여 조직목표달성에 부정적으로 영향을 미치기도 한다. 조직성원들은 자신의 지각수준에 오류가 발생하지 않도록 노력을 해야 되겠지만 조직관리자는 조직구성원들의 지각오류를 감소할 수 있는 방안을 모색해야 할 것이다. 지각오류를 감소할 수 있는 획기적인 방안이란 있을 수 없으나 다음과 같은 방안을 시도하여 볼 수 있다.[13)]

자기이해(self-understanding)

자기이해는 조직성원은 누구나 스테레오타입과 후광효과 등에 의하여 지각오류를 범할 가능성이 있다는 것을 인정하게 하는 것이다. 지각해석은 무의식적으로 작용하는 경향이 있으므로 지각해석의 오류를 인식하게 하고 이에 대한 세심한 주의를 기울이게 하는 것이다.

자기인정(self-acceptance)

자기인정은 조직성원 자신이 완전한 인간이 아니라는 것과 자기 자신은 바람직하지 않은 특성과 성격을 지니고 있을 지도 모른다는 것을 인식하게 하는 것이다. 이러한 사실을 인정한다면 투사에 의한 오류는 감소할 수 있을 것이다.

의식적 정보처리(conscious information processing)

의식적 정보처리는 지각과정에 '사실'을 신중히 그리고 의식적으로 검토하도록 하게 하는 것이다. 지각선택에서는 필요한 정보를 목록화하여 체계적으로 선택하게 하고 조직화 단계에서도 선택된 정보를 검토하여 분류를 하고 지각해석에 있어서는 핵심문제를 중심으로 처리한다. 의식적 정보처리는 무의식적인 지각과정을 보다 정확하고 명확하게 하는데 의미가 있다.

객관성 테스트(reality testing)

객관성 테스트는 자극에 대한 지각해석을 다른 측정치와 비교함으로써 지각해석이 정확한지를 결정하고자 하는 방법이다. 일반적인 방법으로 동일한 지각대상에 대하여 다른 관점을 지닌 사람과 자신의 지각을 비교하는 것이다. 여기서 자신의 지각과 타인의 지각이 비슷하다고 해서 지각의 오류가 없다고 보기는 어렵다. 왜냐하면 다른 사람도 자신과 같은 상동적 태도를 가질 수 있기 때문이다. 지각 테스트는 지각되는 대상을 하나 또는 그 이상의 측정치와 비교함으로써 오류를 감소시킬 수 있다.

요 약

- 지각이란 외부자극에 대해여 의미를 부여하고 심리적인 영상을 형성하기 위하여 투입된 자극을 선택하고 조직화하여 해석하는 과정이다.
- 지각과정에는 감각, 선택, 조직화, 해석의 4가지 주요 구성요소로 되어 있다.
- 자극을 받아들이는 것은 감각기관이다. 감각기관에는 시각, 청각, 후각, 미각이 있으며 이 기관을 통하여 환경자극을 인식하게 된다.
- 지각선택에 영향을 미치는 요인에는 지각대상과 관련된 요인, 지각자와 관련된 요인, 지각상황과 관련된 요인이 있다.
- 지각자는 감각기관을 통해 감지된 사물(지각대상)을 선택하여 해석하기 이전에 전경과 배경 구분, 집단화, 단순화 등의 형상구성을 하며 실재의 대상을 사실과 다르게 잘못 조직화하기도 한다.
- 지각해석과정은 주관적인 해석과정이고, 판단과정이며, 쉽게 왜곡될 수 있는 특징이 있다.
- 지각된 세계와 실재세계는 서로 다르기 때문에 지각자는 적극적으로 실재세계를 자신의 욕구에 적합하도록 변형시킨다. 지각해석과정에서 발생하는 오류에는 후광효과, 스테레오타입, 투사, 인상, 지각방어, 귀인오류, 관대화 경

향 등이 있다.

- 지각해석오류의 감소방안에는 자기이해, 자기인정, 의식적 정보처리, 객관성 테스트의 방법을 활용해 볼 수 있다.

핵심용어

지각선택	지각 조직화
지각해석	귀인이론
사회적 지각	인지구조
후광효과	귀인오류
인 상	스테레오타입
관대화 경향	투 사
자기이해	지각방어
지각 테스트	자기인정

토의 문제

1. 외부환경의 다양한 자극 중에서 사람들이 주목하는 외부자극의 유형과 그 상태를 설명하시오.
2. 욕구결핍상태가 지각선택에 미치는 영향을 설명하시오.
3. 지각 조직화의 집단화와 스테레오타입의 차이를 설명하시오.
4. 지각 조직화에서 전경과 배경의 구분이 이루어지는 사례를 예시하시오.
5. 지각해석에는 다양한 오류가 발생한다. 오류들에 대한 감소방안을 설명하시오.

실 습: 스테레오타입(Stereotypes)의 영향력

스테레오타입은 조직생활뿐만 아니라 우리의 일상생활에서도 쉽게 나타난다. 과거에 여성이나 일부 지역출신, 학력을 이유로 회사나 조직에서 이들이 불공정하게 취급되어 온 것도 사실 부정적인 스테레오타입(negative stereotypes)의 영향이라고 볼 수 있다. 대부분의 사람들은 이 외에도 스테레오타입이 아주 광범위하게 존재하고 있으며, 그 영향이 매우 파괴적이라는 것을 인식하지 못하는 경우가 많다. 여기서 소개하는 실습자료는 자신이 매우 공정하고, 편견이 없는 사람이라고 생각한다고 해도 다양한 스테레오타입에 의해 영향을 받을 수 있다는 사실을 보여주기 위한 것이다.

〈절차〉 아래의 각 그룹의 구성원들에 대하여 제시된 차원별로 자신이 생각하고 있는 바를 평가하시오(해당되는 번호에 동그라미 표시를 하세요).

은 행 원

진보적이다				보수적이다
1	2	3	4	5

지적이다				우둔하다
1	2	3	4	5

탐욕스럽다				아량이 있다
1	2	3	4	5

따분하다				재미있다
1	2	3	4	5

광고 카피라이터

진보적이다				보수적이다
1	2	3	4	5

지적이다				우둔하다
1	2	3	4	5

탐욕스럽다				아량이 있다
1	2	3	4	5

따분하다				재미있다
1	2	3	4	5

엔지니어

진보적이다				보수적이다
1	2	3	4	5

지적이다				우둔하다
1	2	3	4	5

탐욕스럽다				아량이 있다
1	2	3	4	5

따분하다				재미있다
1	2	3	4	5

대학교수

진보적이다				보수적이다
1	2	3	4	5

지적이다				우둔하다
1	2	3	4	5

탐욕스럽다				아량이 있다
1	2	3	4	5

따분하다				재미있다
1	2	3	4	5

밸리댄서(belly dancer)

진보적이다				보수적이다
1	2	3	4	5

지적이다				우둔하다
1	2	3	4	5

탐욕스럽다 ——— 1 ——— 2 ——— 3 ——— 4 ——— 5 ——— 아량이 있다

따분하다 ——— 1 ——— 2 ——— 3 ——— 4 ——— 5 ——— 재미있다

〈점수 계산〉

당신은 대부분의 사람들과 마찬가지로 각 그룹(직업)들에 대해 서로 다르게 평가했을 것이다. 예를 들어 은행원의 경우 밸리댄서에 비해 훨씬 더 보수적이고, 덜 재미있다고 평가했을 것이다(솔직히 은행원이 대학교수보다도 보수적이고, 덜 재미있다고 평가하기를 바라는 마음이 있지만). 이와 유사하게 밸리댄서에 비해 은행원, 엔지니어, 교수들이 보다 지적이라고 평가했을 것이다. 중요한 점은 당신이 개인적으로 각 직업의 구성원들을 알지 못한다고 해도 서로 상이하게 평가를 했다는 것이다.

이러한 사실이 의미하는 것은 명확하다. 즉, 우리가 각 직업의 특성에 대해 스테레오타입을 가지고 있다는 것이다. 우리가 각 직업에 대해 갖고 있는 믿음이 너무나 일반적이어서 위의 예에서 나타나듯이 실제로 스테레오타입이 나타나기 전까지는 스테레오타입의 존재조차 인식하지 못한다. 스테레오타입, 그리고 스테레오타입이 조직에 미치는 잠재적 효과가 광범위하게 나타나고 있더라도, 스테레오타입을 인식하고, 그것이 미치는 영향에 대해 경계하고, 이를 극복하려고 시도하는 것이 중요하다. 그렇지 않고 당신이 이를 무시한다면 타인을 지각하는 데 있어서 심각한 오류에 빠지게 될 것이다.

자료: R. A. Baron & J. Greenberg(1990), *Behavior in Organizations: Understanding and Managing the Human Side of Work*, Allyn & Bacon, pp. 150-151.

참고문헌

1) Robbins, S. P.(1994), *Management*(4th eds.), Prentice-Hall, p. 135.
2) Helliegel, D, Slocum, J. W. & Woodman, R. W.(1983), *Organizational Behavior*(4th eds.), West Publishing Company, p. 90.
3) Arnold, H. J. & Feldman, D. C.(1986), *Organizational Behavior*, McGraw-Hill, pp. 36-40.
4) Luthans, F.(1985), *Organizational Behavior*(4th eds.), McGraw-Hill, p. 188.
5) Dunham, R. B.(1984), *Organizational Behavior: People and Processes in Management*, Richard D. Irwin, pp. 249-250.
6) Helliegel, Slocum & Woodman, *op. cit.*, pp. 97-98.
7) Helliegel, Slocum & Woodman, *op. cit.*, p. 100.
8) *Ibid.*, p. 102.
9) Dunham, *op. cit.*, pp. 251-252.
10) *Ibid.*, p. 254.
11) Cherrington, D. J.(1989), *Organizational Behavior: The Management of Ind-ividual and Organizational Performance*, Allyn & Bacon, pp. 95-96.
12) *Ibid.*, p. 94.
13) *Ibid.*, pp. 259-261.

Ⅳ

집단 및 인간관계의 이해

제 4 편에서는 팀 구축과 관리, 의사소통, 권력과 갈등, 의사결정 그리고 리더십과 같은 조직내 집단이나 인간관계 요인을 검토한다. 제 8 장에서는 최근에 현대조직에서 널리 활용되고 있는 '팀'을 고찰한다. 구체적으로 팀의 정의와 그 특성을 파악한 후 조직 내에 적용되고 있는 다양한 형태의 팀들을 살펴보고, 효과적인 팀을 구축하기 위한 과정을 고찰한다. 팀의 효과적 관리는 경영자 개인의 성과뿐만 아니라 조직성과에도 지대한 영향을 미친다.

조직 내에서 의사소통의 기능과 과정은 제 9 장에서 다루어질 것이다. 의사소통과정에 대한 모형을 제시한 후 의사소통을 효과적으로 수행하기 위한 기법들이 논의된다. 의사소통은 마치 인체 내에서 혈관과 같은 기능을 수행한다. 원활하지 못한 의사소통은 조직을 혼란스럽게 만들며 궁극적으로는 조직의 생존을 위협한다.

제10장에서는 권력과 갈등이 다루어지고 있다. 권력과 갈등은 서로 밀접한 관련이 있는 개념이다. 다양한 권력기반의 결합이 개인의 권력기반을 결정한다.

따라서 권력의 기반과 어떻게 권력을 획득할 수 있는가가 논의될 것이다. 갈등은 조직 내에서 개인이나 집단이 서로 상반된 목표를 가질 때 발생한다. 여기서는 갈등의 발생원인과 갈등과정에 대한 논의가 중심이 될 것이다. 이런 갈등에 대한 논의는 개인차원과 집단차원으로 구분하여 논의될 수 있다. 마지막으로 효과적으로 갈등을 관리하는 기법이 소개된다.

제11장에서는 개인 및 집단의사결정을 논하고자 한다. 개인이나 집단을 막

론하고 의사결정은 궁극적으로 개인이나 집단의 생존 여부에 크게 영향을 미친다. 따라서 의사결정에서는 의사결정과정, 효과적인 의사결정을 방해하는 요인, 집단의사결정의 특징 그리고 의사결정의 질을 높이는 방안들이 심도있게 논의될 것이다.

리더십은 조직행동분야 중 가장 널리 알려진 주제이다. 제12장에서는 리더십에 대한 다양한 이론들을 논의한다. 리더십은 아직 개척해야 할 연구분야가 많이 있지만 기존의 이론을 토대로 효과적인 리더개발 기법을 소개한다.

8 팀 구축과 관리

팀의 정의, 특성 및 필요성

팀의 정의 및 특성

팀의 필요성

팀의 유형

기능팀

프로젝트팀

평행팀

가상팀

팀 활용의 장·단점

팀 발전단계

효과적 팀 구축

팀 목표 및 임무의 명확화

팀 노력에 대한 계획

팀 규모와 구성원

팀 구성원 역할설계

팀 정신 고취

문제 있는 팀 구성원 관리

문제 있는 행동의 유형

문제 있는 행동을 다루기 위한 지침들

학습목적

1. 팀의 정의, 특성 및 필요성에 대한 이해
2. 팀의 유형에 대한 이해
3. 팀의 활용의 장·단점에 대한 이해
4. 팀 활용 시기에 대한 이해
5. 효과적 팀 구축에 대한 이해
6. 팀 내 문제행동에 대한 이해 및 해결방법 파악

갈수록 치열해지는 경쟁에서 기업이 살아남고 나아가 성과를 제고하기 위한 노력의 일환으로 조직의 기본 운영단위를 '부'나 '과'와 같은 부서 중심에서 '팀' 중심으로 개편하려는 움직임이 활발하게 일어나고 있다. 이제는 거의 모든 기업이나 조직에서 팀이란 단어는 친숙한 용어가 되었다. 그렇다면 왜 팀이 이렇게 각광을 받고 있는 것일까? 이하에서는 이러한 궁금증을 풀기 위해 우선 팀의 개념을 명확하게 하고, 팀의 효과와 팀이 성공적으로 운영되기 위한 요건을 살펴본다.

팀의 정의, 특성 및 필요성

팀의 정의 및 특성

팀은 상호보완적인 능력을 가진 구성원들이 공동의 목표달성을 위해 공동으로 작업하며 그 결과에 대해 공동 책임을 지는 집단으로 정의할 수 있다.[1] 이러한 팀은 다음과 같은 특성을 가지고 있다.

첫째, 팀은 고유의 목적을 가지고 있다. 팀 고유의 목적은 조직에서 팀이 수행해야 할 기능이나 역할을 말하며 팀 구성원들의 공통 목표가 된다. 이러한 목적은 팀이 만들어지는 근본적인 이유다. 그러나 팀의 목적은 팀 구성원들 개개인의 목표를 완수함으로써 달성되기보다는 팀 구성원들이 활동과정에서 보여 주는 공헌의 결합으로 달성되는 것이다.

둘째, 팀 구성원들은 상호보완적 능력을 가지고 있다. 팀의 목적을 달성하기 위해서는 다양한 능력을 필요로 하는데, 특정한 개인이 필요로 하는 모든 능력을 갖고 있기는 어렵다. 그보다는 팀 구성원들은 목적달성에 필요한 다양한 능력들을 나누어서 가지고 있다. 팀 구성원 개인들이 가지고 있는 능력들은 팀의 목적을 달성하는 데 있어서 상호보완적이며 함께 발휘되어야만 한다.

셋째, 팀에서는 상호협력적 분위기, 즉 팀워크(teamwork)가 형성되어야 한다. 팀의 목표를 달성하기 위해서는 집단적 노력과 함께 개개인이 가지고 있는 능력을 최대한으로 발휘하여야 한다. 즉, 팀 구성원이 자신의 능력을 최대한으로 발휘하면서 좋은 팀워크를 통해 구성원 간에 상호협력이 이루어져야만 한다.

마지막으로 팀에서는 구성원들의 능동적 참여가 이루어진다. 팀 구성원 간에 좋은 팀워크를 형성하기 위해서는 구성원들 서로에 대해서 잘 알고 있어야 하며, 개방적인 의사소통이 이루어져야 한다. 또한 팀 목적 달성을 위한 계획이나 팀이 당면한 문제의 해결에 구성원들의 적극적인 참여가 이루어진다. 이는 팀 구성원이 보유한 능력이 다양한 능력들의 적절한 조화와 상호협력이 이루어지기 위한 전제조건이다. 즉, 팀에서는 리더만이 리더십을 독점하는 것이 아니라 모든 구성원이 팀의 활동에 적극적인 참여를 함으로써 리더십을 발휘하게 된다.

팀의 특성을 가장 잘 보여 주는 예가 스포츠팀이다. 예를 들어 프로야구팀은 게임에서 승리하기 위해 투수와 포수를 비롯해 각 구성원이 명확하게 구분되지만 상호 연계된 역할을 수행한다. 또한 어느 한 사람 — 예를 들어 투수 — 이 아무리 잘해도 다른 사람들 — 예를 들어 타자들 — 이 잘하지 못하면 경기에서 승리는 불가능하다. 따라서 승리를 위해서는 모든 선수가 상호협력하며 노력해야 하며 승리의 결과는 어느 한 사람의 전유물이 될 수 없다. 즉 승리는 모든 구성원의 책임완수의 결과이다.

팀의 필요성

팀은 일종의 과업지향적인 작업집단(task-oriented work group)이다. 조직에는 팀이란 명칭을 사용하지는 않았지만 과거부터 팀과 비슷한 형태로 작업집단이 운영되어 왔다. 그럼에도 불구하고 현재 팀이 각광을 받는 데에는 다음과 같은 이유가 있다.

우선 과거의 작업방식의 한계를 극복하는 대안으로 팀이 효과적이라는 점이다. 과거에는 분업의 원칙에 입각해 각 기능별로 작업을 분화하여 어느 정도 작업의 효율성을 얻을 수 있었다. 그러나 이는 제품계획-재료조달-생산-판매 등 하나의 제품을 생산, 판매하는 과정이 각각 분리, 수행되어 각 기능 간 상호조정이 많이 필요하고, 어느 한 기능에서 문제가 발생할 경우 신속한 대응이 어렵다. 특히 환경이 급격하게 변화하는 경우 이러한 문제점은 더욱 심각해진다. 따라서 환경에 대한 신속한 대응을 위해서는 각 기능의 조정 필요성을 줄이고 각 기능별로 구분된 업무를 확대하여 어느 한 곳 — 예를 들어 팀 — 으로 통합할 필요가 있다. 또한 관리자 등 상위자에게 집중된 의사결정권한을 하위자에게 위양하는 것이 필요하다. 팀은 각 기능별로 분산되어 있는 업무를 팀 내부로 통합하고 각 담당자에게 업무 수행에 필요한 권한의 위양을 통해 이러한 대응을 효과적으로 할 수 있는 강력한 수단이다.

또한 **팀은 구성원들을 동기유발하는 데 있어서 다른 어떤 형태의 집단보다 효과적이라는 점이다.** 테일러(F. W. Taylor)의 과학적 관리(scientific management)에 대한 비판에서도 잘 나타나듯이, 완결적이지 않고 주어진 일만 수행하는 작업자에게는 일에 대한 열의나 주인의식이 생기지 않는다. 또한 자신의 존재가치를 상실한 채 단순히 로보트처럼 일만 하는 작업자는 성과가 오르지 않는다. 그러나 완결적인 작업을 수행하고 스스로의 노력에 의해 작업결과가 결정되는 작업환경에서 일하는 작업자는 일에 대한 만족과 몰입이 증대될 것이다. 팀은 이와 같은 방식으로 작업을 재설계(redesign)함으로써 구성원들을 동기유발하는 데 효과적이다.

위와 같이 팀은 급격하게 변화하는 작업환경과 환경변화에 대한 효과적인 대응수단이라는 점에서 많은 조직과 기업에서 각광을 받고 있다.

팀의 유형

팀은 두 사람으로 구성된 집단에서 조직전체가 하나의 팀이 되는 경우까지 매우 다양한 형태와 규모를 가지고 있다. 일반적으로 활용되고 있는 팀의 유형은 다음과 같다.

기 능 팀

팀의 첫 번째 형태는 **기능팀**(functional team)으로 경우에 따라서는 **명령팀**(command team)이나 **수직적 팀**(vertical team)으로 불리기도 한다. 이는 공식적인 조직도(organizational chart)나 명령계통, 보고체계에 따른 상급자와 부하로 구성된다.

이러한 팀의 유형은 안정적이고 변화가 적은 경영환경상에서 보다 적합할 수 있다. 즉, 경영환경에 대한 불확실성이 적기 때문에 높은 수준의 효율성과 능률을 유지하는 것이 조직생존에 필수적인 요소가 된다. 효율성을 높이기 위해 업무를 표준화하고, 권한과 책임을 명령계통에 따라 일원화한다.

기능팀은 일반적으로 피라미드에 비유될 수 있다. 피라미드의 각 계층은 상이한 작업 수준과 팀 내 위치를 나타낸다. 이러한 팀 구조는 테일러(F. W. Taylor)의 과학적 관리법(scientific management)의 관점으로부터 유래한 것이다. 이는 '계획과 통제'의 메커니즘에 초점을 맞추고 있다. 팀 구성원들에게 무엇을 해야하고, 또 누구에게 보고를 해야 할 지를 명확히 함으로써, 팀 내 계층은 작업을 조정하고 팀의 목표에 따라 팀 구성원들의 노력을 지시해간다. 그러나 엄격한 절차와 통제는 팀 구성원들의 창의성과 자율성을 억압할 수 있다. 팀 구성원들은 자신의 책임을 이해할 수 있지만, 자신들의 책임 이상을 자발적으로 수행하지 않을 수 있다. 또한 자발적으로 일하기보다는 상급자의 지시가 있을 때까지 기다리거나 자신의 일이 아니라고 책임을 회피할 수도 있다.

기능팀은 전통적인 팀의 유형임에도 불구하고, 많은 조직에서 유지하고 있는 팀의 유형이다. 하지만 점차 많은 조직에서 기능팀의 부정적인 요소들을 최소화하고 보다 사람과 성과를 중시하는 긍정적인 접근법을 사용하려 하고 있다.

프로젝트팀

두 번째 형태는 조직 내 각기 다른 부서의 구성원으로 만들어지는 **프로젝트팀**(project team) 혹은 **교차기능팀**(cross-functional team)이 있다. 이러한 유형은 업무가 수행되는 방법과 달성시간에 주로 초점을 맞춘다. 즉, 이들은 업무가 수행하는 동안에는 다른 일을 하지 않고 오직 팀의 업무에만 전념하는 특징을 가지며, 팀 내 일련의 공식적인 활동에 대해 책임을 갖는다.

이러한 팀의 유형은 주로 자원과 노력이 집중된 고객서비스 또는 전사적 품질경영, 새로운 시스템이나 신제품 개발 등 경영 전반에 걸쳐 효과적으로 활용된다. 기능팀과는 달리 개별 업무의 전문성 및 개인의 성과보다는 팀 전체의 성과와 과정을 중시한다. 또한 팀의 업무는 고객만족이나 시장에의 신속한 대응에 초점을 맞추어 상황에 맞게 유연하게 수행된다. 팀 구성원 또한 자신의 전문 분야뿐만이 아닌 대인관계 기술이나 의사소통 능력과 같은 다양한 분야에서의 전문성과 역량을 갖도록 요구받는다.

하지만 프로젝트팀의 경우에는 공식적, 계층적 조직의 규범이 프로젝트팀에 그대로 전이될 수 있는 문제점을 가지고 있다. 또한 프로젝트팀은 성격에 따라 일상적으로 운영되기도 하지만, 경우에 따라서는 주어진 목표를 달성하거나 새로운 조직환경이 발생하면 해체되기도 한다.

평행팀

팀의 세 번째 유형은 기능적 조직에서 빈번하게 활용되고 있는 **평행팀**(parallel team)이다. 프로젝트팀과는 달리 평행팀은 과업 위주로 형성되며, 구성원들은 정상적인 자신의 직무활동과 병행하여 자신들의 근무시간 중에서 일부분만을 평행팀 활동에 기여한다.

다시 말해서, 평행팀 구조는 공식적인 조직과 공존하는 부가적 구조(supplemental structure)로서 공식조직의 효율성을 유지함과 동시에 보완적으로 환경에의 적응이나 혁신을 추구할 수 있는 유형이라 할 수 있다.

구성원들은 일상적인 업무와는 다르게 사고하고 행동할 수 있는 시간과 공간을 제공받으며, 공식적인 조직이 해결하기 힘든 특정 이슈나 문제의 해결에 초점을 둔다. 따라서 평행팀은 기존 조직과 다른 문화를 창출하는 것이 중요하다. 즉, 기존의 조직이 효율성을 추구하기 위해서 사전에 규정된 규칙과 절차를 따라야한다면, 평행팀에서는 기존의 것에 의문을 제기하고 변화의 제도화를 추구한다. 평행팀에 의해 만들어진 새로운 절차나 제도는 기존 조직에 이전되어 기존 조직과 통합된다.

평행팀의 구성원들은 서로 다른 두 개의 공식구조를 통해서 서로 다른 방법으로 조직에 참여하게 된다. 또한 프로젝트팀과는 달리 지속적인 자기확장과 자기수정을 행할 수 있다.

조직에서 생겨나는 비공식적인 조직들은 보통 개인의 목표를 추구하기 위해 생겨나는 경우가 많다. 하지만 평행팀은 공식적인 조직의 형태이다. 평행팀은 전체 조직의 목적에 맞추어 운용되며 독자적인 관리구조를 가지고 있다.

이러한 평행팀이 조직 내에서 성공하기 위해서는 경영층의 헌신과 지원이 필요하다. 팀 구성원들에게 긍정적인 결과물에 대해 인식하게 하고, 성공기회를 제공함으로써 적극적인 참여를 유도하여야 한다.

평행팀 참가자들에게 통상적으로 추가적인 금전적 보상이 주어지지 않지만, 참가자들에게 숙련 및 지식을 개발하고 활용할 수 있는 기회를 제공함으로써 임파워먼트(empowerment)의 느낌을 갖게 할 수 있다. 또한 도전적인 임무를 달성함에 따라 경력개발의 기회를 가질 수 있다. 이러한 내재적 보상(intrinsic reward)과 더불어 인정(recognition)의 형태를 띤 보상도 주어진다.

평행팀의 구조하에서는 두 개의 이질적 문화가 공식적으로 존재하기 때문에, 조직의 경계와 역할을 명확히 하지 않는다면 큰 혼란을 일으킬 수 있다. 또한 조직 전체에 협력적인 분위기가 조성되지 않는다면 각 팀의 수평적인 장벽 때문에 평행팀의 성공적인 운용을 하기가 어렵다.

가 상 팀

팀의 일반적인 네 번째 형태는 정보기술의 발전과 함께 증가하고 있는 **가상팀**(virtual team)이다. 가상팀은 지리적으로 떨어져 있는 사람들이 인터넷이나 전화, 화상회의 등의 정보 통신기술을 이용하여 특정한 목표를 추구하는 팀을 의미한다.

가상팀은 특정한 업무를 달성하기 위해서 요구되는 기술과 역량을 조직 내·외부의 다양한 자원으로부터 얻는다. 전통적인 조직의 위계는 업무가 수행되는 동안의 각자가 수행하여야 하는 역할로 대체된다. 가상팀의 목표가 특정 업무를 달성하는 것에 있기 때문에, 각각의 역할은 고정적이지 않으며 항상 상황에 따라 유동적이다. 또한, 팀의 구조적인 측면이나 개인과 조직 간의 적합도를 중시하기보다는, 사람들이 같이 효율적으로 일할 수 있는 방법에 초점을 맞춘다.

가상팀의 구성원들은 팀 내에서 개인의 능력이나 역량에 대한 개별적인 훈련을 거의 받지 않는다. 가상팀 구성원들은 제한된 시간 속에서 각기 뛰어난 연주자가 하나의 훌륭한 오케스트라 연주를 하듯 전체 팀의 성과를 향하여 노력한다. 가상팀에서는 특정 업무가 달성되면 각 개인들은 공헌도에 따라 각기 자신에게 맞는 보상을 받은 후 팀을 떠나게 된다.

이런 4가지 유형의 팀은 순수한 형태에서 설명된 것이다. 현실의 조직에서 발견할 수 있는 팀들은 4가지 유형이 혼합된 형태뿐만 아니라 다양한 형태로 운영되고 있다.

팀 활용의 장·단점

팀의 활용은 조직에 다양한 잠재적 이익을 제공한다. 만약 팀의 활용이 적절하게 이루어진다면, 팀의 활용은 조직에 다음과 같은 잠재적 장점을 가져올 것이다.[2)]

- **팀은 다양한 관점과 기술, 자원 등을 제공한다.** 이는 특히 팀의 구성원들이 다양할 때 크게 나타난다.
- **팀 구성원으로서의 참여는 팀 결과물에 대해 수용과 이해를 높여 준다.** 만일 개인이 자기 스스로 진정한 팀의 구성원이라고 느낀다면, 팀의 결정에 적극적으로 따르고 타인에게도 이를 열정적으로 전파한다.
- **참여는 구성원들을 임파워먼트(empowerment) 시킨다.** 만약 개인에게 중요한 영향을 미치는 의사결정임에도 불구하고, 본인의 의사를 표현할 수 없다면 무기력하다고 느끼기 쉽다. 팀의 구성원이 된다는 것은 중요한 의사결정을 내리고 다른 중요한 업무를 수행하는 것을 의미한다. 이는 곧 자신감을 갖게 해 주며, 무기력에 빠지지 않게 해 준다.
- **팀 내에서 업무를 수행하는 것은 구성원에게 자극을 제공한다.** 사람들은 타인과 함께 일할 때, 혼자 일할 때 보다 열심히 일하려는 현상이 있다. 혼자 공부하는 것보다 도서관에서 공부하는 것이 공부가 잘되는 것도 마찬가지 이유이다.
- **팀 의사결정이 개인 혼자 의사결정을 내리는 것보다 신뢰로운 결정을 가져오는 경우가 많다.** 집단 의사결정시 개인의 의사결정보다 많은 지식과 정보가 생기고, 개인의 편견도 줄어들 수 있다.

- **팀에 구성원으로서 참여하는 것이 개발의 목적을 가질 수도 있다.** 어떤 프로젝트팀의 지원자로서만 참여했어도, 참여경험이라는 것은 개인의 팀 관련 기술에 영향을 미칠 수 있다.

이러한 팀의 잠재적인 장점들은 때때로 **과정이익**(process gains)라고 불린다. 다시 말해서 이러한 이익은 팀 과정을 적절히 사용함으로써 얻어질 수 있는 것들이다.

하지만 팀의 사용이 꼭 장점만이 있는 것은 아니다. 때로 팀의 사용이 이러한 '잠재적인' 장점을 살리지 못하고 오히려 역효과를 내는 경우도 있다. 일반적으로 팀의 사용에 있어 나타나는 잠재적인 단점은 다음과 같다.

- **지배적이거나 완고한 구성원이 팀 과정을 통제할 수 있다.**
- **일부 구성원들은 팀에 참여하기를 꺼려한다.**
- **일부 구성원들은 개인의 목표를 팀 전체의 목표보다 선호할 수 있다.** 예를 들어 팀 회의를 단지 자신의 정보를 얻기 위한 모임으로 사용하거나, 자신의 지식을 과시하고 싶은 욕망으로 타인과 논쟁을 벌이는 경우를 들 수 있다.
- **팀 활동을 하기 위해선 다른 활동으로부터 시간과 자원을 끌어와야 한다.**
- **일부 구성원들은 자신의 일을 다른 사람에게 의지하기만 하는 경우가 있다.** 이는 다른 사람이 할 일을 못하게 할 뿐 아니라, 자신을 만만히 본다고 여기어 분노를 자아낼 수 있다.
- **팀 구성원들은 팀 내 불화가 조성되는 것을 염려하는 경향이 있다.** 이에 자신이 문제가 있는 구성원으로 보이기를 원치 않으며, 이에 자신의 관심사를 표출하지 않고 팀 내 다른 사람들의 의견에 묵묵히 따라가려고 한다.

이러한 잠재적인 단점들을 **과정손실**(process losses)이라고 부른다.

지금까지 팀 활용의 장·단점에 대해 살펴보았다. 팀을 관리하거나 팀에 참여할 때는 이러한 잠재적인 장점은 최대한 살리고 단점은 최소화하여야 한다. 또한 이러한 팀의 장·단점을 잘 알고 있다면 언제 팀을 사용해야 하는지를 가늠할 수

〈그림 8-1〉 언제 팀을 활용할 것인가?

팀을 활용해야 하는가, 각자 혼자서 일하는 것이 좋은가?

팀을 활용해야 할 경우:
- 많은 관점들이 필요할 때
- 의사결정의 수용이 중요할 때
- 문제가 복잡하고 체계가 없을 때
- 개인의 판단이 신뢰롭지 못할 때
- 개인이 꼭 필요한 위험을 지지 않으려 할 때
- 구성원 들의 팀 관련 기술을 발전시키고 싶을 때

팀을 활용하면 위험할 때:
- 이슈가 중요하지 않을 때
- 개인들이 참여를 원하지 않을 때
- 개인의 위험 선호도가 지나치게 높을 때
- 시간이 중요한 요소일 때
- 집단규범이 수용 불가능할 때

자료: R. J. Aldag & L. W. Kuzuhara(2002), *Organizations Behavior and Management: An Integrated Skills Approach*, South-Western, p. 563에서 인용.

있을 것이다. 다음 〈그림 8-1〉은 언제 팀 활용이 적절한 것인지를 보여 주고 있다.

팀의 발전단계

개인이 출생에서 사망에 이르는 단계를 거치듯이 팀도 형성에서부터 쇠퇴에 이르는 과정을 거친다. 일반적으로 팀의 발전단계는 〈표 8-1〉과 같이 다섯 단계로 구분할 수 있다.

첫번째 단계는 **팀의 형성**(forming) 단계이다. 이 단계에서는 팀의 활동 및 운영에 대한 기본적인 규칙이 만들어진다. 팀 구성원들은 이러한 규칙을 준수하며 서로 친숙해진다. 이와 같은 과정을 통하여 팀 구성원들이 서로를 팀의 일원으로 인정하게 되면 형성단계가 완료된다.

〈표 8-1〉 팀의 발전단계

단 계	기 본 적 특 성
1. 형성(forming)	집단구성원들이 서로를 알게 되고 기본적인 규칙을 설정하는 단계
2. 갈등(storming)	집단구성원들이 리더의 통제에 저항하고 적대감을 보이는 단계
3. 규범확립(norming)	집단구성원들이 긴밀한 관계를 유지하고 동료애를 느끼는 단계
4. 성취(performing)	집단구성원들이 목표를 수행하면서 함께 작업하는 단계
5. 해체(adjourning)	그룹의 목표달성 혹은 집단구성원들의 이탈로 인해 해체되는 단계

두 번째 단계는 **갈등**(storming) 단계이다. 즉 팀 내부에 높은 수준의 갈등이 생겨나는 단계이다. 팀 구성원들은 팀의 발전을 위해 상호작용하는 과정에서 상호간 영향력을 발휘하려고 하며, 이러한 시도가 상충될 때 상호간 갈등이 발생한다. 이러한 갈등이 해결되지 않거나 팀 구성원들이 이탈할 때 팀은 해체될 수 있다. 그러나 리더십이 발휘되고 갈등이 해결되면 팀 내 갈등단계는 완료된다.

세 번째 단계는 **규범확립**(norming) 단계이다. 즉 팀의 목표, 과업수행방식 그리고 성과수준 등 팀의 핵심적 사항에 대한 규범이 확립되는 단계이다. 팀 구성원들은 이러한 규범을 수용하는 과정에서 동료애를 느끼게 되고 책임감을 공유하게 되며, 팀은 응집력을 갖게 된다. 팀 구성원들이 규범을 수용할 때 이 단계가 완료된다.

네 번째 단계는 **성취**(performing) 단계이다. 즉 팀 구성원들이 함께 작업을 수행하며 목표를 달성해 가는 단계이다. 이 단계에서는 팀 내부의 호의적인 관계가 구축되고, 리더십에 대한 수용도가 높아지면서 팀이 성숙해지고 팀의 성과가 향상된다.

마지막 단계는 **해체**(adjourning) 단계이다. 팀의 목표가 달성되었거나 목표가 상실되어 더 이상 존재의 필요성을 느끼지 못할 때 팀은 해체된다. 또한 팀 구성원들이 팀을 이탈하거나 팀이 개발한 규범이 더 이상 팀에 효과적이지 않을 때에도 팀은 점진적으로 해체된다.

팀의 발전단계는 팀마다 다소 차이가 있으며 위에서 제시한 단계가 일부 통합될 수도 있다. 또한 각 단계의 이행과정에 영향을 주는 요인도 팀마다 차이가 있을 수 있다.

효과적인 팀 구축

팀을 사용하기로 결정하였다면, 팀의 효과를 높이기 위해서 고려해야 할 사항이 몇 가지 있다. 우선 팀의 목표 및 임무를 명확히 설정하고, 팀 구성원들의 노력에 대한 계획을 세워야 한다. 또한 팀의 규모나 구성원, 효과적인 팀 구성원들의 역할을 설계해야 한다. 마지막으로 팀 정신을 고취시키는 방안을 강구하여야 한다.

팀 목표 및 임무의 명확화

효과적인 팀을 만들기 위한 가장 첫 단계는 **팀의 목표를 명확히 하는 일**이다. 팀 사용의 장·단점을 고려하여 팀을 구성하기로 했다면, 가장 먼저 확인해야 할 것은 **"어떤 일을 수행해야 하는가?"** 이다. 이를 바탕으로 팀의 목표를 명확히 세울 수 있다. 목표가 세워지면 목표달성을 위해 필요한 기술목록을 만들 필요가 있다. 이러한 기본적인 결정은 팀을 구성하는데 있어 토대로써 작용한다.

팀 노력에 대한 계획

효과적인 팀을 만들기 위한 두 번째 단계는 **팀 구성원들이 업무를 수행할 수 있도록 적절한 조건을 만드는 것**이다. 이를 위해선 우선 업무를 수행하기 위한 적절한 자원이 투입되어야 한다. 이는 도구나 장소, 자금과 같은 물리적 자원뿐만 아니라 필요한 기술을 가지고 있는 인적자원도 포함된다. 또한 **팀 노력을 촉진하는 분위기를 조성하는 것**이 중요하다. 분위기를 촉진시키기 위해서 고려해야 할 사항 중 주요한 영향을 미치는 임파워먼트(empowerment)와 팀 내 의사소통(이에 대해 자세한 내용은 제9장 참조)이 있다. 여기서는 임파워먼트에 대해서 보다 자세히 살펴보겠다.

임파워먼트

팀이 활성화되고 성공적으로 운영되기 위해서는 팀 구성원들이 임파워링(empowering)되어야 한다. **임파워먼트**(empowerment)**는 증가된 과업에 대한 내적 동기부여로** 정의된다.[4] 이런 정의를 가지고 있는 임파워먼트에는 다양한 의미가 내포되어 있다. 첫째, 권한을 위임하는 것이 내포되어 있다. 목표이론에서 살펴본 것처럼 개인은 자신의 목표에 참여할수록 목표달성을 위한 노력에 몰입하게 된다. 즉, 자신의 과업을 설정하고, 계획하며, 결과에 책임을 느끼기 위해서는 과업과 관련하여 권한이 있어야 한다. 이런 측면에서 임파워먼트에는 권한위임이 내포되어 있다. 둘째, 과업에 대한 자신감과 같은 개인의 역량이 숨어 있다. 과업을 수행하는 데 있어서 권한이 주어졌다고 그 과업의 목표가 달성되는 것이 아니며 과업을 수행할 수 있다는 개인의 자신감이 있어야 한다. 셋째, 임파워먼트에 숨어 있는 것은 에너지(energy)이다. 일정한 과업에 권한이 위임되고 그 과업을 수행할 수 있다는 자신감은 실제적 행동으로 연결되어야 한다. 이런 측면에서 임파워먼트에는 지속적인 노력에 몰입할 수 있는 개인의 에너지가 있어야 한다. 결국 **임파워먼트는 권한위임, 즉 개인의 능력 및 에너지가 결합된 상태에서 팀 구성원의 과업에 대한 내적 동기를 유발시키는 것을 의미**한다.

팀 구성원들의 임파워먼트가 성공하기 위해서는 일정한 조건이 충족되어야 한다. 가장 중요한 것은 팀 구성원들과 관련된 조건이다. 팀 구성원들이 보다 많은 책임을 받아들일 수 있는 능력과 관심을 가지고 있어야 한다. 팀에서 개인들에게 아무리 많은 권한을 주어도 권한을 수용하는 개인이 이러한 권한을 사용할 수 있는 능력과 관심이 없다면 팀 구성원들을 임파워링시키는 것은 불가능하다. 이것은 팀 구성원들을 어떻게 구성할 것인가, 팀 구성원들이 어떤 역량을 보유하고 있어야 하는가와 같은 문제와 관련되어 있다.

두 번째로 고려할 수 있는 중요한 요인으로는 자주관리(self-management)가 이루어질 수 있는 팀 기반이 제공되어야 한다. 임파워먼트는 팀 구성원들의 자주적 의사결정과 활동을 기반으로 하고 있다. 이러한 측면에서 본다면 조직은 팀에 자주관리가 이루어질 수 있는 권한이 부여되어 있어야 한다. 팀과 관련된 활동에 대한 권한이 부여되지 않은 상태라면 팀 구성원에게도 부여할 수 있는 권한이 없기 때문이다.

셋째, 관리자나 리더들은 권한관계의 변화필요성에 대한 인식을 함과 동시에 적극적으로 지원할 필요가 있다. 임파워먼트는 팀에서 권한관계의 변화를 초래하기 때문이다. 전통적 시각의 관리자나 리더들이 이러한 변화에 적응하지 못하고 부하의 과업에 개입하게 된다면, 팀 구성원에게 주어진 권한은 사라지고 이들의 역량과 에너지를 위축시키는 결과를 초래한다. 이는 팀 구성원의 임파워먼트를 방해할 뿐만 아니라 팀의 고유한 특성을 제거하는 부정적인 결과를 초래하기 때문이다.

이러한 임파워먼트가 성공적으로 팀에서 정착된다면, 팀 구성원들은 자신의 역량을 팀 목적달성에 최대한으로 발휘할 수 있으며 팀 활동에 적극적인 참여와 리더십을 발휘할 수 있다.

팀의 규모와 구성원

팀은 저마다 다양한 규모를 갖고 있다. 고전적인 관리이론가들은 다양한 유형의 작업집단의 적절한 규모—즉, 팀의 적정 인원수—가 어느 정도인가를 알아내기 위하여 많은 노력을 기울였다. 그러나 단순히 팀의 규모가 어느 수준이어야 적절하다고 말할 수 있는 해답이 있는 것은 아니다. 그렇지만 팀의 규모가 팀에 미치는 영향 즉, 팀의 규모가 커짐에 따라 팀에 어떠한 영향을 주는가에 대해서는 비교적 일관된 연구결과가 제기되고 있다(〈그림 8-2〉 참조).

팀의 규모에 따른 영향은 네 가지 측면에서 살펴볼 수 있다. **첫째, 팀 내부의 상호작용 패턴이다.** 팀의 크기가 작을수록 팀 구성원들의 상호관계가 단순하며 팀 구성원들 간 상호작용의 필요성이 적다. 이에 반해 팀의 규모가 커짐에 따라 팀 구성원들 간 상호작용은 복잡해질 뿐만 아니라 이를 조정하기가 더욱 어려워

〈그림 8-2〉 팀의 크기가 팀에 미치는 영향

영향요인		구체적인 결과
○ 상호작용 패턴	⇨	○ 상호작용의 복잡성 및 조정 필요성 증가
○ 만 족		○ 만족의 저하
○ 생 산 성		○ 생산성에 대한 직접적인 영향은 없음
○ 결근/이직		○ 결근/이직의 증가

진다. 따라서 팀은 구성원들 간의 상호작용을 조정, 촉진하기 위해 규정이나 각종 제도 등을 통해 이를 관리하게 된다. 그 결과 팀은 더욱 커지게 되며 **'성과보다는 관리를 위한 관리'** 현상을 초래하게 된다.

둘째, 팀의 규모가 커짐에 따라 팀 구성원의 만족도는 저하된다. 팀의 크기와 만족은 비록 상관관계는 강하게 나타나지는 않지만 부(−)의 상관관계를 갖는다.[5] 즉 상대적으로 작은 작업단위 혹은 부서에서 일하는 사람들은 보다 큰 단위에서 일하는 사람들에 비해 만족수준이 높다. 이는 작은 팀의 구성원들이 규모가 큰 팀의 구성원들에 비해 자신의 존재와 역할이 중요하다고 느끼고 다른 구성원들로부터 많은 주목을 받기 때문이다.

셋째, 팀 규모의 증가가 생산성에 직접적인 영향을 주지는 않는다. 대부분의 실증연구에 의하면 팀의 규모와 생산성간에는 상관관계가 명확하지 않다.[6] 팀의 규모와 생산성의 관계에는 과업의 성격 등 다양한 요인이 영향을 주기 때문이다. 예를 들어 공동작업과 자원의 공유가 필요한 과업의 경우에는 추가로 작업자를 투입 — 즉 팀이 커지는 경우 — 할 때 새로운 기술과 지식을 습득할 때까지 많은 조정을 필요로 하게 된다. 또한 기존 작업자와 신규 작업자 모두에게 동기유발을 하기 어렵다. 결국 규모가 작은 팀에 비해 큰 팀이 반드시 성과가 높다고 할 수는 없다.

마지막으로 팀의 규모가 커짐에 따라 결근과 이직이 증가한다.[7] 일반적으로 규모가 커짐에 따라 팀의 과업이 전문화되며 의사소통이 더욱 곤란해진다. 그 결과 직무담당자의 직무에 대한 만족도가 낮아지게 되고 결근과 이직이 증가하게 된다.

팀원의 구성 역시 팀의 목표를 추구하고 팀 구성원들의 만족도에 커다란 영향을 미치는 요인이다. 팀 구성원을 선발할 때에는 다음과 같은 사항을 고려하여야 한다.

- 다양한 과업의 구성원들로 팀을 구성한다.
- 중요 정보와 기술, 자원의 이용 가능성을 확인한다.
- 영향을 받는 당사자들을 참여시킨다.
- 만약 팀을 직접적으로 이끌어가지 못한다면, 팀을 이끌 수 있는 과업지향적인 리더를 임명하고, 충분한 권한을 준다.

■ 과업 진행 중에 구성원을 상황에 따라 다양화 시키는 것을 고려한다.

팀 구성원 역할설계

역할(role)**이란 어떤 사회적 단위에서 구성원에게 기대되는 일련의 행동양식이다.**[8] 역할은 보통 팀 내에서 개인이 차지하는 지위(position)를 통해 각 개인에게 할당된다. 팀 구성원들은 각각 자신의 역할을 수행함으로써 다른 구성원들과 상호작용을 하게 된다. 또한 역할을 수행하면서 이에 따른 책임을 부여받는다.

역할은 보통 팀 내 개인의 직무기술서나 회사의 정책 매뉴얼에 공식적으로 기술되어 있다. 역할담당자는 팀 내에서 공식적으로 부여된 역할을 수행하도록 기대되는 사람이다. 회사에서 신임사장이 부임하는 경우 그는 전임자가 수행한 것과 같이 사장이라는 역할을 수행하게 된다. 사장 개인의 독특한 행위는 다를 수 있지만 사장이라는 역할담당자에게 기대되는 행위는 같다.

역할차별화

팀이 발전함에 따라 팀 내의 역할은 다양하게 분화되고 팀 구성원들은 각각 자신에게 부여된 독특한 역할을 수행하게 되는데 이를 **역할차별화**(role differentiation)라고 한다. 팀에서 수행되는 팀 구성원들의 역할은 다음과 같은 세 가지 유형으로 분류할 수 있다.[9]

첫째, **과업지향적**(task-oriented) 역할이다. 이러한 역할의 담당자들은 다른 유형의 역할담당자들에 비해 팀의 목표달성에 보다 많은 기여를 하게 된다. 과업지향적 역할의 예로는 팀의 문제에 대해 해결과정을 주도하고 대안을 제시하는 공헌자(initiator-contributor), 다른 사람들과 의견을 공유하며 필요한 의견을 제시하는 의견제공자(opinion giver), 필요한 행동을 하도록 집단을 자극하는 촉발자(energizer) 등이 있다.

둘째, **관계지향적**(relation-oriented) 역할이다. 이러한 역할의 담당자들은 다른 역할담당자들의 활동을 지지, 촉진하는 역할을 수행하며, 이들의 활동에 의해 팀의 분위기가 좋아지게 된다. 관계지향적 역할의 예로는 팀의 갈등을 중재하는 조정자(hamonizer), 다른 사람들을 칭찬, 고무하는 고무자(encourager), 팀이 보다 부드럽게 운영될 수 있도록 하는 조성자(expediter) 등이 있다.

〈그림 8-3〉 팀 구성원의 역할

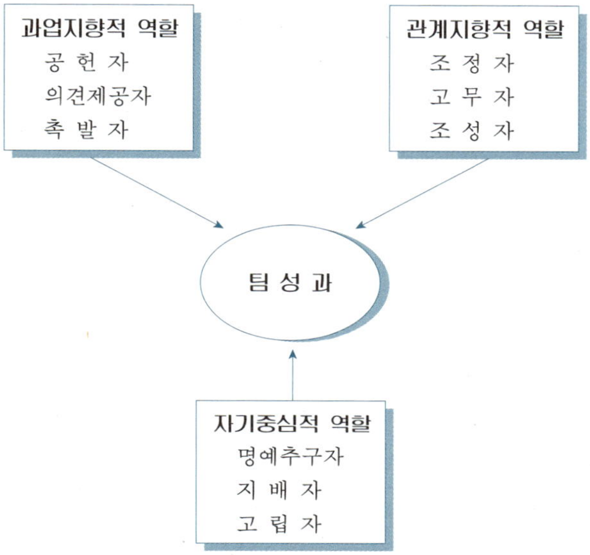

자료: R. J. Aldag & L. W. Kuzuhara(2002), *Organizations Behavior and Management: An Integrated Skills Approach*, South-Western, p. 565에서 수정 인용.

마지막으로 **자기중심적**(self-oriented) 역할이다. 이러한 역할담당자들은 팀의 목표와 이익을 희생하더라도 자신들의 이익을 추구한다. 자기중심적 역할의 예로는 자신들의 업적 향상에만 관심을 갖는 명예추구자(recognition seeker), 교묘하게 팀을 조종하여 자신의 권한을 강화, 행사하려는 지배자(dominator), 자신을 팀 구성원들로부터 고립시키거나 거리를 유지하려는 고립자(avoider) 등이 있다.

이러한 역할과 팀 성과와 관계는 〈그림 8-3〉과 같다.

역할모호성

역할에 대해 기대되는 행동 — 예를 들어 권한과 책임과 같은 — 이 불명확하거나 모호할 때 역할담당자들은 **역할모호성**(role ambiguity)을 느끼게 된다. 기대되는 역할이 모호할 경우 역할담당자는 어떤 특정한 상황에서 어떻게 행동해야 할 것인가를 제대로 인식하기 어렵다. 또한 자신의 역할에 부합하는 올바른 태도나 행위를 형성하기가 어렵게 되어 **역할정체성**(role identity) — 즉, 자신과 역할을 동일시하는—을 느끼지 못한다. 결국 역할모호성은 역할담당자의 역할갈등과 직무에 대한 불만족을 초래하고 직무를 이탈하는 결과를 초래할 수 있다.[10] 따라서 팀은 역할담당자에게 기대되는 역할을 명확하게 하여 역할이 모호할 때 발생하는 부작용을 방지해야 한다.

역할갈등

서로 다른 역할을 수행하는 데 요구되는 행동이 서로 상충되거나 모순될 때 역할담당자들은 **역할갈등**(role conflict)을 겪게 된다. 역할갈등은 크게 두 가지 유형으로 분류할 수 있다.

하나는 **역할내부 갈등**(intrarole conflict)이다. 이는 하나의 동일한 역할을 수행하는 역할담당자에게 상이한 행동을 기대할 때 일어난다. 예를 들면 작업반장의 경우 상사는 그에게 회사의 이해나 이익을 지지하는 행동을 기대하는 반면 그의 동료들은 회사의 이익보다는 동료들의 입장을 지지하는 행동을 기대한다. 역할내부 갈등은 대부분 역할담당자의 역할이 모호할 때 일어난다. 역할담당자의 역할이 명확하지 않을수록 서로 상충하는 행동에 대한 기대가 증가하기 때문이다.

〈그림 8-4〉 역할갈등의 유형: 역할간 갈등과 역할내부 갈등

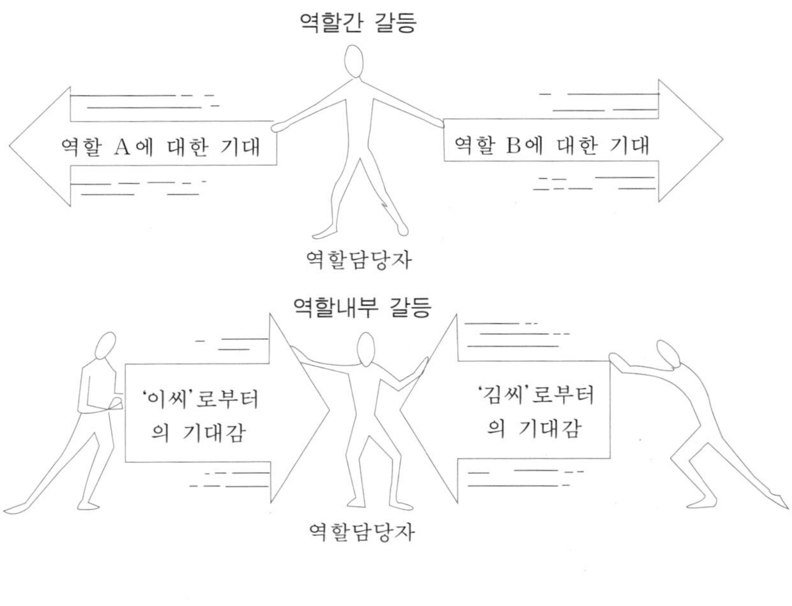

다른 하나는 **역할간 갈등**(interrole conflict)이다. 이는 둘 혹은 그 이상의 역할을 수행하는 역할담당자에게 서로 양립되지 않는 행동에 대한 기대를 가질 때 일어난다. 예를 들어 상사와 부하직원이 친구 사이인 경우, 상사는 리더 혹은 감독자로써 기대되는 행동 — 예를 들면 목표달성을 위한 엄격한 질책 등 — 과 사적인 친구로서 기대되는 행동 — 예를 들면 동정적인 행동 — 간에 갈등을 겪게 된다. 역할간 갈등이 발생하는 경우 담당자에게 기대되는 다양한 역할을 모두 수행하기가 어렵다. 역할간 갈등에 관한 한 연구에 의하면 상사와 부하가 부하의 역할에 대해 서로 다른 기대를 가질 때 부하는 직무스트레스를 받고 자신의 승진가능성에 대해 불확실성을 느낀다.[11] 또한 맞벌이 선생님을 대상으로 한 연구에 의하면 선생님의 역할과 가장의 역할에 대해 갈등을 느낄수록 일에 대한 과부하(overload)를 느끼고 심리적, 육체적 긴장감(strain)을 더욱 많이 느끼는 것으로 나타나고 있다.[12]

역할갈등은 직무에 대한 불만족, 직무스트레스의 증가 그리고 작업성과의 저하 등 개인 및 조직 측면에서 모두 부정적인 영향을 미친다. 따라서 역할담당자의 역할을 명확하게 하고, 직무설계(job design)를 통해 역할갈등을 최소화하는 것이 필요하다.

경영자들은 팀의 생산성을 높이기 위해서 효과적인 팀 구성원의 역할을 이해할 필요가 있다. 다음의 지침들은 팀의 생산성을 높이는데 도움을 줄 것이다.

- 긍정적인 역할을 수행하는 구성원들을 독려하고 보상한다.
- 팀의 성과를 위해서는 과업지향적 역할과 관계지향적 역할이 모두 필요하다. 단지 관계지향적인 역할만을 강조한다면 업무는 진행되지 않는다. 반대로 과업지향적인 역할만을 강조한다면 구성원들의 불만이 급속히 쌓여가며, 팀 정신을 잃고, 분열에 의한 갈등을 야기할 수 있다.
- 부정적인 역할을 파악하고 중지시킨다. 팀 리더 — 그리고 다른 팀 구성원들 — 는 팀을 분열시키거나 이기적인 행동이 용납되지 않는다는 것을 확실히 할 책임이 있다.
- 팀 리더로서 해야 할 역할과 하지 말아야 할 역할을 이해한다.
- 역할모호성과 역할갈등을 최소화한다. 메시지를 일관성 있고 모호하지 않게 전달하며, 책임을 과도하게 주지 말아야 한다. 개인의 임무는 명확해야

한다.

팀 정신 고취

어떤 팀은 다른 팀보다도 보다 더 끈끈한 유대관계를 가지는 경우가 있다. 이는 **팀 정신**(team spirit) — **응집력**(cohesiveness) — 이 강하기 때문이며, 이러한 팀의 구성원들은 서로를 좋아하고 집단의 일원이 된 것을 자랑스럽게 여긴다. 이러한 팀 정신이 높을수록 팀의 '목표'를 추구하는데 대체로 효율적으로 나타난다. 팀 정신이 높은 팀의 구성원들은 대체로 서로 원활한 의사소통을 하며, 높은 만족도를 보이며 긴장과 근심은 낮게 나타나는 경향이 있다.

하지만 항상 팀이 조직에 이익이 되는 '목표'만을 설정하지 않는다. 그렇기 때문에 팀 구성원들로 하여금 올바른 방향으로 목표를 세우도록 이끄는 것이 중요하다. 이러한 관리가 없다면 높은 팀 정신은 조직에 바람직하지 못한 결과를 가져올 수 있다. 예를 들어, 팀의 목표가 높은 성과와 창의성, 성실한 근무태도 등에 있다면, 이러한 팀의 높은 팀 정신은 바람직한 결과를 가져올 것이다. 하지만, 팀의 목표가 노는 것에만 있고, 가능한 업무를 회피하는 등에 있다면 높은 팀 정신은 조직에 바람직하지 않다.

〈그림 8-5〉 팀 정신 향상과정

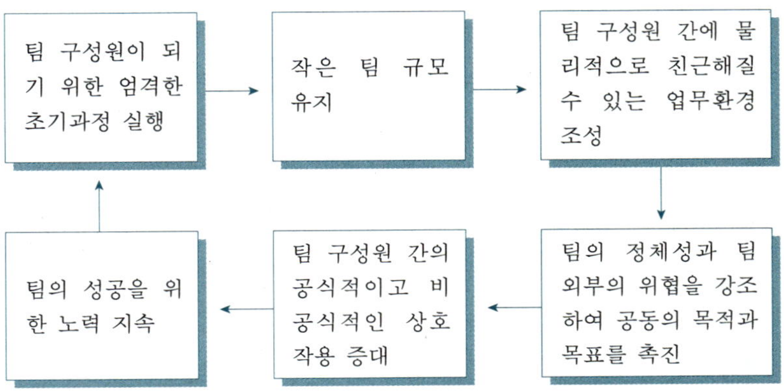

자료: R. J. Aldag & L. W. Kuzuhara(2002), *Organizations Behavior and Management: An Integrated Skills Approach*, South-Western, p. 573.

팀 정신이 높아지는 여러가지 경우가 있다. 예를 들어, 팀의 지위가 올라가거나 팀이 목표를 달성하면 팀 정신은 올라간다. 또한 팀 정신은 외부에 팀의 구성원들을 하나로 묶을 수 있는 공동의 위협이 있으면 올라간다. 그리고 팀의 크기가 커질수록, 대체로 팀 정신은 줄어든다.

앞의 〈그림 8-5〉는 팀 정신을 높이는 방법에 대해 설명하고 있다.

문제 있는 팀 구성원 관리

팀은 일부 문제 있는 구성원들로 인해 분위기가 저해되고 팀 전체의 성과가 낮아지는 경우가 있다. 이에 주로 발생되는 문제유형을 살펴보고 이러한 문제를 막기 위한 방법에 대해 알아보고자 한다.[13)]

문제 있는 행동의 유형

팀에 문제를 발생시키는 행동에는 여러 가지가 있다. 여기서는 대표적인 네 가지 문제 유형에 대해 살펴보고자 한다.

프리로더(freeloaders)는 전체 팀 업무에 대해 자신이 마땅히 해야 할 역할을 수행하지 않는 구성원들이다. 이러한 프리로더들은 팀 성과에 공헌을 하지 않으므로 직접적인 피해를 준다. 게다가, 이들은 다른 구성원들이 비생산적인 구성원과 함께 있기를 싫어하기 때문에 팀 내 갈등을 일으키는 원인이 될 수 있다.

불평자(complainers)는 팀의 계획이나 과정, 또는 다른 팀 활동 등에 대해서 끊임없이 불평하는 구성원들이다. 이들은 프로젝트를 시간 낭비라 보고, 자신들이 대우를 못 받고 있다고 여기며, 단지 팀에 있다는 것 자체를 싫어한다. 불평자들은 팀 도덕성(team morale)을 저해하며, 다른 구성원들로 하여금 불평자들을 달래기 위한 필요 이상의 시간과 에너지를 낭비하게 만든다.

협박자(bullies)는 자신의 의견을 타인에게 강요하여 팀을 적극적으로 분열시키는 유형의 구성원들이다. 협박자들은 다른 구성원들을 부적격하거나 어리석게 보이도록 하는 것을 즐기려 한다. 이들은 다른 사람들 보다 많은 준비를 하고 많은 지식을 가져와 자신을 과시하려하고, 자신들의 결점을 협박으로써 은폐하려 한다. 어떠한 경우든, 팀 과정에 대한 이들의 강요는 악의를 불러일으키거나 팀 조화에 물의를 일으킨다.

순례자(martyrs)는 팀 업무를 자신이 떠맡고 있다고 여기는 구성원들이다. 이들은 자신들이 능력이 부족한 다른 팀 구성원들의 업무까지 분담하며, 자신이 팀 내 가장 최악의 임무를 하고 있으며, 공정하게 분배된 업무량보다 훨씬 많은 양을 부담하고 있다고 여긴다. 불평자와는 달리, 이들은 현 상황에서 큰 변화를 바라지 않는다. 단지 다른 사람들이 가책을 느끼고 자신의 임무를 인식하기만을 바란다. 순례자들의 주장과 태도 등은 종종 팀의 다른 구성원들을 짜증나게 하여 팀 내 갈등을 일어나게 한다.

문제점 있는 행동을 다루기 위한 지침들

이러한 행동들은 적절한 계획과 팀 관리로써 회피하거나 줄일 수 있다. 그에 대한 지침들은 다음과 같다.

- **팀 구성원들을 주의 깊게 선별한다.** 팀 구성원들을 심사숙고하여 선별한다. 잠재적 구성원이 팀과 잘 어울릴 수 있는지 고려한다. 과업을 수행하여 얻을 수 있는 결과에 진심으로 관심을 갖고 있는 구성원을 선발한다. 각 구성원들이 팀에 왜 필요한가를 명확히 해준다.
- **교육한다.** 구성원들에게 문제가 되는 행동들을 어떻게 다루어야 하는지에 대한 지침을 준다. 예를 들어, 구성원들은 문제가 되는 구성원을 어떻게 성공적으로 다루는지에 대한 비디오 교육을 받을 수 있다. 이러한 비디오 교육은 문제가 되는 행동들에 대해 설명하고, 이러한 행동에 대한 팀 구성원들의 불만족을 보여준다. 또한 역할기대를 명확히 할 수 있으며, 문제가 되는 행동을 언급하는 특정한 방식을 제시한다.
- **명확한 목표를 제공한다.** 팀으로 하여금 무엇을 추구해야하며, 왜 과업이 중요한지를 확실히 전달한다. 명확하고 잘 정의된 목표와 팀 의사결정의 중요성을 강조한다. 첫번째 회의에서 팀의 방향을 제시하는 것은 매우 중

요하며, 이는 앞으로 팀에 지속적인 영향을 미치게 된다.

- **구성원들의 책임을 명확히 한다.** 팀에서 발생하는 많은 문제들이 구성원들의 역할이 명확하지 않아 발생한다. 초기에 각자의 책임에 대해 확실하고 공정하게 나누는 것에 대한 동의는 향후에 발생할 수 있는 갈등을 미연에 방지할 수 있게 해준다.
- **동료평가를 이용한다.** 팀 구성원들과 리더는 반드시 개인의 행동과 팀 업무결과에 대한 솔직한 피드백을 제공하고, 또한 이를 수용하여야 한다. 팀 구성원들은 자신의 공헌도가 평가된다는 것을 알 때, 자신이 해야 할 일을 하고 문제가 되는 행동을 줄이려 한다. 360도 다면평가나 다른 동료평가 방식은 같은 맥락으로 도움을 준다.
- **우수한 성과에 대해서 보상한다.** 훌륭한 성과를 낸 구성원들은 그들의 공헌도에 합당한 보상을 받아야 한다. 이는 동료직원의 긍정적인 평가나, 칭찬, 목표달성에 대한 축하 등이 있다.
- **잘못된 행동에 대해 지나치게 관대하지 않는다.** 많은 팀에서 드러나는 갈등 없이 공존하자는 규범을 만든다. 이에 구성원들은 다른 구성원들과 맞서거나 다른 이들의 감정을 상하게 하고 싶지 않아 한다. 하지만 그 결과, 무임승차나 불평이 사라지지 않는다. 구성원들이 공정한 참여에 대한 규범과 문제가 있는 구성원을 다루는 방법에 대해 의견을 제시할 수 있는 분위기가 조성되어야 한다.
- **'다음 번'을 강조한다.** 구성원들에게 다음 번에도 같이 일할 수 있으며, 이번의 잘못된 행동이 차후에 고려될 것이라는 점을 상기 시킨다.
- **문제있는 구성원을 제외시킨다.** 마지막 방법으로, 팀에서 계속 문제가 되는 구성원은 제외시킨다. 이는 비록 유쾌하지 못한 일이나, 팀 도덕성과 성과에 계속하여 부정적인 영향을 미친다면 팀으로부터 제외시키는 것이 최선의 방침이다.

요 약

- 팀은 상호보완적인 능력을 가진 구성원들이 공동의 목표달성을 위해 공동으로 작업하며 그 결과에 대해 공동책임을 지는 집단이다. 팀은 급격하게 변화하는 작업환경과 이러한 환경변화에 대한 효과적인 대응수단이라는 점에서 많은 조직과 기업에서 각광을 받고 있다.
- 팀은 형태와 속성에 따라 기능팀, 프로젝트팀, 평행팀, 가상팀 등으로 구분할 수 있다.
- 팀을 사용할 경우에는 팀이 가지고 있는 각각의 잠재적인 장·단점을 살펴본 후 적절한지를 결정하여야 한다.
- 팀은 형성단계, 집단내부 갈등단계, 규범확립단계, 성취단계 그리고 해체단계 등 다섯 단계의 발전단계를 거친다.
- 팀을 효과적으로 운영하기 위해서는 팀의 목표 및 임무를 명확히 하고, 팀 구성원들이 업무를 수행할 수 있는 적절한 조건을 만들어야 한다.
- 팀을 성공적으로 운영하기 위해서는 구성원들에 대한 임파워먼트 — 즉, 역할담당자에게 역할수행에 필요한 제반 권한을 위임하는 것 — 가 필수적이다. 임파워먼트를 위해서는 리더십스타일이 변해야 한다는 점을 유의해야 한다. 즉 과거의 지시나 통제 위주에서 부하의 자율을 존중하고 지원하는 스타일로의 변화가 반드시 필요하다.
- 경영자들은 팀의 생산성을 높이기 위해서 팀 구성원의 역할을 이해할 필요가 있다.
- 팀 정신은 팀 구성원간의 유대관계의 끈끈함, 즉 이들간 응집력을 말하며, 대체적으로 이것이 높을수록 팀은 그들의 ‘목표’를 효율적으로 추구해 나아갈 수 있다.

핵심용어

팀	기 능 팀
프로젝트팀	평 행 팀
가 상 팀	과정이익
과정손실	임파워먼트
역 할	역할차별화
역할모호성	역할갈등
팀 정 신	

토의 문제

1. 팀이 조직에 미치는 영향을 설명하시오.
2. 팀의 유형에 대해 설명하시오. 자신이 각자 속해 있는 팀은 어떠한 유형인지 토론해 보시오.
3. 팀을 구성할 때 고려해야 할 점들을 토론해 보시오.
4. 효과적인 팀의 특성을 설명하시오. 그리고 자신이 속해 있는 팀을 효과적으로 운영하기 위한 방법을 토론해 보시오.
5. 임파워먼트란 무엇인가? 내가 속해 있는 팀의 구성원들의 임파워먼트 수준은 어느 정도인가? 그리고 임파워먼트 수준을 높이기 위한 방법을 토론해 보시오.
6. 팀을 효과적으로 운영하기 위한 리더의 역할은 무엇인가?
7. 팀 정신의 영향요인과 효과를 설명하시오. 그리고 자신이 속해 있는 팀의 응집력이 어느 정도인가를 평가하고 응집력을 높일 수 있는 방법을 동료들

과 토론해 보시오.

8. 과거 자신이 속해 있던 팀을 생각해 보자. 각 구성원들의 역할을 생각해 보고, 팀 내 문제가 있었다면 어떻게 해결하려 했는지 서로 토론해 보시오.

실 습: 팀 정신(응집력)평가

당신의 팀은 얼마나 응집력이 있습니까?

※ 다음 문항을 읽고 자신이 속해 있는 팀에 해당되는 부분에 ○표를 하시오.

1. 당신은 자신이 팀의 진정한 일원이라고 느낍니까?
   ① 함께 일한다는 느낌이 전혀 들지 않는다.
   ② 내가 진실로 속해 있다는 느낌이 들지 않는다.
   ③ 어떤 경우에는 소속감을 느끼지만 다른 경우에는 그렇지 않다.
   ④ 대부분의 경우 소속감을 느낀다.
   ⑤ 나는 팀의 진실한 일원이다.
2. 만약 당신이 다른 팀에서 똑같은 활동을 할 기회가 있고 똑같은 보상이 주어진다면 다른 팀으로 옮길 의사가 있습니까?
   ① 지금 당장이라도 옮기고 싶다.
   ② 있는 것보다는 옮기는 것이 나을 것 같다.
   ③ 옮긴다고 해도 현재와 큰 차이가 없을 것 같다.
   ④ 옮기는 것보다는 현재가 낫다.
   ⑤ 현재의 팀에서 계속 있고 싶다.
3. 다음의 사항에 대해 당신이 알고 있는 팀과 현재 당신이 속해 있는 팀을 비교하면 어떠한 차이가 있습니까?
   - 구성원들이 친숙한 정도
     ① 다른 팀에 비해 높은 수준이다. ③ 거의 비슷하다
     ⑤ 다른 팀에 비해 낮은 수준이다.
   - 구성원들이 일상적인 협조 정도
     ① 다른 팀에 비해 높은 수준이다. ③ 거의 비슷하다
     ⑤ 다른 팀에 비해 낮은 수준이다.
   - 구성원들이 일에 대한 협조 정도
     ① 다른 팀에 비해 높은 수준이다. ③ 거의 비슷하다
     ⑤ 다른 팀에 비해 낮은 수준이다.

〈팀 응집력 판정기준〉

- 각 문항의 합산 점수가 20점 이상: 응집력이 강한 팀
- 각 문항의 합산 점수가 10-20점 이내: 응집력이 평균수준인 팀
- 각 문항의 합산 점수가 7점 이하: 응집력이 약한 팀

자료: G. Moorhead & R. W. Griffin(2004), *Organizational Behavior: Managing People and Organization*, Houghton Mifflin.

참고문헌

1) 정일재 (1997), "팀조직에 대하여," *LG주간경제, LG경제연구원,* 제412호, pp. 46-48.
2) Aldag, R. J. & Kuzuhara, L. W.(2002), *Organizations Behavior and Management: An Integrated Skills Approach,* South-Western. pp. 562-563.
3) Baron, R. A. & Greenberg, J.(1990), *Behavior in Organizations: Understanding and Managing the Human Side of Work*(3rd ed.), Allyn & Bacon, pp. 264-265.
4) Thomas, K. W. & Velthouse, B. A.(1990), Cognitive Elements of Empowerment: An Interpretive Model of Intrinsic Task Motivation, *Academy of Management Review*, pp. 660-681.
5) Porter, L. W. & Lawer, E. E.(1965), Properties of Organization Structure in relation to Job Attitudes and Job Behavior, *Psychological Bulletin*, pp. 23-51.
6) Cummings, L. L. & Berger, C. J.(1976), Organization Structure: How Does It Influence Attitudes and Performance?, *Organizational Dynamics*, pp. 34-59.
7) Porter, L. W. & Steers, R. M.(1973), Organizational, Work, and Personal Factors in Employee Turnover and Absenteeism, *Psychological Bulletin*, pp. 151-176.
8) Biddle, B. J.(1979), *Role Theory: Expectations, Identities, and Behaviors*, New York: Academic Press; Dunham, R. B.(1984), *Organizational Behavior*, Richard D. Irwin, p. 303.
9) Baron, R.A. & Greenberg, J., *op. cit.*, p. 268.
10) Jackson, S. E. & Schuler, R. S.(1985), A Meta-Analysis and Conceptual Critique of Research on the Role Ambiguity and Role Conflict in Work Settings, *Organizational Behavior and Human Decision Process*, pp. 16-18.
11) Berger-Gross, V. & Kraut, A. I.(1984), Great Expectations: A No Conflict Explanation of Role Conflict, *Journal of Applied Psychology*, pp. 261-271.

12) Cooke, R. A. & Rousseau, D. M.(1984), Stress and Strain from Family Roles and Work Role Expectations, *Journal of Applied Psychology*, pp. 252-260.

13) Aldag, R. J. & Kuzuhara, L.W., *op. cit.*, pp. 573-575.

9 의사소통

학습목적

1. 의사소통의 의미와 기능의 이해
2. 개인간 의사소통의 방법과 유형에 대한 이해
3. 조직 내의 의사소통 경로에 대한 이해
4. 조직 내의 의사소통 네트워크의 유형과 유효성에 대한 이해
5. 조직 내의 비공식적인 의사소통의 기능과 역할에 대한 이해
6. 조직 내 의사소통 장애요인과 극복방안에 대한 이해

언어와 문화

정치학자 새뮤얼 헌팅턴(미국 하바드대학 교수)은 역저 「문명의 충돌」에서 "국제어는 언어적 문화적 차이를 극복하는 수단이지 그것을 해소하는 방책은 아니다"라고 기술했다.

▶ 영어가 이질적인 문화 간에 보편적 의사소통 수단으로 확고한 위치에 올라섰지만, 어디까지나 매개체이지 정체성(正體性)과 귀속감을 낳는 원천은 아니라는 견해다. 가령 일본 금융인과 인도네시아 기업인이 영어로 대화를 나눈다고 해서 그들의 사고가 영어화, 서구화된다고 보는 것은 어불성설이라는 것이다.

▶ 1백만 명 이상이 사용하는 언어 중 영어 사용자는 7.6%(1992년 통계)로 58년보다 2.2% 줄었다. 북경어는 영어의 2배에 달한다. 그러나 20세기 후반 들어와 영어는 각국 외교관 기업인 과학자 관광객의 의사소통 역할을 하고 있다. 영어사용이 늘면서 사람들의 상이한 문화 정체성은 오히려 강화된다는 것이 헌팅턴교수의 주장이다.

▶ 1992년 바로셀로나 올림픽에선 공식 언어로 영-불-스페인어에, 카탈란어를 추가했다. 카타루나주(州) 언어를 쓴 것에 대해 각국 언론은 '국수주의(國粹主義)'라고 비판했으나 조직위는 '고유한 문화정체성'이라며 까딱도 하지 않았다. 요즘 국내에 일고있는 '영어 공용어(公用語)' 논쟁에 참고해 봄직한 사례다. 찬반이 엇갈리는 이런 논쟁은 고무적인 현상이기에.

▶ 눈을 안으로 돌려 보면 토속적(土俗的)인 것들이 사라지고 있다. TV의 영향으로 옷이며 음식이며 말까지 밖의 영향을 받는 추세다. 젊은세대가 영어를 거리낌없이 사용하는 것 못지않게 우리 사투리도 잃지 말자면 이 역시 국수주의 발상일까.

자료: 1998년 7월 31일자, 조선일보 1면 「만물상」의 글.

사람들은 대부분의 시간을 말하고, 듣고, 쓰는 데 사용한다. 이것은 조직에 있어서도 마찬가지다. 모든 조직의 운영과정은 직접·간접적인 의사소통을 통해 이루어진다. 조직은 의사소통을 통하여 정보를 교환하고 의사결정을 하며 집단의 목표를 추구하게 된다. 따라서 의사소통이 원활하게 이루어지지 않으면 조직의 효율성에 직접적인 영향을 미친다. 의사소통과정에 잡음이 개입되거나 왜곡현상이 발생하면 개인이나 집단 간에 오해나 갈등을 유발하고 집단이나 조직에는 마비나 정체현상을 유발하게 된다.

예컨대, 최고경영층의 정책이나 방침이 내용이 조직성원들에게 올바르게 전달되지 않는다면 그 결정이 바람직한 내용이라 할지라도 그 의미를 상실하게 된다. 그러므로 조직의 관리자는 조직 내의 의사소통이 원활하게 이루어질 수 있도록 의사소통 체계를 합리적으로 관리하는 것이 무엇보다도 중요하다. 이 장에서는 먼저 의사소통의 일반적인 개념 및 유형에 대해서 살펴보고 조직 내에서 나타날 수 있는 의사소통 유형들을 알아본다. 그리고 의사소통에서 발생할 수 있는 장애요인과 그에 대한 극복방안을 알아보기로 한다.

의사소통의 개념과 기능

의사소통의 개념

의사소통이란 송신자가 수신자에게 어떤 유형의 정보(메시지)를 교환하고 공유하려는 과정이다.[1] 즉 의사소통은 사람들 간에 정보, 아이디어, 이해 또는 느낌을 전달하고 교환하는 것이다. 의사소통은 송신자(개인, 집단, 조직)가 수신자(개인, 집단, 조직)에게 어떤 유형의 정보를 전달할 뿐만 아니라 정보나 아이디어, 감정 등 어떤 의미를 송신자와 수신자 간에 피드백을 통하여 교환하거나 공유하는 것이다.[2]

의사소통의 기능

의사소통은 조직을 관리하는 데 중요한 요소로 작용한다. 조직 내에서의 의사소통은 다양한 기능을 하지만 그 중에서 의사소통의 핵심적인 기능으로는 정보기능, 동기유발기능, 통제기능, 정서기능의 4가지 주요기능이 있다.[3]

정보전달기능　의사소통은 개인과 집단 또는 조직에 정보를 전달해 주는 기능을 함으로써 의사결정의 촉매제 역할을 한다. 의사소통은 여러 가지 대안을 파악하고 평가하는 데 필요한 정보를 제공해 줌으로써 의사결정을 원활히 이루어지게 한다.

동기유발기능 의사소통은 조직구성원들의 동기유발(motivation)을 촉진시키는데 사용된다. 조직구성원이 해야 할 일, 직무성과를 개선하고 달성하기 위해서 어떻게 해야 하는지, 다른 구성원들과 어떻게 협동해야 하는 등을 구체적으로 알려 주는 매개체 역할을 하는 것이 의사소통이다. 조직구성원에게 구체적이고 명확한 목표를 설정해 주고 그러한 목표달성의 진척상황을 피드백하면서 바람직한 행동을 계속적으로 유지하도록 하는 것은 동기유발의 기본적인 과정이라 할 수 있는데 이러한 과정에서 의사소통은 촉매제 역할을 하게 된다.

통제기능 의사소통은 조직구성원의 행동을 조정·통제하는 기능을 한다. 조직구성원들의 행동이 특정한 방향으로 움직이도록 통제를 하는 것은 의사소통을 통해서 이루어진다.

정서기능 의사소통은 조직성원들이 자신의 감정(emotion)을 표현하고 사회적 욕구를 충족시켜 주는 역할을 한다. 구성원들은 자신이 속한 집단이나 조직에서 이루어지는 자신의 고충이나 기쁨, 만족감이나 불쾌감 등을 토로하게 된다. 의사소통을 통하여 자신의 심정을 표출하고 다른 사람들과의 교류를 넓혀 나가는 것이다.

의사소통의 과정

의사소통은 송신자, 메시지, 매체, 수신자 및 피드백의 다섯가지 기본요소로 구성된다. 즉 누가(who)… 무엇을(says what)… 어떤 방법으로(in what way)… 누구에게(to whom)… 어떠한 효과를 가지고(with what effect)… 로 표현된다.[4] 의사소통의 구체적인 과정은 〈그림 9-1〉과 같다.

이 그림은 의사소통에는 송신자(또는 전달자)의 생각, 아이디어, 정보를 기호화하여 매체를 통해 수신자에게 해독되고 피드백되는 과정에 잡음이 개입되고 있음을 보여주고 있다. 송신자, 기호화, 메시지, 매체, 해독 및 수신자, 잡음이란

〈그림 9-1〉 의사소통의 과정

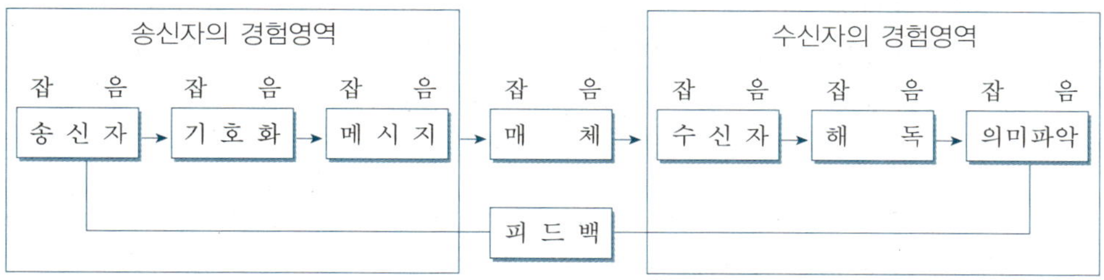

다음과 같다.[5]

송신자 또는 전달자 송신자(sender) 또는 전달자(communicator)는 자신의 생각이나 아이디어, 정보 등을 의사소통하려는 목적을 가지고 있는 사람을 말한다.

기 호 화 기호화(encoding)란 송신자(또는 전달자)의 생각을 체계적인 심볼로 변화시키는 과정이다. 즉 기호화과정은 송신자의 아이디어나 목적을 메시지의 형태로 바꾸어 주는 것이다. 가장 일반적으로 사용되는 것으로는 언어, 문서 등 언어적 방법이 있으며 신호, 제스츄어, 그림, 숫자 등과 같은 비언어적인 방법을 통해서도 생각이나 정보를 기호화할 수 있다.

메 시 지 기호화 과정의 결과가 바로 메시지(message)다. 송신자의 목적은 바로 메시지의 형태로 표현된다. 사람들은 다양한 의사소통의 목적을 가질 수 있다. 다른 사람에게 자신의 생각을 이해시킨다든지 자신의 생각을 수용하거나 혹은 원하는 행동을 유발시키는 것 등이 송신자의 목적이 될 수 있다. 따라서 메시지란 송신자가 수신자에게 전달하고 싶어하는것 자체를 말한다.

매 체 매체(medium)란 메시지의 전달수단이다. 조직에서 조직성원들에게 정보를 전달하는데 사용하는 수단으로는 대면적 대화, 집단회합, 전화, 컴퓨터, 팩스, 게시판 등을 들 수 있다.

해독 및 수신자 의사소통과정이 완결되기 위해서는 메시지가 수신자에게 적절한 형태로 해독되어야 한다. 해독(decoding)이란 메시지를 해석하는 수신자의 사고과정을 말한다. 수신자(receiver)는 자신의 능력 수준, 자신의 과거경험이나 준거체계의 의거하여 메시지를 해석(해독)하게 된다.

피드백 피드백(feedback)은 수신자의 반응이다. 피드백은 수신자의 반응을 송신자에게 전달해 줌으로써 메시지의 수신 여부나 의도한 반응이 나타났는지를 확인하게 해 주는 기능을 한다. 수신자의 반응이 송신자에게 피드백이 없을 경우 의도한 메시지와 수용된 메시지 사이에 왜곡이 일어나기 쉽다. 수신자의 반응이 없다면 내용전달이 올바르게 이루어졌는지에 대하여 확인할 수 없게 된다. 그러므로 의사소통에는 반드시 피드백이 있어야 하기 때문에 쌍방적 의사소통의 필요성이 요구된다.

잡음 잡음(noise)란 의도한 메시지를 왜곡시키는 일체의 일체의 요인들을 가르킨다. 메시지의 일부가 누락되거나 메시지의 내용이 정확도가 감소되거나 변경되어 왜곡되는 일체의 현상을 잡음이라 한다. 잡음은 어디에서나 발생할 수 있다.

개인간 의사소통의 방법과 유형

의사소통의 방법

송신자가 수신자에게 정보를 전달하는 표현방법은 크게 언어적 의사소통과 비언어적 의사소통이 있다.

언어적 의사소통

언어적 의사소통(verbal communication)은 언어를 이용한 것으로 여기에는 구두 의사소통, 문서 의사소통, 전자공학적 의사소통으로 구분된다.[6]

구두 의사소통(oral communication)은 직접적으로 말을 통하여 정보교환이나 메시지의 전달을 하는 것을 말한다. 이는 주로 대면관계에서 언어를 통하여 의미를 전달하는 것이다.

문서 의사소통(written communication)은 글자를 통한 의사소통방법으로 여기에는 메모, 서신, 보고서, 사보, 매뉴얼 등이 있다.

전자공학적 의사소통(electronic comunication)에는 컴퓨터 모뎀, 사진전송, 음성편지, 이메일, 원격지 간의 화상회의, 비디오, 유선텔레비전 방송망, 무선호출기 등이 있다.[7] 기술의 변화는 의사소통 방법을 다양화시키고 있다. 전통적인 방법인 대면회합, 집단토의, 서면을 통한 의사소통 방법들이 전자공학적인 의사소통 방법에 의해 보완되고 있다. 이러한 의사소통 기술들은 몇 가지 유리한 점이 있다. 점점 증가하는 정보량은 컴퓨터 시스템을 통하여 정보축적이 가능하고 팩스나 전자우편은 정보를 더욱 빠르게 한다. 화상회의 시스템이나 유선 TV방송망은 여러 지역의 사람들이 모이지 않고 출장비용이나 시간을 절약하면서 정보를 교환할 수 있다.

비언어적 의사소통

비언어적 의사소통은 강조, 부인, 대리, 보완, 그리고 통제를 제공한다.

강 조 강조는 언어적 메시지의 강조를 추가한다. 예를 들어, 화가 난 상사가 부하직원을 질책할 때 책상을 부수고 문을 꽝 닫는 행위는 언어적인 질책을 보강하기 위한 비언어적 의사소통으로 볼 수 있다.

부 인 부인은 언어적 메시지의 반대신호다. 인터뷰에서 판매원이나 사장이 어떤 것에 대해 말할 때 그의 눈의 움직인, 손짓, 미소, 자세 혹은 다른 어떤 비언어적 의사소통을 통해 다른 메시지를 표현할 것이다. 예를 들어, 경찰간부는 다음과 같은 사실에 주목한다. “눈은 어떤 패턴 속에 움직입니다. 귀하가 무언가를 회상할 때나 무언가를 만들려고 할 때 다르게 움직입니다. 귀하가 저에게 범죄에 대해 말 할 때 무언가를 새롭게 하려고 시도한다면 귀하는 거짓말을 하고 있는 것입니다.” 비언어적 신호는 전형적으로 언어적 신호보다 더 자발적이고 의식적이다.

대 리 대리는 비언어적 메시지로 언어적 메시지를 대신하는 것이다. 예를 들어 고개를 끄덕이는 것은 "예"라고 말하는 것을 대신한다.

보 완 보완은 언어적으로 전송된 메시지를 비언어적으로 같은 의미로 전달하는 것을 뜻한다. "사랑해"라고 말하며 포옹하는 것과 툭툭치며 "잘했어!"라고 하는 것, 그리고 "축하해!"라고 말하며 "하이 파이브"를 하는 것과 같이 이 모든 예가 보완이라고 할 수 있다.

통 제 통제는 언어적 메시지의 흐름을 제어하기 위해 비언어적 메시지를 사용하는 것이다. 예를 들어, 상사가 부하직원의 긴 설명을 더 이상 참지 못하게 될 때 시계를 보거나 연필로 책상을 두드려 속도를 빠르게 독촉하기도 한다.

비언어적 의사소통(nonverbal communication)은 언어나 서면방법이 아닌 것으로 여기에는 물리적·상징적 언어, 신체적 언어 그리고 접촉언어로 구분된다.

물리적·상징적 언어(physical or symbol language)는 교통신호나, 사이렌, 지위를 나타내는 상징으로 사무실이나 의자의 크기, 좌석의 배치 등과 같이 어떤 의미나 정보를 전달하는 방법체계를 말한다.

신체적 언어(body language)는 제스츄어나 행동으로 정보를 전달하는 것이다. 여기에는 눈짓, 몸짓, 손발동작, 얼굴표정, 침묵, 웃음, 흐트러진 자세 등 의식적 또는 무의식적으로 표현되는 모든 행동표현으로서 상대방에게 알게 모르게 인식시키는 의사소통 전달 방식이 있다.

접촉언어(touching), 즉 신체접촉은 비언어적 의사소통 중에서 강력한 형태다. 분노, 흥미, 신뢰, 온정이나 감정은 신체접촉을 통해서 상대방에게 전달되어질 수 있다. 가벼운 포옹이나 악수는 우애나 애정을 표현하는 수단이 된다.[8)]

의사소통의 유형

개인간의 의사소통에서 송신자와 수신자간에 의견이나 정보교환시 피드백(feedback)이 있느냐 없느냐에 따라서 일방적 의사소통과 쌍방적 의사소통으로 구분된다.[9)] 개인간의 의사소통에서 서로 의미를 주고 받고 하는 피드백이 없다면 의사소통의 정확성이나 유효성은 낮아질 것이며 송신자와 수신자간의 신뢰도도 저하될 것이다.

일방적 의사소통

일방적 의사소통(one way communication)은 송신자(또는 전달자)가 자신의 메시지를 수신자에게 일방적으로 전달하려는 것을 말한다. 즉 송신자와 수신자 사이에 정보의 의미를 주거니 받거니 하는 과정이 없는 상태를 말한다. 조직 내에서 상급자가 하급자에게 일방적으로 명령하고 지시하는 상태이거나 라디오 청취, TV 시청이 그 예이다.

쌍방적 의사소통

쌍방적 의사소통(two way communication)은 송신자와 수신자가 의견이나 정보를 서로 주고 받고 하는 과정을 의미한다. 송신자와 수신자가 대면관계(face-to-face)에서 대화를 나누거나 전화로 자신들의 의견이나 정보를 교환하거나 또는 조직 내에서 상급자와 하급자가 자신들의 의견을 기탄 없이 표현하는 과정을 쌍방적 의사소통이라 한다.

조직내 의사소통

조직 내의 의사소통 기본과정은 개인간 의사소통을 기본으로 한다. 조직에서의 특징적인 것은 사전에 결정된 의사소통의 통로가 있다는 것이다. 그러나 조직 내에서의 의사소통이란 정해진 틀 속에서 이루어지는것 만은 아니고 의사소통 자체가 인간의 자연스런 욕구에서 비롯된 것이기에 자연발생적인 의사소통이 이루어지기도 한다. 조직 내의 의사소통은 크게 두 개로 구성된다. 하나는 조직 내의 의사소통이 조직구조라는 틀 속에서 이루어지는 공식적인 의사소통이 있고, 또 하나는 구성원들 사이에 자연발생적인 형태로 이루어지는 비공식적인 의사소통이다.

공식적 의사소통

공식적 의사소통(formal communication)은 하향적, 상향적 그리고 수평적 방향 등 세 가지 방향으로 이루어진다.[10)]

하향적 의사소통

하향적 의사소통(downward communication)은 조직의 위계(hierarchy) 또는 명령계통에 따라 상급자로부터 하급자에게 전달되는 명령이나 지시 등의 형태인 의사소통을 의미한다. 하향적 의사소통에 의해서 방침, 명령, 지시 등이 전달되며 하급자들의 행동을 유발하고 조정·통제가 이루어진다.

하향적 의사소통은 보통 ① 회사의 정책이나 방침, 업무처리 절차를 알리고자 할 때, ② 구체적인 업무지시를 해야 할 때, ③ 과업과 다른 과업과의 관계를 이해시키고자 할 때, ④ 성과결과를 조직성원에게 피드백할 때, ⑤ 조직목표를 도입하고자 할 때 이루어진다. 하향적 의사소통은 최고경영층의 메시지가 일선 작업자에게 전달되기까지 내용의 누락 및 왜곡이 발생할 가능성이 높다는 점에서 한계가 있다.

상향적 의사소통

상향적 의사소통(upward communication)은 하위계층으로부터 상위계층으로 의견이나 정보는 물론 성과보고 등의 의사소통이 이루어지는 것을 말한다. 상향적 의사소통은 개인의 고충토로서부터 조직의 발전을 위한 제안까지 아주 광범위하다. 상향적 의사소통에 의해 조직의 목표달성을 위한 조직구성원들의 행동이 적절하게 이루어졌는가를 확인할 수 있다. 상향적 의사소통은 하향적 의사소통의 오류를 시정할 수 있고 상·하급자 간에 쌍방적 의사소통을 가능하게 할 수 있다는 점에서 중요하다.

반면에 상향적 의사소통은 하위계층에 의한 정보의 왜곡 및 누락 등 조직에 중요한 정보의 손실이 발생할 수 있다는 문제가 있다. 일반적으로 하급자들은 자신에게 불리하게 작용할 가능성이 있는 정보나 메시지를 상급자에게 보고하지 않으려는 경향이 있다.

수평적 의사소통

수평적 의사소통(horizontal communication)은 조직계층상 동일한 수준의 지위에 있는 구성원이나 부서 간에 이루어지는 의사소통을 의미하는 것으로서 이를 상호작용 의사소통(interactive communication)이라고도 한다. 수평적 의사소통의 주요 기능으로는 ① 조직 내의 부서간의 활동의 조정, ② 부서활동에 관한 정보교환, ③ 조직성원의 설득, ④ 동료들과의 정서표현 등이 있다.

동료들끼리의 의사소통은 상호 간의 조정을 위해서 필요하며 사회적 욕구를 충족시켜 주기도 한다. 일반적으로 개인과 개인, 부서와 부서 간에는 경쟁이나 상호견제 등에 의한 갈등문제가 발생한다. 이러한 갈등은 수평적 의사소통을 통해 조정되어 갈등문제들을 해결하기도 한다.

〈그림 9-2〉 의사소통 경로의 형태

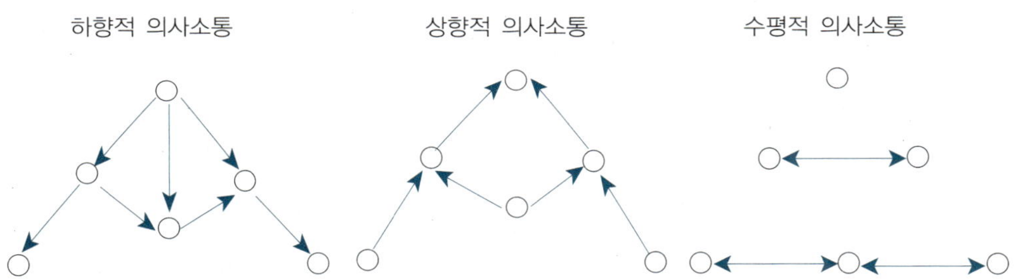

비공식적 의사소통

그레이프바인(grape vine)의 형성

의사소통은 사전에 결정된 통로로만 흐르게 할 수는 없다. 구성원들은 여러 가지 필요에 의해 직종과 계층을 넘어 인간적인 관계를 갖고 의사소통을 하려 한다. 즉 조직구성원은 의사소통을 통하여 자신의 감정을 표현하고 다른 사람과 교류를 넓혀가기 위해 직무상 직접적으로 관계를 맺고 있는 사람들 외에 다양한 사람들과 의사소통을 하려고 한다. 또한 구성원들은 감정적 친화 외에 학연, 입사동기, 지연 등에 의해서 인간적인 유대를 갖고 의사소통을 하려 한다. 조직에서는 공식적인 의사소통체계 외에 자연발생적으로 형성된 비공식 의사소통체계가 형성된다. 이러한 비공식 의사소통체계를 '그레이프바인(grape vine)'이라 부르기도 한다. 그레이프바인이라는 말의 유래는 미국 남북전쟁 당시 나무들 사이에 걸쳐 있는 전신줄 모양이 포도넝쿨을 닮았다 해서 붙여진 말이다.

그레이프바인은 정보의 내용이 경영자가 의도했던 것이 아닌 루머(rumour)의 형태이며 의사소통과정에 왜곡의 소지가 많아 경영자들은 이를 부정하려 했다. 즉 의사소통의 부정적인 측면이 강조되어 잘못된 루머가 조직에 해를 끼칠 것이고, 혈연, 지연과 학연에 얽힌 비공식 집단이 강력한 조직풍토에서는 비공식 의사소통체계가 집단단위로 조직화되어 집단간의 벽을 높여 분파의식을 조장할 우려가 있다고 생각한 것이다.[11)]

조직 내에서 동료나 가까운 사람들과 비공식적인 의사소통은 자연스런 현상이다. 그레이프바인은 조직에서는 필연적인 현상이다. 그러므로 조직의 관리자는 그레이프바인이 자연스런 현상이라는 것을 인정하고 이를 순기능적인 것으로 활용하는 방안을 모색할 필요가 있다.

비공식 의사소통이 활용되는 경우

조직구성원은 공식적 의사소통 경로를 보완하기 위하여 비공식적인 의사소통 경로를 이용하게 되는데 비공식 의사소통을 활용하게 되는 경우를 보면 다음과 같다.

- 조직 내에서 상황에 대한 정보획득이 공식적 경로를 통해서는 잘 이루어지지 않을 경우 관리자 들은 비공식적 경로를 통해서 필요한 정보와 주어진 정보 사이의 갭(gap)을 극복하려 할 때 활용된다.
- 상황이 불확실한 경우 조직구성원들은 상호간의 불확실성으로부터 서로들을 보호하기 위하여 비공식 의사소통을 이용한다.
- 공식적으로 의사소통을 할 수 없는 개인적인 문제라든가 감정이 있는 상황에서 구성원들은 비공식 의사소통을 활용하려고 한다.
- 미워하는 사람을 음해하려고 할 때 비공식 의사소통을 활용한다.
- 새로운 정보를 가능한 한 빨리 조직구성원들에게 전파시키고자 할 때 비공식 의사소통이 활용된다.

비공식 의사소통의 순기능적 역할

일반적으로 비공식 의사소통은 구성원들이 불평·불만을 표출하거나 또는 다른 사람을 음해하는 등의 역기능적인 행동을 유발하거나 거짓정보의 원천으로 생각되기도 한다. 그러나 비공식 의사소통경로는 조직에서 순기능적인 역할을 수행하는 부분도 있다.[12)]

- 비공식적 의사소통은 조직에 대한 다른 사람들의 좋은 평가를 전달해 줌으로써 조직구성원들의 사기를 높이는데 도움을 줄 수 있다. 비공식 의사소통은 공식적인 의사소통보다 전달속도가 빠를 뿐만 아니라 전달되는 정보의 영향력도 강하기 때문에 조직에 이로운 정보의 확산에도 효과적이다.
- 비공식 의사소통은 조직구성원들에게 소속감과 안정감을 제공함으로써 만족감을 높여 줄 수 있다.
- 비공식 의사소통경로는 조직성원들의 감정폭발을 억제할 수 있는 안전벨브 역할을 하기도 한다. 예를 들어, K과장이 상사인 L이사에게 모욕을 당하고 화가 났을 때 그 자리에서 감정을 폭발하고 대들었다면 그 이후의 직무수행시 많은 위협을 받게 될 것이다. 그러나 만일 그 자리에서는 감정을 억제하고 비공식 의사소통을 함께 할 수 있는 다른 동료들과 의사소통을 통해서 자신의 격한 감정을 공유할 수 있다면 감정이 누그러져 심각한 상태를 피하여 안정을 찾을 수 있을 것이다.
- 비공식 의사소통은 조직관리에 대한 피드백의 원천이 될 수 있다. 비공식 의사소통은 현재 조직에 어떤 문제가 있는가, 조직구성원들에게는 어떤 문제점들이 있는가를 관리자가 정확하게 파악할 수 있도록 도움을 제공하기도 한다.

비공식 의사소통의 네트워크

조직 내에서 자연발생적으로 형성되는 비공식 의사소통의 네트워크로는 일방형·잡담형·군집형·확률형 등을 들 수 있다.[13)]

일방형 네트워크(single stand network)는 구성원들 사이에 단선적 통로를 통해 정보가 전달되며, 잡담형 네트워크(gossip network)는 한 사람에 의해 나머

〈그림 9-3〉 비공식 의사소통 네트워크 형태

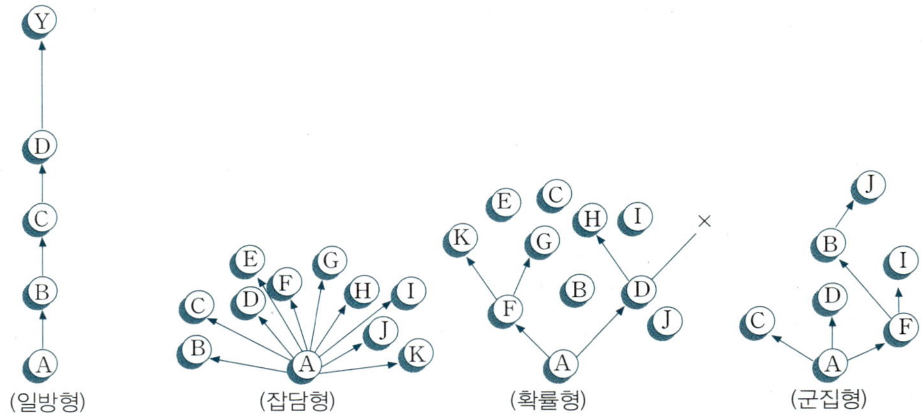

자료: K. Davis & J. W. Newstrom(1989), *Human Behavior at Work: Organizational Behavior*(8th ed.), McGraw-Hill, p. 373.

지 사람들 모두에게 정보가 전달되는 형태를 말한다. 확률형 네트워크(probability network)는 의사소통이 의도적·선택적으로 이루어지는 것이 아니라 확률적·무작위적으로 전달되는 형태를 말한다. 마지막으로 군집형 네트워크(cluster chain network)는 정보를 전달해야 할 사람에게만 선택적으로 의사소통이 전달되는 형태다.

의사소통경로

의사소통경로는 메시지가 전달되는 매개체다. 이는 우리가 사용하는 언어나 제스츄어, 컴퓨터 네트워크, 우편, 전화기와 같은 것들을 포함한다. 의사소통시 이들 경로를 적절히 선택하여 사용해야 한다. 의사소통의 경로를 선택함에 따라 용량, 수정능력, 중복, 즉시성, 일방형 대 쌍방형의 흐름, 연결의 수, 적절성, 그리고 풍부성 등을 고려해야 한다.

용 량 경로의 용량은 의사소통의 내용이 왜곡되지 않고 경로를 통해 보내질 수 있는 정보의 양이다. 예를 들면, 전화는 메모보다 더 큰 용량을 가진다.

수정능력 수정능력(modifiability)은 전달의 비율이 분화될 수 있는 정도이다. 메모나 서면으로 써진 메시지의 수정능력은 높다. TV로 방영된 메시지는 수정하기 힘들다.

중복(duplication) 메시지를 반복하거나 대리경로를 이용하는 것이 유용한 경우가 있다. TV광고는 상품을 팔기 위해 화면과 소리라는 대리경로를 사용한다.

즉 시 성 즉시성은 메시지가 전달되는 속도다. 이메일 같은 것은 메시지를 즉각적으로 전송한다.

일방형 대 쌍방형의 흐름 메모나 비디오강의 같은 것은 일방형 의사소통이다. 일방형 의사소통은 공장관리자가 모든 직원들에게 메모를 전달하는 것과 같이 즉각적인 반응을 할 기회가 주어지지 않는다. 그러나 전화통화나 얼굴을 맞대고 대화하는 식의 쌍방향 의사소통은 메시지 수신자로 하여금 질문하거나 반응할 수 있게 한다.

- 일방형 의사소통은 쌍방형보다 빠르다.
- 쌍방형 의사소통은 일방형보다 정확하다.
- 쌍방형 의사소통은 수신자가 어떤것이 옳고 그른가를 정확하게 판단할 수 있다.
- 송신자는 쌍방형 의사소통에서 주의를 덜 할 것이다. 쌍방형 의사소통에서 수신자는 잘못을 지적하고 생각의 흐름을 막거나, 동의를 하지 않으며, 송신자에게 항의할 수도 있다.
- 쌍방형 의사소통은 상대적으로 시끄럽고 무질서하기도 하다. 일방형 의사소통은 제3자가 볼 때 그럴듯하게 보이지만 정확하지 않을 때도 있다.

연결의 수 어떤 경로는 송신자와 수신자 사이의 직접적인 접촉을 제공한다. 경로가 길어질수록 함축과 왜곡을 동반한다. 가능한한 연결의 수가 적도록 해야 한다.

풍 부 성 풍부성(richness)은 데이터의 잠재적인 정보수송 용량을 지칭한다. 만약에 윙크와 같은 어떤 특수한 데이터의 의사소통이 새로운 정보를 포함한다면 이는 풍부한 것으로 간주될 것이다. 얼굴을 맞대고 하는 의사소통은 가장 의사소통이 풍부한 형태다. 대면 의사소통은 몸짓, 얼굴표정 그리고 목소리의 톤 등 다양한 방법으로 의사소통을 하게 된다.

의사소통의 네트워크 유형

의사소통 네트워크 유형

의사소통 네크워크(communication network)란 조직구성원간 의사소통이 이루어지는 경로(path)의 구조를 말한다. 여기에는 쇠사슬형, Y형, 수레바퀴형, 원형, 리더가 없는 스타형, 리더가 있는 연결형이 있다.[14)]

쇠사슬형 쇠사슬형(chain)은 단순한 계층적 네트워크다. 이 형은 명령계통에 따라 윗사람과 아랫사람들 간에 의사소통이 이루어지는 경우다. 조직에 있어 공식적인 명령 및 권한체계가 명확하여 수직적인 계층을 통해서만 의사소통이 이루어지도록 되어 있는 네트워크이다.

Y형 Y형은 쇠사슬형의 변형이다. 이 형은 집단내에서 확고한 위치를 점하고 있는 리더나 중심적인 인물이 있지는 않지만 비교적 다수의 구성원을 대표할 수 있는 두 명의 인물이 있는 경우에 나타나는 형태다. 이 형태를 뒤집어 놓고 본다면 두 명의 부하가 한명의 상사에게 보고하고, 그 상사는 자신의 직속상사에게 보고하는 식의 의사소통 네트워크가 되기도 한다. Y형의 네트워크는 조직에서는 흔히 발견되는 형태는 아니다.

〈그림 9-4〉 의사소통 네트워크 유형

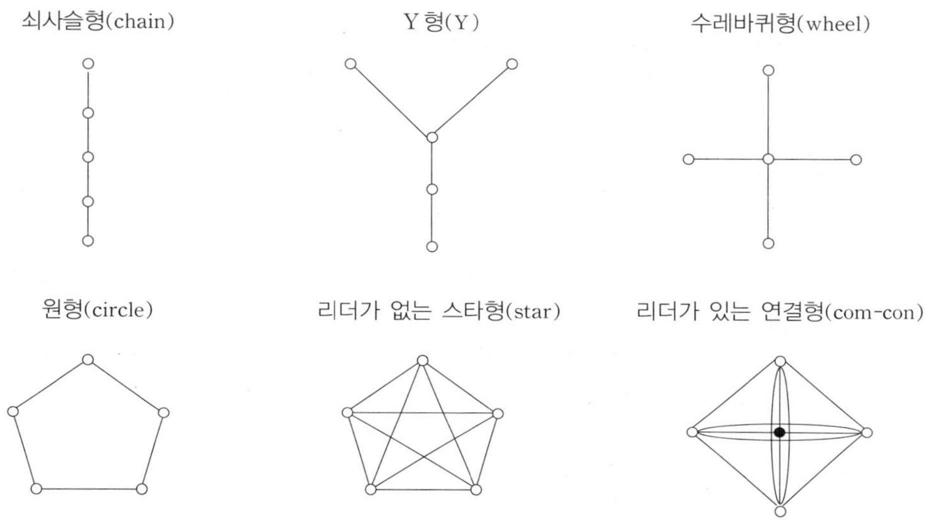

자료: Dunham, R. B.(1984), *Organizational Behavior: People and processes in Management*, Richard D. Irwin, p. 279.

수레바퀴형　수레바퀴형(wheel)은 집단 내에 중심적인 인물 또는 리더가 있어 구성원 간의 정보전달이 한 사람에게 집중되어 있는 형태를 말한다.

원　형　원형(circle)은 동일한 수준의 구성원들 간에 이루어지는 의사소통의 형태다. 예를 들면, 위원회에서는 공식적인 리더가 있기는 하지만 구성원 간에 힘이 편중되어 있지 않고 자유스런 상호작용이 이루어진다. 이와 같은 의사소통의 형태를 원형의 네트워크라 한다.

리더가 없는 스타형　이런 형태는 민주적 형태의 네트워크로서 집단 내에 리더나 중심인물이 별도로 존재하지 않고 각 구성원이 자유롭게 정보를 교환하고 의사소통을 하는 네크워크이다. 구성원 중 누구라도 의사소통을 주도할 수 있는 형태이다.

리더가 있는 연결형　이런 형태는 수레바퀴형과 스타형의 변형이다. 스타형과 같이 각 구성원이 자유롭게 의사소통을 할 수 있으나 중심적인 인물이나 리더가 있는 네트워크의 형태이다.

의사소통 네트워크의 효과성

다양한 의사소통 네트워크의 효과성에 대해 상당한 연구가 수행되었다. 의사소통 네트워크의 효과성 기준은 다양하다. 의사결정의 질, 의사결정의 속도, 왜곡현상, 만족도, 집중화, 정보과중을 중심으로 의사소통 네트워크의 효과성을 보면 〈표 9-1〉과 같다.

〈표 9-1〉 의사소통 네트워크의 효과성 평가

조직행위 \ 네트워크	쇠사슬형 (chain)	Y형 (Y)	수레바퀴형 (wheel)	원 형 (circle)	리더가 없는 스타형 (star)	리더가 있는 연결형 (com-con)
의사결정의 질	리더에 의존	리더에 의존	리더에 의존	보 통	높 음	높 음
의사결정 속도	느 림	보 통	보 통	보 통	느 림	상황에 의함
왜곡현상	높 음	보 통	보 통	보통/높음	낮 음	낮음/보통
만 족 도	상층부: 높음 하층부: 낮음	중앙: 높음 끝 : 낮음	중앙: 높음 주변: 낮음	보 통	높 음	높 음
집 중 화	보 통	높 음	대단히 높음	낮 음	대단히 낮음	보 통
정보과중	보 통	중앙: 높음 끝 : 낮음	중앙: 대단히 높음 주변: 보통	보 통	보 통	보 통

자료: *Ibid*., p. 280.

의사소통의 장애요인

의사소통과정에 잡음이 개입되는 것을 의사소통의 장애라 한다. 의사소통과정에서 장애가 발생하면 조직내부의 갈등이 유발되거나 정체나 마비현상이 일어나 유효성에 영향을 미치게 된다. 의사소통과정에서 발생하는 장애문제를 극복하기 위해서는 장애요인의 원천을 밝히는 것이 중요하다.

의사소통과정에서 발생하는 장애요인은 크게 — 송신자 요인, 수신자 요인, 상황요인, 그리고 매체요인 — 으로 구분할 수 있다.

송신자에 의한 장애요인

송신자에 의한 장애요인(sender barriers)은 의사소통과정에 송신자에 의해서 잡음이 개입되어 나타나는 장애현상을 말한다. 여기에는 송신자의 의사소통 목표의 결여, 의사소통 기술의 결여, 특수용어 또는 집단언어 사용, 상호모순된 표현, 대인감수성 결여, 여과 등이 해당된다.

의사소통 목표의 결여　송신자가 자신의 의사나 정보를 수신자에게 전달하고자 할 때는 어떤 명확한 목표를 가지고 해야 한다. 의사소통의 명확한 목표가 없이 자신의 의견이나 정보를 전달할 때는 구심점 없는 메시지가 만들어져 수신자가 그 메시지를 해독하는데 영향을 미치게 된다.[15)]

의사소통 기술의 결여　송신자가 부적절한 언어나 단어의 사용, 문맥상의

〈표 9-2〉 조직내의 의사소통 장애요인

장애요인	세 부 내 용	
1. 송신자에 의한 장애	가. 의사소통 목표의 결여 다. 특수용어 마. 대인감수성 결여	나. 의사소통 기술의 결여 라. 상호모순된 표현 바. 여　과
2. 수신자에 의한 장애	가. 신뢰도 결여 다. 스테레오타입 마. 투　사	나. 선택적 경청 라. 후광효과 바. 반응피드백 결여
3. 상황에 의한 장애	가. 어의상의 문제 다. 준거체계의 차이 마. 정보과중 사. 메시지의 경쟁 자. 의사소통 구조상의 한계	나. 지위의 차이 라. 시간부족 바. 메시지 내용의 복잡성 아. 조직분위기
4. 물리적 요인에 의한 장애요인	가. 부적절한 매체의 선택	나. 통신장비의 결함

과오, 부정확한 발음, 엉성한 문장의 구성, 철자의 오기, 띄어쓰기의 잘못 등은 메세지의 내용을 이해하기 어렵게 만든다.

전문용어 전문분야의 집단에서는 자기집단 구성원들에게만 통용되는 독특한 단어나 문구(jargon)를 개발하여 사용하는 경향이 있다. 이러한 전문적인 특수용어나 집단언어는 집단 내에서는 효과적인 의사소통을 촉진시키고 응집력을 강하게 하는 역할을 하지만 이에 익숙하지 않은 다른 집단이나 외부인들과의 의사소통에는 장애를 일으킨다.[16] 또한 다른 사람이 이해하지 못하는 외국어 사용도 장애를 유발할 가능성이 높다.

상호모순된 표현 사람들은 얼굴을 맞대고 하는 의사소통에서 언어의 메시지와 비언어적 메시지를 함께 사용한다. 언어적 메시지와 비언어적 메시지가 일치할 때에는 의사소통 유효성이 향상되지만 둘 사이에 모순된 표현이 있을 때에는 수신자의 해독에 혼란을 일으켜 장애가 발생된다.

대인감수성 결여 대인감수성 결여(interpersonal sensitivity)는 상대방의 입장을 전혀 고려하지 않고 메시지를 전달하는 것이다. 훌륭한 언어능력을 가지고 있는 사람이 대인감수성 결여로 의도했던 목표를 달성하지 못하는 경우가 있다. 대인감수성이 부족한 사람은 타인에게 공격적인 언어를 사용할 수 있으며 상대방의 욕구 수준이나 감정에 무관심할 수 있다.

여과(filtering) 여과는 정보나 메시지를 수신자에게 긍정적으로 지각할 수 있도록 정보를 조작(manipulation)하는 것이다. 조직에서 일반적으로 나타나는 현상으로 여과는 상대방에게 듣기 싫어하는 메시지는 빼어버리고 듣기 좋은 정보만 전달하는 것으로 의사소통시 일반적으로 나타나는 현상이다.[17] 여과는 주로 조직 내의 상향적 의사소통에서 발생한다. 특히 부하들이 상사에게 보내는 메시지 중에서 상사의 기분을 상하게 하거나 불쾌한 감정을 갖게 될 불리한 정보를 은폐시키려고 할 때 나타나는 현상이다.

수신자에 의한 장애요인

수신자에 의한 장애는 송신자가 보내는 정보를 수신자가 왜곡하여 발생하는 현상이다. 수신자에 의한 장애로는 신뢰도 결여, 선택적 경청, 스테레오타입, 후광효과, 투사, 반응피드백 결여 등이 있다.

신뢰도 결여(lack of trust)　신뢰도 결여는 수신자가 상대방을 불신하거나 선입관에 의해 상대방의 메시지를 대충 듣거나 메시지의 내용을 성급하게 판단하여 장애가 발생하게 되는 경우다. 수신자가 갖고 있는 상대방의 선입관이나 편견은 메시지의 해독과정에 영향을 미친다. 개인간 또는 집단구성원간의 신뢰는 의사소통의 결정적인 구성요소이기 때문에 신뢰의 부족 또는 불신은 의사소통의 절대적인 장애요인이 된다.

선택적 경청(selective listening)　선택적 경청은 선택적 지각의 한 형태로서, 각각의 개인이 믿고 있는 것과 모순되는 경우에 새로운 정보를 차단하려는 경향을 말한다. 사람들은 누구나 선택적 지각성향을 가지고 있기 때문에 자신의 신념에 합치되는 것만을 선택하여 지각하려고 한다. 사람들은 자신들의 욕구를 충족시키거나 신념과 일치하는 메시지는 받아드리고, 자신의 신념에 맞지 않거나 갈등을 일으킬 가능성이 있는 메시지는 부정하거나 이를 왜곡하는 경향이 있다.[18] 일반적으로 사람들은 자신이 원하는 말은 듣기 좋아하지만 싫은 말에는 귀를 기울이지 않는 경향이 있다.

스테레오타입(stereotyping)　스테레오타입은 집단의 특성에 근거하여 집단에 속한 사람들을 판단하는 경향을 말한다. 즉 개인이나 집단 간의 차이를 무시하고 그들을 어떤 유형으로 분류하여 하나의 속성으로 이해하고 해석하려는 것이다.[19] 예를 들면, '저 집단의 속한 사람들은 상투적으로 늘상 이렇게 말하는 경향이 있어'라는 식으로 집단에 대한 편견이 작용하여 메시지를 해독하는 것이다.

후광효과(halo effect)　후광효과는 지각대상의 어느 한 특성을 중심으로 그 대상 전체를 평가하는 지각경향을 의미한다. 즉 관찰한 지각내용이 관찰하지 않은 것들에까지 영향을 미치는 것이다. 후광효과는 의사소통과정에서 메시지를 왜곡하게 하는 경향이 있다. 정보의 일부만으로 정보의 전체를 파악하려고 할 때 오류가 발생한다.

투사(projection) 투사는 자신이 갖고 있는 감정이나 특성을 다른 사람에게 전가시키는 것을 말한다. 즉 자신의 감정·성격·동기를 다른 사람의 판단에 투사하는 것이다. 구체적으로 투사는 다른 사람도 자신과 유사할 것이라고 판단하여 자신과 같은 생각과 느낌 그리고 같은 특성을 지닌 것으로 가정하고 자신의 생각이나 판단을 다른 사람에게 적용하려는 것이다. 이러한 점에서 투사는 메시지의 해독에 오류를 범하게 하는 요인이 된다.[20] 예를 들면, "나도 가끔은 거짓말을 하니까 저 사람이 하는 말 중의 반은 거짓일거야"라고 해석하는 것이 투사에 의한 왜곡현상이다.

반응피드백 결여 결여수신자가 송신자의 메시지에 대해 수신자가 반응을 하지 않거나 부적당하게 반응할 때 송신자는 낙담하게 된다. 무반응은 송신자의 메시지에 관심이 없다든지 그러한 사람과 의사소통을 하기 싫다거나 어렵다는 것을 암시한다. 수신자의 무반응은 메시지의 전달이 명확하게 이루어졌는지를 확인할 수 없게 하여 의사소통과정에서 오류가 발생가능성을 증대시킨다.

상황에 의한 장애요인

상황에 의한 장애는 의사소통 상황 혹은 여건에 의하여 장애가 유발되는 경우이다. 상황에 의한 장애요인으로는 어의상의 문제, 지위의 차이, 준거체계의 차이, 시간부족, 정보과중, 메시지 내용의 복잡성, 메시지의 경쟁, 조직분위기, 의사소통 구조상의 한계 등이 있다.

어의상의 문제 의사소통이란 정보를 공통적인 기호를 통해 전달하는 것이다. 같은 말이라도 사람에 따라 상이하게 해석되는 경우가 있다. 영어의 'lead'는 80개 이상, 'run'은 400개 이상의 상이한 의미를 지니고 있다고 한다.[21] 이 처럼 언어는 여러 가지 의미를 지니고 해석된다. 그러나 실제 사람들은 언어를 사용할 때, 이 중 하나만을 선택하여 사용하게 된다. 이러한 경우 같은 언어라도 송신자가 전달하려는 의미와 수신자가 받아들이는 의미가 다를 때 장애가 발생한다.

지위 및 권력의 차이 조직에서는 직함, 사무실 크기, 주차공간의 제공, 개인비서의 제공 등 지위와 권력을 반영하는 다양한 심볼이 사용된다. 이러한 심볼들은 계층산의 서열을 나타내기 때문에 지위가 낮은 사람에게는 위화감을 조성하거나 긴장감을 불러일으키기도 한다.[22] 지위가 높은 상사와 지위가 낮은 부하 간에 의사소통이 이루어질 경우 부하직원이 긴장감을 느껴 정상적인 의사소통을 방해하거나 왜곡시키는 현상이 나타나기도 한다.

준거체계의 차이 사람들은 각자의 과거경험에 비추어 각자의 기준에 의해서 사물을 인식하고 이해하기 때문에 같은 상황을 놓고도 사람마다 다르게 해석하는 경향이 있다. 여기에는 문화적 배경, 나이, 윤리나 도덕의 차이 등이 원인으로 작용한다. 대부분의 사람들은 자신이 지각하는 것과 똑같이 사물을 지각할 것이라고 가정하는 경향이 있다. 상대방이 갖고 있는 준거체계(frame of reference)를 이해하지 못할 경우 효과적인 의사소통이 이루어지기 어렵다.[23]

시간부족 시간에 쫓기는 것도 의사소통의 장애요인이 된다. 대부분의 관리자들은 모든 부하직원들과 충분한 대화를 나눌 시간적인 여유가 그렇게 많지 않다. 그들은 수많은 사람들과 접촉하면서 업무를 처리하기 때문에 자신이 접촉하는 모든 사람들에게 상세한 정보를 제공할 만큼 충분한 시간적인 여유가 없다.[24] 이 때문에 관리자들이 구성원들과 나누는 정보는 피상적인 것이 되어 버리는 경우가 있다. 이러한 피상적인 의사소통은 정보의 일부나 중요내용이 누락되어 의사소통 효율성에 영향을 미치기도 한다.

정보의 과부하(information overload) 정보의 과부하는 수신자가 처리할 수 있는 능력 이상으로 메시지가 전달되는 상황을 말한다. 일반적으로 조직 내에 한 역할을 수행하거나 다양한 정보원으로부터 메시지를 수신할 때 정보 과부하가 일어난다. 또한 조직측면에서 보면 환경의 불확실성이 높아지는 경우 환경에 대한 대응력을 높이기 위해 보다 많은 정보와 이에 대한 처리를 필요로 하지만 정보처리능력이 제한적일 때 정보 과부하가 발생할 수도 있다. 이러한 경우 정보 과부하는 수신자의 정보처리능력을 떨어뜨리고 중요한 정보의 누락과 손실로 인한 장애를 유발한다.[25)]

메시지 내용의 복잡성　기업조직에서 활용하는 메시지의 내용이 때로는 복잡하고 어려운 경우가 있다. 기술적인 내용과 작업조건에 관한 메시지 내용이 복잡하고 난해하면 이를 해독하는데 장애가 발생하여 의사소통 효과성에 영향을 미치게 된다.[26)]

메시지의 경쟁　수신자가 두 가지 이상의 메시지를 동시에 수신하게 되는 상황을 메시지의 경쟁이라 한다. 예를 들면 보고서를 보면서 전화를 받는 경우가 해당된다. 이러한 경우 수신자의 주의를 산만하게 하여 의사소통을 어렵게 하고 의사소통에 장애를 발생시키게 된다.

조직분위기(organizational climate)　조직의 분위기는 의사소통 효과성에 크게 영향을 미친다. 조직구성원간 높은 신뢰가 구축되어 있고 개방적인 분위기의 조직에서는 의사소통과정에서 송신자와 수신자 사이에 긍정적인 반응이 나올 가능성이 크다. 분위기가 좋은 조직에서는 메시지가 불충분하더라도 수신자는 그 부족한 부분을 호의적인 방향으로 해석할 것이고, 그 반대의 경우에는 좋은 메시지라도 부정적인 방향으로 해석하여 왜곡되는 현상을 유발할 가능성이 높다.

의사소통 구조상의 한계　조직내의 의사소통은 누가 누구에게 그리고 누가 의사결정권한을 갖고 있는가 등의 공식적인 체계에 의해 영향을 받는다. 따라서 의사소통 경로와 네트워크의 형성 여부는 의사소통의 효과성과 밀접한 관련이 있다. 조직 내의 의사소통경로나 네트워크가 잘못 형성되었을 경우에 의사소통의 장애가 발생할 가능성이 높다.

물리적 요인에 의한 장애

물리적 요인에 의한 장애는 메시지를 전달하는 매체상의 결함이나 한계 때문에 장애가 발생하는 것이다. 여기에는 부적절한 매체의 선택이나 통신장비의 결함 등이 있다.

부적절한 매체의 선택 의사소통과정에서 모든 매체의 사용이 언제나 적절한 것은 아니다. 부적절한 의사소통 매체선택은 메시지에 잡음이 개입되어 메시지의 내용이 효과적으로 전달되지 못하는 경향이 있다. 예를 들면, 직접대면 상태에서 메시지를 전달해야 함에도 불구하고 이를 서신으로 대신하여 오해를 유발하고 장애를 일으킬 가능성이 높다. 따라서 메시지의 내용의 전달에 효과적인 매체를 선택하여 활용하는 것이 필요하다. 또한 송신자는 수신자의 특성 — 예를 들어 개인인가 또는 집단인가 — 을 고려하여 의사소통 매체를 선택, 활용하는 것이 필요하다.

통신장비의 결함 통신장비의 결함은 의사소통 매체 중에서 전화선의 연결이 좋지 않거나 TV 영상이나 음성에 잡음이 개입되어 의사소통에 장애가 발생하는 경우를 말한다.

조직 내 의사소통 장애의 극복방안

의사소통의 장애는 조직구성원간 원활한 상호작용을 어렵게 하고 조직분위기는 물론 조직성과를 저해할 수 있다. 따라서 의사소통의 장애를 어떻게 극복할 것인가는 송신자와 수신자의 관계뿐만 아니라 조직 전체의 효과성을 결정짓는 중요한 문제이다. 이하에서는 의사소통의 장애를 극복하기 위한 방안을 송신자 및 수신자 그리고 조직 전체 차원에서 살펴본다.

송신자의 노력

송신자가 자신의 의도와 정보를 수신자에게 명확하게 전달하고자 할 때는 다음 사항을 고려하여 왜곡이나 누락현상을 줄여야 한다.

감정이입적 의사소통 의사소통의 왜곡을 줄이기 위해서는 상대방의 준거체계를 이해하려는 노력이 필요하다. 즉 송신자는 상대방의 메시지 이해 정도의 수준, 나이, 상대방이 놓여 있는 상황 등을 고려하여 메시지를 전달해야 한다.[27)]

적절한 언어사용 송신자는 메시지를 명확하게 구두, 문서, 행동 등으로 적절히 표현해야 한다. 수신자가 이해할 수 있는 쉬운 언어, 상징 등을 사용하여 메시지가 전달되도록 해야 한다.

사후검토와 피드백 이용 송신자는 의사소통의 왜곡이나 누락을 줄이기 위해서 사후검토(follow up)와 피드백을 이용해 수신자가 메시지를 어떻게 해석하고 있는가를 확인하여야 한다. 대면상황에서 가장 용이한 것으로 얼굴표정이나 태도로서 반응을 보고 판단할 수 있다.[28)]

중 복 성 중복성(redundancy)은 의사소통과정에 잡음이 개입되지 않도록 간단한 병행경로(paralled channels)를 이용하거나 반복해서 메시지를 사용하는 것이다. 특히 반복은 TV광고와 같이 수신자의 메시지에 대한 이해를 높이는 데 효과적이다.

효과적 시기의 선택 의사소통이 원활한 시간을 선택하는 것은 중요하다. 의사소통이 원활하고 편안한 시간을 사전에 정한다든지 구체적인 메시지의 시기를 표준화하는 방법 등이다. 예를 들면, 사원들 간의 대화는 매주 화요일 오후 2시부터 라고 정하는 것 등이 여기에 해당된다.

수신자의 노력

수신자는 송신자의 의도와 동기를 고려하고 송신자의 입장에서 메시지를 수용하고 정확하게 이해하도록 노력하는 자세가 필요하다. 이하에서는 수신자의 메시지 경청태도를 중심으로 장애를 극복하기 위한 방안을 살펴본다.

평가적 판단의 회피 송신자에 대하여 긍정적이거나 부정적인 평가를 성급히 하는 것은 바람직하지 않은 결과를 초래한다. 수신자는 메시지의 수용과 상대방에 대한 신뢰 그리고 이해를 촉진시키는 분위기를 조성하는 노력을 해야 한다.

전체적 의미의 경청 메시지에는 전달하고자 하는 내용과 감정이 포함되어 있는 경우가 많으므로 수신자가 메시지의 의미를 완전히 이해하려면 이 두 가지 요소를 조화시켜 받아들여야 한다. 또한 송신자의 메시지나 의도에 대한 조급한 해석은 오류를 증대시킬 가능성이 크므로 유의해야 한다.

반응피드백 수신자는 송신자가 의도하는 목적을 잘 이해하고 있다는 사실을 송신자에게 알려 주는 것은 중요하다. 수신자는 송신자가 명확하게 자신의 의도를 표현할 수 있도록 북돋아 주는 노력을 해야 할 것이다.

조직분위기 개선과 제도의 보완

조직 내에서 송신자나 수신자의 노력만으로 의사소통에서 발생되는 장애를 극복하는 데는 한계가 있다. 의사소통이 원활하도록 조직분위기나 제도의 개선 등 조직차원의 보완이 필요하다.

신뢰분위기 조성 조직 내에서 메시지가 수신자에게 정확하게 전달되기 위해서는 송신자와 수신자간의 상호신뢰가 있어야 한다. 조직 내에서는 상호신뢰하는 분위기를 조성하는 것이 중요하다. 이를 위해서는 우선, 송신자가 신뢰성을 확보해야 할 것이다.

정보흐름의 조정 및 정보처리능력의 향상 정보과부하로 인한 장애를 극복하기 위해서는 정보의 흐름의 조정 및 정보처리능력 향상이 필요하다. 정보의 흐름을 조정하기 위한 방안으로는 다음과 같은 것이 있다. 하나는 정보를 이해하기 쉽게 분류·정리를 하도록 문지기(gatekeeper)를 두는 것이다.[29] 예를 들어, 경영자의 경우 비서를 두어 이 역할을 담당하게 한다. 둘째, 하급자와 상급자가 모두 서로에게 필요한 사항만을 여과해 주는 것이다. 마지막으로 직무설계를 통해 특정 역할담당자에게 정보의 집중을 완화하거나 평준화하는 것이다. 이 밖에도 조직의 정보처리시스템을 구축하여 정보처리능력을 향상시키는 것이 필요하다.

제도의 보완 조직에서는 구성원들 간에 쌍방적 의사소통이나 상향적 의사소통이 원활하게 이루어질 수 있도록 제도적 장치를 마련해 두는 것이 유용하다. 조직에서 상향적 의사소통을 원활하게 하기 위해서 문호개방과 참여기법을 활용할 수 있다.

문호개방 정책(open-door policy) 이것은 상급자가 문호를 하급자에게 개방하여 개방적인 의사소통을 촉진하는 방법이다. 즉 하급자가 언제든지 자유롭게 자신의 문제를 상급자에게 이야기 할 수 있도록 허용하는 것이다.[30] 예를 들면, 최고경영자의 경우 사무실을 24시간 개방하여 누구와도 개방적인 대화를 한다는 의지를 나타내는 것이 필요하다. 이와 같은 예는 초일류기업에서 발견할 수 있다.

참여기법 활용 의사결정에의 부하들의 참여는 상향적 의사소통을 활성화시킨다. 의사결정의 참여는 의사소통과정에서 발생하는 잡음을 제거할 수 있고 구성원의 사기를 높이는 데 기여한다.

의사소통의 십계명

미국경영협회(American Management Association)의 좋은 의사소통을 위한 십계명을 보면 다음과 같다.

(1) 의사결정을 하기 전에 생각(idea)을 분명히 하라.
(2) 무엇을 원하고 있는지, 의사소통의 목표를 먼저 검토하라.
(3) 누구에게, 언제, 어떻게 할 것인지에 관한 물리적이고 인간적인 제반 환경을 고려하라(물리적 환경이란 의사소통을 사적으로 할 것인가, 공적으로 할 것인가 등에 관련된 상황에 관련된 것이고 인간적 환경이란 조직 내의 분위기, 풍토, 관습, 과거의 관행 등을 의미).
(4) 의사소통을 계획함에 있어 필요하다면 다른 사람들의 상담이나 충고를 받아들여라.
(5) 메시지의 내용뿐만 아니라 어떻게 전달되는가에 따른 부수적인 효과에 대해 유념하라.

(6) 송신자는 수신자의 관심과 욕구를 파악하고 그들의 입장에서 그들의 이익과 관심을 충족시키려는 헌신적인 의도를 가져라.
(7) 의사소통을 현재의 상황의 요구에 충족하며 미래에도 연결되도록 하라.
(8) 수신자가 메시지를 정확하게 이해했는가를 확인하라.
(9) 송신자는 평소에 언행이 일치하도록 처신하라.
(10) 송신자와 수신자는 상호이해를 위하여 서로 상대방의 입장에서 경청하는 자세를 취하라.

요 약

- 의사소통은 송신자(개인, 집단, 조직)와 수신자(개인, 집단, 조직) 간에 어떤 유형의 정보(메시지)를 교환하고 공유하려는 과정이다.
- 조직 내의 의사소통의 핵심적인 기능으로는 정보기능, 동기유발기능, 통제기능, 정서기능이 있다.
- 의사소통은 송신자, 메시지, 매체, 수신자 및 피드백의 다섯 가지 기본요소로 구성된다. 이 과정에서 메시지의 일부가 누락되거나 왜곡되는 현상이 발생한다.
- 의사소통의 방법에는 언어적 의사소통과 비언어적 의사소통이 있다.
- 개인 간의 의사소통에는 일방적 의사소통과 쌍방적 의사소통으로 구분된다.
- 조직 내의 의사소통은 공식적인 의사소통과 비공식적인 의사소통이 있다.
- 의사소통과정에서 발생하는 장애요인은 크게 송신자에 의해서 발생하는 요인, 수신자에 의해서 발생하는 요인, 상황에 의하여 발생하는 요인, 물리적, 즉 매체에서 발생하는 요인으로 구분하여 볼 수 있다.
- 의사소통 장애를 극복하기 위한 방안으로 송신자의 노력, 수신자의 노력, 조직 내에서 의사소통이 원활하도록 조직분위기 개선, 정보의 흐름의 규제, 그리고 제도적인 보완으로 문호개방 정책과 참여기법 등을 활용하여 의사소통에서 발생하는 장애를 극복할 수 있을 것이다.

핵심용어

의사소통	후광효과
매　　체	반응피드백 결여
수 신 자	송 신 자
언어적 의사소통	메 시 지
비언어적 의사소통	일방적 의사소통
쌍방적 의사소통	하향적 의사소통
상향적 의사소통	수평적 의사소통
그레이프바인	신뢰도 결여
여　　과	스테레오타입
선택적 경청	투　　사

토의 문제

1. 조직 내에서 의사소통의 구체적 기능을 서술하시오.
2. 조직상황에서 쌍방적 의사소통만이 효과적인지를 설명하시오.
3. 비공식 의사소통체계가 조직에 미치는 역기능을 기술하시오.
4. 동질성을 가진 동료들과의 토론시 리더가 반드시 필요한지 설명하시오.
5. 의사소통과정에 지각은 어떠한 역할을 하는지 설명하시오.
6. 조직 내에서 정보누락에 의한 장애요인과 왜곡에 의한 장애요인을 구분하여 기술하시오.
7. 우리나라 언어 중 어의상의 문제로 의사소통의 장애가 발생할 가능성이 있는 예를 찾아보시오.

실 습: 청취능력 평가

듣는 능력은 효과적인 의사소통에 필수적이다. 다음 사항은 귀하의 듣기 능력을 효과적으로 평가하는 것으로서, 제시문을 읽고 "예" 와 "아니오"로 답하시오. 각각의 질문에 귀하가 참석한 최근의 모임이나 회의에서 했던 행동에 비추어 진실되게 답하시오.

	예	아니오
1. 나는 동시에 여러 대화를 들으려 한다.	______	______
2. 나는 사람들이 진실만을 말하는 것을 바라고 내 스스로 메시지의 내용을 해석을 하려고 있다.	______	______
3. 나는 사람들 모임에 참석하는 것을 좋아한다.	______	______
4. 나는 나 자신을 비언어적 의사소통의 좋은 판단자라고 생각한다.	______	______
5. 나는 보통 사람들이 말하려는 내용을 미리 알고 있다.	______	______
6. 나는 말하는 사람이 나의 주의를 산만하게 하거나 흥미를 잃으면 대화를 중단한다.	______	______
7. 나는 대화자가 말하는 것에 대해 내 느낌이 어떤것 인지 끄덕이거나 찌푸리는 등 여러 방법으로 대화자에게 표현한다.	______	______
8. 나는 일반적으로 다른 사람의 말이 끝나자마자 즉시 응답한다.	______	______
9. 나는 대화하는 동안 대화내용에 대해 평가한다.	______	______
10. 나는 다른 사람이 말하는 동안 어떻게 응답할 것인가를 미리 생각한다.	______	______
11. 대화자의 말투 스타일(delivery style)은 나에게 내용을 듣지 못하게 한다.	______	______
12. 나는 보통 의미를 추측하기보다 뜻을 명확하게 위해 말		

한 것에 대해 다른 사람들에게 질문한다. ______ ______

13. 나는 다른 사람들의 주요 관점을 이해하기 위해 노력을 한다. ______ ______

14. 나는 듣기를 원하는 내용만 듣는다. ______ ______

15. 대부분의 사람들은 우리가 의견이 분분할 때 자신의 관점을 이해해 주기를 바란다. ______ ______

〈채점〉

의사소통의 올바른 응답은

아니오: 1, 2, 3, 5, 6, 7, 8, 9, 10, 11, 14

예: 4, 12, 13, 15

만일 귀하께서 한두 가지 응답을 잘못했다면 귀하는 그래도 관리자로서 효과적인 청취자라 할 수 있다. 귀하께서 3-4 가지를 틀렸다면 청취에 대해 결함이 있다고 볼 수 있다. 귀하께서 5-6 가지를 틀렸다면 좋은 청취자라고 볼 수 없다. 듣는 스킬을 향상시키도록 노력해야 할 것이다.

자료: G. Moorhead & R. W. Griffin(2004), *Organizational Behavior Managing People and Organization*, Houghton Mifflin.

참고문헌

1) Greenberg, J. & Baron, R. A.(1993), *Behavior in Organizations*(4th ed.), Allyn & Bacon, p. 489.
2) DuBrin, A. J. & Ireland, R. D.(1993), *Management & Organization*(2nd ed.), South-Western, p. 321.
3) Dunham, R. B.(1984), *Organizational Behavior: People and Process in Management*, Richard D. Irwin, p.276.
4) Ivancevich, J. M. & Matteson, M. T.(1996), *Organizational Behavior and Management*(4th ed.), Richard D. Irwin, p. 489.
5) *Ibid*., pp. 489-492.
6) Bovee, C. L., Thill, J. V., Burk, M., & Dovel, G. P.(1993), *Management*, McGraw-Hill.
7) Greenberg, J. & Baron, R. A.(1997), *Behavior in Organizations: Understanding and Managing the Human Side of Work*(6th ed.), Prentice-Hall, pp. 295-297.
8) Kreitner, R. & Kinicki, A.(1995), *Organizational Behavior*(3rd ed.), Richard D. Irwin, p. 377.
9) Dunham, R. B., *op.cit*., p. 284.
10) *Ibid*., pp. 278-284.
11) Longenecker, J. G.(1997), *Principle of Management and Organizational Behavior*(4th ed.), Charies E. Merrill Publishing Company, pp. 452-453.
12) Davis, K. & Newstrom, J. W.(1989), *Human Behabior at Work: Organizational Behavior*(8th ed.), McGraw-Hill, pp. 376-380.
13) *Ibid*., pp. 373-374.
14) Dunham, R. B., *op.cit*., pp. 278-280.
15) Chung, K. R. & Megginson, L. C.(1981), *Organizational Behavior: Developing Managerial Skills*, Harper & Row, p. 199.
16) Cherrington, D. J.(1989), *Organizational Behavior: The Management of Individual and Organizational Performance*, Allyn & Bacon, p. 591.

17) Coffey, R. E., Cook, C. W. & Hunsaker, P. L.(1994), *Management and Organizational Behavior*, Richard D. Irwin, p. 208.

18) *Ibid*., p. 208.

19) Arnold, H. J. & Feldman, D. C.(1986), *Orgnizational Behavior*, McGraw-Hill, pp. 162-163.

20) *Ibid*., p. 163.

21) Cherrington, D. J., *op.cit.*; Eggland, S. A, & Williams, J. W.(1993), *Human Relations at Work*, South-Western.

22) Ivancevich, J. M. & Matteson, M. T., *op.cit.*, p. 502.

23) DuBrin, A. J. & Ireland, R. D., *op.cit.*, p. 334.

24) *Ibid*., p. 334.

25) Cherrington, D. J., *op.cit.*, pp. 592-593.

26) Bovee, C. L, Thill, J. V., Burk, M. & Dovel, G. P.(1993), *Management*, McGraw-Hill.

27) Donnelly Jr., J. H. Gibson, J. L. & Ivancevich, J. M.(1998), *Fundamentals of Management*(10th ed.), McGraw-Hill, p. 391.

28) *Ibid*., p. 390.

29) Wagner J. A. & Hollenbeck, J. R.(1995), *Management of Organiza-tional Behavior*(2nd ed.), Prentice-Hall, pp. 296-297.

30) Kreitner, R.(1995), *Management*(6th ed.), Houghton Mifflin, p. 380.

10 권력과 갈등

학습목적

1. 권력의 개념과 원천에 대한 이해
2. 조직내 권력획득 방법에 대한 이해
3. 권력의 효율적 사용방법에 대한 이해
4. 갈등과정에 대한 이해
5. 갈등관리기법에 대한 이해

미국의 강철노동조합의 위원장 선거

1965년 데이비드 J. 맥도날드(David J. McDonald)는 미국 연합 강철노동자의 위원장으로 재선하는 데 실패했다. 그는 노사간의 갈등이 생기기 전에 사소한 사건이나 분쟁을 사전에 예방하는 데 최선을 다하였다. 맥도날드는 제2차 세계대전 이후에 철강업계에 만연되어 있던 장기간의 걸친 파업을 종식시키는 데 크게 기여했다. 여기에는 '인간관계위원회'가 큰 기여를 했다.

'인간관계위원회'는 철강업계와 노조의 대표 네 명으로 구성되었다. '인간관계위원회'는 강한 내부 응집력과 전문성을 기초로 노사에 서로 유익한 제안을 하면서 그 위상을 인정받게 되었다. 나아가 '인간관계위원회'는 당시 철강업계의 노사관계에서 하나의 모델로 제시되기까지 하였다.

하지만 맥도날드는 "노조에 회원자격을 돌려달라"는 슬로건을 걸고 노조위원장 선거운동을 한 아벨(I. W. Abel)에게 참패를 하였다. 맥도날드의 참패의 가장 큰 원인는 노조원들과의 의사소통을 소홀히 하여 노조원들과 심각한 갈등을 유발한 데 있었다. '인간관계위원회'는 모든 논의사항을 비밀로 하여 논의사항을 알고 싶어하는 노조원들의 불만을 초래했다. 한편으로는 '인간관계위원회'와 노조와의 갈등의 발생가능성을 사전에 탐지하지 못하고 '인간관계위원회'에서의 자신의 권력에만 안주해 있던 맥도날드에게도 일단의 책임이 있었던 것이다. 즉 노조와의 관계에 내재해 있는 갈등을 완화시키기 위해 다양한 시도를 하지 못한 것이다. 반대측에서 그 점을 가지고 맥도날드를 공격할 수 있는 구실을 주었고 결국에는 노조위원장의 재선에도 실패하고 만 것이다.

맥도날드의 예는 비록 제한적이지만 권력과 갈등의 관계에 대한 다양한 시사점을 제공하고 있다. 특히 조직내부 갈등의 발생원인과 갈등관리의 중요성에 대한 인식을 환기시키고 있다.

조직내부의 조직구성원이나 집단(부서)이 상호작용을 하는 한 권력과 갈등은 피할 수 없는 현상이다. 사람들은 권력과 갈등의 부정적인 의미에만 주목하여 이에 대한 논의 자체를 꺼리는 경향이 있다. 그러나 권력과 갈등은 이를 적절히 관리한다면 조직성과를 강화시킬 수 있다는 점에서 조직행동에 있어서 주요한 연구과제로 제기되고 있다.

실제로 우리들은 타인의 행동에 영향을 미치려는 시도를 자주 한다. 제5장 학습이론에서도 설명하였듯이 사람들이 타인의 행동에 대한 결과를 조작함으로써 그들의 행동에 영향을 미칠 수 있다고 한다. 마찬가지로 목표의 설정과 결과에 대한 보상을 통해서도 타인의 행동을 변화시킬 수 있다. 권력은 제2부에서 다룬 동기이론 이외에 타인의 행동에 영향을 미칠 수 있는 또 다른 변수이다. 조직내에서 권력이 어떻게 작용하는가를 이해하기 위해서 본 장에서는 권력의 개념, 원천 그리고 구축방법 등을 설명한다.

조직내에서는 다양한 갈등이 내재해 있고 구성원들 또한 이를 일상적으로 경험한다. 오늘날의 조직은 과거보다 갈등의 발생가능성이 점점 증대하고 있다. 예를 들어, 조직의 대규모화, 경쟁의 격화, 세계화 등은 점점 갈등을 확대시키는 요인이 되고 있으며 실제로 경영자들은 갈등문제를 해결하는데 상당한 시간을 할애하고 있다. 따라서 갈등의 특성과 과정을 이해한다는 것은 조직효과성 증대와 밀접한 관련이 있다. 본 장에서는 조직내 갈등과 유형을 살펴본 후 갈등이 조직에 미치는 영향과 갈등해결 메커니즘을 설명한다.

권 력

권력의 개념

권력(Power)**이란 자신의 의지나 결정을 상대방에 관철시켜 자신이 의도하는 대로 상대방의 태도나 행동을 변화시킬 수 있는 능력이다.**[1] 권력은 다음과 같은 속성이 있다.

첫째, 권력은 사회적 관계와 밀접한 관련이 있다. 즉 권력은 개인, 집단, 조직 나아가서는 국가 등과 밀접한 관련이 있다. 권력은 권력을 행사하는 주체와 대상 사이의 상호관계이다.

둘째, 권력은 불변하는 것이 아니라 변화한다. 즉 상황이나 개인이 변하면 권력도 변화한다. 따라서 권력관계를 이해하기 위해서는 관련된 상황이나 개인을 구체적으로 식별하는 것이 필요하다.

셋째, 권력은 권한(authority)과 관련이 있지만 완전히 동일한 의미를 지니는 것은 아니다. 권한은 조직구성원에 의해서 올바르고 적절하다고 수용되는 합법적 권력(legitimated power)이다.[2] 조직내에서 상사와 부하 사이의 관계가 권한의 전형적인 예이다. 개인이 조직에 참여할 때 권한구조를 합법적으로 받아들이게 된다. 즉 조직구성원들은 경영자가 명령을 내리고 지시하는 행동를 인정하고 이를 받아들인다. 경영자의 명령이 합법적이고 직무와 관련되는 한 조직구성원은 경영자의 명령에 복종한다.

여기서는 먼저 개인의 권력원천 — 즉 개인이 타인의 태도나 행동을 성공적으로 변화시킬 수 있는 능력 — 을 검토한다. 그 다음에는 집단의 권력원천 — 즉 조직내 집단의 권력기반 — 을 결정하는 조직요소들을 설명한다.

개인권력의 원천

통상 조직내에서 권력의 분포는 균등하지 않다. 어떤 사람은 다른 사람보다 더 많은 권력을 갖고 있다. 권력의 불균등 현상은 왜 발생하는가? 또한 권력은 도대체 어디서 나오는 것인가? 프렌치(J. R. P. French)와 레이븐(B. Raven)은 이런 의문에 대해 답할 수 있는 틀을 제시하였다.[3] 프렌치와 레이븐은 권력을 가진 자와 그렇지 않은 사람 사이의 차이로 다섯 가지의 사회적 권력원천을 제시하였다. 이하에서는 프렌치와 레이븐이 식별한 다섯 가지 권력원천에 정보적 권력을 추가하여 설명한다(〈표 10-1〉 참조).

보상적 권력

보상적 권력(reward power)**이란 상급자가 부하에게 보상을 해 줄 수 있는**

〈표 10-1〉 개인권력의 원천과 내용

권력의 유형	내 용
보상적 권력	조직의 보상과 자원(예: 임금, 승진 등)을 통제할 수 있는 능력
강제적 권력	다양한 벌(예: 감봉, 정직, 해고 등)을 통제할 수 있는 능력
합법적 권력	조직적 직위 때문에 타인을 통제할 수 있다고 믿어지는(예: 회사 내 계급이 높은 사람 등)능력
준거적 권력	부하로부터 존경(예: 부하를 이해하는 상급자, 종교지도자 등)을 받을 수 있는 능력
전문적 권력	가치있는 숙련이나 능력 및 지식을 가지고 있다는 믿음(예: 전문적 의료기술 등)을 줄 수 있는 능력
정보적 권력	가치있는 정보를 소유하고 있거나 분석할 수 있는 능력(예: 사장비서 등)

능력을 갖고 있을 때 발생하는 권력이다. 상급자가 부하에 대하여 보상적 권력을 갖기 위해서는 부하가 다음의 조건들을 지각하여야 한다.

- 상급자가 긍정적 가치가 있는 보상을 제공할 수 있는 능력
- 보상에 대한 상급자의 통제력

첫번째 조건은 기대이론에 있어서 수단성(instrumentality)의 개념(제4장 기대이론 참고)과 유사하다. 보상적 권력은 부하의 지각에 근거하고 있으므로 상급자가 실제로 보상능력을 보유하고 있는지 또는 없는지를 처음에는 잘 알지 못한다. 그렇지만 시간이 지나면 상급자가 보상능력을 갖고 있는지의 여부를 알게 되고 이에 따라 상급자의 보상능력에 대한 지각이 달라지게 된다. 보상에는 임금, 승진, 보너스, 공식적인 인정, 권한의 위양 등이 있다.

두 번째 조건은 상급자가 실제로 보상부여에 대하여 통제할 수 있는지의 문제이다. 즉 상급자는 보상을 할 수 있는 능력이 있어야 할 뿐만 아니라 보상을 유보할 수 있는 자유재량권도 가져야 한다. 만일 상급자가 매월 봉급을 제공할 수 있는 능력은 있지만 단순히 봉급전달자로만 부하에게 지각된다면, 상급자는 부하에 대하여 보상적 권력을 가지지 못하게 된다. 상급자가 보상적 권력을 갖기 위해서는 상급자가 봉급을 지불하지 않을 수 있다는 점을 부하가 지각할 수 있어야 한다.

강제적 권력

강제적 권력(coercive power)**은 해고나 위협에 기반을 둔 권력이다.** 조직내에서 상급자가 강제적 권력을 갖기 위해서는 부하들을 해고시키거나 원하지 않는 부서로 발령을 낸다든지 승진에서 누락시키는 등 불이익을 줄 수 있다는 것을 부하가 지각하여야 한다. 조직에서는 강제적 권력과 관련된 다음의 두 가지 현상이 자주 발생한다.

첫번째 현상은 상급자의 으름장(bluff)이다. 만일 어떤 부하가 성과가 향상되지 않아 해고하겠다고 상급자가 으름장을 놓았을 경우 부하가 이를 믿으면 상급자는 강제적 권력을 지닌다. 실제로 상급자가 부하를 해고할 능력과 자유재량권을 가지고 있지 않더라도 으름장은 상당히 효과적이고 오랫동안 유지되기도 한다.

두 번째 현상은 상급자의 숨겨진 위협(empty threat)이다. 숨겨진 위협은 상급자가 실제로 부하의 성과를 통제할 능력과 권한을 가지고 있으나 위협을 할 의사가 없는 경우를 말한다. 상급자가 부하에게 위협을 가하지 않으면 강제적 권력의 힘은 약화된다.

합법적 권력

합법적 권력(legitimate power)**은 공식적 지위, 업무할당 또는 사회적 규범 등에 기반을 둔 권력이다.** 따라서 합법적 권력은 권한이라고 볼 수 있다. 합법적 권력은 종종 다른 유형의 권력을 함께 갖고 있다. 즉 상급자는 합법적 권력뿐만 아니라 보상 및 강제적 권력도 가지고 있다.

합법적 권력은 통상 개인에게만 영향을 미칠 수 있는 권력이다. 상급자는 오직 부하에게만 합법적 권력을 행사할 수 있으며 권한행사 영역도 한정되어 있다. 기업에 있어서 상급자의 합법적 권력은 직무와 관련된 요인과 그 외에 한정된 범위 내에서만 행사할 수 있다. 그러므로 상급자는 직장 이외의 사생활에서는 합법적 권력을 행사하지 못한다.

준거적 권력

준거적 권력(referent power)**은 개인적 특성에 기반을 둔 권력이다.** 준거적 권력이 높은 상급자는 그의 개인적 특성 때문에 부하들에게 호감을 주고 존경을 받는다. 이와 같이 호감, 존경 및 동일시(identification)에 기반을 둔 준거적 권력은 부하들에게 다양한 영향을 미치게 된다. 종교지도자들이 정치나 사회적인 문제에 대해 영향을 미칠 수 있는 것은 이러한 준거적 권력을 가지고 있기 때문이다.

준거적 권력은 보상적 권력과 강제적 권력에 기반을 두고 있다. 그렇지만 준거적 권력은 이러한 권력을 갖고 있는 사람이 부하들에게 적극적으로 권력행사를 하지 않는 경향 때문에 보상적 권력이나 강제적 권력과 구별된다. 한 개인이 어떤 집단에 들어간 후 쫓겨나지 않으려고 그 집단의 규범을 준수하려 한다면 이는 강제적 권력에 해당된다. 한 개인이 그 집단규범을 잘 준수하여 '집단규범을 잘 지키는 사람'이라고 칭찬받으려 한다면 이는 보상적 권력에 해당된다. 그리고 어떤 사람이 권력보유자와 동일시되려는 의도에서 그 집단의 규범을 잘 준수함으로써 스스로 만족하려 한다면 이는 준거적 권력에 해당된다.

전문적 권력

전문적 권력(expert power)**은 전문적인 지식이나 기술에 기반을 둔 권력이다.** 상급자가 전문적 권력을 갖기 위해서는 다음과 같은 조건을 충족시켜야 한다.

- 부하는 자신이 갖고 있지 못한 전문적 지식을 상급자가 가지고 있다고 지각해야 한다.
- 부하는 상급자가 소유하고 있는 전문지식을 필요로 해야 한다.
- 부하는 그 전문지식을 상급자로부터 얻기를 원해야 한다.

상급자가 전문지식을 많이 소유하고 있으면 그만큼 전문적 권력도 강화된다. 그러나 부하의 관심대상이 아닌 분야에 상급자가 많은 전문지식 가지고 있을 때는 전문적 권력은 강화되지 않는다. 또한 부하가 상급자의 전문적 지식을 필요로 하더라도 다른 사람으로부터 그 지식을 얻을 수 있으면 상급자의 전문적 권력은 크게 제한을 받는다. 상급자의 전문적 지식이 부하에게 꼭 필요한 지식이라면 상급자의 전문적 권력은 부하에게 상당한 영향력을 갖게 될 것이다.

정보적 권력

정보적 권력(information power)**은 상급자가 갖고 있는 정보가 가치가 있다고 부하들이 지각하고 있는 사실에 기반을 둔 권력이다.** 정보적 권력은 다음과 같은 점에서 전문적 권력과 유사하다.

- 부하는 정보를 필요로 한다.
- 부하는 상급자의 정보를 함께 공유할 것으로 지각해야 한다.

정보적 권력은 특정한 숙련 또는 능력과 관련이 없다는 점에서 전문적 권력과 구별된다. 오히려 정보적 권력은 경험을 통해서 수집된 정보에 의해 형성된다. 조직에 있어서 하위계층의 스탭들은 많은 정보를 쉽게 얻을 수 있어 상당한 양의 정보를 축적하고 있다. 조직내의 비서는 중요한 정보내용을 알고 있는지 모르고 있는지 관계 없이 정보적 권력을 소유하고 있는 것으로 지각된다.

권력원천의 상호작용

이상에서 논의한 권력원천들은 반드시 독립적이지는 않다. 경영자가 어느 한 권력원천을 중심으로 이를 행사할 경우 다른 형태의 권력원천이 강화되거나 제한을 받기도 한다. 예를 들면, 부하에게 보상을 실시하는 경영자는 부하들로부터 신임을 받아 준거적 권력이 강화될 수 있다.[4] 또한 조직구성원들이 필요로 하는 지식을 경영자가 갖고 있다고 생각된다면 경영자는 합법적 권력 이외에 전문적 권력을 갖게 된다.

권력원천은 개인적 기반(personal base)**과 조직적 기반**(organizational base)**으로 구분할 수 있다.** 보상적 권력, 강제적 권력 그리고 합법적 권력은 조직적 원천에 기반을 두고 있다. 최고경영자는 관리자에게 보상이나 벌을 관리할 수 있는 권한을 부여하거나 박탈할 수 있고 조직은 경영자의 합법적 권력을 변경시킬 수 있다. 준거적 권력, 전문적 권력 그리고 정보적 권력은 개인적 원천에 기반을 두고 있다. 이러한 권력은 경영자의 성격, 리더십 스타일, 지식 등과 같은 특성에 의해 영향을 받는다. 조직은 교육과 훈련을 통해서 경영자의 전문적 지식을 증대시킬 수 있으나 전문적 지식을 어떻게 활용하는가는 개인에 달려 있다. 이와 같이 조직구성원의 행동에 영향을 미치는 권력원천 중 일부는 조직의 직접적인 통제 하에 있고 다른 일부는 개별 경영자의 개인적 특성에 의해 형성된다.

집단권력의 원천

지금까지 개인권력의 원천에 대해 살펴보았다. 권력은 개인이나 집단(또는 부서)수준에 따라 차이가 있다. 조직은 서로 다른 기능(예를 들면, 재무, 인사, 마케팅 등)을 수행하는 다양한 여러 하위단위로 구성되어 있다. 각 하위단위들은 조직 전체의 목표를 수행하기 위해 밀접한 상호작용을 한다. 이러한 과정에서 하위단위들은 할당된 과업을 수행하기 위해 다른 집단 또는 구성원에게 일정한 수준의 영향력을 행사하기도 한다. 이때의 영향력 즉, 권력은 어디에서 나오는가? 또한 집단간의 행동을 어떠한 방식으로 통제할 수 있는가? 여기에 대한 해답을 제시하는 관점으로 두 가지 — 자원의존관점(resourcey dependency perspective)과 전략적 상황관점(strategic contingency perspective) — 가 있다. 이 두 관점에서는 하위집단의 권력에 영향을 미치는 요인과 이러한 권력이 어떻게 행사되고 있는가를 설명하고 있다.

자원의존관점: 핵심자원의 통제

자원의존관점은 조직내 하위단위의 권력은 하위단위가 사용하는 핵심적인 자원의 통제력 정도에 달려 있다는 관점이다. 자원의존관점에 의하면, 어떤 한 하위단위의 권력은 다른 하위단위가 필요로 하는 자원에 대해 통제력을 가질 때에 권력을 갖는다는 것이다. 어느 한 하위단위가 필요로 하는 자원을 다른 하위단위에 의존할 수록 다른 하위단위에 의해 영향을 받는다.

조직은 서로 다양한 자원과 정보를 서로 주고 받는 하위단위들로 구성되어 있다. 하위단위들은 부서운용에 필요한 재정, 인력, 설비, 원자재 및 정보를 다른 부서와 서로 주고 받는다. 제품을 개발하고 생산하여 판매하는 대규모 조직의 예를 들어 보면, 마케팅부서는 연구개발부서가 새로운 제품을 개발하는 데 필요한 정보를 지원한다. 마케팅부서가 가지고 있는 소비자 선호도나 가격정책에 대한 정보제공 없이 연구개발부서가 새로운 제품을 개발하기는 힘들 것이다. 생산부서의 경우는 제품생산을 납기일에 맞추려고 일정에 따라 생산활동을 수행한다. 여기에 원자재 조달부서가 제때에 원자재를 생산부서에 제공하여 주지 않으면 생산활동이 일정대로 수행되기 어려울 것이다. 한편 재무부서는 회사의 이익을 높이기 위해 원자재 가격을 통제하려 한다. 이런 과정을 계속 예로 들지 않아도, 우리는 하위단위들이 복잡한 상호관계 속에서 기능을 행하고 있다는 것을 알 수 있다.

어떤 집단 (또는 부서)이 다른 집단이 필요로 하는 자원을 통제하고 있는 한, 그 집단은 다른 집단에 대해 권력을 가지고 있는 것이다. 즉 자원에 대한 통제는 집단의 행동에 영향을 미칠 수 있다. 어느 집단이 다른 집단보다 더 많은 자원을 통제할 수 있다면 그 집단은 조직내에서 강력한 권력을 가지게 된다. 실제로 조직에는 하위단위간에 이런 자원의존의 불균형이 빈번하게 발생한다. 한 집단이 다른 집단의 핵심적 자원에 의존할수록 그 집단의 권력은 적어질 것이다. 자원의존관점에 의하면 한 집단의 권력은 다른 집단이 필요로 하는 자원에 대한 통제력 정도에 달려 있다[5]고 보는 것이다.

전략적 상황관점: 의존성에 의한 권력획득

전략적 상황관점(strategic contingency perspective)**은 다른 조직단위의 행동을 통제할 수 있는 능력을 통해 조직내부의 단위조직**(부서)**간의 권력을 설명하는 관점이다.** 전략적 상황관점에 의하면 다른 부서들의 활동을 통제할 수 있는 능력을 가진 부서가 권력을 갖는다. 힉슨(D. J. Hickson)은 부서들간의 권력에 영향을 미치는 요인으로 〈그림 10-1〉에서와 같이 세 가지를 제시하였다.[6)]

첫째, **환경의 불확실성을 감소시킬 수 있는 부서가 권력을 갖는다.** 기업이 당면한 불확실한 미래의 시장조건이나 정부규제, 필요한 원자재 공급, 재무적 안정성 등을 다루는 부서의 권력은 강력해질 것이다.

따라서 조직내부의 부서들 간의 권력관계는 조직환경이 변함에 따라 변화한다. 예를 들면, 공공사업 초기에는 엔지니어들이 다른 부서보다 권력을 더 많이 가지고 있었으나 시장이 성숙되고 정부규제나 소송이 많아지는 상황이 되면 권력이 법률담당자들에게 옮겨가게 될 것이다.

둘째, **조직 중심권에 가까운 하위단위일수록 보다 많은 권력을 갖는다.** 예를 들면, 어떤 부서가 기획부서의 자문을 받아야만 과업수행을 할 수 있다면 그 기획부서는 조직내에서 핵심적 위치에 있다고 볼 수 있다. 또한 어느 부서가 조직의 주요활동에 직접적 영향을 미칠 때 그 부서는 조직에서 중심적(centrality) 위치에 있다고 할 수 있다. 예를 들면, 자동차회사의 경우 시장조사가 중단되었을 때보다 생산라인이 중단되었을 때 직접적인 영향을 크게 받는다. 조직성공에 밀

〈그림 10-1〉 전략적 상황관점에 의한 권력원천

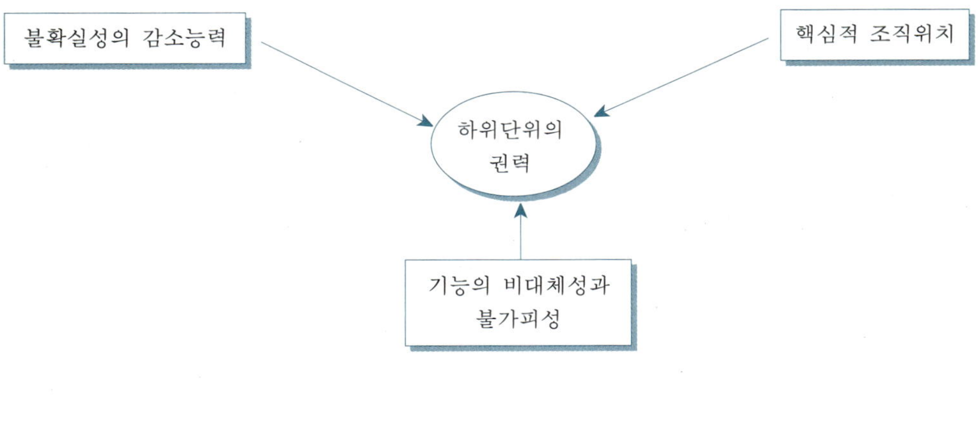

접한 연관을 가지는 부서, 조직에서 대체할 수 없는 핵심적 기능을 수행하는 부서는 타 부서들에 비해 권력을 갖는다. 즉, 조직핵심(organizational core)에 있거나, 근접한 부서는 다른 부서들에 비해 보다 많은 권력을 갖게 된다.

마지막으로 **다른 부서들에 의해 대체되기 어려운 기능을 수행하는 부서일수록 보다 많은 권력을 갖는다.** 예를 들어, 회사의 기획부서는 여러 부서에서 필요로 하는 소요자금을 판단하여 승인할 책임을 가지고 있다. 이 때 기획부서의 의사결정은 소요자금을 요청한 부서의 행동에 영향을 미친다. 다른 부서의 활동은 기획부서의 의사결정에 크게 의존하게 된다. 이렇게 한 부서의 의사결정이 다른 부서를 통제할 수 있을 때 그 부서는 전략적 상황에 대한 통제력이 있다고 말할 수 있다.[7] 또한 기획부서가 생산부서가 요청한 예산에 대해서는 그대로 승인결정하는 반면에 마케팅부서가 요청한 예산을 기각한다면 생산부서는 마케팅부서에 비해 상대적으로 강력한 권력을 갖고 있다고 볼 수 있다.

조직유형에 따라 권력을 지닌 부서는 서로 다르다.[8] 성공한 기업에서는 기업발전에 크게 기여한 부서가 전략적 상황을 통제하게 된다. 예를 들면, 신제품 개발과 판매에 의해 성공한 회사의 경우에는 판매 및 개발부서가 전략적 상황을 통제할 것이다.

권력획득을 위한 정치적 기법

조직에서는 권력을 획득하기 위해 다양한 방법이 사용되고 있다. 개인이나 집단(또는 부서)들은 권력획득을 통하여 목표를 달성하고자 한다. 개인이나 집단이 정치적 방법으로 권력을 획득하는 방법은 다음과 같다.

지지기반 확보

조직에서 다른 사람들에게 효과적으로 영향력을 행사하기 위하여 지지기반을 확보하는 것은 중요한 일이다. 예를 들면, 관리자들은 공식회의에서 자신의 견해를 관철시키기 위해 다른 사람의 적극적인 지지를 얻으려고 사전에 로비(lobby)를 할 수 있다. 이렇게 함으로써 공식적인 회의석상에서 자신의 견해가 거절당하는 것을 미리 피할 수 있는 것이다. 또한 조직에서는 "나를 건들면 나도 당신을 건들겠다"라는 말과 같이 호혜성 규범(norm of reciprocity)을 흔히 볼 수 있다. 사람들은 누군가에게 신세를 졌다면 상대방에게 빚을 졌다는 느낌을 갖게 되고 언젠가는 보답을 해야 한다는 생각을 하게 된다. 과거에 상대방에게 베푼 호의에 대한 보답을 요구하는 것도 조직권력을 확보하기 위하여 널리 사용되는 기법이다.

호의적인 인상부각

다른 사람들에게 좋은 인상을 갖도록 하는 '이미지 구축'도 조직권력 확보에 필요하다. 이러한 이미지 형성은 다양하다.

첫째, 옷차림에 세심한 주의를 기울인다. 둘째, 다른 사람의 성공을 자신과 관련지어 이야기한다. 심한 경우에는 타인의 성공을 자신의 공로로 삼기도 한다. 셋째, 자신의 성공과 특성을 좋게 부각시킨다.[9]

이상은 모두 조직내 개인권력을 강화하기 위하여 '올바른 이미지'를 개발하는 방법의 유형들이다.

정보접근에 대한 통제

정보는 인체 내의 신경계통과 마찬가지로 조직에서도 중요한 역할을 하고 있다. 따라서 조직에서 어떤 정보를 누구에게 알리고 또 누구는 모르게 통제한다는 것은 중요한 권력행사 방법 중의 하나이다. 조직에서 자신의 지위를 높이기 위하여 정보를 통제하는 방법에는 여러 가지가 있다.

첫째, 자신이 좋지 않게 보일 수 있는 정보(예를 들면, 매출액 감소)와 그렇지 않은 정보를 분류한다. 둘째, 공개할 수 없는 정보를 알고 싶어하는 사람을 회피한다. 셋째, 정보를 선택적으로 발표한다. 즉 정보 중에서 공개할 사항과 미공개 사항을 구별하는 것이다. 넷째, 상대방의 결점을 들추어내어 상대방을 위축시킨다. 이것 모두는 자신의 자유재량권 하에 있는 정보의 내용과 양을 통제하는 것이다.

권력자와의 제휴

권력획득의 가장 직접적 방법 중의 하나는 보다 강력한 권력을 가진 사람들과 제휴(alliance)를 맺는 것이다. 여기에는 여러 가지 방법이 있다. 권력이 낮은 사람이 자신을 후원해 줄 수 있는 강력한 권력을 가진 사람과 관련을 맺는다면 그 이

전보다 강한 권력을 가질 수 있게 될 것이다. 한편 권력자에게 '아첨(ingratiation)' 함으로써 권력자의 지원을 받아 권력을 행사할 수 있다. 권력자에 동조하는 것은 권력자로 하여금 자신을 동조자로 생각하게 만든다. 이러한 제휴는 조직내에서 권력을 강화하고자 할 때 반드시 필요하다. 즉 후원자, 연합형성 그리고 아첨 등은 자신과 타인을 연계하여 권력을 획득하는 효과적인 방법들이다.

연 합

권력을 추구하는 가장 자연스러운 방법은 개인적 권력기반을 강화하여 자신이 스스로 권력자가 되는 것이다. 그러나 많은 경우에 자신이 스스로 권력자가 되는 것은 위험하기도 하며 어려울 수도 있다. 이러한 경우 둘 또는 그 이상의 개인(또는 집단)이 자원을 결합하여 권력원천을 증대시킬 수 있다. 이런 행동을 연합(coalition)이라고 한다. 즉, 연합은 공동의 이해관계를 달성하기 위해서 둘 또는 그 이상의 개인(또는 집단)들이 권력을 결합하는 것을 의미한다.

조직내에서 연합의 가능성은 상호의존성과 과업특성에 달려 있다. 즉 과업이나 자원의 상호의존성이 클수록 연합의 가능성이 크다. 또한 과업이 일상적일수록 연합의 가능성이 크다. 과업이 일상적일수록 서로 대체가능성(substitutability)이 커져 상호의존성이 높아지기 때문이다. 한편 상호의존성을 배제하기 위하여 연합에 의지할 수 있다. 일반적으로 숙련이나 전문직보다는 비숙련이나 비전문직 조직구성원들이 노동조합을 더 선호하는 이유가 여기에 있다.

상대방 비난 및 공격

조직정치의 전술로써 가장 보편적으로 사용되고 있는 기법 중의 하나가 조직내에서 어떤 좋지 않은 일이 발생하였을 때 엉뚱한 상대를 선택하여 비난을 하거나 공격하는 것이다. 다시 말해서 잘못이나 실패에 대해 희생양을 만드는 것이다. 예를 들면 상급자가 매출목표를 달성하지 못한 것이 부하와 아무 관계가 없다는 것을 알고 있으면서도 부하들 중의 어느 누구의 실수 때문에 그와 같이 일이 발생하였다고 설명하는 것이다. 이와 같이 희생양을 찾는 것은 자신에게 좋지 않은 상황을 최소화하기 위하여 정치적으로 계산을 하여 개인에게 책임을 돌리는 것이다. 실제로 이와 같은 일은 윤리적인 문제가 제기될 수 있지만 조직체에서 빈번하게 일어나고 있다.

권력의 효율적 활용

경영자들은 업무를 수행하기 위해 조직구성원에 의존하여야 한다. 따라서 경영자들이 효율적으로 업무를 수행하기 위해서는 조직구성원에게 효과적으로 권력을 행사할 필요가 있다. 경영자들이 조직구성원에 대한 의존도를 관리하고 권력을 효율적으로 활용하기 위해 다음과 같은 방안을 고려할 수 있다.[10)]

- 윤리적으로 권력을 행사한다. 사람들은 권력을 사용할 때 일정한 가정에 의한다. 다양한 형태의 권력을 윤리적으로 행사할 때는 공리주의(utilitarianism), 개인권익 그리고 분배적 정의 기준에 의한다.
- 다양한 유형의 권력을 이해하고 활용한다. 성공적인 경영자는 상황을 분석하고 관련된 사람들을 이해하여 이에 적절한 역할방법을 선택하고 활용한다.
- 자신의 권력 행사기술을 개발할 수 있는 직무를 추구한다. 조직구성원들은 직무활동의 성과가 타인에 의존하고 있다는 것을 인식하여 중요한 이슈나 문제를 다룰 수 있는 직위를 추구한다.
- 자기통제(self-control)를 유지하면서 세련되게 권력을 행사한다. 권력 그 자체는 목적이 될 수 없다. 그러므로 권력을 자신의 권력 확대의 수단으로 활용해서는 안 된다.
- 구성원들에게 영향력을 행사하는 것은 관리직무의 중요한 부분이라는 것을 인식한다. 권력은 '어떤 일을 수행한다'는 것을 의미하는 것으로 권력 그 자체가 부정적인 의미가 있는 것은 아니다. 권력을 획득하고 적절하게 사용하는 것은 경영자의 성공요인 중 핵심이다.

경영자가 조직내에서 권력을 획득하기 위해서는 인내와 부하로부터의 존경을 필요로 한다. 모든 조직구성원들을 중요하게 인식하고 처우한다면 조직내에서 경영자의 권력은 증가할 것이다.

갈 등

갈등의 개념

갈등(conflict)**이란 어떤 개인**(집단)**이 추구하려고 하는 목표나 행동이 타인**(또는 다른 집단)**에 의해 부정적 영향**(방해, 좌절 등)**을 받았거나 받을 것이라고 지각하는 과정이다.**[11] 갈등은 다음과 같은 핵심적 요소를 포함하고 있다.[12]

- 개인 또는 집단간 상반된 이해관계
- 상반된 이해관계의 인식
- 상대방이 자신의 이해관계를 방해한다는(또는 방해했다는) 지각
- 실제로 방해하는 행동

실제로 갈등은 다양한 상황에서 다양한 형태로 나타난다. 갈등의 기본적 유형은 다음과 같다.

- 목표갈등(goal conflict): 바라는 상태나 선호하는 결과가 상반되는 상황
- 인지적 갈등(cognitive conflict): 아이디어나 사고가 상충되는 상황
- 정서적 갈등(affective conflict): 느낌이나 감정이 상충되는 상황
- 행동적 갈등(behavioral conflict): 받아들일 수 없는 무언가를 상대방이 행하는 상황

갈등의 결과

순 기 능

갈등은 조직에서 흔히 나타나는 현상이며 긍정적 기능을 수행하기도 한다. 조직은 갈등을 해소하는 과정에서 조직이 당면하고 있는 문제들을 건설적으로 해결하기도 한다. 따라서 갈등해소 과정은 조직내에서 긍정적 변화를 촉진할 수

도 있다. 조직에서는 갈등을 해소하기 위해 이전과 다른 방법으로 조직구성원의 태도와 행동를 변화시켜 갈등을 해결하기도 한다. 갈등을 해소하기 위한 새로운 방식을 추구함으로써 조직 혁신과 변화를 유도할 뿐만 아니라 변화를 수용할 수 있도록 한다.[13)]

시어즈사(Sears, Roebuck & Co.)는 갈등의 건설적 해결이 조직에 긍정적 영향을 미칠 수 있다는 예를 보여 준다.[14)] 1925년에 시어즈사는 소비자에게 직접 판매하기 위해서 소매점을 개설하였다. 이것은 지금까지 카다로그 판매에 전적으로 의존했던 방법에 커다란 변화를 의미한다. 새로운 판매전략은 조직내에 상당한 갈등을 유발하게 되었다. 왜냐하면 고객에게 직접판매를 하려면 소비자의 욕구를 즉시 충족시킬 수 있도록 개별상점들에 상당한 자유재량 권한을 주어야 하지만 이 과정에서 본부와 개별상점간에 갈등이 생기게 된 것이다. 시어즈사는 개별상점에 대해 의사결정권한을 극히 일부만 허용하는 중앙집권적 구조를 계속 유지하였다.

시어즈사는 이러한 갈등을 해결하기 위해 개별상점에 많은 권한을 위양하였고 이를 계기로 분권적 조직구조를 갖추게 되었으며 조직변화를 성공적으로 수행할 수 있게 되었다.

의사결정과정에서 조직구성원에게 갈등을 의도적으로 유발시키는 것이 바람직할 때도 있다. 집단 의사결정에서 집단응집력은 대안을 개발하고 평가하는데 집단사고(groupthink)와 같은 부정적 영향을 미치기도 한다. 조직내에서 집단사고가 발생할 때 하나 또는 둘 이상의 반대의견을 체계적으로 제기하게 함으로써 조직내 갈등을 유발시킬 수 있으며 집단사고의 부정적 영향을 줄일 수 있다(집단사고에 대해서는 제11장 의사결정을 참조).[15)]

조직구성원들이나 부서간의 경쟁으로 유발된 갈등이 어떤 때는 조직에게 유익하게 작용할 수 있다. 조직구성원들이 성과달성 경쟁에서 동료보다 우월하기 위해 노력을 더 할 수도 있다. 경쟁은 조직성과를 높이는 데 기여하며, 서로 협력할 필요가 없는 조직구성원들 간의 적절한 경쟁적 분위기는 조직에 유익하게 작용한다.

역 기 능

갈등은 조직에 심각한 부작용을 초래하고 목표달성의 노력을 분산시키기도

〈표 10-2〉 갈등의 결과

순기능적 결과	역기능적 결과
■ 새로운 아이디어 유도 ■ 창조성 유발 ■ 변화촉발 ■ 조직의 생동감 제고 ■ 개인과 조직의 동일성 회복에 긍정적 영향 ■ 문제해결 촉구	■ 업무로부터 에너지 분산 ■ 심리적 안정상태 위협 ■ 자원낭비 ■ 부정적 조직분위기 ■ 집단응집력 파괴 ■ 적대심과 공격적 행동

한다. 이는 조직이 목표달성과정에서 갈등의 해결을 위해서 조직의 힘이 분산되어 시간과 비용이 낭비하게 되는 경우이다.

갈등은 조직구성원의 심리상태에 부정적 영향을 미치기도 한다. 갈등은 조직구성원들에게 적개심, 긴장 및 불안감, 스트레스 등을 경험하게 한다. 갈등은 조직구성원들이 중요하게 여기고 있는 목표와 신념에 대한 위협과 방해로 인해 발생한다. 오랫동안 갈등이 계속되면 조직내의 신뢰성 있는 분위기 형성을 어렵게 만든다.

마지막으로 서로 상호작용을 해야 할 당사자들간의 갈등은 조직성과에 부정적 영향을 미친다. 예를 들면, 업적에 대한 압력은 장기적 목표(예를 들면, 품질)보다는 단기적인 목표(예를 들면, 생산량)에 치중하게 한다. 이 경우 조직의 목표를 높은 품질을 추구하는 것으로 하였을 경우 갈등은 도움이 되지 않을 것이다.

갈등이 조직에 순기능으로 작용하느냐 또는 역기능으로 작용하고 있느냐를 구분하기란 쉽지 않다. 경영자는 갈등요인, 갈등상황 그리고 관련된 당사자들을 검토해야 한다. 경영자가 당면한 갈등상황을 분석하기 위하여 다음과 같은 의문을 가질 필요가 있다.

- 조직구성원들은 갈등에 대해 적대적 감정을 가지고 접근하는가?
- 갈등결과는 조직에 부정적 영향을 미칠 것인가?
- 조직구성원의 잠재적 손실이 잠재적 이득을 능가하고 있는가?
- 목표달성에 필요한 조직의 에너지가 분산되는가?

위의 질문에 대해 "그렇다"라고 대답했다면, 갈등은 역기능적으로 작용하고 있는 것이다. 경영자는 갈등을 분석하고 갈등을 촉진시킬 것인가(순기능) 아니면 억제할 것인가(역기능)를 결정해야 한다. 경영자가 갈등을 촉진해야 하는 예는 집단사고의 현상을 나타내고 있을 때이다. 집단이 의사결정안을 신중히 검토하지 않고 사고가 정체되어 있다면 건전한 반대는 조직활성화에 도움을 줄 것이다.

갈등과정

갈등과정은 갈등이 발생함에 따라 나타나는 좌절, 개념화, 행동, 상대방으로부터의 반응·갈등여파 등으로 구성되어 있으며 이들 각각의 요소는 다음과 같다.

좌절(frustration)

개인이 갖고 있는 관심사가 좌절되거나 기대감이 이루어지지 않을 때 갈등과정이 시작된다. 좌절은 개인의 욕구(승진, 개인적 권력, 경제적 지원, 가치, 신념 등)가 장애 때문에 충족되지 않아 발생하는 것이다. 즉 개인이 바라는 것에 방해를 받을 때(또는 장애가 예상될 때) 좌절을 느낀다. 좌절은 개인의 갈등이 해소되었는지 그렇지 않은지의 여부를 결정할 수 있는 측정치이다. 좌절이 완전히 사라졌다면 갈등도 완전히 해결될 것이다. 그러나 대부분의 갈등은 완전히 해결되기 어려우며 갈등의 여파로서 좌절의 잔재(residual frustration)가 남게 된다. 그리고 이런 잔재는 불만족, 불안감, 분노, 의기소침, 공격적 행동 등을 유발시키며 이것은 미래 갈등의 근원이 되기도 한다.

〈그림 10-2〉 갈등과정

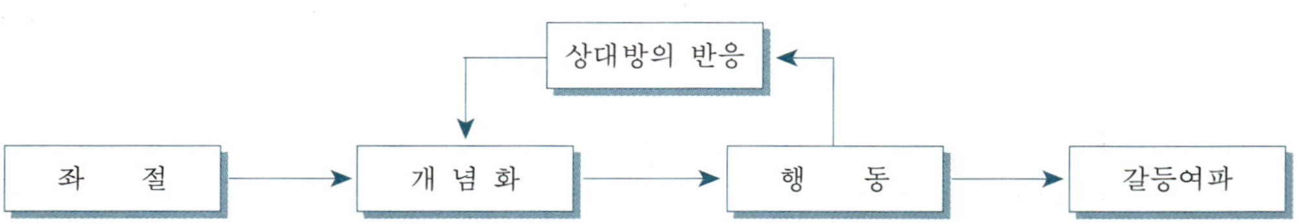

자료: K. W. Thomas(1976), Conflict and Management, in M. D. Dunnette(ed.), *Handbook of Industrial and Organizational Psychology*, Chicago: Rand McNally, p. 889.

개념화(conceptualization)

갈등의 개념화 단계는 매우 중요하면서도 주관적이다. 개념화 단계는 다음과 같은 질문을 하면서 갈등상황을 평가하는 것이다.

- 왜 좌절을 경험하고 있는가?
- 갈등의 내재적 문제는 무엇인가?
- 갈등해결에 있어서 달성하고자 하는 것은 무엇인가?
- 상대방은 갈등을 해결하면서 무엇을 얻으려고 하는가?
- 갈등기간 동안에 어떠한 행동을 하려고 하는가?
- 갈등기간 동안 상대방은 어떤 행동을 할 것이 기대되는가?

개념화 단계에서 갈등의 해당자들은 갈등에 대한 지각을 형성한다. 이미 제7장에서 설명한 바와 같이 갈등에 대한 지각은 추후에 갈등상황을 평가하는 데 영향을 미친다. 이런 이유 때문에 갈등의 많은 부분이 왜곡되거나 실재하지 않는 이슈에 기인해 일어난다. 또한 개념화 단계에서 당사자들은 상대방에 대한 태도(behavioral tendency)를 형성하게 된다.

행동(behavior)

어떤 구성원이 다른 구성원의 목표달성을 좌절시키거나 이익추구를 방해하는 행동을 하고 있을 때 갈등과정은 행동단계에 진입해 있는 것이다.

상대방의 반응(reactions from other party)

갈등상황에는 상대방의 반응을 고려해야 한다. 갈등관계에 있는 상대방은 능동적 행동이나 수동적 행동 또는 양쪽 모두를 행할 수 있다. 상대방의 능동적 행동은 당사자가 행동을 하기 이전 혹은 동시에 행해지기도 한다. 상대방은 당사자의 반응을 보고 자신의 행동을 수정할 수도 있다. 당사자도 상대방의 행동을 관찰함으로써 갈등의 성질을 규정하고 이에 따른 행동을 할 수 있다(즉 당사자는 전술적 조정을 할 수 있다). 이렇게 갈등과정에 있는 양 당사자는 동태적으로 행동을 변경시킬 수 있다.

갈등여파(conflict aftermath)

갈등은 다양한 여파를 남길 수 있지만 갈등의 결과를 평가하는 데 있어서 다음의 4가지가 중요하다.[16)]

첫번째 결과는 갈등을 해결하는 데 있어서 양 당사자가 목표를 달성한 정도이다. 갈등은 승패(win-lose) 상황을 만들기도 한다. 승패 상황이란 한 당사자가 목표를 달성하면 다른 당사자는 거의 목표를 달성하지 못하는 상황을 말한다. 이는 경쟁적 전략에서 자주 일어난다. 쌍방실패(loss-loss) 상황은 양 당사자가 타협과 양보를 통해 목표를 달성하는 상황을 말하며, 이것은 대부분 타협적 전략에서 발생한다. 쌍방승리(win-win) 상황은 양 당사자가 모두 이익이 되는 목표를 달성하는 상황을 말하며, 이는 당사자들이 공동노력 전략을 취할 때 발생할 가능성이 크다.

두 번째 중요한 결과는 인적자원에 있어서의 변화이다. 갈등해결의 특성은 조직구성원의 만족, 동기유발, 응집력, 개인간의 신뢰수준, 의사소통의 개방성 그리고 그 밖의 태도와 행동에 영향을 미칠 수 있다. 목표달성 수준은 이들 요소에 중요한 영향을 미치지만, 갈등경험 그 자체도 목표달성 수준과는 독립적으로 이들 요소에 중요한 영향을 미친다.

세 번째 중요한 결과는 자원의 소비를 들 수 있다. 갈등과정 동안 당사자들은 상당한 시간과 에너지를 갈등해결에 소비한다. 만약 그런 자원의 소모가 없었다면 당사자들의 성과는 크게 증진될 것이다. 갈등은 때로는 갈등의 양 당사자뿐만 아니라 갈등의 양 당사자에게 의존적인 사람들의 업무활동을 저해할 수 있다. 그들은 갈등이 지속되는 한 업무를 원활히 수행하기 어렵다. 따라서 당사자를 제외한 다른 사람들, 즉 동료, 상급자, 제3의 중재자들이 갈등해결을 위하여 소비하는 시간과 에너지도 중요한 자원소비에 해당된다.

마지막으로 중요한 결과는 갈등의 긍정적 효과이다. 갈등의 여파를 평가하는 데 있어서 부정적 효과는 물론 긍정적 효과도 고려하는 것이 중요하다. 긍정적 효과에는 필요한 조직변화, 갈등을 해결하기 위하여 협조한 사람들 사이에 향상된 응집력, 갈등에서 기인되는 새로운 아이디어, 갈등당사자들의 성숙도, 집단사고 회피 등이 포함되어 있다.

이상과 같은 갈등과정은 다음과 같은 특징을 가지고 있다. 첫째, 조직갈등은 지속적인 과정(ongoing process)이라는 것이다. 갈등은 지속적인 관계를 형성하고 있는 당사자들의 사고·지각·기억 및 감정에 내포되어 있다. 따라서 조직내 갈등현상을 이해하기 위해서는 위의 모든 요소를 고려하여야 한다. 둘째, 갈등은 다양한 원인에 의해서 발생된다는 것이다.

갈등의 유형

갈등은 여러 가지 수준에서 발생할 수 있다. 갈등의 수준별 유형은 개인내 갈등(intraperson conflict), 개인간 갈등(interpersonal conflict), 집단간 갈등(intergroup conflict) 그리고 조직간 갈등(interorganization conflict)으로 분류할 수 있다.

개인내 갈등

조직내 개인은 다양한 욕구와 역할을 가지고 있다. 이러한 욕구와 역할들은 서로 복잡하게 얽혀 상충되기도 하고 그것이 실현되는 방법도 다양하다. 또한 개인의 동기요인과 추구하는 목표에는 여러 가지 형태의 장애가 있을 수 있으며 기대한 목표 자체에도 긍정적인 면과 부정적인 면이 동시에 포함되고 있다. 이러

〈그림 10-3〉 갈등의 분류

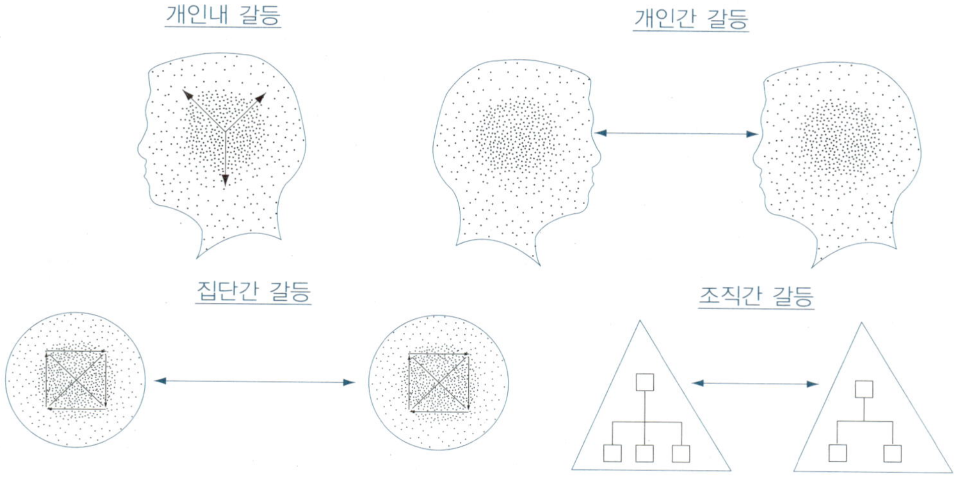

한 제반 특성이 인간의 적응과정을 복잡하게 하여 개인에게 갈등을 유발시키기도 한다.

개인내 갈등은 역할간 갈등(interrole conflict), 역할내 갈등(intrarole conflict) 그리고 개인-역할 갈등(person-role conflict)으로 세분화될 수 있다. 역할이란 타인이 개인에 대한 기대의 집합(a set of expectation)이다[17](역할갈등에 대해서는 제8장 참조).

개인내 갈등은 때때로 인지부조화(cognitive dissonance)에 의해 일어나기도 한다. 일반적으로 인지부조화는 개인이 사고, 태도, 가치관 그리고 행동 사이의 불일치를 인식할 때 발생된다.[18] 이러한 불일치는 심리적 불편을 초래한다.

개인간 갈등

개인간 갈등은 둘 또는 그 이상의 개인들이 목표, 태도, 가치관 또는 행동에 있어서 상대방과 서로 상반된다고 지각할 때 발생한다. 조직내에서 개인간 갈등은 조직목표를 달성하기 위한 과정에서 개인들이 서로 다른 방안을 선호함으로써 발생한다. 또한 개인간 갈등은 조직내에서 개인의 욕구수준과 성과수준 차이에서도 발생하는데 이들의 차이가 크면 클수록 갈등은 더욱 증폭된다. 이러한 개인간 갈등은 여러 가지 형태로 해소될 수 있다.

집단간 갈등

집단간 갈등은 조직내의 집단(부서)과 집단 사이에서 일어나는 갈등을 의미한다. 조직의 규모가 커지고 기능이 다양해질수록 집단간의 관계는 더욱 복잡해지고 집단간의 갈등유발 가능성도 더욱 커진다. 집단간의 갈등은 다음과 같이 4가지 유형으로 분류할 수 있다.

계층간 갈등 **계층간 갈등은 조직의 상·하 계층간에서 발생되는 갈등**이다. 이러한 갈등은 권한의 행사과정에서 나타나기도 하고 보상과 관련되어 유발되기도 한다. 계층간 갈등에는 상위관리층과 하위관리층간의 갈등, 경영층과 조직구성원간의 갈등 등이 포함된다.

기능간 갈등 **기능간 갈등은 각각 다른 기능을 수행하는 부문간에서 발생**

〈그림 10-4〉 조직내 갈등의 원인

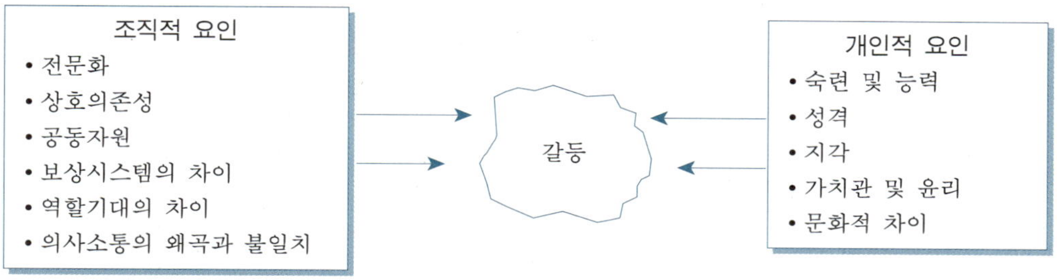

자료: D. L. Nelson & J. C. Quick(1997), *Organizational Behivor: Foundations, Realities, and Challenges*, (2nd ed.), St. Paul, MN: West Publishing Company, p. 180.

되는 갈등이다. 기능간 갈등은 상호 의존관계에 있는 부서가 자신의 부서목표 달성이 다른 부서에 의해 방해받는다고 지각할 때 발생한다.

라인 · 스탭간 갈등 **라인 · 스탭간 갈등은 실무라인 부서와 전문스탭 부서가 특정 사안에 대하여 의견의 차이가 날 때 나타나는 갈등**이다.

공식 · 비공식 집단간의 갈등 공식 · 비공식 집단간의 갈등은 공식조직의 규범과 비공식조직의 규범간에 마찰이 발생한 경우, **공식조직이 비공식조직의 활동을 규제하려 할 때 나타나는 갈등**이다.

조직간 갈등

둘 또는 그 이상의 조직 사이에서 발생하는 갈등을 조직간 갈등이라고 한다. 한 기업이 다른 기업을 합병하려고 하거나 노선이 다른 정당간의 이해관계 대립이 있을 때 조직간 갈등이 발생한다. 또한 노동조합과 사용자 사이의 갈등은 전형적인 조직간 갈등의 예로 볼 수 있다.

갈등의 원인

이미 언급한 바와 같이 갈등은 당사자들간의 상반된 이해관계 및 지각과 관련이 있다. 그러나 상반된 이해관계만으로는 실제 갈등발생의 필요조건 또는 충분조건이 되지 못한다. 상반된 이해관계에도 불구하고 어떤 때는 공공연한 대결이 발생하지 않을 수도 있다. 실제로 다양한 요인들이 갈등을 유발시킨다. 이런 요인들은 크게 조직요인과 개인요인으로 나눌 수 있다. 조직요인은 조직의 특성이나 작업방식에 의해 발생하며, 개인요인은 개인간 차이 때문에 발생한다. 갈등을 효과적으로 관리하기 위해서 경영자는 다양한 갈등의 원인을 이해할 필요가 있다.

조직요인

조직구조와 관련된 갈등원인으로는 전문화, 상호의존성, 공동자원, 보상시스템, 역할기대의 차이, 의사소통 왜곡, 지위 불일치 등이 있다.

전문화(specialization) 직무가 고도로 전문화되어 있을 때, 조직구성원들은 특정 과업의 전문가가 된다. 예를 들면, 컴퓨터 프로그램 조직에는 데이터베이스 전문가, 통계패키지 전문가 그리고 시스템 전문가 등이 있을 수 있다. **직무가 전문화되어 있으면 다른 사람이 행하는 과업에 대해 잘 알지 못하기 때문에 갈등이 발생한 소지가 많다.** 전문화에 의한 갈등의 전형적인 예는 영업사원과 엔지니어 사이의 갈등이다. 엔지니어는 제품의 설계와 품질에 대해서 책임을 지는 기술전문가이다. 반면에 영업사원은 마케팅전문가이다. 엔지니어들은 영업사원들의 마케팅 지식이 부족하기 때문에 마케팅부서 사람들이 무리한 제품 인도시기를 고객에게 약속한다고 종종 비난한다.

상호의존성(interdependence) 상호의존성은 과업수행에서 목표를 달성하기 위하여 집단이나 개인이 서로 협력해야 하고 서로 의존관계에 있다는 것을 의미한다. 과업수행이 순조롭게 진행될 때는 다른 사람과의 의존관계는 문제가 되지 않는다. 그러나 과업수행에 문제가 발생하면 서로 비난하게 되고 갈등이 발생한다. 예를 들면, 의류제조업체에서 재단이 늦어지면 재봉도 늦어질 수밖에 없다. 재봉을 담당하는 조직구성원의 경우 재단이 지연되었기 때문에 자신의 작업이 방해된다고 느끼면 상당한 갈등이 발생될 것이다.

공동자원(common resources) 이것은 두 개 이상의 부서들이 과업을 효율적으로 수행하기 위하여 물리적 공간, 설비, 운영자금, 예산의 배분, 스텝서비스

등의 한정된 자원에 대해 공동으로 의존관계에 있는 것을 말한다. 여기에서 말하는 한정된 자원은 물질적인 것 외에 승진, 인정, 업적달성 기회 등과 같은 집단구성원들의 자아실현과 관련된 심리적인 요소들도 포함한다. 조직의 자원은 한정되어 있으므로 각 부서들은 더 많은 자원을 확보하기 위하여 서로 경쟁을 하게 된다. 이러한 경쟁이 지나치게 되면 부서간에 적대감이 조성되고 더 나아가서는 갈등이 유발된다.

보상시스템 조직의 업적평가와 보상체제가 모든 부서에 균일하게 적용되지 못하고 부서별로 차등이 있게 되면 갈등의 유발가능성은 높다. 보상시스템의 차이는 자원희소성과 관련되어 있다. 보상내용이 물질적인 것에만 국한되지는 않지만 물질적인 자원의 제약은 과업활동에서 갈등을 유발하는 중요한 요소이다. 생산부서는 생산비를 절감한 대가로 보상을 받으며 판매부서는 판매의 신속성에 대한 대가로 보상을 받는다. 때문에 생산부서는 소품종 대량생산을 선호하고 판매부서는 다품종 소량생산을 요구하게 되어 두 부서간에는 갈등유발 가능성이 있다.

역할기대의 차이 라인부서와 스탭부서는 역할이 다르기 때문에 역할갈등이 발생하게 된다. 라인은 스텝의 기능을 자신의 부서를 지원하는 서비스 역할로 보려하고, 스탭은 전문가로서 전문기능을 발휘하여 자기의 전문적인 기술 및 아이디어를 실현시키는 것을 자기 부서의 역할로 보는 경향이 있다. 스탭들은 자신의 전문기술과 지식을 활용하기 위해 기능을 확대시키려 한다. 반면 라인은 이것을 라인에 대한 영역 침해로 생각한다.

의사소통의 왜곡 조직의 수직적·수평적 부서간에 의사소통과정에서 발생하는 현상을 의미한다. 의사소통의 왜곡은 수직적 의사소통의 경우에 두드러지게 나타난다. 정보가 계층을 따라 위·아래로 흐르는 과정에서 정보에 잡음이 개입되어 왜곡현상이 나타나게 된다. 이와 같은 현상은 수평적인 부서들 사이에서도 마찬가지다. 의사소통이 왜곡되면 근거 없는 불신과 적대감이 발생한다. 이러한 갈등은 각 집단들의 훈련과정·사회화과정·배경 등이 상이할 때는 각 집단이 사용하는 용어의 의미상 난해성 때문에 의사소통이 더욱 어려워진다.

지위 불일치 이것은 조직내의 단위 부서간 또는 라인, 스탭간의 관계에서 많이 나타난다. 특히 라인과 스탭간의 차이는 상호간의 지위나 신분의 지각에 있어서 불일치 현상을 가져오게 되고, 상호간의 관계에 장애요인이 된다. 이것이 심화될 경우 역기능적인 감정이 형성될 수 있다. 라인부서들은 실무적인 입장을 강조하는 반면에 스탭부서들은 조직전체의 관점에서 자료를 가지고 전문적인 입장에서 상호작용을 하게 된다. 그러므로 라인부서들은 항상 수세에 처하게 되고 전문성을 갖고 업무를 처리하는 스탭부서들과 대화가 원활하지 못하게 된다. 이러한 모습은 특히 일선 감독층과 스탭간에 흔히 나타난다.

개인적 요인

조직에서 조직구성원들의 개인 차에서 기인하는 갈등원인으로서는 숙련과 능력, 성격, 지각, 가치관과 윤리 등을 들 수 있다.

숙련과 능력 조직구성원들은 숙련(skill)과 능력(ability) 측면에서 다양한 차이가 있다. 숙련과 능력의 다양성이 조직에게 긍정적일 수도 있지만, 갈등의 잠재성을 가지고 있다. 특히 다른 조직구성원들의 직무가 서로 연관되어 있을 경우에는 숙련과 능력 다양성에 의한 갈등유발 가능성이 더 커진다. 경험과 능력이 있는 조직구성원들은 신규 조직구성원과 같이 일하는 데 어려움을 느낄 수도 있다.

성 격 성격 차이로 인한 갈등은 대부분의 조직에서 흔히 발생한다. 개인이 조직구성원 모두를 좋아하기를 바란다는 것을 모든 조직구성원이 자신을 좋아하기를 바라는 것만큼이나 어려운 일이다.

지 각 지각의 차이도 갈등을 유발한다. 예컨대 “무엇이 조직구성원을 동기유발시키는가?”에 대한 지각차이를 들 수 있다. 만일 경영자와 조직구성원이 동기유발 요인에 대한 지각이 서로 다르다면 보상시스템에 대해 갈등이 유발될 가능성이 높다. 조직구성원이 진정으로 바라는 것을 모르고 경영자 자신이 조직구성원들이 “이러한 것을 원할 것이다”라고 생각하고 보상한다면 경영자와 조직구성원간에는 갈등이 유발될 것이다.

가치관과 윤리 조직구성원들의 가치관과 윤리의 차이는 의견 불일치를 초래하고 갈등을 유발할 수 있다. 예를 들면, 장기 근속자들은 회사에 대한 충성심에 가치를 더 두는 경향이 있다. 조직의 이익과 개인의 이익이 상충될 때 근속연수가 짧은 조직구성원은 자신의 이익을 더 중요하게 여기고, 장기근속자는 회사의 이익을 우선적으로 생각하는 경향이 있다. 물론 장기근속자 모두가 그런 것은 아니지만 이것은 가치관과 윤리의 차이가 갈등을 유발하는 하나의 예가 된다.

모든 사람들은 나름대로 자신의 가치관과 윤리의식을 가지고 있다. 자신의 가치관과 윤리의식을 조직에 적용하는 정도는 사람마다 다르다. 어떤 사람들은 다른 사람에게 인정을 받으려고 타인의 윤리기준에 맞추고자 노력하기도 한다. 반면에 어떤 사람은 다른 사람의 윤리관을 무시하고 자신의 윤리기준만을 적용하려고 한다. 갈등이 가치관이나 윤리기준의 차이에서 발생한다는 것에는 찬반 논쟁이 있다. 이는 가치관이나 윤리기준의 차이는 근본적인 의미의 차이가 있기 때문이다.

갈등의 관리기법

갈등이 조직에 역기능 혹은 순기능으로 작용한다면 갈등의 효과적인 관리가 필요하다. 즉 갈등을 완전히 제거하기보다는 갈등의 역기능을 최소화하면서 순기능을 극대화하는 것이 갈등관리의 목적이 된다. 갈등을 효과적으로 관리하는 기법들은 다양하게 개발, 활용되고 있다.

상위목표의 도입 상위목표(superordinate goal)는 한 부서에서는 달성할 수 없고, 둘 이상의 부서가 함께 노력해야 달성되는 공동목표를 말한다. 상위목표는 매우 가치가 있어 둘 이상의 부서가 힘을 합쳐서 추구해야만 하는 목표이다. 이와 같은 방법이 효과적이기 위해서는 상위목표가 단위부서의 목표보다 의미있는 목표로 받아들여져야 한다. 상위목표는 갈등 당사자들의 차이보다는 유사성을 인식하도록 하는 데 도움이 된다.

전통적으로 노사관계는 갈등관계로 간주되어 왔다. 그러나 최근에 노사관계는 노·사의 생존을 위하여 내·외부 위협에 공동으로 대처하는 방식으로 변화하고 있다. 즉 노사는 조직 생존의 근간이 되는 경쟁력을 높이기 위해서 노조는 노조원의 임금 및 복리후생비의 삭감을 받아들이는 반면에 조직은 고용안정을 유지하는 전략으로 바뀌고 있다.

자원의 확충 갈등이 한정된 자원 때문에 발생하였다면 그 갈등상태를 해결할 수 있는 가장 쉬운 방법은 필요한 자원을 확충시키는 것이다. 즉 한정된 자원을 단위부서들이 확보하기 위해 갈등이 유발되었다면 자원을 확충하여 갈등원인을 해소하면 된다. 그러나 이 방법은 조직의 자원이 쉽게 확충될 수 없기 때문에 한계가 있다.

문제의 공동해결 이것은 집단간의 갈등을 해결하기 위한 가장 건전한 방법이다. 이 방법은 갈등 당사자들을 대면시켜 갈등의 원인을 정면으로 대응하게 하여 해결방안을 찾도록 하는 것이다. 이는 갈등 당사자들의 견해차이를 조정하려는 것이 아니라 문제를 해결하려는 데 목적이 있다.

문제의 공동해결은 갈등을 일으키고 있는 단위부서들이 함께 노력하여 보다 나은 해결방법을 강구할 수 있는 능력을 가지고 있을 때 가능하다. 이 같은 조건을 충족시키기는 어렵지만, 문제에 대한 기본적인 차이점을 찾는 데 의미가 있다. 여기서는 의사소통을 통해 문제점이 무엇인가를 공동으로 찾는다. 그리고 참여를 통하여 광범위한 대안들이 추구되고 공통적인 조정이 강조된다. 이 같은 과정을 통하여 불신의 원인과 갈등의 원인을 분명히 드러나게 하여 갈등해결의 실마리를 찾을 수 있다.

조직구조의 변경 갈등을 해결하기 위해서 조직은 조직구조를 변경할 수 있다. 조직구조 변경의 한 방법은 각 기능과 부서간의 조정기능을 강화하는 것이다.

조정기능의 도입 단위부서들의 상호의존적인 관계에서 갈등이 유발되었을 때 해결방법으로는 상호의존 관계를 감소시키기 위해 조정기능을 도입하는 것이다. 조정은 부서들 사이의 의사소통을 원활하게 해 주고 상호간의 이해와 조화를 증대시켜 줌으로써 부서(집단)간의 갈등을 해소시키는 것을 주목적으로 한다. 예를 들어, 어떤 산업체에서 기술부서와 회계부서간에 갈등이 유발되었을 때 회계부서와 기술부서의 업무를 잘 이해하는 노련한 사람을 선발하여 조정부서직에 임명한다. 그는 양쪽분야의 업무를 잘 알고 있으므로 양쪽 부서의 갈등을 조정하는 역할을 원활하게 수행하게 될 것이다.

두 번째 방법은 갈등관계에 있는 양 당사자의 상급자가 갈등을 해결하는 것이다. 두 부서(갈등)간에 갈등이 발생되었을 때 두 부서를 동시에 관리하는 공동관리자가 권한을 발휘하여 갈등을 해결하게 하는 것이다. 두 부서들이 같은 관리자에 소속되어 있지 않은 경우에는 소속 관리자들이 먼저 갈등문제를 논의하고 해결한다. 그래도 해결이 되지 않으면 상급관리자가 갈등문제를 해소한다.

마지막으로 각 부서의 평가기준과 보상시스템이 달라서 갈등이 유발되면 최고경영층은 부서간의 협조가 잘 이루어질 수 있도록 조직 전체의 관점에서 각 부서를 평가하고 보상할 수 있는 공정한 성과측정 기준을 마련하는 것이다. 만일 품질부서의 평가기준을 불량품을 발견하는 데만 둔다면 품질부서와 제조부서는 갈등을 일으킬 수밖에 없다. 이 경우에 조직효과성 측면에서 품질부서의 평가기준을 불량품을 어느 정도 예방했느냐에 둔다면 제조부서와의 갈등은 많이 줄어들 것이다. 그리고 이익분배 및 상여금 계획을 실행하려고 할 때 조직 전체의 입장에서 실시하게 되면 모든 조직구성원들은 조직이 추구하는 목표가 단일 부서의 효과성보다는 전체시스템의 효과성에 있다는 것을 깨닫게 된다.

협　상　어떤 갈등은 당사자간 대립과 협상을 필요로 한다. 이 전략은 협상에 임하기 전에 신중한 계획이 필요하며, 협상 당사자의 협상기술이 요구된다. 협상(negotiation)이란 갈등상황에서 양 당사자가 상호 수용할 수 있는 해결책을 찾는 과정이다. 협상은 다음과 같은 특성을 가지고 있다.

- 둘 또는 그 이상의 당사자가 있어야 한다. 협상은 기본적으로 개인간 또는 집단간의 과정이다.
- 양 당사자는 특정한 사안(들)에 대해서 갈등적 이해관계를 가지고 있다. 즉 한 당사자가 원하는 것이 다른 당사자가 원하는 것은 아니다.
- 당사자들은 계약파기, 공공연한 투쟁, 제 3자에게 호소하는 것과 같은 방법보다는 함께 갈등을 해결하기를 원해야 한다. 즉 당사자들은 협상에 의해서 보다 나은 결과를 획득할 수 있다고 믿어야 한다.

협상에는 분배적 교섭(distributive bargaining)과 통합적 교섭(integrative bargaining)이 있다. 분배적 교섭은 한 당사자의 목표가 다른 당사자의 목표와 직접 상충될 때 발생한다. 분배적 교섭은 자원이 제한되어 있고 양 당사자들이 자신의 몫을 극대화시키기 위해 시도하는 협상이다. 이것은 협상에 있어서 경쟁적 또는 승패(win－lose)의 접근법이다.

반면에 통합적 교섭은 양 당사자가 수용이 가능하고 배타적이지 않은 새로운 상위 목표를 설정함으로써 갈등적 이해관계를 쌍방승리(win－win)상황으로 해결하는 방법이다. 통합적 교섭이 성공적이기 위해서는 다음과 같은 전제조건이 충족되어야 한다. 공동목표, 상호신뢰, 명확한 의사소통, 공동으로 작업하려는 동기 그리고 상대방 입장에 대한 이해 등이 그것이다.

요 약

- 권력이란 “자신의 의지나 결정을 상대방에 관철시켜 자신이 의도하는 대로 상대방의 태도나 행동을 변화시킬 수 있는 능력”이다.
- 개인권력의 원천에는 보상적 권력, 강제적 권력, 합법적 권력, 준거적 권력, 전문적 권력, 정보적 권력이 있다.
- 집단권력은 자원의존관점과 전략적 상황관점으로 설명하고 있다. 자원의존관점에서는 핵심자원의 통제에서, 전략적 상황관점에서는 의존성에 의하여 권력이 형성된다.
- 권력획득을 위한 정치적 기법에는 상대방 비난 및 공격, 정보접근에 의한 통제, 호의적인 인상부각, 지지기반 확보, 권력자와의 제휴, 연합 등이 있다.
- 권력을 효율적으로 활용하는 방법에는 윤리적 방식, 다양한 유형의 권력을 이해, 권력행사 기술을 개발할 수 있는 직무개발 추구, 권력의 세련된 행사 등이 있다.
- 갈등이란 어떤 개인(집단)이 추구하려고 하는 목표나 행동이 타인(또는 다른 집단)에 의해 부정적 영향(방해, 좌절 등)을 받았거나 받을 것이라고 지각하는

과정이다. 갈등에는 순기능과 역기능이 있다.

- 갈등과정은 좌절, 개념화, 행동, 상대방으로부터의 반응, 갈등여파 등을 거친다. 갈등의 유형에는 개인내 갈등, 개인간 갈등, 집단간 갈등 그리고 조직간 갈등으로 분류할 수 있다.
- 갈등의 원인은 조직요인과 개인요인으로 구분하여 볼 수 있다. 조직요인에는 전문화, 상호의존성, 공동자원, 보상시스템, 역할기대의 차이, 의사소통의 왜곡, 지위불일치 등이 있으며, 개인요인에는 숙련과 능력, 성격, 지각, 가치관과 윤리의 차이 등을 들 수 있다.
- 갈등관리기법에는 상위목표의 도입, 자원의 확충, 문제의 공동해결, 조직구조의 변경, 조정기능의 도입, 협상 등이 있다.

핵심용어

권 력	강제적 권력
보상적 권력	준거적 권력
합법적 권력	정보적 권력
전문적 권력	갈 등
권력자와의 제휴	개 념 화
좌 절	개인내 갈등
갈등여파	집단간 갈등
개인간 갈등	기능적 갈등
조직간 갈등	상위목표의 도입
계층간 갈등	문제의 공동해결
공식 · 비공식 집단간의 갈등	협 상

토의문제

1. 권력과 권한의 의미의 차이를 설명하라.
2. 개인권력의 원천을 설명하라.
3. 집단에서는 권력이 어떻게 형성되는가?
4. 조직내에서 권력획득을 위한 기법을 설명하라.
5. 효율적인 권력의 활용방안에 대해 설명하라.
6. 갈등의 역기능과 순기능에 대해 언급하라.
7. 조직내에서 갈등이 유발되는 조직요인을 설명하라.
8. 갈등여파란 무엇인가?
9. 조직내에서 활용되고 있는 갈등관리기법을 열거하고 설명하라.

실 습: 작업스케줄의 변경

다음 사례는 작업집단에서 개인차에 의해 흔히 발생하는 갈등상황을 다루고 있다. 실습을 통하여 갈등을 통합적으로 해결하는 쌍방승리(win-win) 전략을 도출하고 실제상황에서 통합적 의사결정기법을 효과적으로 적용할 수 있도록 한다.

역할지침서

ABC회사는 자동차부품을 생산하는 업체로서 조립작업이 소규모 집단들에 의해 행해지고 있다. 여러 소규모 집단 중 김길동 씨가 반장으로 있는 작업조는 이장철, 박장곤, 그리고 이선망 씨로 구성되어 있으며, 연료펌프를 함께 조립하고 있다.

연료펌프 조립은 세 개의 작업, 즉 작업 1, 작업 2, 작업 3 으로 나뉘어져 있다. 각 작업에 대한 재료들은 바로 작업대 옆에 위치하고 있다. 이들은 나란히 작업하고 있으며, 원한다면 서로 도울 수 있다. 모든 작업들은 간단하고 유사하기 때문에 세 종업원들은 때때로 서로 작업을 바꾸어 일하기도 한다. 작업의 교환은 당사자들에 의해 자발적으로 행해지고 있다. 집단성과급제(group piece rate)에 의해 임금이 결정되므로, 작업의 교환이 임금에는 아무런 문제를 발생하지 않는다. 즉 세 종업원들은 생산을 공동으로 담당하며 똑같이 보상을 받고 있다.

김길동 반장의 역할

당신은 공장에서의 지위가 반장이며, 세 명의 종업원을 감독하고 있다. 이장철, 박장곤, 그리고 이선망 씨는 함께 일하고 있으며, 그들은 한 작업에서 한 시간 동안 일한 후 서로 교대하고 있다. 따라서 그들은 하루에 세 종류의 작업을 다 수행하고 있다. 작업교대는 종업원들이 스스로 결정한 것이며, 당신은 이 제도에 대해서 전혀 관심을 두지 않았었다.

최근 공정계획과 직원인 홍순표 씨가 공장상황을 점검하기 위하여 방문하였

작업별 시간(분)

	작업 1	작업 2	작업 3	합 계
이장철	$\boxed{3}$	4	$4\frac{1}{2}$	$11\frac{1}{2}$
박장곤	$3\frac{1}{2}$	$3\frac{1}{2}$	$\boxed{3}$	10
이선망	5	$\boxed{3\frac{1}{2}}$	$4\frac{1}{2}$	$\frac{13}{34\frac{1}{2}}$

다. 그는 이장철, 박장곤, 그리고 이선망 씨의 각 작업에 소요시간을 측정하여 다음과 같은 자료를 얻었다.

홍순표 씨는 교대로 작업할 경우 세 작업에 대한 평균시간이 총시간의 1/3, 즉 11과 1/2분 걸린다는 것을 알았다. 이장철 씨가 작업 1, 이선망 씨가 작업 2, 그리고 박장곤 씨가 작업 3을 수행한다면 총작업수행시간은 9와 1/2분이 되어 약 17% 정도 시간을 절약할 수 있다. 이런 배치로 하루종일 작업(8시간)하면 약 80분이 절약된다. 역으로 말하면, 현재의 시스템은 8시간 근무에 있어서 80분의 생산손실을 초래하고 있다는 것이다. 이렇게 손실된 시간이 생산에 사용된다면 생산량은 20% 이상 증가할 것이다.

홍순표 씨의 이런 주장은 당신에게 합리적으로 보여, 이 문제를 세 명의 종업원에게 제기하기로 결정하였다. 당신은 생산방식에 어떠한 변화를 도입하든지 세 명의 종업원은 따라야 한다고 느끼고 있다.

이장철 씨의 역할

당신은 조립공정에 있어서 세 명으로 이루어진 작업집단의 한 명이다. 박장곤씨 와 이선망 씨는 당신의 작업동료이며, 당신도 그들과 같이 일하는 것에 만족하고 있다. 당신은 집단 기준으로 임금을 받고 있으며 당신의 현재 소득에 매우 만족하고 있다. 이선망 씨는 당신이나 박장곤 씨보다 작업속도가 빠르지 않지만 그가 작업이 밀려 있다고 생각하면 당신 또는 박장곤 씨가 도움을 줄 수 있다.

작업은 매우 단조롭다. 단조로움을 피하기 위하여 한 시간마다 작업을 교대한다. 이런 방식으로 당신은 세 작업 모두 수행한다. 당신은 작업 1을 제일 잘 수행하고 있으므로 당신이 작업 1을 수행할 경우 다음에 이선망 씨가 작업 1을 수행할 경우에 대비하여 좀더 많이 생산하고 있다.

당신이 직장을 다닌 지 2년이 되었으며 휴직이나 일시해고를 당한 경험이 없다. 당신의 집단은 지금까지 아무런 문제점 없이 잘 해 왔다. 그러나 최근 공장에서 생산공정전문가가 눈에 자주 띠고 있다. 회사는 좀더 신속한 작업방식을 도입하려고 하는 것 같다. 만약 회사가 작업을 더 단순하게 만든다면 당신은 단조로움을 더 이상 견디지 못할 것 같다. 반장인 김길동 씨는 점잖은 사람으로 당신 작업조의 작업을 비판한 적이 없다.

이선망 씨의 역할

당신은 이장철 씨, 박장곤 씨와 함께 조립공정에서 일하고 있으며, 집단성과급제에 의해 임금을 받고 있다. 세 명으로 구성된 작업집단은 협동하여 작업을 잘 수행하고 있으며 임금도 상당히 좋다. 이장철 씨와 박장곤 씨는 당신이 생각하기에 약간 더 많이 임금을 받고 싶어하는 것 같다. 당신은 그들과 잘 어울리며 그들이 원하는 만큼 생산량을 높이기 위하여 당신은 최대한으로 열심히 일하고 있다. 그들은 좋은 동료이며 당신의 일이 밀려 있을 때 당신에게 도움을 준다. 따라서 당신은 그들이 설정한 작업속도에 잘 적응하는 것이 옳다고 생각하고 있다.

당신을 포함한 세 사람은 한 시간마다 작업을 바꾸고 있어 당신은 모든 작업을 수행하고 있다. 당신은 가장 쉽다고 느껴지는 작업 2를 가장 좋아한다. 당신이 작업 3을 수행할 경우에는 생산보조를 맞출 수 없으므로 반장이 당신을 주목하고 있는 것을 느낀다. 당신이 작업 3을 수행할 때는 때때로 이장철 씨나 박장곤 씨가 속도를 늦추어 당신과 보조를 맞춘다. 그러면 반장도 만족하는 것처럼 보인다.

최근 공정계획과 사람이 배치되면서 작업을 관찰하고 있다. 당신은 그가 무엇 때문에 그러는지에 대해서 의아해 하고 있다. 모든 것이 순조로운 우리 작업조를 그대로 내버려 둘 수는 없는가?

박장곤 씨의 역할

당신은 이장철 씨, 이선망 씨와 함께 일하고 있다. 작업은 세 부분으로 구성되어 있어 당신들은 개별작업을 한 명씩 수행하고 있다. 그러나 한 시간마다 작업을 교대하기 때문에 당신은 세 개의 작업을 모두 수행하는 것이 된다. 이것은 작업을 미리 완료한 후 동료를 도와 준다. 집단성과급제에 의해 임금을 받기 때문에 동료를 도우는 것은 올바르다. 만약 이선망 씨가 좀더 빠르게 일할 수 있다면 당신은 더 많은 임금을 받을 수 있다. 그러나 그는 좋은 친구이기 때문에 좀 더 일을 잘하는 다른 사람보다는 그가 동료로 같은 작업조에 있는 것이 좋다.

당신은 세 작업 모두를 동등하게 좋아하고 있다. 작업들은 모두 단순하고 단조롭다. 당신은 작업하면서 이야기하거나 속도를 변화시킬 수 있으므로 작업의 단조로움은 당신에게는 문제가 되지 않는다. 당신은 때때로 천천히 또는 신속히 작업속도를 조절할 수 있기 때문에 당신 마음대로 속도를 설정할 수 있다. 이장철 씨와 이선망 씨는 작업교대를 좋아하는 것 같다. 이선망 씨는 어떤 작업에서는 속도가 떨어지지만 작업을 교대하는 것은 그것대로 장점이 있다. 당신은 작업을 교대할 때마다 휴식처로 가서 잠깐 쉬고 싶다는 느낌이 든다.

최근 어떤 생산공정 전문가가 주위를 배회하고 있다. 그는 손에 초시계를 들고 멀리서 우리의 작업을 지켜보고 있다. 만약 생산공정 전문가들이 올바른 작업방식을 발견한다면 회사의 생산성은 올라갈 수 있다. 만약 생산공정 전문가가 나에게 작업을 어떻게 수행하는지를 묻는다면 중요한 사실을 알려 줄 수 있을텐데 하고 생각하고 있다. 만약 반장인 김길동 씨가 빨리 그를 공장에서 쫓아내지 않는다면 당신은 반장에게 가서 회사스파이를 무슨 생각에 끌어들였는지를 묻고 싶다.

1. 논의 중 리더의 태도변화에 대한 내용을 설명하시오.
   A. 그는 새로운 방식을 선호하고 있었는가?
   B. 그는 단지 생산량 증대에 관심을 갖고 있었는가 또는 종업원들을 위하여 작업을 개선하는 데 관심을 갖고 있었는가?
   C. 그는 종업원들의 반대를 어느 정도 고려하였는가?

D. 그는 새로운 방식을 방어했는가 아니면 새로운 방식의 수용을 주장했는가?

2. 다음과 같은 사항에 대하여 설명하시오.
   A. 논쟁이 있었는가?
   B. 종업원들이 비정상적으로 완고했는가?
   C. 종업원들이 자신의 주장을 충분히 밝혔는가?
   D. 리더는 진정으로 조직구성원들의 의견을 들었는가?
   E. 주요 차이점은 무엇인가?
3. 문제해결행동를 설명하시오.
   A. 서로 합의한 사항은?
   B. 어떤 면에서 문제를 해결하고자 하는 의사가 있었는가?
   C. 리더는 서로 수용할 수 있는 방법의 탐색 또는 방해하는 어떤 행동를 했는가?

참고문헌

1) Cobb, T. A.(1984), An Episodic Model of Power: Toward as Integration of Theory and Research, *Academy of Management Review*, pp. 482-493.

2) Biggart, N. W. & Hamilton, G. G.(1984), The Power of Obedience, *Administrative Science Quarterly*, pp. 540-549.

3) French, J. R. P. & Raven, B.(1959), The Bases of Social Power, in D. Cartwright(ed.), *Studies in Social Power*, Ann Arbor, MI: Institute for Social Research, University of Michigan, pp. 150-167.

4) Huber, V. L.(1981), The Sources, Uses, and Conservation of Managerial Power, *Personnel*, pp. 62-67.

5) Pfeffer, J. L. & Salansick, G.(1978), *The External Control of Organizations*, New York: Haper & Row.

6) Hickson, D. J., Hinnings, C. R., Lee, C. A., Schneck, R. E. & Pennings, J. M.(1971), A Strategic Contingencies Theory of Intra-organizational Power, *Administrative Science Quarterly*, pp. 216-229.

7) *Ibid*.

8) Lawrence, P. R. & Lorsch, J. W.(1967), *Organization and Environment*, Cambridge, MA: Harvard University.

9) Greenberg, J.(1990), Looking Fair vs. Being Fair: Managing Impressions or Organizational Justice, in B. M. Stand & L. L. Cummings(ed.), *Research in Organizational Behavior*, Greenwich, CT: JAI Press.

10) Kotter, J. P.(1977), Power, dependence, and effective management, *Harvard Business Review*, pp. 125-136.

11) Baron, R. A. & Greenberg, J.(1990), *Behavior in Organizations: Understanding and Managing the Human Side of Work*, N. Y.: Allyn & Bacon, p. 458.

12) Thomas, K. W.(1976), Conflict and Conflict Management. in M. D. Dunnette (ed.), *Handbook of Industrial and Organizational Psychology*, Chicago: Rand McNally.

13) Litterer, J. A.(1966), Conflict in Organization: A Reexamination, *Academy of Management Journal*, pp. 178-186.

14) Hellbriegel, D., Slocum, J. W. & Woodman, R. W.(1983), *Organizational Behavior*(4th ed.), St. Paul, MN: West Publishing Company.

15) Locke, E. A. & Latham, G. P.(1984), *Goal Setting: A Motivational Technique that Works*, Englewood Cliffs, N. J.: Prentice Hall, pp. 18-19, 53-54.

16) Thomas, K. W.(1979), Organizational Conflict, in S. Kerr(ed.), *Organizational Behavior*, Columbus, OH: Grid.

17) Katz, D. & Kahn, R.(1978), *The Social Psychology of Organizations*, New York: John Wiley & Sons.

18) Festinger, L. A.(1957), *A Theory of Cognitive Dissonance*, Evanston, Ill.: Row, Peterson.

11 의사결정

의사결정의 본질

의사결정의 정의

의사결정의 과정

의사결정의 유형

구조화된 의사결정과 비구조화된 의사결정

의사결정의 확실성과 불확실성

개인의사결정

합리적 의사결정모형

제한된 합리성모형

개인의사결정의 장애요인

인지적 오류

몰입의 상승

집단의사결정

집단의사결정의 특징

집단의사결정의 영향요인

집단의사결정의 문제점

대안적 집단의사결정기법

학습목적

1. 의사결정의 본질과 과정이해
2. 제한된 합리성 이해
3. 의사결정에 있어 장애요인의 이해
4. 집단의사결정의 특성과 장·단점을 이해
5. 대안적 집단의사결정기법의 과정과 특징을 이해

아버지와 딸들

딸이 둘 있는 한 남자가 한 딸은 정원사에게, 또 다른 딸은 옹기장이에게 시집을 보냈다. 얼마 후 그 남자는 정원사의 아내가 된 딸을 방문해서 요즘 어떻게 지내고 있는지, 일은 잘 되는지를 물어 보았다. 딸은 모든 것이 바라는 대로 잘 되어가고 있는데 딱 한 가지 바라는 게 있다면, 비가 내리거나 폭풍이 불어서 농장에 물을 줄 수 있기를 바란다고 했다. 그로부터 얼마 후 그 남자는 옹기장이의 아내가 된 또 다른 딸을 찾아가서 요즘 어떻게 지내고 있는지를 물어 보았다. 그 딸은 별로 부족한 것이 없는데 다만 한 가지, 날씨가 계속 좋아서 햇빛에 옹기가 잘 마르기를 바란다고 했다.

"너는 날씨가 좋기를 바라고 네 언니는 비가 오기를 바라면, 나는 어떻게 기도를 드려야 하느냐?"

(이솝우화에서)

우리는 개인으로서 혹은 조직이나 사회의 일원으로서 항상 크고 작은 의사결정을 하면서 살아가고 있다. 이러한 의사결정의 결과는 의사결정자 자신에게뿐만 아니라 다른 사람들에게도 영향을 미친다. 따라서 의사결정을 효과적으로 한다는 것은 의사결정을 내리는 사람은 물론 의사결정에 의해 영향을 받는 사람에게도 매우 중요한 일이다.

실제로 조직에 있어서 경영자에게 가장 필요한 능력은 적절한 의사결정을 적시에 하는 능력이라고 하여도 과언은 아니다. 만약 조직의 효율성이 조직목표를 달성하는 데 필요한 자원을 획득하고 활용하는 데 달려 있다고 한다면 조직이 필요한 자원을 어떻게 획득하고 활용하는가 하는 의사결정은 조직에 있어서 핵심적인 과제가 될 것이다.

본 장에서는 사람이 개인 또는 집단적으로 어떻게 의사결정을 내리는가를 이해하고, 나아가서 보다 효과적인 의사결정과정을 개발하는 데 초점을 두고자 한다. 이를 위하여 먼저 의사결정의 본질과 유형을 알아본 후 개인 및 집단의 의사결정의 과정과 그 개선방향에 관하여 살펴보기로 한다.

의사결정의 본질

의사결정의 정의

의사결정이란 **"바람직한 상태를 달성하기 위하여 하나 이상의 대안 중에서 하나를 선택하는 의식적 과정"**이라고 정의할 수 있다.[1] 이 정의에 의하면 의사결정은 다음과 같은 세 가지의 특징을 갖는다. 첫째, 의사결정은 사려 깊은 의식적 행동이라는 점이다. 따라서 반사적인 반응이나 무의식적인 행동은 의사결정이라기보다는 습관 또는 반응 행동이라고 볼 수 있다.

둘째, 의사결정은 여러 대안 중에서 하나를 의식적으로 선택하는 것이다. 만약 어떤 문제에 대하여 해결할 수 있는 대안의 하나만 존재한다면, 의사결정은 필요하지 않을 것이다. 그러나 실제 상황에서 하나의 대안만 존재하는 경우는 거의 없다.

마지막으로 의사결정은 의사결정자가 현실과 바람직한 상태 사이의 차이를 인식함으로써 시작된다. 즉 의사결정에는 현실에 대한 문제의식을 바탕으로 현실을 개선하려는 목적의식이 포함되어 있다.

의사결정의 과정

일반적으로 의사결정은 문제해결과정에 포함되는 개념이다. 문제해결은 의사결정과정 이후에 의사결정의 실행 및 평가 단계를 포함하는 과정이다. 따라서 문제해결과 관련하여 의사결정을 정의한다면 **"문제해결을 위하여 취해야 할 행동을 결정하는 과정"**이라고 할 수 있다.

문제해결과정은 〈그림 11-1〉과 같이 다섯 단계로 이루어진다. 이 다섯 단계 중 처음 세 단계, 즉 문제인식 및 규명, 대안의 탐색 및 개발 그리고 대안의 평가 및 선택을 의사결정과정이라고 한다. 문제해결과정은 의사결정과정에 선택된 대안의 수행, 선택된 대안의 수행의 평가 및 통제라는 사후관리를 포함하는 과정이다.[2]

〈그림 11-1〉 의사결정과정과 문제해결과정의 범위

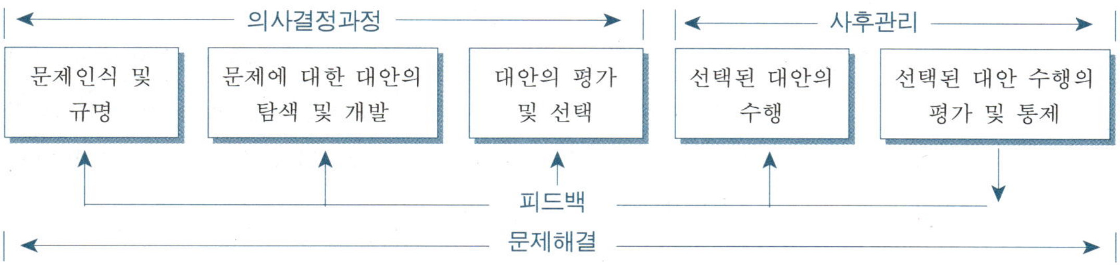

자료: G. P. Huber(1980), *Managerial Decision Making*, Ill.: Scott, Foresman & Company, pp. 8-9.

문제의 인식 및 규명

일반적으로 조직이 새로운 목표를 설정할 때는 어느 한 상태에서 다른 상태로의 변화를 목적으로 한다. 이 목적을 충족시키기 위해서는 기존 상태의 변화가 필수불가결하다. 이러한 의미에서 정확하게 문제를 파악하는 것이 의사결정과정에 있어서 중요한 단계라고 할 수 있다.

문제의 인식과 규명을 효율적으로 수행하기 위해서는 문제 특성에 대한 인식, 문제를 야기한 원인에 대한 규명과 정의 그리고 진단 과정이 필요하다. 현재 상태를 인식 및 규명하기 위해서는 성과보고서나 각종 회의를 개최해서 여러 사람들로부터 정보와 이에 대한 판단을 들을 수 있다. 앞으로 기대하는 상태를 알아 보려면 조직구성원이나 현재 상태에 대한 인식 및 규명에 필요한 해당자들을 대상으로 태도조사나 정부의 규제사항을 조사할 수도 있다.

대안의 탐색 및 개발

이 단계는 규명된 문제의 원인분석 결과를 바탕으로 실제상황과 이상적인 상황간의 차이를 해소시킬 수 있는 행동이나 조치, 즉 대안(alternative)을 탐색 및 개발하는 단계이다.

대안의 탐색 및 개발 단계가 효과적으로 이루어지기 위해서는 문제의 인식 및 규명단계에서 수집한 정보를 체계적으로 사용해야 한다. 대안의 포괄적인 탐색 및 개발을 위해서는 창의성이 특히 중요하며, 이를 위하여 브레인스토밍(brainstorming)기법 등과 같은 창의적 의사결정기법이 사용되기도 한다.

대안의 평가 및 선택

이 단계에서는 식별된 대안들 중에서 어떤 것이 가장 좋은 대안인가를 평가하고 선택하는 단계이다. 대안의 평가 및 선택은 의사결정 문제와 목적에 따라 그 기준이 달라진다. 어떠한 의사결정기준 혹은 어떠한 의사결정모형을 사용하는가에 따라서 선정되는 대안이 달라질 수가 있다.

의사결정의 유형

의사결정을 할 때에는 여러 가지 상황에 놓이게 된다. 어떤 경우에는 광범위하게 영향력을 미치는 의사결정을 해야 하는 경우도 있고, 아주 단순하고 평범한 의사결정을 하는 경우도 있다. 한편 어떤 결과가 나타날 것인지를 잘 아는 상황하에서 의사결정을 행하는 경우가 있는 반면에 어떤 결과가 나타날지 전혀 모르는 상황하에서 의사결정을 하는 때도 있다.

이러한 예들은 의사결정에 있어서의 중요한 두 가지 측면을 반영하는 것이다. 즉 하나는 의사결정상황이 어느 정도 구조화 또는 비구조화되었는가 하는 것이고, 다른 하나는 의사결정이 얼마나 많은 확실성을 가지고 있는가 아니면 불확실성을 가지고 있는가, 즉 위험성을 가지고 있는가 하는 것이다.

구조화된 의사결정과 비구조화된 의사결정

구조화된 의사결정은 이미 설정된 대안을 기준으로 일상적이며 반복적으로 이루어지는 의사결정이다. 예를 들면, 서류작성 담당자가 워드프로세서로 작업한 서류를 백업디스켓에 저장하는 결정을 하는 것이나 햄버거가게 지배인이 햄버거 재고가 일정수준 이하로 내려가면 주문결정을 하는 것은 구조화된 의사결정이라고 할 수 있다.

반면에 **비구조화된 의사결정은 사전에 알려진 해결안이 없는 경우에 이루어**

〈표 11-1〉 구조화된 의사결정과 비구조화된 의사결정의 비교

변 수	구조화된 의사결정	비구조화된 의사결정
과업유형	단순, 일상적	복잡, 창의적
조직정책(과거의사결정) 의존	과거 의사결정으로부터 상당한 정보를 얻음	과거 의사결정에 의존 안 함
의사결정자	하위계층 담당자(보통 독자적)	최고경영층(보통 집단적)

자료: R. A. Baron & J. Greenberg(1990), *Behavior in Oranization: Understanding and Managing the Human Side of Work*, Allyn & Bacon, p. 487.

지는 의사결정이다. 예를 들면 희귀병의 치료법을 개발하고자 하는 한 과학자가 있다면 그는 재고가 일정수준 이하로 떨어지면 자동적으로 주문결정을 하는 재고담당 직원과는 달리 지금까지 알려지지 않은 창의적인 방법에 의존하지 않으면 안 된다.

〈표 11-1〉은 구조화된 의사결정과 비구조화된 의사결정을 세 가지 측면에서 비교한 것이다.

첫째는 어떤 유형의 과업들이 포함되어 있는가이다. 구조화된(정형적) 의사결정은 단순하고 일상적인 과업으로 이루어진 반면 비구조화된(비정형적) 의사결정은 복잡하고 창의적인 새로운 과업으로 이루어진다.

둘째는 조직정책에 얼마나 의존하고 있는가이다. 구조화된 의사결정을 할 때, 의사결정자는 조직 정책이나 규정에 의존할 수 있다. 즉 과거의 의사결정으로부터 상당한 정보를 얻게 된다. 그러나 비구조화된 의사결정은 해결책을 창조해야 하며, 과거의 해결안은 어떤 지침이 되지 못한다.

마지막으로는 누가 의사결정을 하는가이다. 비구조화된 의사결정은 전형적으로 최고경영층에 의하여 이루어지고 있으며, 구조화된 의사결정은 일반적으로 하위계층 담당자가 수행한다.[3)]

의사결정의 확실성과 불확실성

모든 의사결정에는 어느 정도의 불확실성이 내포되어 있다. 이것은 잘못된 의사결정이 이루어질 위험의 정도를 나타낸다. 일반적으로 불확실성의 정도는 확률로 평가되고 있다.

〈그림 11-2〉 의사결정시 위험성

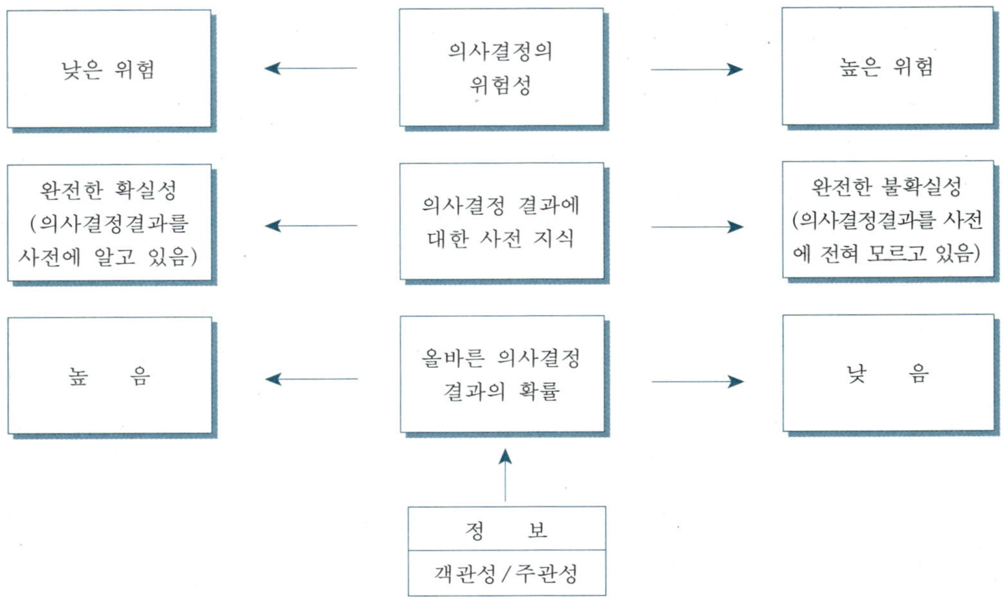

자료: *Ibid*., p. 488.

예를 들어, 재무분석가들이 금리가 떨어지는 시기에는 특정 증권이 상승할 가능성이 80%라고 예측하거나, 텔레비전 일기예보 아나운서가 과거 이러한 기상 조건하에서는 50%정도 비가 내리므로 금일 비가 올 확률은 50%라고 예측하는 것 등이 불확실성을 평가하는 것이다.

대부분의 의사결정은 〈그림 11-2〉와 같이 일정한 수준의 위험성과 불확실성을 내포하고 있다. 많은 의사결정은 주관적 확률, 즉 개인적 신념이나 육감에 의해 이루어진다. 예를 들면, 어떤 경마장의 노름꾼이 그의 아이 이름과 유사한 말에 돈을 건다거나 또는 방금 세차를 하였기 때문에 비가 올 것이라고 전전긍긍하는 사람이 있다면, 이들은 모두 주관적 확률을 기초로 판단하는 예이다. 분명히 불확실성은 의사결정상황에 있어서는 바람직하지 않은 특성이다. 이에 따라 의사결정자가 보다 나은 의사결정을 하기 위하여 불확실성을 감소시키려고 하는 경우를 조직에서 많이 볼 수 있다.

무엇이 의사결정의 불확실성을 감소시키는가에 대한 대답은 정보로 집약될 수 있다. 예컨대 과거 및 현재에 대한 지식은 미래에 대한 예측을 하는 데 도움을 줄 수 있다. 현대에는 의사결정을 내리는 데 필요한 자료를 컴퓨터를 활용하여 보다 용이하게 얻을 수 있다. 사실, 컴퓨터 기술은 정확하고 완전한 정보를 사용하여 신속하게 의사결정을 하는 데 있어서 관리자들에게 크게 도움을 주고 있다.[4] 물론 의사결정을 하는 데 필요한 모든 정보가 컴퓨터에 의해서 제공되는 것은 아니다.

요컨대, 현재 이용가능한 자료의 형태이거나 혹은 과거 의사결정에서 얻어진 경험적 지혜의 형태이든, 정보는 조직의 불확실성을 감소하는 요체가 되며 조직에서 의사결정의 질을 강화하는 요소이다.

개인의사결정

우리는 항상 의사결정을 하면서 살아간다. TV를 볼 것인가 말 것인가와 같은 단순한 의사결정에서부터 집을 살 것인가 말 것인가와 같은 복잡한 의사결정을 하면서 살아간다. 특히 조직생활에서는 업무와 관련된 중요한 의사결정을 하면서 살아간다. 따라서 개인의사결정의 특징을 이해하고 조직적인 변수들이 개인의사결정에 어떠한 영향을 미치는가에 대하여 이해하는 것은 합리적인 의사결정에 큰 도움을 준다. 이에 따라 여기에서는 개인의사결정에 대한 모형들에 관하여 살펴보고 개인의사결정에 있어서의 장애요인, 한계점 등에 대해서 다루고자 한다.

합리적 의사결정모형

개인이 의사결정을 하는 데 있어서 가장 합리적인 방법은 어떤 것일까? 경제학자들은 모든 면에서 완벽하고 합리적인 선택을 한다고 가정하는 **합리적 의사결정모형**을 사용한다. 이 모형에 의하면, **합리적인 의사결정자는 목적달성(자신의 수익의 최대화)을 하기 위한 모든 대안적 행동과정을 찾아내어 평가한 것을 기초로 의사결정을 한다.** 이 모형에 따르는 합리적 의사결정자는 앞에서 살펴본 〈그림 11-1〉의 단계에 따라 의사결정을 한다. 합리적 의사결정이 이루어지기 위해서는 의사결정자가 완전한 정보를 가지고 있어야 하며, 모든 정보에 대하여 정확한 처리를 할 수 있어야 한다. 또한 의사결정자는 모든 행동대안들을 알고 있으며, 각 대안에 대하여 정확하고 완벽한 평가를 할 수 있다는 가정을 한다. 이에 따라 의사결정자는 최적의 결정을 한다는 것이다.

물론 이 모형은 인간들이 전적으로 이 모형에 따라 의사결정을 한다고 말하는 것은 아니다. 합리적 모형은 우리가 실제로 경영관리에 관한 의사결정을 하는 과정을 설명해 주고 있다기보다는 우리가 의사결정은 어떻게 해야만 한다는 당위성을 설명해 주는 규범적 모형이라 할 수 있다.[5)]

제한된 합리성모형

합리적 모형은 규범적 모형이기 때문에 실제의 의사결정행동을 제대로 설명하고 있지 못하다. 실제로 제한된 시간, 제한된 정보(정신적 능력 등), 그리고 제한된 자원(가용자금 등) 등이 복잡한 여러 문제들에 대하여 인식 및 규명 능력과 상환을 제한(제약)하게 되며, 나아가 대안의 탐색도 제한을 받으며, 대안의 평가도 제한을 받게 되어 최적대안의 합리적인 선택에도 제한을 받게 된다.

이에 따라 실제적인 의사결정을 설명하기 위한 시도로서 1978년 노벨상을 수상한 사이몬(H. A. Simon)이 하나의 새로운 모형을 제시하였다. 이 모형은 **제한된 합리성모형**(bounded rationality model) 또는 **관리인모형**(administrative model)이라고 한다. 이 모형은 실질적으로 의사결정과정에서 작용하는 심리적, 인지적, 동기적 그리고 시간적 제한을 중시하고 있다. 이 모형에 따르면 **의사결정자들은 합리성을 추구하지만, 실제로는 여러 제한 요소들 때문에 합리성은 제한될 수밖에 없게 된다.**

제한된 합리성의 직접적인 영향의 하나는 의사결정자가 문제에 대한 최적안을 찾는 것을 불가능하게 한다는 것이다. 즉 정보처리 능력의 한계로 인하여, 의사결정자는 보다 단순한 의사결정 전략을 사용하는 경향이 있다. 예를 들어 우리는 여러 대안 중 최적의 대안을 선택하지 않고 최초의 수용가능한 대안을 선택하는 경향이 있는데 마아치(J. G. March)와 사이몬(H. A. Simon)은 만족(satisfactory)과 희생(sacrifice)의 합성어를 사용하여 이를 **만족희생적**(satisficing) 전략이라고 하였다.[6)]

개인이나 조직은 최적의 대안 선택에 관심을 갖고 있으나, 아주 예외적인 경우에만 최적의 대안을 탐색 및 개발하고 이를 평가 및 선택하게 되는 것이 일반적이다. 최적안을 선택하는 의사결정은 만족하는 대안을 선택하는 의사결정보다 복잡한 과정을 필요로 한다. 이 때문에 의사결정자는 투입해야 하는 시간, 자원과 노력을 줄이기 위하여 최적안은 아니지만 만족스러운 대안을 선택하게 된다.

제한된 합리성으로 인하여 야기되는 또 하나의 현상은 '점진적 조정(incrementalism)'이라는 단순화 전략의 선택이다. 의사결정자는 가능한 작은 범위에서 문제에 대응하고자 한다. 이러한 전략을 사용하면, 의사결정자는 단지 최소한의 추가적인 수정만 하면 된다. 최소한의 추가적인 수정이란 현 상태와 희망하는 미래 상태 사이의 차이를 수용할 수 있는 범위까지만 접근시키는 노력을 하는 것이다.

제한된 합리성(bounded rationality)으로 인하여 야기되는 또 다른 영향은 의사결정자가 당면하고 있는 의사결정상황에 대한 전체적인 면모를 파악하지 못한다는 것이다. 다시 말하면, 실제 의사결정상황은 보다 복잡한데 의사결정에서 적용하는 상황의 모형은 제한적이고 근시안적이며 이에 따라 단순화된 모형을 적용하게 된다. 이러한 단순화된 모형은 보다 양질의 의사결정을 이끌어 낼 수 있는 정보요소를 포함하지 못한다는 점에서 부적합한 모형이라고 할 수 있다.

단순화 전략과 부적합한 모형의 사용은 제한된 합리성으로 인하여 야기되는

〈그림 11-3〉 개인의 의사결정모형

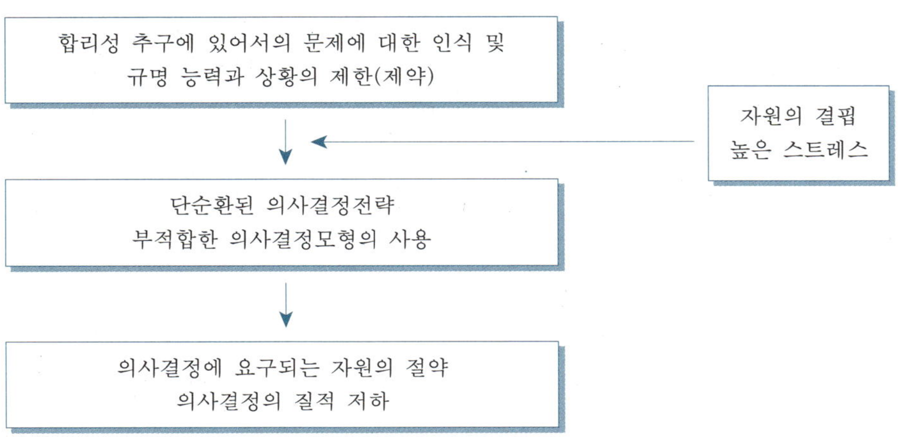

〈표 11-2〉 합리적 의사결정모형과 제한된 합리성모형 요약 비교

가 정	합리적 의사결정모형	제한된 합리성모형
의사결정자의 합리성	완전한 합리성	제한된 합리성
정보의 가용성	완전한 접근	제한된 접근
대안의 선택	최적안 선택	만족안 선택
모형의 유형	규범적	기술적

자료: R. A. Baron & J. Greenberg(1990), *Behaviorin Organization: Understanding and Managing the Human Side of Work*(3rd ed.), Allyn & Bacon, p. 491.

결과이다. 이들은 의사결정자로 하여금 상대적으로 적은 양의 정보, 시간 그리고 자원의 투입을 요구한다. 이러한 단순화된 전략은 시간과 자원의 제약이 있을 때나 양질의 최적안을 구할 필요성이 없을 때 효율적일 수 있다. 또한 문제해결을 위한 스트레스가 증가할 때 단순화 전략과 부적합한 모형을 사용함으로써 이를 줄이는 경우도 간접적인 영향의 결과로 생각될 수 있다. 그러나 개인의 단순화 전략과 부적합한 모형의 사용은 장기적으로 의사결정의 질적 저하를 초래할 것이다. 이상의 내용을 도표화하면 〈그림 11-3〉과 같다.

관리인모형은 실제의 의사결정행동을 나타내는 모형이다. 그렇기 때문에 이 모형은 기술적(descriptive)인 모형이라고 할 수 있다. 이 모형은 의사결정자들이 따라야 하는 이상적이고 합리적인 모형을 제시하는 것이 아니라, 실제 의사결정자의 불완전한 행동을 나타내는 모형이다. 이것은 의사결정자들이 합리적인 행동을 하고 싶지 않아 한다는 것을 의미하는 것은 아니다. 그보다는 개인의사결정자들은 본질적인 능력의 한계를 가지고 있으며 또한 현실적으로 완전한 의사결정을 방해하는 사회적 환경요인들이 존재한다는 것이다. 그리고 합리적 의사결정과 관리모형적(행동론적) 의사결정의 차이는 교과서의 이론과 우리가 실사회에서 다루는 실무의 차이와 같다고 할 수 있다.

개인의사결정의 장애요인

개인이 최선의 의사결정을 하는 데 있어서 장애가 되는 가장 큰 요인은 정보를 처리할 때 컴퓨터와 같이 정확하고 철저하지 못하다는 것이다. 복잡한 정보를 처리하는 데 있어서, 인간들이 가지는 이러한 능력의 제한은 의사결정에 분명히 부정적인 영향을 미친다.

이러한 기본적인 한계점 외에도 의사결정에 있어서 체계적인 오류를 발생시키는 장애요인들이 있다. 이러한 오류는 여러 가지 원인에서 나온다. 여기에서는 그 중에서 가장 대표적인 인지적 오류(cognitive bias), 몰입의 상승(escalation of commitment) 등에 대하여 살펴보기로 한다.

인지적 오류

인지적 오류(cognitive bias)**는 사람들이 의사결정을 할 때 정보를 처리하는 과정에서 발생하는 오류이다.** 인지적 오류에는 문제의 형태에 따른 인지오류(framing)와 단순화경향(heuristics)이 있다.

'문제형태에 따른 인지오류'(framing)**는 사람들이 동일한 문제에 대하여 부정적인 어휘로 표현된 경우에는 위험추구적인 결정을 하고, 긍정적인 어휘로 표현된 경우에는 위험회피적인 결정을 한다는 것이다.**[7] 다음의 예를 보자.

> 정부에서는 전염병을 앓고 있는 600명의 환자들을 치료하기 위한 대책을 세우려하고 있다. 환자들을 치료하기 위해 '프로그램 A'와 '프로그램 B'의 두 가지 방안이 제시되었다. 프로그램 A를 채택하면 환자 중 200명을 확실하게 살릴 수 있다. 프로그램 B를 채택하면 600명의 환자가 모두 살 가능성이 1/3이고 모두 죽을 수 있는 가능성이 2/3다.
>
> 당신이 의사결정자라면 어떤 정책을 선택하겠는가?

실증연구에 의하면, 이런 질문을 받았을 때 사람들은 72%가 프로그램 A를 선택하였다. 28%는 프로그램 B를 선택하였다. 다시 말하자면, 사람들은 모든 환자중에서 1/3을 살릴 수 있다는 가능성보다는 200명을 살릴 수 있다는 확실성을 더 좋아하는 것으로 나타났다. 그런데 문제를 다른 방식으로 표현하면 다른 결과가 나왔다. 다음의 예를 보자.

> 프로그램 C를 채택하면 400명이 죽는다.
> 프로그램 D를 채택하면 모든 사람이 죽지 않을 가능성이 1/3이고, 600명 모두가 죽을 가능성은 2/3이다. 당신이 의사결정자라면 어떤 프로그램을 선택하겠는가?

프로그램 C는 프로그램 A와 표현방법만 다를 뿐 내용은 동일한 것이다. 프로그램 D는 프로그램 B와 동일한 내용이다. 그런데 이 두 질문에 대하여 응답자들의 반응은 앞의 경우와 정반대로 나왔다. 프로그램 C를 채택한 사람이 22%였고, 프로그램 D를 채택한 사람이 78%였다. 다시 말하면, 사람들은 긍정적인 어휘로 표현하였을 경우에는 위험을 회피하는 경향을 보였으며 부정적인 어휘로 표현되었을 경우에는 위험을 추구하는 경향을 보였다는 것이다. 이러한 결과가 의미하는 것은 사람들이 완전하게 합리적인 의사결정을 하지 못한다는 것이다.

'단순화경향'(heuristics)**은 사람들이 복잡한 의사결정 문제에 당면하였을 때 자신이 가지고 있는 주먹구구식의 단순화된 방식에 따라 의사결정을 하는 오류이다.**

단순화경향은 두 가지 형태로 나타난다. 첫번째는 사람들이 의사결정을 할 때 정확성이 떨어질지라도 자기가 이미 가지고 있는 정보에 의존하여 결정을 한다는 것이다. 두 번째는 어떤 대상이 그것이 속하는 범주의 전형적인 특징을 가지고 있으면, 스테레오타입에 의해 대상을 지각하는 것이다. 예를 들면, 당신이 평소 회계사는 똑똑하고 신사적이라고 생각하고, 변호사는 사교적이라고 생각하고 있다고 하자. 회계사와 변호사가 참여하는 어떤 회의에 당신이 참석하였다고 하자. 또 이 회의에 참석한 변호사의 수는 회계사의 수보다 두 배가 더 많다고 하자. 당신이 이 회의에서 어떤 사람을 만났는데 이 사람이 똑똑하고 신사적이었다. 산술적으로 보면, 이 사람이 변호사일 가능성은 회계사일 가능성보다 2배가 크다. 그러나 당신은 회계사는 똑똑하고 신사적이라는 생각을 이미 가지고 있기 때문에 이 사람을 회계사라고 생각하게 된다. 이러한 오류는 흔히 발생하는 것이다. 단순화경향이 항상 의사결정의 질을 떨어뜨리는 것은 아니다. 실제로 어떤 경우에는 도움이 될 때도 있다. 그러나 이 오류는 의사결정을 하기 전에 반드시 알아야될 정보를 파악하지 않게 하는 경향을 초래하기 때문에 대부분의 경우 부정정인 결과를 초래한다.

몰입의 상승

실패할 것이 뻔한 행동을 지속시키기 위하여 인적·물적 자원을 계속 제공하는 것을 몰입의 상승(escalation of commitment)**이라고 한다.**[8] 이러한 상황은 베트남전쟁에 깊이 관여하였던 존슨 전 미국대통령이 좋은 예로서 자주 인용되고 있다. 존슨 전 대통령은 미국의 베트남전쟁 개입은 패전을 자초할 것이라는 주위의 경고에도 불구하고 점점 더 많은 군대파견과 더 많은 군수물자와 자금을 쏟아부었다.

몰입의 상승을 피하기 위한 방법 중의 하나는 의사결정의 책임을 나누어 가지는 것이다. 최근의 연구에 의하면, 최초 투자에 대한 의사결정이 개인보다 집단의사결정을 하면 '몰입의 상승'이 감소하고 있다. 집단에 의한 의사결정이 실패하게 되면, 그 의사결정에 대하여 개인적인 책임을 느끼기보다 책임의 분산을 경험하게 된다. 그래서 의사결정자들은 이미지 손상의 위험이 없이 잘못된 의사결정에 대한 미련을 쉽게 버릴 수 있게 된다.[9]

집단의사결정

오늘날 정부, 기업, 산업 그리고 교육분야를 막론하고 집단의사결정을 하여야 할 다양한 문제들이 있다. 이러한 문제는 매우 복잡하여 사회적, 경제적, 정치적, 기술적 그리고 심리적 문제가 상호연결되어 나타나는 경우가 대부분이다. 또한 의사결정결과는 특정 개인에게 국한되기보다는 다수에게 영향을 미치는 것이 보통이다. 따라서 필연적으로 회의나 위원회 같은 집단의사결정 과정이 필요하게 된다. 이러한 상황적인 요인 외에도 집단의사결정이 갖는 여러 가지 장점들 때문에 집단의사결정을 많이 이용하게 된다.

집단의사결정의 특징

집단의사결정은 개인의사결정과 구별되는 다음과 같은 특징이 있다.[10] 우선 집단의사결정 과정은 개인보다 많은 정보를 갖는다는 것이다. 집단의사결정에서는 개인들이 가지고 있는 정보를 공유함으로써 의사결정에 다양한 정보를 투입할 수 있다. 또 하나는 상호작용이다. 상호작용은 의사결정과정에서 일어나는 구성원 상호간에 언어적·비언어적 의사소통이나 접촉을 말한다. 이러한 상호작용은 대인관계 행동을 통하여 두 인간 이상의 사람들이 어떤 방법으로든지 서로 영향을 미치고 있을 때 나타나는 현상이다. 이러한 특징들로 인하여 집단의사결정은 개인의사결정에 비해 다음과 같은 장점을 갖는다.[11]

첫째, 개인의사결정에 비해 보다 정확한 경향, 즉 정확성(accuracy)이 있다는 것이다. 물론 모든 집단이 개인보다 우수한 결정을 내린다는 것은 아니며, 집단의사결정이 집단 내의 평균적인 개인들보다 더 우수한 의사결정을 내리고 있다는 것을 의미한다.

둘째, 의사결정의 창의성(creativity) 측면에서 집단의사결정이 일반적으로 보다 우수하다. 집단의사결정의 경우, 집단의 구성원간 상호작용으로 인하여 동조압력(conformity pressure)과 집단사고(groupthink)의 경향이 일어남에도 불구하고 의사결정 기법에 따라 보다 새롭고 창의적인 아이디어(대안) 제안을 자극하는 데 성공적인 경우를 볼 수 있다.

마지막으로 의사결정의 수용(acceptance) 정도 측면에서 장점을 갖는다. 의사결정에 의해 영향을 받게 될 사람들이나 그 결정을 실행하는 데 있어서 주역을 담당할 사람들이 의사결정 과정에 참여하게 되면 그 결정이 수용될 가능성이 높아지게 된다. 그리고 의사결정과정에의 참가는 그 결정을 실행하게 될 사람들의 동기유발과 그 결정을 실행하려는 의지를 증진시킨다.

집단의사결정의 영향요인

집단의사결정은 의사결정에 요구되는 정보력과 지식 등의 면에 있어서 개인의사결정보다 우월한 의사결정을 내릴 가능성이 높다. 그러나 집단이 정보 등을 체계적으로 정리·분석하여 활용하고, 집단의 잠재력을 충분히 발휘하는 데에는 많은 영향요인이 존재한다.

집단의사결정이 개인의사결정보다 효율성이 높은가의 여부는 문제해결(problem solving)과 의사결정(decision making)의 모든 단계에 걸쳐 발생하는 집단의 내부적인 과정요인에 달려 있다. 즉, 정보나 대안에 대한 구성원의 기여도, 의사소통의 명확성, 예측과 판단의 정확성 그리고 의사불일치를 해소하는 방법 등이 집단의사결정의 질적 수준에 영향을 미치게 된다. 이러한 결정변수는 집단사고, 집단규모, 지위의 차이 정도, 구성원의 지적 수준과 성격, 직면한 환경 그리고 리더의 기술과 행동유형 등에 의해 영향을 받게 된다.

집단사고

집단사고(groupthink)**는 높은 응집력을 가진 집단에서 구성원 상호간의 합의에 대한 요구가 지나치게 커서, 이것이 부정적 결과를 초래하는 현상을 말한다.** 집단응집력이란 집단구성원간 상호 우정의 정도와 집단에 대한 구성원의 애착을 말한다. 만약 구성원이 비슷한 가치관, 태도 그리고 문화적 배경을 가지고 있다면 집단응집력은 훨씬 커질 수 있을 것이다.

한 집단의 응집력 정도가 강하면 구성원은 대개 집단의사결정에 대해 많은 신뢰를 가지게 된다. 자신의 집단의사결정이 개인의사결정보다 나은 것이라고 생각한다. 그래서 구성원 개개인은 자신들의 비판적 사고는 접어둔 채 집단에 부합하는 아이디어(대안)를 표명하는 데 몰두하게 된다. 즉 집단구성원은 상호간에 대해 강한 충성심을 발휘하여 만장일치의 분위기를 조성하려 한다. 그 결과 이 집단에서 내리는 의사결정은 완전히 비현실적, 비합리적, 획일적 그리고 비윤리적인 것이 될 때가 많다. 이와 같이 집단사고는 의사결정에 심각한 부정적 결과를 초래할 수 있다.

집단사고의 징후

- 무비판에의 환상: 집단의 의사결정 및 행동은 개인들의 비판대상이 될 수 없으며, 비판받을 필요가 없다고 생각한다.
- 집단도덕성에의 환상: 자신이 속한 집단은 도덕적으로 행동하고, 의사결정을 내린다고 생각한다.
- 만장일치의 환상: 집단의사결정에서 만장일치를 이룰 수 있다고 생각한다.
- 집단 합리성에의 환상: 집단에 의해 행해진 의사결정은 합리적이고 최적의 결론이라고 생각하고, 많은 가정과 대안들을 고려하지 않는다.
- 경쟁자에 대한 스테레오타입(stereotyping): 경쟁자를 적 또는 바보로 보는 스테레오타입을 형성한다.
- 자기검열: 집단의사결정 또는 행동과정에 있어서, 집단의 기준에서 벗어나는 개인적 의문을 외부로 표출하지 않는다.
- 동료의 압력: 집단 의사결정에 의문을 가지는 개인에 대하여 집단에 대한 충성심을 보이고 동조하도록 다른 집단구성원들이 압력을 가한다.
- 자기보호(mind guard): 집단의 부정적 피드백으로부터 자신을 보호하려고, 집단의사결정이나 행동을 의문시하는 정보를 감추고자 한다.

집단사고를 피하기 위한 지침

- 목적 및 의문을 적극적으로 제시하는 평가자의 역할을 하도록 집단구성원들에게 요구한다.
- 집단의사결정에 앞서 리더가 사안에 대해서 언급을 회피하도록 한다.
- 동일한 사안에 대해 의사결정하기 위해 다수의 집단을 동시에 구성한다.
- 집단의사결정 과정을 평가하기 위하여 외부전문가를 참여시킨다.
- 집단의 일관된 의사결정 과정에 대하여 의문점을 제시하는 '악마의 주창자'(devil's advocate)를 지명한다.
- 다양한 동기와 의도를 가지고 의사결정 참여자들의 경쟁을 유도하고 평가한다.
- 일단 합의가 이루어지더라도 대안을 재조사하도록 격려한다.

집단양극화

집단양극화(group polarization)**는 집단토론중에 집단구성원 사이에서 극단적인 쏠림이 나타나는 현상이다.** 즉 처음에 어떤 문제에 대하여 반대했던 집단 구성원은 토론 후 보다 강력하게 반대한다. 반대로 처음에 어떤 문제에 대하여 찬성하던 사람은 토론 후에 점점 강력하게 찬성한다는 것이다.[12]

집단양극화가 발생하는 이유를 설명하는 데 몇 가지 이론이 제시되고 있다. 그 중 하나가 사회비교론(social comparison theory)이다. 집단이 토론하기 전 집단구성원 개개인들은 그들 자신이 다른 구성원보다 좋은 관점을 가지고 있다고 믿는다. 그러나 집단토론을 하는 과정에서 자신이 가지고 있는 관점이 평균적인 것과 그렇게 다르지 않다는 것을 알게 되면, 이에 따라 그들은 점점 극단적인 성향으로 쏠리게 된다는 것이다.[13]

두 번째 설명이론은 설득논법 관점(persuasive arguments view)이다. 이 이론은 집단토론이 집단구성원의 최초의 관점을 강화시켜서 그들이 점점 극단적인 성향을 가지게 된다고 주장하고 있다.[14]

집단양극화는 집단이 극단적인 태도를 가지게 하기 때문에 잘못된 의사결정을 유발하는 원인이 될 수 있다.

집단규모

의사결정집단의 규모(size)는 의사결정 과정에 다양한 영향을 미친다.[15] 구성원의 수가 많아질수록 의사소통은 어려워지고 공격적인 소수가 토의를 지배하는 '소수의 지배'현상이 일어나게 된다. 집단의 규모가 커지면 또한 파벌과 동맹 등과 같은 갈등의 잠재 원인이 생기기 쉽게 된다.

한 실증연구에 의하면 집단규모가 커질수록 집단응집력(adhesiveness)과 집단구성원들간 상호작용(interaction) 정도가 떨어지며[16] 그 결과 집단규모가 클수록 만족도와 합의(consensus) 정도는 역상관 관계로 나타난다. 또한 집단규모가 클수록 형식적이고 정형적 의사결정에 중점을 두는 경향이 높다. 그러나 집단규모가 커질수록, 문제에 대해 보다 많은 지식을 모아 다양한 아이디어(대안)를 나눌 수 있다는 장점도 있다.

결론적으로 집단규모의 장단점은 상호 교차하는 측면이 있으며 문제의 종류에 따라 집단규모를 결정하는 것이 매우 중요하다.

구성원의 특성

각 구성원은 토의과정에서 각자의 태도, 가치관, 경험 그리고 지식 등을 의

사결정에 반영한다. 의사결정에 반영되는 중요한 구성원의 특성(charateristics of members)으로는 지위, 구성원간의 목표 지향성 그리고 성격 특질 등이 있다. 이 외에 구성원의 정보와 지식 등이 아이디어의 질적 수준에 주된 영향을 미친다.

지위간의 차이가 현격한 집단의 경우, 구성원 상호간의 솔직한 의사소통이 어려운 경우가 많다. 또한 상급자의 아이디어는 더욱 큰 영향력을 가지게 되며 실제보다 우수하게 평가되는 경향을 띤다.[17)]

목표지향성은 구성원들의 만족도와 의사결정에서 중요한 요인이다. 리더와 구성원간에 목표지향성이 상충될 경우, 구성원들은 리더 의견이나 결론에 반발해 의사결정에 무관심하게 되거나 냉담해지기 쉽다.

다른 주요한 과정요인은 구성원의 성격특질(personality traits)이다. 한 연구는 서로 조화를 이루는 사람들로 구성된 집단은 보다 생산적이며 특히 시간이 촉박한 경우에 합의를 도출해야 할 때 더욱 그렇다고 그들의 연구에서 밝혔다.[18)]

물리적 환경

물리적 환경(physical situation)**은 회의의 심리적 분위기나 구성원의 상호작용에 중요한 변수로 작용한다.**[19)] 가장 두드러진 물리적 환경의 하나는 좌석 배치인데, 이에 따라서 리더와 구성원들이 심리적으로 양분될 수도 있다. 특히 장방형의 테이블이나 단상등은 리더와 다른 구성원간의 지위의 차이를 강조하게 되므로 창의적인 분위기 조성에는 부적합하다.[20)] 그에 반해 원형이나 U자형의 테이블은 경직성이 없는 자유로운 분위기를 유도하는 데 좋다. 다만 지나친 자율성으로 토의가 산만해질 수 있는 것이 단점이다. 그 밖에 습도라든지 실내온도 또는 리더십의 형태나 안건의 제시방법 등이 적당치 않으면 신중한 의사결정을 방해하게 된다.

리더십의 질적 수준

회의의 리더(leader)란 회의에 참여한 구성원으로 하여금 문제를 해결하거나 결정을 내리도록 이끄는 사람을 말한다. 의사결정문제와 절차가 구조화되어 있지 못한 경우 회의의 성공 여부는 다른 어떤 요소보다도 리더십의 질적 수준에 달려 있다고 볼 수 있다. 통상 의사결정집단의 구성원들은 필수적인 리더십 기능을 갖춘 리더를 원하는데, 그러한 리더는 효율적으로 의사결정과정을 이끌기 때문이다. 반면 리더가 과정통제가 아닌 내용통제를 하려 하면 집단은 불만이 증대되고 비생산적이 된다.[21] 또한 시간의 압력을 받을 때 리더십의 중요성이 증가된다. 즉, 리더십은 시간의 압력이 높을수록 보다 큰 영향력을 미친다.

집단의사결정의 문제점

회의나 위원회 같은 전통적인 집단의사결정기법이 갖는 문제점은 여러 가지의 집단 특성변수에 의해서 달라질 수 있다. 여기에서는 일반적으로 지적되고 있는 문제점을 정리해 보기로 한다.

첫째, 적당한 수준에서 타협이 나타날 가능성이 높다. 어떤 결론에 도달하거나 어떠한 결정을 내려야 할 필요가 있는 경우 그 구성원의 참여강도가 희석되거나 무의미하게 될 위험이 있다. 즉 구성원 상호간의 충돌이나 제재가 일어나지 않는 범위 내에서 아이디어(대안)를 제시하거나 적극적인 행동을 회피하는 경향을 보인다. 대안에 대한 충분한 평가보다는 구성원간의 상호관계를 고려하여 쉽게 합의에 도달할 가능성이 있다. 이는 구성원 상호간의 동조압력이 지나치게 커서 현실적인 다른 아이디어의 탐색 및 개발을 저해한다. 또한 개인의 창의력 및 판단이 흐려지는 현상인 집단사고가 나타날 가능성이 높다.

둘째, 일반적으로 집단의 규모가 일정한 수준 이상으로 증가하면 갈등이 심화되거나 집단구성원 상호간의 분열 등이 일어날 가능성이 높아 의사결정의 속도가 지연된다. 그리고 집단적 차원에서 합의가 이루어지지 않으면 의사결정이 이루어지지 못하기 때문에 의사결정속도가 저하된다. 투입된 노력에 비하여 산출되는 결과를 비교하는 능률의 측면에서 본다면 일반적으로 집단의사결정은 개인의사결정보다 열등하다. 집단의사결정은 구성원의 수가 많아질수록 그 상호작용은 기하급수적으로 늘어나기 때문에 정보의 체계적인 정리와 분석 등에 보다 많은 시간과 노력이 투입된다.

셋째, 회의진행방법이 구조화되어 있지 못할 경우에 리더의 역할이 증대되고 리더가 회의를 잘못 이끌어갈 때 엉뚱한 아이디어가 나와 효율적인 토의가 이루어지지 않는다.

넷째, 소수의 아이디어를 무시하는 경향이 일어난다. 구성원이 동등한 지위로 구성되지 못한 경우 소수의 의견이 무시되어 창조적인 아이디어의 제시를 제약하거나 구성원 모두가 만족하는 합의가 이루어지지 못하고 표면적인 합의가 이루어질 수 있다. 즉, 합의중시 경향이 생겨 소수의 아이디어가 무시될 수 있다.[22]

다섯째, 자기 포기현상이 일어날 수 있다. 집단 내에 지도자로 부각되는 인간이 있는 경우 여타의 구성원들은 자신의 의견을 포기하고 추종하거나 조언자로 변질해 버릴 가능성이 있다. 특히 개성이 강하거나 지위가 높은 구성원이 회의를 지배하게 되는 경우 이러한 현상이 나타날 가능성이 높아진다.

대안적 집단의사결정기법

오늘날 조직 내의 많은 의사결정이 회의나 위원회에 의해 이루어지고 있다. 사실상 구성원 상호간 대면을 하면서 토의에 의해 의사결정을 내리게 되는 회의나 위원회는 집단의사결정의 대표적인 예라고 할 수 있다. 그러나 이러한 전통적인 집단의사결정기법들은 집단사고, 경직성, 비효율성 또는 소수지배와 같은 단점을 가진다.

이와 같은 문제점들을 해결하고 집단의사결정의 장점을 살려 효율성을 높이기 위한 대안적 기법들이 개발되었다. 이들 중에서도 폭넓게 쓰이고 있는 집단의사결정기법으로는 브레인스토밍기법, 명목집단기법, 델파이기법, 통계적 통합기법, 변증법적 문의, 악마의 주장 등이 있다. 이들은 일상적인 문제보다는 창의적 아이디어 창출을 위해 개발되었기 때문에 **창의적 의사결정기법**이라고 한다.

브레인스토밍

브레인스토밍(brainstorming)은 1938년 오스본(A.F. Osborn)에 의해 개발된 기법이다. 1950년대에 미국의 육·해·공군, 연방정부와 주정부에서 창의성 있는 아이디어 개발을 위한 기법으로 널리 사용되어 왔다.

이 기법에서는 참여하는 구성원들이 다음과 같은 점을 갖도록 강조한다.[23] 첫째, 다른 구성원의 아이디어 제시를 저해할 수 있는 평가를 하지 않는다. 둘째, 자유롭게 아이디어를 제시한다. 세째, 아이디어의 질보다 수량을 중시한다. 넷째, 기존 아이디어의 종합이나 개선도 좋다는 것이다.

브레인스토밍기법은 다음과 같은 절차에 의해 운영된다.[24] 먼저 모든 구성원들이 잘 볼 수 있도록 칠판 등에 문제를 명확히 제시한다. 그리고 리더가 브레인스토밍 기법의 규칙에 관해 설명한 후 구성원들은 손을 들고 한 가지씩 아이디어를 제시한다. 도출된 모든 아이디어를 칠판 등에 적고 필요에 따라 읽어 주거나 설명한다. 마지막으로 도출된 아이디어를 정리한다.

브레인스토밍은 개인의 창조적 사고를 저해하는 구성원 상호간의 동조현상을 극복하기 위한 방법이다. 소수 의견이 무시되지 않으면서 또한 소수구성원에 의한 지배도 불가능해진다. 그리고 다른 구성원의 아이디어를 알게 됨으로써 학습의 기회와 새로운 시각을 자극받을 수 있다. 따라서 여타의 기법보다도 문제해결을 위한 새로운 아이디어를 도출하는 데 활용도가 높은 기법이다.

브레인스토밍기법의 단점은 먼저 구성원들이 규칙을 준수하고 자유스러운 분위기를 조성하는 것이 어렵다는 것이다. 또한 구성원들이 문제를 이해할 수 있는 시간적 여유가 적기 때문에 상대적으로 단순한 문제에 적합하며 복잡한 문제를 심도 있게 논의하는 데는 적합하지 않다. 덧붙여 올바른 결론보다 합의를 중시하고, 아이디어의 구조화가 힘들다는 단점이 있다.

명목집단기법

명목집단기법(nominal group technique)은 1968년 델베크(A. L. Delbecq)와 반데 벤(A. H. Van de Ven)에 의해서 의사결정의 사회심리학적 연구를 기초로 개발되었다. 이 기법은 미국 나사(NASA)의 프로그램 설계에 대한 산업공학적 문제해결 과 사회적 활동에 대한 시민의 참여에 관한 연구에서 활용되었다.

이 기법은 브레인스토밍기법에 토의 및 투표기법의 요소를 조합하여 만들어진 것이다. 명목집단기법은 아이디어(대안) 도출시 구성원의 창의성을 높이기 위해 구성원간 상호작용을 제한하는 특징이 있다. 즉 아이디어 도출단계에서 구성원간 커뮤니케이션이 구두가 아닌 글로 이루어진다(〈그림 11-4〉 참조). 따라서 명목집단은 실질적인 의미에서 상호간의 의사소통이 이루어지는 집단은 아니라는 의미를 가지고 있다. 이런 형태의 아이디어 도출은 구성원 상호간의 영향을 최소화하고 사회심리학적 관계를 그대로 유지하게 한다.

명목집단기법은 많은 구성원이 참여하지만 집단 내에서 구성원 각자의 자발적인 노력에 의해 의사결정이 이루어지는 기법이다. 따라서 이 기법은 집단의 장점을 살리면서 개인이 혼자 작업해 나가는 의사결정기법이라는 특징이다.

명목집단기법은 운영절차가 고도로 구조화되어 있어 리더의 행동을 일관성

〈그림 11-4〉 명목집단기법: 의사결정단계 요약

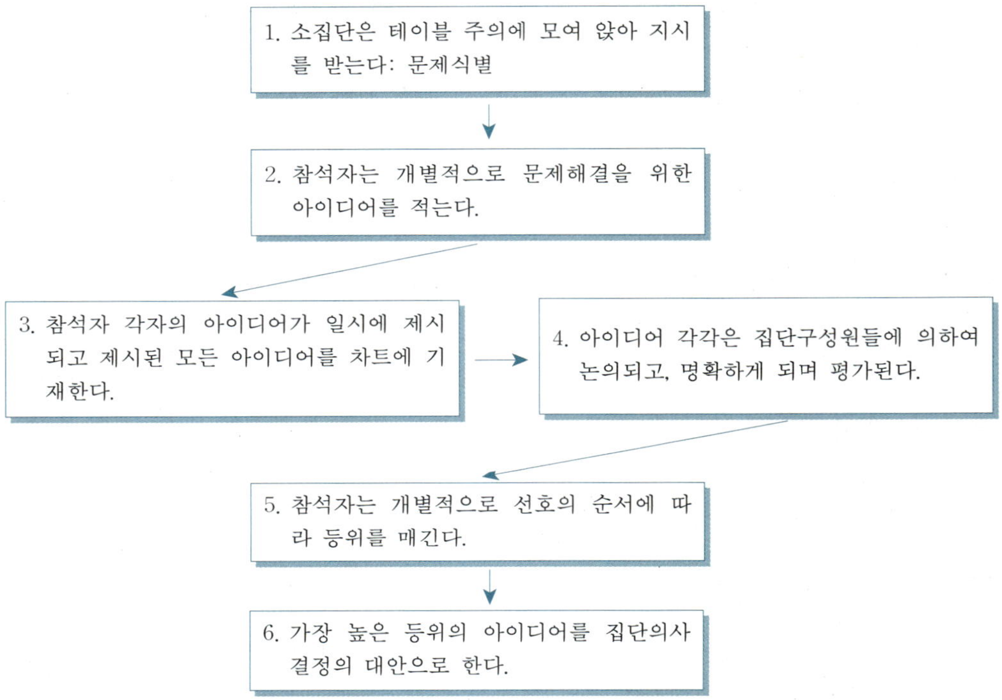

자료: *Ibid.*, p. 506.

있게 유지할 수 있다. 먼저 구성원은 침묵하며 독자적으로 제시된 문제에 대해 생각한 후, 자신의 아이디어(대안)를 서면으로 정리하여 작성한다. 이 같은 침묵의 시간에 이어 차례로 돌아가면서 자신의 아이디어를 제시하고 도출된 아이디어는 모두 기록하며, 모든 아이디어가 기록될 때까지 일체 토의는 금지된다. 그리고 제시된 아이디어들에 대해 장점과 타당성 등에 대해 토의한다.

마지막 투표단계에서 구성원들은 아이디어들에 관해 우선 순위에 따라 점수를 부여하고 집단의 최고종합점수를 받은 아이디어를 최종 대안으로 확정한다.

명목집단기법은 기본적으로 브레인스토밍(brainstorming)기법의 이점을 가진다. 즉, 구성원 상호간의 갈등의 해소와 소수의 지배를 배제할 수 있다. 또한 아이디어의 도출단계와 평가단계가 분리되어 있어 창조적인 아이디어 개발이 가능하고 하나의 의견에 집착하는 경향이 사라지게 된다. 이외에 최종안의 판단이 수학적으로 내려지기 때문에 객관적이고 정확하며 의사결정의 종결이 확실히 이루어진다. 또한 의사결정 진행과정에서 사회성 지향 측면이 동시에 배려되어 있어 만족도가 높다는 점도 주요한 장점이다.

명목집단기법은 리더가 의사결정과정에 대한 확실한 지식을 가지고 있어야 하며, 구성원 각자가 자신의 의견을 서면으로 정확히 전달할 수 있는 능력이 있어야 한다. 그리고 문제에 대한 사전 지식과 관련 자료의 충분한 준비가 있어야 효과적이다. 명목집단기법은 의사결정과정이 고도로 구조화되어 있어 융통성이 적고, 도중에 문제를 바꾸거나 수정하기가 곤란하며 익숙하지 않은 구성원은 부자연스러움을 느끼기 쉽다.

델파이기법

델파이기법(Delphi technique)은 1950년대 초에 미국의 랜드(RAND)연구소에 종사하던 달키(N. Dalkey)와 그의 동료들이 미국무성의 요청에 따라 개발한 기법이다. 원래 목적은 기술개발 예측, 즉 미국에 대규모의 전략 핵공격이 가해졌을 시

〈그림 11-5〉 델파이기법 과정

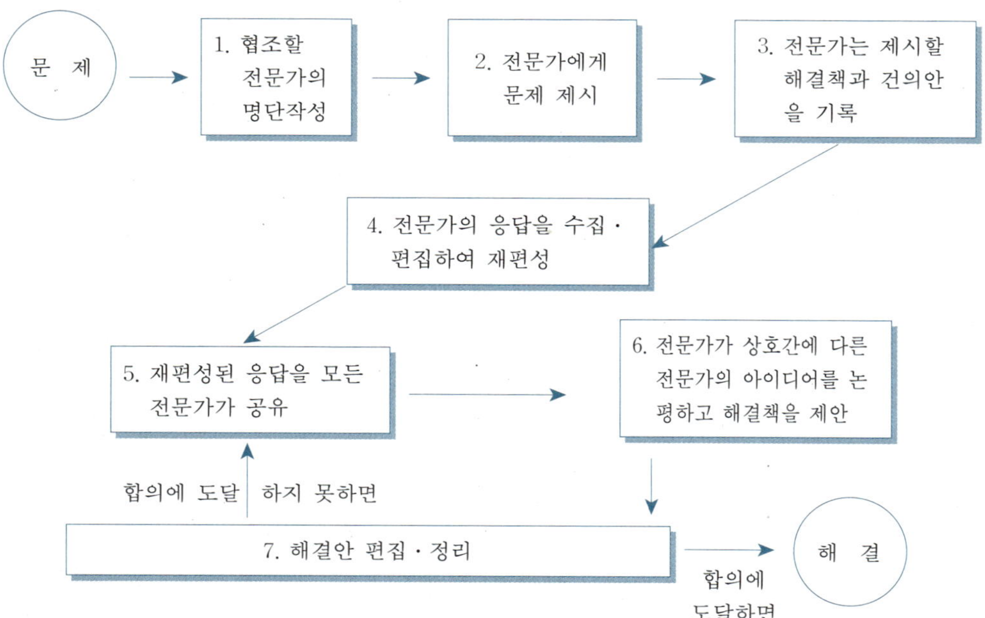

자료: *Ibid*., p. 505.

예 상되는 결과를 평가하기 위한 것이었다. 이후 인구증가, 교육문제, 우주기술 분야의 기술예측과 사회구조변화 등에 활용되어 왔으며, 이 기법이 추구하는 주목적은 전문가 집단으로부터 신뢰성이 높은 합의를 얻어 내는 것이다.

의사결정과정중에 일체의 대화 없이 반복적인 피드백(feedback)**과 통계적 처리에 의하여 아이디어를 수렴하는 것이 이 기법의 주된 특징이다.** 우선 한 문제에 관해 다수의 전문가의 독립적인 아이디어를 우편으로 수집하고 이 제시된 아이디어들을 분석·요약해 응답자들에게 피드백을 제공한다. 그 다음 모아진 아이디어에 대한 전반적 합의가 이루어질 때까지 서로의 논평을 계속하도록 하는 것이다. 이 기법은 일련의 반복된 브레인스토밍(brainstorming)기법이라고도 할 수 있으며, 브레인스토밍기법의 단점인 구성원 상호간의 심리적 개입을 제거하고 의사결정 패널집단의 아이디어를 수렴하도록 고안된 것이다.

델파이기법이 가지고 있는 특징은 첫째, 익명성이다. 델파이기법 과정에서 설문 응답자들은 서로 알 수 없으며 상호작용도 일어나지 않는다. 따라서 이미 제시한 아이디어에 자유롭게 수정·평가할 수 있다. 둘째, 피드백에 의한 반복적 과정이라는 것이다. 이 기법에서는 응답자로 하여금 집단의 의견을 인식시킴으로써 오류가 있는 아이디어를 수정케 하며, 피드백 형식에 의해 통제가 가능하므로 토의에서 이기거나 만장일치 등을 요구하는 데 관심을 두지 않고 최적안 합의에만 충실할 수 있다. 셋째, 구성원 응답이 통계적으로 처리된다는 것이다. 집단의사결정에서는 특정 응답자의 의견이 매우 강한 경우 그에 의한 지배나 가중치가 주어질 때가 많다. 델파이기법은 그러한 점을 배제할 수 있도록 통계적 분석에 의한 평가를 행한다.

델파이기법의 장점은 첫째, 의사결정의 진행이 익명에 의해 이루어지기 때문에 소수지배나 집단사고 현상이 제거된다는 것이다. 둘째, 광범위한 지역과 다양한 전문가가 동등한 조건에서 참여할 수 있다는 점이다. 셋째, 단계별로 의사결정이 진행되기 때문에 의사결정 진행상황에 대한 추적이 용이하며 응답자에게 충분한 시간이 주어진다. 끝으로 사회 감정적 관계가 배제되어 문제에 집중할 수 있고 기록을 정확히 남길 수 있다는 장점이 있다.

델파이기법의 단점은 첫째, 우편방식으로 진행되기 때문에 운영속도가 느리고 응답 도중 회신이 분실되거나 응답자가 탈락할 수 있는 등 불안정한 요소가 있다. 둘째, 서면에 전적으로 의존하기 때문에 커뮤니케이션에 제한성이 존재한다. 마지막으로 결론이 통계적 처리에 의하므로, 응답자 상호간에 아이디어가 상충할 경우 갈등은 해소되지 않으며 통계적 결론의 정확성에도 문제가 될 수 있다.

통계적 통합기법

통계적 통합기법(statistical aggregation technique)**은 문제의 성질이 계량적 판단이 가능할 때 사용하는 기법이다.** 예를 들면 이 '조직행동론' 책을 얼마만큼 생산하면 될 것인가? 또 이 책의 단가를 얼마로 정할까 등에 대한 의사결정을 할 경우 이 기법이 사용된다. 이 기법은 약간 명의 의사결정참가자가 관련 문제에 대하여 최적의 응답을 하도록 하며 참가자 개개인이 독립적으로 판단한다. 이 독립적인 판단결과들을 가지고 최종해를 얻고자 통계적 통합을 한다. 즉 산술평균치나 중앙값을 계산하여 최적해로 이 값을 취한다. 이 기법은 신속하고, 효율적이며, 사회적 압력에서 파생되는 불리한 영향을 필연적으로 피하게 되나, 사회적 상호작용에서 얻어지는 장점들은 살릴 수가 없다.

변증법적 문의

변증법적 문의(dialectical inquiry)**는 본래 상반된 의견이나 견해를 가진 인간들로 구성된 집단 사이에서 벌이는 논쟁이다.** 이 기법은 갈등을 일으키지만 양 집단의 아이디어가 서로에게 이익을 주며 서로의 한계를 분명히 한다.

변증법적 문의의 첫단계에서는 관심 있는 문제의 최초 대안과 이 대안과 관련된 여러 가지 명제를 도출한다. 두 번째 단계에서 어떤 한 집단이 다른 집단의 아이디어에 대한 명제들을 부정하고 상반된 점들을 제시하며, 반대 대안들을 내어놓는 과정이다. 즉, 집단간의 이질성을 특히 강조하면서 일을 추진하여야 한다. 세 번째 단계는 앞의 단계를 거치면서 제시된 모든 상반된 점들을 분석·정리함으로써 명제들을 통합하는 단계이다. 즉, 집단이견간의 동질성 또는 공통점에 초점을 맞추어야 한다. 끝으로 최종 대안 선택단계에서는 그 동안 제안된 여러 명제 중 받아들일 수 있는 명제를 도출해 내고, 동시에 제시된 자료를 분석·정리하여 최종적으로 최선의 대안을 선택한다.

악마의 주장

악마의 주장(devil's advocacy)기법에서 개인이나 집단은 의사결정의 시작단

〈표 11-3〉 집단의사결정 제 기법간 효과성 비교

유효성 기준	집단기법의 유형				
	상호작용	브레인스토밍	명목집단	델파이	통계통합
아이디어의 수	적 음	중 간	많 음	많 음	적용불가능
아이디어의 질	낮 음	중 간	높 음	높 음	적용불가능
구성원간 압력	높 음	낮 음	중 간	낮 음	없 음
시간/비용	중 간	낮 음	낮 음	높 음	낮 음
과업지향성	낮 음	높 음	높 음	높 음	높 음
갈등유발가능성	높 음	낮 음	중 간	낮 음	낮 음
성취감	다양(높고/낮음)	높 음	높 음	중 간	낮 음
해결책 추구노력	높 음	관련 없음	중 간	낮 음	낮 음
집단응집력	높 음	높 음	중 간	낮 음	중 간

자료: J. K. Murnigran(1981), Group Decision Making: What Strategies Should You Use!, *Management Review*, p. 61.

계에서부터 서로 비평하는 역할을 하게 된다. **악마의 주장기법은 의사결정시 노출되지 않고 잠재되어 있는 문제를 노출시켜 철저한 심의과정을 거쳐야 할 때 필요한 기법이다.** 이 기법은 잠재적이고 생각하지 못한 위험이나 함정을 가려내어 의사결정을 하는 데 있어 값비싼 오류를 범하는 것을 피하는 데 도움을 준다. 이 기법은 시간이 많이 걸리며, 좋은 대안이 작은 문제점 때문에 채택되지 않을 수도 있는 단점이 있으나, 매우 중요한 문제에 대하여 의사결정을 하여야 할 때 철저한 심의과정을 거치게 되는 장점을 가진다. 특히, 최고경영자나 고위관리자에게 도전적 발언을 하는 악마주창자(devil's advocate)는 고위경영층의 경영성과나 활력을 지속시키는 데 도움을 줄 수 있다.

앞에서 설명한 상호작용기법, 브레인스토밍, 명목집단기법, 델파이기법 그리고 통계적 통합기법의 효과성을 살펴보면 〈표 11-3〉과 같다.

집단의사결정기법을 선택하기 전에 경영관리자는 조심스럽게 집단구성원과 의사결정상황을 평가하여야 한다. 그러고 난 후에야 집단의사결정과정의 목적을 성취하기 위한 최선의 방법이 선택될 수 있다. 예를 들어 만일 최대수의 대안을 창출할 목적이면 브레인스토밍이 최선의 선택이고, 만일 집단구성원이 아이디어 도출하기를 꺼린다면 명목집단기법이 제일 적당하다. 전문가를 참여시키고자 하면 델파이기법이 이를 활성화시킬 것이고, 집단사고를 예방하기 위해서는 변증법적 문의, 악마의 주장 등의 기법이 효과적이다.

요 약

- 의사결정이란 "바람직한 상태를 달성하기 위하여 하나 또는 그 이상의 대안 중에서 하나를 선택하는 의식적 과정"이라고 정의할 수 있다.
- 개인의사결정은 두 가지 측면을 갖는다. 하나는 의사결정과정이 어느 정도 구조화되었는가 하는 것이고, 다른 하나는 의사결정이 얼마나 많은 확실성을 가지고 있는가 하는 것이다.
- 개인의사결정자들은 합리성을 추구하지만 실제로는 여러 제한 요소들 때문에 제한된 합리성에 따를 수밖에 없게 된다.
- 개인의사결정자의 제한된 능력 외에도 인지적인 오류(cognitive bias), 몰입의 상승 등과 같은 장애요인들이 있다.
- 집단의사결정은 의사결정에서 요구되는 정보력과 지식 등의 면에서는, 개인 한 사람에 의한 의사결정보다 우월한 의사결정을 내릴 가능성이 높다.
- 집단의사결정은 집단사고, 집단양극화, 집단규모, 지위의 차이 정도, 구성원의 지적 수준과 특성, 물리적 환경 그리고 리더의 기술과 행동 유형 등에 의해 영향을 받는다.
- 브레인스토밍, 명목집단기법, 델파이기법, 통계적 통합기법, 변증법적 문의, 악마의 주장 등 창의적 집단의사결정기법들은 집단사고, 집단양극화의 가능성을 극복하기 위한 효과적인 방법들이다.

핵심용어

의사결정
문제해결
집단사고
브레인스토밍
델파이기법
악마의 주장
비구조화된 의사결정
위험회피
문제형태에 따른 인지오류
단순화경향
몰입상승
집단양극화
명목집단기법
변증법적 문의
구조화된 의사결정
제한된 합리성

토의 문제

1. 의사결정의 합리적 모형과 제한된 합리적(행동론적) 모형을 비교하시오.
2. 개인의사결정의 한계성을 설명하시오.
3. 개인의사결정의 장애요인을 설명하시오.
4. 집단의사결정의 장·단점을 기술하시오.
5. 집단사고의 징후와 대비책을 기술하시오.
6. 대안적 집단의사결정기법의 종류와 내용을 기술하시오.

참고문헌

1) Shull, F. A. Jr., Delbecq, L. & Cummings, L. L.(1970), *Organizational Decision Making*, New York: McGraw-Hill, pp. 5-9.
2) Huber, G. P.(1980), *Managerial Decision Making*, Ill.: Scott, Foresman & Company, pp. 8-9.
3) Harrison, E. F.(1987), *The Managerial Decision Making Process*(3rd ed.), Boston: Houghton Mifflin.
4) Parsons, C. K.(1988), Computer Technology: Implications for Human Resources Management, in G. R. Ferris & K. M. Rowl(Eds.), *Research in Personnel and Human Resources Management*, Geenwich, CT: JAI Press, pp. 1-36.
5) Harrison, E. F.(1987), *The Managerial Decision Making Process*(3rd ed.), Boston: Houghton Mifflin.
6) March, J. G. & Simon, H. A.(1958), *Organization*, New York: John Wiley & Sons, p. 141.
7) Kanhneman, D. & Tversky, A.(1984). Choices, Values, and Frames, *American Psychologist*, pp. 341-350.
8) Staw, B. M.(1976), Knee-deep in the Big Muddy: A Study of Escalating Commitment to a Chosen Course of Action, *Organizational Behavior and Human Performance*, pp. 27-44.; Staw, B. M.(1981), The Escalation of Commitment to a Course of Action, *Academy of Management Review*, pp. 577-587.
9) Whyte, G.(1991), Diffusion of Responsibility: Effects on the Escalation Tendency, *Journal of Applied Psychology*, pp. 408-415.
10) Maier, N. R.(1976), Assets and Liabilities in Group Problem-Solving: The Need for an Integrative function, *Psychological Review*, pp. 239-249.; Tindale, R. S.(1989), Group versus Individual Information Processing: The Effects of Outcome Feedback on Decision Making, *Organizational Behavior and Human Decision Process*, pp. 454-473.
11) Huber, G. P. *op. cit.*, pp. 143-144; Vollrath, D. A., Sheppard, B. H., Hinsz, V. B. & Davis, J. H.(1989), Memory Performance by Decision-Making Groups and Individuals, *Organizational Behavior and Human Decision Proc-*

ess, pp. 289-300.

12) Moscovici, S. & Zavalloni, M.(1969), The Group as a Polarizer of Attitudes, *Journal of Personality and Social Psychology*, pp. 125-135.

13) Goethals, G. R. & Zanna, M. P.(1979), The Role of Social Comparison in Choice of Shifts, *Journal of Personality and Social Psychology*, pp. 1469-1476.

14) Vinokur, A. & Burnstein, E.(1974), Effects of Partially Shared Persuasive Arguments on Group-Induced Shifts: A Problem-Solving Approach, *Journal of Personality and Social Psychology*, pp. 305-315.

15) Manners Jr., G. E.(1975), Another Look at Group Size, Group Problem Solv-ing and Member Consensus, *Academy of Management Journal*, pp. 715-724; Cummings, L. L. & Huber, G. P. & Arendt, E.(1974), Effects of Size and Spatial Arrangements on Group Decision Making, *Academy of Management Journal*, pp. 460-475.

16) Thomas, E. J. & Fink, C. J.(1963), The Effects of Group Size, *Psychological Bulletin*, pp. 371-384.

17) Berger, J. & Cohen, B. P. & Zeldich, M.(1972), Status Characteristics and Social Interaction, *American Sociological Review*, pp. 241-255.

18) Liddell, W. W. & Slocum, Jr., J. W.(1976), The Effects of Individual Role Compatibility upon Group Performance, *Academy of Management Journal*, pp. 413-426.

19) Bradford, L. P.(1976), *Making Meetings Work*, California: La Jolla, pp. 68-77.

20) Jay, A.(1976), How to Run a Meeting, *Harvard Business Review*, pp. 43-57.

21) Schlesinger, L. J., Jackson, M. & Butman, J.(1960), Leader-Member Interaction in Management Committee, *Journal of Social Psychology*, pp. 360-364.

22) Tosi, H. L., Rizzo, J. R. & Carroll, S. J.(1986), *Managing Organizational Behavior*, New York: Longman.

23) Osborn, A. F.(1963), *Applied Imagination*(3rd ed.), New York: Charles Scribner's Son; Hwang, C. L. & M. J. Lin(1987), *Group Decision Making under Multiple Criteria*, New York: Springer-Verlag, p. 148.

24) Hwang, C. L. & Lin, M. J.(1987), *Ibid*., pp. 150-153.

12 리 더 십

리더십의 개요

리더십의 정의, 리더십의 기능

리더십이론들

리더십에의 영향요인들

리더십이론의 흐름, 리더십의 유형

보편적 리더십 특성이론

상황적합적 리더십 특성이론

리더의 핵심특성, 상황의 호의성

리더-상황 적합, 피들러모형의 시사점

보편적 리더십 행동이론

권위적 · 민주적 리더십, 관리격자모형,

리더의 행동유형과 부하의 만족/성과의 관계

상황적합적 리더십 행동이론

경로-목표이론, 직무-리더간 상황적합이론

규범적 리더십이론

그 밖의 리더십이론

수직쌍 연결이론, 수퍼리더십

카리스마 리더십, 변혁적 리더십

리더십 대체이론

학습목적

1. 리더십의 개념에 대한 이해
2. 주요 리더십이론의 핵심 이해
3. 리더－부하의 관계가 부하의 성과와 태도에 미치는 영향 이해
4. 상황에 따른 효율적 리더십유형의 이해

많은 사람들에게 조직의 성공에 가장 중요한 요소는 무엇이냐고 물으면 아마 상당수의 사람들은 '효과적인 리더십'이라고 답할 것이다. 이러한 대답은 리더십이 사회나 조직의 미래를 결정하는 중요한 요소라는 일반적 신념에 기인하고 있는 것이다. 리더십의 효과성 정도가 조직의 성과를 좌우하는 중요한 요소라는 관점에서 볼 때 훌륭한 리더십을 가진 관리자를 확보하거나 효과적인 리더십의 기술을 습득시키는 것은 현대 조직에 있어서 매우 중요하다.

실제로 리더십은 조직구성원의 만족, 동기유발 및 성과에 영향을 미치고 있으며 조직의 목적을 효과적으로 달성하는 데 중요한 역할을 하고 있다.

조직행동연구에 있어서 리더십은 여러 가지 이유에서 중요하게 취급되고 있다. 첫째, 리더는 집단 및 조직의 성과에 상당한 영향을 미친다. 따라서 리더십을 이해하고 리더십의 효과성을 증진시키는 것이 중요하다. 둘째, 리더십은 불완전한 조직구조나 과정을 보충한다는 점이다. 모든 조직구성원의 임무나 활동을 자세하게 규정하고 이들을 조정하기란 쉽지 않다. 리더십은 조직구성원의 불분명한 임무나 활동을 상황에 따라 유연하게 규정하며 조정하는 기능을 한다. 마지막으로 리더십에 대한 연구는 경영자들로 하여금 자신의 리더십의 효과성을 개선할 수 있는 방법을 제시한다.

본 장에서는 리더십에 대한 여러 연구를 요약하여 리더십에 대한 독자들의 이해를 돕고자 한다. 이를 위해 먼저 정의, 기능 및 유형을 포함한 리더십의 개념을 고찰하기로 한다. 다음에 리더십에 대한 다양한 관점을 소개할 것이다. 마지막으로 기존의 리더십이론으로 규명된 리더십의 성격과 기능에 새로운 통찰을 제공하는 다양한 최신의 접근법을 제시하고자 한다.

리더십의 개요

리더십의 정의

어떤 면에서 리더십은 사랑이란 용어와 비슷하다. 모든 사람들이 느낄 수는 있지만 정의하기가 어렵기 때문이다. 리더십연구의 주요 학자인 스톡딜(R. M.

리더와 보스

1. 리더는 「신념」을 주고, 보스는 「공포심」을 준다.
2. 리더는 잘못을 「고쳐」 주고, 보스는 「추궁」만 한다.
3. 리더는 사람들 눈에 「보이는 데서」 일하고, 보스는 「보이지 않는 데서」 일한다.
4. 리더는 사람들의 「앞장에 서고」, 보스는 사람들을 「앞세운다」.
5. 리더는 부하들을 「추켜세우고」, 보스는 부하들을 「누른다」.
6. 리더는 「아는 길도 물어가고」, 보스는 「모르는 길도 묻지 않는다」.
7. 리더는 늘 「우리」라고 말하고, 보스는 늘 「나」라고 말한다.
8. 리더는 「신바람」이 나게 하고, 보스는 「원망」을 낳게 한다.
9. 리더는 방법을 「가르쳐」주고, 보스는 「알고만」 있다.
10. 리더는 사람을 「인도」하고, 보스는 사람을 「부리려」 한다.
11. 리더는 사람들과 「함께 걸으며」 늘 등 뒤를 돌아본다.
    왜냐하면 행여나 사람들이 쳐져 있지 않나 하고,
    보스는 사람들과 「떨어져 걷는다」 그리고 이따금 둘레를 살핀다.
    왜냐하면 행여나 사람들이 따로 놀지 않나 해서.

자료: 홍사중(1997), *리더와 보스*, 사계절.

Stogdill)은 "리더십을 정의하는 데 있어서 연구하는 학자들의 수만큼이나 그 정의도 다양하다"라고 말하고 있다. 여러 학자들의 정의를 살펴보면 리더십은 다음과 같은 성격을 지니고 있다.

첫째, **리더십은 집단목표달성을 위해 자발적으로 노력하도록 개인들에게 영향력을 행사하는 활동**이다. 이러한 영향력의 발휘 정도는 소속집단에 의하여 어느 정도 인정되고 있느냐에 달려 있다.

둘째, **리더십은 구체적인 목표를 달성하기 위하여 의사전달과정을 통해 개인에게 영향력을 행사하는 과정**이다.

셋째, 리더십은 **집단목표를 달성하기 위하여 집단구성원의 활동을 지도·조정하는 데 비강제적인 영향력을 행사**하는 것이다.

위와 같은 정의를 종합해 보면 **리더십은 집단목표를 효율적으로 달성하기 위하여 리더가 개인 또는 집단의 활동에 의도적으로 영향력을 행사하는 과정**으로 정의할 수 있다.[1)]

리더십의 기능

대부분의 조직들은 고도로 구조화되어 있고, 상대적으로 권한관계가 명확하게 수립되어 있다. 또한 목표들이 비교적 명확하게 정의되어 있으며 이를 수행하기 위한 조직구성원의 역량도 갖추고 있다. 그렇다면 리더십이 과연 왜 필요한가? 리더십이 필요한 이유는 다음과 같이 네 가지로 정리할 수 있다.[2)]

- 조직설계의 불완전성: 모든 조직구성원들의 활동을 고려할 수 있는 완벽한 조직을 설계하는 것은 불가능하다. 따라서 조직구성원들의 바람직한 행동을 형성하고 이를 과업지향적으로 통합할 수 있는 기능이 필요하다. 리더십은 이러한 기능을 수행하는 강력한 수단이다.
- 환경의 변화: 리더십은 조직으로 하여금 변화하는 환경조건에 신속히 적응하게 함으로써 급변하는 환경 속에서 조직의 안정성을 유지하는 데 도움을 준다.
- 조직의 내부 역학: 리더십은 갈등하는 조직단위들 사이에서 완충작용을 할 수 있다. 특히 리더십은 조직이 성장하거나 변화하는 시기에 다양한 조직단위를 내부적으로 통합하는 데 도움을 준다.
- 조직구성원들의 특성: 조직은 다양한 목표를 추구하며 조직구성원들은 조직 내에서 다양한 욕구의 충족을 기대한다. 리더십은 개인들이 욕구를 충족하고 목표를 획득하는 것을 촉진시킴으로써 노동력의 안정성을 유지시키는 데 중요한 역할을 한다.

리더십은 조직활동에 있어서 중요한 역할을 한다. 리더십은 전통적인 조직설계에서 결핍되는 부분을 채워 줄 뿐 아니라 조직이 환경에 적응하는 데 있어서 융통성을 증가시킨다. 또한 조직 내의 다양한 집단들을 통합시키고 구성원들의 개인적인 욕구충족을 촉진시킨다.

리더십이론들

리더십에의 영향요인들

리더십을 이해하기 위해선 리더십에 영향을 미치는 요인을 정확히 파악할 필요성이 있다.

리더, 부하, 상황이 바로 리더십에의 주요한 3대 영향요인이다. 한때는 유능한 리더 개인 특성을 연구하는 것이 리더십을 이해하는 최선의 방법이라고 생각하였으나 이는 리더십의 일부분만을 설명할 뿐 리더십 전체를 설명해 주진 못했다. 부하와의 관계나 특정한 상황에 따라서는 완전히 다른 리더십 결과를 가져올 수도 있기 때문이다. 리더십 과정에 대한 명확한 이해는 리더, 부하, 상황 각 요인에 대한 제한적인 시각이 아닌 전체의 종합적인 시각을 통해서 얻어질 수 있다. 이러한 요인들의 상호 영향체계는 홀랜더(E. P. Hollander)에 의해서 정립되었다. 그는 리더십을 세 가지 요인(리더, 부하, 상황)의 중요한 특성들과 이들이 서로 영향을 미치는 방법들을 통하여 설명하였다.[3] 앞으로 다루어 질 리더십에 대한 대다수의 이론들은 〈그림 12-1〉이 보여주듯이 리더, 부하, 상황 각각의 요인 또는 2-3가지 요인에 중점을 두고 리더십을 설명하고 있다.

〈그림 12-1〉 리더십 모델

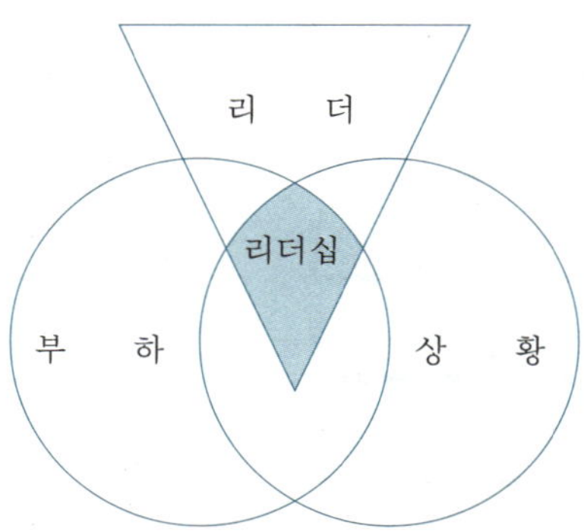

자료: Hollander, E. P.(1978), *Leadership Dynamics*, New York: Free Press.

리더십이론의 흐름

리더십 분야에서는 많은 변화가 있다. 〈그림 12-2〉는 최근 수십 년 동안 리더십을 바라보는 관점의 중요한 흐름을 보여준다.[4] 차례로 살펴보면 첫째, 초기의 리더십 접근법은 성공적인 리더의 특성을 강조하였지만 새로운 접근법은 성공적인 리더의 행동을 중요시한다. 둘째, 리더십에 대한 초기의 접근법은 언제나 효과적인 리더십유형을 찾고자 하는 보편적 관점을 취하는 경향이 있었으나 새로운 접근법은 부하의 욕구와 기술, 다양한 업무 특징 등과 같은 상황적 특성들에 따라 효과적인 리더십유형이 다르다는 상황적합적 관점을 취한다. 셋째, 초기의 리더십 접근법은 주로 리더가 부하에게 영향을 주는 한 방향으로의 영향을 고려하였으나 새로운 접근법은 리더의 부하에 대한 영향뿐 아니라 부하 또한 리더에게 영향을 주는 상호작용을 고려하였다. 넷째, 초기의 리더십 접근법은 모든 부하에게 일률적 리더십유형을 요구하였으나 새로운 접근법은 여러 가지 이유로서 부하별로 다른 리더십유형이 더 효과적임을 말하고 있다. 다섯째, 리더십 접근법이 초기에는 리더-부하 관계에만 초점을 맞추었지만 이후에는 리더가 영향을 미치는 대상에 부하뿐 아니라 동료 팀원이나 상급자도 포함하였다. 리더십은 조직 내 하위 직급의 사람들에게만 초점을 맞출 필요는 없는 것이다. 마지막으로 리더십

〈그림 12-2〉 리더십의 새로운 관점

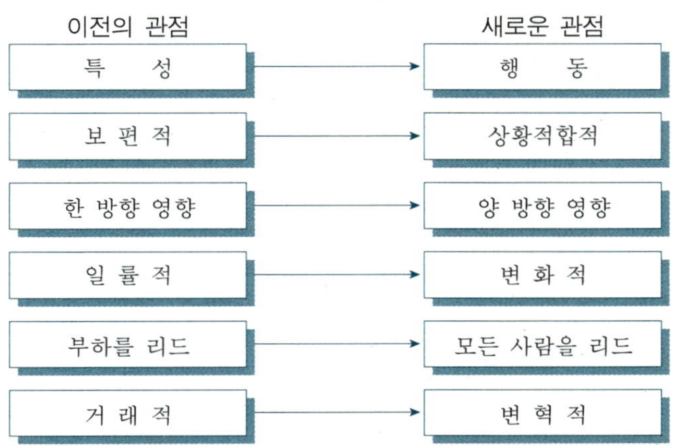

자료: R. J. Aldag & L. W. Kuzuhara(2002), *Organizational Behavior & Management: An Integrated Skills Approach*, South-Western, pp. 294-295.

에 대한 초기의 접근법은 리더와 부하 관계를 교환관계로 보고 교환과정에서 리더가 어떻게 영향을 미칠 수 있는지를 고려하는 경향이 있었다. 새로운 접근법에서 리더는 부하와의 개인적 이해관계를 넘어 부하와 조직을 변혁시켜야 함을 강조한다.

리더십의 유형

기존의 대표적인 리더십이론들은 〈그림 12-2〉의 처음의 두 추세, 즉 '특성' 대 '행동', 그리고 '보편적' 대 '상황적합적'에 의해 분류할 수 있다. 이 두 추세는 〈그림 12-3〉에서 나타난 것처럼 네 가지 유형으로 분류할 수 있다. 그림에서 세로축은 리더십 효과성에 영향을 미치는 것이 리더의 특성인가 아니면 리더의 행동인가에 따른 구분으로 특성이론과 행동이론으로 구분된다. 가로축은 리더의 효과성이 어느 상황에나 적용될 수 있는 보편성을 지니고 있는가 아니면 상황에 따라 변화하는가에 따른 것으로 보편적 이론과 상황적합이론으로 구분된다.

특성이론은 육체적, 기술적, 성격적 혹은 사회적으로 어떤 특성을 가진 리더가 보다 효과적인 리더가 될 수 있다고 가정하면서 이러한 특성들을 찾아내려는 데 초점을 두는 접근방법이다. 행동이론은 리더의 효과성을 결정하는 요인으로 리더가 무엇을 하며, 어떻게 행동하느냐에 연구의 초점을 맞추는 접근법이다. 보편적 이론은 "리더십이 처한 상황에 관계없이 어떤 상황에서도 가장 효과적인 리더십유형이 한 가지 있다"라고 주장한다. 상황적합적 이론은 "가장 효과적인 리더의 특성/행동은 상황에 따라 달라진다"고 주장한다.

세로축과 가로축의 이론들을 조합하면 유형Ⅰ은 보편적 리더십 특성이론, 유형Ⅱ는 상황적합적 리더십 특성이론, 유형Ⅲ은 보편적 리더십 행동이론, 유형Ⅳ는 상황적합적 리더십 행동이론으로 분류할 수 있다.

보편적 리더십 특성이론은 초기의 리더십연구들로 성공적인 리더의 특성을 찾는데 주력해 왔다. 초기의 카리스마(charisma)에 대한 연구도 이에 속한다. 보편적 리더십 행동이론으로는 민주적 대 권위적 리더행위, 오하이오 대학의 리더의 배려적 행동 대 지시적 행동과 이에 기초한 관리격자(managerial grid)를 들 수 있다. 다양한 최근 이론들이 상황적합적 리더십 행동이론에 속하며 예로는 목표-경로이론, 직무-리더간 상황적합이론, 브룸(V. H. Vroom)과 예튼(P. H. Yetton)

〈그림 12-3〉 리더십유형들

특성-행동		
	Ⅰ 보편적 리더십 특성이론 • 초기의 리더십연구들	Ⅱ 상황적 리더십 특성이론 • 피들러의 리더십모형
	Ⅲ 보편적 리더십 행동이론 • 민주적 대 권위적 • 배려 대 지시적 • 관리격자	Ⅳ 상황적 리더십 행동이론 • 목표-경로이론 • 직무-리더간 상황적합이론 • 규범적 리더십

보편적-상황적

리더-부하 관계의 의한 리더십 변화: 수직쌍 연결이론
수직적 관계뿐만 아니라 수평적 관계 초점: 수퍼리더십
조직과 부하의 변혁 강조: 카리스마 리더십, 변혁적 리더십
리더를 불필요하게 만드는 상황요인: 리더십 대체이론

의 규범적 리더십이론 등을 들 수 있다. 이외에도 리더와 부하의 관계에 따라 리더십행동이 달라진다는 관점은 수직쌍 연결이론으로 대표되며 부하뿐만 아니라 모든 사람을 리드하여야 한다는 추세는 수퍼리더십으로 대표된다. 그리고 조직과 부하의 변혁을 강조하는 추세는 카리스마 리더십과 변혁적 리더십 등으로 대표될 수 있다. 그리고 조직 내에서 리더를 불필요하게 만드는 상황요인에 대한 리더십 대체이론도 있다. 이상을 그림으로 요약하면 〈그림 12-3〉과 같다. 본 장에서는 〈그림 12-3〉에 열거된 순으로 각각의 리더십이론을 고찰하고자 한다.

보편적 리더십 특성이론

리더십에 대한 이론과 연구들은 대부분 성공적인 리더의 특성을 찾는 데 주력해왔다. 이와 같은 연구는 효과적인 리더가 갖고 있는 특성들을 찾아 낼 수 있다는 기대에서 비롯된 것이다. 이러한 특성들을 찾아 낸다고 하는 것은 아주 큰

의미가 있다. 예컨대 이러한 특성을 가지고 있는 사람들을 찾아 내고 리더로 선발할 수 있기 때문이다. 특성 중심의 접근법에서는 리더에게 필요한 특성들을 가진 사람은 어떠한 상황에서나 효과적이라고 가정한다. 따라서 한 나라의 대통령이 되든 대학생동아리의 장이 되든 필요한 특성들을 가진 사람은 효과적인 리더가 된다고 가정한다.

리더의 특성은 다양하게 분류될 수 있다. 〈표 12-1〉에서 보듯이 **리더의 특성에는 신체적 특성, 사회적 배경, 지능, 개인특성, 과업관련 특성 그리고 사회적 특성 등 광범위한 특성들이 포함된다.**

이러한 특성이 리더십의 효과성과 통계적으로 유의한 관계가 있는 것으로 나타나기는 하지만 실제적인 유용성은 매우 제한되어 있다. 이 한계는 특성들과 리더십 효과성 사이의 관계 정도가 너무 낮고 실무적으로 사용하기에는 너무 많은 예외가 있기 때문이다. 더욱 문제가 되는 것은 적절한 리더십특성이 상황에 따라 다를 수 있다는 것이다. 이러한 이유로 인해 대부분의 리더십 연구자들은 리더의 특성을 사용하여 어떠한 상황에서나 효과적인 리더를 식별하기란 불가능하다고 여기고 있다. 결국 리더십특성을 찾아 내기 위한 수많은 연구에도 불구하고 연구의 결과는 성공적이지 못하다고 할 수 있다.

〈표 12-1〉 리더십특성 연구의 예

신체적 특성	사회적 배경	지 능	개인특성	과업관련 특성	사회적 특성
나 이 몸 무 게 신 장 외 모	교 육 유 동 성 사회적 지위	판 단 력 의사결정력 언 변	독 립 성 확 실 성 지배 성향 공 격 성	성취욕구 주 도 성 끈 질 김 책임욕구 성원에 대한 관심 결과에 대한 관심 안정욕구	감독능력 협 동 성 대인관계능력 통 합 력 권력욕구

자료: R. M. Stogdill(1981), *Handbook of Leadership*, New York: Free Press.

상황적합적 리더십 특성이론

앞에서 전술한 리더의 특성에 관한 연구들은 모든 상황에 보편적으로 적용될 수 있는 리더의 특성에 대한 연구들이다. 이와는 달리 리더의 특성을 중심으로 한 연구이기는 하지만 상황의 개념을 도입하여 실시한 연구가 바로 **피들러**(F. E. Fiedler)**의 상황적합적 리더십 특성이론**이다.[5] 피들러에 의하면 리더의 효과성은 리더가 가지고 있는 주요 특성과 상황의 적합 정도에 달려 있다.

리더의 핵심특성—LPC(Least Preferred Coworker)

중요한 리더의 특성을 평가하기 위하여 피들러는 〈표 12-2〉에 제시된 LPC(Least Preferred Coworker) 설문을 개발하였다.[6]

LPC 척도는 같이 일하기 가장 싫은 동료를 16개의 문항으로 평가하도록 이루어져 있다. 같이 일하기 가장 싫은 동료를 우호적인 모습으로(예를 들어 열정적이거나 따뜻한 모습 등) 표현하는 리더는 높은 LPC 점수를 받게 된다. 이러한 리더는 관계지향적 리더로 분류된다. 이에 반해 LPC 점수가 낮은 사람은 과업지향적인 리더로 분류된다. LPC 점수의 가정은 리더가 싫어하는 사람에 대한 관점을 이해함으로써 리더십 스타일을 파악할 수 있다는 것이다.

관계지향적(relationship-oriented) **리더**는 동료를 존경할 정도는 아닐지라도 어느 정도 받아들일 만한 특성을 가지고 있을 수 있는 사람으로 바라본다. 이 리더는 과업수행의 요건으로 먼저 밀접한 대인관계가 필요하다고 생각한다.

과업지향적(task-oriented) **리더**는 함께 일할 수 없는 동료들에 대하여 부정적인 정서적 반응을 강하게 보인다. 이 유형의 리더는 어쩔 수 없이 선택을 해야 하는 경우라면 과업에 대한 것을 먼저 선택하고 인간관계는 나중에 걱정하는 스타일이다.

피들러의 모델과 관련된 주요한 비판의 하나는 LPC 점수의 진정한 의미에 관한 것이다. 즉 LPC 점수가 구체적으로 어떤 개념을 측정하는가가 명확하지

〈표 12-2〉 피들러의 LPC설문*

쾌활한 사람	8 7 6 5 4 3 2 1	쾌활하지 않은 사람
다정한 사람	8 7 6 5 4 3 2 1	다정하지 않은 사람
잘 거부하는 사람	1 2 3 4 5 6 7 8	잘 수용하는 사람
도움이 되는 사람	8 7 6 5 4 3 2 1	좌절을 주는 사람
열정적이지 않은 사람	1 2 3 4 5 6 7 8	열정적인 사람
잘 긴장하는 사람	1 2 3 4 5 6 7 8	편한 느낌을 주는 사람
거리감을 느끼게 하는 사람	1 2 3 4 5 6 7 8	가까운 느낌을 주는 사람
차가운 사람	1 2 3 4 5 6 7 8	따뜻한 사람
협조적인 사람	8 7 6 5 4 3 2 1	비협조적인 사람
지원하는 사람	8 7 6 5 4 3 2 1	적대적인 사람
지루한 사람	1 2 3 4 5 6 7 8	흥미있는 사람
타인과 잘 싸우는 사람	1 2 3 4 5 6 7 8	타인과 조화를 이루는 사람
자기확신에 찬 사람	8 7 6 5 4 3 2 1	주저하는 사람
효율적인 사람	8 7 6 5 4 3 2 1	비효율적인 사람
우울한 사람	1 2 3 4 5 6 7 8	즐거워하는 사람
개방적인 사람	8 7 6 5 4 3 2 1	남을 경계하는 사람

* LPC점수는 16개 문항의 응답을 합한 점수임. 높은 점수는 관계지향적 리더를, 낮은 점수는 과업지향적 리더를 가르킴.

자료: F. E. Fiedler & M. M. Chemers(1974), *Leadership and Effective Management*, Glenview, Ill: Scott, Foresman & Company.

않다. 조직행동론에 대한 전문지식이 없는 일반인에게 〈표 12-2〉를 보여 주고 이것이 무엇을 측정하는 설문으로 보이는가를 물어 보자. 이것이 리더가 과업지향적인가 혹은 관계지향적인가에 대한 심리적 성향을 측정하기 위한 것이라고 말하는 사람이 얼마나 될 것인가? 높은 LPC 점수를 가진 리더는 대인관계지향적이라는 증거들이 있지만 낮은 LPC 점수를 가진 리더의 특성에 대한 증거는 명확하지 않게 나타나고 있다.[7] 이는 LPC 척도가 구성타당성(construct validity)에 문제가 있음을 말한다.

상황의 호의성

피들러는 상황의 호의성을 중요한 상황요인으로 파악하였다. 여기서 상황의 호의성이란 **리더가 통제력과 영향력을 가지고 있는 정도** 그리고 이에 따라 리더가 그룹의 상호작용 결과에 영향을 미칠 수 있다고 느끼는 정도를 말한다.

상황의 호의성은 리더-구성원 관계, 과업구조 그리고 지위권력 등에 의해

결정된다. 상황이 리더에 대하여 호의적인 정도는 다음과 같은 경우에 증가한다. 리더-구성원 관계에 있어서 그룹구성원들이 리더를 신뢰하고 좋아하며 리더의 지시에 기꺼이 따를 때, 과업구조에 있어서 부하가 무엇을 어떻게 하는가에 대한 것이 명확할 때 그리고 리더의 지위권력이 높을 때 등이다. 〈그림 12-4〉의 밑부분의 표에서 보듯이 리더에게 가장 호의적인 상황은 좋은 리더—구성원 관계, 높은 과업구조화, 강한 지위권력이 있을 때이다. 가장 나쁜 상황은 나쁜 리더—구성원 관계, 낮은 과업구조화 그리고 약한 지위권력일 때이다. 중간 정도의 우호성은 가운데 부분에 위치한다.

리더-상황적합

피들러에 의하면 과업지향적인 리더(낮은 LPC 점수)는 관계지향적인 리더(높은 LPC 점수)에 비하여 매우 호의적이거나 매우 비호의적인 상황에서 보다 효과적이다. 관계지향적인 리더는 반면에 호의성이 중간 정도일 때 보다 효과적이다.

〈그림 12-4〉 피들러 모델의 리더—상황 적합성

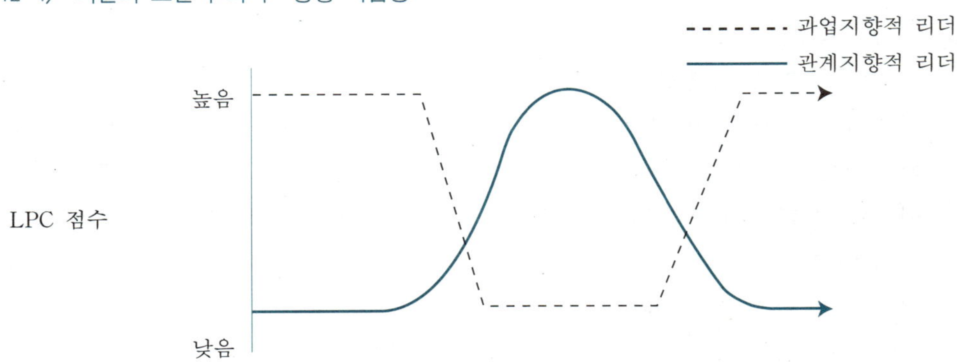

	호의적 상황				중간 수준		비호의적 상황	
	1	2	3	4	5	6	7	8
리더-부하 관계	좋음	좋음	좋음	좋음	나쁨	나쁨	나쁨	나쁨
과업구조	고	고	저	저	고	고	저	저
리더의 지위권력	강	약	강	약	강	약	강	약

자료: F. E. Fiedler & M. M. Chemers(1974), *Leadership and Effechve Management*, Glenview, Ill.: Scott, Foresman & Company.

LPC 점수가 중간인 리더는 어떤 상황에서 가장 적합한가가 명확하지 않다.

피들러모형에 대한 또 다른 비판 중의 하나는 〈그림 12-4〉의 위 부분에 나타나 있는 것과 같은 패턴이 왜 나타나는가에 대한 것이다. 피들러는 이러한 효과가 나타난 원인에 대하여 충분한 이론적 근거를 제시하고 있지 않으며 어떠한 과정을 통하여 이러한 효과가 나타나는가에 대해서도 설명을 하지 않고 있다.

피들러모형의 시사점

피들러의 모형이 주는 시사점은 다음의 세 가지로 요약할 수 있다.

첫째, 피들러에 의해 개발된 도구 즉, LPC 척도를 사용함으로써 상황에 따라 적절한 리더십이 차별적으로 발휘될 필요가 있다.

둘째, LPC 점수를 이용하여 장차 리더가 될 사람을 평가함으로써 리더의 역할수행에 필요한 자질을 검증할 수 있다.

셋째, 어떤 리더가 다른 리더의 직위를 맡고자 하는 경우 리더의 LPC 점수 내용을 고려하여 선발할 필요가 있다. 예를 들어 피들러의 이론에 따르면 매우 호의적이거나 비호의적인 상황에서는 과업지향적인 리더가, 중간 정도의 호의적인 상황에서는 관계지향적인 리더가 적합하다.

보편적 리더십 행동이론

1940년대 후반부터 리더의 특성보다는 관측할 수 있는 리더의 행동에 초점을 맞춘 리더십연구가 본격화되기 시작하였다. 이러한 연구는 오하이오 주립대 학의 리더십연구에 의해 시작되었으며, 블레이크(R. R. Blake)와 모튼(J. S. Mouton)의 관리격자 모형(managerial grid model)으로 발전하였다. 이들의 연구는 효과적인 리더의 유형을 규명하는 데 리더의 행동유형에 초점을 맞추었다.

권위적·민주적 리더십

지금껏 살아오면서 함께 일했던 여러 유형의 보스를 상상해보자. 사실상 모든 것을 통제하려는 보스를 떠올릴 수 있는가? 이러한 유형의 보스는 전체 업무를 추진하는데 있어서 모든 결정을 혼자서 내리고 누가 무엇을 해야 하는지를 자세히 설명한다. 대조적으로 부하에게 많은 자율과 책임을 주는 보스를 떠올릴 수 있는가? 의사결정 이전에 부하의 의견을 묻고 제안을 잘 받아들이며 부하들이 그들 자신의 방식으로 다양한 업무를 처리할 수 있게끔 해주는 보스이다. 만약 이러한 보스의 유형을 안다면 이미 다른 두 유형의 리더십, 권위적-민주적 리더십을 직접 경험해 본 것이다.

과거에는 리더의 행동을 한 차원으로서 이 두 유형을 나누었지만 최근 먹직(J. P. Muczyk)과 라인만(B. C. Reinmann)은 두 차원으로 네 가지 유형을 설명하였다.[8)] 한 차원은 리더가 부하를 의사결정에 참여시키는 정도, 권위적-민주적 차원이다. 또 다른 차원은 리더가 부하의 활동에 지시하는 정도, 자율적-지시적 차원이다. 이 두 차원을 통합하면 네 가지 유형이 나오는데 먹직(J. P. Muczyk)과 라인만(B. C. Reinmann)은 이를 ① 지시적 권위주의자, ② 자율적 권위주의자, ③ 지시적 민주주의자, ④ 자율적 민주주의자로 분류하였다. 이 유형들은 〈표 12-3〉에 설명되어 있다. 인간을 몇 가지 유형으로 나누는 많은 시도들은 많은 공격을 받지만 이 유형들은 의미가 잘 전달된다. 관리자들은 적어도 대략적이나마 이 유형들 중 적합한 하나의 리더십유형을 선택한다.

하지만 리더들을 이 두 차원에 따라 나누어 결과적으로 위에서 언급된 네 가지 유형 중 하나로 분류했을 때 그 어떤 유형들도 명확한 경계면을 가지기 어렵

〈표 12-3〉 대조적인 리더십 유형

리더 유형	설 명
지시적 권위주의자	일방적 의사결정, 부하에 대한 세밀한 감독활동
자율적 권위주의자	일방적 의사결정, 부하에게 상당한 자율부여
지시적 민주주의자	참여적 의사결정, 부하에 대한 세밀한 감독활동
자율적 민주주의자	참여적 의사결정, 부하에게 상당한 자율부여

자료: Muczyk, J. P. & Reinmann, B. C.(1987), The Case for Directive Leadership, *Academy of Management Review*, pp. 637-647.

다.[9] 다시 말해서 대부분은 아니지만 많은 상황에서 하나의 유형이 다른 유형보다 우위에 있다고 말할 수 없다. 네 가지 유형 모두 유리한 점과 불리한 점을 혼합된 형태로 가지고 있다. 게다가 각 유형의 상대적 성공은 주어진 조직과 조직의 특정한 발달단계 안에 존재하는 조건들에 의하여 결정된다. 예를 들면 지시적 권위주의자로 묘사될 수 있는 관리자를 상상해보자. 이러한 리더는 부하와의 상의 없이 결정을 내리고 부하의 업무활동을 매우 세심하게 감독한다. 이러한 유형의 리더가 개인적 자유의 가치에 반하기 때문에 불쾌한 사람으로 비추어 질 수 있지만 실제적으로 어떤 조건에서는 아주 성공적일지도 모른다. 부하가 자기업무에 대하여 무경험자이거나 비숙련자일 경우와 부하들이 관리에 대하여 적대적 태도를 취하는 경우에는 반드시 세심하게 감독받아야 한다.

대조적으로 자율적 권위주의자를 생각해보자. 이는 권위적인 의사결정을 하고 부하에게 자율과 책임을 주는 리더이다. 이러한 유형의 리더는 고도의 과학기술을 지녔거나 자신의 직무를 스스로 관리하게끔 허용해 주기를 원하지만 일상적인 의사결정에는 참여하고자 하는 욕망이 적은 부하들을 관리하는데 유용하다. 과학자, 기술자, 컴퓨터 프로그래머 등의 부하들의 경우가 그러하다. 리더들에게 가장 중요한 것은 자신들 조직의 요구에 그들 자신의 스타일을 맞추는 것이다. 그리고 이러한 조직의 요구가 바뀌거나 발전되면 이에 맞추어 스타일을 변화시켜야 한다.

결론적으로 모든 조건과 상황에서 한 가지 유형의 리더십이 최선일 수 없다. 그렇지만 이러한 관점에서 차이의 중요성을 인지하는 것은 주어진 조직의 상황에 가장 적합한 스타일을 채택할 수 있게끔 하는 의미있는 첫 걸음이 될 수 있다.

오하이오 주립대학(Ohio State University: OSU)의 연구

오하이오 주립대학의 연구는 리더의 중요한 행동을 두 가지 유형, 즉 구조주도(initiating structure)행동과 배려(consideration)행동으로 분류하였다. **구조주도행동은 부하(혹은 집단)의 역할과 책임을 명확히 정의하는 행동을 의미**한다. 구조주도행동을 하는 리더는 과업성취를 위해 구체적인 명령이나 지시를 하고 집단 내의 공식적인 관계나 과업을 중시하며 집단을 조직화하려는 행동을 한다. **배려행동은 부하의 안정, 복지, 지위의 향상, 욕구만족 등을 고려하는 행동을 의미**한

〈표 12-4〉 리더행동 기술설문지(LBDQ)

행동 구분	내 용	결코 아니다	거의 그렇지 않다	가끔 그렇다	종종 그렇다	항상 그렇다
구조	작업자에게 기대되는 일(혹은 역할)이 무엇인지를 명확하게 알려 준다.					
배려	친근하고 접근하기에 편하다.					
구조	작업자에게 합의된 절차의 사용을 촉구한다.					
배려	작업자들을 기쁘게 하는 일을 거의 하지 않는다.*					
구조	자신의 아이디어를 작업자들이 활용하도록 시도한다.					
배려	작업자들이 제안한 아이디어가 실행될 수 있도록 노력한다.					
구조	작업자들에게 자신의 태도나 입장을 분명히 한다.					
배려	모든 작업자들을 자신과 동등하게 취급한다.					
구조	무엇을 해야 하고 어떻게 해야하는지를 결정한다.					
배려	작업자들이 변화의 필요성이나 징후를 사전에 알 수 있도록 해 준다.					
구조	작업자들마다 다른 과업을 할당해 준다.					
배려	자신의 입장을 관철하려고 한다*					
구조	자신의 일이 집단내부의 모든 작업자에 의해 잘 이해되도록 분명히 한다.					
배려	작업자들의 개인적인 복지를 위해 헌신한다.					
구조	작업이 계획대로 수행되도록 노력한다.					
배려	변화를 기꺼이 시도한다.					
구조	작업자가 달성해야 할 성과를 명확하게 설정한다.					
배려	자신의 행동에 대해 설명하려고 하지 않는다.*					
구조	작업자들이 표준화된 규칙과 규정을 따르도록 한다.					
배려	작업자들과 협의없이 행동한다.*					

주: 구조 = 구조주도행동, 배려 = 배려행동
　* 반대척도항목(reverse scored item)을 의미함.

자료: R. M. Stogdill(1963), *Manual for The Leader Behavior Description Questionnaire-Form Ⅶ.*, Columbus, OH: Ohio State University Bureau of Business Research.

다. 배려행동을 하는 리더는 과업 그 자체보다는 부하를 우선적으로 고려하는 행동 — 예를 들어 인간적인 신뢰, 부하에 대한 인격 존중 등 — 을 한다.

이러한 두 가지 행동유형은 리더의 행동을 리더와 부하의 상호작용 측면에서 파악한다는 특징을 갖고 있다. 즉 리더가 부하와의 관계에서 보여 주는 행동을 통해 리더의 행동유형을 분류한 것이다. 〈표 12-4〉는 리더의 실제 행동을 측정하는 데 유용하게 활용되는 **리더행동 기술설문지**(Leader Behavior Description Questionaire: LBDQ)이다.[10]

오하이오 주립대학의 연구는 다음의 특징으로 요약할 수 있다. 먼저, 구조주도행동과 배려행동은 상대적으로 독립된 차원을 설명하는 것이다. 따라서 리더의 행동유형은 두 가지 유형이 혼재되어 나타날 수도 있다. 다른 하나는 비록 높은 수준의 구조주도행동 및 배려행동이 나타나는 리더의 행동유형이 바람직하지만 효과적인 유형은 상황에 따라 달라진다는 점이다.

관리격자모형

관리격자모형(managerial grid model)은 다양한 리더의 행동유형을 구분하고 상대적으로 효과적인 리더의 행동유형을 제시하고 있다. 관리격자모형은 보편적으로 효과적인 리더십스타일을 개발하기 위한 리더십훈련 프로그램으로 실무에서 널리 활용되고 있다.

관리격자모형에서는 리더의 행동유형을 상대적으로 독립적인 두 가지 유형 즉, 과업에 대한 관심 및 인간에 대한 관심으로 분류한다.[11] 〈그림 12-5〉에서 **가로축은 구조주도행동을 과업에 대한 관심으로 세로축은 배려행동을 인간에 대한 관심**으로 각각 대치한 것이다. 관리격자모형에서 제시하고 있는 리더의 행동유형을 간략하게 설명하면 다음과 같다.

(1,9) **컨트리클럽형**(country club management) 인간에 대한 관심은 매우 높은 반면 과업에 대한 관심은 매우 낮은 리더이다. 컨트리클럽형의 리더는 편안하고 친근한 조직분위기와 작업환경을 조성하기 위해서 부하들의 인간관계에 대한 욕구의 충족에 세심한 주의를 기울이는 것이 필요하다고 인식한다.

〈그림 12-5〉 관리격자모형

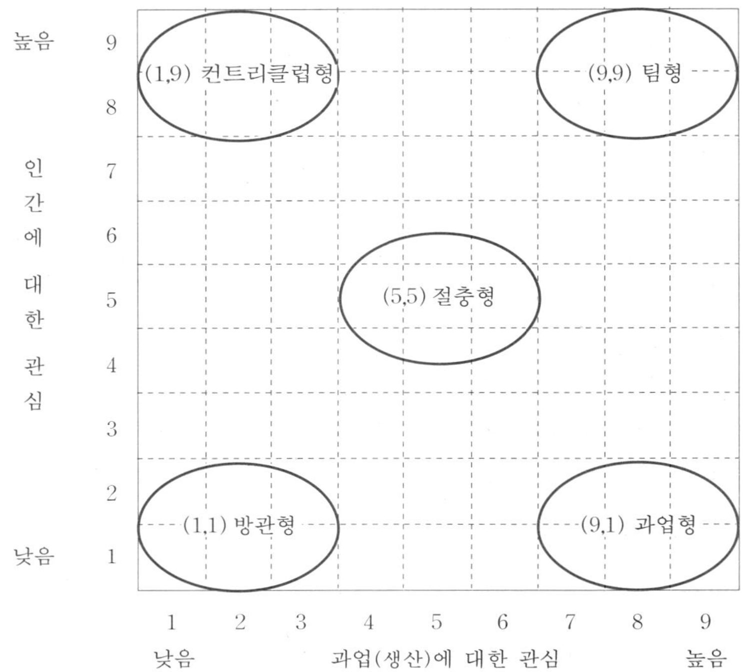

자료: R. R. Blake & J. S. Mouton(1978), *The Managerial Grid*, Houston: Gulf Publishing Company, p. 11.

(1, 1) **방관형**(impoverished management) 인간과 과업에 대한 관심이 모두 낮은 리더이다. 방관형의 리더는 조직을 유지하는 데 필요한 수준에서 작업이 이루어지도록 노력하는 리더이다.

(9, 1) **과업형**(task management) 인간에 대한 관심은 낮지만 과업에 대해서는 높은 관심을 갖는 리더이다. 인간적인 요소에는 관심을 거의 갖지 않고 작업결과 및 집단운영의 효율성에 주된 관심을 갖는 리더이다.

(9, 9) **팀형**(team management) 인간과 과업에 대해 높은 관심을 갖는 리더이다. 팀형의 리더는 작업과 조직에 몰입된 부하들이 높은 수준의 성과를 달성한다고 인식한다. 작업자들의 몰입을 높이기 위해 조직목표에 대한 공통 이해의 기반을 확산시키고 이를 통해 부하들과의 신뢰관계를 구축한다.

(5,5) **절충형**(middle of the road management) 인간과 과업에 대해 모두 중간 수준의 관심을 갖는 리더이다. 절충형의 리더는 최고의 조직성과보다는 적절한 수준에서 조직성과를 유지하려는 리더이다. 이를 위해 적절한 수준에서 작업의 완수뿐만 아니라 조직구성원들의 만족을 동시에 추구한다.

블레이크(R. R. Blake)와 모튼(J. S. Mouton)에 따르면 효과적인 리더는 (9,9)의 유형으로 인간과 과업에 대해 모두 높은 관심을 갖는 리더이다. 이에 반해 (1,1)의 유형은 인간과 과업에 대해 모두 관심이 낮은 리더이다. 그러나 왜 (9,9)의 유형이 최선의 리더십스타일인가에 대한 반론에는 명확한 해답을 제시하지 못하고 있다. 실제로 관리격자모형을 연구한 블레이크와 모튼조차도 특정한 리더십유형의 효과성은 리더의 행동뿐만 아니라 리더십이 발휘되는 상황의 특성에 의해 영향을 받는다는 점을 시인하였다. 그 이후 대부분의 리더십 연구자와 실무자들은 어떤 상황에서나 보편적으로 효과적인 리더십유형을 찾고자 하는 노력을 포기하였다.

리더의 행동유형과 부하의 만족/성과의 관계

효과적인 리더의 행동에 관한 연구의 핵심은 리더의 행동유형과 부하의 만족 및 성과의 관계에 대한 연구이다. 연구의 결과를 보면 리더의 행동유형과 부하의 만족 및 성과와의 관계는 보편적이고 일관된 결과가 나타나지 않고 있다.[12)]

일부 연구에 의하면 리더의 구조주도행동은 때때로 부하의 만족에 정(+)적인 영향을 미치지만 다른 연구에 의하면 부정적인 영향을 주는 것으로 나타났다. 또한 구조주도행동은 성과에 정(+)적으로 영향을 미치지만 다른 연구에 의하면 이러한 영향이 나타나지 않았다.

성과에 대한 배려행동의 영향도 연구마다 일관되게 나타나지 않았다. 이러한 결과는 모든 상황에서 성공적인 최선의 리더의 행동유형(one best style)을 찾는 것이 불가능하다는 것을 시사하는 것이다. 이에 따라 효과적인 리더십을 결정하는 요인으로 리더의 행동유형보다는 상황요인에 초점을 둔 연구가 본격적으로 제기되었다.

상황적합적 리더십 행동이론

상황적합적 리더십 행동이론은 리더의 유효성은 리더의 행동과 상황과의 적합성에 따라 결정된다는 이론이다. 대표적인 상황적합적 리더십 행동이론으로는 하우스(R. J. House)의 경로-목표이론(path-goal theory), 그리핀(R. W. Griffin)의 직무-리더간 상황적합이론, 브룸(V. H. Vroom)과 예튼(P. H. Yetton)의 규범적 리더십이론(normative leadership theory) 등이 있다. 이러한 이론들은 보편적 리더십 행동이론에서 제기된 문제점을 해결하려 하고 있다.

경로-목표이론

경로-목표이론의 개요

경로-목표이론은 부하에게 그들이 수행하는 작업의 경로(혹은 방법)와 목표의 달성방안을 명확하게 제공하는 정도에 따라 리더의 유효성이 결정된다고 주장한다.[13] 즉 경로-목표이론에 의하면 부하가 목표를 달성할 수 있도록 그 방법을 명확하게 제시하고 이를 지원하는 리더가 효과적인 리더라고 할 수 있다.

경로-목표이론의 핵심은 리더의 행동이 어떻게 부하를 동기유발하고 성과를 얻을 수 있는가를 **기대이론**(expectancy theory)에 입각하여 설명한다는 것이다.

이 이론에 따르면 리더는 **부하들이 노력하면 성과를 달성할 수 있다는 기대**(expectancy)**와 성과를 달성했을 때 보상을 받을 수 있다는 수단성**(instrumentality) **그리고 보상을 통해 자신의 욕구가 충족될 것이라는 유의성**(valence)**을 증대시킬 때 부하를 동기유발**시킬 수 있다. 즉 효과적인 리더는 부하들을 동기유발시켜 목표달성에 대한 노력을 증가시키고 성과를 향상시킨다. 리더가 부하들에게 영향을 주는 행동은 다음과 같이 네 가지 유형으로 분류된다.[14]

지시적 리더행동(구조주도적 리더행동)은 부하의 과업을 계획·통제·지시하는 행동으로써 부하에게 기대되고 있는 것이 무엇인가를 알리고 구체적 작업지도를 실시하며 표준규칙과 절차를 따르도록 부하에게 요구하는 리더유형을 말한다.

경로-목표이론에 의하면 역할모호성이 있을 때 지시적 리더행동은 부하의 노력과 만족을 증진시킬 수 있다. 역할모호성은 과업이 비구조화 되었을 때 혹은 공식화가 낮을 때 발생하기 쉽다. 역할모호성이 있는 경우에 부하는 자기에게 기대되고 있는 것이 무엇인가를 모르고 있기 때문에 효과적인 과업을 수행할 수 없게 된다. 이 경우에 부하의 과업역할을 명확하게 해 주는 지시적 리더행동은 부하의 [노력→성과]에 대한 기대를 증진시켜 줄 것이고 그로 인하여 부하의 직무만족과 노력수준이 높아질 것이다.

이외에도 지시적 리더행동은 부하의 성과에 밀접하게 관련시켜 보상을 한다든가 성과에 대한 보상의 크기를 높이는 것 등을 통하여 부하의 동기를 증진시킬 수 있다. 보상을 통해 리더행동이 부하의 동기유발에 강한 영향을 미치게 하려면 리더가 상당한 보상능력이 있고 부하들이 동기유발되고 있지 않는 상황이어야 한다. 이 같은 관계를 도시하면 〈그림 12-6〉과 같다.

지원적 리더행동(배려적 리더 행동)은 부하의 욕구충족에 대하여 배려하고 부하의 복지와 안녕에 대한 관심을 표명하며 온정적이고 친밀한 집단분위기 조성에 많은 관심을 보이는 리더유형을 말한다.

부하가 단조롭고 위험하며 불만족스러운 과업을 수행하는 상황에서 지원적 리더행동은 직무환경의 부정적인 면을 최소화시켜서 그들의 과업을 원활히 수행할 수 있게끔 도와 준다. 그로 인하여 과업의 내재적 유의성이 증대되어서 부하

〈그림 12-6〉 지시적 리더행동과 부하의 직무만족 및 노력과의 인과관계

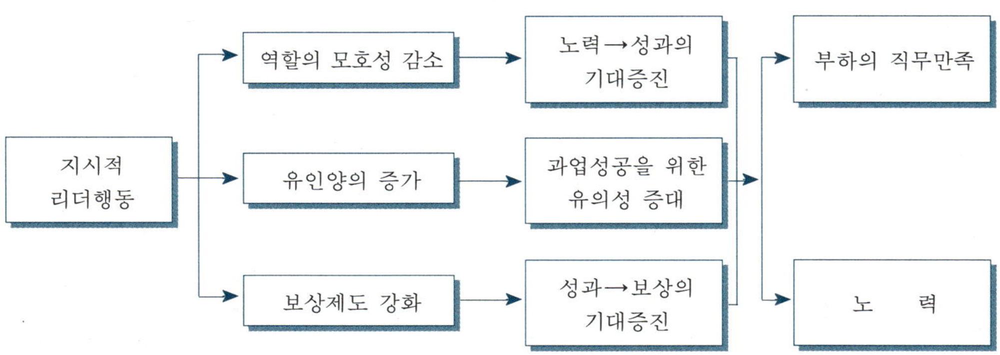

자료: A. D. Szilagyi & M. J. Wallace Jr.(1987), *Organizational Behavior and Performance*, Scott, Foresman & Company, p. 406.

〈그림 12-7〉 지원적 리더행동과 부하의 직무만족 및 노력과의 인과관계

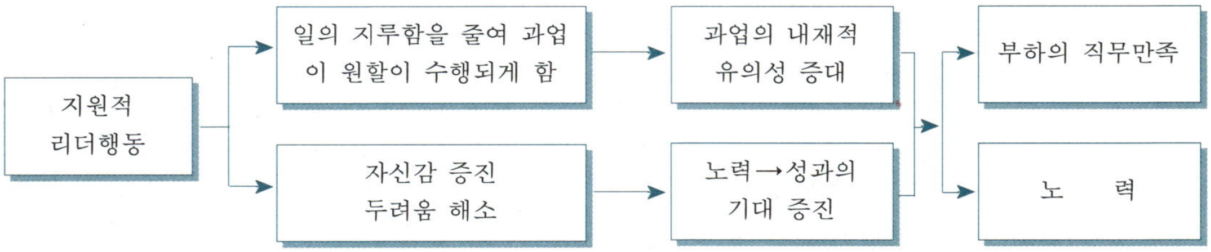

자료: *Ibid*., p. 406.

의 노력과 직무만족 수준이 증대되어진다. 또한 과업이 어렵고 실패에 대한 두려움과 자신감이 결여되어 있을 때 지원적 리더행동은 부하의 두려움을 감소시키고 자신감을 증대시켜 줌으로써 [노력→성과]에 대한 기대를 높여 부하의 직무만족과 노력수준을 증진시킨다. 이 같은 관계를 도시하면 〈그림 12-7〉과 같다.

참여적 리더행동은 부하와 정보자료를 상호교환하고 활용하며 부하의 의견이나 제안을 의사결정과정에 반영하는 리더유형을 말한다.

참여적 리더행동은 부하가 비구조화된 과업을 수행하고 있는 상황에서 과업목표, 과업계획 및 과업절차 등에 관한 의사결정에 부하를 참여시켜서 부하의 과업이나 기대역할에 대한 역할명료성을 증대시켜 주면 부하는 [노력→성과]와 [성과→보상]에 대한 높은 기대감을 가지며 그에 따라 동기유발과 직무만족의 수준이 높아진다. 만약 부하가 비구조화된 과업에서 발생되는 역할모호성을 불안해 하는 경우 이 참여적 리더행동은 부하의 직무만족 수준을 높이는 데 큰 영향을 미친다.

〈그림 12-8〉 참여적 리더행동과 부하의 직무만족 및 동기유발과의 인과관계

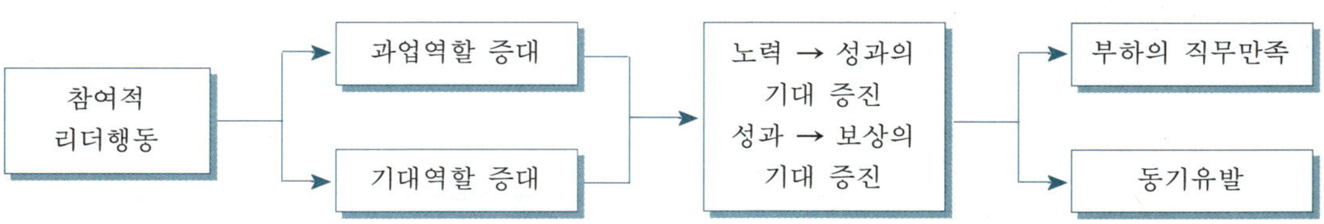

자료: *Ibid*., p. 406.

〈그림 12-9〉 성취지향적 리더행동과 부하의 직무만족과 노력과의 관계

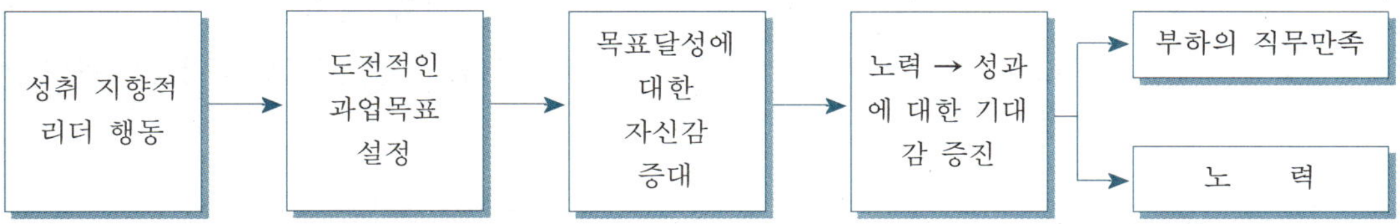

자료: *Ibid*., p. 406.

또한 부하의 성장욕구나 자존의 욕구가 강할 때도 참여적 리더행동은 부하의 동기유발 및 직무만족 수준을 높이는 데 효과적이다. 이들의 관계를 도시하면 〈그림 12-8〉과 같다.

성취지향적 리더행동은 부하에게 도전적인 목표를 설정하고 목표달성행동을 강조하면서 부하의 능력을 믿고 그들로부터 의욕적인 성취동기행동을 기대하는 리더유형을 말한다.

성취지향적 리더행동은 부하에게 도전적인 목표를 설정하고 최대의 성과를 달성할 것을 강조한다. 만약 리더가 설정된 도전적인 목표를 부하가 달성할 수 있다는 확신을 강하게 보이고 부하에게 그 목표달성에 대한 개인적 책임감을 갖게끔 고무시키면 부하는 목표달성에 대한 자신감이 증대되면서 [노력→성과]에 대한 기대감이 높아지며 그에 따라 직무만족과 노력수준이 증대된다. 그러나 이 같은 관계는 모호성이 있는 과업이나 비구조화된 과업을 수행하고 있는 상황에서만 가능한 것이고 반복적이고 구조화된 과업을 수행하고 있는 상황에서는 부하의 기대와 노력에 영향을 주지 못한다. 이 같은 관계를 도시하면 〈그림 12-9〉와 같다.

경로-목표이론에 의하면 리더의 행동이 얼마나 부하들의 능력이나 욕구를 고려하고 과업특성이나 공식적인 권한체계에 적합한가에 따라 리더의 행동에 대한 부하의 지각은 달라진다. 또한 리더의 행동에 대한 부하의 지각에 따라 부하의 동기부여 및 만족이 달라진다. 예를 들어 부하들이 업무능력을 충분히 가진 경우 리더가 구조주도적 행동을 한다면 부하들의 동기유발과 직무만족에 부정적 영향을 미칠 수 있다. 그러나 과업이 구조화되어 있지 않고 부하가 업무처리방법을

잘 모를 경우에 리더의 구조주도적 행동은 부하의 성과를 높일 수 있다.

결국 경로-목표이론은 리더의 행동이 상황의 요건과 적합할 때 부하들은 이러한 리더의 행동이 자신의 목표의 달성에 기여한다고 인식하고 동기부여된다는 점을 강조한다.

리더의 행동에 관한 연구결과

앞서 언급한 바와 같이 리더와 상황의 적합성 여부에 따라 부하에 의한 리더의 행동에 대한 지각은 달라지며 부하의 만족 및 동기 여부와 성과는 영향을 받는다. 이와 관련된 연구결과를 요약하면 다음과 같다.

구조주도행동의 효과성에 대한 영향

- 작업환경이 비구조화되고 모호한 경우 부하가 작업의 구조화를 필요로 한다면 구조주도행동은 부하의 만족, 동기부여 및 성과에 긍정적인 영향을 미친다. 이에 반해 부하의 작업환경이 이미 구조화되고 모호하지 않은 상태라면 부정적인 영향을 미친다.

배려행동의 효과성에 대한 영향

- 배려행동은 부하의 만족에 대해 긍정적인 영향을 미친다.
- 만약 배려행동이 부하의 성과에 따라 공정하게 제공된다면 부하의 동기유발과 성과에 대해 긍정적인 영향을 미친다. 이에 반해 부하의 성과수준에 관계없이 배려행동이 제공된다면 그 영향은 중립적(netural)이다.
- 만약 배려행동이 제공된다면 부하는 구조주도적 행동을 보다 기꺼이 받아들인다.

참여적 및 성취지향적 행동의 효과성에 대한 연구

- 내재적 통제욕구가 강한 부하에게 참여적 리더행동은 부하의 직무만족 및 성과에 긍정적인 영향을 미친다.
- 애매 모호하고 비반복적인 과업을 성장욕구가 강한 부하가 수행하는 경우에 성취지향적 및 참여적 리더행동은 부하의 직무만족 및 성과에 긍정적인 영향을 미친다.

경로-목표이론의 시사점

경로-목표이론은 다른 리더십이론과 구별되는 시사점을 제시하고 있다. 첫째, 리더는 상황이 모호할 때에는 구조주도행동을 그리고 고도로 구조화되어 있을 때에는 배려행동을 해야 한다. 둘째, 만약 상황이 불명확하거나 비구조화되어 있다면 리더는 상당한 정도의 구조주도행동을 해야 하지만 이와 함께 구조화를 부하가 수용할 수 있도록 배려행동을 병행해야 한다.

마지막으로 리더는 처한 상황에 적합하도록 자신의 행동을 유연하게 변화시켜야 한다는 것이다. 즉 효과적인 리더십을 발휘하기 위해서 리더는 여러 가지 리더행동 중에서 그 상황에 가장 적합한 리더행동으로 유연하게 변화시켜야 한다는 것이다.

직무-리더간 상황적합이론

경로-목표이론은 리더와 상황의 적합성에 관한 발전적인 시각을 제공하지만 제반 영향요인을 통합적으로 제시하지는 못하고 있다. 그리핀(R. W. Griffin)은 이와 같은 경로-목표이론의 약점을 보완하기 위해 상황변수인 과업설계 변수와 개인특성변수 그리고 그 상황에 적합한 리더행동을 통합시킨 상황적합 모형을 제시하였다.

〈그림 12-10〉에서 보면 과업변수인 과업범위는 과업의 구조화 정도를 뜻한다. 즉 과업이 명확하고 구체화 되어 있는 정도를 의미한다. 부하의 성장욕구는 상위욕구의 만족에 대한 부하의 열망을 뜻한다. 이 두 변수를 높고―낮음으로 양분을 하여 적합시키면 네 가지 상황이 형성된다.

「**상황** 1」은 성장욕구가 높은 부하가 높은 과업의 범위를 수행하고 있는 경우이다. 이 경우 부하는 상당히 동기유발되어 있으며 강한 욕구만족을 가지고 있다. 그래서 부하는 책임감을 느끼며 중요한 것으로 지각하고 있는 복잡하고 비구조화(비구체화)된 과업의 성과로부터 욕구만족을 기대하며 그러한 부하는 과업자체로부터 오는 내재적 만족감을 얻게 된다. 이 상황에 적합한 리더행동은 성취지향적 리더행동과 참여적 리더행동이다. 성취지향적 리더행동은 복잡하고 비구체화된 과업을 수행하고 있는 부하에게 도전적인 과업목표를 설정해 준다. 그리고

〈그림 12-10〉 부하 및 과업특성과 리더행동과의 적합모형

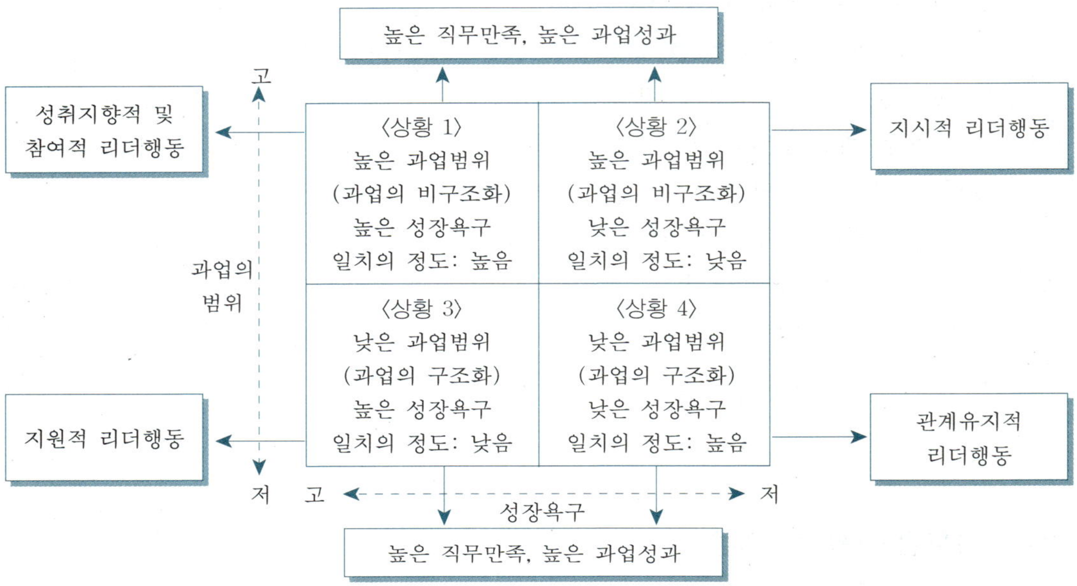

자료: R. W. Griffin(1979), Task Design Determinants of Effective Leader Behavior, *Academy of Management Review*, p. 221.

도전적인 과업요구를 감당할 수 있게끔 과업수행능력에 대한 강한 자신감을 부하에게 고취시켜 줌으로써 부하의 직무만족을 증진시켜 준다. 참여적 리더행동은 비구조화된 과업을 수행하는 부하에게 과업목표, 계획 및 절차에 대한 의사결정에 참여시켜서 과업목표를 자율적으로 선택하게 하고 과업수행에 대한 자기통제를 증대시켜 준다.

「**상황** 2」는 과업수행능력이나 동기부여의 결핍으로 인하여 성장욕구가 낮은 부하가 복잡하고 비구조화된 과업을 수행함으로써 역할모호성이 발생되어 직무만족수준이 낮아지는 경우이다. 이 경우에 부하는 그들의 과업을 구체화시켜서 과업역할 모호성을 감소시켜 주는 지시적 리더행동이 직무만족수준을 향상시키는 데 가장 효율적이다.

「**상황** 3」은 높은 성장욕구를 가진 부하가 반복적이고 일상적인 과업을 수행함으로써 직무만족수준이 낮아지는 상황이다. 이 때 부하는 그들이 수행하고 있는 과업을 욕구충족의 근원으로 생각하고 있으나 과업특성이 이러한 욕구를

충족시키지 못하기 때문에 불만족과 스트레스를 느끼게 된다. 이 경우에 부하의 불만족과 스트레스를 감소시켜 주면서 부하의 욕구에 깊은 관심을 가지고 있는 지원적 리더행동이 가장 효율적이다.

「**상황** 4」는 낮은 성장욕구를 가진 부하가 구조화된 과업을 수행하는 경우이다. 이 상황은 부하의 특성과 과업의 특성이 잘 적합되어 있기 때문에 결과변수인 직무만족과 과업성과에 호의적으로 작용하게 되어 있으므로 리더의 개입이 최소화되는 상황이다. 이 상황에서 적합한 리더행동은 현상을 유지하는 관계유지적 리더행동이다. 이 리더행동은 커(S. Kerr)과 제미어(J. M. Jermier)가 제시한 리더십 대체물의 개념과 유사하다. 리더십 대체물이란 조직내 변수들이 리더의 행동 기능을 대체한다는 의미로서 이러한 대체물로는 조직의 규칙과 규정, 경험, 교육수준, 직무기술서 등이 있다(리더십 대체이론 참조). 관계유지적 리더행동은 리더가 부하에게 전혀 개입을 하지 않는 것이 아니라 최소한의 개입을 할 뿐이다. 다시 말해서 별다른 문제가 없이 만족과 성과가 유지된다면 부하에게 깊은 관여를 하지 않으나 만약에 문제가 발생한다면 지시적 혹은 지원적 리더행동을 발휘하여 문제해결을 모색한다. 문제가 해결되면 다시 관계유지적 리더행동으로 되돌아간다.

상황적합이론은 상황변수인 개인특성변수와 과업변수를 동시에 고려한 상황에서 그 상황에 적합한 리더행동을 제시하였기 때문에 상황변수를 개별적으로 고려한 경로-목표이론보다는 보다 발전된 이론으로 볼 수 있다. 그러나 부하의 직무만족과 과업성과를 향상시키기 위해서는 개인특성변수와 과업변수만을 고려할 것이 아니라 작업팀, 보상시스템 등과 같은 조직변수도 고려해야 한다.

규범적 리더십이론

규범적 리더십이론은 리더가 규범적 의사결정을 하기 위해 활용할 수 있는 상황분석 및 의사결정방법을 체계적으로 설명하고 있다.[15] 이러한 규범적 리더십이론은 의사결정자로서의 리더의 행동을 강조한다는 점에서 다른 리더십이론과 차이가 있다. 규범적 리더십이론은 브룸(V. H. Vroom)과 예튼(P. H. Yetton)에 의해 제안되어 브룸-예튼모형으로도 불리운다.

리더의 행동유형

규범적 리더십이론은 의사결정시에 리더가 활용할 수 있는 스타일을 다섯 가지 유형으로 분류한다(〈표 12-5〉 참조). 각 유형의 정의에 제시되듯이 AI(전제적 의사결정)스타일로부터 GII(집단적 의사결정)스타일로 이동할수록 집단을 의사결정과정에 많이 참가시키고 의사결정시 집단의 의견을 많이 반영한다. 한 가지 유의해야 할 점은 각각의 의사결정스타일에 적합한 상황은 각각 다르다는 점이다. GII(집단적 의사결정)스타일이 모든 상황에 적합한 스타일은 아니며 또한 AI(전제적 의사결정)스타일보다 효과적인 것은 아니다.

리더의 행동스타일의 선택

브룸과 예튼은 의사결정스타일이 어떠한 상황에서 적절하게 활용될 수 있는가를 설명하기 위해 〈그림 12-11〉의 의사결정나무(decision making tree)를 개발하였다. 의사결정나무는 특정한 상황에 대한 일곱 가지의 질문에 "예" 혹은 "아니오"로 응답하여 상황에 적절하게 적용될 수 있는 의사결정스타일을 찾을 수 있게 한 것이다.

〈표 12-5〉 규범적 의사결정행동의 전략유형

전략(리더십 유형)	심 볼	정 의
전제적 (Autocratic Ⅰ)	AⅠ	현재 시점에서 자신이 얻을 수 있는 정보를 활용하여 문제를 해결하기 위한 의사결정을 독단적으로 하는 스타일
전제적 (Autocratic Ⅱ)	AⅡ	부하로부터 필요한 정보를 얻고 문제를 해결하기 위한 의사결정을 독단적으로 하는 스타일
협의적 (Consultative Ⅰ)	CⅠ	의사결정을 해야 할 문제와 관련되어 있는 부하들과 문제를 공유하고 이들로부터 아이디어와 제안을 얻지만 의사결정은 혼자서 하는 스타일
협의적 (Consultative Ⅱ)	CⅡ	집단회의를 통해 부하들과 문제를 공유하고 아이디어와 제안을 얻으며 의사결정시 때때로 부하들의 의견을 반영하는 스타일
집단 (Group)	GⅡ	부하들과 문제를 공유하고 부하들과 함께 의사결정 대안을 만들고 평가하며 문제의 해결안에 대해 부하들과 합의를 이루려고 노력하는 스타일(집단의사결정스타일)

자료: V. H. Vroom & P. H. Yetton(1973), *Leadership and Decision-Making*, Pittsburgh, PA: University of Pittsburgh Press.

〈그림 12-11〉 합리적 의사결정나무

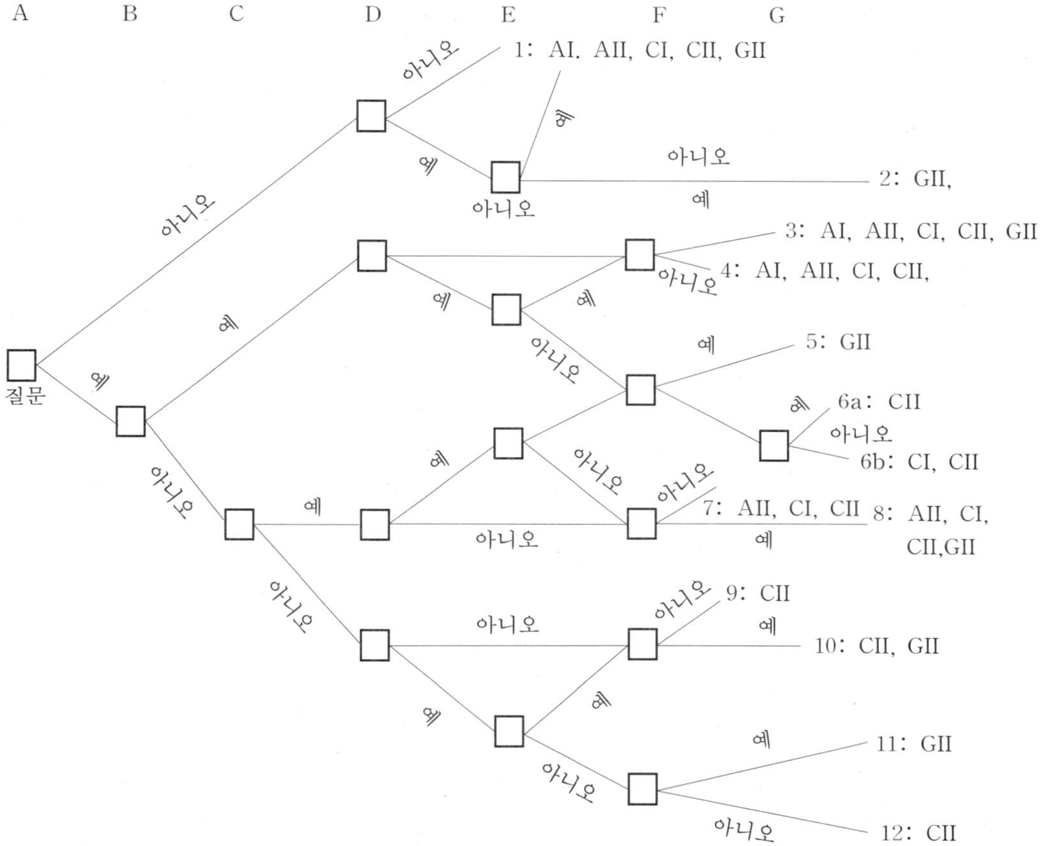

A. 문제가 높은 수준의 의사결정의 질을 필요로 하는가?

B. 나는 합리적인 의사결정을 하기 위해 충분한 정보를 가지고 있는가?(부하의 도움이 없이도)

C. 해결해야 할 문제가 구조화되어 있는가? (즉, 해결해야 할 문제의 성격이 명확한가?)

D. 의사결정의 효과적인 실천에 부하들의 수용 여부가 중요한 역할을 하는가?

E. 만약 혼자서 단독으로 의사결정을 한다면, 부하들에 의해 그 결정이 수용되리라고 확신할 수 있는가?

F. 이 문제를 해결하는 데 있어서 부하들이 조직목표를 공유해야 할 필요성이 있는가?

G. 최상의 해결책에 대하여 부하들이 동의하지 않을 가능성이 있는가?

자료: V. H. Vroom & P. H. Yetton(1973), *Ledership and Decision-Making*, Pittsburgh, PA: University of Pittsburgh Press.

의사결정나무에서는 특정한 상황에 적합한 의사결정스타일을 한 가지 스타일에서 다섯 가지까지 제시하고 있다. 특정한 상황에 한 가지 이상의 의사결정스타일의 대안이 제시되는 경우 리더는 다른 대안에 비해 보다 적절한 대안을 선택해야 한다. 의사결정스타일의 대안을 선택할 때에는 각 대안의 장단점을 신중하게 검토해야 한다. 예를 들어 〈그림 12-11〉에서 '상황 8'의 경우 리더가 집단적 의사결정스타일(GII)의 선택을 고려한다면 리더는 다음과 같은 사항을 고려해야 한다. 일반적으로 의사결정과정에 집단(혹은 부하)의 참여가 증가함에 따라 합의에 도달하는 데 보다 많은 시간이 소요된다. 그러나 집단이 의사결정과정에 보다 깊이 참여할수록 집단이 의사결정스타일의 대안을 수용할 가능성은 높아지고 대안에 대한 몰입도 증가한다. 또한 부하들은 집단의사결정에 참여함으로써 상황에 대한 분석능력 및 문제해결능력 등 집단활동에 필요한 다양한 능력을 학습하게 된다.

규범적 리더십이론의 시사점

규범적 리더십이론은 의사결정이라는 집단의 핵심적인 활동과 리더와의 관계를 설명함으로써 의사결정이론과 리더십이론을 연계시키고 있다. 규범적 리더십이론은 다음과 같은 시사점을 제공한다.

첫째, 리더는 상황을 평가하는 데 있어서 〈그림 12-11〉의 일곱 가지 요인(즉 일곱 가지 질문)을 신중하게 검토해야 한다는 점이다. 이러한 요인들은 합리적 의사결정을 위한 필수적인 상황요인이다.

둘째, 리더는 특정한 상황에서 효과적인 의사결정전략을 인식하기 위해 의사결정나무를 활용해야 한다는 점이다. 의사결정나무는 의사결정을 하기 위해 고려해야 할 사항을 체계적으로 제시함으로써 의사결정의 질을 제고할 수 있도록 지원한다.

마지막으로 리더는 의사결정스타일의 선택시 부하의 수용성 및 만족 그리고 부하의 학습 필요성 그리고 시간의 제약 등 다양한 요인을 고려하여 가장 효과적인 스타일을 선택해야 한다는 점이다.

규범적 리더십이론의 한계

규범적 리더십이론은 규범적인 의사결정을 하기 위한 리더의 바람직한 행동을 제시하고 있지만 일부 한계를 지니고 있다. 우선 의사결정나무는 리더의 의사결정만을 주목하고 리더와 부하와의 상호작용을 고려하지 않는다. 또한 의사결정나무가 가지는 체계적인 특성은 강점으로 작용할 수 있지만 상당히 많은 시간을 필요로 한다. 보통 리더가 직면하게 되는 상황은 다르다. 이렇게 상이한 상황에 접할 때마다 의사결정나무를 활용할 경우 리더는 더욱 많은 시간을 필요로 하므로 의사결정의 효용성의 문제, 예를 들어 소요된 시간에 비해 의사결정이 얼마나 효과적인가의 문제가 제기될 수 있다.

브룸(V. H. Vroom)과 야고(A. G. Jago)의 수정모형

브룸과 예튼은 기존 모형을 일부 수정하여 수정모형을 제시하였다. 과거의 모형과 비교하여 이들의 수정모형의 특성을 요약하면 다음의 두 가지로 요약할 수 있다.[16)]

하나는 상황변수를 추가하여 상황의 복잡성을 반영하였다는 점이다. 브룸과 예튼의 모형에서는 의사결정 상황변수를 일곱 가지로 구분하였으나 수정모형에서는 하급자의 정보수준, 시간의 제약 등 다섯 가지 상황변수를 추가하였다.

또한 브룸과 예튼의 모형에서는 상황분석의 결과 여러 가지의 의사결정스타일을 제시하였으나, 수정모형에서는 상황에 대해 하나의 의사결정스타일만을 대안으로 제시하였다.

그 밖의 리더십이론

수직쌍 연결이론

수직쌍 연결(vertical dyad linkage: VDL)이론은 부하들 개개인에 대한 리더의 행동은 리더와 부하간의 관계에 따라 리더십행동이 달라진다는 현상을 다루는 이론이다. 즉 리더와 부하의 1 대 1 관계에서 행해지는 리더십의 규명에 초점을 두고 있는 이론이다.[17)] 수직쌍 연결이론은 리더-구성원 교환(leader-member exchange: LMX)이론이라고도 불린다.

대부분의 리더십이론들은 부하들의 특성에 따른 리더의 행동의 차이에 대해서는 많은 관심을 기울이지 않았다. 현실적으로 리더와 부하와의 관계에서 나타나는 리더의 행동은 부하들마다 상이하게 나타난다. 이와 같이 부하들에 대한 리더의 차별적 행동을 다루고 있는 모형이 수직쌍 연결이론이다.

수직쌍 연결이론에서는 리더와 부하간의 관계를 2개의 유형, 즉 내집단과 외집단으로 구분한다. 내집단(In-Group)에 속해 있는 부하들의 경우 리더와 부하간의 관계는 상호간에 신뢰와 존경심이 형성되어 있으며, 공동체적 의식을 가지고 있다. 또한 내집단 관계에서는 공식적인 관계에서 발생하는 책임 이상으로 상대방에 대한 책임감을 형성하고 있다. 외집단(Out-Group)관계에 있는 리더-구성원 관계에서는 공식적인 관계에서 발생하는 책임만이 나타난다. 리더는 하급자에 대해 감독자로서의 역할만을 수행하고, 일방적이고 하향적인 권력행사, 공식적 역할 범위에서의 관계유지, 상호 결속력의 희박 등의 행동을 보이고 있다.[18] 부하들은 리더에 대해서 공식적인 역할만을 수행하며, 리더를 충족시켰을 때 공식적으로 형성되어 있는 보상만을 받는다.

수직쌍 연결이론에 따르면, 리더가 부하와 어떤 관계를 가지고 있는가에 따라 조직행동 효과가 달라지고 있다. 즉, 내집단 관계에 속하는 부하들은 외집단 관계에 속한 부하들보다 리더와의 교환과정에서 보다 큰 교섭력을 갖게 되며, 낮은 이직성향과 이직률을 보이게 된다. 뿐만 아니라 내집단의 부하들은 직무만족이나 리더에 대한 만족이 더 크게 나타낸다. 또한 리더는 내집단에 속한 부하들을 더 좋게 평가하는 경향이 있다.[19]

수퍼리더십

최근 들어 조직들은 자율작업팀과 같은 팀제 조직구조의 본격적인 도입과 함께 팀의 리더를 포함하는 팀구성원 모두가 자율적으로 조직을 관리·운영하는데에 많은 관심을 가지고 있다. 이러한 관심은 리더십에 대한 시각에 상당한 변화를 일으키고 있다. 최근 이와 관련하여 많은 주목을 받는 리더십이론으로 수퍼리더십이 있다.[20] **수퍼리더십**(superleadership)**은 부하로 하여금 자발적으로 리더십**(self-leadership)**을 발휘할 수 있도록 부하의 능력개발과 이를 발휘할 수 있는 여건을 조성하는 리더의 행동**을 강조한다. 이러한 측면에서 보면 수퍼리더는 부하가 스스로 자신을 리드할 수 있도록 리더십을 발휘하는 리더이다.

〈그림 12-12〉 수퍼리더십의 세 가지 역할

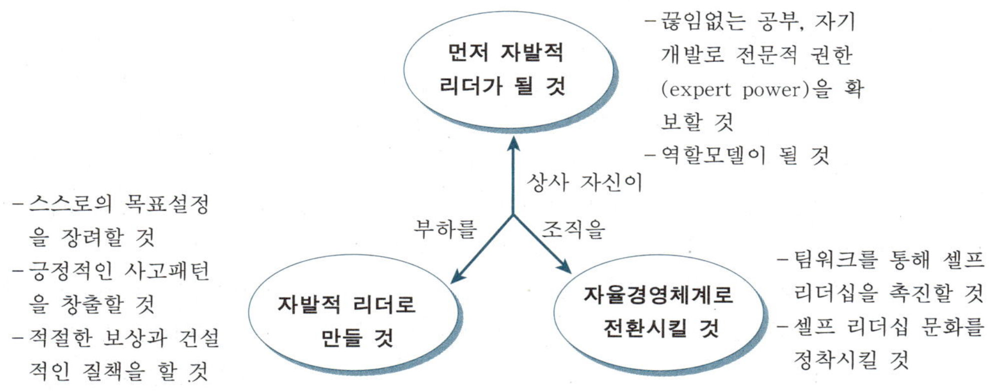

자료: LG경제연구원(1996), *LG주간경제*.

수퍼리더십은 전통적인 리더십이론에서 다루었던 리더의 행동과 역할과는 큰 차이가 있다. 전통적인 리더와 부하들간의 관계는 조직의 지위계층을 기반으로 형성되며 리더는 조직의 목표달성을 위해 부하들을 지시·통제하는 데 역점을 둔다. 이 같은 리더와 부하와의 관계는 X이론의 관점에 입각하여 형성된다. 이에 반해 수퍼리더십은 조직의 지위계층보다는 상호 호혜적인 관계에서 리더와 부하의 관계를 설정한다. 즉 리더는 지시와 통제보다는 부하가 충분히 역할을 수행할 수 있도록 지원과 협조에 역점을 두고 부하들은 자신의 능력발휘를 통해 리더와 상호작용을 하는 관계인 것이다. 이러한 점에서 리더와 부하의 관계는 Y이론의 관점에서 형성되는 것이다.

〈그림 12-12〉에서 제시한 바와 같이 수퍼리더십은 세 가지 측면이 결합되어야 달성될 수 있다. 첫째, 리더가 자발적 리더(self-leader)가 되어야 한다. 리더는 모범적인 행동을 통해 역할모델 — 즉 역할 수행에 있어서 본받아야 할 모델 — 이 되어 부하의 대리학습(vicarious learning)을 촉진해야 한다. 즉, 역할모델이 됨으로써 부하들에게 모범을 보이고 자연스럽게 부하들이 행동을 학습하도록 할 수 있어야 한다. 이를 위해서 리더는 자기개발을 통해 자질과 능력을 개발하여 부하들로부터 인정받고 신뢰받는 리더가 되어야 한다.

둘째, 리더 자신이 자발적 리더가 되는 것과 함께 부하들을 자발적 리더로 만들어야 한다. 이를 위해서는 부하들 스스로 목표를 설정하게 하여 목표달성에

수퍼리더십 : 3M의 월리엄 맥나이트

오늘날 3M은 누구나 인정하는 초우량 기업이다. 포춘지가 선정한 500대 기업 중에서도 3M은 경영혁신과 뛰어난 제품개발, 종업원의 탁월한 관리로 특히 유명하다. 3M사의 최고경영자였던 윌리엄 맥나이트는 수퍼리더십의 수많은 자질을 구현한 인물이었다. 회사가 가장 어려웠던 시절 그는 3M을 현재의 위치로 끌어올린 성공의 기틀을 마련했다. 3M 역사상 가장 빛나는 지도자였던 맥나이트는 종업원들에게 자신들과 자기 회사에 대한 자부심을 갖게 하는 데 크게 공헌했다. 그의 경영스타일은 새로운 아이디어를 창조하고 발전시켜 실용성 있고 최고의 품질에 수익성까지 높은 제품을 생산하기 위해 자율성과 기업가정신을 강조하는 것이다. 3M조직의 특징은 새로운 제품혁신을 보다 빨리 이룩하기 위해 종업원들이 고정된 틀에서 벗어나 자유롭게 일할 수 있도록 허용한다는 것이다. 3M의 리더십은 맥나이트의 사람에 대한 믿음에서부터 출발했다고 3M 사람들은 말한다. 맥나이트는 직원들에게 근무 초기부터 자유를 주었고 이러한 관행은 계속 계승되었다. 맥나이트는 직원들의 무한한 가능성을 이끌어 냄으로써 초우량기업이 될 수 있다는 신념을 강하게 심어준 리더로서 3M의 역사에 우뚝 솟아 있다.

자료: 정일재 역(1995), *수퍼리더십*, 21세기 북스.

대한 의욕과 책임의식을 심어 주어야 한다. 또한 부하들에게 성과에 따른 적절한 보상을 통해 동기를 유발하고 건설적인 질책을 하여 목표달성을 지원해 주어야 한다. 그러나 부하가 목표수행에 필요한 능력이 없으면 자율적인 목표설정은 물론 이를 자율적으로 통제할 수 없다. 따라서 부하들을 자발적 리더로 만들기 위해서는 부하들의 능력의 육성 및 개발이 특히 중요하다.

마지막으로 부하들의 자발적 행동을 격려하고 자극할 수 있는 자율적인 경영체계가 필요하다. 조직구성원들이 자발적 리더가 되고자 하지만 조직체계가 이러한 성향을 용인하지 않는다면 조직구성원들의 자발적 리더십은 현실화되기 어렵다. 따라서 이러한 자율적인 풍토를 용인할 뿐만 아니라 고무하는 조직 내부의 여건 조성이 필요하다.

요약하면 수퍼리더십은 부하가 자율적으로 스스로를 통제하고 행동할 수 있도록 부하들을 개발하는 데 초점을 두고 있다. 즉 리더는 부하들이 잠재능력을 최대한 발휘할 수 있도록 자극을 주고 스스로 모범을 보이며 궁극적으로 관리가 필요 없는 수준으로까지 조직의 힘을 키우는 것이다.

카리스마 리더십

역사적으로 부하의 태도나 행동을 변화시키는 데 있어서 대단한 성공을 거둔 몇 몇의 리더들이 있다. 사실 이러한 리더들은 사회변화의 선구자로서 새로운 사회질서에 대한 비전을 가지고 전체 공동체를 변혁시키면서 사회구조를 변화시켰다. 이러한 리더들은 종종 카리스마 리더로 불려진다. 카리스마(charisma)는 '신이 부여한 재능(divinely inspired gift)'을 의미하는 그리스어에서 유래하였는데 이 재능에는 기적을 만들거나 미래를 예시하는 능력과 같은 재능이 포함되었다. 20세기 초 저명한 사회학자 베버(M. Weber)는 카리스마를 권한의 유형을 설명하는데 사용하였다. 그의 연구에서 권한은 특정인이 가지는 권력(Power)이 정당하다고 다른 사람들에게 의해 인정될 때 발생한다. 특히 이러한 권한 중 카리스마적 권한은 리더가 초자연적, 초인간적 특성을 가지고 있다는 부하들의 믿음에 의해 발생한다. 베버 연구 이후 카리스마에 대한 대다수 연구는 사회학과 정치학의 영역이었다. 많은 수의 사회학자와 정치학자들은 카리스마를 설명하고 카리스마가 발생하는 상황을 식별하고자 노력해 왔다. 현대 카리스마 리더십에 대한 조직경영학에서의 연구는 1980년대에 와서 활발히 진행되기 시작하였다. 1980년대에는 기업환경이 급변하고 기업간 경쟁이 심화되고 있었다. 이러한 환경에서 생존하기 위하여 많은 기업들이 조직변화를 추구하였으며, 이에 따라 조직변화를 주도하는 카리스마를 가진 리더에 대한 기업의 관심이 크게 증가되었다.

카리스마 리더십은 학자들에 따라 다양한 관점에서 다루어지고 있다. 카리스마에 대한 지금까지의 연구를 보면, 카리스마를 리더 개인이 갖는 특성 및 상황요인의 결과로 보는 관점이 있는가 하면, 리더와 부하간 상호영향력을 미치는 과정의 결과로 보는 관점도 있다.[21]

이러한 관점들은 앞에서 언급한 리더십연구의 주요한 흐름인 특성이론, 상황이론, 상호작용 접근법과 관련되어 있다. 우선, 특성이론의 관점에서는 리더의 신체적 특성(매력적 외모, 강렬한 눈빛 등)과 심리적 특성(자신감, 지배성향 등)이 카리스마를 형성하는 데 관련이 있음을 주장한다. 하지만 신체적 특성들의 경우에는 개인의 카리스마 형성에 구체적으로 어떻게 작용하는가에 대한 구체적인 실증적 근거를 가지고 있진 않다. 다음으로 상황이론의 관점에서는 위기적 상황이나 변화에 대한 부하들의 욕구가 강한 상황이 카리스마 형성을 용이하게 만들 수 있음을 주장한다. 마지막으로 카리스마를 관계적이고 상호작용적인 개념으로 보는 관점이 있다. 리더의 어떤 특성과 행위에 대해서 부하들이 카리스마라고 인정하기 때문에 카리스마가 생긴다는 관점이다. 이러한 부하들의 지각은 리더십 상황이나 부하의 개인적이고 총체적인 욕구에 따라 전반적으로 영향을 받는다. 카리스마 리더십에서 가장 주목을 받고 있는 통합적 접근법으로서 콘거(J. A. Conger)와 카눈고(R. N. Kanungo)의 연구를 통하여 카리스마 리더십을 보다 자세히 다루고자 한다.[22)]

무엇이 카리스마 리더와 비카리스마 리더를 구분 지을까?, 카리스마 리더는 어떻게 그들의 견해와 지시를 수천만 수백만의 사람이 아무런 조건 없이 자발적으로 받아들이게 할까? 콘거와 카눈고에 의해 제안된 이론은 이러한 문제들에 대한 흥미있는 통찰력을 제공한다.

이 연구는 카리스마를 다음의 세 가지로 설명하고 있다. 리더의 특수한 행동양식, 리더에 대한 부하의 인정, 특수한 사회적 조건으로 카리스마를 설명한다. 다시 말하면 어떤 특정한 평범하지 않은 행동을 보이는 리더들을 부하들이 '카리스마적'이라고 평가하게 된다는 것이다. 부하의 인정에 의해 생기는 카리스마는 리더의 실제적 특성과 더불어 부하나 주변 사람들에게 큰 영향을 미치게 한다(〈그림 12-13〉 참조). 부하들로 하여금 리더십이 있다고 믿게 만드는 리더들의 특정행동에는 어떤 것이 있을까? 콘고와 카눈고는 다음과 같은 특정행동을 제시하였다. 첫째, 카리스마 리더는 사회나 조직이 현 상태로 정체되는 것을 용납하지 않고 현 상태와 확연히 다른 새로운 비전을 제시한다. 둘째, 그들은 목표를 달성하기 위해 높은 위험을 감수하고 관행에 얽매이지 않는 행동을 한다. 셋째, 카리스마 리더는 높은 수준의 자신감, 전문성, 그리고 부하의 욕구에 대한 관심을 보인다. 다시 말하면, 카리스마 리더는 여러 방식의 이미지 관리를 통하여 그들을 매력적이게 보이게 하고 타인에게 호소력을 가지게 한다. 넷째, 카리스마 리더는 지위보다는 개인적 특성(예, 높은 몰입 및 고도의 전문성 등)과 부하들의 의견일치 도달을 통하여 영향력을 행사한다. 마지막으로, 카리스마 리더는 비록 급진적인 변화를 선호하고 미래 목표에 대한 이상적인 비전을 제공하지만, 또한 상당히 현실적이다. 그들은 이용 가능한 자원과 다루어야 할 환경적 제약에 대하여 정확히 이해하고 있다. 따라서 그들은 그들이 희망하는 변화를 위하여 여러 방법들을 준비하고, 시행을 위한 적절한 시기, 장소, 기회를 기다린다.

〈그림 12-13〉 카리스마 리더

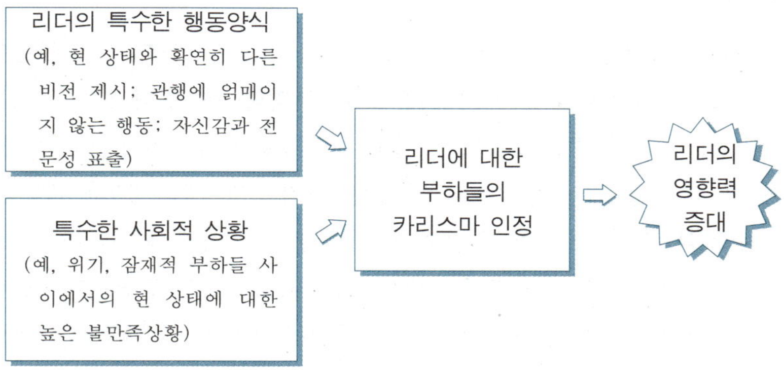

자료: Conger, J. A. & Kanungo, R. N.(1988), *Charismatic Leadership: The Elusive Factor in Organizational Effectiveness*, San Francisco: Jossey-Bass.

분명히 카리스마 리더는 모든 장소나 모든 시기에 나타나지 않는다. 그렇다면 카리스마 리더는 정확히 언제 나타나는가? 콘고와 카눈고는 위기의 상황일 때 카리스마 리더가 나타나거나 부하들에 의해서 리더가 카리스마적이라고 인정받는다고 말하고 있다. 다시 말하면, 사회나 조직 내에서의 현 상태가 뒤떨어져서 급진적인 변화가 필요할 때를 말한다. 이러한 상황 속에서 카리스마 리더는 정황에 대한 높은 민감성을 가지고 있기 때문에 변화를 지지하고 위에서 언급되었던 여러 특정 행동을 행한다. 그 결과 그들은 잠재적인 부하 사이에서 카리스마 이미지를 조성하고 그들의 영향력을 증대시킨다.

이 주장들을 살펴보면 앞에서 언급된 최근의 리더십관점과 상당히 일치하고 있음을 알 수 있다. 카리스마는 특정 리더의 특성, 이러한 특성들에 대한 부하들의 인정, 그리고 리더의 출현이 필요한 상황적 요인과 분명한 상관관계가 있다.

카리스마 리더십개념은 오늘날 관리자 사이에서 꽤 많이 알려져 있으며 많은 도서와 논문의 주제이기도 하다. 하지만 불행히도 소수의 논문만이 카리스마 리더십의 의미와 영향을 식별하고자 하는 시도를 하고 있다. 카리스마 리더십에 대한 지속되는 윤리적 고려는 연구를 어렵게 만드는 한 요인이다. 그것은 일부 카리스마 리더가 그들의 추종자들에게 맹목적 믿음을 고무시켜 부적절하고 비윤리적이며, 심지어 불법적인 행동을 하게끔 할 수 있다는 우려에서 기인한다. 강한 카리스마를 지닌 사람으로부터 리더십역할을 이어받는 것 또한 쉽지 않은 일이다.

변혁적 리더십

변혁적 리더십(transformational leadership)**은 리더와 부하들이 서로의 사기를 높이고 동기유발을 시키는 과정으로 정의할 수 있다.**[23] 변혁적 리더는 부하들의 고차원적인 욕구를 불러일으키고 이를 충족시키려고 하는 리더라는 특징이 있다. 즉 부하들이 과업결과의 중요성과 가치에 대해 보다 많은 인식을 하도록 하고 조직과 집단을 위해 개인적인 이해를 초월하도록 유도하고 보다 높은 수준의 욕구를 충족시키도록 함으로써 부하들의 변혁을 추진한다. 또한 부하들은 변혁적 리더에게 신뢰와 충성심 그리고 존경을 느낀다. 그리고 애초에 그들이 리더에게 기대했던 것 이상으로 동기유발된다.

변혁적 리더십은 종종 카리스마적 리더십(charismatic leadership) 및 거래적 리더십(transactional leadership)과 비교된다.

카리스마적 리더는 권한, 높은 수준의 자아 그리고 그 자신의 믿음과 이상에 대해 강력한 욕구를 갖는다. 카리스마적 리더는 부하들에게 비전보다는 리더 자신에 대한 충성과 헌신을 보이도록 요구함으로써 부하들을 나약하고 의존적으로 만드는 경우가 있다.[24] 이에 비해 변혁적 리더는 부하들에게 권한을 위임해 주고 그들의 위상을 제고시키고 비전의 실현을 위해 노력한다.

거래적 리더십은 부하들이 갖고 있는 이해를 충족시켜 부하들을 동기유발하는 리더이다. 예를 들어 임금 혹은 지위를 대가로 하여 부하들의 노력을 촉구하는 리더이다. 즉 임금 혹은 지위와 노력을 교환하는 리더이다. 이에 비해 변혁적 리더십은 교환과정에서 정직성, 공정성, 책임감 그리고 호혜성과 같은 가치를 충족시켜 부하들을 동기유발한다.[25]

변혁적 리더십에 대한 연구는 아직 초기단계에 머무르고 있으며, 실증연구를 통한 이론의 검정이 미흡한 실정이다. 따라서 추가적인 연구가 필요한 분야이다.

리더십 대체이론

리더십이론에서는 리더의 특성 및 행동이 부하의 태도 및 행동에 영향을 미치는 것으로 가정하고 있다. 그러나 특정한 상황에서 리더의 특성이나 행동의 중요성을 감소시키는 요인들이 존재하고 있다. 이러한 상황에 대한 설명으로 리더십 대체이론이 대두되고 있다.[26] 리더십 대체이론(substitutes for leadership)은 부하, 과업, 조직의 특정한 요인들이 리더십행동을 대체하고 있으며, 리더십행동의 필요성에 대해 영향을 미치고 있다는 주장이다. 이러한 요인들은 세 가지 역할 — 즉, 대체물, 중화물 및 보완물 — 로 구별될 수 있다.

리더십 대체물(substitute)**이란 리더의 행동을 불필요하게 만드는 상황요인을 말한다.** 조직구성원의 역할기대를 명확히 하고 동기유발시키거나 만족시키는 부하, 과업, 조직 요인들이 포함된다. 이 요인들은 리더의 행동을 불필요하게 만든다.

리더십 중화물(neutralizer)**이란 리더가 특정한 방식으로 행동하는 것을 방해하는 요인을 말한다.** 중화물은 리더가 부하의 태도나 행동에 영향을 미치는 것을 불가능하게 만드는 요인들을 포함하고 있다. 좋은 성과자에게 리더가 보상하는 것을 제약하는 연공서열형 임금체계가 중화물에 해당한다.

〈표 12-6〉 리더행동의 대체물 및 중화물

대체물 및 중화물	영향받는 리더의 행동	
	지원적 리더십 (배려행동)	도구적 리더십 (구조주도행동)
A. 부하특성		
1. 경험, 능력, 훈련		대체물
2. '전문가적' 지향	대체물	대체물
3. 조직의 보상에 대한 무차별	중화물	중화물
B. 과업특성		
1. 구조화되고, 일상적이며, 애매하지 않은 과업		대체물
2. 과업에 의해 제공되는 피드백		대체물
3. 내적으로 만족되는 과업	대체물	
C. 조직특성		
1. 응집력 높은 집단	대체물	대체물
2. 낮은 지위 능력(조직보상에 대한 리더의 통제부족)	중화물	중화물
3. 공식화(명백한 계획, 목표, 책임영역)		대체물
4. 비유연성(엄격한 규칙 및 절차)		중화물
5. 제한된 의사소통이 가능한 리더와 부하의 거리적 분리	중화물	중화물

자료: R. B. Dunham(1984), *Organizational Behavior*, Richard D. Irwin, p. 381.

리더십 보완물(supplement)**이란 상황에 따라 리더의 행동을 보완하는 요인을 말한다.** 보완물은 리더십을 대체할 수 있는 요인들과 중복될 수 있다.

〈표 12-6〉은 리더의 행동에 대한 가능성이 높은 대체물과 중화물을 보여 주고 있다. 예를 들어, 많은 경험과 능력 그리고 충분한 훈련을 받은 부하라면 직무를 수행하는 방법을 이미 알고 있을 것이다. 이러한 경우 부하는 리더의 구조주도행동을 그다지 필요로 하지 않을 것이다. 또한 구조화가 높은 직무도 리더의 구조주도행동보다는 과업을 통해서 조직구성원에게 직무지침을 제공할 수 있다.

앞서 경로-목표이론에서 설명하였듯이 이러한 경우에는 과업구조에 대한 리더의 명확한 행동을 필요로 하지 않는다.

응집력이 높은 집단은 동료간의 대인적 지원을 얻을 수 있기 때문에 리더의 지원적 행동을 감소시키게 된다. 부하와 물리적으로 멀리 떨어져 있는 리더는 의사소통이 어렵기 때문에 리더십행동이 행해질 수 있는 리더와 부하간의 상호작용은 제한 받게 된다.

리더십의 대체물, 중화물, 보완물 개념의 주요한 의미는 리더는 환경의 영향을 받는다는 것이다. 즉, 리더의 중요성 및 효과는 리더가 활동하는 환경에 의해서 실질적으로 영향을 받는다는 것이다. 또한 조직은 리더십을 개발하고 관리할 때 부하의 특성, 과업의 구조화, 조직의 특성 등을 고려해야 한다는 것이다.

요 약

- 리더십은 집단목표를 효율적으로 달성하기 위하여 리더가 개인 또는 집단의 활동에 의도적으로 영향력을 행사하는 과정이다.
- 리더십은 전통적인 조직설계에서 결핍되는 부분을 채워줄 뿐 아니라 조직이 환경에 적응하는 데 있어서 융통성을 증가시킨다. 또한 조직 내의 다양한 집단들을 통합시키고 구성원들의 개인적인 욕구충족을 촉진시킨다.
- 리더십이론에 관한 연구는 접근방식에 따라 네 가지 이론 — 특성접근이론과 행동접근이론, 보편적 이론과 상황적합이론 — 으로 구분된다.

- 보편적 리더십 특성이론은 리더에게는 보편적인 특성들이 있으며, 이러한 특성은 어떠한 상황에서도 적용가능하다는 관점을 취한다. 따라서 효과적인 리더가 되게 하는 특성들을 규명하는데 초점을 맞춘 접근방식을 취한다.
- 피들러의 상황적합적 특성이론은 리더의 효과성은 리더가 가지고 있는 주요 특성과 리더가 처한 상황의 호의성 사이의 적합도에 달려 있다는 관점을 취한다. 즉 효과적인 리더의 특성이 존재하지만 이는 상황과의 적합성 정도에 따라 달라진다는 것이다.
- 보편적 리더십 행동이론은 효과적인 리더에게는 보편적인 행동특성이 있으며 효과적인 리더의 행동특성을 규명하는 데 초점을 맞춘 이론이다.
- 상황적합적 리더십 행동이론은 리더십의 효과성은 리더의 행동과 상황과의 적합성에 따라 결정된다는 이론이다.
- 카리스마 리더십(charisma leadership)은 카리스마 리더를 특정 리더의 특성, 이러한 특성들에 대한 부하들의 인정, 그리고 리더의 출현이 필요한 상황적 요인으로 설명하고 있 다.
- 수퍼리더십(superleadership)은 부하로 하여금 자신의 행동을 스스로 이끌어가도록 그들의 잠재력을 극대화시키는 능력, 다시 말해서 부하의 자발적 리더십(self-leadership) 발휘를 유도하는 상사의 리더십행동을 의미한다.

핵심용어

리더십 특성접근
리더십 행동접근
보편적 리더십이론
상황적합적 리더십이론
관계지향적 리더
과업지향적 리더
LPC(Least Preferred Coworker)
상황호의성
구조주도행동
배려행위
경로-목표이론
관리격자모형
합리적 의사결정나무
리더십 대체이론
수퍼리더십
수직쌍 연결이론(VDL)
카리스마 리더십
변혁적 리더십

토의문제

1. 만약 리더의 특성이 리더의 효과성을 결정한다고 하면 효과적인 리더가 되기 위해 갖추어야 할 요건을 설명하시오.
2. 만약 리더의 특성 및 행동이 리더의 효과성을 결정한다고 하면 효과적인 리더가 되기 위해 갖추어야 할 요건을 설명하시오.
3. 리더의 행동과 리더의 상황에 대한 공식적인 평가가 없이 경로-목표이론에서 제시하였던 견해들을 활용할 수 있는가? 만약 있다면 어떻게 활용할 수 있는가를 설명하시오.
4. 리더의 특성과 상황에 대한 공식적인 평가가 없이 피들러의 상황적합적 리더십모형에서 제시하였던 견해들을 활용할 수 있는가? 만약 있다면 어떻게 활용할 수 있는가를 설명하시오.

5. 만약 당신이 조직에서 리더가 되고자 한다면 리더십이론에서 설명하였던 여러 아이디어들을 어떻게 활용할 수 있는가를 설명하시오.
6. 만약 당신이 조직이나 집단의 리더라면 당신의 리더십 효과성을 어떻게 평가할 것인가를 설명하시오. 또한 효과성이 떨어진다면 어떻게 이를 개선할 수 있는가를 설명하시오.
7. 수퍼리더십이 왜 필요한지를 설명하시오. 만약 당신이 최고경영자라면 수퍼리더를 어떻게 육성할 수 있는지를 설명해 보시오.

실 습

1. 모든 사람이 리더가 될 수 있는가?

만약 당신이 50명의 사람에게 '리더십'이 의미하는 바가 무엇인지를 물어본다면, 다양한 종류의 응답을 들을 수 있을 것이다. 많은 사람들은 효과적인 리더가 되기 위한 리더의 특성이나 자질에 초점을 맞출 것이며, 일부는 리더가 가질 수 있는 권력이나 명예 등에 대해 이야기 할 것이다. 또한 아마도 일부는 리더의 책임과 최근의 리더들에 대해서도 이야기가 나올 것이다. 리더에 대한 다양한 정의와 관점에도 불구하고, 만약 당신이 그 50명의 사람들에게 자신이 리더로서의 능력을 가지고 있냐고 물어본다면, 대부분의 사람들이 "예"라고 대답하는 것을 알 수 있을 것이다. 즉, 대부분의 사람들은 리더로서의 잠재력을 상당히 가지고 있으며, 적절한 상황이라면 효과적인 리더로서의 역할을 수행할 수 있다고 믿고 있다. 이를 확인하기 위해서 다음의 절차들을 실습해 보자.

절 차

당신이 아는 10명의 사람들에게 다음의 질문들을 하여라(되도록 나이와 직업, 개인 특성이 다양한 사람들을 선정하여라).

1. 당신은 어느 정도의 리더십 능력을 가지고 있습니까?

평균보다 매우 낮다			평 균			평균보다 매우 높다
1	2	3	4	5	6	7

2. 리더의 역할을 수행할 필요성이 생겼다면, 당신은 어느 정도까지 리더의 역할을 수행할 수 있겠습니까?

전혀 할 수 없다			평 균			매우 잘 할 수 있다
1	2	3	4	5	6	7

3. 향후에 당신이 리더로서의 역할을 수행할 가능성은 어느 정도라 보입니까?

매우 낮다			평 균			매우 높다
1	2	3	4	5	6	7

모든 응답자의 답안을 모은 후, 평균을 구하여라.

시 사 점

당신이 어떤 사람들을 설문했든지 간에, 아마도 당신은 각 문항에 있어 평균(4.0) 이상의 점수를 얻었을 것이다. 다시 말해서, 대부분의 사람들은 자신이 평균 이상의 리더십 능력을 가지고 있으며, 리더가 될 가능성도 평균 이상으로 보고 있다. 명백하게도 이는 실제로 일어날 수 없는 일이다. 모든 사람이 평균 이상의 점수를 받을 수는 없을 것이다. 이러한 믿음은 효과적인 리더가 부족하다는 현실에 대해서 모순된 것으로 보일 것이다.

이러한 우리 생각이 잘못된 이유는 명백하다. 리더십이라는 용어가 거의 '마법의 능력'으로 쓰이기 때문이다. 미디어, 역사, 심지어 신화 등에서도 리더십의 중요성을 언급하고, 이 역할로부터 생겨나는 강력한 이점에 대해 이야기하고 있다. 대부분의 사람들은 언젠가는 리더가 된다는 환상이 있으며, 평균 이상의 리더로서의 자질을 가지고 있다고 생각하는 사실은 놀라운 것이 아닐 것이다. 이러한 생각과 현실을 어떻게 비교할 지는 여러분의 몫이다.

자료: Baron, R. A. & Greenberg, J.(1990), *Behavior in Organizations: Understanding and Managing the Human Side of Work*(3rd ed.), Allyn & Bacon, p. 408.

2. 자신의 경영 기술(skill) 평가

다음의 문항들은 당신이 경영 능력에 대해 자신이 어떻게 생각하고 있는지를 알아 보는 조사이다. 가장 자신의 느낌을 잘 반영한다고 생각되는 점수를 다음의 척도를 보고 1점에서 5점으로 기입하여라.

전혀 동의하지 않는다	동의하지 않는다	평 균	동의한다	매우 동의한다
1	2	3	4	5

_______ 1. 나는 수학, 통계, 회계나 재무 같은 계량적 과목들을 잘한다.

_______ 2. 나는 대부분의 사람들과 잘 지낸다.

_______ 3. 특정 과목에서 배운 내용이 다른 과목에서 어떻게 연결되는지 잘 알아낸다.

_______ 4. 나는 문제의 원인들을 쉽게 파악한다.

_______ 5. 나에게 어떤 일이 주어졌을 때, 나는 그 일을 어떻게 해야 할 지 알고, 보다 빨리 마칠 수 있는 방법을 안다.

_______ 6. 나는 사람들이 왜 그렇게 행동했는지 이유를 이해한다.

_______ 7. 나는 이론이나 개념을 다루는 과목들을 좋아한다.

_______ 8. 나는 어떤 일이 발생한 이유를 잘 이해한다.

_______ 9. 나는 보고서를 쓰거나, 문제를 해결하거나, 새로운 분야를 연구하도록 요구하는 과목들을 좋아한다.

_______ 10. 내가 팀으로 일할 때, 나는 주로 타인이 내 의견을 수용하게 할 수 있다.

_______ 11. 나는 세세한 것에 초점을 맞추는 것보다, 커다란 그림을 이해하는 것에 보다 관심이 있다.

_______ 12. 나는 내가 해야 하는 일을 알았을 때, 그것을 어떻게 해야 할지를 알고 있다.

해 석: 다음의 표에 각 문항의 점수를 기입한 후, 총합을 비교하여라.

전문 기술		대인관계 기술		개념적 기술		진단 기술	
1번		2번		3번		4번	
5번		6번		7번		8번	
9번		10번		11번		12번	
총합		총합		총합		총합	

높은 점수를 보이는 분야가 자신이 강점을 가지고 있다고 생각하는 분야이다.

자료: G. Moorhead & R. W. Griffin(2004), *Organizational Behavior: Managing People and Organization*, Houghton Mifflin, pp. 50-51.

3. 당신은 카리스마적 리더인가?

카리스마 리더는 비전을 명확히 하고, 그룹 구성원들에게 관심을 보이며, 높은 기대감을 전달하고, 조직의 높은 성과를 낸다. 다음 문항은 당신의 카리스마 잠재력을 평가하는 것이다.

다음의 문항들을 읽고, 자신의 느낌을 잘 반영한다고 생각되는 점수를 다음의 척도를 보고 1점에서 5점 중 표시하여라.

거의 아니거나 해당 없음	약간 해당됨	중간 정도 해당됨	상당 부분 해당됨	매우 상당 부분 해당됨
1	2	3	4	5

1. 나는 다른 사람들끼리 이야기할 때, 그들이 무슨 이야기를 하는지 관심을 기울인다. 1 2 3 4 5
2. 나는 명확하게 의사 전달을 한다. 1 2 3 4 5
3. 나는 믿음직스럽다. 1 2 3 4 5
4. 나는 다른 사람들을 신경 쓴다. 1 2 3 4 5
5. 나는 실패를 피하기 위해서 엄청난 에너지를 소비하지 않는다. 1 2 3 4 5
6. 나는 다른 사람들을 보다 가치 있게 할 수 있다. 1 2 3 4 5
7. 나는 어떤 상황 속에서 주요 이슈에 초점을 맞추려 한다. 1 2 3 4 5
8. 나는 종종 특이한 방법을 써서라도 나의 의도를 효율적으로 전달한다. 1 2 3 4 5
9. 나는 헌신적으로 믿고 따를 수 있는 사람이다. 1 2 3 4 5
10. 나는 자존심이 높은 편이다. 1 2 3 4 5
11. 나는 계산된 위험을 조심스럽게 떠맡는 것을 즐긴다. 1 2 3 4 5
12. 나는 다른 사람들이 하는 일에 대하여 보다 확신을 심어줄 수 있다. 1 2 3 4 5
13. 나는 모든 일에 확실한 우선 순위가 있다. 1 2 3 4 5
14. 나는 다른 사람들이 어떻게 느끼는지 알 수 있다. 1 2 3 4 5
15. 나는 내가 확실한 위치를 가지면 거의 바꾸지 않는다. 1 2 3 4 5
16. 나는 나와 타인의 장점에 초점을 맞춘다. 1 2 3 4 5

17. 나는 어떤 프로젝트에 깊게 참여할 때 가장 활발하게 보인다.	1 2 3 4 5
18. 나는 다른 사람들에게 모두 하나의 그룹 구성원임을 보여 준다.	1 2 3 4 5
19. 나는 내가 중요하다고 보는 이슈에 다른 사람들도 집중하게 한다.	1 2 3 4 5
20. 나는 아이디어뿐 아니라 감정도 전달한다.	1 2 3 4 5
21. 나는 다른 사람들로 하여금 내가 어느 위치인지 알게 한다.	1 2 3 4 5
22. 나는 그룹에 어떻게 '적합'해야 할 지 알고 있다.	1 2 3 4 5
23. 나는 실수로부터 배우고, 실수를 재앙이 아닌 학습의 기회로 삼 는다.	1 2 3 4 5
24. 나는 주위 사람들과 있으면 즐겁다.	1 2 3 4 5

해 석: 위 문항들은 카리스마 리더의 여섯 가지 특성들을 반영하는 문항들이다. 각 특성별로 1점에서 20점의 점수가 부여될 것이다. 각각의 문항들은 당신이 보이는 행동이나 느낌에 대해서 표현된 문항들이다. 보다 높을 점수를 보일수록, 카리스마 리더의 성향이 높게 나타난다고 할 수 있다.

특성 1. 집중력 관리(1, 7, 13, 19)

당신의 점수: ____ 이 특성은 당신이 의사소통하고 있는 사람들에 대해 얼마나 주의를 깊게 기울이는 지를 나타낸다. 당신은 또한 토론상의 핵심 이슈에 초점을 맞추며, 이러한 핵심 포인트들을 다른 사람들에게도 명확하게 보여준다. 당신은 상대적 중요도에 대한 확실한 생각을 가지고 있으며, 토론 시 다른 이슈들 간의 우선순위를 알고 있다.

특성 2. 의미전달 관리(2, 8, 14, 20)

당신의 점수: ____ 이 항목들은 당신의 의사 전달 기술을 나타낸다. 특히 종종 혁신적인 방법을 이용해서라도, 의미전달을 확실히 할 수 있는 능력을 나타낸다.

특성 3. 신뢰관리(3, 9, 15, 21)

당신의 점수: ____ 당신의 신뢰에 대한 특성을 나타낸다. 이는 당신의 추종자에 대한 약속이행과, 언제나 자신의 모습을 지키는 것을 나타낸다.

특성 4. 자기관리(4, 10, 16, 22)

당신의 점수: ____ 이 항목은 당신과 타인에 대한 당신의 일반적인 태도를 나타낸다. 다시 말해서, 타인과 그들의 감정에 대한 전반적인 관심과 긍정적으로 자신에 대해 관심을 기울이는 정도를 나타낸다.

특성 5. 위험관리(5, 11, 17, 23)

당신의 점수: ____ 효율적인 카리스마 리더는 그들이 해야 하는 일에 깊게 빠져들며, 실패를 피하기 위해 많은 시간과 노력을 필요 이상으로 들이지 않는다. 카리스마 리더는 단순히 '모 아니면 도' 식이 아닌, 실패와 성공의 확률을 추정하고, 충분히 위험을 감수한다.

특성 6. 감정관리(6, 12, 18, 24)

당신의 점수: ____ 카라스마 리더는 다른 사람들에게 지속적으로 긍정적인 감정을 갖고 있는 것처럼 보인다. 타인들은 리더의 행동이 보다 더 의미 있으며, 자신들의 행동에 대해 확신을 갖고 있다고 느낀다. 카리스마 리더는 공동체의식을 가지며, '우리'라는 생각을 동료와 타인에게서 느낀다.

자료: *Ibid*., pp. 390-391.

참고문헌

1) Hollander, E. P.(1981), *Leadership and Power*, in G. Lindzey & E. Aronson (Eds.), *The Handbook of Social Psychology*(3rd eds.), New York: Random House, pp. 485-537.

2) Katz, D. & Kahn, R.(1978), *The Socoal Psychology of Organizations*(2nd eds.), New York: John Wiley & Sons.

3) Hollander, E. P.(1978), *Leadership Dynamics*, New York: Free Press.

4) Aldag, R. J. & Kuzuhara, L. W.(2002), *Organizational Behavior & Management: An Integrated Skills Approach*, South-Western, pp. 294-295.

5) Fiedler, F. E.(1967), *A Theory of Leadership Effectiveness*, New York: McGraw-Hill; Fiedler, F. E.(1976), The Leadership Game: Matching the Man to the Situation, *Organizational Dynamics*, pp. 6-16.

6) Fiedler, F. E. & Chemers, M. M.(1974), *Leadership and Effective Management*, Glenview, Ill.: Scott, Foresman & Company.

7) Schmidt, E. E.(1976), *The Least Preferred Co-Worker*(LPC) *Measure: A Review and Reinterpretation of the Research*, Unpublished manuscript, Department of Psychology, University of Washington.

8) Muczyk, J. P. & Reinmann, B. C.(1987), The Case for Directive Leadership, *Academy of Management Review*, pp. 637-647.

9) Baron, R. A. & Greenberg, G.(1990), *Behavior in Organizations: Understanding and Managing the Human Side of Work*(3rd ed.), Allyn & Bacon, pp. 377-378.

10) Stogdill, R. M.(1963), *Manual for The Leader Behavior Description Questionaire-Form Ⅶ.*, Columbus, OH: Ohio State University Bureau of Business Research.

11) Blake, R. R. & Mouton, J. S.(1982), A Comparative Analysis of Situationalism and 9, 9 Management by Principle, *Organizational Dynamics*.

12) Dunham, R. B.(1984), *Organizational Behavior: People and Processes in Management*, Richard D. Irwin, p. 371.

13) House, R. J.(1971), A Path-Goal Theory of Leader Effectiveness, *Administrative Science Quarterly*, pp. 321-338.
14) House, R. J. & Mitchell, T. R.(1974), Path-Goal Theory of Leadership, *Journal of Contemporary Business*, pp. 83-84.
15) Vroom, V. H. & Yetton, P. H.(1973), *Leadership and Decision-Making*, Pittsburgh, PA: University of Pittsburgh Press.
16) Vroom, V. H. & Jago, A. G.(1988), *The New Leadership: Managing Participation in Organization*, Englewood Cliffs, New Jersey: Prentice—Hall.
17) Dansereau, F., Graen, G. & Haga, W. A.(1975), A Vertical Dyad Linkage Approach to Leadership within Formal Organizations, *Organizational Behavior and Human Performance*, pp. 46-78.
18) 백기복(1998), *조직행동이론*, 법문사, p. 499.
19) *Ibid*., pp. 503-504.
20) Manz, C. & Sims, H.(1989), *Super Leadership: Leading Others to Lead Themselves*, Prentice-Hall.
21) Baron R. A. & Greenberg, G.(1990), *Behavior in Organizations: Understanding and Managing the Human Side of Work*(3rd ed.), Allyn & Bacon. pp. 383-384.
22) Conger, J. A. & Kanungo, R. N.(1988), *Charismatic Leadership: The Elusive Factor in Organizational Effectiveness*, San Francisco: Jossey-Bass.
23) Burns, J. M.(1978), *Leadership*, New York: Harper & Low, p. 20.
24) Yukl, G. A. & Van Fleet, D. D.(1982), Cross Situational, Multimethod Research on Military Leader Effectiveness, *Organizational Behavior and Human Performance*, pp. 87-108.
25) Burns, *op. cit*., p. 210.
26) Kerr, S. & Jermier, J. M.(1978), Substitutes for Leadership, *Organizational Behavior and Human Performance*, pp. 375-403.

V

조직의 이해

제 5 편에서는 조직이 개인의 태도와 행동에 미치는 요인들을 검토하고자 한다. 조직이 개인의 태도와 행동에 영향을 미치는 가장 일반적인 방법은 직무를 통해서이다. 조직내 다양한 직무내용과 수행방법을 통하여 조직구성원의 태도와 행동에 영향을 미친다. 제13장에서는 개인차원과 집단차원으로 나누어 직무설계의 다양한 기법과 절차를 소개한다. 이런 이해를 토대로 조직에서 체계적으로 직무를 수행하는 절차를 논의한다.

제14장에서는 최근 많은 사람들의 관심 대상이 되고 있는 직무스트레스를 살펴본다. 스트레스를 적절히 관리하기 위해서 우리는 먼저 스트레스를 이해할 필요가 있다. 따라서 직무스트레스의 특성과 영향에 관하여 논의하고자 한다. 직무스트레스모형을 통하여 직무스트레스의 원인, 과정 그리고 결과를 검토하여 효과적으로 직무스트레스에 대처하는 방안을 소개한다.

보다 거시적 차원에서 보면 조직구조나 문화는 조직변화, 즉 조직구성원의 태도와 행동의 변화에 영향을 미치는 중요한 조직요인이다. 특히 조직문화는 조직구성원의 태도와 행동을 바람직한 방향으로 변화시키기 위한 중요한 요인으로 간주되고 있다. 또한 최근에는 많은 조직들이 급격한 환경변황에 대응하기 위해 다양한 조직변화기법들을 개발, 활용하고 있다. 본 편에서는 조직변화를 발생하게 하는 주 요인으로써 조직문화(제15장)와 조직변화의 제반 기법(제16장)들을 구체적으로 살펴본다.

13 직무설계

학습목적

1. 직무설계 개념에 대한 이해
2. 직무설계의 기법에 대한 이해
3. 집단차원의 직무설계 개념에 대한 이해
4. 직무설계 추진단계의 이해

자율적 작업표준 설정

GM과 토요타가 1983년에 뉴 유나이티드 모터 매뉴팩쳐링 주식회사(NUMMI)를 만들었을 때 두 회사의 목적은 서로 달랐다. GM은 토요타의 생산방식을 배우고자 했고, 토요타는 미국 자동차업계와의 경쟁으로 인한 무역 갈등을 완화하고자 했던 것이다. 한편 토요타는 일본식 경영방식을 미국 작업자들에게 적용할 수 있을지 여부를 알고자 하는 목적도 갖고 있었다. 새로운 회사가 위치한 캘리포니아주 GM의 프레몬트 공장에서는 1982년 폐쇄 직전까지 생산성은 최악이었고 결근율은 기록적인 수치였다. 그런데도 노조의 반발을 회피하기 위해서는 기존 작업자 중 1,700명을 다시 고용해야 했다.

NUMMI의 경영진은 작업자의 활동을 세부사항까지 측정하고 표준화하는 테일러의 원리를 채택하였다. 과거의 프레몬트 공장 시절에도 GM은 80명의 산업공학자를 고용하여 직무를 설계하고 작업표준을 설정했었다.

그러나 과거의 방식과 NUMMI의 기본적인 차이는 작업표준 설정에 있어서 작업자의 참여에 있었다. 과거에는 작업자들이 이러한 작업에 참여하지 않았기 때문에 작업자들의 저항이 심했다. 이를 극복하고자 NUMMI의 경영진은 6-8명을 한 팀으로 모두 350개 팀을 조직하였다. 이어서 각 팀의 작업자들을 교육한 후 스톱워치를 이용하여 시간을 측정하고 성과를 개선하기 위한 방법을 연구하도록 하여 팀 내의 모든 직무를 자율적으로 설계하게 했다. 팀의 구성원들은 한 가지 이상의 직무에 대한 훈련을 받고 이들 과제는 팀구성원들간에 순환되었다. 2년 후 이 공장의 주요 성과는 다음과 같다.

- 생산성과 품질이 과거 프레몬트 시절보다 2배 이상 증가하였으며, 생산성 증가는 미국 내 GM의 공장 중 최고수준을 기록하였다.
- 결근율이 거의 0에 가까워졌다.
- 토요타는 조립 라인을 추가 설치하고 인력을 늘렸다.

NUMMI의 접근법이 성공한 데는 여러 가지 요인이 있으나 핵심요인은 작업자 스스로가 작업 목표와 표준을 설정하고 개선하는 데 있었다. 이를 통해 팀구성원에게 작업에 대한 주인의식을 심어 주고 작업성과의 향상을 위한 동기를 유발하였던 것이다. 특히 NUMMI에서는 해고를 하지 않겠다는 회사정책에 의해 작업자들은 자신들의 작업이 없어질 수 있다는 불안이 해소됨에 따라 개선작업에 능동적으로 참여할 수 있었다.

자료: P. Adler(1993), Time and Motion Regained, *Harvard Business Review*, pp. 97-108에서 수정 인용.

직무설계는 조직행동론의 영역 중에서 가장 오래된 주제 중 하나이다. 과학적 관리법에서 주장하는 전문화, 표준화, 단순화도 상당부분은 직무설계와 관련이 있다. 그 외에도 요즘 자주 거론되고 있는 노동소외(alienation), 노동생활의 질, 직무충실화와 같은 개념도 직무설계와 직·간접적으로 관련이 있다. 이렇듯 직무를 조직화하는 방식은 개별조직과 사회전체에 중요한 영향을 미치게 된다.

직무설계는 조직구성원이 수행하는 직무내용과 방식에 영향을 주어 궁극적으로는 조직구성원의 태도와 행동과 함께 조직의 효과성에도 영향을 준다. 조직구성원의 입장에서 본다면 직무설계는 복지에 영향을 미친다. 구체적으로 직무를 수행하는 방식과 내용은 조직구성원의 능력개발, 스트레스, 직무만족 등에 직접적인 영향을 준다. 또한 조직의 측면에서는 생산성(productivity)과 노동의 소외에 영향을 주기도 한다.

본 장에서는 첫째, 직무설계의 개념과 발전과정을 정리한다. 직무설계를 체계적으로 연구하기 위해서는 먼저 직무설계의 연혁에 대한 고찰이 필요하다. 둘째, 직무설계의 주요기법을 설명한다. 여기서는 개인 및 집단차원의 직무설계기법을 설명하고 관련 연구결과를 소개한다. 마지막으로 직무설계를 추진하는 절차를 검토한다. 모든 직무와 모든 사람에게 적용될 수 있는 하나의 최적의 직무설계법은 현실적으로 존재할 수는 없다. 그러나 체계적 접근법은 다양한 상황하에서 경영자가 효과적으로 직무를 설계할 수 있도록 도움을 주고 있다.

직무설계의 개요

직무설계의 개념

직무설계(job design)**란 조직목표 달성과 개인욕구 충족을 위하여 구조적 및 인간관계 측면을 고려하여 조직구성원의 직무관련 활동을 설계하는 과정이다.**[1] 위의 정의는 매우 광범위하지만 다음과 같은 중요한 요소를 포함하고 있다.

첫째, 대부분의 조직에서 직무관련 활동들은 공식적으로 규정되어 있다. 즉 대부분의 조직에서 직무를 수행하기 위한 표준적 내용과 절차가 사전에 규정되어 있다.

둘째, 어떤 직무행동은 비공식적으로 이루어진다. 그러나 이런 비공식적 직무행동도 실제로 직무의 중요한 부분을 이루고 있다. 예를 들어 사무실에서 낮은 직급의 사람은 커피를 타거나 사무실의 기본시설을 점검하는 등의 업무를 맡고 있는 것이 일반적이다. 그러나 이러한 업무를 소홀히 한다면 사무실 분위기는 혼돈스럽게 된다.

셋째, 직무의 사회적 측면이 고려되어야 한다. 직무마다 정도의 차이는 있겠지만 모든 직무는 개인접촉을 필요로 하고 있다. 더욱이 대인관계는 직무담당자의 지각에 영향을 미쳐 궁극적으로 직무에 대한 반응에 영향을 미친다.

마지막으로 직무설계의 정의에는 유효성, 생산성 등과 같은 조직목표와 성장, 복지 등과 같은 개인목표도 포함되어 있다.

직무설계의 발전과정

직무설계시 역사적 발전과정을 보면 이집트의 피라밋 구축이나 중국의 대역사 공사 등과 같이 사회적 목표를 실현하기 위해 기능을 전문화하고 집단화시켰던 사실로 미루어 보아 직무설계는 이미 고대부터 관심의 대상이 되어 왔다. 직무설계의 기초개념인 분업(the division of labor)을 처음으로 제시한 애덤 스미스(Adam Smith)는 1776년에 그의 저서 「국부론」에서 작업자가 분업화된 과업을 수행함으로써 경제적 능률이 성취될 수 있다고 주장하였고 분업에 따른 이점을 다음과 같이 세 가지로 요약하였다.

- 한 가지 작업을 반복함으로써 생산기술이 향상된다.
- 한 작업에서 다른 작업으로 이동되어 가는 시간을 절약할 수 있다.
- 한 가지 작업으로 말미암아 전문성이 증대되어 새로운 기계 또는 기구의 발명이 가능하다.

그 후 테일러(F. W. Taylor)는 조직체의 능률과 생산성을 높이기 위해서 가능한 한 작업을 표준화(standardization), 전문화(specialization), 단순화(simplification)시켜야 한다는 과학적 관리법을 제시하였다.

〈그림 13-1〉 직무설계의 역사적 발전과정

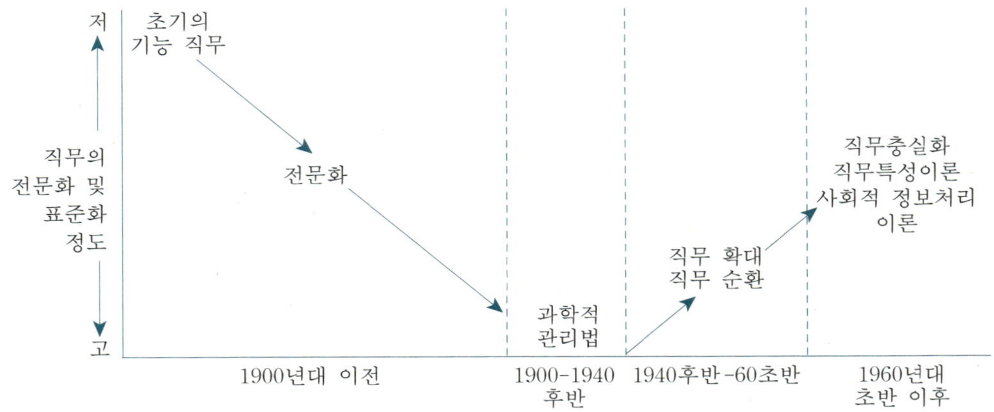

자료: A. C. Filley, R. J. House & S. Kerr(1976), *Process and Organizational Behavior*(2nd ed.), Scott, Foresman & Company.

〈그림 13-1〉은 작업의 전문화에 따른 직무설계의 역사적 발전과정을 고전적 직무설계방법, 과도기적 직무설계방법, 현대적 직무설계방법 등으로 분류해서 제시한 것이다.

직무설계기법

과학적 관리법

테일러(F. W. Taylor)에 의해서 제시된 과학적 관리법(scientific management)은 작업자의 효과성 — 즉, 동기유발, 직무만족, 높은 과업성과 등 — 을 증대시키기 위한 최초의 직무설계방법이다. 과학적 관리법은 조직내 각 작업요소의 **단순화**(simplification), **표준화**(standardization), **전문화**(specialization)를 직무관리의 핵심요소로 보고 있다. 즉 과학적 관리법은 전체적인 작업을 조사하여 가능한 한 최소의 작업단위로 세분화하고(단순화), 세분된 작업단위를 수행하기 위해 필요한 작업절차나 방법을 규격화시킨다(표준화). 그리고 각 조직구성원에게 한 가지의

〈그림 13-2〉 과학적 관리법의 단계

단계 Ⅰ: 수행해야 할 과업/작업자 및 관리자를 확보한다.

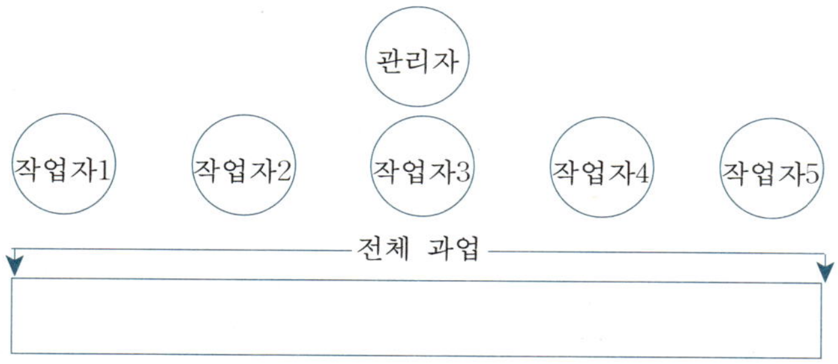

단계 Ⅱ: 관리자는 과업을 과학적으로 연구하고 전문화·표준화한다.

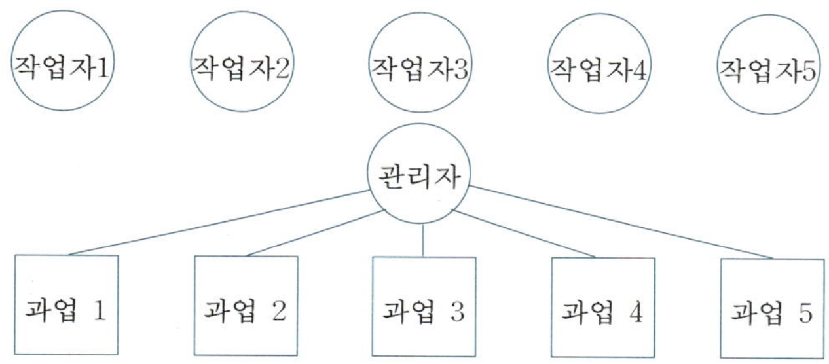

단계 Ⅲ: 관리자는 작업자를 선발하고 훈련시키며 과업을 할당한다.

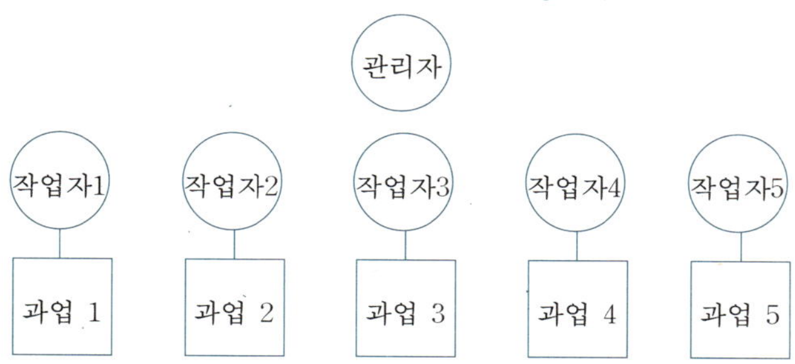

단계 Ⅳ: 관리자는 과업수행 계획을 수립하고 작업자를 감독한다.

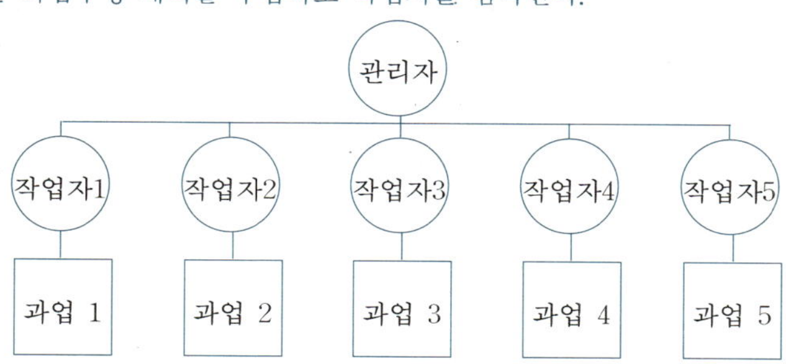

자료: R. W. Griffin(1982), *Task Design: An Integrative Approach*, Scott, Foresman & Company(4th ed.), pp. 18-19.

작업만 수행하도록 하여(전문화) 작업의 능률을 향상시키려는 것이다.

과학적 관리법의 단계는 〈그림 13-2〉와 같다.[2] 단계 1에서 관리자와 작업자가 수행해야 할 과업이 놓여있다. 예를 들면 전체과업은 창고관리 업무로 구성되어 있으며 조직체는 창고관리 업무를 원활히 수행하기 위해서 1명의 관리자와 5명의 작업자를 창고에 배치한다. 단계 2에서 작업의 전문화, 표준화를 위해 과학적 연구를 행한다. 즉, 창고관리자는 트럭에서 짐을 하역하는 데 2명, 비포장된 상품을 운송하는 데 2명, 그리고 송장(invoice)을 검사하고 발송하는 데 1명이 필요하다는 것을 결정한다. 그런 다음에 관리자는 작업자가 소유하고 있는 능력과 수행해야 할 과업들을 어떻게 합리적으로 결합시키는가를 결정한다. 단계 3에서 관리자는 직무요건(job requirement)에 맞게 작업자를 배치한다. 즉, 힘이 장사인 2명은 트럭 하역작업에 배치하고 육체적 힘과 지적인 힘을 적당하게 갖고 있는 2명은 화물운송자로 배치한다. 그리고 사무능력이 가장 뛰어난 나머지 1명은 송장을 관리하도록 하게 한다. 관리자는 작업이 표준절차에 맞게 잘 수행될 수 있도록 작업자와 협력하고 집단을 위한 계획업무를 수행한다.

과학적 관리법에 의해서 설계된 작업은 매우 높은 수준으로 구조화되어 있기 때문에 각 조직구성원에게 작업을 수행하는 데 필요한 시간과 방법에 대한 명확한 기준을 설정할 수 있다. 따라서 성과에 따른 보상방법도 작업성과에 따른 경제적 보상에 주로 의존하고 있다. 즉, 작업자가 자신의 작업을 명시된 시간 내에 목표량을 달성하였을 때, 일상적인 급료에다 30%~100%까지 추가적인 보상을 받게 된다.[3]

과학적 관리법은 작업의 단순화 및 전문화에 의해 작업능률 증대나 비용감소

〈그림 13-3〉 전문화에 대한 작업자의 반응

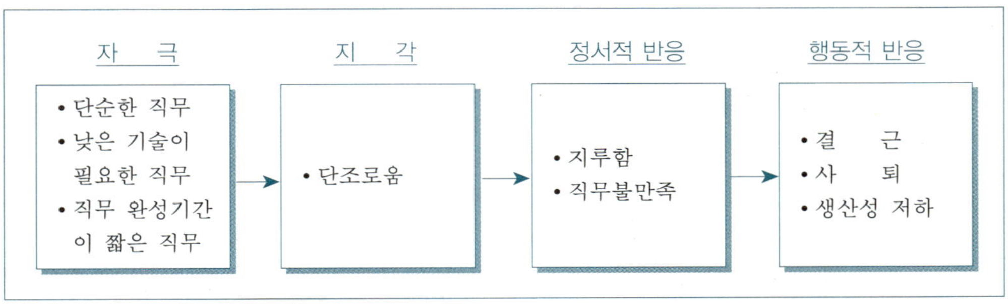

를 가져왔다. 그러나 종업원들에게 단조로움과 반복성을 증대시켜서 그들의 잠재적인 능력과 기능 다양성을 발휘하지 못하는 결과를 유발하였다. 뿐만 아니라 피로와 긴장, 이직률이나 지각률의 증가와 같은 부작용을 야기하게 되었다(〈그림 13-3〉 참조). 이와 같은 문제점을 보완하기 위해 새로운 직무설계 대안들이 제시되었다.

직무확대

직무확대(job enlargement)는 전문화와 표준화의 원리로부터 벗어나 직무를 재설계하려는 최초의 시도이다. **직무확대는 과업의 다양성을 증진시키기 위하여 직무를 수평적으로 확대하는 것이다.** 전문화된 작업에 있어서 조직구성원들의 불만족은 단기적인 과업싸이클에 원인이 있다는 사실에 근거하여 직무확대는 다양한 작업을 한 작업자에게 부여함으로써 과업싸이클을 길게 하려는 것이다. 즉 직무확대는 과업의 다양성을 증대시키고자 한다. 그 외에 조직구성원들은 자신의 작업속도를 자신이 통제할 수 있을 뿐만 아니라 때때로 자신의 작업결과를 검사

〈그림 13-4〉 직무확대과정

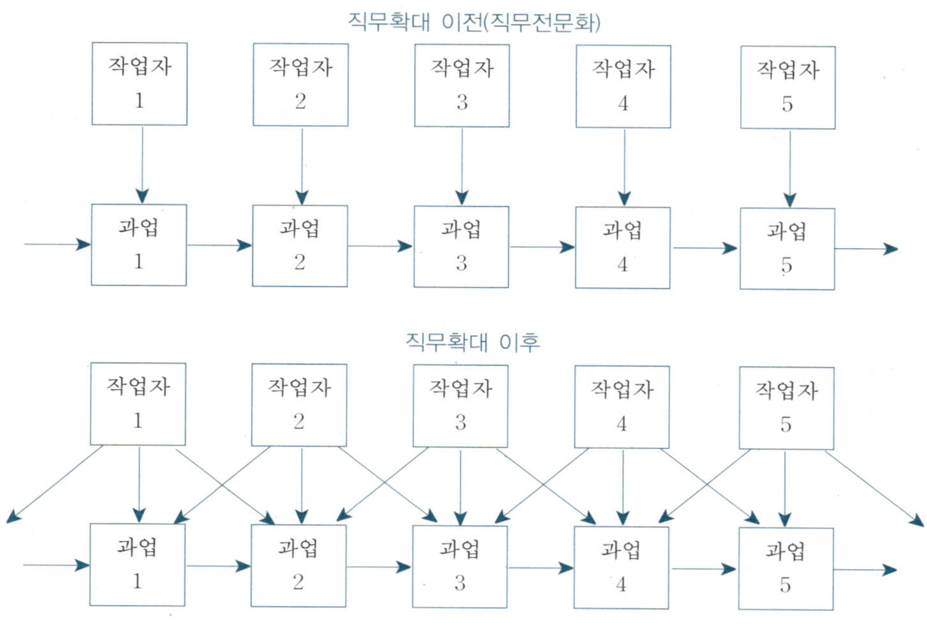

하는 책임을 가진다.

〈그림 13-4〉는 전형적인 직무확대과정을 나타내고 있다. 직무가 전문화된 상황에서는 전체 과업을 여러 부분으로 세분화하여 개별작업자를 배치한다. 그러나 직무확대를 실시한 이후에는 개별 조직구성원들은 실시하기 이전보다 다양한 과업을 수행하게 된다. 예를 들면 직무확대를 실시하기 이전에 작업자 2는 과업 2만 수행하면 되었다. 그러나 직무확대를 실시한 이후에는 작업자 2는 과업 1과 과업 3도 수행하게 된다.

직무확대에 대한 실증연구는 그리 많지 않다. 세탁기 제조업체인 메이텍사(Maytag)를 대상으로 한 연구 외에는 직무확대에 대한 과학적 연구는 거의 없다. 제한된 실증연구를 토대로 직무확대에 대한 연구결과를 요약하면 다음과 같다.

- 직무확대는 직무 만족과 동기를 개선한다. 그러나 작업자에게 단조로운 직무를 확대하는 것만으로 작업자의 동기를 유발시키지는 못한다.
- 직무확대를 실시함으로써 생산의 질(quality)이 향상되는 경향이 있다.
- 직무를 다양화함으로써 훈련비용이 증가한다.
- 과업의 복잡성이 증가됨에 따라 신규 조직구성원의 채용기준이 높아진다.
- 직무확대와 조직구성원 생산성 사이의 관계가 직접적으로 증명되지 못하였다.

결론적으로 직무확대는 직무설계의 첫 단계이지만, 직무확대가 작업자의 태도나 행위에 어떠한 장기적 영향을 미치는지는 의심스럽다.

실무경영자와 학자들은 직무확대의 단점을 극복하고자 새로운 접근법을 제안하게 되었다.

직무충실화

허즈버그(F. Herzberg)는 그 자신의 동기-위생이론을 기초로 하여 직무충실화(job enrichment)를 제안하였다(제3장 욕구이론 참조). 허즈버그는 직무가 조직구성원들에게 성취감, 책임감, 발전성(advancement) 등과 같은 긍정적인 직무경험을 제공할 경우에만 동기유발을 시킬 수 있다고 믿었다. 따라서 그는 조직구성원의 만족과 성과를 증진시키기 위해서는 직무가 충실화되어야 한다고 주장한다.

직무충실화란 직무수행을 통하여 작업자에게 자아성취감과 일의 보람을 느낄 수 있도록 직무 내용과 환경을 설계하는 방법이다. 단순히 담당하는 직무의 수를 늘리는 직무확대와는 달리 직무충실화는 적극적인 동기유발의 요인을 가지고 직무를 기름지게 만드는 것이다. 이러한 의미에서 앞서의 직무확대는 수평적인 직무확대인 반면에 직무충실화는 수직적인 직무확대라 할 수 있다. 직무충실화에 있어서 의미 있는 직무는 다음과 같은 여섯 가지 요소에 의해서 평가된다.

- 책임성(accountability): 작업자에게 자신의 성과에 대한 책임을 주어야 한다.
- 성취감(achievement): 작업자에게 의미 있는 성취감을 가질 수 있는 기회를 제공해야 한다.
- 통제(control): 작업자에게 작업이 어떻게 수행되어야 하는지에 대한 통제권을 주어야 한다.
- 피드백(feedback): 작업자에게 작업효과성에 관한 정보를 제공해야 한다.
- 개인적 성장 및 개발(personal growth and development): 작업자에게 새로운 기술을 습득할 수 있는 기회를 제공해야 한다.
- 작업속도(work pace): 작업자는 작업속도를 통제할 수 있어야 한다.

〈표 13-1〉은 위의 여섯 가지 요인들이 직무재설계에 의해서 구현되는 방법

〈표 13-1〉 직무충실화를 통한 동기요인 강화기법

원리	관련된 동기이론
1. 책임감은 유지하되 불필요한 통제는 제거한다.	책임감, 개인적 성취감
2. 자신의 업무에 대한 책임감을 증대시킨다.	책임감, 인정
3. 자연적으로 완결할 수 있는 과업을 부여한다.	책임감, 인정, 성취감
4. 조직구성원에게 추가적인 권한을 부여한다.	책임감, 인정, 성취감
5. 상급자보다는 조직구성원 자신에게 주기적으로 작업결과를 알려 준다.	내적 인정
6. 이전에 다루지 않았던 새롭고 어려운 과업을 부여한다.	성장감 및 학습
7. 조직구성원이 전문가가 될 수 있도록 조직구성원에게 구체적이거나 전문적인 과업을 할당한다.	책임감, 성장감, 발전성

자료: F. Herzberg(1968), One More Time: How Do You Motivate Employee!, *Harvard Business Review*, p. 32.

을 제시하고 있다. 예를 들어, 직무충실화는 조직구성원에게 자연적으로 완결될 수 있는 작업을 부여하는 것이다(원리 3). 이렇게 함으로써 조직구성원은 책임감, 성취감 및 인정을 경험할 수 있다. 동기-위생이론에 의하면 이들은 모두 동기요인인 것이다.

직무충실화는 학계와 기업조직에서 상당한 관심을 불러일으켰지만 직무충실화에 대한 비판도 많이 제기되고 있다.

첫째, 모든 조직구성원이 직무충실화에 호의적으로 반응한다는 가정에 대한 비판이다. 대부분의 사람들은 책임, 성취감 등을 제공하는 직무를 선호한다. 그러나 사람마다 직무충실화에 대한 반응은 다르다는 가정이 보다 합리적이다. 예를 들어 직무에 대한 책임이 증가하면 사람마다 반응은 다를 것이다. 즉 작업집단 내부의 어떤 사람은 긍정적으로 반응하지만 다른 사람들은 부정적으로 반응할 수도 있는 것이다. 그러나 직무충실화에 관한 논의는 이런 개인차이를 고려하고 있지 않다.

둘째, 이론적 구성에 관한 비판이다. 직무충실화이론에 의하면 조직구성원에게 자유재량권을 부여하면 책임감, 성취감 그리고 인정감 등이 증가한다고 한다. 이런 요소들은 다시 동기유발과 직무만족을 증대시킨다. 그러나 어떤 과정에 의해서 이러한 인과관계가 일어나는지에 대한 설명은 없다. 개인과 직무 사이의 상호작용을 이해하기 위해서는 이러한 과정에 대한 설명이 필요하다.

마지막으로 직무충실화의 효율성에 관한 경제적 자료가 제시되고 있지 않다는 비판이다. 만약 직무충실화에 소요되는 비용이 기대되는 이득보다 크다면 직무충실화의 경제적 효용은 떨어질 것이다. 이상의 문제점을 극복하기 위해서는 직무충실화에 대한 체계적 연구가 필요하다.

직무특성이론

작업자의 태도와 행위에 영향을 미치는 직무특성(job characteristics)을 규명하려는 직무특성이론은 직무설계이론의 핵심적인 토대를 형성하는 이론이다. 직무특성에 관한 연구는 터너(A. N. Turner)와 로렌스(P. R. Lawrence)의 연구에 의해 본격화되기 시작되었다. 그 이후 핵크맨(J. R. Hackman)과 올담(G. R. Oldham)에 의해 하나의 이론으로 완성되었다.

터너(A. N. Turner)와 로렌스(P. R. Rawrence)의 연구

터너와 로렌스는 작업자의 태도와 관련되는 직무특성으로 여섯 가지, 즉 다양성, 자율성, 상호작용의 필요성, 상호작용의 선택용이성, 작업수행에 필요한 지식과 기술 그리고 책임감을 제시하였다. 또한 이러한 여섯 가지 특성은 작업자의 태도(예를 들면, 직무만족도)보다는 그 관계가 깊지 않으나 작업자의 출근(attendance)과도 관계가 있다고 하였다.

터너와 로렌스의 연구는 다음의 두 가지 결과를 제시함으로써 직무특성이론의 발전에 중요한 기여를 하였다.[4] 우선 작업자의 태도와 행동에 영향을 주는 직무특성이 측정가능하다는 점이다. 직무특성을 측정할 수 있게 됨에 따라 효과적인 직무설계의 추진방법 등에 대한 본격적인 연구가 가능하게 되었다.

또한 모든 작업자들이 동일한 수준의 과업특성에 똑같이 반응하지는 않는다는 점을 제시하였다는 점이다. 즉 작업자마다 과업특성에 대한 반응은 각각 다르게 나타난다는 것이다. 예를 들어 이들의 연구에서 지방의 소도시 출신의 작업자들은 높은 수준의 과업특성에 정(+)적으로 반응하지만 대도시 출신의 작업자들은 이와 같이 반응하지 않았다. 또한 작업에 대한 성취감 및 책임감 등 작업의 내재적인 가치를 중시하는 작업자들은 높은 수준의 과업특성에 정(+)적으로 반응하는 반면 도시 출신의 작업자들은 이와같은 과업특성에 대해 반응하지 않았다.

직무특성모형

핵크맨(J. R. Hackman)과 올담(G. R. Oldham)에 의해 개발된 직무특성모형(Job Characteristic Model)은 직무설계에 가장 큰 영향을 미쳤다.[5] 이들의 연구에서 핵심은 직무특성이 어떻게 작업자의 반응—즉, 태도와 행동—에 영향을 미치는지를 설명하는 이론적 모형을 제공하였다는 점이다.

〈그림 13-5〉에서 제시된 바와 같이 직무특성모형은 핵심직무특성, 작업자의 중요한 심리상태, 작업자의 성장욕구 강도에 의해 작업결과(성과)가 영향을 받는다는 것을 제시한다.

핵심직무특성 **핵심직무특성**(core job characteristics)**은 직무가 가지고 있는 특성 중 가장 중요한 요인을 말한다.** 〈그림 13-5〉에서 보듯이 핵심직무특성은

〈그림 13-5〉 직무특성모형

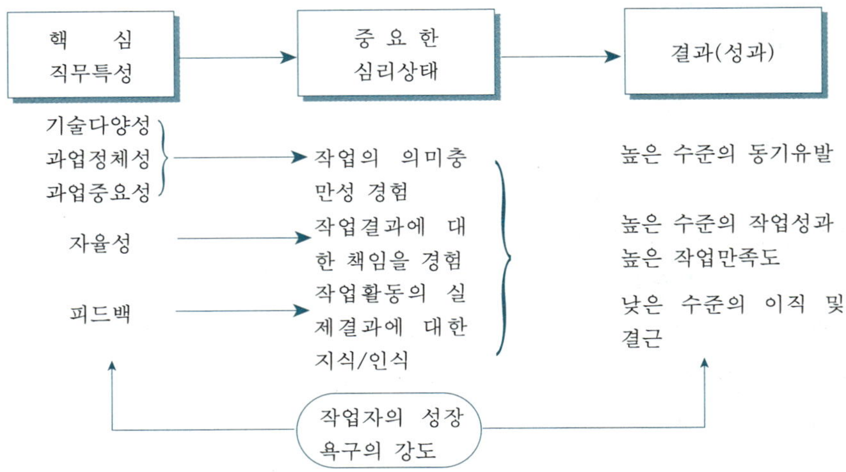

자료: J. R. Hackman(1977), Work Design, in J. R. Hackman and J. L. Suttle(eds.), *Improving Life at Work*, Santa Monica, Calif.: Goodyear Publishing Co., p. 129.

작업자의 심리상태에 영향을 미친다. 다섯 가지의 핵심직무특성의 정의는 다음과 같다.

① 기술다양성(skill variety): 작업자의 직무가 다양한 활동으로 이루어져 있으며 직무수행시 상이한 기술 및 재능의 발휘를 필요로 하는 정도

② 과업정체성(task identity): 작업자가 직무의 전체 혹은 일부분의 시작부터 끝까지 전과정을 완결함으로써 눈에 띌 만한 어떤 결과를 산출할 수 있는 정도

③ 과업중요성(task significance): 직무가 조직 외부 및 내부의 다른 사람들의 삶이나 작업에 실질적인 영향을 미치는 정도

④ 자율성(autonomy): 작업자가 직무를 완성하는 데 필요한 작업계획 및 절차를 결정하는 데 있어서 실질적인 자유, 독립성 그리고 자율성을 제공받는 정도

⑤ 피드백(feedback): 작업자가 자신의 작업결과의 효과에 대한 직접적이고 명확한 정보를 얻을 수 있는 정도

핵심직무특성의 측정 예	아주 적다	적다	중간	많다	아주 많다
기술다양성					
1. 당신의 직무는 얼마나 다양한가?	1	2	3	4	5
2. 당신의 직무는 얼마나 반복적인가?	1	2	3	4	5
자율성					
3. 당신이 직무를 수행할 때 얼마나 많은 자율성이 주어집니까?	1	2	3	4	5
4. 당신은 감독자의 간섭 없이 독자적으로 직무를 수행하고 있습니까?	1	2	3	4	5
과업정체성					
5. 당신의 직무가 동료 근로자의 직무와 연결되는 정도는 얼마나	1	2	3	4	5
됩니까? 전체적인 일에 당신은 어느 정도 관여하고 있는가?	1	2	3	4	5
피드백					
6. 직무가 어느 정도 잘 수행되고 있는지 알 수 있는 기회는 어떠한가?	1	2	3	4	5
7. 업무를 수행하면서 일이 잘되어 가고 있다는 것을 알 수 있는 기회는 어떠한가?	1	2	3	4	5
8. 당신의 감독자는 당신이 직무를 얼마나 잘 수행하고 있는지를 자주 이야기하여 줍니까?	1	2	3	4	5

자료: H. P. Sims, Jr., A. D. Szilagyi & R. T. Keller(1976), The Measurement of Job Characteristics, *Academy of Management Journal*, pp. 195-212.

이와 같은 핵심직무특성은 직무진단조사(job diagnostic survey: JDS)에 의해 측정이 가능하다(〈핵심직무특성의 측정 예〉를 참조하기 바람).

중요한 심리상태 **중요한 심리상태**(critical psychological states)**는 실제 직무의 특성에 대한 작업자의 인식을 반영하는 것이다.** 작업자의 '중요한 심리상태'는 세 가지로 분류되며 각각의 정의는 다음과 같다.[6]

① 작업의 의미(meaningness)충만성 경험: 작업자가 직무를 의미있고 가치있는 일로 경험하는 정도

② 작업결과에 대한 책임 경험: 작업자가 자신의 작업결과에 대해 책임감을 느끼는 정도

③ 작업활동의 실제 결과에 대한 지식/지각: 작업자가 자신의 직무를 얼마나

효과적으로 하였는가를 지속적으로 알 수 있는 정도

〈그림 13-5〉에서 나타나듯이 작업자의 '중요한 심리상태'는 핵심직무특성과 작업자의 결과(성과)를 매개하는 역할을 한다. 즉 **작업자의 중요한 심리상태는 핵심직무특성에 의해 영향을 받으며 작업결과**(성과)**에 영향을 미친다.** 예를 들어 자율성은 작업자의 직무에 대한 책임감에 영향을 미친다. 즉 높은 자율성이 주어지는 직무의 담당자는 직무에 대해 책임감을 갖는다. 또한 자신의 직무에 대해 책임감을 가질수록 작업자는 작업에 동기유발되고 직무에 만족한다.

앞서 언급한 바와 같이 '중요한 심리상태'는 실제 직무의 특성에 대한 작업자의 인식을 반영하는 것이기 때문에 작업자가 인식한 직무의 특성과 실제 직무의 특성과는 정확하게 일치되지 않을 수도 있다. 이러한 측면에서 보면 극단적인 경우 실제 직무특성은 낮은 수준이지만 작업자가 높은 수준으로 인식한다면, 실제 직무특성이 낮은 수준의 직무를 담당하는 작업자가 동기유발되고 직무에 만족할 수도 있다. 그러나 직무특성모형은 이러한 작업자의 직무특성에 대한 인식의 정확성 문제를 고려하지 않았다.

성장욕구의 강도 **성장욕구의 강도**(growth-need strength)**는 작업자가 복잡하고 도전적인 작업을 열망하는 정도를 의미한다.** 〈그림 13-5〉에서 보듯이 '성장욕구의 강도'는 핵심직무특성 및 중요한 심리상태의 영향을 조절하는 역할(moderator)을 한다. 즉 작업자가 어느 정도의 성장욕구를 갖는가에 따라 핵심직무특성이 중요한 심리상태에 미치는 영향은 달라진다. 또한 중요한 심리상태가 작업자의 반응에 미치는 영향도 달라지게 된다.

성장욕구의 강도가 강한 작업자는 성장욕구의 강도가 약한 작업자에 비해 핵심직무특성에 보다 민감하게 반응한다. 즉 성장욕구가 강한 작업자는 높은 자율성을 보장받으면 책임감을 강하게 가지며 자율성이 주어지지 않으면 거의 책임감을 느끼지 않는다. 또한 성장욕구의 강도가 높을수록 만약 높은 수준의 중요한 심리상태를 경험한다면 보다 좋은 작업결과(성과)를 나타낸다.

직무특성모형에서 제시한 성장욕구의 강도의 역할에 대해서는 가장 많은 논란이 제기되었다. 실제로 개인의 성장욕구의 강도 이외에 다른 많은 요인들 — 예를 들어 작업자의 나이, 성(gender)과 같은 인구통계적 요소, 작업과 관련한 가치

성장욕구 강도의 측정 예

지침 사람들의 직무선호도는 다양합니다. 아래의 쌍의 질문에 대하여 어떤 직무를 선호하는지를 기재하시오. 직무 외 다른 조건이 동일하다고 가정하고 실제로 기술된 특성만 고려하시오. A 직무를 선호한다면 "중립" 왼쪽칸에 책크(V)를 하여 얼마나 A직무를 선호하는지를 나타내시오. 만약 B 직무를 비매력적 또는 매력적이라면 "중립" 또는 그 오른쪽란에 기재하시오. 가능하면 "중립"란의 응답을 최소화하시오.

직 무 A						직 무 B
1. 도전적이지 못한 직무	강한 A선호		중립		강한 B선호	동료로부터 완전한 고립을 필요로 하는 직무
2. 보수가 아주 많은 직무						창조적이고 혁신적인 기회가 아주 많은 직무
3. 일을 잘하는 사람에게 더 큰 책임이 부여되는 직무						경험이 많고 충성스러운 사람 사람에게 더 큰 책임이 부여되는 직무
4. 때때로 매우 비판적인 상급자와 같이 일하는 직무						당신의 재능을 전부 필요로 하지 않는 직무
5. 매우 반복적인 직무						동료들이 그다지 친절하지 않은 직무
6. 당신을 존경하고 공정하게 대하는 상급자와 일하는 직무						새롭고 흥미 있는 일을 배울 수 있는 기회가 있는 직무
7. 개인적으로 자신을 개발할 수 있는 기회가 있는 직무						휴가와 복지후생이 좋은 직무
8. 해고될 가능성이 있는 직무						도전적 업무를 행할 기회가 적은 직무
9. 훌륭한 팀웍(teamwork)을 지닌 직무						당신의 능력과 기술을 최대한 활용할 수 있는 직무
10. 업무에 대한 자유재량권과 독립성이 적은 직무						작업조건이 열악한 직무
11. 중요한 의사결정을 자주 내려야 하는 직무						다양한 사람과 함께 일하는 직무
12. 다소 불안전한 조직에서 안정성이 적은 직무						당신의 일에 영향을 미치는 의사결정에 참여할 기회가 적은 직무

자료: J. R. Hackman & G. R. Oldham(1974), *The Job Diagnostic Survey: An Instrument for The Diagnosis of Jobs and The Evaluation of Job Redesign Projects*(Tech. Rep. No. 4), Cambridge, MA: Yale University, Department of Administrative Sciences.

관 등—에 따라 작업자의 심리상태가 작업자의 결과에 미치는 영향은 달라진다(자세한 설명은 본 장의 직무설계시 고려요인을 참조).

직무의 동기유발 잠재력지수: 직무특성모형에서 제시된 핵심직무특성은 작업자가 수행하는 직무의 잠재적인 동기유발에 정도를 측정하는 데 활용된다. 직무의 **동기유발 잠재력지수**(motivational potential score: MPS)의 산출공식은 다음과 같다.

$$\text{동기유발 잠재력지수} = \frac{[\text{기능다양성} + \text{과업정체성} + \text{과업중요성}] \times \text{자율성} \times \text{피드백}}{3}$$

위의 산식은 핵심직무특성의 수준이 높을수록 작업자는 동기유발된다는 것을 보여 주고 있다. MPS는 핵심직무특성의 수준이 높을수록 높아진다. 특히 자율성과 피드백의 수준은 다른 핵심직무특성에 비해 MPS에 미치는 영향이 상대적으로 크다. 실증연구의 결과에 의하면 MPS 점수가 높은 직무를 담당하는 작업자는 그렇지 않은 직무의 담당자보다 동기유발되고 직무에 대하여 만족하며 성과가 높은 것으로 나타났다.[7]

집단차원의 직무설계

최근 개별적인 직무의 설계보다는 집단이나 조직차원의 직무설계에 대한 관심이 증가하고 있다. 집단차원의 직무설계는 특정한 직무보다는 직무간 상호관계의 적합성을 높이기 위해 직무설계를 하는 것을 말한다. 집단에는 다양한 직무가 존재하며 보통 이들 직무는 상호 관련되어 있는 경우가 대부분이다. 이 경우 집단차원의 직무설계를 함으로써 관련된 직무뿐만 아니라 개별직무를 원활하게 수행할 수 있게 된다. 이하에서는 집단차원의 직무설계기법 중 직무순환과 작업모듈, 통합적 작업팀 및 자율작업팀을 설명하고자 한다.

직무순환과 작업모듈

직무순환

직무순환(job rotation)**은 작업자로 하여금 여러 직무를 돌아가며 근무하게 하여 다양한 직무경험을 쌓도록 하는 직무설계방법이다.** 즉 직무순환은 작업자를 여러 직무로 이동시켜 근무시키는 방법의 하나이다. 일반적인 직무이동방법으로는 승진과 강등과 같은 수직적 직무이동과 순환배치 등의 수평적 직무이동이 있다. 직무순환은 수평적 직무이동, 즉 직무의 횡적 이동을 의미한다.

직무순환은 조직에서 광범위하게 사용되는 직무설계기법의 하나이다. 직무설계의 일환으로 직무순환을 실시하는 데에는 다음과 같은 효과가 있기 때문이다.

하나는 직무순환을 통해 효과적으로 작업자의 다양한 능력을 개발할 수 있다는 점이다. 즉 직무순환을 통해 작업자에게 다양한 직무를 경험하게 함으로써 다양한 지식이나 기술을 습득하게 하여 작업자를 다기능자(multi-skiller)로 육성할 수 있다. 다양한 기능을 가진 작업자가 있는 경우 개인의 직무 담당범위가 확대된다. 이 경우 집단이나 조직차원에서는 소수의 작업자로 보다 많은 직무를 담당하게 함으로써 생산성을 높일 수 있다.

다른 하나는 다기능화된 작업자가 있는 경우 작업계획을 수립하고 실행하는 데 유연성을 얻을 수 있게 된다. 예를 들어 작업자의 결근이나 퇴직으로 인해 결원이 생길 경우 즉시 보충이 가능하고 새로운 직무를 개발하여 실행할 수도 있게 된다.

직무순환에는 부작용이 발생할 수도 있다. 특히 작업자의 담당직무를 수시로 이동시키는 과정에서 다양한 문제가 나타난다. 예를 들어 작업자의 직무 적응기간이 짧아 직무에의 적응을 어렵게 하거나 팀웍 형성을 곤란하게 할 수도 있다. 따라서 직무순환을 실시하기 위해서는 다음과 같은 사항에 대한 고려가 필요하다.

첫째, 직무의 숙련에 필요한 기간을 고려하여 직무순환을 실시하는 것이 필요하다. 직무마다 타인의 도움 없이 직무를 원활하게 수행하는 데 필요한 기간은 다르다. 만약 직무의 숙련기간이 경과되기도 전에 여러 직무를 이동시키면 직무의 적응이 어렵게 되고 직무에 대한 불만족이 유발하게 된다. 또한 숙련기간이 경과한 후에도 계속 직무를 수행하게 한다면 작업자는 더 이상 직무로부터 학습하지 못하게 되고, 직무에 대해 지루함을 느끼게 된다. 이는 개인 및 조직차원에서 비효율적인 결과를 초래하게 된다.

둘째, 직무간의 상호연관성을 고려하여 직무순환을 실시하는 것이 필요하다. 직무수행에 필요한 지식이나 기술이 상호보완성 있는 직무순환을 시킴으로써 개인의 적응을 용이하게 하고 관련된 능력을 지속적으로 심화, 확대할 수 있게한다.

셋째, 작업자의 특성이나 희망을 고려하여 직무순환을 실시할 필요가 있다. 작업자의 현재의 직무수행능력이나 수준을 고려하여 이를 단계적으로 향상시키는 것이 필요하다. 또한 작업자가 희망하거나 경력관리에 도움이 될 수 있는 직무순환으로 작업자를 동기유발시켜 직무에 대한 노력과 헌신을 유도할 수 있다.

작업모듈

작업모듈(work module)**은 수시로 집단내부의 일부 과업을 모듈로 편성해서 작업자들에게 할당하는 기법이다.** 여기서 모듈이란 어떤 특정한 과업에 있어서 약 2시간 동안에 충분히 해낼 수 있는 과업의 단위를 말한다.[8] 일반적으로 작업모듈은 주로 작업자들이 회피하려는 경향이 있는 작업 — 예를 들어 매우 세분화되고 구조화된 작업 등 작업자가 지루해하거나 싫증을 느끼기 쉬운 작업 — 을 효율적으로 실행하는 데 주로 활용되는 기법이다.

작업모듈은 일종의 직무확대 및 직무순환의 방법으로도 볼 수 있다. 직무확대의 측면에서 보면 작업시간 내에 공식적으로 주어진 업무뿐만 아니라 모듈로 주어지는 업무를 수행하게 된다. 또한 직무순환의 측면에서는 수시로 다른 모듈이 주어지는 경우 주기가 매우 빠른 직무순환을 하는 것이다.

작업모듈을 어떻게 활용하는가에 따라 그 효과는 달라진다. 작업모듈의 장점 및 단점은 다음과 같다.

장점으로는 우선 지루하고 싫증을 느끼게 하는 과업을 모듈화함으로써 조직구성원의 사기를 저하시키지 않고도 수행할 수 있는 방법을 제공해 준다. 또한 조직구성원의 직무선호를 고려할 수 있다는 점이다. 이를 위해서는 작업집단 내의 작업자들이 스스로 작업모듈을 선택할 수 있게 하는 것이 필요하다.

단점으로는 모듈을 배분하는 데 있어서 조직구성원간에 갈등이 발생할 수 있다는 점이다. 또한 일반적으로 기존의 작업시스템을 작업모듈시스템으로 전환하여 실행하는 데 상당한 비용과 시간이 소요된다.

통합적 작업팀

통합적 작업팀(integrated work team)**이란 상호관련되어 있는 다수의 직무**(혹은 과업)**들을 통합하여 수행하는 작업집단을 말한다.** 통합적 작업팀은 다수의 서로 관련된 직무들을 할당받아 이를 통합적으로 수행하는 작업집단이다. 여기서 다수의 서로 관련된 직무란 보통 하나의 기능에 속하는 여러 직무보다는 다양한 기능에 속하지만 집단의 목표달성을 위해 필요하거나 관련되는 직무들을 의미한다. 예를 들어, 대규모 건물의 각 사무실을 청소하는 데 있어서 건물유지관리자는 완성해야 할 여러 개의 과업을 파악·확인하여 건물유지관리 작업자들에게 하나의 작업팀으로 과업의 배분 및 할당을 결정하도록 하고 있다.

통합적 작업팀이 등장하게 된 데에는 다음과 같은 배경이 있다. 본 장의 앞부분에서 설명한 바와 같이 보통 전통적인 작업집단은 분업화의 원칙에 입각하여 기능별로 분화된 작업을 수행한다. 이 경우 전문화의 이점을 갖게 되어 특정한 기능의 효율성을 달성하기가 용이하다. 대부분의 경우 조직의 기능은 일정한 수준으로 상호관련되어 있기 마련이다. 전통적인 작업집단은 상호관련된 조직기능들이 원활하게 수행될 수 있도록 조정하기가 쉽지 않다. 또한 조정과정에서 많은 시간과 비용이 소요되게 된다. 이러한 문제점을 해결하기 위한 하나의 대안으로 통합적 작업팀이 제기된 것이다.

앞서 설명한 바 있는 직무설계기법과 연계시켜 보면 **통합적 작업팀은 집단수준에서 직무확대를 한 작업집단으로 볼 수 있다.** 통합적 작업팀에는 다양한 기능에 속하는 이질적인 직무들이 할당되는 경우가 보통이다. 따라서 통합적 작업팀을 효과적으로 운영하기 위해서는 작업자들이 팀의 목표달성에 필요한 다양한 직무에 대한 작업수행능력을 갖추어야 하고 상호협력하며 작업을 수행하는 것이 필수적이다. 이를 위한 방안으로 통합적 작업팀에서는 팀구성원들의 직무를 순환시켜 다양한 능력을 쌓게 한다. 또한, 자신의 직무만을 수행하는 것이 아니라 팀구성원들의 직무를 상호교차시켜 근무하게 하고 협력작업을 통해 과업을 수행하게 함으로써 공동책임의식과 팀워을 촉진한다. 이러한 측면에서 보면 통합적 작업팀은 집단수준에서 직무확대를 실시한 작업집단으로 볼 수 있다.

자율작업팀

자율작업팀(autonomous work team)**이란 작업팀 내부의 제반 직무의 수행에 필요한 모든 권한과 책임을 갖고 자율적으로 작업을 수행하는 작업집단을 말한다.** 즉 자율작업팀은 작업목표를 자율적으로 수립하고 실행상의 모든 권한과 책임을 갖는다. 또한 팀의 작업결과에 대해서도 책임을 진다. 다른 형태의 팀과 구별되는 자율작업팀의 가장 큰 특징은 팀의 작업수행에 대한 자율성의 보장에 있다. 이러한 측면에서 보면 **자율작업팀은 직무충실화를 집단수준에 적용한 것으로 볼 수 있다.**

자율작업팀은 리더 및 팀 구성원의 행위에 다음과 같은 변화를 초래한다.

우선 리더의 역할변화이다. 자율작업팀에서 리더는 지시나 통제 중심에서 팀 구성원의 목표의 달성을 지원하고 촉진하는 역할을 수행한다. 기존의 작업집단에서는 집단 전반의 작업에 대한 책임과 권한이 대부분 관리자에게 집중되는 반면 조직구성원들의 책임과 권한의 범위는 자신의 직무에 국한된다. 따라서 관리자는 집단 전체의 관리를 위해 조직구성원에 대한 지시나 통제 중심의 리더십을 발휘하게 될 가능성이 높다. 반면에 자율작업팀에서는 팀의 개별구성원이 자신의 과업에 대해 모든 책임과 권한을 갖게 된다. 따라서 리더의 역할은 팀구성원의 목표달성을 위한 능력개발 혹은 애로사항을 지원하는 역할로 바뀌게 된다.

또한 자율작업팀은 조직구성원들을 동기유발시키고 만족도를 높일 수 있다. 자율작업팀에서는 업무수행에 필요한 모든 책임과 권한이 구성원에게 위임된다. 조직구성원들은 스스로 목표를 설정하고 목표달성 과정 및 결과에 대해 책임을 진다. 이러한 측면에서 자율작업팀의 조직구성원들은 직무에 대한 성취감과 보람을 느낄 수 있게 되어 높은 수준으로 동기가 유발되는 것이다.

이 밖에도 집단차원에서 보면 자율작업팀은 환경의 변화에 대해 보다 유연하고 신속한 대응이 가능하고 조직구성원들간의 협력가능성이 증대하는 등 조직에 많은 긍정적인 영향을 미친다.

직무설계시 고려요인

직무설계를 통해 작업자의 태도와 행위를 변화시켜 성과를 향상시키기 위해서는 직무 그 자체의 특성과 함께 다양한 요인을 고려해야 한다. 직무설계와 관련된 선행연구를 통해 제시된 주요한 고려요인으로는 개인적 특성, 조직의 구조적 특성 그리고 기술적 요인, 리더의 행동 등을 들 수 있다.[9] 이하에서는 각각의 고려요인에 대해 살펴본다.

개인적 특성

직무특성모형에서 제시된 작업자의 성장욕구의 강도뿐만 아니라 **작업자의 개인적 특성에 따라 직무특성이 작업자의 직무에 대한 인식과 태도 및 행위에 미치는 영향은 달라지게 된다.** 〈그림 13-6〉은 작업자의 직무에 대한 인식에 있어서 개인적 특성의 차이가 어떻게 영향을 미치는가를 설명하는 것이다. 사람마다 똑같은 자극을 받더라도 다른 방식으로 인식하기 때문에 특정한 직무의 객관적인 특성에 대한 인식도 개인적 특성에 의해 영향을 받을 수 있다는 것을 보여 주고 있다. 예를 들어 동일한 과업에 대한 인식도 나이, 교육정도, 근속연수, 작업자의 인지구조, 작업과 관련한 가치관 등에 따라 다르다.[10] 직무특성모형에서 설명

〈그림 13-6〉 직무에 대한 인식에서 개인 차이

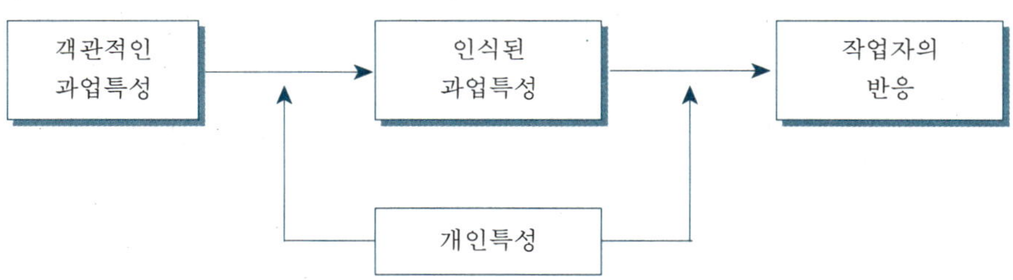

자료: D. P. Schwab & L. L. Cummings(1976), A Theoretical Analysis of The Impact of Task Scope on Employee Performance, *Academy of Management Review*, p. 32에서 수정 인용.

한 바와 같이 직무에 대한 인식은 작업자의 반응에 영향을 주기 때문에 직무설계 시에는 실제의 직무설계뿐만 아니라 작업자에 의해 직무가 인식되는 과정 또한 관리될 필요가 있다.

조직의 구조적 특성

직무설계는 조직의 특성에 의해 영향을 받는다. 조직에는 다양한 직무가 서로 연계되어 있으므로 직무설계 시에는 조직의 특성을 적절하게 반영해야 한다. 번스(T. Burns)와 스토커(G.M. Stalker)는 조직의 구조적 특성을 기계적(mechanistic) 조직과 유기적(organic) 조직로 분류하였다.[11] 모든 조직은 극단적인 기계적 구조에서부터 극단적인 유기적 조직에 이르기까지 연속선상의 어느 지점에 위치한다. 〈표 13-2〉에서 보듯이 기계적 구조에서는 과업과 과업간의 관계가 높은 수준으로 전문화·구조화되어 있으며 상세하게 규정화되어 있다. 이에 반해 유기적 구조에서는 조직의 구조가 보다 유연하고 적응적이며 역동적으로 변화한다. 따라서 기계적 구조는 안정적인 환경에, 유기적 구조는 상대적으로 불안정하고 급속하게 변화하는 환경에 적합하다.

번스와 스토커의 연구에 이어 조직특성과 직무특성과의 관계를 규명하려는 다양한 연구가 시도되었다.[12] 〈표 13-3〉은 조직의 구조적 특성과, 직무특성의 수준 그리고 작업자의 성장욕구의 강도 사이의 다양한 상호결합형태를 비교하여 제시한 것이다.

〈표 13-3〉에서 제시되듯이 강한 성장욕구 강도를 가진 작업자가 복잡한 직무를 수행하고 유기적인 조직에서 작업할 때 작업자의 만족과 예상되는 효과가 가장 크다. 그리고 강한 성장욕구 강도를 지닌 사람이 단순한 직무를 수행하고 기계적인 조직에서 작업할 때 상대적으로 작업자의 만족도가 가장 낮고 예상되는 효과도 가장 낮다.

작업자의 반응에 대한 직무특성과 조직구조특성, 성장요구 강도의 관계에 관한 연구결과를 정리하면 다음과 같다.[13]

- 대부분의 작업자는 직무특성의 수준이 낮은 직무보다는 높은 직무에 보다 호의적으로 반응한다.

〈표 13-2〉 기계적 조직과 유기적 조직

기계적 조직	유기적 조직
1. 과업은 고도로 분화되고 전문화됨; 과업과 조직목표 사이의 관계를 명확히하는 데 주의를 기울이지 않음	1. 과업은 상호 의존적임; 과업과 조직목표의 관계를 강조함
2. 만약 최고경영층의 지시가 없다면 과업은 매우 엄격하게 정의되는 경향이 있음	2. 과업은 조직 구성원의 상호작용을 통하여 지속적으로 조정되고 재정의됨
3. 구성원의 역할은 공식화되고 명확하게 정의됨	3. 조직구성원의 역할은 과업 성취에 대한 일반적 책임을 수용하는 수준에서 정의됨
4. 통제, 권한 그리고 커뮤니케이션이 고도로 계층화된 구조를 통해 이루어짐	4. 통제, 권한 그리고 커뮤니케이션은 네트워크를 통해 유기적으로 연계됨
5. 조직의 상황 및 운영과 관련된 정보는 공식적인 권한계통에 의해 제공됨	5. 조직 전반에 걸쳐 존재하는 지식센터(knowledge centers)에 의해 정보가 식별되고 제공됨
6. 커뮤니케이션은 상사와 부하간 수직적으로 이루어짐	6. 커뮤니케이션은 정보가 필요한 위치에 따라서 수직적 혹은 수평적으로 이루어짐
7. 커뮤니케이션은 일반적으로 감독자에 의해서 주어지는 지침 혹은 결정의 형태를 취함	7. 커뮤니케이션은 기본적으로 정보 및 충고의 형태를 취함
8. 조직에 대한 충성 및 상사에 대한 복종을 강조함	8. 조직의 과업 및 목표에 대한 헌신이 충성이나 복종보다 중요하게 간주됨
9. 조직의 가치는 조직과 그 구성원과의 일체를 강조함; 내부지향적인 조직가치	9. 조직의 가치는 외부환경과의 일체를 강조함; 외부환경과의 조화를 강조하는 조직가치

자료: T. Burns & G. M. Stalker(1962), *The Management of Innovations*, London: Tavistock, pp. 119-122.

〈표 13-3〉 조직의 구조적 특성, 직무특성 및 성장욕구 강도의 관계

직무특성	조직특성	성장욕구의 강도	예상되는 반응의 호의성	실제 반응	호의성 정도
				직무만족	전 반
복잡	유기적	고	1	1	1
복잡	기계적	고	2	2	3
복잡	유기적	저	3	3	2
복잡	기계적	저	4	4	4
단순	유기적	고	5	7	7
단순	유기적	저	6	6	5
단순	기계적	저	7	5	6
단순	기계적	고	8	8	8

자료: J. L. Pierce, R. B. Dunham & R. S. Blackburn(1979), Social Systems Structure, Job Design, and Growth-Need Strength: A Test of A Congruency Model, *Academy of Management Journal*, pp. 223-240.

- 대부분의 작업자는 기계적 조직보다는 유기적 조직에 보다 호의적으로 반응한다.
- 직무설계요인이 조직설계요인보다 상대적으로 보다 중요하다. 이는 직무설계요인이 조직설계요인 보다 작업자의 일상적인 작업활동과 작업자의 태도와 행위에 보다 많은 영향을 미치기 때문인 것으로 여겨진다.
- 성장욕구 강도가 강한 작업자는 성장욕구 강도가 약한 작업자에 비해 직무 및 조직설계요인에 보다 민감하게 반응한다.

기술적 요인

조직에서 기술(technology)은 조직이 투입물(예를 들어 정보, 아이디어 등)을 산출물로 변환하는 방식을 의미한다. 직무특성과 같은 직무설계요인은 조직의 중심적인 기술(dominant technology)과 직접적인 관계가 있다.[14] **중심적인 기술의 변화는 직무설계의 변화를, 직무설계의 변화는 중심적인 기술의 변화를 초래한다.** 예를 들어 사전에 정해진 순서에 따라 작업이 이루어지는 조립라인이나 은행이나 보험회사와 같이 업무처리절차가 표준화되어 있는 작업환경에서는 직무정체성이나 자율성의 정도가 일반적으로 낮다. 이 경우 조립기술이나 업무처리 절차의 변화는 직무정체성 등 직무특성의 변화를 초래할 수 있다. 역으로 직무특성 수준을 높이기 위해 조립기술이나 업무처리절차의 변화를 시도할 수도 있다.

이와 같은 결과는 일부 연구결과에 불과하다. 그러나 직무설계시 다음의 사항을 고려해야 한다는 시사점을 제공해 준다.

- 중심기술의 변화를 시도할 때 예상되는 직무설계요인의 변화의 효과를 평가하고, 작업자의 반응을 고려해야 한다.
- 직무설계요인의 변화를 시도할 때 기존에 사용되는 중심기술이 직무설계요인의 변화를 저해하는지 혹은 촉진하는지를 고려해야 한다.

리더의 행동

리더의 역할 중 가장 중요한 것의 하나는 부하의 직무성과를 높이고 만족도를 향상시키는 것이다. 직무설계는 리더가 자신의 역할을 수행하기 위한 중요한 수단이기도 하다.

리더의 행위에 따라 직무설계의 목적이나 방식도 영향을 받기 마련이다. 직무설계시 작업자의 직무특성과 직무수행방식이 변하게 됨에 따라 리더의 역할도 변화하게 된다. 따라서 리더는 직무설계에 따른 자신의 역할변화의 내용을 인식하고 변화에 대응해야 한다.

직무설계시 리더는 다음의 두 가지 사항을 유의해야 한다.

우선 리더는 부하의 욕구와 직무특성이 일치하도록 고려해야 한다. 만약 부하의 욕구와 직무특성이 일치되지 않는다면 리더는 직무설계를 통해 일치되도록 시정해야 한다.

또한 직무설계에 따른 리더의 역할이나 행위의 변화를 고려해야 한다. 예를 들어 이전에 리더가 담당하던 의사결정책임이 부하에게 맡겨진다면 리더는 기존에 자신의 의사결정사항에 대한 지시나 통제에서 부하의 의사결정을 지원하고 의사결정능력을 키워 주는 역할로의 변화가 필요하다.

직무재설계의 추진전략

직무재설계(job redesign)는 기존의 직무를 새롭게 설계하는 것을 말한다. 직무재설계는 상당한 수준의 조직변화를 수반한다. **직무재설계를 통한 직무의 변화는 작업자의 태도와 행동을 변화시키는 동시에 작업자들간의 상호관계의 변화를 초래한다.** 이러한 변화에 의해 개인 및 집단 차원의 성과는 영향을 받을 수 있다. 이러한 직무재설계의 중요성에 비추어 볼 때 직무재설계시에는 그 필요성과 효과에 대한 사전분석과 함께 세부적인 실행단계를 설정해야 한다. 이하에서는 효과적인 직무재설계를 위한 세부실행단계 및 실패요인을 간략하게 소개한다.

〈표 13-4〉 직무재설계의 추진단계

추진단계	내 용
단계 1	○ 변화의 필요성 인식
단계 2	○ 작업시스템 및 상황의 진단 - 직무요건 - 작업자 특성 - 작업환경 특성 - 잠재적 저항
단계 3	○ 현재의 작업자 반응에 대한 평가 - 직무만족 - 성과 동기부여 및 성과 - 출근 동기부여 및 출근
단계 4	○ 잠재적인 직무변화의 확인
단계 5	○ 비용/이익 분석(cost/benefit analysis)
단계 6	○ 직무재설계의 실행여부에 대한 의사결정
단계 7	○ 직무변화전략의 선택
단계 8	○ 변화의 실행
단계 9	○ 변화의 효과에 대한 평가

직무재설계의 추진단계

1단계: 변화의 필요성 인식

직무재설계의 필요성을 인식하는 단계이다. 직무재설계에 대한 필요성은 작업자의 반응 및 작업자의 욕구와 같은 다양한 요인들에 의해 생성된다. 직무재설계의 필요성은 두 가지로 분류할 수 있다.

하나는 반응적 변화(reactive change)의 필요성이다. 이는 현재의 직무설계가 지니고 있는 문제점을 개선하기 위해 직무재설계가 필요한 경우이다. 다른 하나는 전향적 변화(proactive change)의 필요성이다. 이는 현재의 직무설계에 특별한 문제점은 없지만 향후 나타날지도 모르는 문제점을 예방하거나 현재의 상황을 개선하기 위해 직무재설계를 하는 경우이다. 이 단계에서는 직무재설계의 필요성 인식을 토대로 직무재설계의 목표 및 방향을 결정하게 된다.

2단계: 작업시스템 및 상황의 진단

작업시스템 및 상황요인의 분석을 통해 작업자의 반응 — 즉, 태도와 행위 — 에 영향을 미치는 요인들을 확인 및 평가하는 단계이다. 신뢰성과 타당성있는 확인 및 평가를 위하여 개인적 관찰기법보다는 공식적이고 체계적인 기법들을 활용해야 한다. 예를 들어 직무분석을 통해 직무의 책임과 자격요건 등을 확인, 평가하거나 직무진단조사(JDS, 앞의 직무특성모형 참조)와 같은 도구를 활용한다.

3단계: 현재의 작업자 반응에 대한 평가

작업자의 만족, 출근 및 결근, 동기유발, 성과 등과 같은 현재의 작업자 반응 수준을 평가하는 단계이다. 작업자의 반응을 체계적으로 평가하기 위해서는 직무만족 측정기법(제2장에서 소개)을 활용한다.

4단계: 잠재적인 직무변화의 확인

현재의 직무설계 및 그 결과에 대한 분석을 통해 잠재적 직무변화를 확인하는 단계이다. 이 단계에서는 현재의 직무상황을 검토하고 장점과 약점을 확인한다. 또한 직무범위에 대한 인식 및 작업자의 반응을 향상시킬 수 있는 잠재적인 직무변화의 방법을 모색한다. 이를 위해서는 본 장의 앞부분에서 설명한 직무확대나 직무충실화, 직무순환 그리고 자율작업팀 등과 같은 다양한 직무설계 방법이나 전략을 활용한다.

5단계: 비용/이익 분석(cost/benefit analysis)

잠재적인 직무변화의 방법을 확정한 후 이를 실행할 경우의 비용과 이익을 분석하는 단계이다.

이익분석에는 두 가지 접근방법이 활용될 수 있다.

하나는 문헌연구를 통해서 직무변화의 효과를 도출해 내는 방법이다. 예를 들면 성장욕구의 강도가 높은 작업자가 기계적 조직에서 단순한 과업을 수행하는 경우 직무만족 수준이 낮다는 것을 문헌조사를 통해서 알 수 있다.

다른 하나는 통계적 방법을 활용하여 잠재적인 직무설계방안을 실행할 경우 각 요인간의 관계를 검증·평가하는 방법이다. 예를 들어 작업자의 동기부여 효과를 측정시에는 직무특성 자체의 변화뿐만 아니라 작업자의 도구성(instrumentality) — 즉, 직무재설계가 목표를 달성하는 데 얼마나 기여하는가 — 에 대한 지각(perception)의 변화, 환경의 변화 등 다양한 관련요인을 정확하게 측정해야 한다.

직무재설계와 관련된 잠재적 비용도 또한 고려해야 한다. 직무재설계의 결과 작업자의 능력요건, 선발 및 훈련 욕구, 직무의 보상가치를 증대시키는 효과를 얻을 수 있지만 새로운 장비의 설치 및 작업절차의 학습 등과 관련된 비용이 소요된다. 또한 작업자의 역할모호성, 역할불확실성, 타부서와의 갈등 등 계량화가 곤란한 단기적인 비용이 발생할 수도 있다.

6단계: 직무재설계의 실행여부에 대한 의사결정

잠재적인 비용/이익이 확인된 후 직무재설계의 실행여부에 대한 의사결정을 하는 단계이다. 대부분의 비용/이익 분석이 완전히 계량화 될 수 없기 때문에 실행여부에 대한 의사결정은 어렵다. 때때로 신속한 의사결정이 필요함에도 불구하고 비용/이익분석의 결과들간 차이가 거의 없는 경우 의사결정을 미루다가 그 시기를 놓치는 경우도 있다. 이러한 경우 직무재설계의 기본적인 목적 즉, 왜 직무재설계를 해야 하는가에 입각하여 의사결정을 할 수도 있다. 조직에 따라서는 작업자의 성과와 참여에 대한 동기유발이 감소되지 않는 한 작업자의 만족을 증대시키기 위해서 직무재설계를 할 수도 있다. 또한 작업자의 성과가 증대될 수 있기만 하면 비용을 감수하고도 직무재설계를 하는 경우가 있다.

7~9단계: 변화전략의 선택, 실행 및 평가

직무재설계에 대한 의사결정을 한 후에는 변화를 도입하기 위한 세심한 전략을 개발해야 한다. 초기 단계에서 관심 부족으로 인하여 좋은 아이디어나 계획이 적절하게 실행되지 못하는 경우가 종종 있다. 직무재설계에 대한 전략을 선택한 후 그 실행단계에서 다양한 조직개발(organizational development: OD)기법을 활용할 필요가 있다(조직개발에 대한 자세한 설명은 제16장 조직의 변화와 개발 참조 바람).

마지막으로 직무재설계의 효과에 대한 체계적인 평가를 반드시 해야 한다. 이 같은 효과에 대한 평가는 어떤 요인이 계획대로 변화되었는가 혹은 어떤 분야에서의 변화가 반드시 필요했는지에 대한 정보와 함께 향후 직무재설계시 활용할 수 있는 지침을 제공해 준다.

직무재설계의 실패요인

직무재설계를 추진하는 조직은 많으나 성공보다는 실패의 사례가 훨씬 많다. 직무재설계의 실패요인에는 다음과 같은 공통적인 요인이 있다.[15)]

- 현재의 작업시스템에 대한 부정확한 진단
- 직무재설계의 계획이 추진력의 부족으로 인해 명목적인 수준에서 실행
- 작업시스템을 둘러싼 부작용(side-effect) — 예를 들어 리더간 알력, 부서간의 이기주의 등 — 의 발생
- 관리자나 스탭의 직무재설계에 대한 인식 및 교육 미흡
- 전통적인 관료주의의 저항
- 최고경영자의 명확한 비전제시의 미흡

요　약

- 직무설계란 조직목표달성과 개인욕구의 충족을 위하여 구조적 및 인간관계측면을 고려하여 조직구성원의 직무관련 활동을 설계하는 과정이다.
- 테일러(F. W. Taylor)에 의하여 제시된 과학적 관리법은 조직구성원의 효과성(동기유발, 직무만족, 높은 과업성과 등)을 증대시키기 위한 최초의 직무설계방법이다. 과학적 관리법은 조직체 내의 각 작업요소를 단순화·표준화·전문화하는 것을 핵심요소로 보고 있다.
- 직무확대는 과업의 다양성을 증진시키기 위하여 직무를 수평적으로 확대하는 것이다.
- 직무충실화란 직무수행을 통하여 조직구성원에게 자아성취감과 일의 보람을 느낄 수 있도록 직무 내용과 환경을 설계하는 방법이다. 단순히 직무의 수를 늘리는 직무확대와는 달리 직무충실화는 적극적인 동기유발의 요인을 가지고 직무를 기름지게 만드는 것이다.

- 직무특성모형은 핵심직무특성, 작업자의 중요한 심리상태, 작업자의 성장욕구 강도에 의해 개인 및 작업결과가 어떻한 영향을 받는다는 것을 제시한 것이다.
- 집단차원의 직무설계는 개별적인 직무보다는 직무간 상호관계에 있어서 적합성의 개선을 초점으로 하는 직무설계를 의미한다. 집단차원의 직무설계기법으로는 직무순환과 작업모듈, 통합적 작업팀, 자율작업팀 등이 있다.
- 직무설계시에는 직무특성요인뿐만 아니라 작업자의 개인적 특성, 조직특성, 기술, 리더의 행동 등의 작업자의 반응에 영향을 미치는 다양한 요인을 고려해야 한다.
- 직무재설계시에는 그 필요성과 효과에 대한 사전분석과 함께 세부적인 실행단계를 설정해야 한다.

핵심용어

직무설계	자율작업팀
직무확대	과학적 관리법
직무충실화	직무특성모형
핵심직무특성	중요한 심리상태
직무진단조사(JDS)	직무순환
동기유발 잠재력지수(MPS)	통합적 작업팀
작업모듈	직무재설계

토의문제

1. 직무설계에 있어서 과학적 관리법이 이윤추구를 목적으로 하는 조직에 왜 적절하게 활용되는지를 논리적으로 설명하시오.
2. 직무설계시 직무확대와 직무충실화가 동시에 활용할 수 있는가를 설명하고 그 이유를 설명하시오.
3. 직무에 대해 가지고 있는 작업자의 욕구나 가치에 대한 정보가 없이 직무설계가 가능한지를 설명하시오.
4. 직무특성모형의 의의와 한계를 설명하시오. 그리고 직무특성모형이 적용되기 위한 조건을 설명하시오.
5. 직무설계에 있어서 통합적 작업팀과 자율작업팀의 의의를 설명하고, 그 차이를 설명하시오.
6. 직무설계시 조직의 구조적 특성 등과 같은 조직요인을 왜 고려해야 하는지를 설명하시오.
7. 직무재설계시 나타날 수 있는 문제점을 설명하시오.

참고문헌

1) Griffin, R. W.(1982), *Task Design: An Integrative Approach*, Scott, Foresman & Company, p. 4.
2) *Ibid*., pp. 18-19.
3) *Ibid*., p. 16.
4) Turner, A. N. & Lawrence, P. R.(1965), *Industrial Jobs and The Worker*, Cambridge, MA: Harvard University, Graduate School of Business Administration.
5) Hackman, J. R. & Oldham, G. R.(1975), Development of The Job Diagnostic Survey, *Journal of Applied Psychology*, pp. 159-170; Hackman, J. R. & Oldham, G. R.(1976), Motivation through the Design of Work: Test of A Theory,

Organiz-tional Behavior and Human Performance, pp. 250-279; Hackman, J. R. & Oldham, G. R.(1980), *Work Redesign*, Reading, MA: Addison-Wesley Publishing.

6) Hackman, J. R. & Oldham, G. R.(1976), *op. cit.*, pp. 256-257.

7) Hackman, J. R.(1977), Work Design, in J. R. Hackman & J. L. Suttle(eds.), *Improving Life at Work*, Santa Monica, Calif.: Goodyear Publishing Co., p. 130.

8) Robbins, S. P.(1984), *Essentials of Organizational Behavior*, Prentice-Hall; 김남현 역(1985), *조직행동론*, 경문사, p. 88.

9) Dunham, R. B.(1984), *Organizational Behavior: People and Process in Management*, Richard D. Irwin, pp. 405-410.

10) Stone, E. F.(1977), Some Personality Correlates of Perceptions and Reactions to Task Characteristics, *Working paper*, Purdue University; Aldag, R. J. & Brief, A. P.(1977), Moderators of Relationships of Job Behaviors to Perceptions of Core Task Dimensions, *Proceedings of The 8th Annual Midwest Conference of The Midwest Division of The American Institute for Decision Sciences*, pp. 327-329; Stone, E. F.(1979), Field Independence and Perceptions of Task Characteristics: A Laboratory Investigation, *Journal of Applied Psychology*, pp. 305-310.

11) Burns, T. & Stalker, G. M.(1961), *The Management of Innovation*, London: Tavistock.

12) Porter, L. W., Lawler III, E. E. & Hackman, J. R.(1979), *Behavior in Organizations*, New York: McGraw-Hill; Pierce, J. L., Dunham, R. B. & Blackburn, R. S. (1979), Social Systems Structure, Job Design, and Growth-Need Strength: A Test of A Congruency Model, *Academy of Management Journal*, pp. 223-240.

13) Dunham, *op. cit.*, pp. 407-408.

14) Thompson, J. D.(1967), *Organizations in Action*, New York: McGraw-Hill; Rousseau, D. M.(1977), Techonological Differences in Job Characterictics, Employee Satisfaction, and Motivation: A Synthesis of Job Design Research and Sociotechnical Systems Theory, *Organizational Behavior and Human Performance*, pp. 18-42.

15) Dunham, *op. cit.*, pp. 416-419.

14 직무스트레스

직무스트레스의 개념과 기능

직무스트레스의 개념
직무스트레스의 순기능과 역기능
스트레스의 모형

직무스트레스의 유발요인, 반응결과 및 조정변인

직무스트레스의 유발요인
직무스트레스의 반응결과
직무스트레스의 조정변인

직무스트레스의 대처방안

조직수준에서의 대처방안
개인수준에서의 대처방안
완충효과로서 사회적 지원의 개입

학습목적

1. 스트레스 개념의 이해
2. 직무스트레스의 순기능과 역기능에 대한 이해
3. 직무스트레스의 반응결과와 조절변인에 대한 이해
4. 조직과 개인차원에서 스트레스 대처방안에 대한 이해
5. 스트레스에 대한 사회적 지원의 이해

스트레스와 질병

우리말에는 마음과 신체가 하나임을 의미하는 '정신신체 언어'가 많다.

화나는 일을 겪으면 "속상해 죽겠다"고 표현한다. 실제 이런 사람은 나중에 속병의 하나인 위장이 상해 치료를 받는 지경에 이른다. 분노를 삭이지 못하면 "열 받는다"고 한다. 이런 사람은 혈압이 오른다.

각종 스트레스에 대해 "골치 아프다" "어깨가 무겁다" "복장이 터진다" "화병 난다" 라고 말한다. 따지고 보면 이런 표현은 정신적 · 심리적 요인이 신체질환의 원인과 진행에 영향을 줄 수 있다는 오랜 인간 경험에서 나온 언어습관이다.

모든 일상생활사건이 스트레스요인이 될 수 있지만, 이 모두가 마냥 부정적인 스트레스가 되는 것은 아니다. 효과적으로 대처하면 아무 문제가 되지 않는다.

반대로 적절한 대처를 하지 못하면 병이 된다. 스트레스를 받으면 유해한 행동, 예를 들면 폭음, 흡연, 부적절한 생활습관으로 이어지고, 이는 결국 신체 면역조절 기능을 약화시켜 질환의 가능성을 높인다. 악순환이다. 특히 만성적 스트레스는 심각하다. 종국에는 암 발생에도 관여한다.

스트레스 때문에 잘 생기는 대표적인 질병으로 심혈관질환을 들 수 있다. 관상동맥질환자 가운데 심근경색이 유발되는 가장 흔한 요인은 심리적 스트레스다. 스트레스가 진전돼 우울증이 있으면, 심근경색에 걸릴 위험이 2배 높아진다. 사회적으로 격리되고 스트레스를 많이 받으면 사망위험은 4배 증가한다. 만성불안이 있으면 심부정맥과 심장마비가 2~4배 늘어난다.

고혈압 환자들이 스트레스를 받으면 혈압이 더 올라간다는 것은 흔히 겪는 일이다. 특히 분노나 적개심을 겉으로 잘 표현하지 못하고 억압하는 경향이 있는 사람에게 고혈압이 잦다.

한국인에게 흔한 소화성 궤양도 '헬리코박터 파일로리균'의 원인이 크지만, 역시 심리적 스트레스요인을 완전히 배제할 수 없다. 과민성 대장증후군 환자에서 불안 · 우울 증세는 흔히 나타나는 현상이다.

비만도 심적 갈등 끝에 강박적으로 과식하여 생기는 수가 많다. 음식에 대한 잘못된 관념, 신체상의 왜곡, 부모가 자식에게 음식을 먹임으로써 보상하려는 심리 등도 배경이 된다. 반대로 신경성 식욕부진증이 있다. 날씬해지려는 생각이 앞선 나머지 너무 먹지 않아 체중감소와 무월경, 심하면 거식증에 이어 극단적인 경우 사망에 이른다. 다 스트레스가 근원이다.

자료: 영남일보.

최근에 스트레스는 많은 사람들의 관심의 대상이 되고 있지만 아직 스트레스가 무엇을 의미하며, 원인이 무엇이고 조직구성원에게 미치는 영향에 대해서는 아직 잘 알려져 있지 않다. 스트레스를 적절하게 관리하기 위해서는 우리는 먼저 스트레스를 이해할 필요가 있다. 경쟁이 급격하게 변화하는 환경하에서 조직과 조직구성원의 역할도 급격히 변화하고 있어 이에 따라 스트레스도 점점 증가하고 있다.

조직의 효율성은 조직구성원들의 적극적인 직무활동을 통하여 달성되므로 조직구성원들에게 스트레스가 지나쳐 직무태도에 역기능적으로 작용한다면 조직의 효율성은 기대하기 어렵다. 조직구성원들에게 직장생활에 보람과 안정감을 가질 수 있도록 직무환경을 조성하는 것은 매우 중요하다. 또한 조직구성원들도 직무활동에서 발생되는 스트레스에 무방비상태에 있을 것이 아니라 직무활동에 적극적이며 창의력 발휘를 유지할 수 있도록 평소에 자기자신에 적합한 스트레스 관리방법을 모색하고 이를 실천해야 할 것이다.

조직의 관리자들은 조직구성원들의 스트레스가 과도하면 개인적으로는 심신이 황폐하여 지고 직무성과에는 부정적인 결과로 나타남으로 스트레스가 유발되는 직무환경을 개선하도록 노력하고 스트레스를 극복할 수 있는 프로그램개발에 관심을 가질 필요가 있다.

직무스트레스의 개념과 기능

직무스트레스의 개념

일반적인 스트레스에 대한 용어는 캐나다의 내분비학자 셀리에(H. Selye)가 처음으로 명명하였다. 해로운 인자나 자극을 스트레서(stressor)라 하고, 이때의 긴장상태를 스트레스라고 한다. 그는 스트레서를 가했을 때 스트레스가 일어나는 단계를 3단계로 나누고 이 증후군을 일반적응증후군이라고 하였다.

직무 스트레스는 라틴어인 '*stringere*(to draw tight: 꽉 조이다)'에서 유래된 용어이다.[1] 힘이 가해진 물체나 인간은 외부압력에 저항해서 통합성을 유지하기 위해 긴장을 일으킨다는 물리학적 개념이 조직행동론연구에 도입되면서 부터 스트레스에 대한 개념은 더욱 일반화되었다.

직무스트레스 개념은 크게 세 가지 범주, 즉 자극개념, 반응개념, 자극-반응개념으로 구분된다. 이 세가지 개념범주를 중심으로 스트레스의 개념을 보면 다음과 같다.[2]

자극개념(stimulus)

자극개념은 **작업자의 특성과 상호작용하여 심리적 · 생리적 항상성**(homeostasis)**을 파괴하는 작업의 조건을 스트레스**로 보는 관점이다.[3] 이 관점에서는 이러한 외적인 힘에 의해서 발생하는 내적체계 상태의 변화를 긴장이라고 말하고 있다.

요컨대 조직의 긴장과 반응은 직무환경을 변화시키며, 이것은 개인의 외적 스트레스가 되고 개인은 다시 이를 내적 긴장으로 발전시킨다. 이때 개인은 내적 긴장을 감소시키기 위해 반응을 하게 된다는 것이다. 따라서 이 관점에서는 긴장과 스트레스를 다른 의미로 사용하고 있는 것이다.

이렇게 자극개념으로 스트레스를 파악하고자 하는 관점은 개인의 심리적 중간과정을 무시하고 상황특성으로만 스트레스를 규정하려는 데 특징이 있다.

반응개념(response)

반응개념에서 **스트레스는 환경적 요인에 의해 유발되는 개인의 생리적 · 심리적 반응을 의미한다.** 즉 스트레스 상태에서 일어나는 특정반응 또는 반응군(response class)을 스트레스로 보려는 관점이다. 예를 들면 치과에 가서 의자에 앉는 것은 스트레스를 유발하는데, 이와 마찬가지로 연인과 키스를 할 때도 스트레스를 유발하게 된다. 이 두 경우 모두 맥박이 급해지고 호흡이 빨라지며 심장박동이 올라가기 때문이다.[4]

반응으로서의 스트레스 개념에서는 자극으로서의 스트레스 개념을 파악하는 것과 마찬가지로 인지과정을 고려하지 않고 있다. 반응개념은 유발상황이 동일하게 작용해도 반응이 다르게 나타날 수 있다는 것을 고려하고 있다.

자극-반응개념(stimulus-response)

자극-반응개념에서는 스트레스를 개인이 스스로 원하는 바를 이루려 하거나 그것을 성취하는 과정에서 기회, 제약, 요구등에 직면할 때 발생하는 것으로서 **해결상황이 불확실성을 가지고 있다고 지각되는 동태적인 상태이라고 정의한다.**[5)]

자극-반응개념에서는 스트레스를 개인과 환경간의 상호작용에서 발생되는 것으로 보고 환경의 요구조건이 스트레스를 일으키기 위해서는 세 가지 조건에 따라 결정된다고 본다. 하나는 스트레스를 받는 사람이 그것을 지각해야 한다. 두 번째는 요구조건과 자신의 능력과의 관계를 고려해서 환경을 해석해야 한다. 세 번째는 요구조건에 성공적으로 대처했을 경우에 얻게 되는 결과를 지각해야 한다.[6)]

이 관점은 환경과 개인의 상호작용과정에서 조직의 요구와 개인의 반응능력 간의 근본적인 불균형 지각을 스트레스로 보는 것이다.[7)]

직무스트레스의 순기능과 역기능

스트레스는 조직구성원의 행위와 태도에 부정적 영향뿐만 아니라 긍정적 영향이 되기도 한다. **스트레스가 부정적으로 영향을 미칠 때 이를 역기능 스트레스**(distress)**라 칭하고 긍정적으로 영향을 미칠 때 이를 순기능 스트레스**(eustress) **라 칭한다.**[8)]

적정한 스트레스(순기능 스트레스)는 개인의 심신활동을 촉진시키고 활성화시켜 직무수행에 있어서 문제해결에 창조력을 발휘하게 되고, 동기유발이 증가하며 생산성을 향상시키는데 기여한다. 반면에 스트레스가 과도하거나 누적되면 역기능 스트레스로 작용하여 심신을 황폐케 하거나 직무성과에 부정적인 영향을 미친다.

스트레스 수준이 지나치게 낮거나 지나치게 높으면 건강이나 작업에 부정적 영향을 끼치게 되어 역기능적인 스트레스로 작용할 가능성이 높아지고 어느 정도 적정수준을 유지하면 건강이나 작업에 긍정적 영향을 미치게 되어 순기능적인 스트레스로 작용할 가능성이 높음을 시사하고 있다.

스트레스로 인하여 유출된 에너지가 개인의 정상적 능력이상으로 초과하여 소모하게 되면 부정적 영향을 미치게 되어 결국 현재의 목표는 물론 미래의 목표를 달성하고자 하는 개인의 능력을 감소하게 한다.

일반적응 증후군

셀리에(H. Selye)가 '일반적응증후군(General Adaptation Syndrome: GAS)'이라는 개념을 발표하면서 스트레스가 신체부위에 영향을 준다고 생각하기에 이르렀다. 스트레스의 결과가 신체부위에 영향을 준다는 뜻에서 일반이라 불렀고 스트레스 원인으로부터 신체를 적응 또는 대응하기 위해서 방어수단을 동원한다는 의미에서 적응이라 하고 일종의 반응이 일어난다는 의미에서 증후군이라 불렀다. 이러한 '일반적응증후군'은 경계단계, 저항단계, 탈진단계 등 3단계로 구성된다.

1. 경계단계(alarm stage): 이 단계는 두 가지 하위단계로 세분된다.

가. 충격기(shock phase): 외부자극에 대한 최초의 반응단계. 이 기간에는 맥박이 빨라지는 증상, 근육긴장도의 감소, 체온감소, 혈액감소 등과 같은 증후가 나타난다.

나. 역충격기(countershock phase): 이는 방어계획의 일종인 반동반응이 일어나는데 이 기간 동안에는 부신피질이 확대되어 부신피질호르몬 분비가 증가된다. 즉 호르몬이 분비되고 신진대사율, 혈당치들이 증가한다. 그러나 유기체는 계속해서 경계단계에만 머무를 수는 없다. 유해자극이 매우 강해서 생명을 유지할 수 없게 되면 몇 시간 또는 며칠 내에 이 경계단계에서 죽어버리기 때문이다.

2. 저항단계(resistance stage)

저항단계는 유기체가 스트레스에 최대한으로 적응하는 상태로서 이 기간 동안에 증상의 소멸 및 발전이 결정되는데 이 단계는 경계단계와는 다른 특징을 지닌다. 경계단계에서는 부신피질에서 혈액 속에 분비물을 방출시켜 이전에 저장되어 있던 지방질을 소비하지만, 저항단계에서는 다량의 분비물을 피질에 쌓아놓는다.

그러나 계속해서 유해자극에 노출되면 적응력은 다시 기능을 잃게되어 3단계인 탈진단계에 들어가게 된다. 즉 이 단계에서는 초기충격으로 인한 피해가 복구되고 항상성(homeostasis)으로 복귀하려는 노력이 이루어진다. 이 노력이 성공적으로 진행되면 스트레스의 신체적 증상은 없어지고 계속되면 적응능력은 없어져 버린다.

3. 탈진단계(exhaustion stage)

사용가능한 에너지를 모두 써버리기 때문에 신체의 조직체계는 탈진해 버린다. 즉 신체의 방어능력이 없어지는 것. 결국 스트레스는 적(스트레스 유발요인)에 대처하여 항상성을 유지하기 위한 생리적 반응, 즉 전투 아니면 도피반응(fight or flight response)의 과정이라고 설명할 수 있다.

〈그림 14-1〉 스트레스의 역할

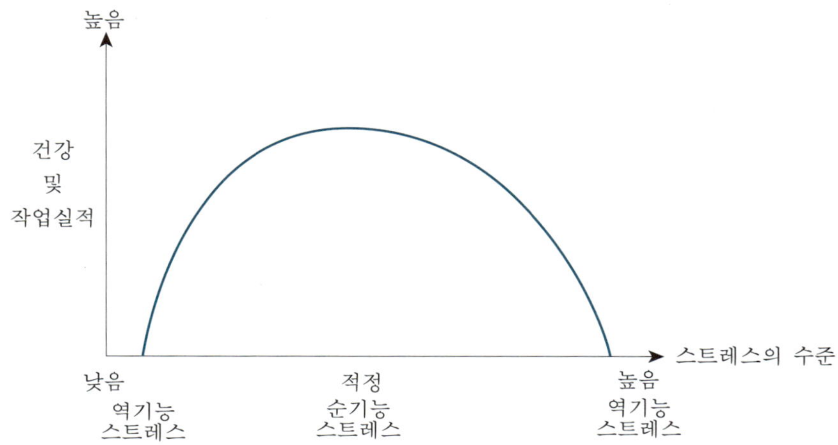

그러나 에너지의 소모가 개인의 정상적 기능을 하도록 개인의 능력과 걸맞게 되면 스트레스는 긍정적으로 작용하여 개인의 목표를 성취하게 해 주고 앞으로 그러한 목표를 달성하고자 할 때 그의 능력을 촉진시켜 준다. 이와 같이 스트레스의 순기능과 역기능을 그래프로 나타내면 〈그림 14-1〉과 같다.

직무스트레스의 모형

〈그림 14-2〉에서 스트레스 유발요인(stressor)은 스트레스 수준에 영향을 미치는 환경적 요소다. 스트레스는 스트레스 유발요인이 작용하여 개인이 긴장으로 인지된 심리적 지각상태다. 반응은 스트레스 수준에 의해서 신체나 마음에 나타나는 다양한 반응이다. 개인특성은 스트레스 수준과 실제적인 반응 모두에게 영향을 미치는 결정요인이다.

스트레스 유발요인에 의하여 스트레스가 발생되고 개인특성에 따라 반응은 다양하게 나타나며 이러한 반응이 다시 스트레스 유발요인과 개인특성에 영향을 미치게 된다.

즉 스트레스 유발요인과 스트레스, 그리고 스트레스와 반응 사이에 관계를 조정하는 변인으로서 개인차이가 작용을 한다. 스트레스에 대한 현재의 반응이 미래에는 다르게 반응될 수 있고 현재의 반응이 미래에는 스트레스 유발요인이

〈그림 14-2〉 스트레스의 모형

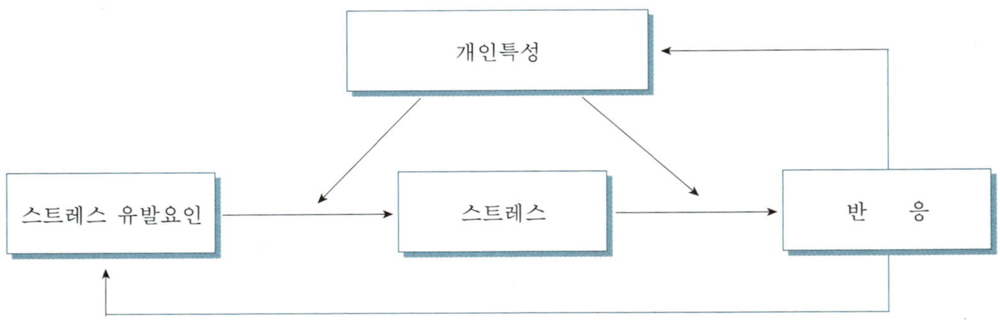

자료: R. B. Dunham(1984), *Organizational Behavior: People and Processes in Management*, Richard D. Irwin, p. 428.

될 수 있기 때문에 스트레스 과정은 동태적이다.

직무스트레스 유발요인, 반응결과 및 조정변인

직무스트레스의 유발요인

스트레스 유발요인(stressor)**은 스트레스 수준에 영향을 미치는 환경적 요인을 말한다.** 대부분의 스트레스 유발요인이 과도하게 유발되거나 누적되면 높은 스트레스를 초래하는 경향이 있다.

스트레스 유발요인을 크게 직무스트레스(조직내 요인)와 조직외 스트레스 요인(생활사건 요인)으로 구분하여 볼 수 있다.

조직 내 직무스트레스 유발요인

직무수행 중에 일어나는 모든 사건은 스트레스를 유발할 수 있는 잠재적인 요인이다. 과업수행 중에 스트레스를 가장 많이 발생하는 스트레스 유발요인은 〈표 14-1〉과 같다.

〈표 14-1〉 직무스트레스 유발요인

직무스트레스 유발요인	세 부 요 인		
1) 물리적 환경요인	가) 조 명 라) 진 동 사) 사회적 밀도	나) 소 음 마) 대기오염 아) 사무실 설계	다) 기 온 바) 위험한 작업조건
2) 직무수행 역할요인	가) 직무특성 라) 역할갈등 사) 의사결정 참여	나) 업무수행 과다 마) 역할모호 아) 업적평가	다) 업무수행 과소 바) 시간의 압박 자) 기 술
3) 경력개발 요인	가) 승 진 라) 직무안정 결여	나) 경력의 불확실성	다) 야망의 장애
4) 대인관계 요인	가) 상사와의 관계 다) 부하와의 관계	나) 동료와의 관계 라) 고객과의 관계	
5) 집단수준의 요인	가) 응 집 성 다) 집단간 갈등	나) 집단압력 라) 지위 부조화	
6) 조직수준의 요인	가) 조직변화 라) 의사소통 요인 사) 조직정치	나) 작업교대정책 마) 훈련프로그램	다) 조직풍토 바) 통제시스템

물리적 환경요인(physical environment factors) 작업장의 조명, 소음, 기온, 진동, 대기오염등은 스트레스 수준을 증가시킨다. 위험한 작업조건은 생리적·심리적으로 부담을 주는 요인이다. 사회적 밀도는 사무실 내에서 사람들이 붐비는 정도를 말하는데 사무실이 너무 크거나 너무 붐빌 때 스트레스를 유발한다. 사무실은 사회적 접촉의 촉진, 상징적 정체감, 과업수행 수단에 대한 향상기회, 즐거움 등을 제공하는 기능이 적절하게 작용하도록 설계되지 않으면 스트레스를 유발한다.

직무수행 역할요인(job factors) 직무수행 역할요인으로는 과업특성, 업무과다, 업무과소, 역할갈등, 역할모호, 시간의 압박, 의사결정 참여, 업적평가, 기술 등을 들 수 있다.

과업특성은 과업의 다양성, 자율성, 정체성, 개인의 책임감, 수행결과의 이해와 의미성과 관련이 있다. 반복적인 작업은 생리적·심리적 각성을 유도하지 못하며 대량생산기술도 구성원들에게 갈등을 일으킨다.

업무과다는 양적 과다와 질적 과다로 구분된다. 업무과소도 업무과다와 함께 스트레스의 주요 유발요인이다. 역할갈등, 역할모호, 시간의 압박은 직무와 관련된 긴장을 크게 느끼게 되고 직무에 대한 만족도가 낮아진다. 과업수행에 대한 업적평가는 구성원들뿐만 아니라 감독자들에게도 스트레스를 일으키는 요인이다. 조직에서 과업을 수행하기 위해 사용하는 활동, 설비 및 재료, 그리고 지식 또는 경험 즉 상품과 서비스를 생산하기 위해 사용하는 제반과정을 기술이라 한다. 다양성이 없는 직무나 너무 복잡한 직무는 스트레스의 원천이 된다.

경력개발 요인(career factors) 직무스트레스 수준에 영향을 주는 경력개발 요인은 직무안정의 결여, 승진, 야망의 장애, 경력의 불확실성들을 포함한다. 승진에는 빠른 승진이나 늦은 승진 모두가 스트레스 요인이다. 경력의 변화가 조직구성원들의 기대감과 일치하지 않을 때는 스트레스 유발요인으로 작용한다. 조직구성원에게 직무안정이 결여되어 있거나 승진이 부적절하다고 느끼면 경력열망과 현 수준이 조화되지 않아 불만족하여 스트레스를 느낀다. 경제적 불황에 의해 야기되는 스트레스의 요인으로 직무불안정이 있다.

예산삭감이나 조직개편에 의한 인원감원정책, 명예퇴직제는 심각한 스트레스 요인이다.

대인관계 요인(interpersonal relations factors) 조직에서 이루어지는 가장 보편적인 대인관계 요인은 상사, 동료, 부하, 고객들과의 관계 등이다. 대인관계가 스트레스 유발요인으로서의 기본적인 원천은 갈등이며, 낮은 신뢰도, 낮은 지지도, 대인관계의 낮은 흥미, 권력의 불균형 등은 스트레스를 증가시키는 경향이 있다.

집단수준의 요인(group level factors) 부서 내에서 과업을 수행하는 구성원들에게 스트레스를 경험케하는 유발요인으로서 응집성, 집단압력, 집단간 갈등, 지위 부조화 등을 들 수 있다.

이러한 요인들은 스트레스를 유발시켜 사기저하, 낮은 성과, 혈압증가 등과 같은 생리적 변화를 일으킨다.

조직수준의 요인(organizational level factors) 직무스트레스를 유발하는 조직수준의 요인으로는 조직변화, 작업교대정책, 조직풍토, 의사소통요인, 훈련프로그램, 통제시스템, 조직정치 등을 들 수 있다.

인간의 신체는 내적 시계에 따라 수면과 활동을 규칙적으로 수행하도록 구조화되어 있다. 조직의 독특한 분위기는 개인행동뿐만 아니라 집단행동에 중요한 영향을 미친다. 의사소통과정에 누락이나 왜곡에 의한 잡음이 개입되어 조직구성원간의 오해나 갈등을 유발하거나 조직의 정체현상이 발생할 때 스트레스가 유발된다.

조직 내의 힘 겨루기와 정치적 연대와 관련이 있는 경영자들은 자신의 부하에게 지나친 기대와 요구를 부과하여 스트레스를 발생시킬 가능성이 높다.

조직외 스트레스 유발요인(생활사건 요인)

조직외 스트레스 유발요인이란 직장 외의 개인생활에서 발생되는 생활사건 스트레스 발생요인을 말한다. 여기에는 일반적으로 가족문제, 생활위기, 경제적인 문제, 종족과 계급의 갈등, 주거지역, 가족의 기대, 생활의 변화, 교통문제 등을 들 수 있다.

〈표 14-2〉 생활사건 스트레스 요인과 수준

순위	삶의 변화 점수		순위	삶의 변화 점수	
1	자식 사망	74	16	사업의 재정비	43
2	배우자 사망	73	17	직업전환	43
3	부모 사망	66	18	정년 퇴직	41
4	이 혼	63	19	해외취업	39
5	형제자매 사망	60	20	유산(流産)	39
6	배우자의 외도	59	21	임 신	37
7	별거 후 재결합	54	22	입학시험, 취직실패	37
8	부모의 이혼, 재혼	53	23	자식의 귀가	36
9	별 거	51	24	새 가족 등장	36
10	해고, 파면	50	25	가족 1명의 와병	35
11	정든 친구의 사망	50	26	성 취	35
12	결 혼	50	27	주택, 사업, 부동산매매	35
13	징 역	49	28	정치적 신념변화	35
14	결혼 약속	44	29	시댁, 처가, 친척과의 알력	34
15	중병, 중상	44	30	학업의 시작, 중단	34

최근 서울대학병원에서 조사 발표한 자료에 의하면 우리나라 사람들의 생활사건 스트레스 유발요인과 스트레스 정도는 〈표 14-2〉와 같다.

직무스트레스 반응결과

과도한 스트레스가 계속되고 누적되면 조직구성원에게는 역기능적인 결과로 나타난다. 부정적인 스트레스 반응결과를 생리적 반응, 심리적 반응, 행동적 반응으로 구분하여 보면 다음과 같다(〈표 14-3〉 참조).

생리적 반응(physical reactions) 생리적 반응은 스트레스에 대하여 개인이 적절히 대처하지 못할 때 나타난다. 과도한 스트레스로 인한 생리적 반응으로는 〈표 14-3〉에서 보여주는 것과 같이 두통, 불면, 호흡곤란 등이 있다.

심리적 반응(psychological reactions) 심리적 반응은 생리적 반응과 관련

〈표 14-3〉 역기능적인 직무스트레스 반응결과

생리적 반응	심리적 반응	행동적 반응		
		개인행동반응	조직에의 영향	
			직접비용	간접비용
두 통	불 안	흡 연	지 각	• 활력의 상실
불 면 증	소 외 감	음 주	결 근	낮은 사기
호흡곤란	낮은 자존심	카페인 사용	파업과 휴업	낮은 동기유발
고 혈 압	노이로제	약물복용	이 직	불만족
높은 콜레스테롤	의기소침	갈 등	생산성의 질	• 의사소통 단절
발 한	심신의 증후	공 격 성	생산성의 양	접촉빈도의 감소
설 사	집중력 상실	자 살	불 평	메시지의 왜곡
심장질환	무 관 심	범법행위	물자와 공급품의	• 의사결정의 과오
위 궤 양	체 념	성관계 곤란	과소비	• 작업관계의 질
위장장애	권 태	과식 또는 소식	재고부족	불 신
관 절 염	건 망 증	위험한 행동	보상비 지급	무 례
암	고 착	야만행위		적 대 감
당 료 병	분 노	절도행위		• 기회비용
간경변증	투쟁과 퇴행	원만하지 못한		
피 부 병		인간관계		

되어 있다. 대표적인 심리적 반응으로는 불안, 소외감, 체념, 권태 등의 증상이 있다.

행동적 반응(behavioral reactions) 과도한 직무스트레스로 인한 행동적 반응은 **개인행동의 변화**와 **조직에의 영향**으로 구분할 수 있다. 스트레스가 개인행동에 미치는 영향에 대한 연구는 다양하게 이루어져 왔다. 과도한 스트레스로 인한 개인행동의 반응으로는 과도한 흡연, 음주, 약물복용 등의 행동변화를 일으킨다. 조직에서 발생하는 과도한 스트레스로 인하여 나타나는 조직에의 영향은 크게 직접비용의 손실과 간접비용의 손실을 들 수 있다.

직무스트레스의 조정변인

조정효과의 의미

직무스트레스는 직무환경과 개인의 상호작용에 의하여 발생되는 것이기 때문에 특정상황에 따라 개인은 서로 다른 징후를 나타낸다. 따라서 직무스트레스 유발요인과 반응결과의 관계에 있어서 이를 조정하는 요인들을 고려하는 것이 중요하다. 스트레스에 대한 반응이 개인마다 차이가 있다는 것은 산업심리학에 근거하고 있다. 산업심리학에서는 다른 사람들과 구별되는 개인의 특성을 파악하는데 초점을 두고 있다.

〈그림 14-3〉 스트레스 조정 메커니즘

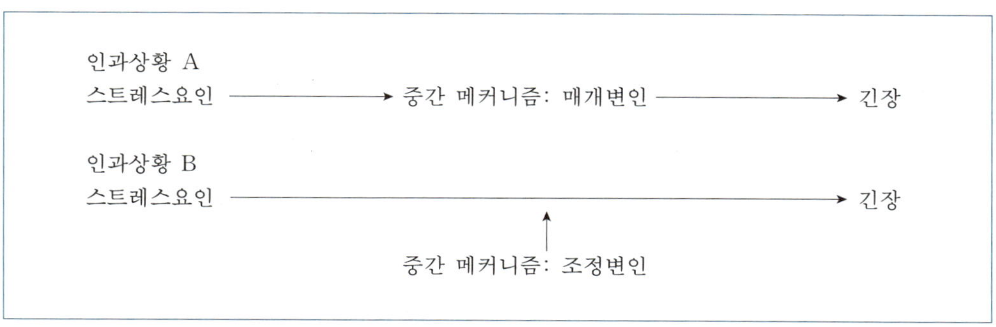

자료: T. A. Beehr(1984), Stress Coping Research: Methodological Issues, in A. S. Sethi & R. S. Shuler(eds.), *Handbook of Organizational Stress Coping Strategies*, Cambridge Ballinger, p. 288.

스트레스 연구에 있어서 개인차이를 고려하는 관점에 대해 개인차를 매개변인(intervening variable)으로 보려는 관점과 조정변인(moderating variable)으로 보려는 관점이 있다.[9)]

〈그림 14-3〉에서 「인과상황 A」는 스트레스요인(예, 배우자의 사망)이 매개변인으로 중간 메커니즘(intermediary mechanism)의 유형의 변화에 직접적으로 영향을 미친다고 가정한다. 「인과상황 B」는 매개변인이라고 하는 메커니즘이 개인의 긴장상태에 직접 영향을 미치는 것이 아니라 스트레스요인과 긴장간의 인과관계를 제어하는 완충효과(buffering effect) 또는 조정효과(moderating effect)가 작용하는 것으로 가정한다.

조정변인으로서의 개인특성

인간의 행동은 각 개인이 지니고 있는 차이에 따라 환경에 대한 지각과 대응에 차이를 보인다. 개인차이는 인구통계적인 차이, 행동의 차이, 인지적인 차이, 그리고 정서적 차이로 구별할 수 있으며 이러한 차이는 개인의 지각, 해석, 스트레스에 대한 반응 등에 영향을 미친다.[10)] 〈표 14-4〉 스트레스 조정변인으로서의 개인특성을 나타내고 있다. 이러한 개인차는 지각된 스트레스와 여러 가지 생리적·행동적 반응결과뿐만 아니라 스트레스 유발요인과 스트레스와의 관계를 조정한다.[11)]

조정변인으로서의 생활사건 스트레스요인

직무스트레스 외의 유발요인, 즉 생활사건 스트레스요인으로서 가족문제, 생활위기, 경제적인 문제, 종족과 계급, 주거지역, 가족의 기대, 친구의 기대, 생활의

〈표 14-4〉 조정변인으로서의 개인특성

심리적 조건	신체적 조건	성　격	욕구상태
불　안	근육상태	A/B형	안　전
정신적 피로	정　력	통제위치	안　정
지적수준	휴　식	독단주의	사 회 적
안 정 성	음식조절	권위주의	자　아
자 존 심	질　병	내향성/외향성	성　취
신 뢰 성	신체적 피로	모호성에의 관대	자아실현

변화 등을 들 수 있다.

이들 생활사건 스트레스 유발요인은 그 자체로서 스트레스 유발요인이 되기도 하지만 직무스트레스와 반응간을 완화하거나 조정역할을 하는 변인이 되기도 한다.

직무스트레스 대처방안

직무스트레스의 관리방안에 있어서는 조직수준에서의 대처방안과 개인수준에서의 대처방안으로 크게 나누어 볼 수 있다. 조직수준에서의 대처방안은 직무스트레스가 유발되는 직무환경을 변화 또는 개선시키는 것이고 개인수준에서의 대처방안은 개인의 스트레스 지각수준을 변화시키는 것이다.

조직수준의 대처방안

조직수준에서의 대처방안은 직무수행중에 발생되는 스트레스 유발요인, 즉 직무환경을 개선 또는 완화시키는 것이다. 여기에는 일반적으로 과업재설계, 참여관리, 역할분석, 경력개발, 융통성있는 작업계획, 목표설정, 팀형성 등의 방안이 활용되고 있다.

과업재설계(task redesign)

과업재설계는 조직구성원에게 할당된 과업을 변경시키는 것이다. 조직구성원의 능력과 적성에 맞게 과업설계를 하고, 직무배치나 승진시 개인적성을 고려하고, 직무에서 요구하는 기술을 습득시키기 위한 훈련프로그램을 개발하고, 의사결정에 참여시키는 것을 말한다. 합리적인 과업의 재설계는 역기능적인 스트레스를 감소시킬 수 있고 개인과 직무와의 관계를 향상시키며 동기수준을 향상시킨다.[12)]

참여관리(participative management)

참여관리는 권한을 분권화시키고 의사결정참여를 확대하여 개인이 과업수행에서 재량권과 자율성을 증가시키는 것이다. 조직의 의사결정의 분권화는 직무의 자율성에 직접 영향을 주고, 개인의 의사결정 재량권을 증가시켜 준다.

참여관리가 모든 경우에 적용되는 것은 아니다. 참여관리를 실행하는데 있어서 중요한 것은 환경과 조건이 적절한가를 이해하는 것이다. 참여관리가 효과적이려면 두 가지 조건이 필요한데 하나는 심리적 조건이고, 다른 하나는 조직적 조건이다. 심리적 조건은 참여적 의사결정에 심리적으로 관여할 수 있는 능력, 의사결정에 참여하고자 하는 관심, 자신의 생각을 표현할 수 있는 능력, 참여가 자신의 미래와 관련있다고 판단하는 지각정도를 뜻한다. 이러한 조건에 부합하지 못한다면 참여관리는 효과를 거두기 어렵다. 조직적 조건은 의사결정에 참여하고자 하는 시간적 유용성, 참여적 의사결정에 소요되는 시간과 노력에 대한 가치의 수용성, 관리자와 부하간의 안정적 작업관계, 관심영역에 대한 참여자들간의 갈등부재, 목표 및 가치에 대한 할당, 효율적으로 의사결정에 참여할 수 있는 통로, 참여에 대한 충분한 훈련과 교육 등에 관련된 요인을 말한다.[13)]

참여관리가 조직차원에서 발생하는 스트레스를 감소시키는 역할을 하지만 이러한 심리적·조직적 조건이 조화를 이루지 못한 상태에서 참여관리를 실시한다면 오히려 스트레스만 증대시키는 결과를 초래하게 될 수도 있다.

역할분석(role analysis)

역할분석은 개인의 역할을 명확히 정의하여 줌으로써 스트레스를 발생시키는 요인을 제거하여 주는 데 목적이 있다. 특히 역할모호, 역할갈등, 역할과다나 업무수행 과소 등과 스트레스와의 관계에 대한 연구가 폭넓게 이루어 졌다. 조직은 조직구성원들이 과업수행에 관련된 어떤 요구와 기대에 혼란이나 불일치점이 발견되면 이러한 혼란을 해소하고 불일치의 제거를 위해 필요한 조치를 해야 한다.

역할분석에는 두 가지가 고려되어야 한다. 하나는 기대역할(expected role)로 다른 사람이 과업에 대해 바라는 역할을 명확하게 정의하여 주는 것이고 다른 하나는 규정역할(enacted role)로 그 역할에 대한 행위 또는 행동에 대한 규정을

분명히 하여 주는 것이다.[14)]

역할과 관련된 스트레스를 대처하기 위한 방안으로 역할활동 변경, 역할의 재정립, 역할수행에 유용한 수단변경, 참여 증가, 스트레스 감소절차의 체계화, 과업평가기준 및 목표의 명료화, 효과적인 리더행동개발 등의 방법이 검토될 수 있다.

경력개발(career development)

조직구성원들의 경력개발에 대한 무관심은 구성원들이 자신이 정체하고 있다는 느낌과 좌절감으로 이직성향이나 전직으로 나타나고 과업성과가 떨어지고 조직유효성은 낮아지는 결과를 낳는다. 그러므로 관리자들은 구성원들의 경력개발을 위한 노력을 할 의무가 있다. 경력개발을 실시하기 위해서는 자기평가(self-assessment)와 기회분석(opportunity anl-ysis)를 명확하게 할 필요가 있다.[15)]

자기평가는 구성원자신의 욕구, 흥미, 능력 및 지식 등에 대한 평가다. 자기평가는 나는 무엇을 원하고 좋아하는가? 현재 나의 장점, 능력 및 재능은 무엇인가 하는 두 가지 중요한 내용을 밝히는 것이다. 각 개인은 관심과 흥미에서 차이가 있으며 좋아하는 일은 스트레스와 관련이 있다. 기회분석이란 조직과 직업이 개인에게 가치가 있는지, 그 가치범위를 입증하는 과정과 관련된다. 개인의 관점에서 바라보는 기회분석의 개념은 직업에서의 요구 또는 특수직무에 대한 교육적, 신체적 요건을 결정하는 일이다.

융통성 있는 작업계획(flexible work schedule)

융통성있는 작업계획에서는 작업환경에서의 개인의 통제력과 재량권을 확대해 주는 것이다. 이는 작업수행에 조직구성원들이 독립적이고 과업의 독특성이 높을수록 용이하게 이용될 수 있다. 상호의존적인 과업에서는 융통성있는 작업계획을 세우기가 어렵지만 관리자들은 과업의 세부항목에 대한 상호의존성을 감소시키고 과업에 대한 책임을 보다 강화시키기 위하여 융통성있는 작업계획을 세울 수 있도록 노력해야 한다.[16)]

목표설정(goal setting)

목표설정은 개인의 직무에 대한 구체적인 목표를 설정해 주는 방법으로 이는 관리자와 구성원들간의 상호이해를 증진시키는 역할을 한다. 조직에서의 목표설정은 과업수행을 촉진시킬 수 있는 동기유발에 가치를 둔다.[17] 동기적 가치는 개인의 목표가 어느 정도는 어렵고 명료화되어 있어야지 너무 쉽거나 너무 어려울 때 또는 목표달성에 필요한 행동유형이 무엇인지 모르는 상태에서는 그 목표를 받아드리기 어렵다. 목표는 목표에 대한 인지뿐만 아니라 수행해야 할 행동에 대한 인지와 목표에 대한 수용성이 있어야 한다.

목표설정에는 ① 조직목표의 명확화와 하위목표결정, ② 목표의 횡적조정, ③ 정보의 활용, ④ 중점목표의 선정, ⑤ 목표의 계량화, ⑥ 적정수준의 목표설정, ⑦ 공동목표의 설정이 고려되어야 한다.

팀 구축(team building)

팀 구축은 작업집단에서 일어나는 대인관계 과정을 매개하려는 방법이다. 또한 팀 구축은 작업집단 내에서 협동적·지원적 관계를 형성함으로써 작업에 대한 효과를 향상시키는 데 목적이 있다. 효과적으로 팀을 형성함으로써 작업집단의 응집력과 통합력을 높일 수 있고 필요한 자원을 자유롭게 주고받을 수 있게 된다.

팀 구축은 보통 15-20명 이내의 규모를 가진 작업집단에 이용된다. 집단의 구성원들은 모두 과업 및 목표가 동일해야 하며, 항상 얼굴을 맞대는 규칙적인 사람들로 구성되어야 한다. 팀 구축은 세 가지 핵심적 단계를 거쳐야 한다. 첫째는 집단의 내부문제, 즉 스트레스 또는 장애물 등이 발생하는 원인을 분석해야 한다. 둘째는 분석작업을 통해서 나타난 문제들을 해결할 수 있는 계획을 수립해야 한다. 셋째는 작업이 완성된 후 일정기간 동안 과업수행 수준과 대인관계 수준을 재평가해야 한다.[18]

개인수준의 대처방안

조직차원에서 직무환경을 개선하여 스트레스를 어느 정도 완화하거나 감소시킬 수는 있지만 직무환경에서 발생하는 스트레스요인을 완전히 제거한다는 것은 기업조직이 유효성을 추구하는 한 쉬운 일이 아니다. 스트레스는 개인이 이를 지각함으로써 발생되는 상황이므로 스트레스를 극복할 수 있는 개인수준의 대처방안이 모색되어야 한다.

스트레스에 대한 개인차원의 대응은 스트레스의 종류나 상황에 따라 다양하지만 크게 건설적 대응과 비건설적 대응으로 나누어 볼 수 있다. 건설적 대응이란 스트레스 상황에 대한 정확한 평가와 함께 문제해결을 위해 적극적인 노력을 하는 것을 의미한다. 비건설적 대응이란 스트레스 상황의 원인에 대한 해결없이

스트레스는 피해야 할 뿐, 극복할 수 없어

외부환경의 변화나 자극에 대해 인체가 면역력을 갖거나 단련되는 것과는 달리, 스트레스의 경우에는 계속 누적되고 상태가 악화된다는 것이 과학적으로 규명돼 관심이 모아지고 있다.

포항공과대학교(POSTECH) 생명과학과 김경태 교수 연구팀은 신체의 스트레스 반응인 스트레스 호르몬(카테콜라민: Catechcholamine) 분비가 증가하는데 있어 반복적 자극에 의한 스트레스 호르몬 분비 증가 현상인 '자극 의존성 분비 증가'(Activity-Dependent Potentiation: 이하 ADP 현상) 메커니즘을 명확히 규명하는데 성공했다.

스트레스는 스트레스 조절기관인 부신(Ardenal Gland)이란 조직의 크로마핀 세포(Chromaffin Cells)를 통해서 혈액 내에 스트레스 호르몬인 카테콜라민(아드레날린, 도파민 등)이 분비되어 신체 변화를 일으키는 것이다.

그런데 이 스트레스 호르몬 분비 메커니즘은 반복 작용에 있어 해당 호르몬 분비가 일정하거나 낮아지는 신체의 다른 작용과는 달리 오히려 증가하게 되는 ADP 현상이 생겨나는데 대해 학계에서는 풀리지 않는 숙제로 남아 있었다.

김 교수 연구팀은 내분비 세포내 소포(小胞: Vesicle)의 양이 반복적인 자극을 받으면 꾸준히 늘어나게 되고, 이에 따라 스트레스 호르몬 분비량이 증가한다는 것을 이번 연구를 통해 밝혀냈다.

또 내분비 세포가 외부 자극을 받으면 세포내 칼슘이 세포 신호전달의 대표적 단백질인 'MAPK'에 의해 효과적으로 조절되면서 세포 구조를 이루는 액틴필라멘트(Actin Filament)의 조직 변화를 유도해 ADP 현상이 일어난다는 것을 명확히 규명했다.

김 교수팀의 이 연구결과는 미국에서 발행되는 세계적 의학전문지인 '엔도크리놀로지(Endocrinology)' 3월호 표지 논문으로 선정되었다.

한편, 김 교수팀은 지난해 5월에도 암세포 활성인자로 널리 알려진 상피세포 성장인자(EGF: Epidermal Growth Factor)가 스트레스 호르몬 분비에 관련있다는 것을 세계 최초로 밝혀내는 등 스트레스 조절 메커니즘 연구에서 두각을 나타내고 있다.

자료: 포항CBS 기사, 2006. 6.

자신의 불안과 같은 감정반응을 감소하기 위해 노력하는 것이다. 어느 방법을 선택하여 스트레스에 대처하는가는 개인성향에 따라 다르다. 그러나 기업조직에서 활동하는 구성원들은 스트레스에 소극적 또는 방어적으로 대처할 것이 아니라 적극적으로 대처하는 방법이 시도되어야 할 것이다.

적극적인 대처방안

역기능적인 직무스트레스에 적극적으로 대처하기 위한 개인수준의 접근방안에는 명상, 바이오피드백, 운동, 시간관리, 역할관리, 지원집단 등이 제시되고 있다.

개인차원의 스트레스 극복방안은 다양하지만 심신을 건강하게 유지하고 스트레스를 긍정적으로 대처하는 방안으로 조직구성원들이 생활주변에서 쉽게 실천할 수 있는 것으로 스포츠를 통한 극복방법과 이완훈련기법, 정서표현 등을 들 수 있다.

스포츠를 통한 극복방안 신체적응 훈련프로그램을 산업체에 적용한 미국 최초의 기업은 1904년 네셔날 캐쉬사(National Cash Company)이다. 스트레스 감소를 위한 신체훈련으로는 ① 에어로빅(산책, 조깅, 수영, 에어로빅댄스, 자전거 타기, 테니스, 스키, 기타 라켓운동 등), ② 레크리에이션(볼링, 소프트볼, 라켓운동 등), ② 유연성 및 근육이완(미용체조, 근육조건운동, 현대무용, 요가 등), ③ 근육강도 및 인내력 훈련(역도, 산악등반 등)이 있다.[19)]

규칙적인 운동의 개인적·심리적 효과는 매우 다양하다. 규칙적인 운동은 근육긴장과 고조된 정신적 에너지를 경감시켜 주고, 자신감, 행복감을 높여 주며, 기억력을 향상시켜 줄 뿐만 아니라 생활의 활력을 얻고 생산성도 향상된다.

정규적인 운동이 심리적 효과에 얼마만큼 영향을 미치고 있는지를 명백하게 입증하기는 어렵지만 건강한 체격에서 결과되어지는 자아이미지의 향상효과와 수면을 편안하게 잘 수 있다는 효과가 입증되고 있다. 활발한 운동을 하면 혈액내의 엔돌핀(endolphine)수준이 순식간에 네 배 이상 상승한다는 증거도 있다.[20)] 엔돌핀은 통증완화 및 행복감과 연관되어 있는 모르핀계의 호르몬이다. 운동에 의한 이러한 기분조절효과는 기본적으로 생화학적 수준을 향상시킴으로써 기대할 수 있는 효과다. 체내에 구체적인 작용이 어떻게 이루어지든지 정규적인 운동이 스트레스를 감소시키는데 효과적이라는 것은 사실이다.

이완훈련을 통한 극복방안 이완기법은 1905년 제이콥슨(Jacobson)이 경악반응을 연구하던 과정에서 부가적으로 얻어낸 기법으로 그는 임상생리연구에서 사람들이 자기관리 노력에 의하여 자율신경체계에 대한 어떤 효과를 통제할 수 있음을 발견하였다. 그는 일련의 연구에서 완전한 이완상태에서는 불안이 존재할 수 없음을 입증하였다. 그는 많은 실험을 거친 후에 신체의 주요 근육군을 점진적으로 긴장시키고 이완시키는 모델을 개발하였다.

현재 활용되고 있는 이완기법으로 첫번째는 제이콥슨(Jacobson)이 개발한 것으로 근육활동의 감소훈련에 있다. 그가 개발한 점진적 이완기법은 긴장, 불면증, 천식, 소화불량, 불안 등을 감소시키는데 이용된다. 두 번째의 이완기법으로는 유태기독교 및 동양의 종교적 명상기법에서 유래된 것이다. 명상절차는 조용한 환경, 편안한 자세, 반복적인 정신자극, 수동적 태도 등을 기본요소로 한다. 세 번째는 정신적 심상을 이용하는 방법이다. 이는 긴장감소를 위해 신체의 오관을 이완시키는 방법이다. 이에는 최면이나 체계적 둔감법이 있다.

명상기법은 신경체계에 영향을 미칠 수 있으며 역기능적인 스트레스와 불안의 유해한 효과를 상쇄하는 능력이 있다고 보고되고 있다. 요가, 선, 초월적 명상, 기독교 및 수피교 등은 의식변용 상태에 이르기 위해 반복적 소리, 이미지, 혹은 움직임에 초점을 둔다.[21]

이러한 명상기법으로 우리나라 사람들이 일반적으로 사용하는 방법으로 좌선과 단전호흡 등이 있다.

정서표현 작업과 관련된 스트레스를 감소하는 데는 운동을 통한 극복방안이 매우 효과적이지만 스트레스관련 정서를 표현해 냄으로써 상당한 정도의 스트레스를 경감시킬 수 있다. 그러나 정서적 배출을 하는 데는 많은 사회적 장애가 있어 감정을 억눌러야 하며, 의식적으로 자신의 위신을 유지하기 위해 약점을 노출시킬 수 없는 경우가 많다. 그렇지만 동료들과 대화를 하거나 노래방에서 가까운 친지들과 함께 자신의 감정을 표출하는 것은 긴장의 상당수준을 방출해 낼 수 있다.

소극적인 대응으로서의 방어기제

사람들은 스트레스상황에서 불안한 감정에만 대처하려는 방어적 노력을 하기도 한다. 즉 스트레스 상황에 대한 불안, 긴장, 불편한 감정으로부터 자신을 보호하는 데만 집중하고 문제의 해결없이 문제상황을 현실왜곡으로 재해석하려는 경향이 있다. 이를 방어기제(defense mechanism)라 한다. 방어기제는 프로이드(S. Freud)가 사용한 용어로서 '현실을 왜곡함으로써 불안에 대처하려는 무의식적 과정'이라고 프로이드는 정의하고 있다. 프로이드 이후에는 방어기제에 대한 개념을 무의식뿐만 아니라 의식과정으로까지도 포함하여 확대 해석하여 사용하는 경향이 있다. 방어기제는 스트레스 상황의 근본적인 해결없이 단지 그 상황을 인지적으로 재평가함으로써 불안과 같은 불편한 감정으로부터 벗어나려고 단지 개인이 그것을 지각하거나 생각하는 방식만을 변화시키는 것이다. 방어기제 스타일은 기만형, 대체형, 회피형이 있다.

기만형 기제　기만형의 기제는 위협을 느끼지 않도록 자기 감정과 태도를 바꾸어서 불안이나 긴장에 대한 자신의 인식을 변경시키는 것이다. 기만형에는 합리화, 투사, 감정전이, 억압 등이 있다. 이 기제는 기만적인 방법으로 불안이나 긴장을 일시적으로 제거해 줄 뿐이다.

합리화란 바람직하지 못한 행동에 대해 사회적으로 그럴듯한 이유를 붙여서 자신이 합리적으로 행동한 것처럼 보이도록 하는 방어기제다. 즉 자기행동을 정당화하거나 불안의식을 제거하는 이유를 부여하여 불안에서 벗어나려는 것이다. 어떤 바람직하지 못한 자신의 특성(사고, 감정, 동기 등)을 다른 사람에게 전가함으로써 불편한 마음으로부터 벗어나려고 하는 것을 투사라 한다. 감정전이는 투사의 특수한 형태로, 예를 들면 상사에게 꾸중을 들은 사원이 감히 상사에게는 감정을 표출하지 못하고 다른 부하에게 화풀이를 하는 것이다. 억압은 수치스런 생각, 죄의식, 고통스런 경험들을 의식에서 제거하거나 의식수준 이하로 끌어내리는 무의식적인 과정이다.

대체형 기제　욕구충족이 지연되거나 차단되었을 때 발생하는 위협이나 억압에서 벗어나기 위해 다른 목표를 세워 달성함으로써 해소하려는 것이 대체형의 기제다. 이 기제에는 보상, 반동형성, 승화 등이 있다.

보상은 어떤 분야에서의 실패를 다른 분야에서 성공하여 인정을 받음으로써 자존심을 고양시키는 기제다. 반동형성은 자신의 실제감정과 반대로 과장되게 표현함으로써 자신의 바람직하지 않은 감정을 숨기려고 하는 기제다. 승화는 정서적 긴장이나 원시적 에너지를 사회적으로 용인되는 행동양식으로 재정립하는 것을 말한다. 훌륭한 미술, 음악, 문학, 과학 등은 성적 에너지의 승화된 결과라 한다.

회피형 기제　긴장이나 불안한 상황에서 벗어나 일시적으로 위안을 얻기 위한 심리적인 도피기술을 회피형 기제라 한다. 회피형의 기제에는 공상, 퇴행, 거부증, 동일시 등이 있다.

공상은 고통으로부터 벗어나고자 자신이 창출한 상상의 세계로 도피하는 것을 말한다. 퇴행은 어린시절에 좋았던 생각이나 감정 또는 행동에 의지하여 불안이나 위협으로부터 벗어나고자 하는 기제다. 거부증은 스트레스를 주는 현실이 너무 괴로워 감당하기 힘들 때, 스트레스 상황 그 자체를 인정하지 않는 기제다. 동일시는 외부대행자의 성취를 통해 만족에 접근하려는 것이다.

방어기제는 스트레스가 심한 경우, 사람들은 스트레스 상황에 보다 적극적으로 대응할 수 있는 힘이 생길 때까지 심리적으로 지탱해 주는 기능을 하기도 한다. 따라서 누구나 방어기제를 상황에 따라 어느 정도는 사용한다고 볼 수 있다. 방어기제 중에서 승화는 건강하고 바람직한 반응일 수도 있다. 그러나 일반적으로 방어기제는 현실왜곡과 자기기만을 포함하고 있으므로 실제로는 스트레스 상황의 해결을 방해함으로써 스트레스 적응가치로는 부정적이다. 방어기제는 부정적 감정을 일시적으로 줄여주기는 하나 스트레스를 해소하는 데는 한계가 있고 방어적 행동은 또 다른 방어행동을 낳게 된다는 것이다. 따라서 방어기제의 내용을 잘 이해하고, 자신이 방어기제를 사용하는 경우 즉시 인지하여 방어기제의 사용을 최소화하도록 해야 할 것이다.

완충효과로서 사회적 지원의 개입

스트레스를 유발하는 사건이 중첩되거나 복합적으로 문제가 발생하면 개인이 문제해결 능력이나 심리적 안녕에 부정적 효과를 준다. 이러한 맥락에서 완충효과(buffering effect) 가설에서는 사회적 지원과 같은 요인이 스트레스에 역기능적으로 작용하는 부정적 영향을 완충시킬 것이라는 데서 출발한다. 완충가설은 생활스트레스를 경험하는 개인이 사회적 지원을 받게되면 이의 보호적 또는 완충효과로 스트레스에 의해 심리적 고통을 받는 것을 방지하여 준다고 가정하고 있다.[22)]

사회적 지원은 스트레스와 질병과의 인과관계를 연계시키는 과정에서 스트레스반응을 예방 또는 약화시켜 스트레스한 상태와 반응을 조정한다는 두 가지 측면에서 심리학, 의학 연구자들에 의해서 연구되었다.

사회적 지원은 스트레스의 대처나 방어의 변인으로서 스트레스를 완화하여 준다. 그러나 사회적 지원이 경우에 따라서는 오히려 스트레스 유발요인이 되기도 한다는 사실이다.

사회적 지원의 개념

사회적 지원이란 대상자로 하여금 자신이 보살핌과 사랑을 받고 있다고 믿게하고 긍지를 갖도록하여 의사소통과 상호책임을 갖는 조직망 속의 일원이라는 것을 믿게하는 정보다.[23)] 즉 직무스트레스의 대처수단으로서 **사회적 지원이란 스트레스한 상태에 있는 사람을 정서적 또는 물질적으로 위로를 하여 안정을 찾도록 해주는 것이다.**

사회적 지원은 자신이 속해 있는 사회적 네트워크의 일원으로서 친근하고, 신뢰할 수 있는 개인이나 집단과의 공식적·비공식적인 접촉을 통하여 받는 정보로 볼 수 있으며 이러한 정보는 구성원들이 서로 사랑과 존경을 나누고 집단의 구성원이라는 것을 인식할 수 있는 수준이어야 한다.

사회적 지원의 형태

직무스트레스에 있어서 사회적 지원의 효과적인 형태로는 정서적 지원, 도구적 지원, 정보적 지원, 평가적 지원의 4가지 형태가 있다.[24)] 정서적 지원(emotional support)은 동정, 애정, 신뢰 등을 제공하는 것이다. 도구적 지원(instrumental support)은 직무의 수행지원, 보살핌, 금전적 지원의 필요가 있는 사람을 도와주는 행위이다. 정보적 지원(information support)은 개인이나 환경으로부터 제기되는 문제를 원활히 해결할 수 있도록 지식이나 정보를 제공해 주는 것이다. 평가적 지원(appraisal support)은 스스로 평가(판단)할 수 있게 하기 위하여 구체적 평가정보를 제공하는 것이다.

사회적 지원의 원천

사회적 지원은 직장내 원천과 직장외 원천으로 구분된다. 직장 내의 원천은 상사, 동료, 부하, 고객 등이 있고, 직장외 원천으로서 가족으로는 배우자, 자식, 부모, 인척, 교회에서는 목사, 친구, 지원집단, 단체로서는 기업, 사회, 운동모임, 전문가로서는 의사, 심리학자, 상담가, 법률가 등이 있다.[25)]

직장내 원천은 개인의 성과유효성이나 작업의 적응과정에 영향을 미치며, 직장내 원천 중에서 상사의 지원은 리더의 지원행동이나 배려적인 행동으로 잘 나타난다. 상사는 일반적으로 부하에 비해 강한 직무권한을 가지고 있기 때문에 그들의 관리적인 행동은 부하의 육체적 · 정신적 재해를 감소시켜 주기도 한다. 상사의 지원과 마찬가지로 동료의 지원도 업무협조 그리고 정서적 지원 등을 통하여 스트레스 지각에 영향을 미칠 수 있다.

요 약

- 스트레스 개념을 3가지 범주, 즉 자극개념, 반응개념, 자극-반응개념으로 구분하고 있다.
- 스트레스에는 역기능 스트레스(distress)와 순기능 스트레스(eustress)가 있다.
- 직무스트레스 유발요인은 직무 내에서 발생하는 요인과 직무 외에서 발생하는 요인으로 구분된다.
- 역기능적인 스트레스의 반응결과를 생리적 반응, 심리적 반응, 행동적 반응으로 구분하여 볼 수 있다.
- 개인차이는 스트레스를 조정하는 변인이기도 하다. 생활사건 스트레스요인은 그 자체로서 스트레스 유발요인이 되기도 하지만 직무스트레스와 반응간의 완충 또는 조정변인이 되기도 한다.
- 직무스트레스의 관리전략에 있어서는 조직수준에서의 대처방안과 개인수준에서의 대처방안으로 크게 나누어진다.

- 사회적 지원과 같은 요인이 스트레스에 역기능적으로 작용하는 부정적 영향을 완충시킨다. 사회적 지원의 형태로는 정서적 지원, 도구적 지원, 정보적 지원, 평가적 지원의 형태가 있다. 사회적 지원의 원천은 직장내 원천과 직장외 원천으로 구분된다.

핵심용어

자극개념	순기능 스트레스	자극-반응개념
역기능 스트레스	생리적 증상	직무스트레스 유발요인
행동적 증상	조정효과	심리적 증상
융통성있는 작업계획	참여적 관리	역할분석
팀 구 축	경력개발	목표설정
방어기제	스트레스 지각관리	명 상
도구적 지원	사회적 자원	정서적 지원
반응개념	정보적 지원	평가적 지원

토의문제

1. 역기능적인 스트레스와 순기능적인 스트레스를 구별하는 기준을 설명하시오.
2. 조직 내에서 스트레스의 유발요인(stressor) 중 어느 것이 가장 강력한 스트레스 유발요인인지를 설명하시오.
3. 생활사건 스트레스 중에서 강력한 스트레스 유발요인은 무엇인지 기술하시오.
4. 조직 내에서 고위층에 있는 사람과 하위층에 있는 사람 모두에게 직무스트레스 유발요인은 같게 적용될 것인가 다르게 적용될 것인가를 설명하시오.

5. 조직 내의 스트레스 유발요인은 다양하다. 사람과의 관계(상사, 동료, 부하, 고객 등)에서 오는 스트레스와 난해한 업무처리에서 오는 스트레스를 비교할 때 어느 것이 스트레스를 강하게 유발할 것인지를 논하시오.
6. 성격 A/B형(제6장 성격 참조)에서 어느 유형이 스트레스에 적응을 잘 할 것인지를 설명하시오.
7. 삼림욕이 스트레스 해소에 좋다고 하는 이유를 기술하시오.
8. 직장에서 스트레스가 심할 때 어느 사람이 정서적으로 위로를 하면 스트레스를 해소하는데 도움이 되는지 여부와 도움이 된다면 상사인가 아니면 동료인가를 설명하시오.

실 습 1

스트레스가 어떻게 귀하에게 영향을 주는지 알아보기

목 적: 이 연습은 귀하가 스트레스에 어떻게 영향을 받는지 더 잘 이해하기 위해 도와주려는 것이다.

형 식: 다음은 귀하의 업무에 관한 질문들이다. 직장이 있다면 실제 업무를 생각하면서 대답하고, 직장인이 아니라면 학생의 입장에서 대답하시오.

절 차: 이 퀴즈는 업무에서 귀하가 받는 스트레스의 강도를 알 수 있게 도와준다. 시험을 치고 당신의 점수를 보고 당신이 정상인지, 문제가 생기기 시작했는지, 위험한 수준인지 알아보시오. 다음의 숫자를 써 넣으면서 질문들에 답하시오.

(1) 거의 그렇지 않다. (2) 때때로 그렇다. (3) 거의 그렇다.

_____ 1. 작은 일에도 소리를 치거나 쓰레기통을 차는 등의 행동을 하며 이성을 잃고 당황한다.

_____ 2. 나는 내 일에 대한 모든 비판적 정보나 질문을 듣는다.

_____ 3. 누군가 나의 일에 대해 비판을 하면 그것을 나에 대한 개인적 공격이라고 받아들인다.

_____ 4. 나의 성과에 대해서 좋은 말을 듣든, 나쁜 말을 듣든 내 마음은 평온한 것 같다.

_____ 5. 일주일 중 일요일 밤이 가장 안 좋다.

_____ 6. 일하러 가는 것을 피하기 위해 꾀병을 부린 적이 있다.

_____ 7. 항상 많은 일을 하고 있지만, 그 일의 부담과 계획을 들으면 힘이 빠진다.

_____ 8. 동료의 어떤 요청도 짜증스럽게 반응한다.

_____ 9. 직장에서나 퇴근 후에 타이핑을 하거나 차를 엎지르는 등의 작은 사고에도 감정적이다.

______ 10. 나는 사람들에게 내가 하고 싶은 운동이나 취미에 대해 이야기 하지만 일 때문에 할 시간이 없다고 말한다.

______ 11. 나는 계속해서 야근을 하지만 일을 마쳤다는 느낌을 받지 못한다.

______ 12. 나의 건강이 나빠지고 있다: 종종 두통, 요통, 복통 등이 생긴다.

______ 13. 점심을 먹을 때도 일을 하면서 책상에서 먹는다.

______ 14. 시간은 나의 편이 아니다.

______ 15. 일과 놀이의 차이점을 말할 수 없다: 해야 하는 일이 하나 더 늘었을 뿐이다.

______ 16. 내가 하는 모든 일은 나의 에너지를 빼앗아 가는 느낌이다.

______ 17. 나는 뭔가를 덮어쓰고 숨고 싶은 심정이다.

______ 18. 나는 중심에서 벗어나서 혼란스럽다.—일을 할 때 백화점에서 거울로 된 기둥 사이를 걷는 것 같은 느낌이고 움츠려든다.

______ 19. 나는 나의 가족을 비난한다.—그들 때문에 나는 이 직장과 직책에 머물러야한다.

______ 20. 나는 내가 경쟁해야한다고 느끼는 동료들과의 관계를 망쳐왔다.

점수 매기기:

질문 옆에 쓴 숫자들을 전부 더하시오. 다음을 보고 자신의 점수를 해석하시오:

20-29점: 당신은 정상 수준의 스트레스를 받고 있다.

30-49점: 스트레스가 점점 문제가 되어가고 있다. 당신은 스트레스의 원인을 알아내고 관리해야한다.

50-60점: 스트레스가 위험한 수준이다. 도움을 청해야 한다. 그렇지 않으면 알콜 중독이나 병 같은 더 심한 징후가 나타날 수도 있다.

자료: G. Moorhead & R. W. Griffin(2004), *Organizational Behavior: Managing People and Organization*, Houghton Mifflin.

실 습 2

개인적 특성과 스트레스에 대한 저항

사람마다 스트레스를 견디는 능력은 차이가 많다. 어떤 이는 강한 스트레스로 인해 말 그대로 산산이 부서지고, 어떤 이들은 살아남고, 심지어 어떤 이들은 그것으로부터 무언가를 얻기도 한다. 당신은 어떤 부류인가? 이 주제에 대한 어떤 통찰을 위해 다음의 안내를 따르시오.

절 차

각 질문에 대해여 자연스럽게 느끼는대로 응답하시오.

1. 나는 내 방식대로 하는 것을 기대하기 어렵다.

매우 부정	부 정	보 통	긍 정	매우 긍정
1	2	3	4	5

2. 일반적으로 나는 최고의 수준을 기대한다.

매우 부정	부 정	보 통	긍 정	매우 긍정
1	2	3	4	5

3. 실패 가능성에 대해 걱정하는 경향이 있다.

매우 부정	부 정	보 통	긍 정	매우 긍정
1	2	3	4	5

4. 나는 하는 일이 결국 잘 될 것이라고 확신한다.

매우 부정	부 정	보 통	긍 정	매우 긍정
1	2	3	4	5

5. 어려움은 열심히 일해서 극복할 수 있다.

매우 부정	부 정	보 통	긍 정	매우 긍정
1	2	3	4	5

6. 사람들은 나를 거의 의지하거나 신뢰하지 않는다.

매우 부정	부 정	보 통	긍 정	매우 긍정
1	2	3	4	5

7. 어려움에 직면하면 나는 종종 피하려고 생각한다.

매우 부정	부 정	보 통	긍 정	매우 긍정
1	2	3	4	5

8. 고통스러운 경험들은 나를 성장시키는 밑걸음이다.

매우 부정	부 정	보 통	긍 정	매우 긍정
1	2	3	4	5

점수 매기기:

문항 2, 4, 5, 8번의 합을 구하고 여기서 1, 3, 6, 7번의 숫자의 합을 빼시오.

점수 ___________

고려할 점

당신의 점수가 12점 이상이면 낙천주의자이다.

당신의 점수가 4점 이상이면 비관적이라 할 수 있다.

연구결과에 따르면 낙천주의자가 비관주의자보다 일반적으로 스트레스에 더 잘 견딘다. 당신이 비관주의자에 가깝다고 해서 절망하지 말라. 다른 개인적 특성에 반해 당신의 비관주의적 성향은 쉽게 고쳐질 수 있다.

자료: R. A. Baron & J. Greenberg, *Behavior in Organizations: Understanding and Managing the Human Side of Work*(3rd ed.), Allyn & Bacon, pp. 256-257.

참고문헌

1) Ivancevich, J. M. & Matteson, M. T.(1980), *Stress and Work: A Managerial Perspective*. Scott, Foresman & Company, pp. 4-5.

2) *Ibid*., pp. 5-6.

3) Margolis, B. L., Kroes, W. L. & Quinn, R. P.(1974), Job Stress: An Unlisted Occupational Harzard, *Journal of Occupational Medicine*, pp. 659-661.

4) Cherry, L.(1978), On the Real Benefits of Eustress, *Psychology Today*, pp. 60-70.

5) Schuler, R. S.(1980), A Role and Expectancy Perception Model of Participation in Decision-Making, *Academy of Management Journal*, pp. 331-340.

6) McGrath, J. E.(1976), Stress and Behavior on Organizations, in M. D. Dunnette(ed.), *Handbook of Industrial Organizational Psychology*, Chicago: Rand McNally, pp. 1351-1395.

7) Blau, B.(1978), Understanding Midcareer Stress, *Management Review*, pp. 57-62.

8) Quick, J. C. & Quick, J. D.(1984), *Organizational Stress and Preventive Management*, McGraw-Hill pp. 7-8.

9) Beehr, T. A.(1984), Stress Coping Research: Methodological Issues, in A. S. Sethi & R. S. Schuler(eds.), *Handbook of Organizational Stress Coping Strategies*, Cambridge Ballinger, p. 288.

10) House, J. H.(1984), Occupational Stress and Coronary Heart Diesease: A Review and Theoretical Integration, *Journal of Health and Social Behavior*, pp. 12-27.

11) Ivancevich, J. M. & Matteson, M. T., *op. cit*., pp. 166-170.

12) Newman, J. E.(1979), Personal and Organizational Strategies for Handling Job Stress: A Review of Research and Opinion, *Personnel Psychology*, pp. 1-14.

13) Quick, J. E. & Quick, J. D., *op. cit*., p. 170.

14) *Ibid*., p. 177.

15) *Ibid*., p. 176.

16) *Ibid*., p. 173.

17) Locke, E. A.(1968), Toward A Theory of Task Motivation and Incentives, *Organizational Behavior and Human Performance*, pp. 159-189.

18) Quick, J. C. & Quick, J. D., *op. cit*., pp. 207-209.

19) *Ibid*., p. 249.

20) Gambert, S. R. et al.(1981), Exercise and The Endogenous Opi-oids, *New England Journal of Medicine*, pp. 1590-1591.

21) Vettano, A. J.(1978), Self-Management Procedures Form Coping With Stress, *Social Work*, p. 23.

22) Krause, N.(1986), Social Support, Stress, and Well-Being among Older Adults, *Journal of Gerontology*, pp. 512-519.

23) Cobb, S.(1976), Social Support as A Moderator of Life Stress, *Psychosomatic Medicine*, pp. 300-314.

24) Cherrington, D. J.(1989), *Organizational Behavior*, Allyn & Bacon, p. 363.

25) Quick, J.C. & Quick, J.D., *op. cit*., p. 205.

15 조직문화

학습목적

1. 조직문화의 개념 및 구성요소에 대한 이해
2. 조직문화 형성과정에 대한 이해
3. 조직문화와 조직효과성의 관계에 대한 이해
4. 조직성과의 향상을 위한 조직문화의 변화방법에 대한 이해

조직문화는 1980년대를 전후하여 조직이론가들과 경영실무자들의 많은 관심을 불러 일으켰다. 이 같은 배경에는 종래의 합리적 관점에서 간과해 왔던 문화와 같은 비합리적 요소들이 실제로 조직성과에 많은 영향을 미친다는 점이 입증되었기 때문이다. 즉 조직구조, 기술 및 관리 등과 같은 공식적이고 실체적인 요인뿐만 아니라 공유된 가치, 규범 등과 같은 문화적 요소들이 조직의 효과성과 합리성을 결정하는 중요한 요인으로 대두된 것이다. 특히 1980년대 이후 세계적인 경기침체에도 불구하고 높은 성장을 구가하던 일본기업들의 성공배경에 문화적 요인이 존재한다는 인식이 증대하면서 기업문화에 대한 연구는 한층 활발하게 진행되어 오고 있다.

조직문화가 중요한 의미를 갖는 이유 중의 하나는 조직문화의 관리가 어느 정도 가능하다는 데 있다. 즉 조직은 목표달성이나 성과를 높이기 위한 수단으로 조직문화를 의도적으로 형성 · 변화시킬 수 있다는 점이다. 따라서 조직은 조직의 상황이나 특성에 맞게 조직문화를 도입 · 유지함으로써 조직구성원의 바람직한 태도와 행동을 이끌어 내고 궁극적으로 조직의 성과를 향상시킬 수 있는 것이다. 조직문화에 대한 이와 같은 관점이 보편화되면서 많은 기업들이 조직의 성과를 향상시킬 수 있는 조직문화의 구축을 위해 노력을 기울이고 있다.

조직문화의 본질

조직문화의 개념

문화는 거시적인 사회체계를 분석단위로 하는 인류학이나 사회학에서 중점적으로 연구되어 왔다. 일반적으로 문화란 사회를 구성하고 있는 모든 사람들이 공통적으로 지니고 있는 가치관과 신념, 이념, 관습 그리고 지식과 기술 등을 총칭하는 것으로서 그 문화권에 속한 인간의 행동에 영향을 주는 요인이다.[1] 따라서 문화란 사회구성원의 행동과 사회의 체계를 형성하고 이들을 서로 연결 · 조정하는 역할을 한다고 볼 수 있다. 이러한 문화의 개념에 입각하여 조직문화의 개념을 정의하여 보면, **조직문화란 한 조직의 구성원들이 공유하고 있는 가치관,**

신념, 이념, 관습 등을 총칭하는 것으로서 조직과 구성원의 행동에 영향을 주는 기본적인 요인이다.[2)]

이와 같은 개념은 포괄적이고 종합적인 성격을 갖고 있어 다소 모호하게 여겨질 수 있다. 이러한 이유로 조직문화의 개념 자체가 조직문화연구에 있어서 하나의 독립된 연구주제로 다루어지기도 한다. 조직문화의 개념에 대한 이해를 돕기 위해 지금까지 조직문화에 관한 주요 연구에서 다루어진 조직문화의 개념을 정리하면 다음과 같다.

(1) 조직문화는 조직구성원들이 공유하고 있는 신념(beliefs)과 기대(expectations)의 패턴이며, 조직내부의 구성원과 집단의 행동에 영향을 미치는 규범을 만들어 낸다(H. Schwartz & S. Davis, 1981).

(2) 조직문화는 조직이 외부환경에 대한 적응이나 조직 내부의 통합문제를 해결하는 과정에서 창조하거나 개발한 기본가정(basic assumptions)이며, 이러한 기본가정은 조직구성원들에게 타당한 것으로 여겨왔기 때문에 당연한 것으로 받아들여지고, 새로운 구성원들에게는 조직 내·외부의 문제를 올바르게 지각·사고할 수 있도록 학습되는 것이다(E. H. Schein, 1985).

(3) 조직문화는 조직구성원들의 행동규범을 창출하기 위해 조직의 공식구조나 통제제도와 상호작용하는 조직 내에 공유된 가치, 신념 및 관습의 체계이다(A. Sharplin, 1985).

(4) 조직문화는 조직구성원들에 의해 공유되고 있는 조직에 대한 공통된 지각(a uniform perception)이며 어떤 한 조직과 다른 조직을 구별할 수 있는 기본적 특징이다(S. P. Robbins, 1989).

이와 같은 정의에 입각하여 보면, 조직문화는 다음과 같은 몇 가지 특징을 갖고 있다.

첫째, **조직문화는 유형적인 것이 아니라 실체가 없는 무형적인 관념체계**라는 점이다. 조직문화는 겉으로 명확하게 드러나는 것은 아니지만 조직구성원의 내면적인 의식속에 자리잡고 있으면서 조직과 구성원의 행동에 반영되어 나타나게 된다. 조직마다 자신들의 조직의 문화를 명확하게 표현하기가 어려운 이유가 여기에 있다.

둘째, **조직문화는 조직이 대내외 환경과의 부단한 적응과정을 통해 역사적으로 형성된다**는 점이다. 즉 조직문화는 일순간에 형성되는 것이 아니라 장기간에 걸친 조직 내·외부 환경과의 적응의 산물이라는 점이다. 따라서 조직문화는 조직의 의도나 계획에 의해 단기간에 걸쳐 쉽게 형성·개발되기는 어렵다.

마지막으로 **조직문화는 조직과 조직구성원들에 의해 학습된다**는 점이다. 즉 조직문화는 조직구성원들이 조직 내·외의 문제를 해결하는 과정에서 바람직한 행동와 경험을 습득하게 되고 이를 공유하면서 형성된다. 따라서 조직이 구성원들에게 올바른 학습목표와 학습과정을 제공하는 경우 조직에 이로운 문화의 형성 및 개발이 어느 정도는 가능하다고 볼 수 있다.

조직문화의 구성요소

조직문화의 내용을 파악하고 이해하기 위해서는 먼저 그 구성요소를 살펴보아야 한다. 조직문화의 구성요소로는 샤인(E. D. Schein)이 분류한 세 가지 요소 — 인위적 가공물(artifacts), 가치(values), 그리고 기본가정(basic assumptions) — 가 보편적으로 인정되고 있다(〈그림 16-1〉 참고).[3]

인위적 가공물

조직문화에서 다루는 **인위적 가공물은 눈에 보이지만 종종 해석되지 않는 문화의 상징물을 의미한다.** 대표적인 인위적 가공물에는 의식(rites/ceremonies), 이야기(stories), 심볼(symbols), 그리고 언어(language) 등이 있다. 이 밖에 조직구성원들 사이에서 공유되어 있는 행동양식 — 예를 들어 옷을 입는 방식, 회의 참석시간 등 — 도 인위적 가공물에 해당된다. 이러한 것들은 조직구성원들의 의식속에 내재된 가치와 기본가정이 반영되어 나타난 것이다.

의 식 **의식은 조직 내에서 어떤 상징적인 의미를 갖고 특정한 시기에 행해지는 일련의 행동을 의미한다.** 보통 의식은 조직의 관습이나 전통에 따라 행해진다.

조직 내에서 행해지는 의식은 다양하지만 몇 가지 유형으로 구분할 수 있다.[4] 첫째, 통과의식(rites of passage)으로 조직구성원의 역할이나 지위가 변할 때

〈그림 15-1〉 조직문화의 레벨

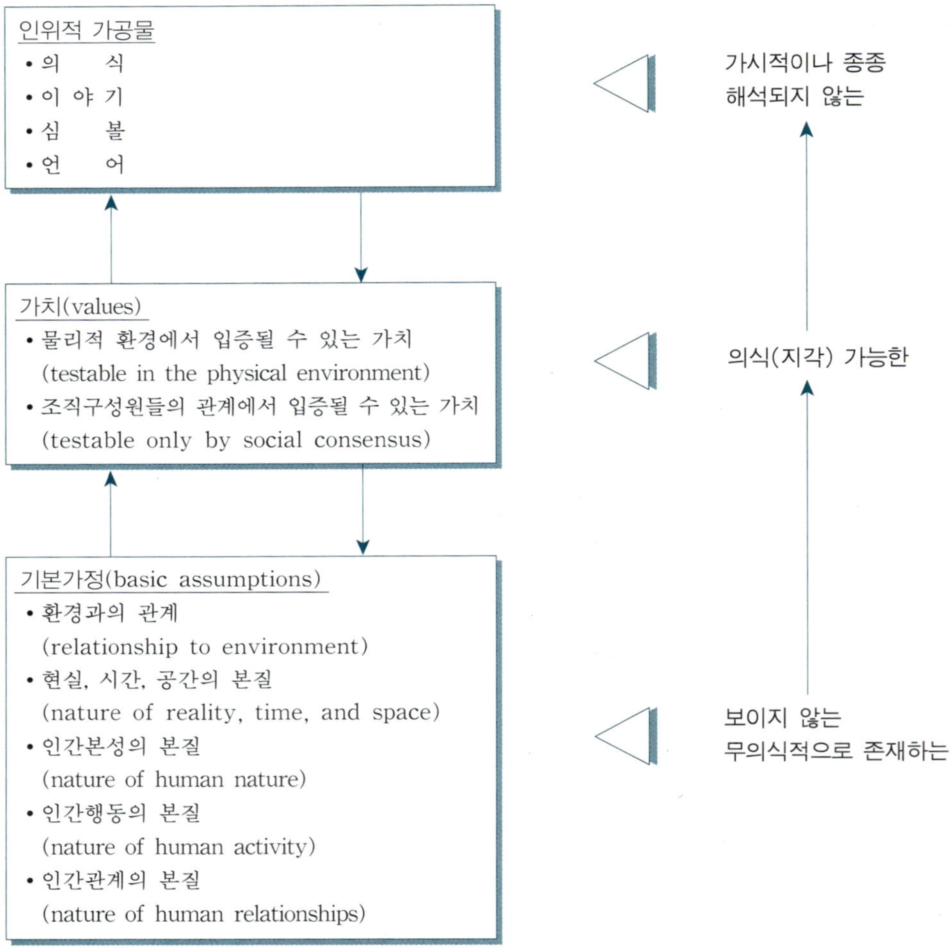

자료: R. L. Daft(1995), *Organization Theory and Design*(5th ed.), West Publishing Company, p. 334.

거행하는 의식이다. 예를 들어 퇴직자에 대한 사퇴식, 신입직원에 대한 환영식 등이 그 예이다. 둘째, 고양의식(rites of enhancement)으로 성과나 업적을 향상시킬 목적으로 행하는 의식이다. 최고의 판매를 올린 사원에게 표창하는 '판매왕 시상식' 등이 그 예이다. 셋째, 개선의식(rites of renewal)으로 조직의 변화를 인식시키거나 분발을 촉구할 목적으로 행하는 의식이다. '기업전략 발표회', '품질개선 발표회' 등이 그 예이다. 마지막으로 통합의식(rites of integration)으로 조직구성원들을 서로 결속시키고 일체감을 형성하기 위해 행해지는 의식이다. '연례 야유회', '크리스마스 파티' 등이 여기에 속한다.

위의 예에서 알 수 있듯이 의식은 조직이 지향하고 있거나 높게 평가하는 가치나 규범 등을 조직구성원들에게 인식시켜서 조직구성원으로 하여금 이를 수용하도록 하는 역할을 한다. 또한 조직구성원들의 일체감이나 조직에 대한 소속감을 증대시킬 수도 있다.

이 야 기 조직에는 조직구성원들 사이에 공유되고 있는 실제 사건에 근거한 이야기(stories)가 많다. 이야기는 새로운 조직구성원들에게 조직에 대한 정보를 제공하는 차원에서 자주 언급되곤 한다. 이야기의 예로는 조직의 가치와 규범을 탁월하게 수행한 사람에 대한 '영웅담'이나 역사적 사건에 약간의 가공을 한 '전설(legend)' 그리고 사실로써 입증되지는 않지만 조직의 가치와 신념과 관련된 '신화(myth)' 등이 있다.

심 볼 **심볼**(symbol)**은 조직의 가치나 신념 등을 무언의 메시지로 나타낸 것이다.** 조직구성원들에게는 조직의 핵심적인 가치나 신념 등을 전달하고 인식시키는 강력한 수단으로 작용할 수 있다. 조직에는 유형의 심볼에서 무언의 심볼에 이르기까지 많은 심볼이 있다. 예를 들어, 기업의 로고에는 기업이 지향하는 이념과 핵심적인 가치가 잘 나타나 있다. 또한 휴렛패커드사(Hewlett-Packard)의 개방정책(open door policy) 등과 같은 관리제도도 일종의 심볼이다. 세계 최대의 소매업체인 월마트사(Wal-Mart)의 최고경영자 집무실은 24시간 열려 있다. 이는 조직구성원과 언제든지 개방적으로 대화하며 조직구성원의 의견을 존중한다는 것을 나타내는 것이다. 〈그림 15-2〉는 미국의 고급백화점인 노드스트롬사(Nordstrom)의 조직도이다. 그림에서 나타나듯이 노드스트롬의 조직도는 일반기업과는 다르게 고객은 가장 높은 위치에, 그리고 최고경영층은 가장 낮게 그려져 있다. 이는 고객에 대한 서비스를 최우선으로 하는 노드스트롬의 핵심가치(core value)를 잘 드러내는 것이다.

언 어 조직은 슬로건이나 은유와 같이 언어를 통해 조직구성원들에게 특별한 의미를 전달한다. **슬로건은 조직의 구성원들뿐만 아니라 조직외부의 고객**

〈그림 15-2〉 노드스트롬의 조직도(organizagional chart)

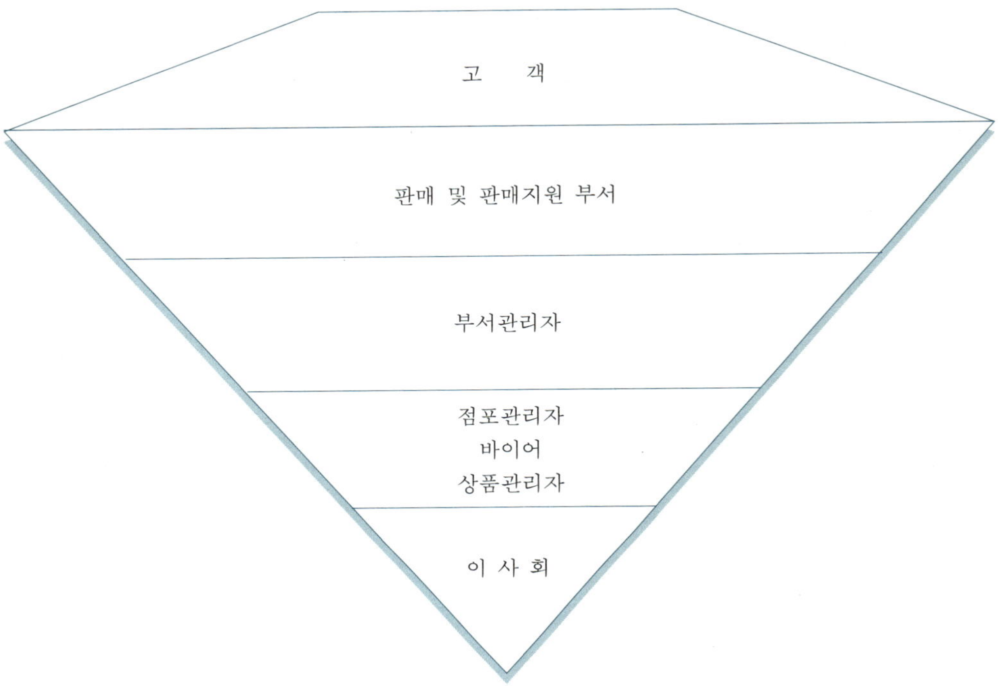

들에게도 조직의 가치나 신념을 빠르게 인식시킬 수 있는 수단이다. 세계 최대의 소매업체인 월마트의 매장에는 "매일 최저가(everyday low price)" 라는 슬로건이 붙어 있다. 이는 가장 싼 값으로 가장 빠르게 상품을 팔아서 고객에게 봉사한다는 월마트의 기업가치를 나타내는 것이다. 세계 최대의 컴퓨터 하드웨어 업체인 IBM의 창립자 왓슨(T. J. Watson, Jr.)은 IBM에서 필요한 인재를 '야생의 오리(wild ducks)'로 비유하였다. 야생의 오리는 길들여진 오리에게서 얻을 수 없는 '창의력'과 '자유'를 중시하는 IBM의 기업가치와 규범을 나타내는 말이다.

가 치

조직문화의 두 번째 요소는 가치(values)이다. **가치는 '무엇을 해야 하는가? 혹은 해서는 안 되는가?'에 대한 개인의 내면적인 신념**(underlying beliefs)**을 의미한다.** 가치는 〈그림 15-1〉에서와 같이 조직구성원들의 행동과 인위적 가공물에 반영되어 나타난다.

가치는 두 가지로 구분할 수 있다. 하나는 **인지가치**(espoused value) — 즉 구성원들에 의해 가치가 있다고 인정되고 수용된 가치 — 와 **행동가치**(enacted value) — 즉 구성원들이 실제로 행동하는 방식에 반영된 가치 — 로 구분할 수 있다.[5] 때때로 인지가치와 행동가치는 서로 일치하지 않는 경우가 있다. 그 결과 조직구성원들은 갈등과 불안정을 느끼며 행동은 불안정하게 된다. 이러한 경우 조직문화가 아직 정립되었다고 보기 어렵다.

가치는 조직마다 다를 수 있다는 점에 유의할 필요가 있다. 어떤 조직은 고객의 만족을, 다른 조직은 기업이익의 실현을, 또 다른 조직은 조직구성원들의 상호신뢰와 만족을 강조하는 가치를 갖는다. 이는 조직의 이념이나 목표에 따라 조직의 가치가 영향을 받기 때문이다. 즉 조직의 이념이나 목표에 따라 조직구성원들의 내면적인 신념, 선호되는 태도나 행동이 다르다. 조직의 이념이나 목표와 가치가 항상 일치되는 것은 아니며 차이가 있는 경우가 있다. 이 경우 조직과 구성원들의 행동이 분리되어 조직목표에 부합하는 행동을 기대하기가 어렵다. 따라서 조직이념과 가치를 일치시키는 노력이 필요하다. 이러한 과정이 조직문화를 변화시키는 과정이다. 이에 대해서는 본 장의 뒷부분에서 구체적으로 살펴본다.

레비 스트라우스(Levi Strauss)**의 기업가치**(corporate value)

레비 스트라우스는 미국의 세계적인 의류업체로서 리바이스(Levis)를 생산하는 기업이다. 레비 스트라우스의 기업가치는 다양성, 윤리적 행동 그리고 개인과 팀에 대한 존중 및 임파워먼트(empowerment)로 요약된다. 레비 스트라우스의 기업가치는 회사의 공식적인 목표와 최고경영자에서부터 일반종업원에 이르기까지 모든 구성원의 행동에 깊이 반영되어 있다. 물론 이러한 기업가치는 사업 특성 — 즉 소비자의 다양한 기호에 부합해야 하고 유행의 변화에 신속하게 대처해야 하는 의류업체의 특성 — 이 반영된 것이다.

레비 스트라우스의 기업가치는 종업원들로 하여금 보다 창의적이고 적극적으로 움직이게 하였고 기업가 정신(entrepreneurship)을 고무한다. 또한 중간관리자급 이상에 대한 보상은 기업가치에 근거하여 일반종업원들을 지휘했는가에 따라 결정된다. 즉 종업원들에 대한 엄격한 관리나 통제보다는 종업원들의 자율과 창의성을 발휘하도록 지원하는 리더십에 의해 결정된다.

이렇게 기업가치의 철저한 실행을 통해 레비 스트라우스는 창의적이고 개방적인 조직문화를 구축할 수 있었고 비약적인 성장을 이룩하였다.

기본가정

기본가정(basic assumptions)**은 조직구성원들의 가장 내면에 자리잡고 있는 믿음이며, 외부세계에 대한 인식과 사고방식 그리고 행동에 대한 지침을 제공한다.**[6] 기본가정은 조직문화의 가장 근본적인 수준이며 가장 본질적인 개념이다. 구체적으로 기본가정은 〈그림 15-1〉에 제시된 바와 같이 환경, 인간, 인간관계 등의 본질에 대한 기본적인 믿음이다. 이러한 기본가정은 가치에 반영되어 나타난다.

기본가정은 두 가지 특성을 갖고 있다. 하나는 너무나 기본적인 것이기 때문에 기본가정에 어긋나는 행동은 생각조차 할 수 없다는 것이다. 다른 하나는 의식 이전의 무의식의 영역에 형성되어 있기 때문에 종종 인식하지 못하고 지나치며 기본가정에 대한 논의나 변화조차도 꺼려 한다는 점이다.

미국의 철강회사인 사파랄사(Chaparral)의 예를 들어 보자. 사파랄의 가치는 세 가지 기본가정을 반영한다. 첫째, 인간은 기본적으로 옳다는 것이다. 이러한 가정은 조직구성원들간 신뢰를 강조하는 가치에 반영되어 있다. 두 번째 기본가정은 사람들은 배울 기회와 성장할 기회를 원한다는 것이다. 이는 교육과 훈련을 강조하는 가치에 반영되어 있다. 마지막 기본가정은 사람들은 배울 기회와 도전적이고 즐거운 일을 함으로써 동기유발된다는 것이다. 이는 목표설정 프로그램에 반영되어 있다.

지금까지 샤인(E. H. Schein)의 분류를 중심으로 조직문화의 구성요소를 살펴보았다. 그는 조직문화가 세 가지 요소로 이루어져 있으나 '기본가정'이 문화의 본질이라고 하였다. 그러나 조직문화를 보다 명확하게 이해하기 위해서는 '인위적 가공물'과 '가치'도 조직문화의 중요한 구성요소로 간주되어야 할 것이다.

하위문화와 역문화

지금까지 우리는 전체 조직에 널리 퍼진 하나의 조직문화를 다루었지만 사실 조직 안에는 많은 하위문화가 존재한다.[7] 여러 가지로 구분되는 이데올로기, 문화적 형태, 큰 문화와는 다른 관행 등이 하위문화가 될 수 있다. 하위문화는 공동의 훈련이나 직무, 비슷한 개인 성격, 빈번한 상호작용 또는 공유된 경험을 가진 조직구성원 사이에서 발달한다.

사실, 조직에는 역문화 또한 존재한다. 역문화는 지배하는 문화에 반대하는 하위문화이다. 지배하는 문화와 역문화는 서로에게 비판적으로, 중요한 가치이슈에 반대의 입장을 취하면서 불완전한 공생관계로 존재한다. 역문화를 발생시키는 다양한 상황들이 있다. 예를 들면 오래된 기존 조직에서의 결단력 있는 개혁가는 변화를 가능케 하기 위하여 지배문화에 대하여 반대해야 한다고 느낀다. 또는 역문화는 위협적인 새로운 프로그램이나 정책에 대하여 종업원이 반대할 때 공유된 종업원불만을 다루는 하나의 방식으로 발생하기도 한다. 더욱이 합병이나 인수를 통하여 다른 문화를 지닌 회사와 통합할 때 흡수된 조직의 문화는 통합한 조직에서 역문화로 나타나게 된다.

피터스(T. J. Peters)와 워터만(R. M. Waterman)의 초기 인용에서 제안되었던 것처럼 하나의 강한 문화가 최선일 수도 있다. 하위문화와 역문화에는 확실히 비용이 존재한다. 예를 들면 관점과 목표에서의 차이는 갈등과 오해를 만들 수 있다. 그럼에도 불구하고 하위문화는 유용하다. 한 조직이 외부에 비추어지는 모습과는 별개로 하위문화는 내부의 특정한 요구를 충족시키고 발전시키는 데에 자유롭다.

하위문화가 조직에 가치를 주듯이 역문화 또한 지배문화에 대하여 유용한 기능을 수행한다. 예를 들면 역문화는 수용 가능하거나 수용 불가능한 행동 사이의 경계면을 확실하게 한다. 그리고 혁신적 아이디어의 개발을 위한 안전한 피난처를 제공하며 오래되고 뒤떨어진 가치에 대한 의문을 장려한다.

조직문화의 효과성

조직문화 효과성에 대한 접근들

지금까지 조직문화의 개념에서부터 역문화에 이르기까지 조직문화의 기본적인 특성을 살펴보았다. 그렇다면 조직문화와 조직의 효과성과의 관계 — 즉 조직문화는 조직의 성과에 어떠한 영향을 미치는가? 높은 성과를 얻고 있는 초일류기업들의 조직문화는 어떠한 공통적인 특성이 있을까? — 에 대한 의문이 생긴다. 이에 대한 해답은 **조직문화와 조직의 효과성은 정(+)의 상관관계가 있다**는 것이다.

이하에서는 조직문화와 조직효과성 혹은 조직성과와의 관계에 관한 지금까지의 연구에서 다루어진 중요한 관점을 설명하면서 조직문화와 조직효과성간의 관계를 살펴보고자 한다. 각 관점들은 조직의 효과성을 위해서는 조직문화가 어떠한 특성을 가져야 하는가를 설명하는 것이다.

강한 조직문화의 관점: '강한 조직문화가 조직의 성과를 높인다'

강한 조직문화의 관점(strong culture perspective)은 강한 조직문화가 조직의 성과를 향상시킨다는 관점이다. **강한 조직문화는 조직을 이끄는 가치에 대해 조직구성원이 강력하게 동의하며 조직외부에서 조차도 인식될 수 있을 정도로 강렬하게 형성된 조직문화를 말한다.** 즉 강한 조직문화는 깊고 넓게 형성된 조직문화이다. 그러나 다른 측면에서 보면 변화를 기피하고 변화에 강하게 저항하는 조직문화이다.

강한 조직문화가 조직의 성과를 향상시킨다는 주장은 다음의 세 가지 측면에 근거를 두고 있다. 첫째는 목표의 설정 측면으로 강한 조직문화는 모든 조직구성원들이 공동의 목표를 공유하게 한다는 것이다. 둘째, 동기유발 측면에서 강한 조직문화는 조직구성원들이 가치를 강력하게 공유하기 때문에 높은 수준으로 동기를 유발한다는 것이다. 마지막으로 통제의 측면에서 강한 조직문화는 관료제와 같은 강압적인 통제를 하지 않고도 조직에 대한 통제를 용이하게 한다는 것이다. 그러나 이와 같은 주장에는 다음과 같은 비판이 제기될 수 있다.

우선 강한 조직문화의 관점과는 다르게 역으로 조직의 높은 성과가 강한 조직문화를 만들어 낼 수도 있다는 점이다. 이러한 주장은 실제로 성과를 만들어 내지 못하는 조직문화는 강화(reinforcement)되지 않기 때문에 강한 조직문화가 형성되기 어렵다는 점에서 설득력이 있다. 또한 조직문화와 성과와의 관계에는 다양한 요소가 게재될 수도 있다. 예를 들어 조직이 통제하기 어려운 외부환경 요소가 강한 조직문화를 가진 조직의 성과를 제약할 수도 있다.

또 하나는 강한 조직문화가 조직을 엉뚱한 방향, 즉 성과와는 역행하는 방향으로 조직을 이끌 수도 있다는 점이다. 만약 조직문화가 외부환경의 필요나 요구를 적절하게 반영된 가운데 형성되지 않았다면 강한 조직문화는 오히려 조직의 환경 대응력을 약화시키고 성과를 저해할 수도 있다. 실제로 이러한 예를 발견하기란 어렵지 않다. 한때 미국의 대표적인 유통업체였던 시어즈사(Sears)의 경우 외부 경쟁관계나 고객 욕구에 대응하지 못해 선도 업체로서의 지위를 상실하였다.

결론적으로 강한 문화가 항상 조직의 높은 성과를 약속하는 것은 아니다. 따라서 강한 조직문화에 대한 지나친 환상은 금물이다. 강한 조직문화는 조직의 응집력과 구성원의 몰입의 제고와 같은 긍정적인 효과가 있다. 그러나 조직문화는 환경과의 적응과정에서 환경의 요구를 적절하게 반영하도록 형성되어야 한다.

환경적합성 관점: '환경에 적합한 문화가 조직의 성과를 높인다'

환경적합성 관점(fit perspective)**은 조직문화가 외부환경이나 조직의 전략과 적합할 때만 조직에 긍정적인 효과를 준다는 관점이다.** 예를 들어 전통적인 명령체계나 안정성만을 강조하는 조직문화는 컴퓨터 소프트웨어 산업과 같이 창의성과 신속성을 필요로 하는 산업이나 이에 속하는 기업에는 적합하지 않으며 성과를 저해할 수 있다. 또한 조직의 전략과 부합되지 않는 조직문화는 조직의 혼란만을 가중시킨다. 이에 비해 환경이나 산업의 요구에 적합하게 형성된 조직문화를 가진 조직은 의사결정시 경쟁환경, 고객의 욕구 그리고 사회기술적 변화의 반영이 용이하기 때문에 정확한 의사결정을 할 수 있다.[8]

외부환경이 급격하게 변화하는 경우 조직문화의 변화는 환경의 변화에 비해 속도가 느리기 때문에 환경의 변화에 적합하도록 조직문화를 바꾸기 어렵다. 이러한 경우 환경과의 적합성을 유지하기가 어렵다. 특히 조직문화가 전체 구성원에 의해 광범위하고 깊이 있게 형성된 강한 조직문화를 바꾸기는 더욱 어렵다. 따라서 환경이 급속하게 변화하는 경우 외부환경에 적합한 조직문화라고 할지라도 조직의 성과를 향상시키는 것은 아니며 특히 강한 조직문화는 성과의 향상을 기대하기 어렵다.

결론적으로 적합성 관점은 조직문화가 조직의 단기적인 성과에 미치는 효과를 설명할 수는 있지만 조직의 장기적 성과에 대한 효과를 설명하지는 못한다. 또한 적합성 관점은 조직이 변화하는 환경에 어떻게 효과적으로 대처하면서 조직문화를 형성할 것인가에 대해서는 해답을 제시하지 못한다.

환경적응적 관점: '환경적응력이 있는 문화가 조직의 성과를 높인다'

환경적응적 관점(adaptive perspective)**은 환경에 대한 적응력이 있는 조직문화 — 즉, 조직이 환경의 변화에 효과적으로 적응하도록 하는 조직문화 — 가 조직의 성과를 향상시킬 수 있다는 관점**이다. 〈표 15-1〉은 환경적응력이 있는 조직문화와 환경적응력이 없는 조직문화를 관리자의 가치와 행동을 통해 비교한 것이다.[9)]

환경적응력이 있는 조직문화와 적응력이 없는 조직문화는 관리자의 가치와 행동 패턴이 완전히 다르고 이러한 차이가 조직의 성과와 유효성의 차이를 초래하게 된다. 환경적응적인 문화의 관리자는 조직내부뿐만 아니라 조직외부의 고객, 주주 등의 이해충족과 가치의 실현을 중시하고 이를 위해 현상에 안주하기보다는 항상 변화를 추구하며 유연하게 대응한다. 이에 비해 환경적응력이 없는 문화의 관리자는 자신이 가지고 있는 이해의 실현을 중시하고, 일상적 관리와 현상에 안주하고 변화에 유연하게 대응하지 못한다

환경적응력이 있는 조직문화는 강한 조직문화와 환경적합적인 조직문화의

〈표 15-1〉 환경적응적 문화와 환경 비적응적 문화의 비교

	환경적응적 조직문화	환경 비적응적 조직문화
핵심가치	• 고객, 주주 그리고 종업원들을 깊이 고려한다. • 조직에 유용한 변화를 창출할 수 있는 방안에 가치를 부여한다. 이를 위해 필요하다면 계층을 초월하여 리더십을 발휘한다.	• 관리자 자신과 자신이 속한 부서의 이해에 주된 관심을 갖는다. • 일상적인 관리와 위험회피적인 경영에 가치를 부여한다.
공통행동	• 조직의 모든 이해 당사자들 특히 고객에 대해 행동의 초점을 맞춘다. • 다소의 위험이 따르더라도 이해 당사자들과 고객의 이해를 충족시킬 수 있다면 언제든지 변화를 시도하는 행동의 유연성을 발휘한다.	• 다소 정치적이고 관료적이며 다른 관리자와 적당한 거리를 유지한다. • 환경의 변화에 적응하거나 이용하기 위해 전략을 유연하게 변화시키지 않는다.

자료: J. P. Kotter & J. L. Heskett(1992), *Corporate Culture and Performance*, The Free Press.

한계를 보완하면서 환경과 조직과의 상호작용 및 조직의 능동적인 대응을 강조한다는 점에서 매우 설득력이 있는 관점이다. 그러나 환경과의 적응력을 강조한 나머지 조직문화의 내부적 특성 — 예를 들어 조직문화가 얼마나 강력하게 조직구성원들에게 자리잡고 있는가 — 을 간과하고 있다.

지금까지 살펴본 바와 같이 조직문화와 조직효과성과의 관계는 어느 한가지 관점에 의해 충분히 설명되지는 않는다. 따라서 통합적인 관점에서 조직문화와 조직효과성과의 관계를 바라보아야 한다. 환경적합성과 적응력이 없이 조직문화가 강력하게 구축되었다고 해서 조직이 높은 성과를 거둘 수 있는 것은 아니다. 또한 환경과의 적합성이나 환경에 대한 적응력이 있더라도 조직문화가 강력하게 형성되어 있지 않으면 조직의 성과를 향상시키기 어렵다. 결국 조직구성원과 조직 전체에 강력하게 자리잡고 있으며 환경과 적합하고 동시에 환경적응력이 있는 조직문화가 조직의 효과성을 제고하는 것이다.

조직문화의 기능

〈그림 15-3〉에서 보여주듯이 조직문화는 다음과 같은 네 가지 기본적인 기능을 가지고 있다.

첫째, 조직문화는 서로에 대해 일체감을 갖게 해 주고 조직에 대한 몰입을 증대시킨다. 조직문화를 통한 공유된 믿음과 가치는 일차적으로 협력을 조성시키는 우호적 분위기와 상호신뢰를 조성시켜 서로에 대해 일체감을 가지게 해준다. 또한 구성원들로 하여금 조직에 동화되거나 조직에 대해 정서적 친밀감을 가지

〈그림 15-3〉 조직문화의 기능

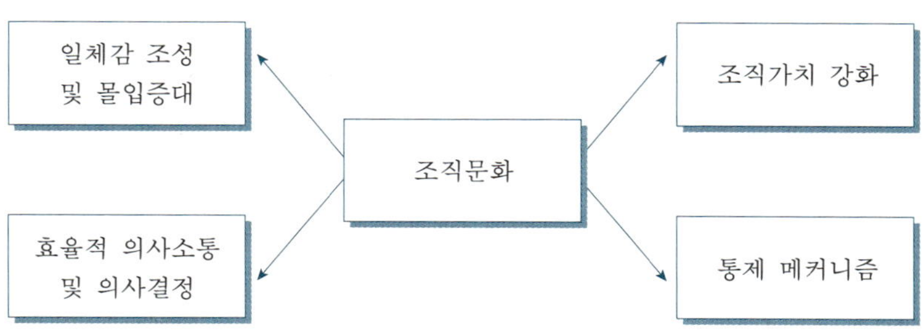

게 하여 조직에 대한 몰입을 증대시킨다.[10)]

둘째, 조직문화는 효율적인 의사결정과정을 이끌어 내고 조직구성원들의 의사소통을 촉진한다. 조직문화는 기본가정의 공유를 통해 조직구성원에게 조직의 제반 현상이나 사건의 의미에 대한 조직구성원들의 이해와 해석을 돕는다. 설득해야 하는 전제들의 불일치가 거의 없기 때문에 조직문화는 보다 효율적인 의사결정 과정을 이끌어 낸다. 그리고 조직문화를 통한 공유된 가정은 전달받은 메시지 해석을 도와주는 안내지침과 단서를 제공하여 조직구성원들의 의사소통을 촉진시킨다.[11)]

셋째, 조직문화는 조직의 가치를 강화시킨다. 조직문화가 형성되면 이는 조직구성원들에게 이에 동조하거나 순응하는 압력으로 작용할 수 있다. 따라서 조직이 중요하게 여기는 가치는 수용하게 하고 이에 부합하는 행동을 이끌어 낸다. 그 결과 조직의 가치가 확산되고 정착되게 한다.

마지막으로 조직문화는 조직구성원들의 행동을 형성하는 데 있어서 통제 메커니즘으로 기능한다. 행동을 이끄는 규범은 문화의 구성요소의 일부이다. 규범은 어떤 패턴의 행동을 승인하거나 금지하면서 조직구성원들의 행동을 직접적으로 통제한다. 예를 들어 어떤 부서에서 제품의 품질을 강조하는 규범은 품질을 개선하도록 부서의 모든 작업활동이나 개인의 행동을 변화시킨다.

조직문화의 구축

조직문화의 형성요인

조직문화의 개념이 연구마다 다양하게 정의되고 있듯이 조직문화의 형성요인도 관점에 따라 다양하게 제시될 수 있다. 조직문화의 특성에서 언급한 바와 같이 조직문화는 조직이 대내·외적 환경과의 적응과정에서 역사적으로 형성된다. 따라서 조직문화는 조직의 발전과정의 산물이며, 조직의 외부환경요소와 조직 내부요소 등이 서로 복잡하게 상호작용하면서 형성된다고 볼 수 있다. 이하에서는 조직문화의 형성요인을 조직의 역사, 조직의 외부환경, 조직의 내부시스템으로 구분하여 살펴본다.

조직의 역사

사람과 마찬가지로 조직도 과거의 성공과 실패를 통해 외부세계에 대해 어떻게 행동할 것인가를 배운다. 이러한 **과거의 역사적 사건이나 행동이 조직에 의해 학습되어 조직의 관습이나 규범으로 정착되면서 조직문화를 형성하게 된다.** 조직의 신념과 관습 혹은 일을 처리하는 방식은 전해 내려오는 전통이나 과거의 성공체험에 의해 자연스럽게 형성된다. 특히 조직이 과거에 이루었던 성공체험은 조직의 작업규범이나 관습 등에 큰 영향을 미친다. 예를 들어 개인이나 집단이 과거 어떤 상황에서 성공적으로 문제를 해결한 경험, 즉 노하우는 조직의 학습과정을 거쳐 조직 전체에 전파되어 조직 전체의 노하우로 축적되며 조직의 작업방식이나 작업규범 등으로 발전하게 된다. 결국 넓은 의미에서 보면 조직의 역사에 의해, 좁은 의미에서는 관습이나 전통 등 조직의 발전과정에서의 특정요소가 학습되어 조직문화가 형성되는 것이다.

한편 **조직의 창립자들은 초기의 조직문화를 형성하는 데 큰 영향을 미친다.**[12] 조직의 창립자가 가진 개인적 신념이나 행동 등은 조직구성원들의 생각과 행동의 기준으로 작용할 수 있다. 창립자들의 개인적 신념이나 행동스타일은 조직의 경영철학이나 작업규범에 반영되어 모든 조직구성원의 가치나 행동, 업무를 처리하는 방식 등에 영향을 주게 된다. 우리나라의 대표적인 기업인 삼성과 현대의 창립자들의 예를 들어 보자. 삼성의 창립자는 충분한 분석과 검토를 통해 의사결정을 하며, 현대의 창립자는 상황에 대한 신속하고 능동적인 대응을 중시하는 스타일로 서로 다른 독특한 개인적 특성을 가지고 있는 것으로 알려져 있다. 이러한 창립자들의 특성이 소위 '관리의 삼성', '추진력의 현대' 등과 같은 기업의 핵심적인 가치나 행동규범의 차이를 낳는 요인으로 되는 것이다.

외부환경

조직은 사회적 환경 속에 존재하기 때문에 환경에 의해 영향을 받는다. 조직에 영향을 주는 환경요소는 조직마다 다를 수 있다. 그러나 조직이 처한 독특한 환경에 효과적으로 대응할 때 성장·발전할 수 있다. 따라서 환경은 조직의 전략에 영향을 주고 조직이 무엇을 해야 할 것인가를 결정한다. 이러한 관점에서 **환**

경은 조직문화의 형성에 중요한 영향요인이다.

회사에 따라 특별한 활동이나 기능을 강조하는 예를 흔히 발견할 수 있다. 어떤 회사에서는 제품의 품질을, 다른 회사에서는 비용의 최소화를, 또 다른 회사에서는 고객에 대한 서비스를 강조한다. 고객에 대한 서비스를 강조하는 회사는 조직구성원의 태도나 행동에 있어서 고객서비스를 중시하고 이에 따라 고객서비스를 중시하는 가치와 규범이 형성된다. 즉 고객 서비스를 중시하는 조직문화가 형성되는 것이다. 이처럼 환경의 필요와 일치되는 조직문화를 형성하는 조직이 효과적인 조직이다.

조직내부시스템

조직문화는 조직내부요소에 의해 형성될 수 있다. 조직문화는 다양한 조직내부요소에 의해 영향을 받는다. 〈그림 15-4〉에 제시한 '7's 모델'은 세계적 컨설

〈그림 15-4〉 맥킨지의 7's 모델

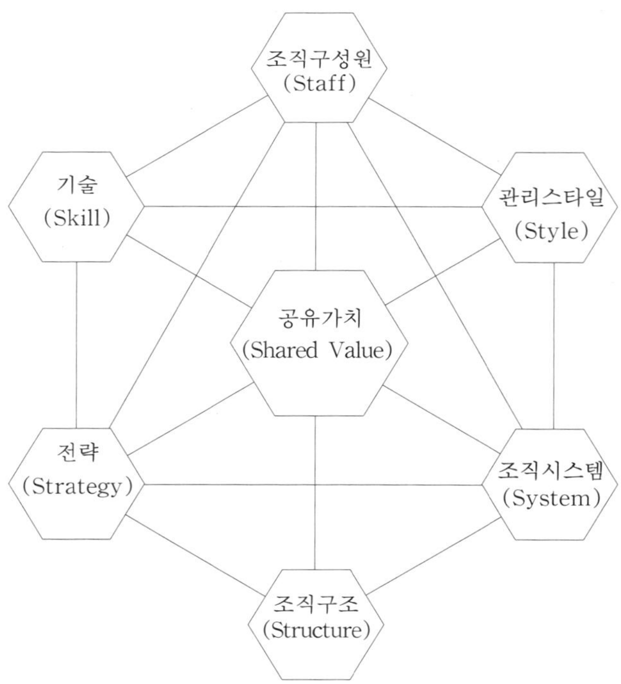

자료: T. J. Peters & R. M. Waterman, Jr.(1982), *In Search of Excellence*, New York: Harper & Row, p. 10.

팅회사인 맥킨지사(Mckinsey)에 의해 개발된 모델로서 조직문화에 영향을 주는 조직내부요소를 7가지 요소로 분류하고 있다.[13] 구체적으로 보면 7′s 모델은 조직구성원의 공유가치를 조직문화의 핵심요소로 간주하고 공유가치에 영향을 주는 요인을 관리스타일, 기술, 전략, 조직구조, 조직구성원 그리고 관리시스템 등으로 분류하고 있다.

7′s 모델은 조직문화와 조직내부시스템과의 관계를 체계적으로 설명하고, 조직시스템에 대한 통합적인 시각을 제공한다는 점에서 기업실무에서 널리 활용되고 있다. 그러나 7′s 모델은 조직문화를 조직구성원들의 공유가치로 단순화시킨 점에서 조직문화의 분석틀로는 한계가 있다.

조직문화의 구축과정

사업을 시작하는 기업가에게 회사의 문화를 만드는 것은 제품이나 서비스를 생산하여 고객에게 판매하는 기본활동보다 부차적인 것으로 보인다. 하지만 회사가 성장하고 보다 성공적일 때, 회사는 다른 회사와 구분되고 회사성공의 이유중 하나로서 문화를 개발한다. 다시 말해서 회사의 성공여부는 회사의 목표, 전략, 전략실행방법, 문화등에 따라 결정된다.

문화는 새로운 기업으로 출발하거나 기존 회사의 문화를 변화시키고자 시도할 때 전략적 가치와 연계된다. 조직문화 구축과정은 조직구조가 조직전략과 연계되어 있는 것처럼 실제적으로 조직의 전략적 가치와 문화적 가치를 연결시키는 과정이다. 그 과정은 〈그림 15-5〉에서 보여진다.[14]

〈그림 15-5〉 조직문화 구축과정

자료: G. Moorhead & R. W. Griffin(2004), *Organizational Behavior: Managing People and Organizations*, Houghton Mifflin, pp. 500-502.

- 가치확립: 조직문화 구축과정에서 첫 두 단계는 가치를 확립시키는 단계이다. 첫 번째, 경영자는 조직의 전략적 가치를 확정해야 한다. 전략적 가치는 조직전략 수립기반이 되는 조직환경에 대한 근본적인 확신이다. 전략적 가치는 조직이 달성 가능한 시장에서의 요구를 확인하기 위한 환경분석 및 전략분석(경제, 인구 통계학, 국가정책, 과학기술, 사회적 추세 등) 과정을 통해 개발된다. 전략적 가치는 사실상 조직과 조직환경을 이어준다. 두 번째 요구되는 가치는 조직의 문화적 가치이다. 문화적 가치는 조직이 전략적 가치를 수행하기 위하여 종업원이 공유하고 따라서 행동하기를 원하는 가치이다. 문화적 가치는 조직이 성공할 수 있는 방법과 이유에 대한 조직의 신념에 기초를 두어야 한다. 전략적 가치와 연계성이 없는 문화적 가치의 개발을 시도하는 조직은 사업과 관련 없는 허울뿐인 가치만 갖게 된다. 다시 말하면 종업원들은 자신들의 업무행위가 조직의 전략적 가치와 일치하고 조직의 전략적 가치를 지원하기를 원한다.
- 비전수립: 조직의 전략적 가치와 문화적 가치를 개발한 후 조직은 조직방향에 대한 비전을 수립해야 한다. 이 비전은 미래의 어느 시점에 조직이 어떠한 모습을 가질 것인가에 대한 청사진이다. 그것은 미래를 창조하기 위해서 전략적이고 문화적인 가치를 어떻게 연결시켜야 하는가를 보여 준다. 사실 비전은 종업원들에게 성과목표를 알림으로서 전략적 가치와 문화적 가치를 통합한다. 일반 통념적으로 비전선언서가 전략적 가치와 문화적 가치보다 우선적으로 작성되지만, 경험적으로는 비전이 의미를 가지기 위해서는 전략적 가치와 문화적 가치가 먼저 수립되어야 한다.
- 수행전략실행: 다음 단계로서 수행전략실행은 가치 위에서 이루어지며 비전을 달성하기 위한 행동을 실행하게 한다. 전략은 조직설계를 개발하는 것부터 가치를 공유하고 전략을 수행할 종업원들을 모집하고 훈련하는 것까지 많은 요소를 다룬다. 고객대출, 담보, 저축을 다루는 전통적인 은행을 생각해보자. 고객서비스를 조금 더 강조하는 쪽으로 은행이 변화하고자 한다면 대인관계기술을 가진 기존의 사원과는 다른 타입의 종업원을 모집해야 한다. 그 은행은 또한 기존 종업원에게 새로운 서비스 위주의 문화에 대해 가르치는 중대하고 장기적인 훈련을 수행해야만 한다.
- 문화적 행동강화: 마지막 단계는 문화적 가치를 실연하고 조직의 전략을

수행하는 종업원의 행동을 강화하는 것이다. 강화는 다양한 형태로 이루어진다. 첫째, 조직에서의 공식적인 보상시스템을 통하여 바람직한 행동에 대해서는 종업원이 가치를 두는 방식으로 반드시 보상해야 한다. 둘째, 조직가치에 맞는 행동을 보인 종업원에 대한 사실들을 조직 전반에 전파시켜야 한다. 셋째, 조직은 조직의 비전을 성취하는데 중요한 역할을 한 종업원들을 축하하는 의식이나 행사를 가져야 한다. 이례적인 고객서비스를 제공한 종업원들을 위한 의식을 가지는 것은 바람직한 종업원 행동을 강화시킨다. 강화실행은 전략적이고 문화적인 가치와 조직문화 창조 사이의 마지막 연결이다.

조직문화의 관리

조직문화는 조직에 따라 다르며, 이러한 다른 조직문화는 기업의 성과에 영향을 미칠 수 있다. 이러한 관점에서 관리자는 그들 조직문화를 관리하는데 있어서 조금 더 신중해져야 한다. 새로운 조직문화를 구축하는 것도 중요하지만, 기존의 조직문화를 유지하고 학습(사회화)하는 조직문화관리 또한 중요하다.

조직문화의 유지

대다수의 관리자는 조직문화를 창출하는 위치에 있지 않다. 단지 그들은 이미 문화가치가 존재하는 조직에서 일을 한다. 이러한 관리자에게 문화관리에 대한 주된 이슈는 이미 존재하는 문화적 시스템을 어떻게 잘 활용하는가 하는 것이다. 이미 존재하는 역사, 전통, 가치를 변화시키는 것보다 존재하는 문화 속에서 종업원 행동을 변화시키는 것이 더욱 쉽고 신속할 수 있다.

존재하는 문화적 시스템의 이점을 취하기 위해선 관리자는 문화의 가치가 무엇이고 어떠한 행동이나 행위가 그러한 가치를 지원하는지를 정확히 이해해야 한다. 하지만 조직의 가치를 정확히 이해하는 것은 쉽지 않다. 관리자는 조직의 가치가 조직에서 어떻게 작용하는가에 대한 이해의 폭을 넓혀야 한다. 한번 성취되면 이러한 이해는 조직에서 다른 사람의 성과를 평가하는 데 사용할 수 있다. 분명히 표현된 조직의 가치는 다른 사람의 행동을 관리하는 데 있어 유용할 수 있다. 예를 들면 중점사업에 대하여 강한 문화적 가치를 지닌 조직에 있는 부하가 새로운 산업으로 나아가는 것을 담고 있는 사업전략을 개발한다고 가정해보자. 이 사업전략이 경제적으로 결함이 있고 또는 개념적으로 문제가 있다고 논쟁을 시도하는 것보다 조직문화를 이해하는 관리자는 그 기업의 조직가치를 지적할 수 있다

또한 조직문화를 이해하는 선임관리자는 이해가 낮은 개개인을 이해시킬 수 있다. 시간이 흘러 낮은 수준의 관리자가 문화를 이해하고 기업의 문화를 받아들이기 시작하면, 그들은 지시나 감독을 거의 필요로 하지 않을 것이다. 기업가치에 대한 그들의 이해는 그들의 의사결정에 도움을 줄 것이다.

조직문화의 학습: 사회화

조직문화를 유지하고 보존하기 위한 조직의 행동을 설명하는 데 유용한 개념으로 조직의 사회화가 있다.

사회화의 의미

사회화(socialization)**는 조직구성원들이 조직에 적응하도록 하기 위해 조직문화를 주입하는 과정을 의미한다.** 대체로 사회화는 기존의 조직구성원보다는 새로운 조직구성원을 위한 문화주입과정으로 간주된다. 새로운 조직구성원들은 조직문화에 친숙하지 못하기 때문에 조직에 들어왔을 때 조직의 가치관, 규범 및 관습 등에 적응하지 못하고 어떤 경우에는 이를 혼란시킬 가능성도 있다. 따라서 조직은 새로운 조직구성원들이 조직문화에 적응할 수 있도록 하기 위해 다양한 방법을 통해 그들을 교육하게 되는데 이러한 과정이 곧 사회화이다. 사회화를 통해 새로운 조직구성원들은 조직의 가치를 배우고 적절한 행동과 부적절한 행동을 구분할 수 있게 되며 보다 쉽게 조직에 적응하게 된다. 어떤 의미에서 보면 사회화는 외부인(outsiders)을 내부인(insiders)으로 개조시키는 과정으로 볼 수 있다.

사회화는 조직구성원에게 조직문화를 주입하여 조직에의 적응을 용이하게

월마트(Wal-Mart)의 기업문화

월마트는 세계 최대의 소매유통업체이다. 월마트는 미국의 남부의 아칸소주의 벤튼빌이라는 한적한 시골마을에서 출발하여 매출액과 이익 등 거의 모든 기준에서 타의 추종을 불허하는 최고의 업체로 성장하였다. 이와 같은 월마트의 '경이로운 성장'의 배경은 무엇일까? 이에 대해서는 여러 가지 요인에 제기되고 있으나 그 중에서도 월마트의 기업문화가 그 핵심이다.

월마트의 기업문화는 '고객가치 실현'이라는 경영원칙을 실현하기 위한 '신뢰를 기반으로 하는 동료문화', '본사보다는 현장(점포)을 중시하는 현장중심의 경영', 그리고 '항상 최고를 추구하는 사업 가치', '고객에 대한 최고의 서비스 제공'으로 요약할 수 있다.

신뢰를 기반으로 하는 동료(associates) 문화

월마트에서는 최고경영자에서부터 점포의 파트타이머(part-timer)에 이르기까지 모든 직원을 동료로 존중하는 기업가치를 공유한다. 월마트에서는 최고경영자나 점포의 계산원도 모두 '동료'로 부른다. 또한 상하간에 직급에 관계없이 자연스럽게 대화하는 문화가 형성되어 있다. 예를 들면 롭슨 월튼(Robson Walton) 회장의 집무실은 직원들의 사무실과 1미터가 안 되는 통로로 구분되어 있으며 24시간 출입문을 개방하여 롭슨 월튼(Robson Walton) 회장과 모든 직원들이 서로 대화할 수 있도록 분위기가 형성되어 있다.

월마트의 이러한 동료문화는 모든 직원의 상호신뢰와 협력을 이끌어내고 회사에 대한 일체감과 충성심을 형성한다. 이를 통해 고객가치의 실현과 철저한 서비스를 강조하는 기업가치가 일관되게 실행될 수 있는 것이다.

현장(점포)중심 경영

월마트는 본사보다는 고객과 직접 대면하는 일선 점포를 중시하는 현장중심의 경영을 한다. 본사에 있는 모든 임원과 관리자들은 점포를 일상적으로 방문하여 점포의 목소리를 직접 듣고 확인해야 한다. 심지어 점포에 나가 있는 시간보다 본사의 사무실에 앉아 있는 시간이 많은 관리자들은 '게으른 사람'으로 간주된다. 또한 점포에 나가기에 앞서서 항상 점포의 문제점을 사전에 확인하여 구체적인 해결책을 준비해야 한다.

따라서 그저 지시의 이행상태나 점검하는 의례적이고 형식적인 방문은 허용되지 않는다. 월마트는 이를 통해 고객의 욕구와 점포의 직원들로부터 현장의 생생한 목소리를 의사결정에 반영할 수 있었다.

현장중심의 경영에 관한 한 가지 재미있는 예가 있다. 월마트의 본사는 붉은 벽돌 건물에 검소한 시설을 갖추고 있을 뿐만 아니라 화장실은 누런 재생용지를 사용한다. 반면에 고객이 찾는 점포는 다른 어떤 점포에 비해서 깨끗한 점포환경을 조성하기 위한 다양한 설비가 갖추어져 있으며 양질의 화장지가 비치되어 있다.

고객에 대한 최고의 서비스 제공

월마트의 최고 수준의 고객서비스는 "Everyday Low Price(EDLP: 매일 최저가로 고객에게 판매)"와 고객을 감동시키는 서비스 정신에서 찾을 수 있다.

월마트 소매 유통업체에 "Everyday Low Price"라는 유행어를 만들었다. 월마트는 이를 위해 납품업체로부터 대량구매를 통한 구매단가의 절감, 납품업체에 대한 효율적인 관리뿐만 아니라 본사에서의 원가절감 노력을 철저하게 실시하고 있다. 한 예로 월마트 본사의 경영층은 4평 남짓의 좁은 집무실에 빛바랜 탁자와 검소한 집기들을 사용한다. 또한 본사에서는 각종 비용절감을 위한 노력의 일환으로 '3R(Reduce, Reuse, Recycle)' 운동을 항상 추진하고 있다.

월마트에는 '10피트 규칙(the 10feet rule)'을 비롯한 다양한 고객서비스 규칙이 있다. '10피트 규칙'은 10보 내에 있는 고객에게 먼저 눈을 마주치고 인사하며 도울 일이 무엇인지를 물어보고 필요한 서비스를 하는 것이다. 또한 계산대에 대기하는 고객이 3명 이상일 때 새로운 계산대의 설치를 원칙으로 하고 있으며 고객의 편의를 위해 쇼핑 카트에 계산기를 부착, 운영하고 있다.

결국 월마트의 성공에는 고객가치의 실현을 최고의 경영철학으로 하는 월마트의 조직문화가 자리잡고 있는 것이다. 또한 이러한 조직문화의 구축 및 실현 배경에는 인간(즉 고객과 종업원)을 존중하는 사업가치, 그리고 사업가치에 대한 최고경영층의 일관된 실천 노력이 있다.

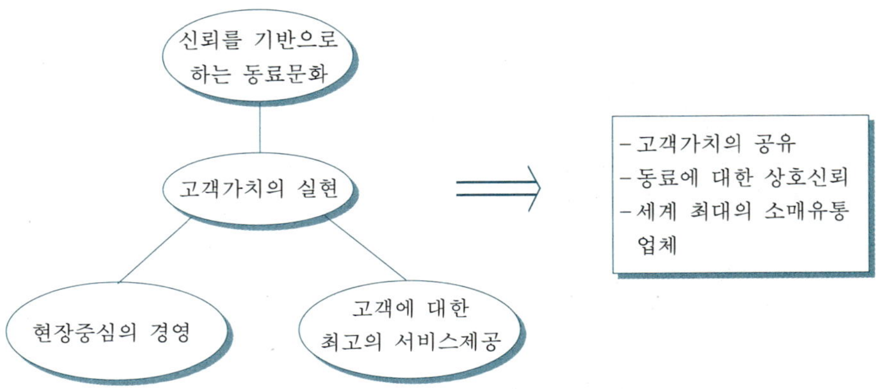

하는 한편 조직문화를 변화시키는 기능을 하기도 한다. 새로운 조직구성원이 지니고 있는 가치나 행동이 조직에 긍정적인 영향을 주는 경우 사회화과정에서 이

들의 가치와 행동이 조직에 반영되어 조직문화를 변화시킬 수도 있다. 즉 사회화는 조직문화를 변화시키기 위한 유용한 수단이 될 수 있다.

요약하면 조직의 사회화는 조직구성원의 조직에의 적응을 용이하게 하고 동시에 조직문화의 변화를 일으키는 역할을 한다.

사회화의 단계

일반적으로 조직의 사회화 단계는 예비적 사회화, 경험(encounter), 그리고 변화와 수용 단계를 거쳐 이루어진다(〈그림 15-6〉 참조).[15)]

첫째 단계는 **예비적 사회화** 단계로서 신규 구성원이 자신의 일을 배우기 시작하는 단계이다. 이 단계에서는 기대감의 형성과 가치의 일치 현상이 일어난다. 우선 신규 구성원은 직무와 조직에 대한 기대감을 갖는다. 신규 구성원은 조직문화에 대한 정보를 가장 먼저 얻게 된다. 특히 조직의 가치에 대한 정보는 신규 구성원이 조직에 대한 해석이나 판단을 할 수 있도록 해 준다. 그리고 신규 구성

〈그림 15-6〉 사회화의 단계

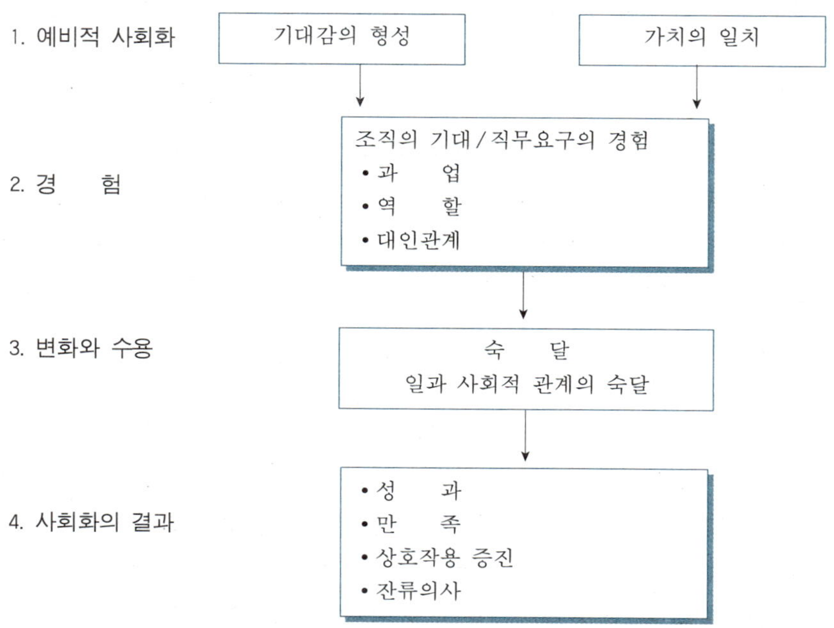

자료: D. L. Nelson & J. C. Quick(1997), *Organizatinal Behavior*(2nd ed.), West Publishing Company, p. 487.

원은 조직생활을 하면서 조직에 대한 보다 깊이 있는 이해를 하게 된다. 다른 하나는 개인의 능력과 직무의 요건, 그리고 개인의 가치와 조직의 가치와의 일치 여부를 인식하게 된다. 특히 가치의 일치 여부는 조직에 대한 적응에 매우 중요한 영향을 준다. 조직의 가치와 일치할수록 직무에 대한 만족이 높고 보다 빠르게 조직에 적응하며, 조직에 잔류하려는 경향이 높다. 따라서 예비적인(anticipatory) 사회화 단계가 쉽게 이루어지기 위해서는 무엇보다도 선발시에 조직의 가치와 부합될 수 있는 가치를 지닌 사람을 선발해야 한다. 실제 기업에서도 채용시에 직무수행능력뿐만 아니라 개인적 성격, 태도 등을 점차 중시하고 있다.

둘째 단계는 **경험**(encounter) 단계로 신규 구성원이 자신의 일과 사회적 관계를 직접 경험하는 단계이다. 이 단계에서는 직무와 역할 그리고 동료나 상사와의 관계 등에서 요구되는 조직의 기대나 요구를 경험하게 된다. 기존에 자신의 가치나 신념 등이 조직의 가치나 신념 등과 적합한지를 스스로 인식하게 되고 때때로 갈등을 경험하게 된다. 예를 들어 퇴근이 늦거나, 상사에 대해 깍듯하게 예의를 다하는 사회적 규범 등을 경험하면서 자신의 적합 여부를 판단하게 된다. 또한 예비적 사회화 단계에서 형성된 기대와 이러한 조직의 요구가 상충되어 갈등을 겪을 수도 있다.

마지막으로 **변화**(change)**와 수용**(acquisition) 단계이다. 이는 사회화의 최종 단계로서 신규 구성원은 일과 사회적 관계를 터득하게 되는 단계이다. 효율적으로 일하고, 자신의 역할을 명확히 하며 인간관계에 몰입하게 된다. 작업규범이나 조직의 가치 등을 수용함으로써 자신을 조직에 적합시킨다. 사회화는 신규 구성원 자신은 물론 다른 구성원들에 의해 그들이 조직 내부인(insiders)으로 인식될 때 종료된다.

사회화의 유형

조직의 사회화는 그 수행방식에 따라 몇 가지 유형으로 구분할 수 있다.[16] 첫째, 공식적인 사회화 프로그램의 적용 여부에 따라 공식적 사회화와 비공식적 사회화로 구분할 수 있다. 공식적 사회화는 신규 구성원을 곧바로 직무를 담당하기에 앞서 공식적인 사회화 프로그램을 통해 사회화하는 것을 말한다. 신입사원에 대한 오리엔테이션이 그 예이다. 이에 비해 비공식적 사회화는 공식적인 사회화

프로그램을 거치지 않고 곧바로 직무에 투입하는 것이다. 비공식적인 사회화는 구성원의 직무환경, 즉 상사나 동료 등에 의해 사회화가 왜곡될 수 있기 때문에 공식적 사회화가 필요하다.

둘째, 신규 구성원을 개별적으로 사회화할 것인가 혹은 집단적으로 사회화할 것인가에 따라 개인적 사회화와 집단적 사회화로 구분할 수 있다. 개인적 사회화는 집단적 사회화보다 사회화의 동질성을 확보하기가 어렵다.

셋째, 선임자에 의해 사회화가 이루어지는가에 따라 연속적(serial) 사회화와 단속적(disjunctive) 사회화로 구분할 수 있다. 즉 연속적 사회화는 풍부한 경험과 본보기가 될 만한 선임자에 의해 지속적으로 행해지며, 단속적 사회화는 그러한 선임자가 없는 경우에 각기 다른 선임자에 의해 행해진다. 연속적 사회화는 변화의 가능성을 최소화하려는 조직에 의해 선호되나 전통과 관습에 얽매여 자칫 신규 종업원의 창의성의 발휘를 제약할 수 있다.

마지막으로 수여적(investitive) 사회화와 약탈적(divestitive) 사회화가 있다. 수여적 사회화는 신규 구성원이 가지는 개인적 특성의 유용성을 인정하여 이를 강화시키는 것을 말한다. 즉 장점을 강화시키기 위한 목적으로 행해지는 사회화이다. 따라서 조직은 신규 구성원을 가능한 한 적게 변화시키려고 한다. 이에 비해 약탈적 사회화는 신규 구성원의 가지고 있는 일부 특성을 제거하여 교정하는 사회화이다. 즉 조직과 신규 구성원의 적합관계의 개선을 목적으로 행해지는 사회화이다.

사회화의 결과/효과

사회화는 조직구성원과 조직 전체에 영향을 준다. 우선 조직구성원 측면에서는 높은 성과와 직무만족을 낳는다. 또한 조직몰입을 높여 조직에의 잔류의사를 높인다. 성공적인 사회화는 신규 구성원으로 하여금 직무에 대한 적응을 용이하게 한다. 또한 다른 구성원과의 상호작용을 촉진하여 그들의 지식과 개인적 특성 등을 조직이 수용하도록 할 수도 있다.[17)]

조직 측면에서 볼 때 사회화는 조직구성원들이 조직문화를 의사소통하는 효과적인 도구로 활용될 수 있다. 눈에 보이지 않는 문화요소 — 예를 들어 가치나 기본가정 — 는 의사소통이 용이하지 않다. 신규 구성원의 경우 교육이나 훈련, 상사나 동료와의 상호작용 등 사회화의 과정을 통해 조직의 가치나 기본가정 등을 쉽게 전달할 수 있다.

조직문화와 혁신

조직문화의 구현이 지속되면 조직문화는 불가피하게 변화하고 새로운 관점으로 발전한다. 생산적인 환경에 대한 많은 새로운 아이디어가 수립되었는데 전형적인 것으로 앞 장에서 언급되었던 종업원 참여, 팀기반 관리, 임파워먼트, 절차적 정의가 있다. 여기선 혁신에 대해서 논의하고자 한다.[18)]

혁신은 시장에 소개되는 새로운 것(제품, 공정, 서비스 등)을 창출하고 실행하는 과정이다. 혁신은 조직의 모든 상황과 연관되어 있다. 개발, 제조, 마케팅에 대한 연구에 있어서 조직의 가장 큰 도전 중 하나는 최대의 비용절감적인 방식으로 시장의 요구를 충족시키는 핵심적인 과학기술을 취득하는 것이다. 하지만 혁신이 단순히 새로운 제품을 만들기 위한 과학기술 개발에만 한정되어 있지 않다. 진정한 조직혁신은 조직 전반에 영향을 미친다. 포춘지에 따르면 가장 존경받는 기업은 가장 혁신적인 기업이다. 이러한 기업은 모집, 전략, 연구, 경영과정 등 모든 방식에서 혁신적이다.

혁신적 기업이 되기 위해선 많은 위험을 감수해야 한다. 가장 근본적인 위험은 혁신이나 새로운 과학기술에 대한 결정이 예상치 못한 결과(second effect)를 초래할 수 있다는 점이다. 연구가 시작되고 기술자와 과학자가 새로운 아이디어나 문제해결방법에 대한 개발을 지속하는 동안에는 혁신이 기대했던 대로 성과를 내지 못할 가능성이 항상 존재한다. 이러한 이유 때문에 조직은 혁신을 검증하는데 상당한 자원을 할애한다. 두 번째 위험은 경쟁자가 시장에 혁신을 가져올 수 있는 의사결정을 먼저 할 가능성이다. 뒤늦은 결정은 시장에서의 성공가능성을 매우 낮게 한다. 오늘날 시장은 지속되는 혁신을 위한 전쟁터가 되고 있다.

혁신의 유형

혁신은 급진적, 시스템적, 점진적일 수 있다. 급진적 혁신은 전체 사업을 변화시키거나 창조하는 큰 비약적 발전이다. 증기 기관이나 인터넷이 그 예가 될 수 있다. 시스템적 혁신은 새로운 방식으로 기존의 부분을 융합하여 새로운 기능성을 만드는 것이다. 예를 들면 가솔린 엔진은 급진적 혁신으로 시작했지만 자동차를 만들기 위해서 자전거와 마차의 과학기술과 결합되었을 때는 시스템적 혁신이 되었다. 점진적 혁신은 과학기술의 개선을 지속시키고 급진적이고 시스템적 혁신의 적용력을 확대시킨다. 점진적 혁신이 급진적이고 시스템적 혁신보다 더욱 많다. 사실 급진적이고 시스템적 혁신이 바르게 작용하기 위해선 종종 많은 점진적 혁신이 필요하다. 점진적 혁신은 조직이 지속적으로 그들의 제품을 개선하고 경쟁에서 우위에 설 수 있도록 한다.

새로운 벤처

혁신에 기초한 새로운 벤처는 기업가정신과 일하기 좋은 환경을 만드는 훌륭한 관리기법을 필요로 한다. 기업가는 일반적으로 책임을 맡고자 하는 욕구, 위험을 감수하는 의지, 구체적 결과를 중시하는 성향 등의 성취욕구를 가진다.

큰 조직은 전체적으로 기업가 유형의 활동을 받아들이지 않는다. 따라서 큰 조직을 혁신적으로 만들고 새로운 벤처를 개발하기 위해서는 조직 내에서 기업가적인 활동을 활발히 장려해야 한다. 기업내 기업제도(intrapreneurship)라고 불리는 이러한 형태의 활동은 조직에서 일상적인 생활의 한 부분이 되고 연구 및 개발 부서 혼자가 아닌 조직전반에 발생될 때 보다 효과적이다.

기업연구

전통 조직에서 혁신을 개발시키는 가장 일반적인 방법은 기업연구 또는 연구개발을 통해서이다. 기업연구는 현재의 사업을 지원하고, 조직의 사업에서 점진적 혁신을 제공하며, 잠재적인 새로운 과학기술 토대를 탐구하기 위해서 이루어진다. 기업연구는 종종 실험실, 주요한 회사설비장소, 또는 통상적인 작업장으로부터 어느 정도 떨어진 곳에서 이루어진다.

기업연구자는 회사 제품과 공정을 과학기술적으로 진보시킬 책임이 있다. 제품수명주기는 얼마나 빨리 제품이 시대에 뒤떨어지고, 얼마나 빨리 제품에 대한 대체제가 개발되는가에 달려있다. 제품이 시대에 뒤떨어지거나 다른 제품이 그 제품의 대체제가 될 수 있다면 그 제품의 판매수익은 감소할 것이다. 기업연구는 회사제품을 최신으로 유지시킴으로써 이러한 일들이 발생하는 것을 막는다.

기업문화는 창의성과 혁신이 발생하는 환경을 촉진하는데 도움이 될 수 있다. 소니사(Sonny)와 휴렛패커드사(Hewlett-Packard)는 그들의 조직문화를 조금 더 혁신적으로 변화시키고자 노력하는 기업의 좋은 예이다.

요 약

- 조직문화는 한 조직의 구성원들이 공유하고 있는 가치관, 신념, 이념, 관습 등을 총칭하는 것으로서 조직과 구성원의 행동에 영향을 주는 기본적인 요인이다.
- 조직문화는 인위적 가공물(artifacts), 가치(values), 그리고 기본가정(basic assumptions)으로 구성되어 있다. 인위적 가공물은 눈에 보이지만 종종 해석되지 않는 문화의 상징물을 의미한다. 여기에는 의식, 이야기, 심볼, 언어가 속한다. 가치는 '무엇을 해야 하는가? 혹은 해서는 안 되는가?'에 대한 개인의 내면적인 신념(underlying beliefs)을 의미한다. 기본가정은 조직구성원들의 가장 내면에 자리잡고 있는 믿음이며, 외부세계에 대해 인식과 사고방식 그리고 행동에 대한 지침을 제공하는 것이다.
- 전체 조직에는 널리 퍼진 하나의 조직문화 이외에도 많은 하위문화와 역문화가 존재한다. 하위문화는 조직 내부의 다양한 요구를 충족시키고, 역문화는 혁신적인 아이디어 개발을 장려하는 등의 유용한 기능을 제공하기도 하지만, 여러 갈등과 오해를 만들기도 한다.
- 조직문화는 조직의 외부환경 요소와 조직내부 요소 등이 서로 복잡하게 상

호작용하면서 형성된다. 조직문화의 형성요인으로는 조직의 역사, 조직의 외부환경, 조직내부시스템 등이 있다.

- 조직문화는 네 가지의 기본적인 기능 — 일체감 조성 및 몰입증대, 효율적 의사소통 및 의사결정, 조직가치 강화, 통제 메커니즘 — 을 갖고 있다.
- 효과적인 조직문화는 강력하게 형성되어 있으며 환경과 적합하고 조직의 환경적응을 촉진하는 문화이다. 강한 조직문화는 조직을 이끄는 가치에 대해 조직구성원이 강력하게 동의하며 조직 외부에서 조차도 인식될 수 있는 정도로 강렬하게 형성된 조직문화를 의미한다. 환경에 대한 적응력이 있는 문화는 조직이 환경의 변화에 효과적으로 적응하도록 하는 조직문화를 의미한다.
- 조직문화는 조직이 의식하지 못한 가운데 자연적으로 변화할 수도 있고 조직의 의도나 목적에 의해 변화되어 새롭게 창조될 수도 있다. 조직문화의 구축과정은 전략적 가치고안, 문화적 가치개발, 비전수립, 수행전략실행, 문화적 행동강화 등 5가지 단계로 구분된다.
- 조직문화의 성공적인 변화를 위한 요건으로 변화의 올바른 방향성, 일관성, 지속성 그리고 경영층의 리더십이 필요하다.
- 혁신은 시장에 소개되는 새로운 것(제품, 공정, 서비스 등)을 창출하고 실행되는 과정이다. 조직문화는 이러한 창의성과 혁신이 발생하는 환경을 촉진하는데 도움이 될 수 있다.

핵심용어

조직문화	전략적 가치
의 식	비전수립
가 치	연속적 사회화/단속적 사회화
하위문화	혁 신
7's 모델	인위적 가공물
환경적합적 문화	심 볼

기본가정
역 문 화
강한 조직문화
환경적응적 문화
문화적 가치
사 회 화
수여적 사회화/약탈적 사회화

토의문제

1. 조직문화가 조직에서 왜 중요하게 취급되는가를 설명하시오.
2. 조직문화의 구성요소를 설명하시오. 자신이 속해 있는 조직문화의 구성요소에는 어떠한 것이 있는지를 논의하시오.
3. 조직문화의 형성요인을 설명하시오. 자신이 속해 있는 조직문화의 형성에 어떠한 요인이 영향을 주었는가를 논의하시오.
4. 7's모델의 특성을 설명하시오.
5. 조직문화와 조직효과성과의 관계에 대해 논의하시오.
6. 강한 조직문화, 환경적합적 문화 그리고 환경적응적 문화의 장단점을 설명하시오.
7. 조직문화의 변화단계와 각 단계에서 행해져야 하는 주요 활동을 설명하시오.
8. 조직문화의 성공적인 변화를 위한 요건을 설명하시오.
9. 사회화가 왜 조직에서 필요한지를 설명하시오.

참고문헌

1) Schein, E. H.(1985), *Organizational Culture and Leadership*, Jossey-Bass Publishers, p. 6.

2) 김인수(1991), *거시조직론*, 무역경영사, p. 580에서 일부 수정 인용.

3) Daft, R. L.(1995), *Organization Theory and Design*(5th ed.), West Publishing Company, p. 334; Schein, E. H.(1985), *Organizational Culture and Leadership: A Dynamics View*, Jossey-Bass, p. 14.

4) Trice, H. M. & Beyer, J. M.(1984), Studying Organizational Cultures through Rites and Ceremonials, *Academy of Management Review*, pp. 653-669.

5) Argyris, C. & Schön, D. A.(1978), *Organizational Learning*, Addison-Wesley.

6) Nelson, D. L. & Quick, J. C.(1997), *Organizational Behavior*(2nd ed.), West Publishing Company, p. 480.

7) Aldag, R. J. & Kuzuhara, L. W.(2002), *Organizational Behavior & Management: An Integrated Skills Approach*, South-Western, pp. 354-355.

8) Gorden, C. G.(1991), Industry Determinants of Organizations Culture, *Academy of Management Review*, pp. 396-415.

9) Kotter, J. P. & Heskett, J. L.(1992), *Corporate Culture and Performance*, The Free Press.

10) Smircich, L.(1983), Concepts of Culture and Organizational Analysis, *Administrative Science Quarterly*, pp. 339-358; Weiner, Y. & Vardi, Y.(1990), Relationships between Organizational Culture and Individual Motivation: A Conceptual Integration, *Psychological Reports*, pp. 295-306.

11) Rouis, R. M.(1980), Surprise and Sense Making: What Newcomers Experience in Entering Unfamiliar Organizational Settings, *Administrative Science Quarterly*, pp. 209-264.

12) Robbins, S. P.(1985), *Essentials of Organizational Behavior*, Prentice-Hall, pp. 317-325.

13) Peters, T. J. & Waterman, R. M., Jr.(1982), *In Search of Excellence*, New York: Harper & Row, p. 10.

14) Moorhead, G. & Griffin, R. W.(2004), *Organizational Behavior: Managing People and Organizations*, Houghton Mifflin, pp. 500-502.

15) Robbins, S. P., *op. cit.*, pp. 321-324.

16) Nelson, D. L. & Quick, J. C., *op. cit.*, p. 489.

17) *Ibid.*, p. 491.

18) Moorhead, G. & Griffin, R. W.(2004), *Organizational Behavior: Managing People and Organizations*, Houghton Mifflin, pp. 507-511.

16 조직변화와 개발

학습목적

1. 조직변화 유형에 대한 이해
2. 조직변화의 과정에 대한 이해
3. 조직변화의 저항요인과 극복방안 이해
4. 조직개발 주요 기법 이해
5. 조직개발의 효과성 평가 이해

오스본社의 파산 사례

PC를 최초로 개발한 미국의 오스본 컴퓨터는 PC를 최초로 도입한 지 2년 후인 1981년 2월에 4천 5백만 달러의 빚을 지고 파산선고를 받았다. 이 회사가 생존해 있을 당시 2년간에 거의 1억 달러에 가까운 매출을 올리고 있었다는 사실에 비추어 보면 놀라운 일이 아닐 수 없다.

번성하던 기업이 어떻게 하루아침에 사라질 수 있는가? 오스본의 실패에는 여러 가지 이유가 있지만 핵심요인은 IBM과 같은 거대 기업이 시장에 진입하면서 만들어 낸 급격한 성장과 복잡한 변화에 적응할 능력이 없었다는 것이다. 컴퓨터 생산기술에 따라 컴퓨터시장이 변화하면서, IBM과 같은 거대 기업들은 매우 공격적으로 출발을 하였다. 애플사는 증가하는 가정용 컴퓨터 수요를 창출하고 이에 맞추어 갈 수 있도록 변화해 갔다. 그러나 오스본은 급격한 환경의 변화에 적응하지 못했다. 제록스, 텍사스 인스트루먼트, 아메리칸 모터스 그리고 코닥같은 회사들도 생존해 오면서 기술이나 시장조건의 급격한 변화에 적절하게 적응하지 못해 여러 번 어려움에 처했었다. 오스본사처럼 변화하는 조건에 효과적으로 대응하지 못하면 조직은 쇠퇴하고 결국 사라져 간다.

조직은 생존해 가는 동안에 수많은 변화에 직면하게 된다. 변화에의 적응은 조직이 생존해 가는 데 있어서 필수불가결한 부분이다. 변화에 적응하는 조직은 번성하고 그렇지 않은 조직은 쇠퇴하며 결국 사라지게 된다. 조직의 생존과 유지를 위해서는 조직의 변화를 초래하는 요인을 정확하게 인식하고 효과적으로 조직의 변화를 추구해야 한다.

이 장에서는 이러한 조직변화의 과정에 대해 살펴본다. 구체적으로 조직변화를 네 가지 측면에서 파악한다. 먼저 조직 내·외부에서 변화를 유발하는 요인들을 중심으로 계획적인 변화와 자연적인 변화에 대하여 살펴본다. 그리고 조직변화과정에서 중요한 핵심문제라고 할 수 있는 변화의 대상, 변화가 발생하기 위한 조건, 조직변화를 받아들이고자 하는 조직구성원들의 의지(변화에 대한 저항) 등에 관하여 살펴본다. 다음에는 계획된 조직변화를 수행하기 위한 몇 가지 주요 기법, 즉 조직개발기법에 대하여 살펴본다. 마지막으로 조직개발의 효과성에 대하여 알아본다.

조직변화의 필요성

〈그림 16-1〉에서 보듯이 미국 회사들의 생존율은 매우 낮은 것으로 나타나고 있다. 새로 설립된 기업의 62%가 설립된 지 5년 안에 사라지고 있다.[1)]

〈그림 16-1〉 미국기업가들의 생존율

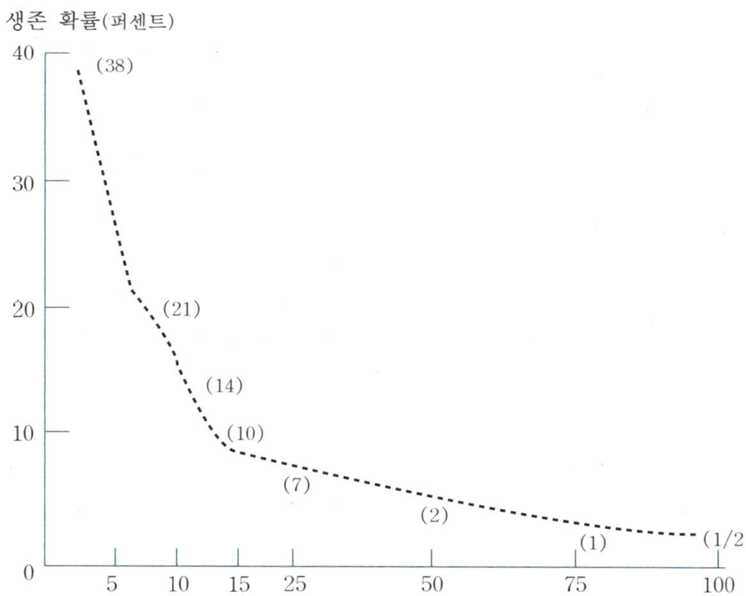

자료: P. C. Bystrom & W. H. Starbuck(1984), To Avoid Organizational Crisis, Unlearn, *Organizational Dynamics*.

환경의 변화는 조직이 생존하는데 심각한 도전 또는 위협이 되고 있다. 이러한 환경변화에 적응하기 위하여 조직은 변화를 하게 된다. 그러나 조직의 모든 변화가 외부요인에 의해 이루어지는 것은 아니다. 조직변화는 내부적인 계획에 의해서 이루어지기도 한다.

조직의 변화를 유발하는 요인들은 〈표 16-1〉과 같이 네 가지 범주로 구분할 수 있다.[2] 범주들은 ① 조직에 의해 계획되었는가 혹은 계획되지 않은 것인가, ② 조직 외부에서 온 원인인가 혹은 조직 내부에서 온 원인인가 하는 두 가지의 차원을 조합하여 나온 것이다. 이하에서는 이와 같은 분류에 따라 조직변화의 유형을 구체적으로 살펴보기로 한다.

〈표 16-1〉 조직변화의 유형

	계획된 변화	계획되지 않은 변화
내부적인 변화	-상품 혹은 서비스 변화 -관리시스템의 변화	-인구통계학적 변화 -성과차이
외부적인 변화	-새로운 기술의 도입 -정보처리와 의사소통방법의 변화	-정부의 법규 -외부경쟁

자료: R. A. Baron & J. Greenberg(1989), *Behavior in Organizations: Understanding and Managing the Human Side of Work*, Allyn & Bacon, p. 563.

계획된 내부변화

이는 조직의 변화가 조직 내부의 전략적 의도나 계획에 의해 일어나는 경우를 의미한다. 조직이 사업방식을 바꾸거나 사업특성을 바꾸게 되면 이에 따라 조직변화가 일어나게 된다. 예를 들어, 한 회사가 다른 회사를 인수했다고 하면 새로운 조직을 어떻게 관리하고 운영할 것인가 즉, 어떻게 조직을 변화시켜야 할 것인가를 계획하게 된다. 계획된 조직변화를 유발하는 대표적인 예로는 상품과 서비스 변화 그리고 관리시스템의 변화가 있다.

상품 혹은 서비스의 변화

계획에 의해서 회사가 고객에게 제공하는 서비스를 바꾸게 되면 이에 따라 조직변화가 일어나게 된다. 예를 들어, 당신이 친구와 함께 조그만 세탁소 사업을 시작했다고 상상해 보자. 두 사람이 각각 일을 나누어서 세탁을 하고, 물건을 구입하고, 관리를 한다고 하자. 오래지 않아 사업을 확장하고 신입사원을 뽑고, 본격적으로 세탁업을 시작하게 되었다. 고객들 중에서 많은 사람들이 창문청소를 하고 싶어한다는 것을 알게 되었고 당신과 친구는 심사숙고한 후에 창문청소 사업에까지 사업을 확장하기로 하였다. 이러한 결정 때문에 창문청소라는 새로운 서비스가 추가되고 사업은 새로운 방향을 갖게 되며, 이로 인하여 많은 변화가 조직에서 나타난다. 새로운 장비와 물품이 필요할 뿐 아니라 새로운 인력을 고용하고 훈련해야 하며 새로운 보험에 가입해야 하고 새로운 회계가 도입되어야 한다.

해마다 많은 기업들에 의해서 무수히 많은 신상품과 서비스가 고객들에게 제공되고 있다. 그러나 불행하게도 이 중 대부분은 실패한다. 왜 그럴까? 그리고 이러한 것을 개선하기 위해서 무엇을 해야 할까?

수평연계모형(horizontal linkage model)은 이러한 질문에 가치 있는 시사점을 제공한다.[3] 수평연계모형은 신제품이 성공하기 위해서는 마케팅과 연구부문이 서로 성공적으로 상호작용을 하고 외부 환경과도 성공적으로 상호작용해야 한다는 것을 제시한다(〈그림 16-2〉 참조). 연구와 마케팅분야는 조직에서 핵심적인 부문이다. 왜냐하면 이들은 변화와 가장 밀접하게 관련된 부문들이기 때문이다. 통상적으로 이 부문의 전문가들은 조직의 외부환경과 관련하여 가장 밀접하게 활동한다. 연구부문의 조직구성원들은 새로운 기술적 발전을 파악하고 이를 제품개발에 연결하여 관련된 부문에서 앞서 가야 한다. 또한 마케팅부문의 조직구성원들은 고객들의 선호도 변화와 경쟁자들의 신제품 도입을 감시할 수 있는 능력을 가지고 있어야 한다. 즉 두 부문은 외부환경과 조직을 연결시키는 역할(boundary spanning role)을 해야 한다는 것이다.

그러나 이 두 부문이 단지 자신들의 부문에 관한 정보를 수집하는 기능만을 수행해서는 안 된다. 이들 두 부문간에 수평적 관계를 수립하여 그들의 노력을 통합해야 한다. 수집한 정보를 공유하고 서로가 자문을 해야 한다. 이러한 의사소

〈그림 16-2〉 수평연계모형

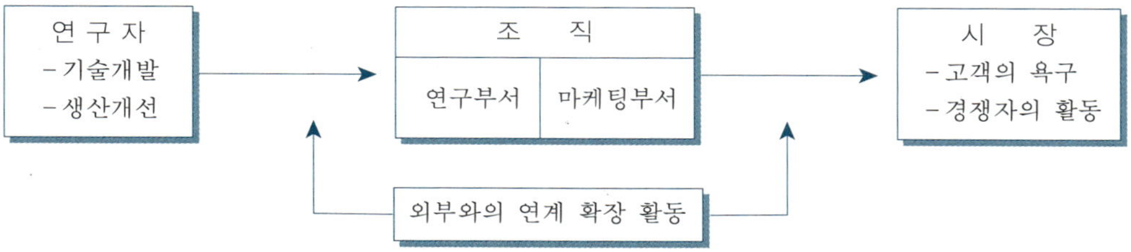

자료: R. L. Daft(1995), *Organization Theory and Design*(5th ed.), West Publishing Company. p. 276.

통이 없으면 조직 내에 오히려 큰 혼란이 올 뿐 아니라 조직변화를 하는 데 있어 실패하는 요인이 될 수도 있다. 마케팅부문과 연구부문이 상호간에 그리고 조직외부와 상호작용이 잘 되는 조직의 제품은 고객들에게 잘 받아들여진다. 수평연계모형이 주는 시사점에 주의를 기울이면 서비스와 상품을 보다 효과적으로 변화시킬 수 있다.

관리시스템의 변화

가장 일반적인 조직변화의 형태는 관리시스템을 변화시키는 것이다. 이와 같은 변화는 보통 조직의 효율성을 개선하거나 이미지를 바꾸고자 할 때 혹은 조직이 어떤 정치적 우위를 얻고자 할 때 이루어진다. 일반적으로 조직관리상의 변화를 유발하는 압력은 상위경영층으로부터 생성되어 하향식으로 조직구성원들에게 전달된다. 반면에 상품과 서비스를 생산하는 핵심작업에 대한 변화압력은 기술부문이나 하위계층으로부터 시작된다.[4)]

계획된 외부변화

이는 조직이 조직외부의 변화를 계획적으로 수용하거나 이에 대응할 때 일어나는 조직의 변화를 의미한다. 조직은 현재 운영되는 방식에 따라 변화를 계획할 수도 있지만 조직의 외부로부터 변화를 들여올 수도 있다. 새로운 정보처리기술을 도입한다거나 새로운 커뮤니케이션 방법을 도입하는 것이 이러한 범주의 변화라고 할 수 있다. 이러한 변화는 조직외부로부터 계획적으로 변화를 도입함으로써 이루어진다.

기술이 조직의 운영방식에 변화를 가져온다는 것은 의심할 바 없는 사실이다. 컴퓨터를 사용하게 되면서 서류의 작성, 전송 그리고 정리하는 방식에 혁신적인 변화가 일어났다. 최근에는 생산공장들도 컴퓨터를 이용한 자동화로 높은 생산성 향상을 이루었다.

조직 내에서 기술의 변화는 다양한 형태로 나타난다. 대표적인 예가 항공기의 조종실이다. 여기에서는 안내지원 외에도 조종사가 수행하는 다양한 기능들이 컴퓨터에 의해 실행된다. 이와 관련하여 존 나이스비츠(J. Naisbitt)는 그의 베스트 셀러인 '메가트렌즈(Mega Trends)'에서 하이테크 도구들이 더욱 친밀해지고 사용하기 쉬워질 것이라고 예견하였다. 지난 수년간 PC를 사용해 본 사람이라면 과거의 도스(DOS)에 비하여 윈도우즈(Windows)가 훨씬 더 쉬워졌다는 것을 알 수 있을 것이다.

기술의 발전이 생산현장에 미친 변화 중에서 가장 큰 것 중의 하나는 로봇의 도입이다. 로봇은 특히 자동차산업에 많이 도입되고 있다. 로봇은 매우 효과적이어서 로봇 때문에 일자리를 걱정하는 사람들까지 생기게 되었다. 이러한 걱정은 조직구성원들이 조직변화에 저항하는 주요 이유가 된다.

정보처리와 의사소통의 발전

지금은 TV를 본다든지 장거리 전화통화를 하는 것이 일상적인 일이 되었지만 이러한 것이 꿈같이 생각되던 때가 그리 오래 전이 아니다. 만일 옛날 서부영화를 본 적이 있는 사람이라면 말 탄 우체부가 우편물을 전달하려고 많은 어려움을 겪었던 것을 기억할 것이다. 오늘날에는 정교한 위성통신시스템, 광섬유케이블을 이용한 통신, 팩시밀리, 이동전화, 화상회의와 같은 도구들로 인해 의사소통을 하거나 업무상 회의를 하는 것이 대단히 편리해졌다. 의사소통시스템의 발전은 조직의 성장과 발전에 직접적인 영향을 미친다. 즉 막대한 양의 정보를 과거에 비하여 빠르고 폭 넓게 조직이 공유할 수 있도록 함으로써 환경변화 뿐만 아니라 경쟁자에 대해서도 신속한 대응이 가능하다.

계획되지 않은 내부변화

조직의 변화를 유발시키는 요인들이 모두 전략적인 계획으로부터 나오는 것은 아니다. 실제로 계획되지 않은 변화에 대하여 조직이 적응해야 하는 경우가 많다. 특히 조직의 내부요인에 의해 그렇게 되는 경우가 많다. 계획되지 않은 내부변화의 유발요인들은 크게 두 가지로 나누어 볼 수 있다. 하나는 조직구성원들의 인구통계학적 요소이고, 다른 하나는 성과차이이다.

조직구성원의 인구통계학적 구성

조금만 생각해 보면 인구통계학적 요소의 변화가 조직의 변화에 얼마나 큰 영향을 미치는가를 알 수 있다. 베이비붐 세대를 예로 들어 보자. 세계적으로 보면, 2차 대전 이후에 1940년대에서 50년대에 태어난 사람들을 베이비붐 세대라고 하고 우리나라에서는 한국전쟁 이후 1950년대 말에서 60년대에 태어난 사람들을 베이비붐 세대라고 한다. 이들의 높은 교육수준과 소득은 보다 다양하고 편리한 상품을 만들도록 하고 있다. 예를 들어, 고급승용차, 인스턴트식품과 이것을 요리하는 전자레인지 등과 같은 상품들이 인기를 끌고 있다. 결혼해서 아기를 키우고 있는 여성들을 많이 고용하려면 조직들은 탁아시설을 강화해야 하며, 파트타임으로 일하게 하거나 직무를 공유하도록 설계해야 한다.

또한 조직구성원들이 고령화되면서 조직은 연금에 대한 부담도 커지고 있다. 이와 같이 인구통계학적 요소와 같은 노동력구성의 변화는 조직의 다양한 변화를 가져온다.

성과차이

조직이 기대하고 있는 성과수준에 비하여 실제의 성과수준이 매우 낮으면 그 차이가 커질수록 조직변화에 대한 필요성도 커지게 된다. 낮은 조직성과 만큼 조직의 변화를 유발하는 것도 없다. 생산라인의 고장률이 높다거나, 수익마진이 줄어들고 있다거나, 판매수준이 회사의 기대에 미치지 못하게 되는 것 등은 모두 기대하는 성과수준과 실제수준이 차가 나는 예이다.

일반적으로 조직은 잘 될 때에는 현상유지를 하고 잘못될 때에는 이에 반응하여 변화를 시도한다. 다시 말하면 **'성공→현상유지'**, **'실패→변화'**의 규칙을 따른다는 것이다. 일부 연구들에 의하면 성과차이가 조직의 혁신을 촉발하는 핵심요인 중의 하나로 나타났다.[5] 기대 이하의 낮은 성과에 반응하여 변화를 적절히 시도하는 조직은 성공할 가능성이 많다.

계획되지 않은 외부변화

조직이 해결해야 하는 가장 큰 과제 중의 하나는 조직이 통제할 수 없는 외부변화에 적응하는 능력을 갖는 것이다. 한 연구조사에 의하면 외부변화에 가장 잘 적응하는 회사가 생존가능성이 가장 높은 것으로 나타나고 있다.[6] 조직이 생존하려면 환경이 변화함에 따라 이에 적응해야 한다. 계획되지 않은 외부변화요인으로는 정부의 규제와 경제적 경쟁이 있다.

정부의 규제

계획되지 않은 조직변화 중에서 가장 일반적인 것은 정부의 규제로부터 나온다. 정부의 최저임금과 관련된 규제의 변화에 의해 최저임금을 받는 조직구성원들의 임금이 달라지게 되고, 이에 따라 조직의 임금정책 변화를 비롯해 다양한 변화가 일어난다.

정부의 활동이 어떻게 조직변화를 가져오는가에 대한 훌륭한 예는 1984년 AT&T사의 기업 구조조정이다. 반 독점법안이 통과되자 1천 30억 달러의 자산과 거의 1백만의 조직구성원을 가지고 있는 회사의 구조조정이 가능하게 되었고 AT&T는 7개의 새로운 회사로 다시 태어났다.[7] 이러한 정부주도 하의 구조조정은 현재 우리 나라에서도 광범위하게 실시되고 있다는 것은 주지의 사실이다.

경제적 경쟁

지금도 누군가는 보다 개량된 쥐덫을 만들고 있으며, 보다 싼 것을 만들거나 혹은 보다 효과적으로 마케팅을 하고 있다. 이러한 일들이 매일 매일 일어나고 있다. 결과적으로 회사들은 시장점유율을 유지하고, 보다 효과적으로 광고를 하고, 상품을 보다 싸게 만들기 위해 항상 노력해야 한다. 이러한 경제적 경쟁은 생존을 위한 조직의 변화를 초래한다.

오늘날의 경쟁은 전세계적으로 이루어지고 있다. 원료와 제품을 수송하는 비용이 점차적으로 낮아지고, 미국, 일본, 캐나다, 서유럽 등과 같이 산업화된 나라들은 전세계를 무대로 시장점유율 경쟁을 하게 되었다. 다시 말하면 계속적으로 성장하는 지구촌시장이 된 것이다.

이러한 경제의 지구적 확장은 세계경제시스템 속에서 경쟁하고자 하는 모든 조직들에게 심대한 도전이 되고 있다. 이제 일회적이 아닌 지속적 변화만이 조직의 생존을 보장하는 기본적인 요건이 되고 있다. 예를 들면, 미국의 거대한 자동차제조업체들이 품질 좋은 소형차에 대한 세계시장의 요구에 부응하지 못함으로써 받은 고통을 생각해 보라. 분명한 사실은 시장은 커지고 있지만 경쟁자의 수도 증가하기 때문에 세계시장은 가장 적응력이 높은 기업만이 살 수 있는 곳으로 되어 가고 있다는 것이다.

조직변화의 과정

조직은 여러 이유로 인해 다양하게 변화한다. 그러나 조직변화의 과정이 우발적으로 이루어지는 것은 아니다. 오히려 잘 정립된 패턴에 따라 이루어진다. 여기에서는 이러한 조직변화의 과정에 대하여 살펴본다. 구체적으로 '조직 변화의 목표', '조직변화의 조건' 그리고 '조직 변화에의 저항'에 대해 살펴본다.

조직변화의 목표: 무엇이 변화되어야 하는가

조직변화의 목표는 다양하게 설정될 수 있지만 조직구조의 변화, 기술의 변화, 그리고 사람의 변화 등이 특히 중요하다.

구체적인 예를 들어 설명해 보자. 당신이 사무빌딩 운영을 관리하는 엔지니어라고 가정해 보자, 빌딩주인이 빌딩 난방비용 때문에 운영비가 너무 많이 지출된다고 지적하였다. 즉, 변화(빌딩의 난방비 절감)의 필요성이 발생한 것이다. 난방연료 요금을 내릴 수는 없기 때문에 난방사용에 있어서 무엇인가 변화를 시켜야 한다. 이를 어떻게 해결할 것인가? 관리자와 함께 당신은 이러한 목표를 달성하기 위한 몇 가지 방안을 마련하였다.

하나는 직무책임을 조정하여 난방온도의 조절을 유지보수담당 인력만이 할 수 있도록 하였다. 다른 하나는 모든 온도조절장치에 타이머를 부착하여 빌딩온도가 자동적으로 낮은 수준을 유지하도록 하였다. 마지막으로 온도조절기 옆에 스티커를 붙여서 18도 이상으로 높이지 말도록 경고문을 붙였다. 다른 가능성(방법)도 있겠지만 이 세 가지 방안이 우리가 여기서 다루고자 하는 조직변화의 3가지 주요 목표, 즉 구조, 기술 그리고 사람에 대한 예가 될 수 있다.

조직구조의 변화

조직구조를 바꿈으로써 합리적인 조직변화를 이룰 수가 있다. 앞의 예에서 난방문제를 해결하기 위해 '직무책임을 재배치하는 것'은 구조적 해결안이라고 할 수 있다. 실제로 규칙, 책임, 그리고 절차를 바꿈으로써 효과적인 변화를 이룰 수 있다. 고도로 분권화된 설계(온도조절을 누구나 할 수 있는)에서 집권화된 설계(유지보수 인력만이 온도를 조절하는) 형태로 빌딩 온도조절을 바꾸는 것은 조직변화를 실행하는 한 방법이다. 이러한 구조적 해결안은 권력구조의 변화를 초래한다. 즉, 누가 특정과업에 대하여 책임을 가지는가에 따라 구조가 바뀌게 된다.

조직구조의 변화는 여러 형태로 나타날 수 있다.[8] 예를 들면, 상사가 책임을 지는 부하의 수 즉, 조직의 통제범위와 관련하여 변화가 이루어질 수도 있다. 생산에 기초한 구조에서 기능에 기초한 구조로의 변화 등과 같이 부서를 설계하는 기준을 바꾸는 형태로 이루어질 수도 있다. 또 다른 형태로 직무기술서나 정책과 절차에 대한 기술서를 재정립하는 형태가 있다.

기술의 변화

앞의 예에서 난방비 문제에 대한 해결책 중의 하나로 빌딩을 사용하지 않을 때 자동적으로 빌딩의 온도를 낮추는 온도조절 장치를 도입하는 방안을 살펴보았다. 이것은 빌딩의 난방비 문제를 해결하기 위한 기술적 접근법이다. 기술적인 해결책으로 온도를 자동으로 올려 주는 장치를 설치할 수도 있다.

기본적인 아이디어는 기술적 개선을 통해 효과적인 작업이 가능하다는 것이다. 만일 타자기를 사용하여 문서를 작성한 적이 있는 사람이라면 같은 작업을 워드 프로세서로 하면 얼마나 더 효과적인지를 알 것이다. 기술적 변화에는 다양한 형태가 있다. 예컨대, 직무에 사용하는 장비의 변화(즉, 로봇), 기계적인 장치를 마이크로 프로세서로 대치(비행기 장비 등), 혹은 단지 디자인이 좋은 도구의 사용(즉, 사용하기에 안락한 의자) 등이다. 이러한 각각의 기술변화는 조직기능에 있어서 보다 효과적인 개선을 가능하게 한다.

사람의 변화

독자들 중에는 아마 강의실이나 빌딩 등의 조명 스위치 옆에 사용 후 전원을 끄라는 스티커를 본 일이 있을 것이다. 이것들은 앞에서 예를 든 온도조절장치 옆에 온도가 18도 이상 올라갈 때 온도를 줄이라고 하는 스티커를 붙인 것과 같은 것이다. 이는 사람들이 행동하는 방식을 바꾸어서 조직의 변화를 하려는 노력이다. 기본가정은 조직의 효과성은 조직 내에서 일하는 사람들의 행동에 크게 의존한다는 것이다. 조직구성원들의 조직목표달성에 대한 동기가 어느 정도인가에 따라 그리고, 효과적으로 일하는 것에 대한 보상의 정도에 따라 조직은 필요한 만큼 변화할 수 있다.

〈그림 16-3〉은 사람을 변화시키는 기본단계를 설명한 것이다.[9] 첫번째 단계는 **해빙**(unfreezing)이다. 이것은 현재 상태가 바람직하지 않으며 따라서, 변화가 필요하다고 인식하는 단계이다. 변화의 필요성은 어떤 심각한 조직의 위기(심각한 손실, 파업 혹은 큰 소송 등)로부터 나오거나 혹은 단지 현재의 상태가 적절하지 않다는 사실을 지각하는 데서 온다(즉, 장비의 잦은 고장, 조직구성원 훈련부족 등). 해빙단계가 지나면 **변화**(changing)단계가 온다. 이 단계에 조직과 구성원에 대한 보다 바람직한 상태를 창조하기 위하여 어떤 계획된 변화가 이루어진다. 변화에 대한 시도는 경우에 따라 전체적일 수도(즉, 조직 전체에 대한 구조조정 등) 있고 혹은 부분적(즉 훈련 프로그램의 변화와 같은)일 수도 있다. 마지막으로 변화가 조직의 운영과 조직구성원들의 사고에 통합되면 **재동결**(refreezing)이 이루어진다(즉, 변화가 정착되도록 조직구성원의 바람직한 행동에 대하여 보상하는 메커니즘이다). 재동결을 통해 새로운 태도와 행동이 조직시스템으로 통합된다.

조직의 변화노력은 조직구조, 사용되는 기술 그리고 사람을 주요 목표로 한다. 이러한 변화들은 서로간의 변화를 필요로 한다. 간단한 예로서 직무를 수행하는 데 필요한 기계의 변화가 그것을 사용하는 조직구성원의 기술에 어떠한 변화를 요구하는가를 생각해 보라. 사실 거의 모든 변화는 조직구조든 기술이든 사람

〈그림 16-3〉 변화의 기본단계

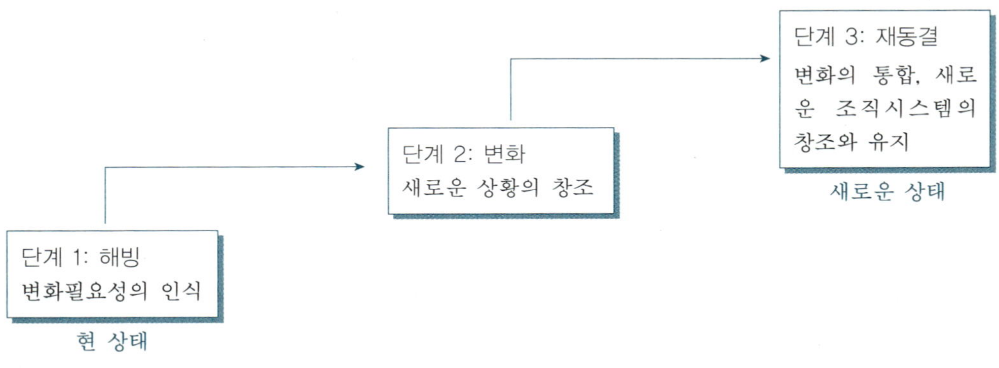

자료: K. Lewin(1951), *Field Theory in Social Science*, New York: Harper & Row.

들이 직무를 수행하는 방식에 큰 영향을 미친다. 이러한 이유 때문에 조직변화를 받아들이고자 하는 사람들의 의지에 영향을 미치는 요인들에 세심한 관심을 가져야 한다.

조직변화의 이점

조직변화가 이루어지기 위해서는 조직구성원들이 변화를 통해 얻을 수 있는 이익이 비용보다 크다는 믿음을 가지고 있어야 한다. 〈그림 16-4〉는 조직변화의 이점과 비용을 비교하여 조직변화가 일어나는 과정을 설명한 것이다.

〈그림 16-4〉에서 보듯이 변화를 함으로써 이익이 생기도록 하는 요인들로는 ① 현 상태에 대한 불만족 정도, ② 바람직한 대안의 가용성, 그리고 ③ 이러한 대안을 달성하기 위한 계획의 존재 등을 들 수 있다.[10] 이러한 세 가지 요인은 변화의 이점을 만드는 데 서로 상승작용 관계를 갖는다. 이 의미는 만일 이 요인들 중의 하나가 매우 낮으면, 변화로 인한 이익과 변화 자체가 발생할 확률이 매우 낮다는 것을 의미한다. 만일 사람들이 불만족한 상태가 아니라면 혹은 만일 마음속에 어떤 바람직한 대안을 가지고 있지 않다면 변화를 시도하려 하지 않을 것이다. 물론 기대되는 이익이 비용보다 크다고 생각되면 변화가 일어날 것이다. 공식적인 조직변화계획을 시도하기 전에 이러한 요인에 대하여 세심한 주의를 기

〈그림 16-4〉 조직변화의 이점

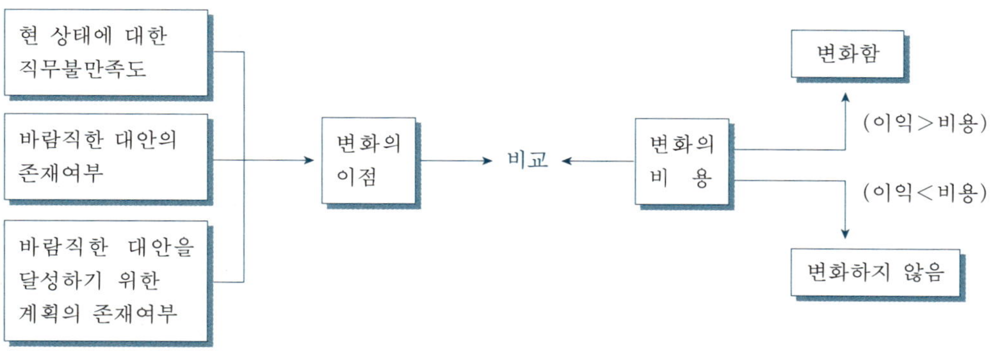

자료: M. Beer(1980), *Organizational Change and Development: A Systems View*, Glenview, Ill.: Scott, Foresman Company.

울여야 한다.

조직변화에 대한 시도가 효과적이기 위해서는 조직변화의 장애요소를 극복해야만 한다. 특히 변화과정에서 발생하는 저항을 효과적으로 관리해야 한다.

조직변화에 대한 저항: 조직변화가 받아들여질 것인가

비록 사람들이 조직의 현재 상태에 대하여 불만족을 가지고 있다 해도 사람들은 변화로 인해 오히려 더 나빠질 지도 모른다고 걱정할 수도 있다. 새로운 상황에 대한 공포가 현실적인 것으로 되고 이로 인해 사람들은 변화를 거부하게 된다. 변화에 대한 저항은 개인과 조직 측면 모두로부터 나온다.

변화에 대한 개인적 저항

사람들이 조직의 변화에 저항하는 이유는 다음과 같이 요약할 수 있다.[11)]

- **경제적 불안정:** 직무에 대한 변화는 개인의 삶에 영향을 미친다. 예를 들어, 직업을 잃거나 봉급이 감소한다든지 하는 형태로 나타나는 변화는 경제적 불안정을 초래한다. 그렇기 때문에 직무 안정성에 대한 보장을 하지 않는다면 조직구성원으로부터의 저항은 불가피한 것이다.
- **불확실성에 대한 두려움:** 사람들은 같은 일을 같은 방식으로 수행할 때 안정감을 느낀다. 친숙한 패턴이 사라지면 익숙하지 못한 상황이 오게 되고 이것은 저항을 부른다.
- **사회적 관계의 위협:** 사람들이 조직에서 일을 하는 동안 동료들과 강한 사회적 관계를 형성한다. 많은 조직변화(즉, 직무책임의 재조정 등과 같은)는 많은 조직구성원들에게 사회적 보상의 중요한 원천이 되는 친숙 집단의 통합을 위협한다.
- **새로운 지식/기술의 학습:** 잘 학습되어 습관처럼 된 직무는 수행하기가 용이하다. 직무를 수행하는 방식이 바뀌게 되면 사람들은 일을 다시 배워야 하고 새로운 기술을 습득해야 한다. 이것은 분명히 원래 배웠던 대로 하는 것보다 더 어렵다.
- **변화 필요성에 대한 인식의 결여:** 조직의 변화에 대한 필요성을 조직구성

원들이 충분히 인식하지 못하면 어떤 변화노력도 받아들여지기 어렵다.

변화에 대한 조직적 장애

앞에서 언급한 대로 조직변화에 대한 저항은 개인뿐만 아니라 조직 자체와 관련된 요소에서도 나온다.[12)]

- **구조적 관성:** 조직은 안정성을 가지도록 설계된다. 조직구성원들이 어떤 특정 직무를 수행하도록 선발되고 훈련되는 정도에 따라 그리고 그 직무를 수행하는 것에 대한 보상정도에 따라 개인들이 특정한 방식으로 일을 하게 하는 힘이 강해진다. 이러한 힘에 의해 직무들은 구조적인 관성을 가진다.[13)] 다시 말하면 직무의 안정성을 만드는 힘들이 변화에 대한 저항을 야기하는 것이다.
- **작업집단 관성:** 직무를 어떤 특정 방식에 따라 계속적으로 수행하게 하는 관성은 직무 자체로부터 나오기도 하지만 조직구성원들이 일하는 사회적 집단으로부터 나오기도 한다. 작업집단 내에는 강한 사회적 규범이 있기 때문에 작업을 어떤 특정 방식대로 하게 하는 강한 압력이 있다. 변화를 도입하게 되면 이러한 규범이 파괴되기 때문에 강한 저항이 생기게 된다.
- **현재의 힘의 균형의 파괴에 대한 위협:** 일을 수행하는 방식에 관련하여 변화가 일어나면 개인들 그리고 조직단위들 사이의 힘의 균형에 변화가 발생한다. 현재 자원을 통제하고 힘을 가지고 있는 부서는 조직변화의 결과로 이러한 우위를 잃는 것에 대한 두려움을 가지게 된다.
- **과거의 변화노력의 실패경험:** 과거에 변화에서 불이익을 경험한 사람은 동일한 다른 시도에 대하여 저항하게 마련이다. 이와 비슷하게 집단이나 전체 조직도 과거에 변화를 시도하다 실패를 한 경험이 있으며, 또 다른 변화를 시스템 내에 도입하는 것을 꺼리게 된다.

이러한 조직적 저항을 어떻게 극복할 것인가는 매우 중요하다. 무엇보다도 이러한 변화에 대한 장애가 효과적으로 극복되지 않으면 어떤 체계적인 조직변화노력도 실패할 가능성이 높다. 조직변화에 대한 저항을 극복하고 효과적으로 조직을 변화시키기 위해서는 다음 절에서 설명하는 다양한 조직개발기법을 잘 활용할 필요가 있다.

조직변화에 대한 저항을 극복하는 가이드라인

조직변화가 좋은 쪽으로 이루어지기 위한 핵심요인은 변화가 얼마나 잘 관리되는가에 달려 있다. 특히 관리자들은 조직변화에의 저항유발 요인들을 잘 관리해야 한다. 이를 위한 몇 가지 유용한 접근법들을 요약해 보면 다음과 같다.

1. 정치역학의 형성: 바람직한 수준의 변화 목표를 달성하기 위해서는 조직정치의 역할이 매우 중요하다. 힘있고 영향력이 있는 사람들의 협조를 받음으로써 정치적으로 저항을 극복할 수 있고 변화에 대한 조직구성원들의 대중적 지지를 얻을 수 있다. 또한 변화가 조직의 리더들에게 지원을 받고 있다는 것을 명확하게 보여 줌으로써 다른 사람들이 이에 효과적으로 따르도록 할 수 있다. 왜냐하면 이들은 리더와 비전을 함께 하며 리더의 보복을 두려워하기도 하기 때문이다. 어떤 방법이든간에 변화에 대한 정치적 지원은 변화를 받아들이게 하는 데 도움이 된다.
2. 조직구성원들에 대한 교육: 때때로 사람들은 미래가 자신들에게 어떻게 다가올지에 대해서 두려워하기 때문에 변화에 저항을 한다. 예를 들면 경제적 안정성에 대한 두려움은 조직 내에서 영향력이 있는 사람으로부터 어떤 확신이 실린 말을 듣지 못했을 때 오게 된다. 조직변화가 조직구성원들에게 어떤 의미를 주는가를 교육하는 방법의 하나로서 최고경영자가 정서적인 면에서 관심을 많이 보여 주는 것이 매우 중요하다. 조직변화가 조직구성원들에게 어떤 의미가 있는가에 대하여 의사소통을 정확하게 하는 것은 저항의 원천이 되는 두려움을 없애는 데 도움이 된다. 이렇게 함으로써 변화에 의해 영향을 받는 사람들의 협조를 얻을 수도 있다.
3. 조직구성원의 참여: 의사결정에 참여한 사람은 참여하지 않은 사람보다 의사결정의 결과에 헌신적이다. 따라서 계획되지 않은 변화에 대응하는 데 참여하거나 조직변화에 필요한 팀변화 계획의 일부에 참여한 사람은 변화에 거의 저항하지 않을 것이다. 예고 없이 조직구성원들에게 부과된 조직변화는 조직구성원들이 변화가 자신들에게 어떤 영향을 미칠 것인가에 대한 평가가 내려지기 전까지는 저항에 직면하게 될 것이다. 반대로 변화과정에 참여한 조직구성원들은 변화의 필요성에 대하여 잘 이해하게 되고 덜 저항하게 된다.
4. 바람직한 행동에 대한 보상: 조직변화를 촉진시키는 보다 효과적인 방법은 바람직한 형태의 행동을 보이는 사람에게 보상을 하는 것이다. 보상은 특히 변화를 도입하는 기간에 제공될 경우 더욱 효과적이다. 예를 들면, 새로운 장비의 사용방법을 배워

야 하는 조직구성원들은 그들이 성공적으로 노력을 했을 경우에는 보상을 해 주어야 한다. 얼마나 잘했는가에 대한 피드백은 불확실한 조직구성원들에게 확신을 제공할 뿐 아니라 바람직한 행동을 형성하는 데 도움을 준다.

비록 위에 네 가지 제안은 말하기는 쉬우나 실행하기는 어렵다. 그러나 이러한 노력은 유용한 효과가 있다. 조직변화 과정에는 조직구성원들의 저항을 유발하는 많은 요인들이 있기 때문에 관리자들은 이러한 가이드 라인을 항상 염두에 두고 있어야 한다. 만일 조직변화가 좋은 쪽으로 효과를 내도록 하려면 조직변화가 조직 내의 갈등을 일으키는 계기가 되지 않도록 하고 모든 조직구성원들이 변화를 받아들이도록 하는 것이 매우 중요하다.

자료: R. A. Baron & J. Greenberg(1989), *op. cit*.

조직개발기법

조직변화를 계획적으로 실행하기 위한 여러 기법들을 총칭하여 조직개발(organizational development: OD)이라고 한다. 보다 구체적으로 정의하면 **조직개발은 조직구성원들의 개인적인 개발을 강화하고 조직적인 기능의 효과성을 개선하기 위한 목적으로 조직의 작업현장에서 변화를 계획하고 실행하기 위해 설계된 기법들의 집합**이라고 할 수 있다.[14] 조직개발은 조직구성원과 조직 전반에 대한 변화를 계획함으로써 작업환경의 질과 조직구성원들의 태도와 복지를 개선하여 궁극적으로 조직의 성과를 강화하고자 하는 것이다.

이하에서는 조직변화를 효과적으로 실행하기 위한 몇 가지 주요 조직개발기법을 요약하여 살펴보기로 한다. 그 다음에는 이 기법들에 대한 전반적인 효과성을 평가함으로써 가장 중요한 질문인 "이 기법들이 효과가 있는가"에 대한 답으로 결론을 맺고자 한다.

조직개발의 주요 기법

조직개발기법들은 개별조직구성원, 작업집단 그리고 전체 조직에 어떤 변화를 만들고자 할 때 사용하는 기법들을 의미한다. 지금까지 살펴보고자 하는 널리 알려진 기법으로는 서베이 피드백(survey feedback), 감수성훈련(sensitivity training), 팀 구축(team building), 관리격자훈련(managerial grid training), 노동생활의 질(QWL) 프로그램, 그리고 MBO 등이 있다.

서베이 피드백: 정보공유를 통한 조직변화

효과적인 조직변화가 일어나게 하기 위해서는 조직구성원들이 현 조직의 강점과 약점을 이해할 필요가 있다. 이는 서베이 피드백기법의 기본가정이다.

이 기법은 세 가지의 단계를 거쳐 이루어진다(〈그림 16-5〉 참조).[15] 첫째 단계는 자료를 수집하는 단계다. 조직분위기, 만족정도 등과 같이 조직구성원들이 관심을 가지는 문제에 대한 정보를 얻기 위해 자료를 수집한다. 수집방법에는 보통 설문지나 면접이 이용된다. 수집된 정보의 정확성이 매우 중요하기 때문에 정보를 제공하는 조직구성원들에게 비밀이 보장된다는 것을 확신시킬 필요가 있다.

두 번째 단계는 조직구성원들로부터 수집한 정보를 소집단회의를 통하여 보고하는 것이다. 보고에는 조사에서 측정된 직무와 관련된 태도들에 대한 점수를 요약하는 것으로 조직구성원들은 왜 그러한 점수들이 나왔는지 어떠한 문제가 드러났는지 등에 대해 논의를 하고 이를 공유한다.

마지막 단계는 의사소통, 의사결정 등에 대한 문제를 분석하여 해결대안을 세운다. 이러한 토론은 문서화가 잘 이루어지고 구체적인 실행계획이 이루어질 때 가장 효과적으로 이루어진다.

서베이 피드백은 널리 쓰이는 조직개발기법이다. 이 방법은 많은 정보를 상대적으로 빠른 시간에 모을 수 있기 때문에 효율적이다. 또한 융통성이 많아서 다양한 문제에 직면하고 있는 조직의 욕구에 맞게 실시하기가 용이하다. 그러나 설계한 설문지에는 조직구성원들이 실제로 중요하게 생각하는 문제가 측정되어야 한다. 서베이 피드백이 성공하기 위해서는 최고경영자의 지원이 반드시 필요다. 구체적으로 소규모 토의그룹에 의해 개발된 계획은 조직 전체에서 실행에 대

〈그림 16-5〉 서베이 피드백 과정

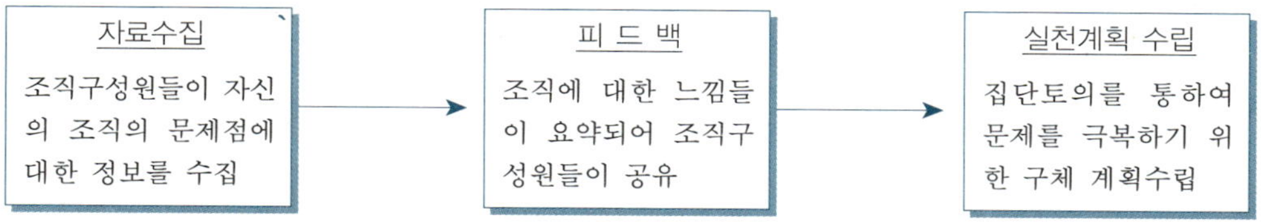

자료: *Ibid*., p. 577.

한 승인을 얻어야 한다. 이러한 조건이 충족되면 서베이 피드백은 매우 훌륭한 조직개발기법이 될 수 있다.

감수성훈련: 개인통찰의 개발

감수성훈련은 소규모 집단의 조직구성원들이 상호작용을 통해 자신들에 대한 통찰을 주기 위해 사용하는 기법이다. 1940년에 개발된 감수성훈련 집단은 상호집단, 실험집단, 혹은 T-집단으로 불리기도 하며 스탠다드 오일과 유니온 카바이드사에서 처음 사용되었다.[16]

감수성훈련은 개방적이고 정직한 의사소통이 이루어질 수 있는 특별한 환경이 되면 조직구성원 상호간에 개인적인 통찰이 얻어진다고 가정한다. 이를 위해 보통 8명에서 15명 규모의 소규모집단을 만들고 며칠간 직무에서 벗어난 장소에서 만나게 한다. 전문훈련자가 훈련의 전 과정에 걸쳐 적절한 분위기가 유지되도록 돕는다.

토론과정에서 다루어지는 토론내용에는 제한이 없다. 그리고 진행자는 전혀 관여하지 않고 수동적으로 방관함으로써 집단구성원들을 좌절시킨다. 즉 구성원들이 둘러앉아 의미 없는 잡담을 하다가 어느 시점에 가면 진행자가 자기들의 시간을 낭비한다고 생각하게 되고 화가 나기 시작한다. 일단 이러한 분노가 표출되기 시작하면, 참석자들에게 현재의 일에 초점을 맞출 기회를 주었다는 의미에서 이 훈련에 필요한 중요한 첫번째 단계를 만들어 낸 것이다. 이 시점에서 집단의 각 구성원들이 자신의 분노를 다른 사람에게 어떻게 표현해야 하는가에 대한 지침을 제공하기 위한 토의가 필요하다. 토론자들은 주제에 대하여 감정을 감추지 않고 정직한 마음으로 토론하도록 유도된다. 토론규칙은 자신의 감정을 열고 정직한 마음으로 다른 사람과 생각을 공유하는 것이다. 예를 들면 만일 다른 어떤 사람이 방관적이고 지나치게 당신에게 의존한다고 생각하면 지금이 바로 그것을 이야기할 때인 것이다. 참여자들은 서로 말하는 것에 대하여 상호간 즉각적인 피드백을 하도록 한다. 이렇게 함으로써 사람들은 다른 사람들과 어떻게 상호 연관되어 있는가에 대하여 배우게 되며 대인관계에 대해 보다 많은 스킬을 배우게 된다. 이는 감수성훈련의 주요 목표 중의 하나이다.

감수성훈련은 조직개발을 위하여 단독으로 사용되기보다는 다른 조직개발기법들의 일부로서 혹은 함께 사용하는 것이 일반적이다.

팀 구축: 효과적인 작업진단의 창출

팀구축은 감수성훈련의 기법과 이론을 작업집단에 적용하고자 개발된 기법이다. 이 기법은 작업집단의 구성원들이 어떻게 함께 일하는가를 진단하고 개선대안을 찾는 데 활용된다.[17]

팀 구축은 집단의 구성원들이 스스로 문제를 가지고 있다고 인정하고 이에 대한 자료를 수집하는 단계부터 시작된다. 문제식별은 감수성훈련 과정이나 생산지표 혹은 태도 조사같은 객관적인 자료를 통하여 이루어진다. 이러한 자료들은 조직의 강점과 약점에 대한 공감대를 형성하기 위하여 조직구성원들에게 공유된다. 이로부터 변화를 실행하기 위한 행동계획이 만들어진다. 다음 단계에는 계획을 수행하고 진행과정을 평가하여 애초에 식별한 문제들이 남아 있는가를 판단하게 된다. 만일 문제가 해결되면 과정은 완료되며 팀은 회의를 중단하고 그렇지 않으면, 그 과정이 다시 시작된다(〈그림 16-6〉 참조).

팀구축이 효과적으로 이루어지기 위해서는 몇 가지 사항을 유의해야 한다.

우선 팀 구축과정에 구성원들이 참여하는 것이 중요하다.

팀 구축방법은 매우 과업 중심적으로 이루어지기 때문에 구성원들간 대인관계문제가 무시될 수 있다. 따라서 조직개발전문가 등 외부의 객관적인 사람을 활용하여 이러한 문제를 해결할 필요가 있다.

마지막으로 팀 구축은 몇 일간에 이루어지는 일시적인 것이 되어서는 안 된다. 진정한 진전이 있기 위해서는 몇 달 혹은 몇 년에 걸쳐 지속적으로 이루어지는 영속적인 프로세스로 생각해야 한다.

〈그림 16-6〉 팀 구축과정

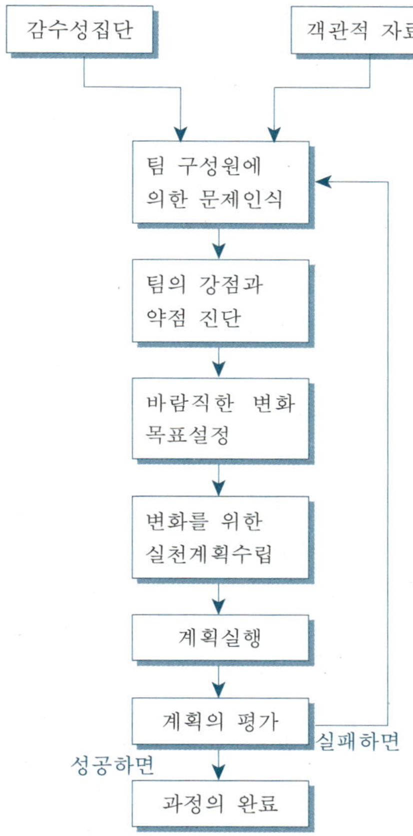

자료: *Ibid*., p. 579.

관리격자훈련: 관리적인 효과성의 개선

관리격자훈련(managerial grid training)은 장기적인 관점에서 전체 조직의 개선을 목표로 한다. 즉 사람 및 생산에 대한 관심을 모두 증가시킴으로써 조직을 개선하고자 하는 것이다.[18] 이 기법에서는 대부분의 조직문제들은 원만치 못한 의사소통과 적절하지 못한 계획에서 나온다는 전제하에 이러한 스킬을 훈련하기 위한 조직개선방안을 제시한다.

첫번째 단계는 관리격자 세미나로 구성된다. 이 과정에서 조직의 관리자들은 자신들이 어떠한 관리스타일을 가지고 있는지 스스로 분석하게 된다. 이것은 생산지향적인 차원과 인간지향적인 차원으로 구분하여 관리자가 어떤 위치에 있는가를 판단할 수 있도록 설계된 설문지를 사용하여 이루어진다(제12장 리더십 〈그림 12-5〉 관리격자모형 참조).

관리격자 세미나에서 각 관리자의 위치가 결정되면 생산에 대한 관심(계획을 수립하는 스킬) 혹은 인간에 대한 관심(의사소통 스킬)에 대하여 스킬을 개선하는 프로그램이 시작된다. 이 훈련은 구성원들이 보다 효과적으로 상호작용할 수 있도록 돕기 위한 것으로 조직 전반에 걸친 팀훈련 프로그램으로 구성된다. 그 다음에는 팀간의 갈등을 줄이기 위한 훈련으로 확장된다. 이후의 훈련단계에서는 조직의 전략적 목표를 달성하기 위한 목표를 식별하게 되며 다음에는 실제 성과와 비교하게 된다. 다음에는 이 목표를 달성하기 위한 계획이 수립된다. 그리고 이 계획들은 조직 내에서 실행된다. 마지막으로 목표에 대한 진전 정도가 지속적으로 평가하고 문제를 식별한다.

일부 이론가들은 관리격자훈련이 모든 조직에 대하여 사용할 수 있도록 정형화된 것이기 때문에 특정한 조직의 특별한 욕구를 충족시키고 어렵다고 지적한다. 특히 이 프로그램에서는 사람과 생산 모두에 관심을 가지는 것이 가장 훌륭한 관리스타일이라고 가정한다. 그러나 효과적인 리더십은 이러한 스킬 외에도 다른 많은 것을 필요로 한다.

그럼에도 불구하고 이 기법은 몇몇 연구에서 성공적인 기법으로 평가되고 있다. 특히 관리격자 접근법은 관리자들로 하여금 다른 동료들을 훈련시킬 수 있는 유용한 기법으로 활용된다.

노동생활의 질(QWL) 프로그램: 일터의 인간화

최근에는 노동생활의 질을 체계적으로 개선하려는 움직임이 점차 확산되고 있다. 많이 사람들이 직무뿐만 아니라 직장생활의 만족을 요구하고 원하기 때문에 조직개발 전문가들은 동기, 만족 그리고 헌신을 강화하기 위한 직장을 만들어 내는 데 관심을 가지기 시작하였다. 이 같은 노력들을 총칭하여 노동생활의 질(Quality of Work Life: QWL)프로그램이라고 한다. 특히 QWL프로그램들은 의사결정에 조직구성원들을 참여시킴으로써 조직의 성과를 높이고 노동생활의 질을 개선하는 방법들이다. 노동생활의 질을 개선하기 위한 많은 접근법들이 있지만 이들은 모두 일터의 인간화라는 공통의 목표를 공유하고 있다. 널리 알려진 기법 중의 하나는 **직무재설계**(job redesign)이다. 이 기법은 작업자들에게 보다 많은 흥미를 주도록 하기 위하여 직무를 수행하는 방법을 변화시키는 것이다(제13장 직무설계 참조).[19]

노동생활의 질을 개선하기 위한 또 다른 접근법으로 일본에서 개발된 **품질분임조**(Quality Circles: QC)가 있다. 품질분임조는 보통 10명 정도로 이루어지는 자발적인 소규모집단으로 주기적으로 만나서 자신들이 수행하는 작업의 질, 직무환경 및 조건과 관련된 문제를 식별하고 해결한다.[20] 품질분임조 집단들은 불량을 어떻게 줄일 것인가, 보다 안정하고 안락한 작업환경을 어떻게 만들 것인가, 그리고 어떻게 상품의 질을 개선할 것인가 등과 같은 문제를 다룬다. 조직은 중요한 특정 분야의 작업과 관련된 문제를 다루는 여러 개의 품질분임조를 운영할 수 있다. 품질분임조의 활동을 원활하게 할 수 있도록 품질분임조 구성원들은 문제해결에 대한 훈련을 받는다. 웨스팅 하우스, 휴렛패커드 그리고 이스트만 코닥과 같은 일류 기업들도 QWL프로그램의 일환으로 품질분임조를 운용하고 있다. 연구에 의하면 품질분임조는 노동생활의 질을 단기적으로 개선하는 데 효과적인 것으로 나타나고 있으나 보다 지속적인 변화에는 효과가 덜한 것으로 나타나고 있다. 그렇기 때문에 이 기법은 조직의 효과성을 강화하는 데 있어서 효과적인 단기전략으로 인식되고 있다.

조직은 직무재설계나 품질분임조와 같은 QWL프로그램을 통해 다양한 효과를 얻을 수 있다. 이러한 효과는 세 가지로 분류할 수 있다. 가장 직접적인 효과는 조직구성원들의 직무만족도와 몰입이 증가한다는 것이다. 두 번째는 생산성 증가이다. 마지막으로 수익성, 목표달성 등과 같은 조직효과성의 증가이다. 포드, GE, 그리고 AT&T와 같은 대기업을 포함하여 많은 회사들이 QWL프로그램을 실시하고 있으며 그 결과에 대하여 만족할 만한 보고를 하고 있다.

그러나 QWL프로그램의 이익이 자동적으로 달성되는 것은 아니다. QWL프로그램을 성공적으로 수행하기 위해서 피해야만 하는 두 가지 함정이 있다. 하나는 프로그램을 설계할 때 조직과 조직구성원이 반드시 협조가 되어야 한다는 것이다. 두 번째는 관련된 사람들이 계획을 충실하게 이행해야 한다는 것이다. QWL프로그램에서 수립된 실천 계획들은 일상적인 활동들 속에서 잊혀지기 쉽다. 최고경영진에서부터 최하위 조직구성원들까지 모든 계층의 조직구성원들이 각자에게 할당된 계획을 충실히 수행해야 한다.

목표관리(MBO)

목표관리(Management By Objectives: MBO)**는 조직목적을 분석한 후 상급자와 하급자가 함께 동의하여 목표를 설정하고 추구하는 관리과정**으로 목표이론을 기초로 개발된 기법이다.

목표이론에 의하면 구체적이고 도전적인 목표를 설정함으로써 목표달성에 대한 동기를 유발할 수 있다. 개인뿐만 아니라 조직도 구체적이고 도전적인 목표를 설정함으로써 도움이 될 수 있다.

〈그림 16-7〉에서 보듯이 MBO 과정은 세 가지의 기본단계로 구성된다. 첫째는 조직구성원들이 달성해야 하는 목표를 설정하는 단계이다. 이 목표들은 상사와 부하가 함께 설정하여야 한다. 목표를 상사가 할당하는 것이 아니라 상호 합의에 의해 설정해야 한다는 것이 중요하다. 또한 이러한 목표들은 직접적으로 측정이 가능해야 하고 이에 목표들에 대한 시간계획이 있어야 한다. 측정할 수 없거나 시간제한이 없는 목표들은 동기부여 효과가 없기 때문이다. 이 밖에도 상사와 부하들이 공동으로 설정한 목표를 달성하기 위한 실천계획을 함께 수립하는 것이 중요하다.

두 번째 단계는 실천계획을 실행하는 단계이다. 목표실행 단계에서는 계획이 잘 수행되고 있는가? 목표가 잘 추진되고 있는가? 목표들을 달성하는 과정에 문

〈그림 16-7〉 MBO: 목표설정을 통한 조직개발

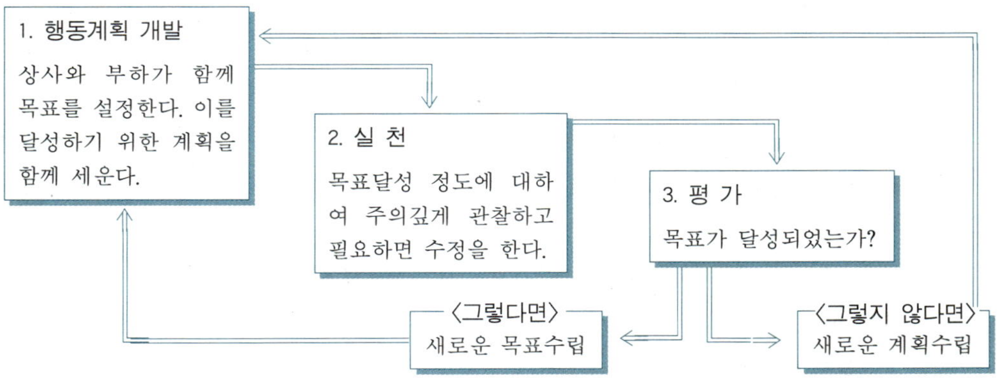

자료: *Ibid.*, p. 583.

제는 없는가? 등과 같은 내용들이 확인되어야 한다. 만일 계획이 실패하면 수행 방법이나 목표 자체를 변경하기 위한 중간 조정이 이루어진다.

목표달성 과정에 대한 실천이 이루어지고 나면 목표달성에 대한 평가단계가 이루어진다. 조직의 목표가 달성되었는가? 만일 그렇다면 보다 진전이 있기 위해서는 어떤 새로운 목표가 설정되어야 하는가? 그렇지 않다면 목표달성을 위하여 어떤 계획을 세워야 하는가? 목표달성 정도에 대한 평가는 새로운 목표를 설정하는데 도움이 된다. 따라서 MBO 과정은 〈그림 16-7〉에서 보는 것과 같이 계속되는 순환과정이라고 할 수 있다.

MBO는 조직의 전략적 변화를 계획하고 실행하는 데 효과적인 방법이 될 수 있다. MBO를 조직목표를 달성할 수 있도록 개인들의 노력이 조정되고, 상호 간의 협력을 증대시킬 수 있다. 물론 MBO가 효과적이 되려면 참여하는 모든 사람들이 적극적으로 헌신해야 한다. 이 프로그램은 하위 조직구성원들의 참여가 필요하기 때문에 최고경영자는 모든 조직구성원들의 협조와 참여를 유도하고 지원해야 한다. 또한 MBO가 효과적이기 위해서는 많은 시간이 필요하다. 보통은 3년에서 5년의 시간이 필요하다. 따라서 단기적인 효과를 기대하는 회사들한테 이 기법은 적절하지 않을 수도 있다. 그럼에도 불구하고 최근 들어 MBO는 조직변화를 위해 가장 광범위하게 사용되는 기법 중의 하나이다. MBO는 조직개발기법일 뿐만 아니라 동기부여 수단 그리고 효과적인 인사고과의 지원도구로써 활용되며 휴렛패커드나 IBM과 같은 일부 회사들에서는 조직문화의 한 요소로까지 자리잡고 있다.

조직개발의 효과성

지금까지 조직기능을 향상시키기 위한 주요 조직개발기법을 살펴보았다. 이러한 기법들을 수행하기 위해서는 상당히 많은 양의 시간, 비용, 그리고 노력이 필요하다. 이에 따라 조직개발에 의한 개입(intervention)을 하는 것이 가치가 있는가라는 의문이 제기되기도 한다.

연구자들은 이 의문에 대하여 '대체로 그렇다'라는 것을 보여 주었다. 다시 말하면 조직개발과 관련한 많은 연구들이 프로그램의 유용성을 입증하였지만 이 증거들은 명확한 것은 아니라는 것이다. 예를 들어, 많은 연구자들이 품질분임조가 조직의 비용을 줄이고 조직구성원 태도를 개선한다고 보고하였지만 많은 다른 연구들은 이러한 유용성에 대한 증거를 제시하지 않고 있다.[21] 이러한 결과는 감수성훈련 프로그램의 효과성에 대하여서도 마찬가지이다. 예를 들면, 사람들이 상호작용하는 방법에 있어서 일시적인 변화를 가져오지만 효과가 단기간에만 나타나고 행동하는 방식에 있어서 지속적인 변화로 연결되지는 않는다.[22] 따라서 조직개발이 많은 긍정적인 효과를 가지고 있지만 모든 경우에 있어서 바람직한 결과들을 제공하는 것은 아니다.

그러나 앞서 설명한 MBO, QWL프로그램 등 여러 가지 조직개발기법의 효과를 비교한 연구에 의하면 다음과 같은 효과가 입증되고 있다. 첫째, 조직개발은 개인 측면보다는 조직 측면에서 보다 효과적이다. 즉, 개인의 태도를 개선하기 보다는 조직기능의 개선에 보다 효과적이다.

조직개발은 사무관리직 조직구성원들보다는 생산직 조직구성원들에서 보다 효과적이다[23] 셋째, 조직개발의 효과는 한 가지 기법만을 사용하기 보다는 여러 가지를 함께 사용할 때 더 효과적이다.

그러나 조직개발의 효과가 많은 경우 제대로 평가되지 않고 있다. 이에 대한 이유는 많지만 중요한 요인 중의 하나는 변화를 평가하는 것이 어렵다는 것이다. 조직 내에서 조직구성원의 행동차이를 유발하는 요인들이 많고 이에 대한 측정이 매우 어렵기 때문이다. 또한 조직개발 프로그램을 정당화하려는 정치적 압력이 증가되고, 이에 따라 조직개발의 효과를 정확하게 측정하고자 하는 시도가 좌절되기도 한다. 그러나 조직개발은 조직과 조직구성원들에게 여러 가지 이점을 준다. 조직개발 프로그램을 평가하는 데 있어서 보다 진전이 이루어진다면 많은 사람들에게 도움이 될 수 있다.

요 약

- 조직변화를 유발하는 결정요인은 매우 다양하다. 조직변화는 ① 조직에 의해 계획되었는가 혹은 계획되지 않은 것인가, ② 조직 외부에서 온 원인인가 혹은 조직 내부에서 온 원인인가 하는 두 가지의 특징에 따라서 '계획된 내부변화', '계획된 외부변화', '계획되지 않은 내부변화', '계획되지 않은 외부변화'로 나뉠 수 있다.
- 조직은 여러 이유로 인해 다양하게 변화한다. 그러나 조직변화과정은 우연히 이루어지는 것은 아니다. 오히려 어떤 잘 정립된 오랜 패턴에 따라 이루어지고 있다. 조직변화의 3가지 주요 목표에는 구조, 기술 그리고 사람이 있다.
- 변화는 참여하는 사람들이 변화에 의한 이점이 비용보다 크다고 믿어야 변화가 발생할 가능성이 높다. 변화를 함으로써 이익이 생기도록 하는 요인들은 ① 현 상태에 대한 불만족 정도, ② 바람직한 대안의 가용성, 그리고 ③ 이러한 대안을 달성하기 위한 계획의 존재이다.
- 어떤 변화로 인해 발생하는 새로운 상황에 대한 공포는 실제적인 것이다. 이로 인해 변화에 대한 수용을 거부하게 된다. 변화에 대한 저항은 개인과 조직 변수 모두로부터 나온다.
- 조직개발은 조직구성원들의 개인적인 개발을 강화하고 조직적인 기능의 효과성을 개선하기 위한 목적으로 조직의 작업현장에서 변화를 계획하고 실행하기 위해 설계된 사회과학적 기법들의 집합이라고 할 수 있다.
- 모든 조직개발의 기법들은 개인 조직구성원, 작업집단 그리고 전체 조직에 어떤 변화를 만들고자 하는 것이다. 널리 알려진 조직개발기법으로는 서베이 피드백, 감수성훈련, 팀 구축, 관리격자훈련, 노동생활의 질 프로그램 그리고 MBO 등의 6가지 기법이 있다.
- 조직개입(interventions)의 어떤 측면이 변화에 기여했는가를 분리해 내는 것은 매우 어렵지만, 조직개발은 조직과 그 조직에서 일하는 조직구성원들에게 복리를 증진시켜줄 수 있는 많은 가능성을 보여 주는 접근법이다.

핵심용어

수평연계모형	노동생활의 질
관리격자훈련	변화에의 저항
목표관리(MBO)	감수성훈련
조직변화	구조적 관성
조직개발	서베이 피드백
품질분임조	팀 구 축

토의문제

1. 조직에서 어떤 변화는 계획 없이 일어나고 반면에 어떤 변화는 계획하에 이루어진다. 이러한 변화의 다양한 형태를 예로 들어 설명하고 이것들이 조직의 기능에 미치는 영향에 대하여 설명하시오.
2. 만일 당신이 당신의 집에서 멀리 떨어진 사무실에서 일하는 소규모집단의 부하들을 관리하는 데 어려움을 겪고 있다고 가정하자. 이렇게 멀리 떨어진 조직구성원들을 잘 관리하기 위하여 구조, 기술, 사람의 측면에서 어떤 종류의 변화를 수행할 수 있는가?
3. 어떠한 조건 하에서 사람들은 조직에서의 변화를 하려고 하겠는가? 당신의 의견을 제시하고 예를 들어 보시오.
4. 당신이 대부분의 조직구성원들의 직무 책임을 크게 바꾸는 야심에 찬 구조조정을 이제 막 실행하려는 대기업의 최고경영자라고 가정하자. 사람들이 이와 같은 변화에 왜 저항하는지 그리고 이러한 저항을 극복하기 위하여 어떤 단계들이 있는지 설명하시오.

5. 당신이 서로 협조하지 않는 10명의 조직구성원을 감독한다고 가정하자. 부하들이 계속해서 서로 다투기 때문에 그들의 직무성과가 아주 나빠지고 있다. 이 문제를 해결하기 위한 두 가지의 조직개발기법을 식별하고 이 기법들이 왜 도움이 되는가를 설명하시오. 그리고 각 기법의 실천단계를 설명하시오
6. 전반적으로 조직기능을 개선하는 데 있어서 조직개발의 효과성은 어떠한가? 어떤 요인이 효과성을 갖고 있으면 어떤 요인이 그렇지 않은가와 관련하여 설명하시오.
7. 다음의 주장에 대하여 반론을 제기하시오. "조직개발 기법들은 모든 상황에서 효과적이다. 그리고 어떤 문화에서도 효과적으로 적용할 수 있다."

참고문헌

1) Bystorm, P. C. & Starbuck, W. H.(1984), To Avoid Organizational Crises, Unlearn. *Organizational Dynamics*, pp. 44-60.

2) Baron, R. A. & Greenberg, J.(1989), *Behavior in Organizations: Understanding and Managing the Human Side of Work*, Allyn & Bacon.

3) Daft, R. L.(1986), *Organization Theory and Design*(2nd ed.), West Publishing Company.

4) Daft, R. L.(1982), Bureaucratic vs. Nonbureaucratic Structure and The Process of Innovation and Change, in S. B. Bachrach(ed.), *Research in the Sociology of Organizations*, Greenwich, CT: JAI Press, pp. 56-88.

5) Wheelenm, T. L. & Hunger, J. D.(1989), *Strategic Management and Business Policy*(3rd ed.), Reading; MA: Addison-Wesley.

6) Singh, J. V., House, R. J. & Tucker, D. J.(1986). Organizational Change and Mortality, *Administrative Science Quarterly*, pp. 587-611.

7) Barnes, Z. E.(1987), Change in the Bell System, *Academy of Management Executive*, pp. 43-46.

8) Glueck, W. F.(1979), *Personnel: A Diagostic Approach*, Dallas, TX: Business Publications.

9) Lewin, K.(1951), *Field theory in Social Science*, New York: Harper & Row; Schein, E. H.(1968), Organizational Socialization and The Profession of Management, *Industrial Management Review*, pp. 1-6.

10) Beer, M.(1980), *Organizational Change and Development: A Systems View*, Glenview, Ill.: Scott, Foresman & Company.

11) Badler, D. A.(1987), The Effective Management of Organizational Change, in J. W. Lorsch(ed.), *Handbook of Organizational Behavior*, Englewood Ciffs, N.J.: Prentice-Hall, pp. 358-369.

12) Katz, D. & Kahn, R. L.(1978), *The Social Psychology of Organizations*(2nd ed.), New York: John Wiley & Sons.

13) Hannan, M. T. & Freeman, J.(1984), Structural Inertia and Organizational

Change, *American Sociological Review*, pp. 149-164.

14) Porras, J. I., Robertson, P. J. & Goldman, L.(1977), Organization Development: Theory, Practice, and Research, in M. D. Dunnett(ed.), *Handbook of Industrial/ Organizational Psychology*(2nd ed.), Palo Alto, CA: Consulting Psychologists Press.

15) Huse, E. F. & Cummings, T. G.(1985), *Organization Development and Change* (3rd ed.), West Publishing Company.

16) Golembiewski, R. T.(1972), *Renewing Organizations: A Laboratory Approach to Planned Change*, Itasca, Ill.: Peacock.

17) Beer, M., *op. cit*.

18) Blake, R. R. & Mouton, J. S.(1969), *building a Dynamic Corporation Through Grid Organizational Development*, Reading, MA: Addison-Wesley.

19) Burke, W. W.(1982), *Organization Development: Principles and Practices*, Boston: Little, Brown.

20) Munchus, G.(1983), Employer—Employee Based Quality Circles in Japan: Human Resource Implications for American Firms, *Academy of Management Review*, pp. 255-261.

21) Steel, R. P. & Shane, G. S.(1986), Evaluation Research on Quality Circles: Technical and Analytical Implications, *Human Relations*, pp. 449-468.

22) Campbell, J. P. & Dunnette, M. D.(1968), Effectiveness of T-Group Experiences in Managerial Training and Development, *Psychological Bulletin*, pp. 73-104.

23) Nicholas, J. M.(1982), The Comparative Impact of Organization Development Interventions of Hard Criteria Measures, *Academy of Management Review*, pp. 531-542.

인명색인

사항색인

[ㅎ]

共著者略歷

황규대
현 성균관대학교 경영학부 교수
서울대 경영학과 졸업
University of Washington-Seattle(M.B.A.)
University of Wisconsin-Madison(Ph.D.: 인사·조직 전공)
인사/조직학회 인사 및 노사분과 위원장 역임
경영학회 운영위원 역임
인사/조직학회 이사 역임
한국노사관계학회 총무이사 역임

주요 논문
"실증연구에 있어서 구성타당성의 의의와 역할"
"중재유형의 효율성에 관한 실험적 연구"
"임금만족 측정도구의 개발과 타당성 검증"
외 다수

박상진
현 동우대학 경영학과 교수(경영학 박사)
국민대 강사

이광희
현 금오공과대학교 경영공학과 교수(경영학 박사)
LG경제연구원 책임연구원 역임

이철기
현 한국기술교육대학교 산업경영학부 교수
(경영학 박사)
한국생산성본부, LG경제연구원 책임연구원 역임

제 3 판
조직행동의 이해 – 통합적 접근법

1999년 2월 25일 초판발행
2001년 3월 5일 개정판발행
2007년 3월 15일 제 3 판발행
2018년 2월 10일 중판발행

공저자 황규대 외 3인
발행인 안 종 만
발행처 (주) 박영사
서울특별시 종로구 새문안로3길 36, 1601
전화 (733)6771 FAX (736)4818
등록 1959. 3. 11. 제300-1959-1호(倫)

www.pybook.co.kr e-mail: pys@pybook.co.kr

정 가 33,000원 ISBN 978-89-7189-540-5